그대로 따라하는

만만한 컴퓨터

그대로 따라하는

만만한 컴퓨터

그대로 따라하는

만만한 컴퓨터

그대로 따라하는

만만한 컴퓨터

그대로 따라하는 만만한 컴퓨터

그대로 따라하는
만만한 컴퓨터

초판 인쇄일 2023년 2월 3일
초판 발행일 2023년 2월 10일

지은이 혜지원 기획팀
발행인 박정모
발행처 도서출판 혜지원
주소 경기도 파주시 회동길 445-4(문발동 638) 302호
전화 031)955-9221~5
팩스 031)955-9220
홈페이지 www.hyejiwon.co.kr

기획·진행 김태호
디자인 김보리
영업마케팅 김준범, 서지영
ISBN 979-11-6764-050-5
정가 23,000원

그대로 따라하는

만만한 컴퓨터

혜지원

머리말

컴퓨터는 이제 생활 필수품이 된 지 오래입니다. 회사나 공공기관에서는 많은 업무를 컴퓨터로 처리하게끔 하고 있어 컴퓨터를 제대로 다루지 못한다면 은행과 관공서 업무, 쇼핑, 정보 검색, 다른 사람들과의 소통조차 하기 어려울 때가 많습니다. 컴퓨터는 이제 교양이 아니라 삶을 영위하기 위해서 꼭 필요한 스킬입니다.

컴퓨터로 할 수 있는 것은 무궁무진합니다. 필요한 정보를 찾는 것부터 **효율적인 문서 작성, 복잡한 계산, 디자인과 영상 편집, 심지어는 유튜브 크리에이터가 되어 또 다른 나를 가꾸어 나가는 것도 가능**합니다. 일상생활부터 취미활동, 업무활동 등 전반적인 생활에 꼭 필요한 컴퓨터를 가장 쉽게 배울 수 있도록 고민하며 책을 완성했습니다.

이 책은 **컴퓨터를 제대로 다루지 못하는 초보자, 남에게 도움을 받기가 부끄러웠던 분을 위한 따라하기 중심의 책**입니다. 크게 다음의 파트로 구성되어 있습니다.

Part 01 컴퓨터는 기초부터 차근차근

컴퓨터를 켜고 끄는 방법부터 마우스 사용법, 키보드 연습까지 컴퓨터를 다루는 데 있어 가장 먼저 익혀야 할 기능을 소개하는 파트입니다. 차례차례 따라하면서 컴퓨터를 배울 자세를 갖추도록 합니다.

Part 02 윈도우10 마스터하기

윈도우는 컴퓨터의 운영체제로, 컴퓨터의 모든 프로그램이 돌아갈 수 있도록 해주는 기반이 되는 프로그램이라고 할 수 있습니다. 윈도우를 먼저 알아야 다른 여러 기능적인 프로그램을 능숙하게 다루고 원하는 작업을 할 수 있게 됩니다. 이 파트는 지금 가장 대중적으로 사용하는 버전인 윈도우10 버전으로 설명하여 컴퓨터 기초 기능들을 익힐 수 있도록 하였습니다.

Part 03 인터넷 백배 활용하기

인터넷은 이제 우리 생활에서 떨래야 뗄 수 없는 도구가 되었습니다. 각종 정보를 찾는 것은 물론 직접 알지 못하는 사람과 의견을 나누고, 공동의 취미를 갖는 사람들끼리 일정한 공간에 모여 정보를 주고받으며, 건강한 취미활동을 유지할 수 있습니다. 또한 주민등록등본 발급, 인터넷 쇼핑을 통한 합리적인 소비활동 등 인터넷의 활용 방법은 무궁무진합니다.

Part 04 문서 작성의 달인 되기, 한글 2022

한글 2022는 문서를 만들기에 가장 적합하고 편리한 프로그램 중 하나입니다. 가장 최신 버전을 활용하여 기초적인 문서를 만들어봅니다. 그리고 나의 사진을 이용해 직접 나만의 달력을 만들고 생활 전단지도 만들겠습니다.

Part 05 문서 쉽게 만들기, 워드

워드는 마이크로소프트사에서 개발한 문서 작성 프로그램으로, 전 세계 사람들이 사용하고 있습니다. 가장 최신 버전을 활용하여 이력서, 안내장, 매뉴얼 등을 만들면서 사용법을 익혀봅니다.

Part 06 복잡한 계산도 OK! 엑셀

엑셀은 각종 계산과 수식에서 뛰어난 기능을 자랑하는 프로그램입니다. 계산식에 적합하도록 만들어진 이 프로그램을 이용하면 각종 견적서를 쉽게 만들 수 있고 매출 현황을 쉽게 파악할 수 있습니다. 차트 기능을 이용해 실적을 눈에 띄게 볼 수도 있습니다.

Part 07 청중을 사로잡는 프레젠테이션, 파워포인트

파워포인트는 발표(프레젠테이션) 문서를 만드는 데 유용한 프로그램입니다. 테마를 통해 전체 문서에 일관된 디자인을 입히고, 글씨를 돋보이게 하는 워드아트를 이용해 보기 좋은 문서를 만듭니다. 다양한 영역에서 활용할 수 있는 발표용 문서를 만들어 발표 연습까지 해봅니다.

Part 08 다양한 영상의 세계, 유튜브

유튜브는 영상을 보며 정보를 찾고, 직접 영상을 올리는 크리에이터로 활동할 수 있는 공간입니다. 유튜브에 영상을 올리며 제2의 나를 만들어나갈 수 있습니다. 유튜브에서 다양한 영상을 찾아보고, 직접 유튜브 채널을 만들고 섬네일과 영상을 제작해보겠습니다.

이 책은 컴퓨터를 편리하고 유용한 도구로 바르게 사용할 수 있도록 **기초부터 배워야 하는 어린 자녀들, 지긋한 연세이지만 공부에 대한 열정으로 컴퓨터를 제대로 배우고 싶어하는 어르신들, 기회가 닿지 않아 컴퓨터를 제대로 배울 수 없었던 모든 왕초보 분들을 위한 책**입니다. 부디 이 책이 컴퓨터 초보를 탈출하는 계기가 되기를 바랍니다.

혜지원 기획팀

책의 구성

Chapter

해당 파트에서 학습할 내용을 챕터로 구분하여 기능별로 체계적인 학습이 가능하도록 했습니다.

섹션

각 챕터에서 배울 내용을 세분화하여 단계별로 공부합니다.

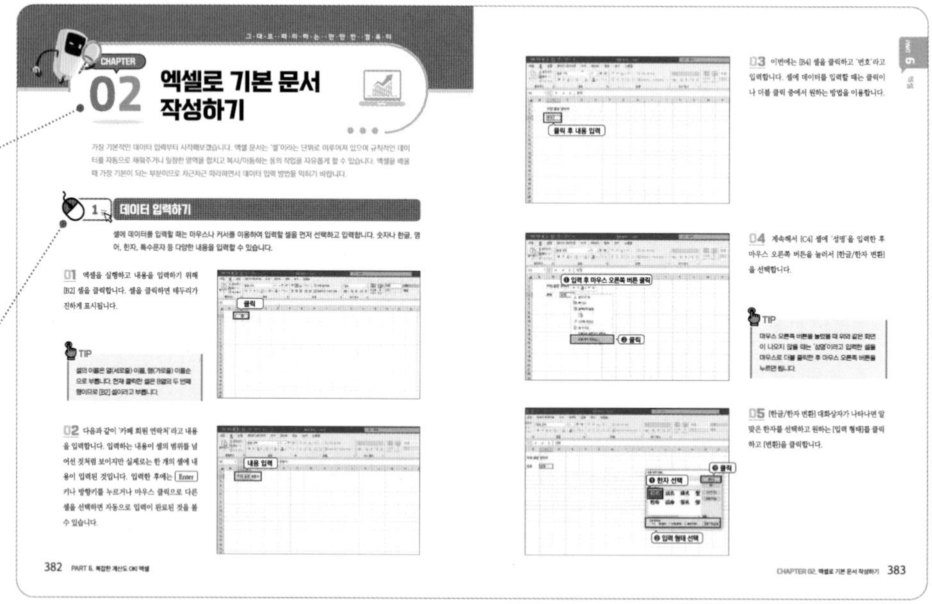

따라하기

순서대로 따라하면 막힘 없이 기능을 익힐 수 있습니다.

노트, TIP

따라하기와 관련해서 더 참고할 만한 기능이나 알아두면 유용한 내용을 풍성하게 담았습니다.

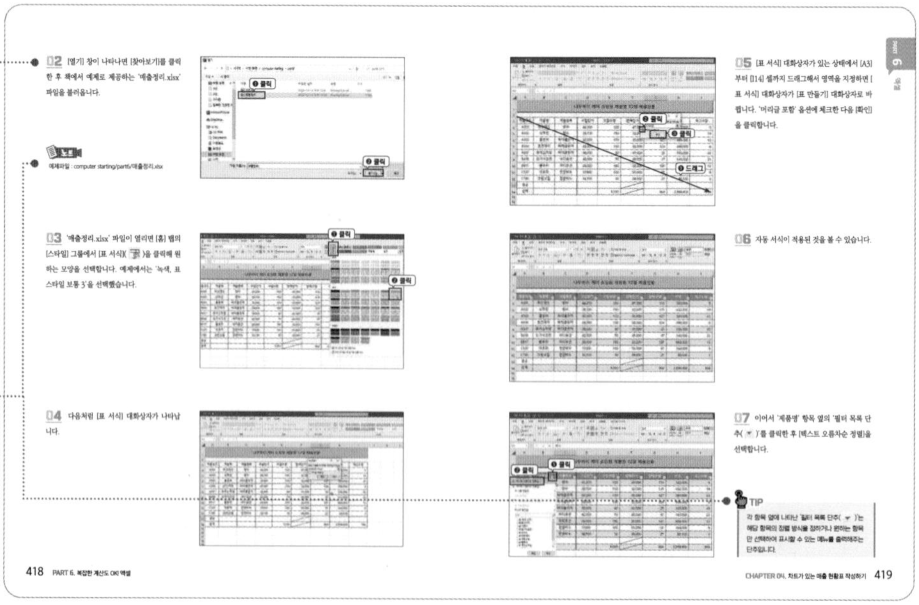

파일 다운로드

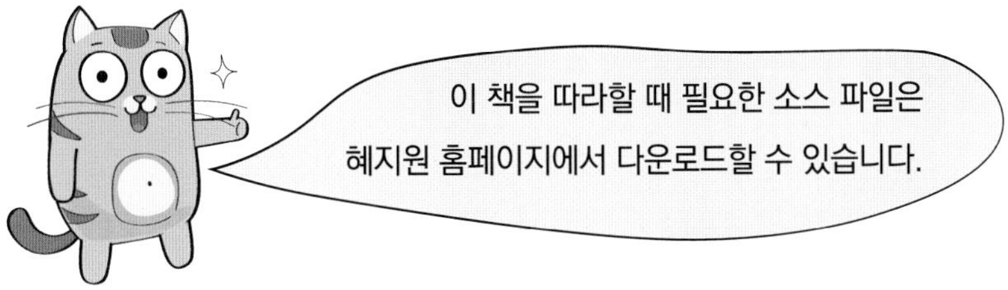

01 혜지원 홈페이지(www.hyejiwon.co.kr)의 [자료실]에서 [그대로 따라하는 만만한 컴퓨터]의 부록 파일(computer starting.zip)을 다운로드받습니다.

02 다운로드받은 압축 파일을 마우스 오른쪽 버튼으로 클릭하여 [여기에 압축풀기]를 클릭합니다.

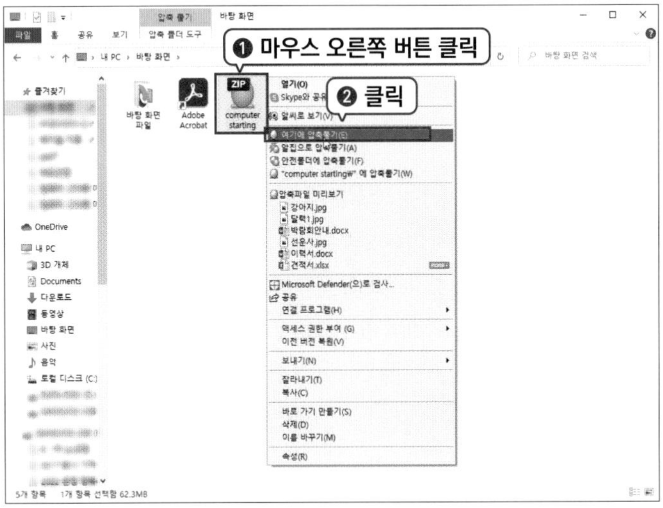

03 압축 해제가 완료되면 해당 폴더에 책에 사용된 예제 파일과 결과 파일이 있습니다.

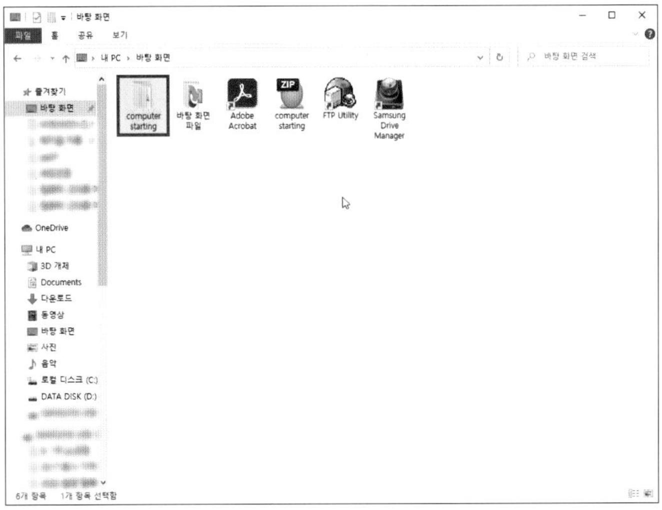

목차

PART 3 인터넷 백배 활용하기

컴퓨터
왕초보
환영!

PART 1

컴퓨터는 기초부터 차근차근

CHAPTER 01

컴퓨터의 시작

컴퓨터는 기본적으로 본체, 모니터, 키보드, 마우스로 구성되어 있고, 스피커나 프린터 등을 추가하여 사용할 수 있습니다. 이렇게 눈으로 직접 볼 수 있는 장치를 '하드웨어'라고 하고 컴퓨터를 켰을 때 모니터를 통해 볼 수 있는 프로그램들을 '소프트웨어'라고 합니다. 여기서는 눈으로 직접 볼 수 있는 컴퓨터의 구성 요소에 대해서 알아보고, 가장 기본적인 단계인 컴퓨터를 켜고 끄는 방법에 대해서 알아보도록 하겠습니다.

컴퓨터와 친숙해지기 위해서 구성 요소를 알아보도록 하겠습니다.

먼저, 컴퓨터 본체는 컴퓨터에서 가장 중요한 장치이며, 모니터는 TV와 비슷하게 생겼지만 컴퓨터 본체에서 처리된 정보를 보여주는 역할을 합니다. 키보드와 마우스는 컴퓨터 내부로 어떤 정보를 보내고자 할 때 사용합니다. 컴퓨터 주변 장치로 음악이나 소리를 들을 때는 스피커가 필요하고, 컴퓨터에서 작업한 내용을 종이로 출력하기 위해서는 프린터라는 장치가 필요합니다.

❶ **본체 :** 컴퓨터의 기본적인 부품이 모두 들어있는 장치입니다. 우리가 키보드나 마우스로 컴퓨터에 지시하는 내용이 모두 본체로 전달되어 처리된 후 결과를 모니터로 보내는 역할을 합니다.

❷ **모니터 :** 본체에서 처리된 결과를 알아볼 수 있도록 보여주는 장치입니다. 키보드나 마우스로 컴퓨터에 지시하는 명령을 본체에서 처리한 후 모니터를 통하여 결과를 보여줍니다.

❸ **키보드 :** 컴퓨터에 명령을 내리거나 문자를 입력할 때 사용하는 입력 장치입니다. 컴퓨터를 배울 때 가장 먼저 친숙해져야 하는 장치입니다.

❹ **마우스 :** 키보드처럼 컴퓨터에 명령을 내리는 장치입니다. 키보드는 여러 개의 글 단추를 이용해 명령을 내리는 장치이고, 마우스는 화면에 보이는 부분을 버튼으로 눌러서 원하는 명령을 내리는 장치입니다.

❺ **기타 주변장치 :** 컴퓨터를 사용할 때 반드시 필요한 장치는 아니지만, 컴퓨터를 활용하는 데 많은 도움을 주는 다양한 장치들이 있습니다. 이런 장치들은 컴퓨터를 배울 때 당장 필요한 장치들이 아니기 때문에 필요할 때 하나씩 구하면 됩니다.

- **스피커 :** 컴퓨터에서 나오는 소리를 들려주는 장치이며, 음악을 듣거나 영화를 볼 때 스피커를 통해 들을 수 있습니다.
- **프린터 :** 컴퓨터에서 작성한 문서나 사진, 그림 등을 종이로 인쇄할 수 있는 장치입니다. 컴퓨터를 배우는 데 있어서 꼭 필요한 장치는 아니지만, 컴퓨터를 이용한 문서나 사진을 출력하기 위해서는 꼭 필요한 장치입니다.
- **화상 카메라 :** 컴퓨터에 연결해서 사용하는 카메라입니다. 화상 카메라를 이용하면 멀리 있는 상대방과 화상 대화도 가능합니다.
- **스캐너 :** 사진이나 그림을 복사하여 컴퓨터로 옮겨주는 입력 장치입니다.
- **디지털 카메라 :** 일반 사진기와 같으며 사진을 촬영한 후 바로 컴퓨터로 사진들을 복사하여 저장한 후 사진 편집 프로그램을 이용하여 다양한 효과를 적용할 수 있습니다.

1 바탕 화면 살펴보기

윈도우10이 설치된 컴퓨터를 켜고 들어가면 처음으로 바탕 화면이 나타납니다. 바탕 화면과 윈도우10의 시작 메뉴에 대해 간단히 살펴보겠습니다.

01 윈도우10의 바탕 화면은 다음과 같은 구성 요소로 되어 있습니다.

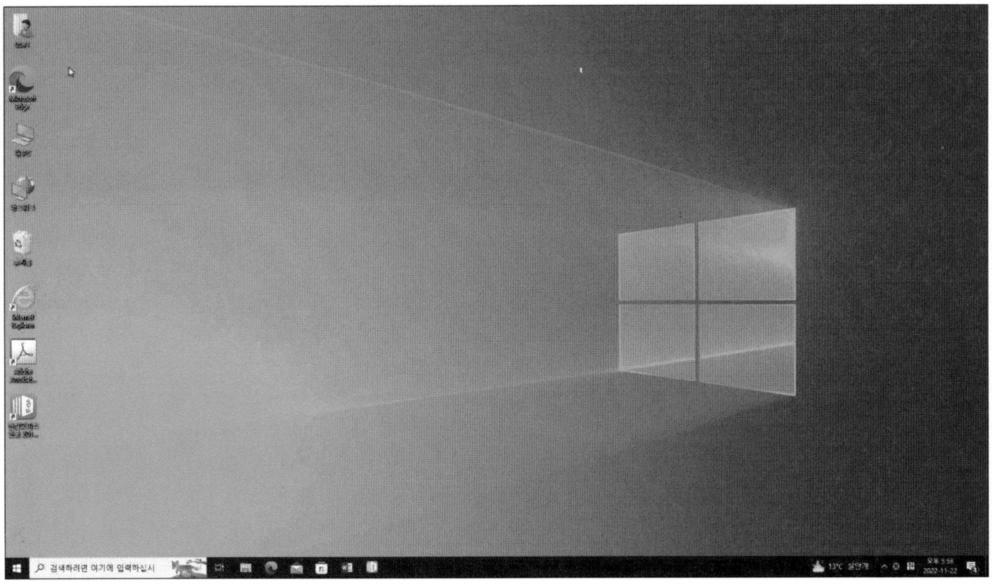

❶ 바탕 화면 : 컴퓨터를 활용하는 작업을 할 수 있습니다.

❷ 아이콘 : 컴퓨터 안에 있는 기능을 쉽게 알아볼 수 있도록 조그만 그림 모양으로 표시되어 있는 것을 말하며 마우스로 더블 클릭하면 프로그램이 실행됩니다.

- **기본 아이콘 :** 내 컴퓨터, 내 문서, 내 네트워크 등과 같은 아이콘이 기본 아이콘입니다. 기본 아이콘에는 화살표 모양이 없습니다.
- **바로 가기 아이콘 :** 화살표 모양이 있는 아이콘으로 사용자가 필요로 하는 앱이나 기능을 바탕 화면에 추가하여 사용할 수 있습니다.

❸ 작업 표시줄 : 현재 실행되어 있는 앱 또는 바탕 화면에 열려 있는 창의 목록을 보여줍니다.

02 화면 왼쪽 아래에 있는 [시작]( )을 누르면 다음과 같은 시작 메뉴가 나타납니다. [시작] 메뉴에 대한 자세한 설명은 Part 2 '윈도우10 마스터하기'에서 다시 하도록 하겠습니다.

노트 [Esc] 키를 누르거나 마우스를 바탕 화면 빈 곳에서 클릭하면 [시작] 메뉴가 사라집니다.

2 컴퓨터 끄기

윈도우10에서 컴퓨터를 종료시키기 위해서는 [시작] 메뉴를 이용해야 합니다. 컴퓨터를 안전하게 종료시키는 방법을 알아보도록 하겠습니다.

01 화면 왼쪽 아래에 있는 [시작]( )을 마우스로 클릭하고 [종료]( )를 클릭합니다.

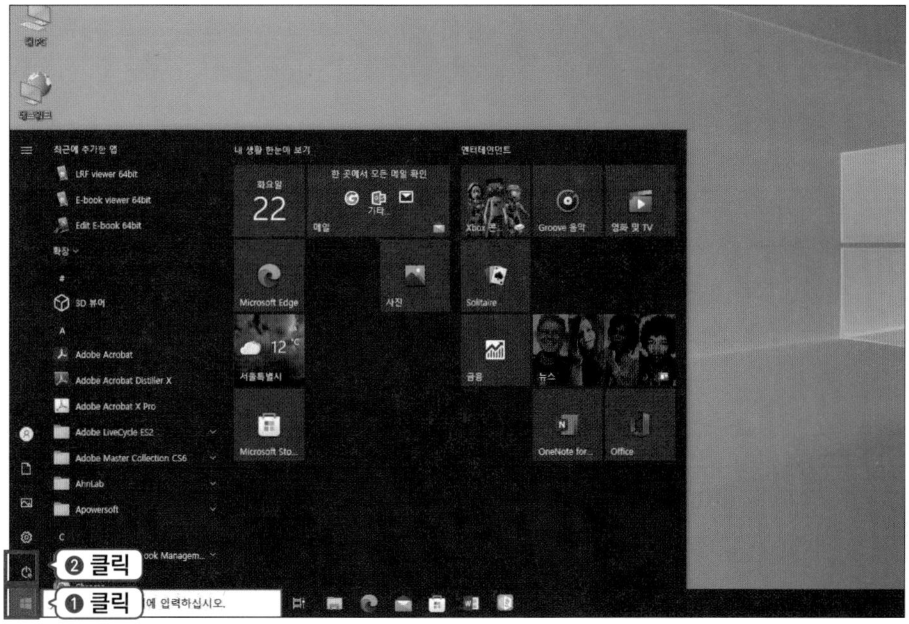

02 그러면 다음 화면같이 나타나는데 여기서 [시스템 종료]를 클릭하면 컴퓨터가 꺼집니다. [다시 시작]은 컴퓨터를 껐다가 다시 켜는 것을 말합니다.

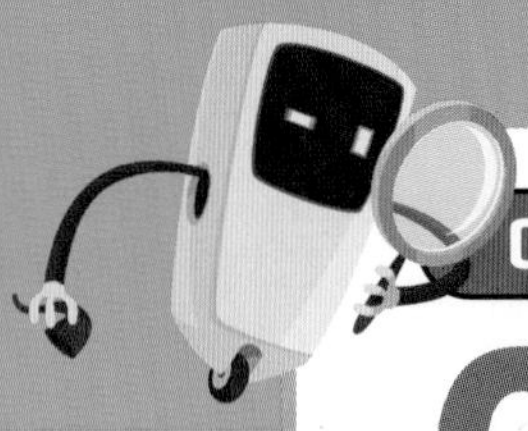

CHAPTER 02

마우스와 키보드 자유자재로 다루기

컴퓨터와 친숙해지기 위해서 가장 먼저 익숙해져야 하는 것이 바로 마우스와 키보드입니다. 컴퓨터를 처음 켜면 화면에 흰색 화살표가 보이는데 이것을 마우스 포인터라고 합니다. 마우스 포인터는 마우스를 움직여서 사용하는 것입니다. 그리고 키보드는 컴퓨터에 직접 명령을 입력하거나, 문서를 편집할 때 정보를 입력하는 역할을 합니다. 그럼 지금부터 마우스와 키보드의 사용 방법에 대해 알아보겠습니다.

1 마우스 움직여보기

마우스를 잡는 방법은 그림과 같이 검지를 마우스 왼쪽 버튼에 살짝 올려놓고, 중지는 마우스 오른쪽 버튼 위에 살짝 올려놓습니다.

❶ **클릭 :** 마우스에는 왼쪽 버튼과 오른쪽 버튼이 있는데 이 버튼을 빠르게 눌렀다가 떼는 것을 클릭이라고 합니다. 왼쪽 버튼을 더 자주 사용하는데 오른쪽 버튼은 각 프로그램별로 별도의 기능을 가진 메뉴를 부를 때 사용합니다.

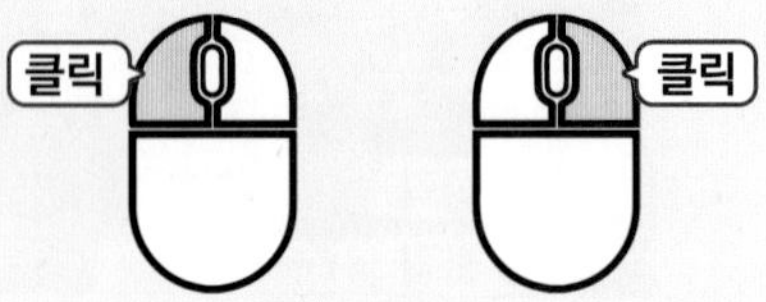

❷ **더블 클릭 :** 마우스 버튼을 두 번 눌렀다가 떼는 동작으로 마우스를 움직이지 않고 제자리에서 빠르게 두 번 눌러야 합니다. 클릭이 프로그램이나 아이콘을 선택하는 것이라면 더블 클릭은 선택한 프로그램이나 아이콘을 실행하는 동작입니다.

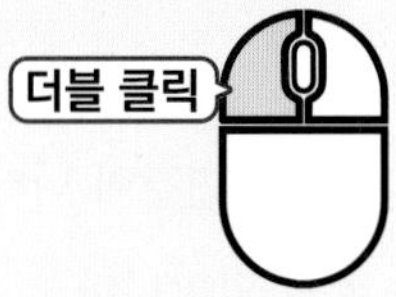

❸ **드래그 앤 드롭 :** 마우스 버튼을 누른 채 이동하는 동작입니다. 마우스 왼쪽 버튼을 누른 상태에서 원하는 목적지까지 이동하는 것을 드래그라 하고 원하는 목적지에서 마우스 버튼을 놓는 것을 드롭이라고 합니다. 이와 같이 드래그와 드롭을 같이 한다고 하여 드래그 앤 드롭이라고 합니다. 드래그 앤 드롭은 범위를 지정하거나 아이콘을 이동할 때 사용합니다.

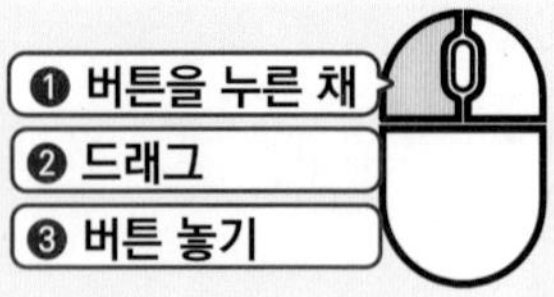

❹ **스크롤 :** 마우스 버튼 사이에 있는 휠을 위아래로 굴리는 동작입니다. 스크롤은 문서를 위나 아래로 이동하거나, 인터넷 웹 브라우저에서 긴 문서를 볼 때 화면을 이동하면서 쉽게 볼 수 있는 기능입니다.

2 키보드의 구성 알아보기

키보드는 구성하고 있는 버튼의 수에 따라 '103 키보드'와 '106 키보드'로 나뉘는데 윈도우의 기능에 맞춰 특별히 만들어진 키보드도 있습니다. 현재는 '106 키보드'를 많이 사용하고 있으며, 키보드 생산 업체에 따라 겉모양은 다르지만 버튼의 위치와 기능은 같습니다.

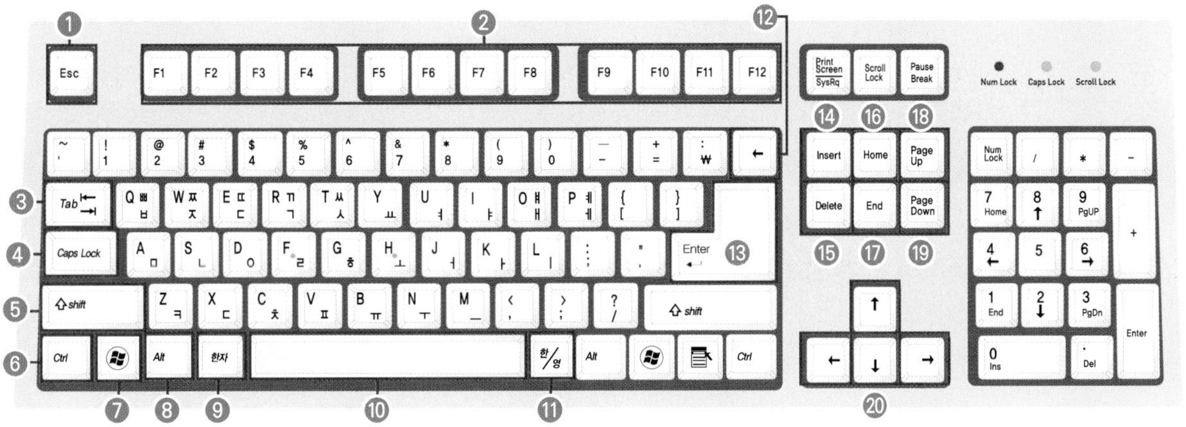

❶ Esc : 현재 수행 중인 명령을 취소하거나 종료할 때 누릅니다.

❷ F1 ~ F12 : 각 키별로 특정한 기능을 지정하여 사용하는 기능키입니다. 프로그램에 따라 각 키의 기능이 다르게 적용됩니다.

❸ Tab : 문자를 입력하면서 일정한 간격을 띄울 때 누릅니다.

❹ Caps Lock : 영문 입력 시 Caps Lock 키를 누르면 Caps Lock 램프가 켜지는데 이때 영문자는 대문자로 입력됩니다.

❺ Shift : 키보드 버튼을 보면 위쪽과 아래쪽에 문자가 표시되어 있는데 Shift 를 누른 상태에서 키보드를 입력하면 버튼 위쪽에 있는 문자가 입력됩니다.

❻ Ctrl : 키보드에 있는 다른 버튼과 조합하여 특정한 기능을 수행합니다.

❼ ⊞ : 윈도우의 '시작' 화면을 표시합니다.

❽ Alt : Ctrl 키처럼 다른 버튼과 조합하여 특정한 기능을 수행합니다.

❾ 한자 : 입력한 한글을 한자로 변환합니다. 한글 자음만 입력한 후 한자 키를 누르면 특수 문자를 찾아서 입력할 수 있습니다.

❿ Space Bar : 입력하는 글자 사이를 한 칸 띄우고자 할 때 누릅니다.

⓫ 한/영 : 키보드의 입력 상태를 한글 또는 영문으로 변경합니다. 바탕 화면의 오른쪽 아래에 있는 가 를 보고 한글 입력 상태인지 영문 입력 상태인지 알 수 있습니다.

⓬ Backspace Bar : 커서 앞의 글자를 지울 때 누릅니다.

⓭ Enter : 문자 입력 시 줄을 변경하거나 컴퓨터에 어떤 명령을 내릴 때 누릅니다.

⓮ Insert : 글자 입력 상태를 삽입 또는 수정 상태로 변경하는데 삽입 상태에서는 커서가 있는 위치에 글자가 삽입되지만, 수정 상태에서는 커서가 있는 위치부터 글자를 지우면서 새로운 글자가 입력됩니다.

⑮ [Delete] : 커서 뒤의 글자를 지울 때 누릅니다.

⑯ [Home] : 커서를 그 줄의 제일 앞으로 옮깁니다.

⑰ [End] : 커서를 그 줄의 제일 뒤로 옮깁니다.

⑱ [Page Up] : 커서를 한 페이지 앞으로 옮깁니다.

⑲ [Page Down] : 커서를 한 페이지 뒤로 옮깁니다.

⑳ [↑][↓][→][←] : 커서를 움직일 때 사용합니다.

1 마우스를 움직여 창 크기 바꿔보기

마우스를 이용하여 창을 이동하거나 창의 크기를 작업하기 편하도록 조절하는 방법에 대해 알아보겠습니다. 요즘에는 대형 모니터를 선호하기 때문에 창의 배치를 어떻게 하느냐에 따라 보기 편하게 컴퓨터 작업을 할 수 있습니다.

01 작업 표시줄에 있는 [탐색기] 아이콘을 클릭합니다.

02 [탐색기] 창이 열리고 마우스 포인터를 [탐색기] 창의 오른쪽 아래 꼭짓점 쪽으로 옮기면 마우스 포인터 모양이 으로 바뀝니다. 이때 마우스 왼쪽 단추를 누른 상태에서 대각선 방향으로 드래그합니다.

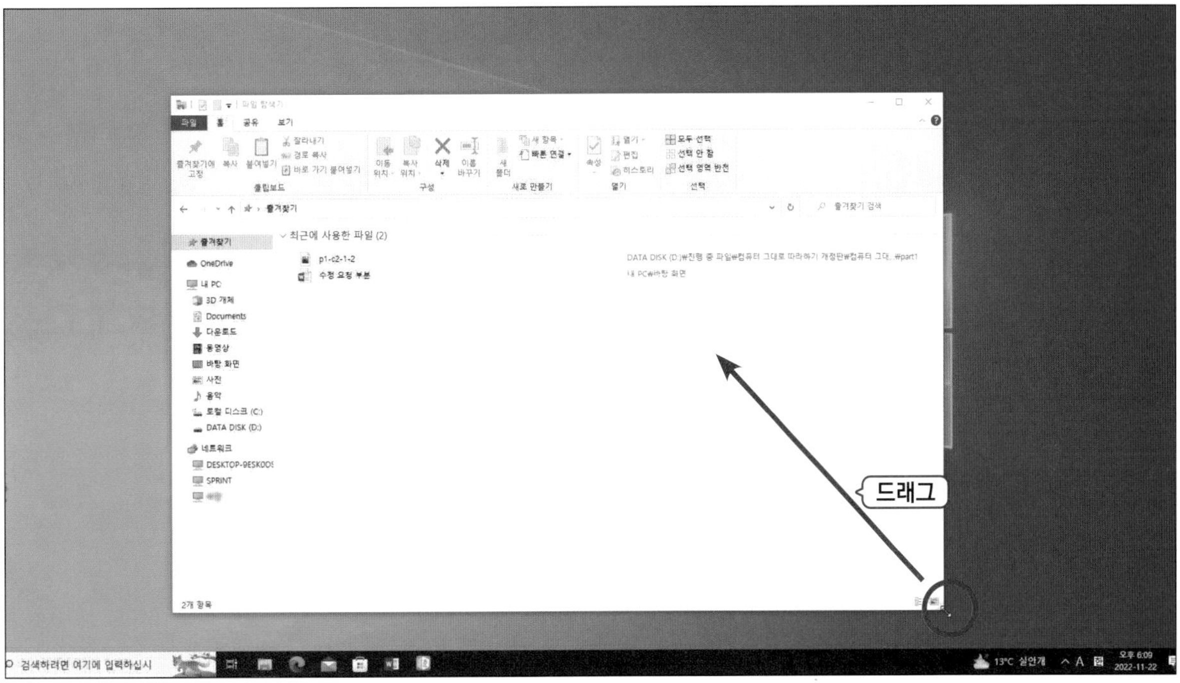

03 [탐색기] 창의 크기가 작게 조절된 것을 확인할 수 있습니다.

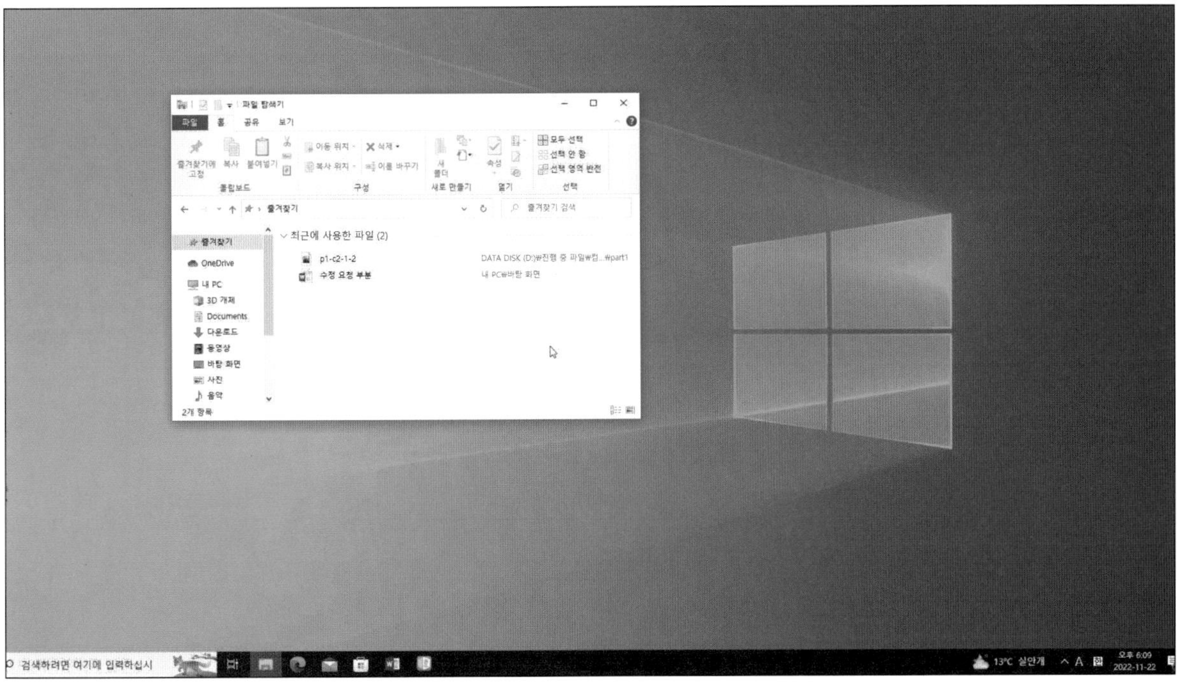

04 이번에는 마우스 포인터를 창의 위나 아래쪽 경계선으로 가져갑니다. 그러면 마우스 포인터의 모양이 와 같이 변합니다. 이런 모양의 마우스 포인터 상태에서는 위아래로 움직여 창의 크기를 조절할 수 있습니다.

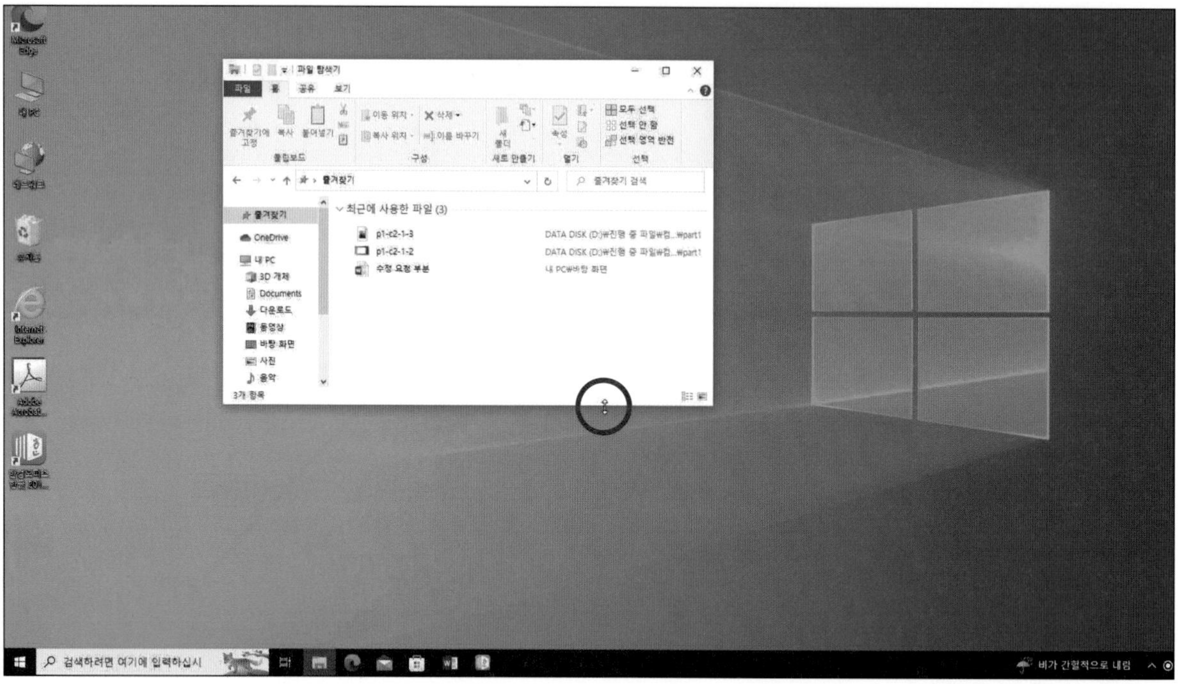

05 만약 창의 왼쪽이나 오른쪽 경계로 마우스 포인터를 옮기면 마우스 포인터 모양이 와 같이 바뀝니다. 마우스를 누른 상태에서 좌우로 움직여 창의 크기를 조절할 수 있습니다.

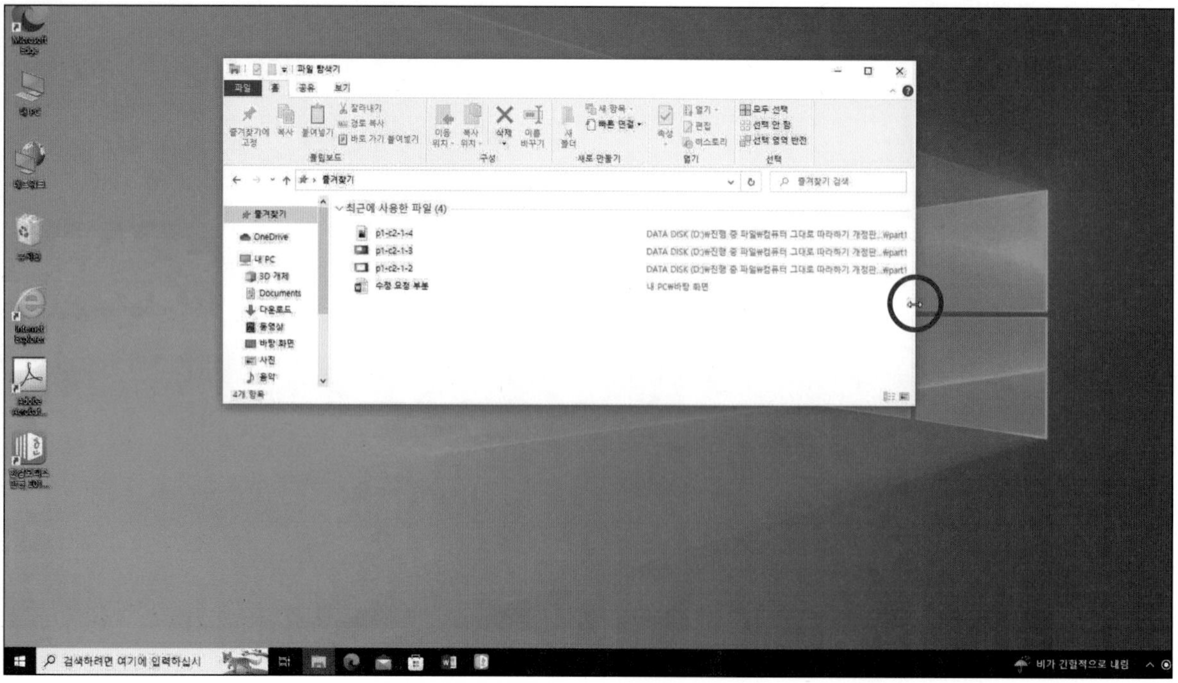

2 마우스를 움직여 창 이동하기

이번에는 마우스를 이용해 [탐색기] 창을 이동하는 방법에 대해 알아보겠습니다.

01 작업 표시줄에서 [탐색기] 아이콘을 클릭해 실행한 다음 마우스 포인터를 [탐색기] 창의 제목 표시줄로 이동합니다.

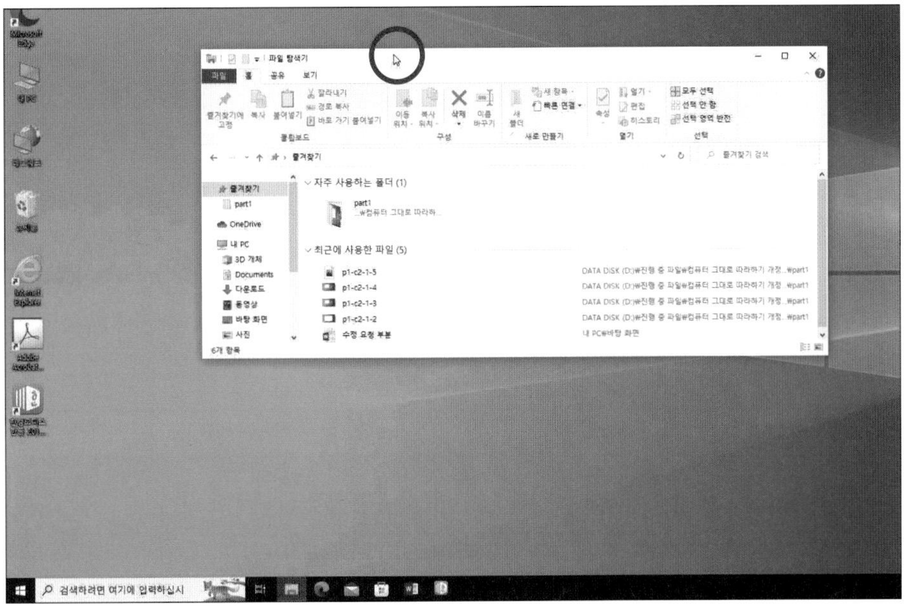

02 마우스 왼쪽 버튼을 누른 채 옮기려는 방향으로 이동하고 원하는 위치에서 누르고 있던 마우스 왼쪽 버튼을 놓으면 [탐색기] 창의 위치가 이동됩니다.

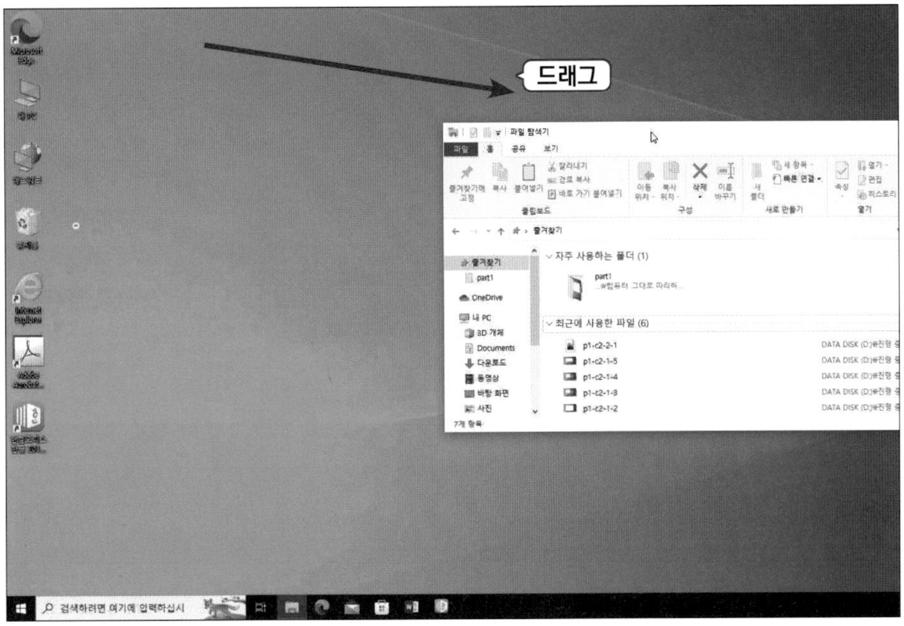

3 제목 표시줄을 클릭하여 창 크기 및 위치 바꿔보기

창의 경계선 쪽에 마우스 포인터를 위치하여 크기를 조절하는 방법 외에 제목 표시줄을 클릭해 이동하면서 창 크기를 조절하는 방법도 있습니다.

01 작업 표시줄에서 [탐색기] 아이콘을 클릭해 실행한 다음 마우스 포인터를 [탐색기] 창의 제목 표시줄로 이동합니다.

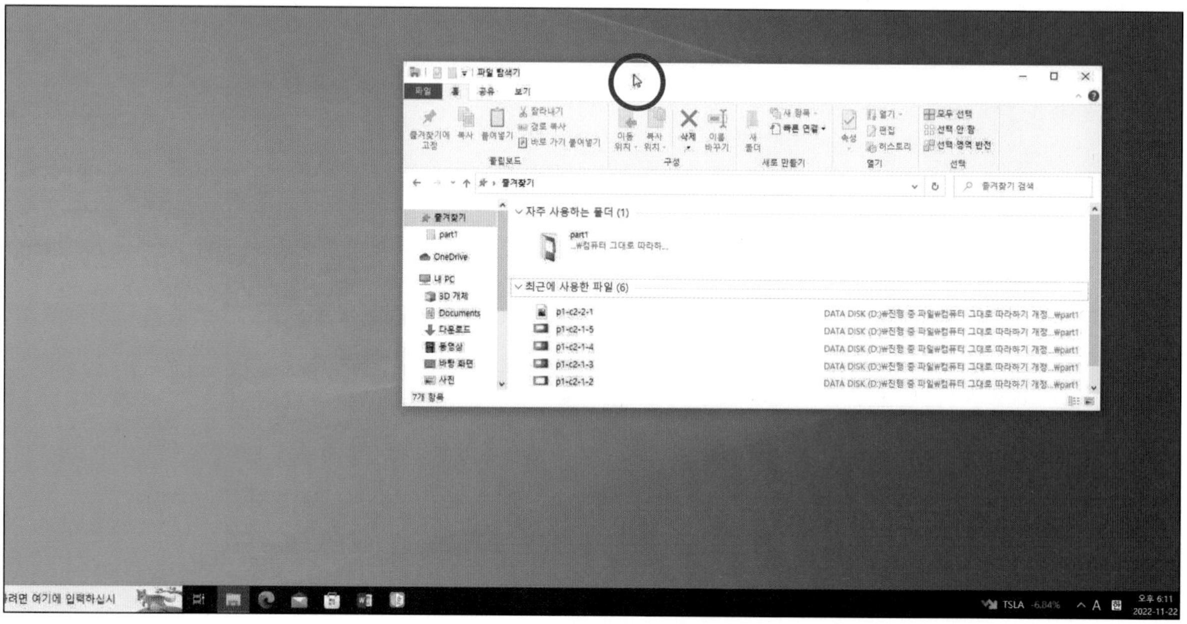

02 마우스 왼쪽 버튼을 누른 채 화면의 왼쪽 끝이나 오른쪽 끝으로 이동한 다음 마우스 왼쪽 버튼을 놓습니다.

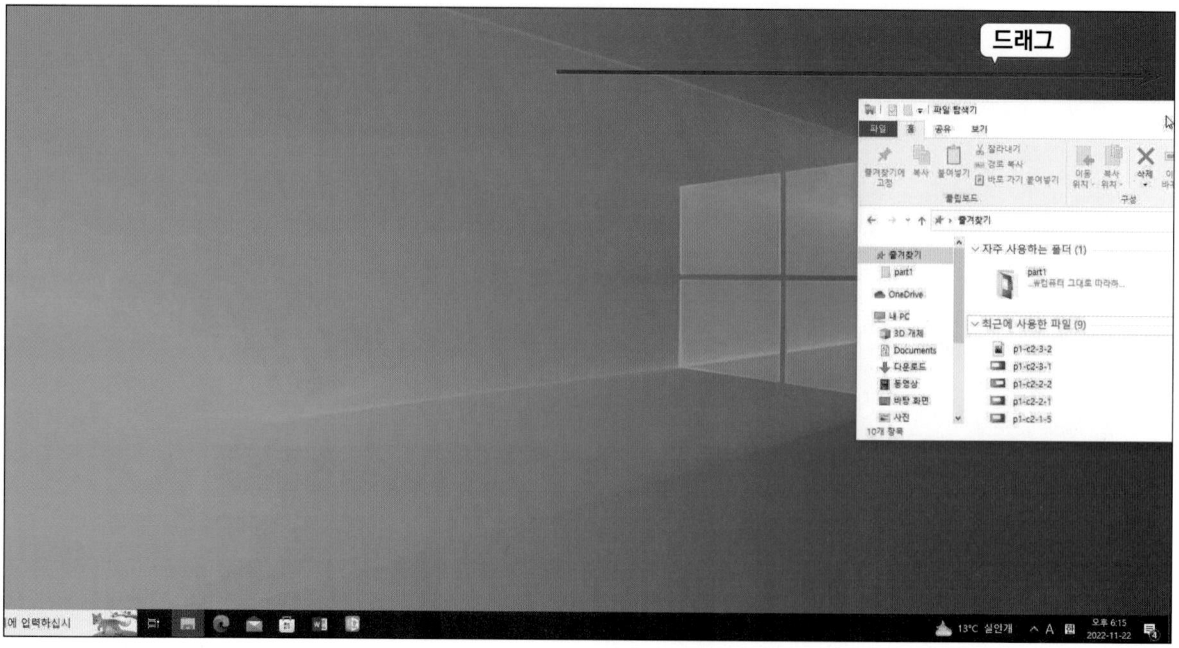

03 [탐색기] 창의 크기가 화면의 1/2 크기로 바뀝니다. 이번에는 제목 표시줄 위에 마우스 포인터를 이동한 다음 마우스 왼쪽 버튼을 누른 채 화면의 가운데로 이동합니다.

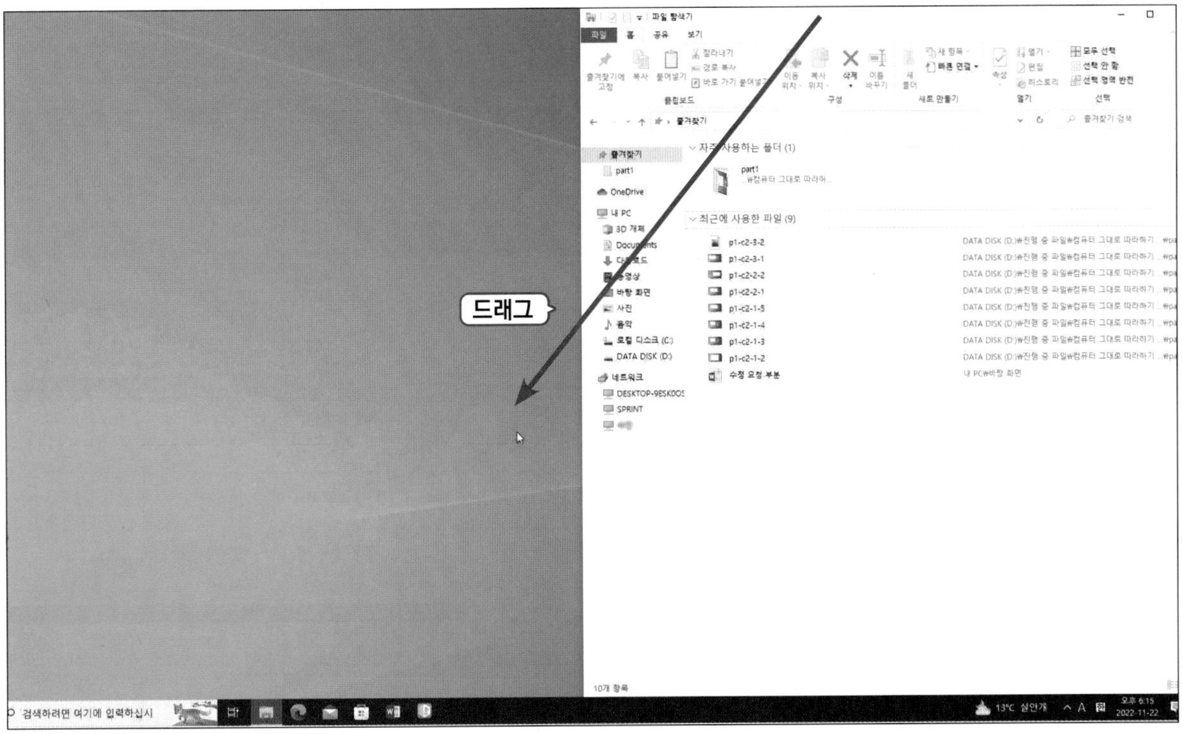

04 마우스 버튼을 놓으면 [탐색기] 창이 원래 크기로 바뀝니다.

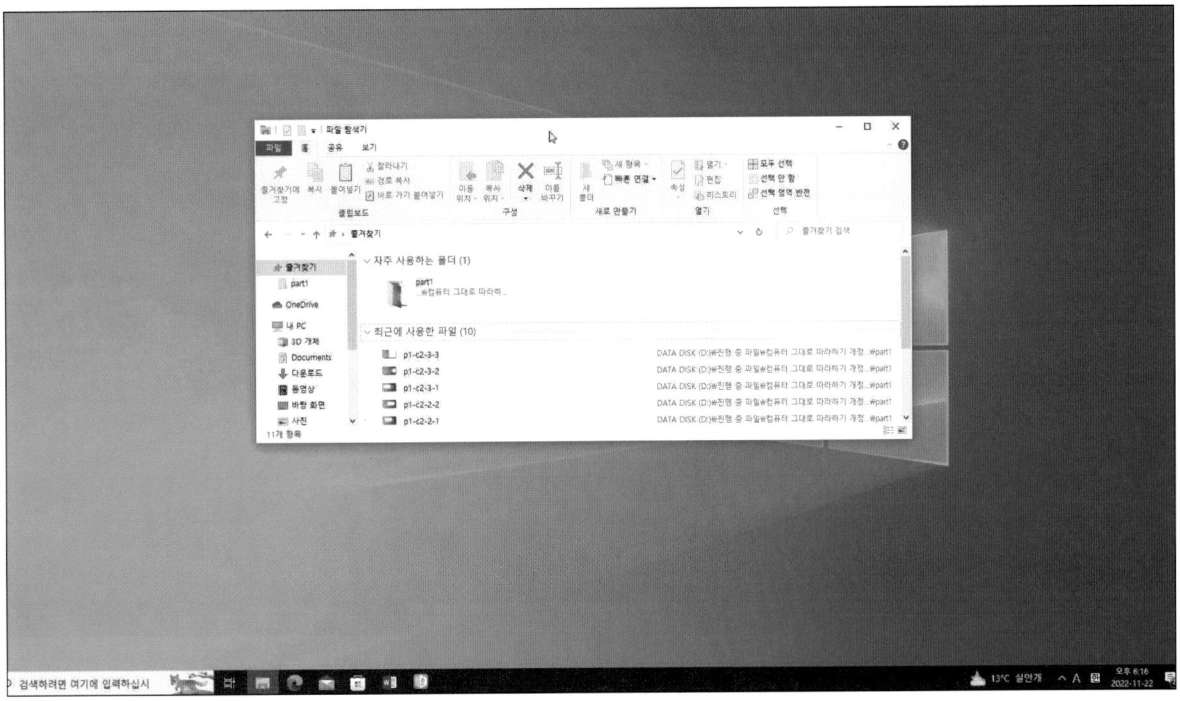

05 이번에는 제목 표시줄 위에 마우스 포인터를 놓고 왼쪽 버튼을 누른 채 화면 위쪽으로 이동한 후 마우스 버튼을 놓습니다. 그러면 창이 전체 화면 크기로 바뀝니다.

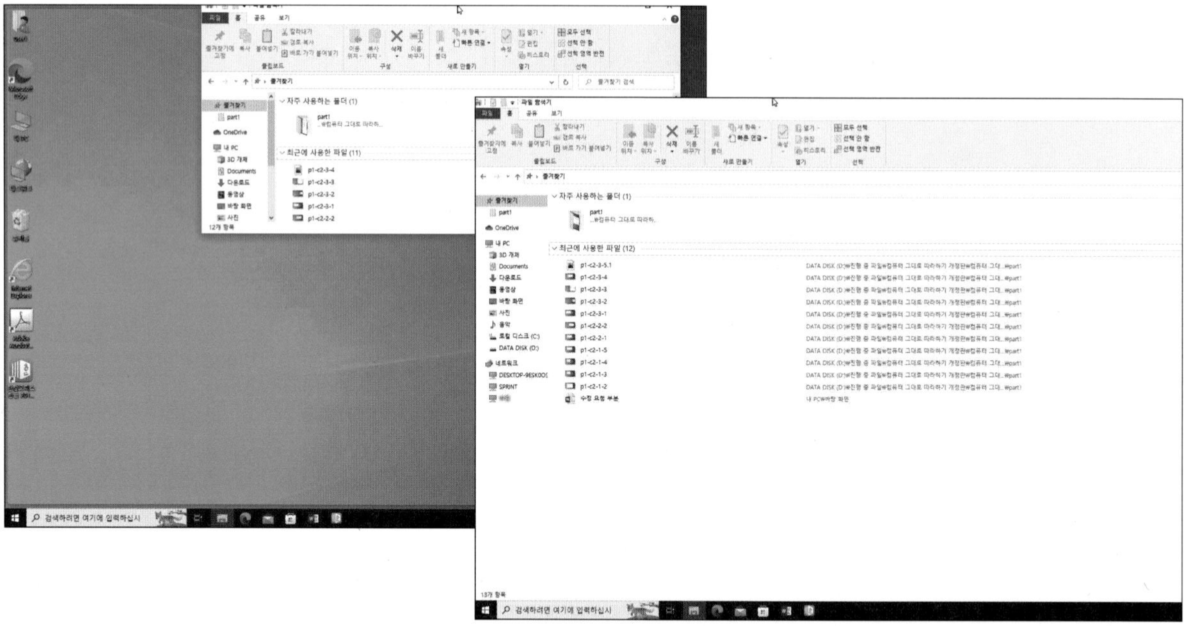

4 타자 연습을 통해 키보드 익히기

컴퓨터를 이용해 문서를 작성하는 등 여러 가지 작업을 원활하게 하려면 키보드 입력에 능숙해져야 합니다. 이번에는 한컴 타자연습 프로그램을 이용해 키보드를 익혀보겠습니다.

01 타자연습 프로그램을 실행하기 위해서 [시작](⊞) 메뉴를 클릭하고 화면과 같이 스크롤 바를 마우스로 클릭한 채로 아래로 내립니다.

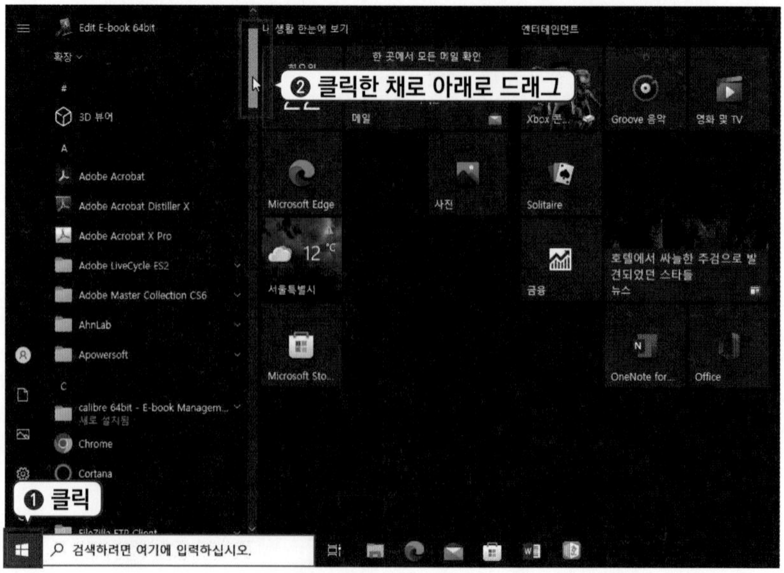

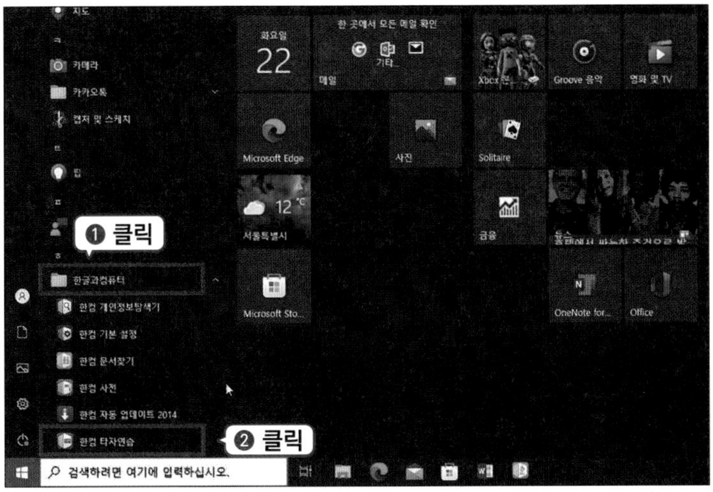

02 [한글과 컴퓨터]를 클릭하면 아래 [한컴 타자연습] 메뉴가 나옵니다. [한컴 타자연습]을 클릭합니다.

TIP

한컴 타자연습은 '한컴오피스 한글'을 설치하면 나타나는 프로그램입니다.

03 한컴 타자연습 프로그램이 실행되면 [혼자하기]를 클릭합니다.

04 사용자 목록 창이 나타나면 새로운 사용자를 등록하기 위해 [등록]을 클릭합니다.

05 [정보 등록] 창이 나타나면 이름을 입력하고 얼굴의  과  를 클릭해 원하는 캐릭터를 선택한 후 [확인]을 클릭합니다.

06 [사용자 목록]에 새로운 이름이 추가된 것을 확인할 수 있습니다. 이제 [시작]을 클릭합니다.

07 [자리연습] 메뉴를 선택한 후 연습할 단계를 가장 기본인 1단계로 지정합니다. 그리고 [시작]을 클릭합니다.

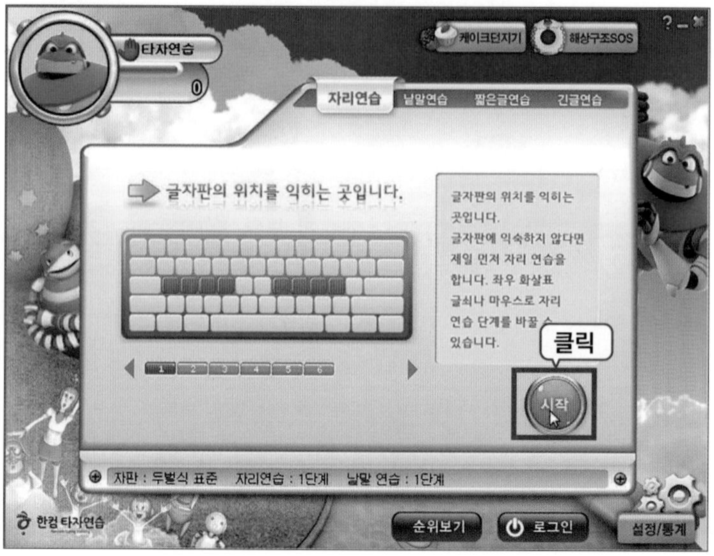

08 화면에 표시되는 버튼 위치에 손가락을 올려놓고 키보드 그림에 표시되는 빨간 점을 보면서 자리를 확인합니다. 빨간 점 위치의 버튼을 가볍게 탁 하고 한 번만 눌러줍니다.

09 타이핑을 마치면 결과를 보여줍니다. [계속] 버튼을 누르면 자리 연습 2단계를 시작하지만 [그만]을 누르면 자리 연습 1단계를 다시 시작할 수 있습니다.

TIP

키보드 연습은 자판을 외울 때까지 해야 하는데 보통 키보드를 보지 않고 모니터를 보면서 글자를 입력할 수 있어야 합니다.

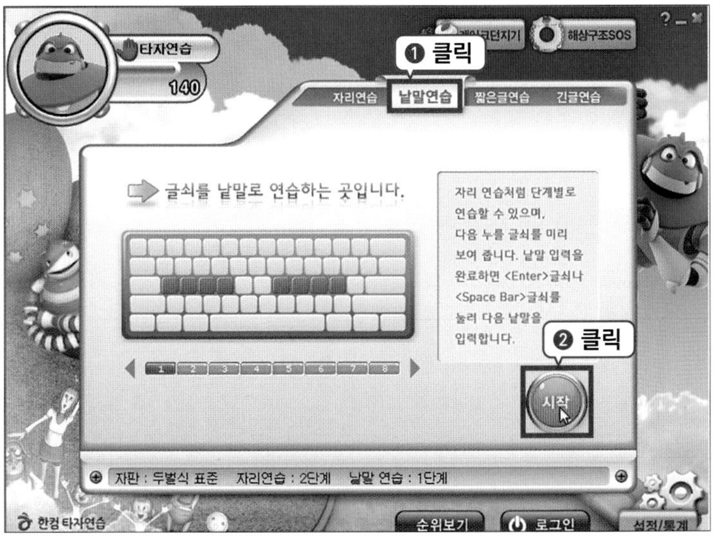

10 이번에는 한컴 타자연습 화면에서 [낱말연습] 메뉴를 클릭합니다. [단계 선택]에서 1단계를 선택하고 [시작]을 클릭합니다.

11 낱말 연습을 할 수 있는 화면이 표시됩니다. 제시하는 낱말을 입력하고 Enter 또는 Space Bar 를 누릅니다.

12 연습을 마치면 [낱말 연습 결과] 창이 나타나면서 연습 결과를 보여줍니다. [낱말 연습 결과] 창에서 [계속] 버튼을 누르면 다음 단계를 연습할 수 있고 [그만]을 누르면 단계를 선택하는 화면이 나타납니다.

TIP

짧은 글/긴 글/놀이로 즐거운 타자 연습

자리 연습과 낱말 연습이 어느 정도 익숙해지면 짧은 글이나 긴 글에 도전해보세요. 그리고 틈틈이 놀이를 이용하여 자판 연습을 즐겁게 해보세요. 자판을 보지 않고도 입력할 수 있도록 연습하는 것이 중요합니다.

PART 2

윈도우10 마스터하기

CHAPTER 01 윈도우10의 [시작] 메뉴 살펴보기

이번 챕터에서는 윈도우10의 [시작] 메뉴에 대해 알아보겠습니다. [시작] 메뉴만 잘 활용하면 윈도우10의 중요한 기능들을 편리하게 사용할 수 있기 때문에 완벽하게 숙지하고 있는 것이 좋습니다.

1 [시작] 메뉴 구성

윈도우10의 [시작] 메뉴에는 어떤 것들이 있는지 살펴보도록 하겠습니다.

01 왼쪽 아래에 있는 [시작]( )을 누르면 [시작] 메뉴가 나타납니다.

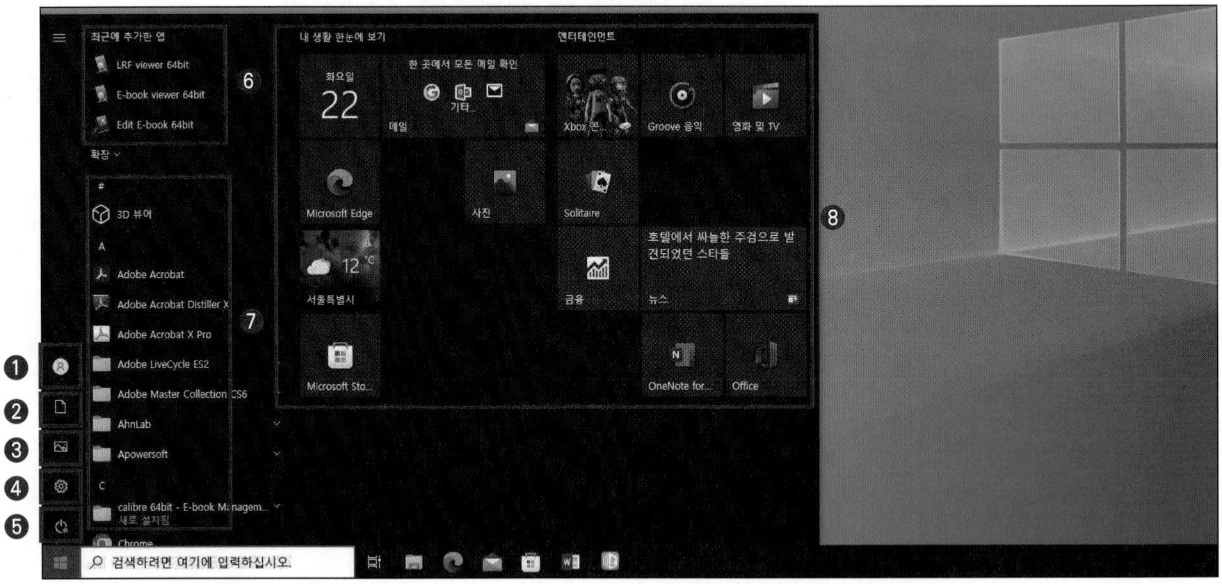

❶ **사용자 계정( )** : 계정 설정을 변경하거나 잠금 모드를 실행할 수 있습니다.
❷ **문서( )** : 문서 폴더를 실행합니다.
❸ **사진( )** : 사진 폴더를 실행합니다.
❹ **설정( )** : 시스템, 장치, 네트워크, 개인 설정, 계정, 개인 정보 등에 관한 설정을 할 수 있습니다.
❺ **전원( )** : 컴퓨터 전원을 끄거나 다시 시작할 수 있습니다.
❻ **최근에 추가한 앱** : 가장 최근에 설치한 프로그램이나 앱 스토어에서 다운로드한 앱이 나타납니다.
❼ **모든 앱** : 컴퓨터에 설치된 모든 앱(프로그램) 리스트가 나타납니다.
❽ **시작 화면** : 설치한 앱(프로그램)을 타일 형태로 배치하여 편리하게 사용할 수 있습니다.

2 [시작] 메뉴 기본 사용법

[시작] 메뉴의 크기를 조절해보고 프로그램 실행하기, 앱(프로그램) 리스트에 대해 알아보도록 하겠습니다.

01 [시작] 메뉴의 위쪽이나 오른쪽 테두리에 마우스를 올려놓으면 마우스 모양이 ⇕, ⇔로 바뀌게 되는데 이때 마우스를 클릭한 채로 위, 아래, 오른쪽, 왼쪽으로 움직이면 [시작] 메뉴 크기가 조절되는 것을 볼 수 있습니다.

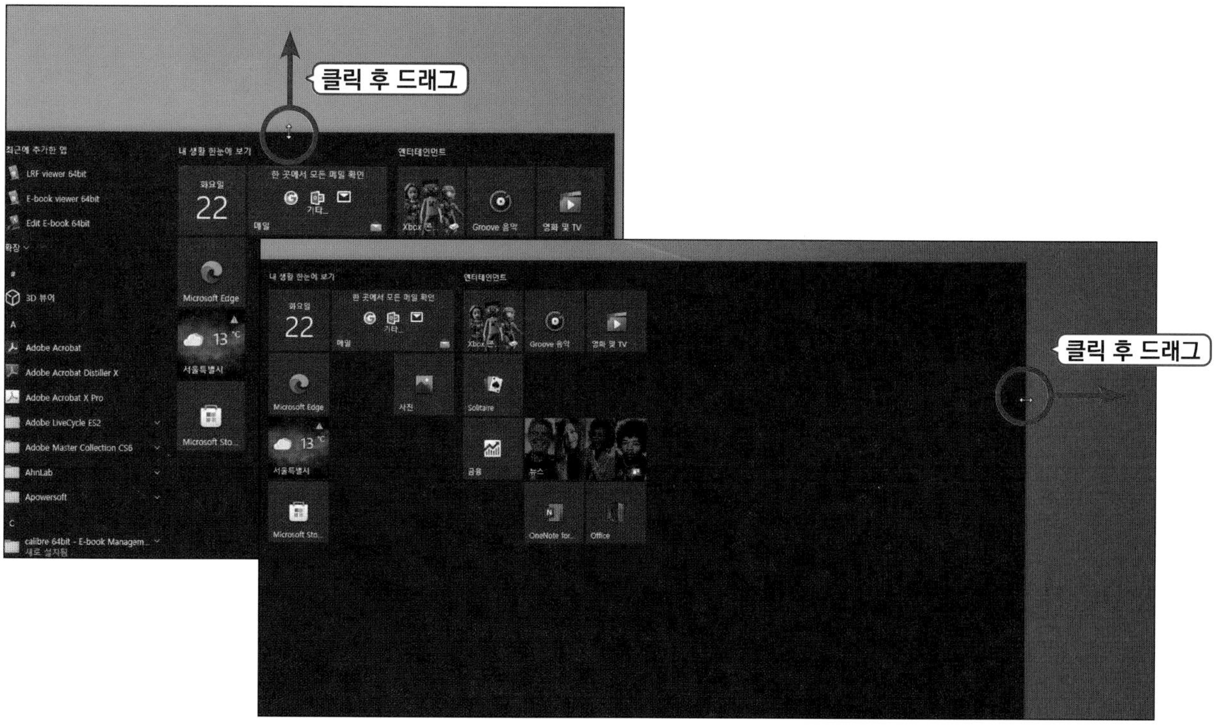

02 앱 리스트에 마우스를 위치시키면 오른쪽 옆에 스크롤 바가 생성됩니다.

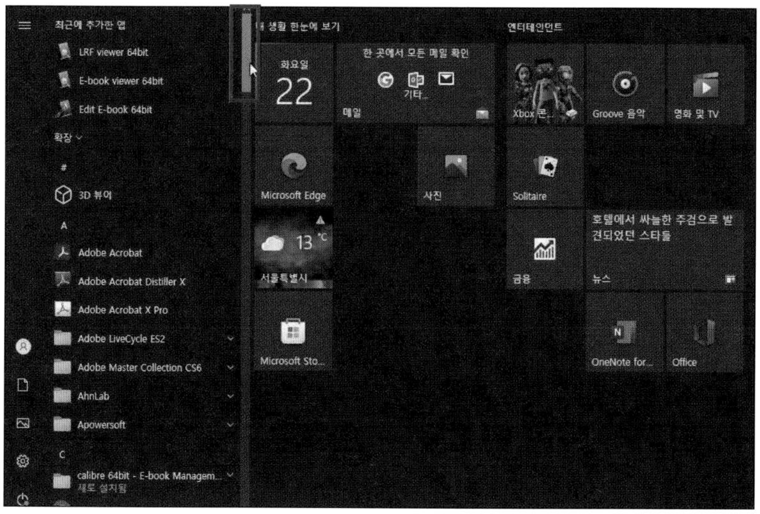

03 스크롤 바를 마우스로 클릭한 채로 아래로 내리면서 어떤 앱(프로그램)들이 나타나는지 살펴봅니다. 그리고 그중 실행시키고 싶은 앱(프로그램)을 클릭합니다. 여기에서는 아래한글을 클릭해봤습니다.

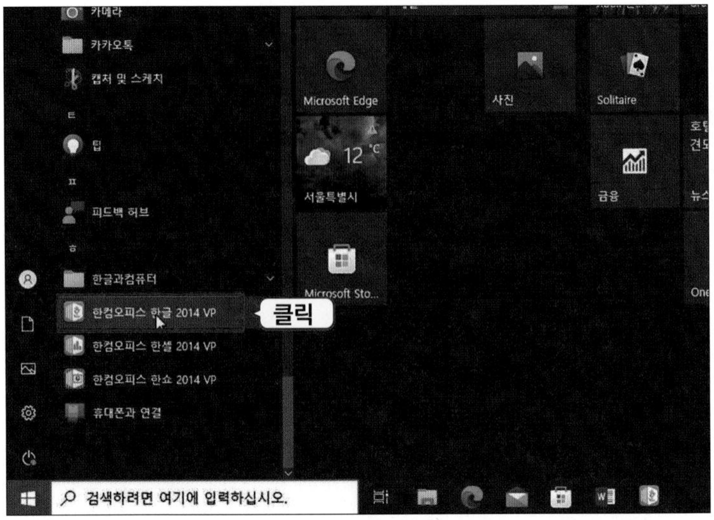

04 클릭한 앱(프로그램)이 실행되는 것을 볼 수 있습니다. 아래한글 오른쪽 위에 있는 × 를 클릭해서 아래한글에서 빠져나옵니다.

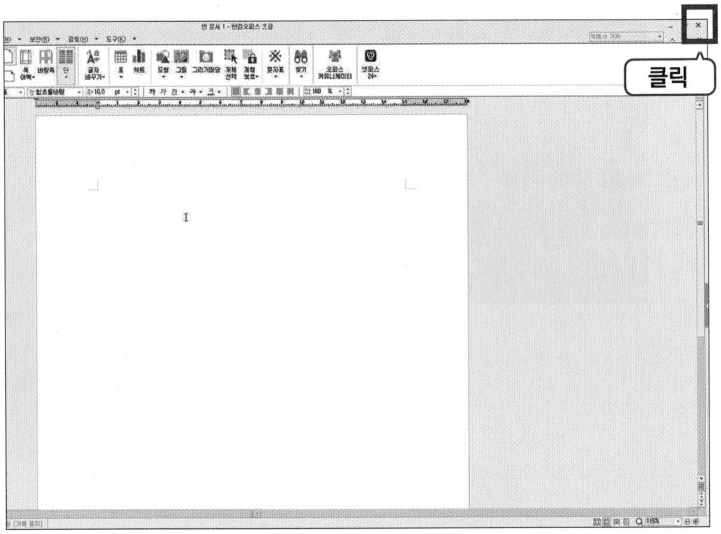

05 앞에서처럼 스크롤 바를 내려서 원하는 앱(프로그램)을 찾는 게 번거롭다면 앱 리스트가 알파벳과 한글 자음(ㄱ, ㄴ, ㄷ, ㄹ…) 순으로 나열되는데 A를 클릭합니다. B나 C, ㄱ, ㄴ 등을 클릭해도 됩니다.

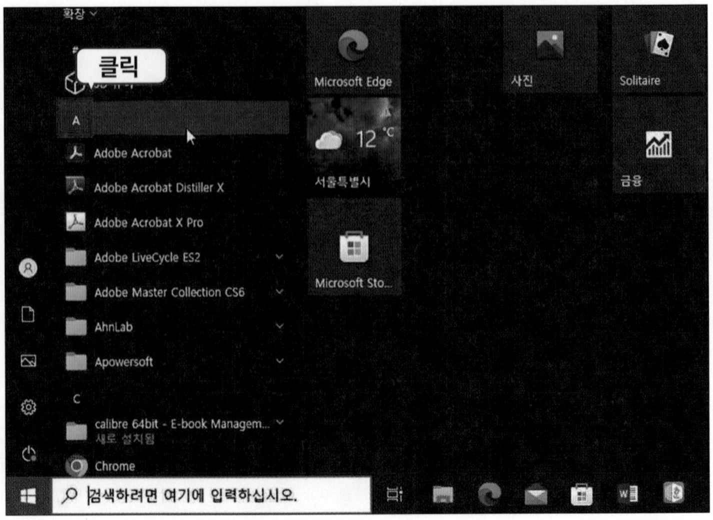

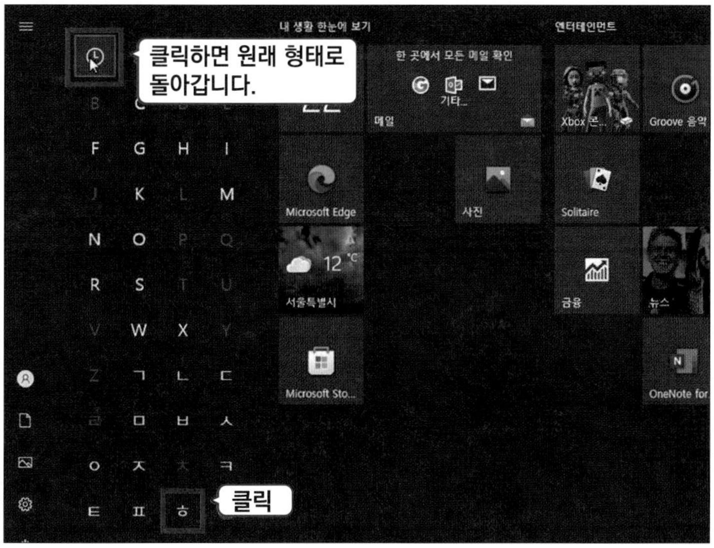

06 앱(프로그램) 리스트가 바뀌는 것을 볼 수 있습니다. 여기에서 'ㅎ'을 찾아서 클릭합니다.

TIP

위의 화면에서 맨 앞에 있는 🕒를 클릭하면 다시 원래 형태대로 돌아갑니다. 그리고 글자들이 밝게 보이는 것은 해당 알파벳이나 한글 자음으로 시작하는 앱(프로그램)이 설치되어 있다는 것입니다. 그렇지 않은 알파벳이나 한글 자음은 글자들이 밝게 보이지 않습니다.

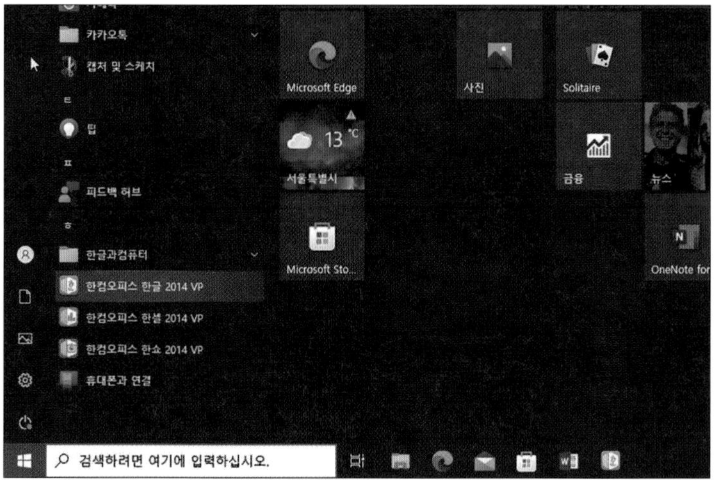

07 'ㅎ'으로 시작하는 앱(프로그램)들이 나타납니다.

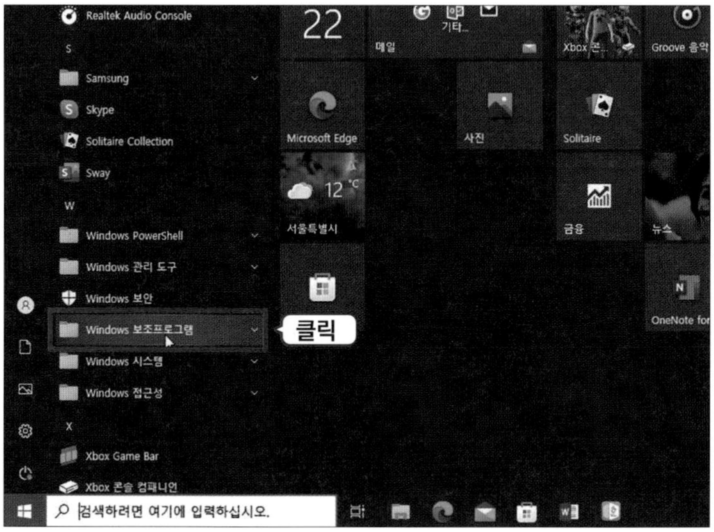

08 앱(프로그램) 리스트에는 폴더 형태들도 있습니다. 스크롤 바를 내려서 'W'로 시작하는 리스트로 이동해서 [Windows 보조 프로그램]을 찾아 클릭하면 그 안에 들어있는 프로그램들이 나열됩니다.

TIP

다음에 나오는 것들처럼 이름 옆에 ⌄ 표시가 있으면 그 안에 다른 프로그램들이 들어있다는 뜻입니다.

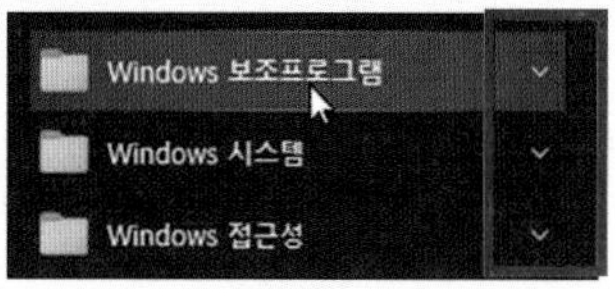

3 시작 화면 꾸미기

시작 화면을 내 입맛에 맞게 바꾸어보도록 하겠습니다.

01 오른쪽에 있는 '엔터테인먼트'라고 되어 있는 부분을 마우스로 클릭한 채로 있으면 색이 바뀌는 것을 볼 수 있습니다. 이때 마우스를 클릭한 상태로 있어야 합니다.

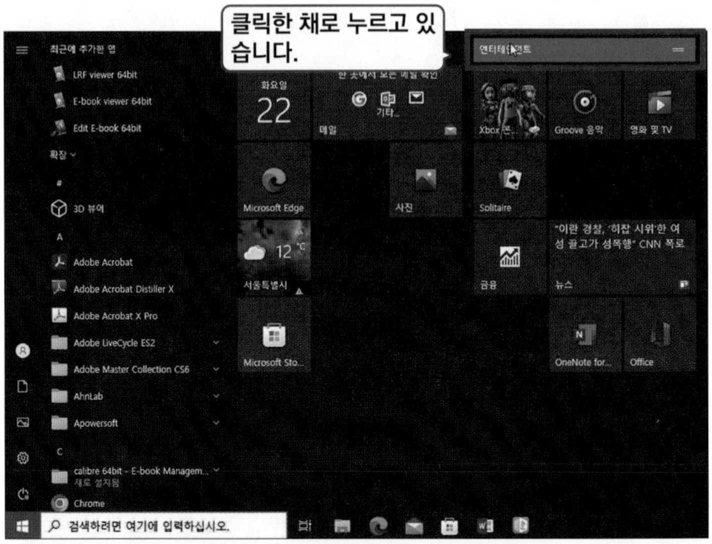

TIP

마우스를 클릭하고 손을 떼면 그룹 이름을 바꿀 수 있습니다. 라이브 타일 그룹 이름을 바꾸고 싶을 때는 마우스로 클릭하고 새로운 이름을 입력하면 됩니다.

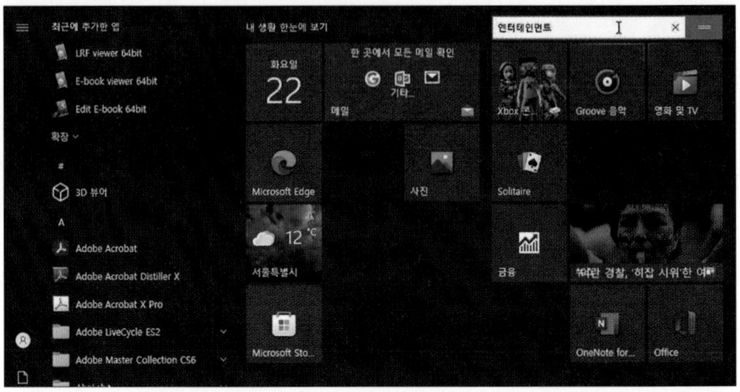

02 마우스를 클릭한 채로 밑으로 내린 후 마우스에서 손을 떼면 다음 화면처럼 [엔터테인먼트] 그룹 위치가 바뀌는 것을 볼 수 있습니다.

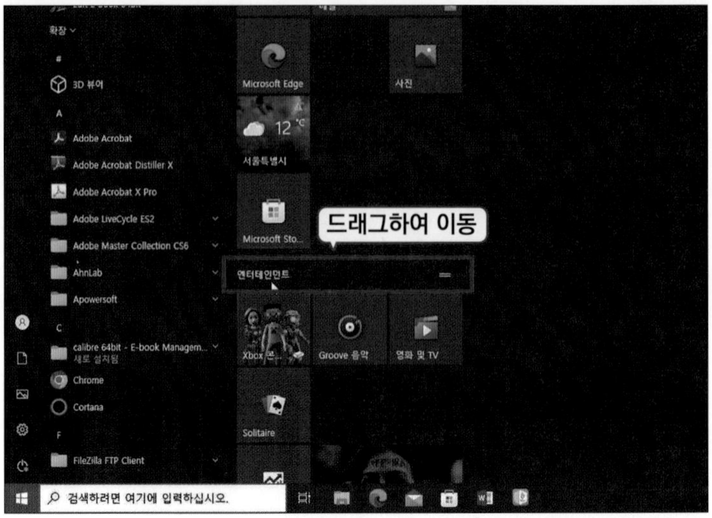

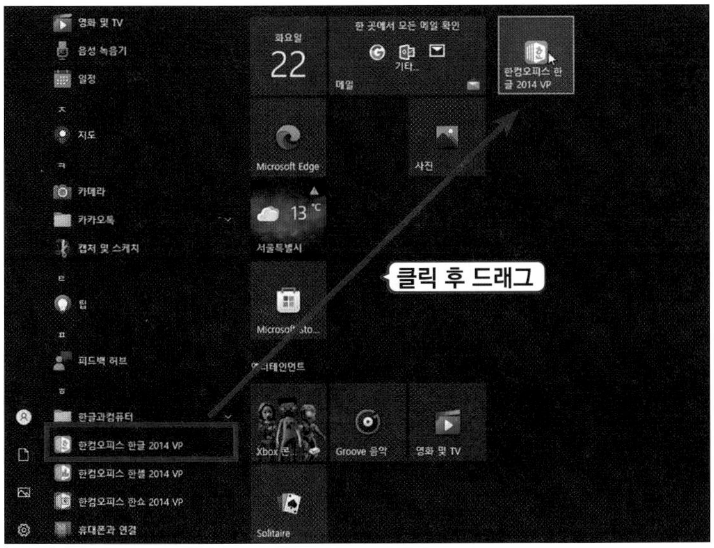

03 이제 자주 사용하는 앱(프로그램)을 시작 화면에 고정해보겠습니다. 왼쪽에 있는 모든 앱 리스트에서 각자 많이 사용하는 프로그램을 클릭한 채로 시작 화면으로 끌어다 놓습니다.

TIP

다음과 같은 방법으로 해도 시작 화면에 앱을 고정할 수 있습니다.

❶ 모든 앱 리스트에서 [그림판 3D] 앱을 찾아 마우스 오른쪽 버튼을 클릭하면 [시작 화면에 고정]이 나옵니다. [시작 화면에 고정]을 클릭합니다.

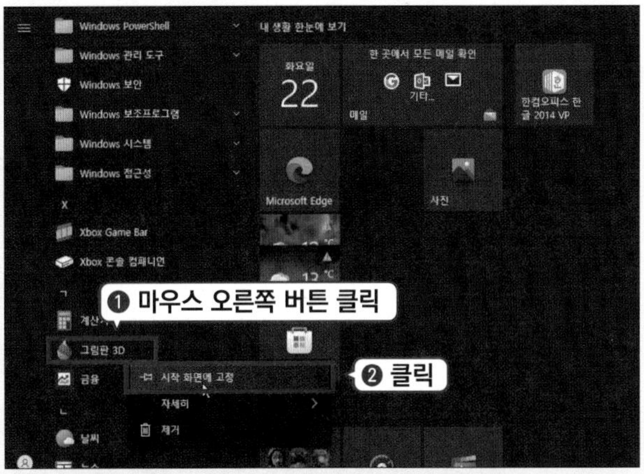

❷ 시작 화면에 [그림판 3D] 앱이 고정되는 것을 볼 수 있습니다.

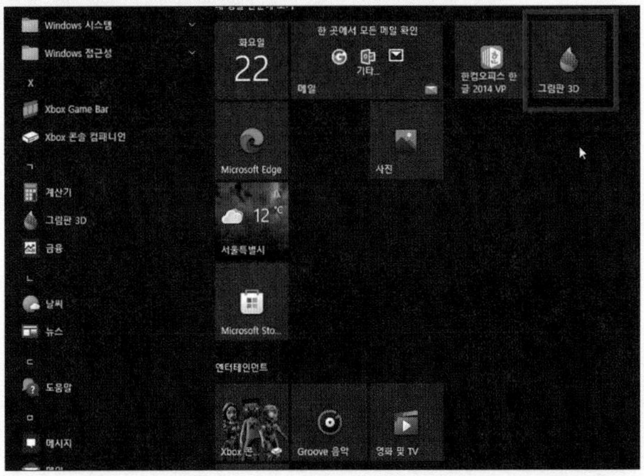

❸ 시작 화면에 고정된 [그림판 3D] 앱을 클릭한 채로 움직이면 위치를 이동할 수 있습니다. 원하는 위치로 이동한 후 마우스 버튼에서 손을 뗍니다. 이때 마우스로 클릭한 후 바로 손을 떼면 [그림판 3D] 프로그램이 실행되니 꼭 마우스를 클릭하자마자 손을 떼면 안 됩니다.

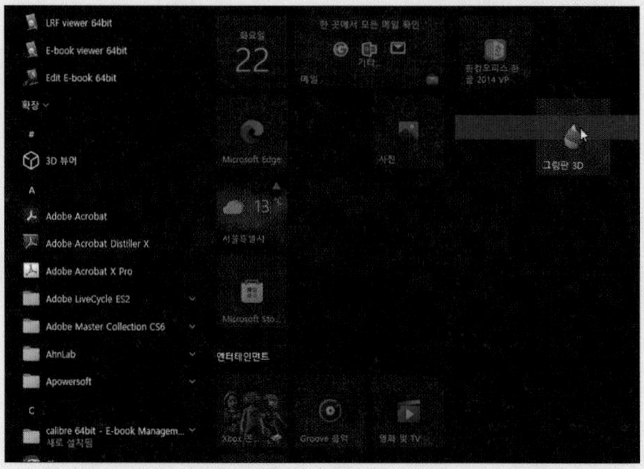

❹ 이번에는 바탕 화면에서 시작 화면에 고정하는 방법입니다. 고정하고자 하는 아이콘에서 마우스 오른쪽 버튼을 클릭합니다. 메뉴 중 [시작 화면에 고정]을 클릭하면 시작 화면에 고정됩니다.

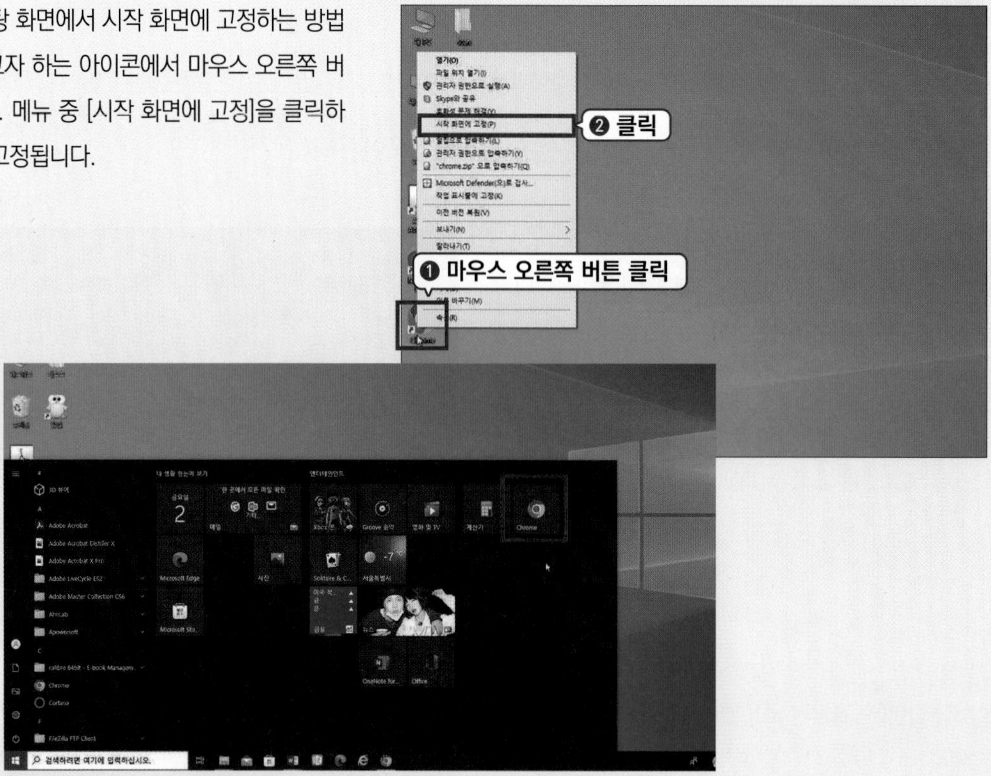

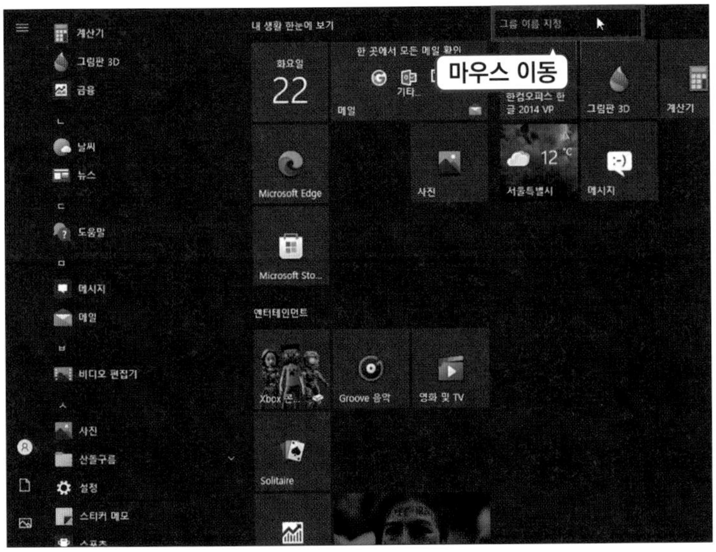

04 각자 원하는 앱(프로그램)들을 시작 화면에 고정시켜 놓습니다. 그리고 마우스를 위로 움직이면 [그룹 이름 지정]이 나타납니다.

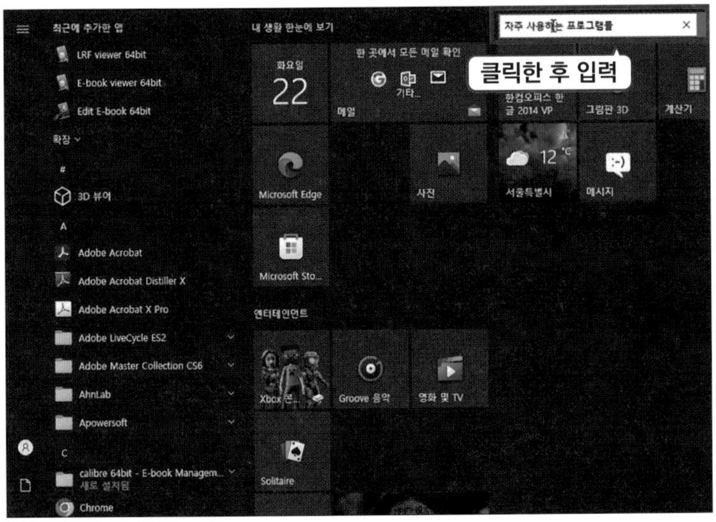

05 [그룹 이름 지정]을 마우스로 클릭한 후 각자 원하는 그룹 이름을 입력해 넣습니다. 예제에서는 '자주 사용하는 프로그램들'이라고 입력했습니다.

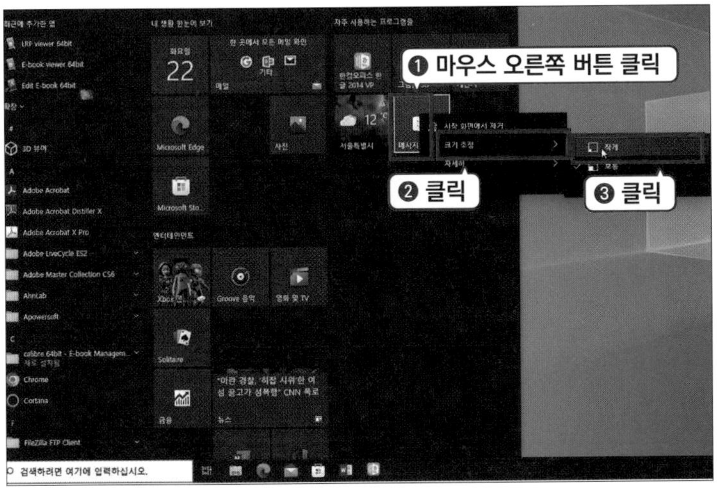

06 이번에는 타일 크기를 조절해보겠습니다. 타일을 마우스 오른쪽 버튼으로 클릭하고 [크기 조정]에서 [작게]를 클릭합니다.

07 타일 크기가 작게 변경되는 것을 볼 수 있습니다.

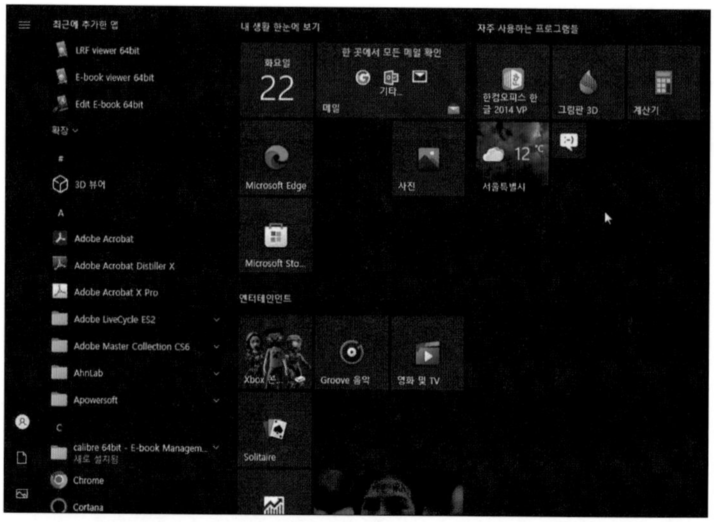

TIP

앱에 따라서 타일 크기를 4가지 혹은 2가지로 조절할 수 있습니다. 위에서는 [크게]와 [작게]로만 조절할 수 있었는데 다음 화면처럼 [메일] 앱에서 마우스 오른쪽 버튼을 클릭하고 [크기 조정]을 선택하면 바꿀 수 있는 크기가 [작게], [보통], [넓게], [크게]로 4가지가 나오는 것을 볼 수 있습니다. 각자 차례대로 선택하면서 크기가 어떻게 바뀌는지 살펴보면 좋습니다.

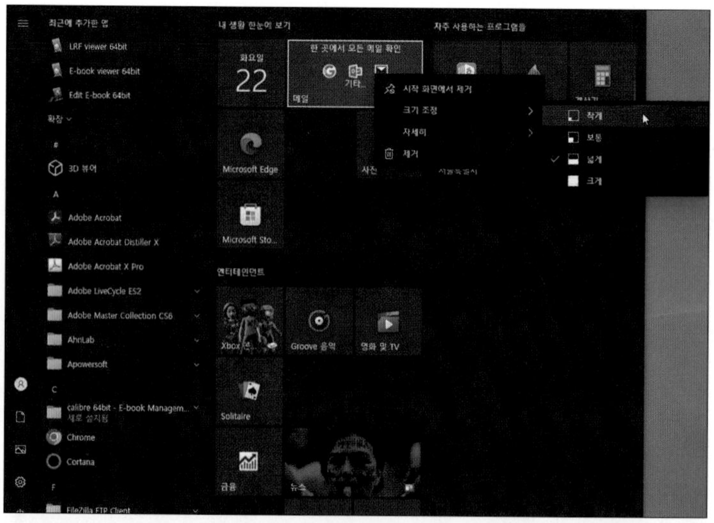

08 시작 화면에 고정된 앱을 시작 화면에서 빼버리고 싶을 때는 해당 앱을 마우스 오른쪽 버튼으로 클릭한 후 [시작 화면에서 제거]를 클릭하면 됩니다. 이때 밑에 있는 [제거]와 혼동하면 안 됩니다. [제거]는 프로그램을 컴퓨터에서 완전히 삭제하는 메뉴입니다.

TIP

앞에서 나오는 메뉴 중에 맨 밑에 있는 [제거]를 클릭하게 되면 컴퓨터에서 프로그램을 완전히 삭제할 수 있는 [제어판]의 [프로그램 제거 및 변경] 대화상자가 나타납니다. 이때 컴퓨터에서 완전히 삭제하고 싶은 프로그램을 마우스로 더블 클릭하면 프로그램 삭제가 진행됩니다.

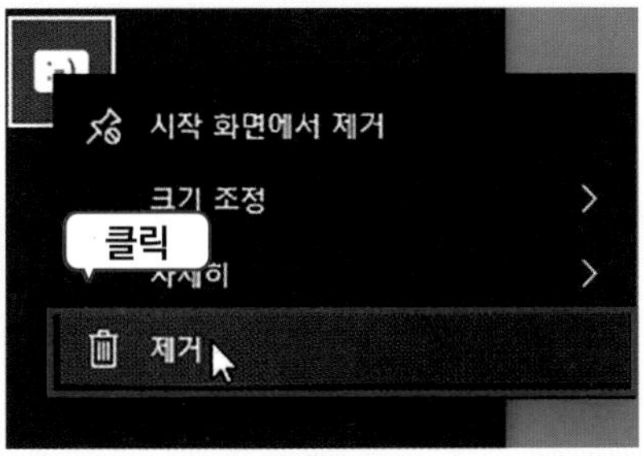

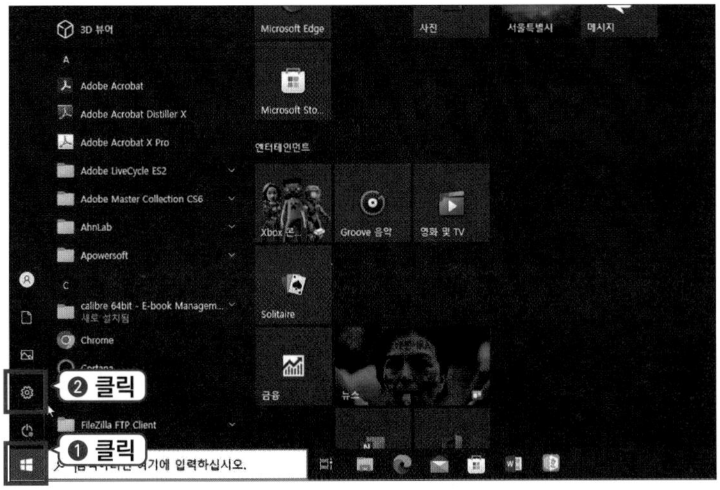

09 시작 화면을 크게 보고 싶을 경우에는 시작 메뉴에 있는 [시작]( )을 클릭한 후 [설정] ( )을 클릭합니다.

10 [설정] 창이 나오면 [개인 설정]을 클릭합니다.

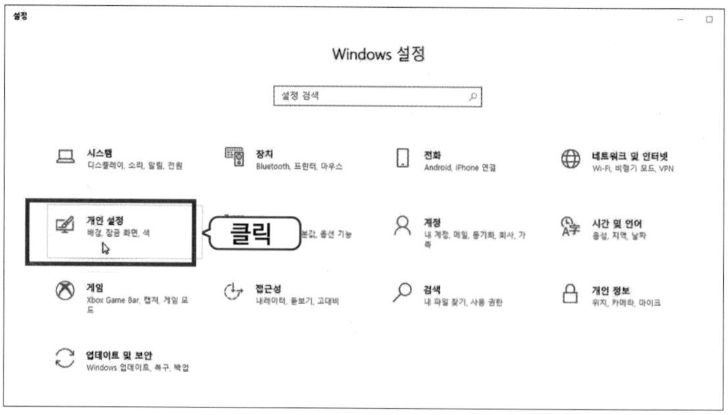

11 [개인 설정] 창이 나오면 왼쪽에 있는 [시작]을 클릭하고 [전체 시작 화면 사용]을 클릭해서 끔에서 켬으로 바꿉니다. 그리고 화면 오른쪽 위에 있는 [닫기](×)를 클릭해서 설정 창을 닫습니다.

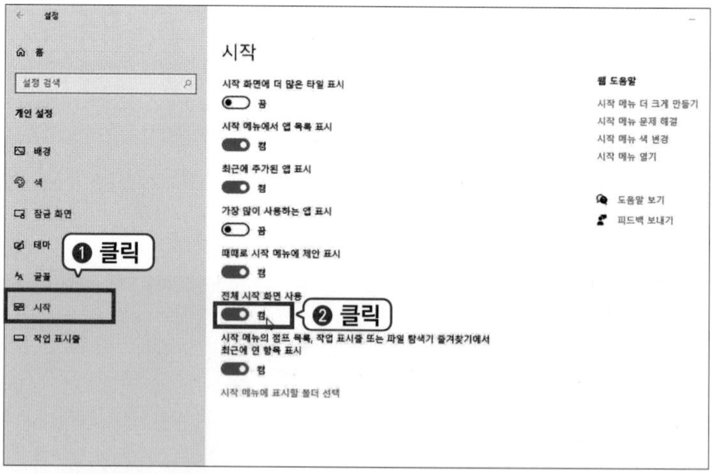

12 다시 [시작]( )을 클릭하면 시작 메뉴가 화면을 꽉 채우는 크기로 바뀐 것을 볼 수 있습니다. 여기에서 화면 왼쪽에 있는 [모든 앱]( )을 클릭합니다.

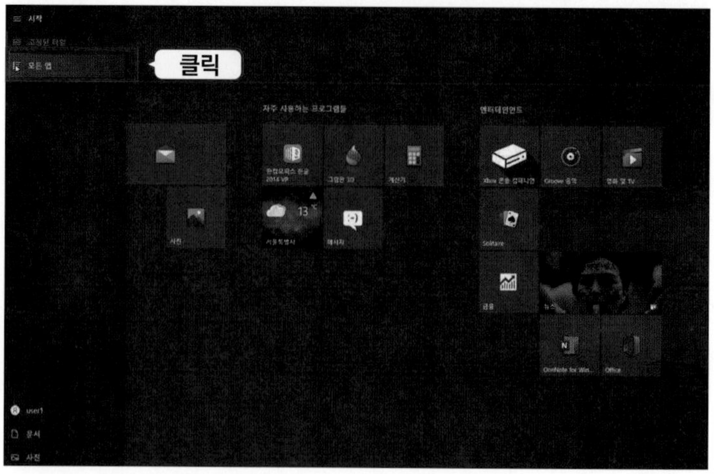

13 모든 앱 리스트도 화면 가득히 크게 나오는 것을 볼 수 있습니다. 다시 타일 형태로 보고 싶다면 화면 왼쪽 위에 있는 [고정된 타일]( )을 클릭하면 됩니다.

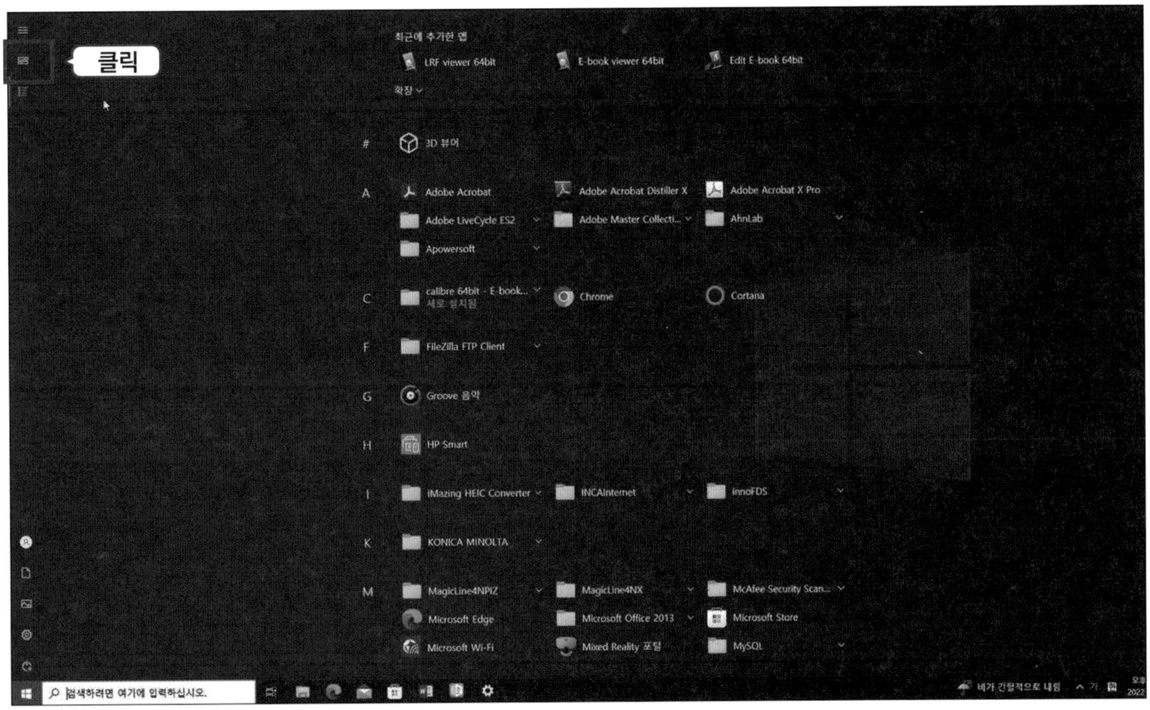

14 [시작] 메뉴를 원래대로 보고 싶다면 다시 한번 [설정]을 클릭하고 [개인 설정]에서 [시작]에 들어가 [전체 시작 화면]을 끔으로 바꾸면 됩니다.

CHAPTER

02 바탕 화면 꾸미기

이번 챕터에서는 컴퓨터 사용을 좀 더 편리하게 사용하게 해주고 나만의 테마를 가진 바탕 화면을 만드는 방법을 알아보도록 하겠습니다.

1 바탕 화면에 바로가기 만들기

매번 [시작] 메뉴를 실행해서 원하는 프로그램을 선택하는 게 번거로울 수도 있습니다. 이럴 때는 자주 사용하는 프로그램은 바탕 화면에 바로가기를 만들어 사용하는 게 더 편할 수 있습니다.

01 [시작] 메뉴에서 바로가기를 만들고 싶은 프로그램을 마우스로 클릭한 채로 바탕 화면으로 끌어다 놓습니다. 예제에서는 계산기를 바탕 화면에 바로가기로 만들었습니다.

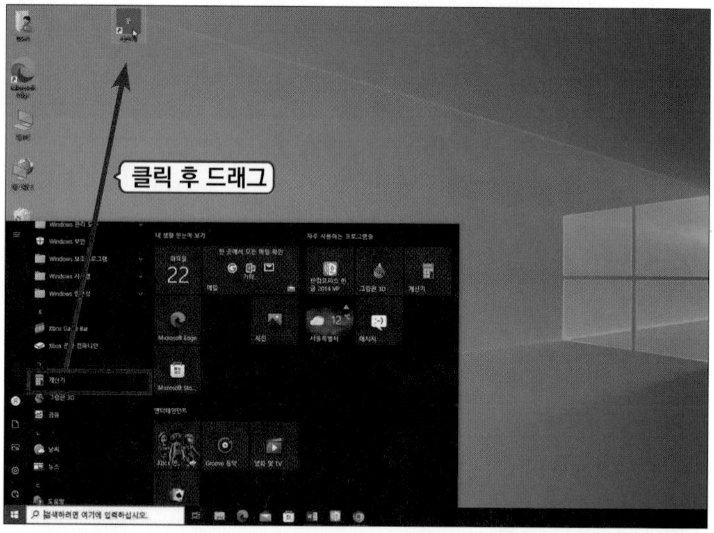

02 바탕 화면에 계산기 바로가기가 생성되었습니다. 계산기 바로가기 아이콘을 마우스로 더블 클릭하면 프로그램이 실행됩니다.

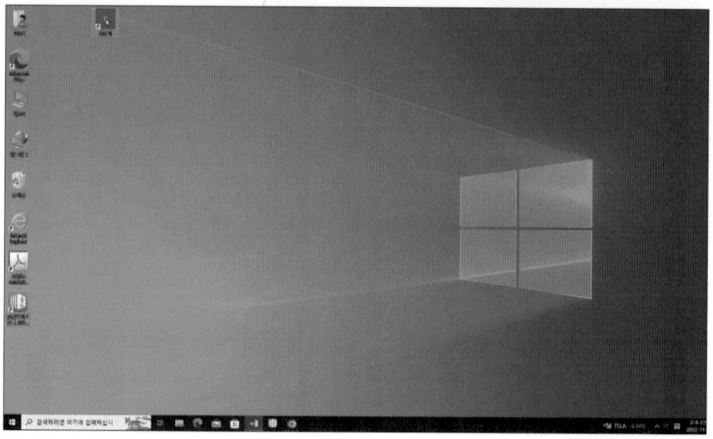

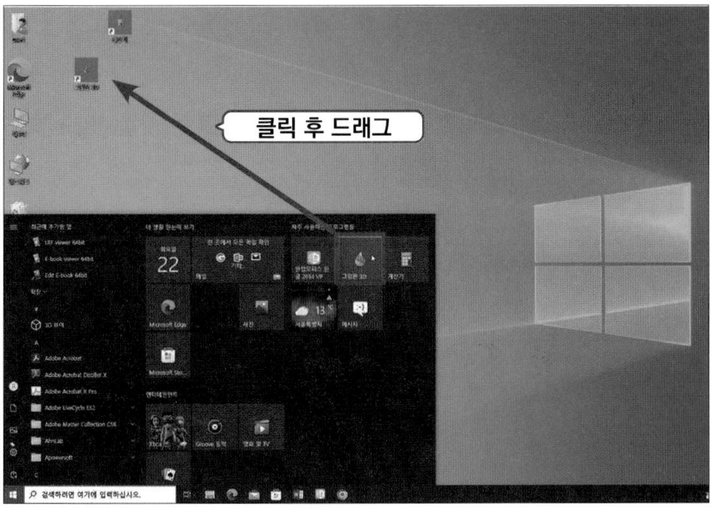

03 이번에는 시작 화면에 있는 앱을 바탕 화면에 바로가기로 만들어 보겠습니다. 시작 화면에서 원하는 앱(프로그램)을 클릭한 채로 바탕 화면으로 끌어다 놓습니다.

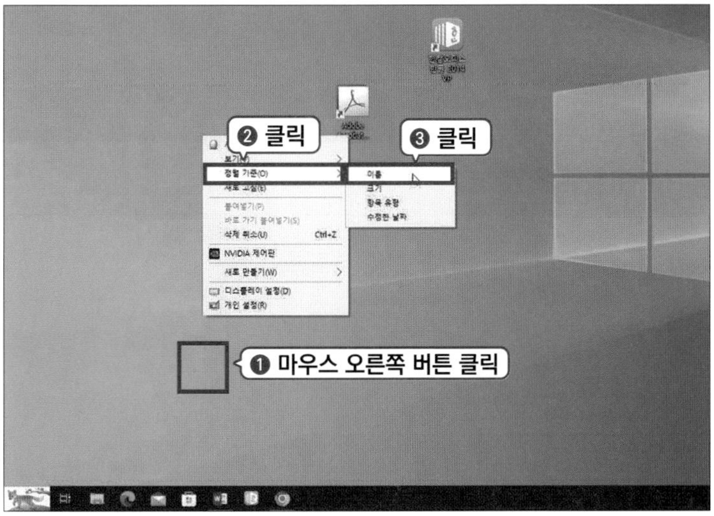

04 위와 같은 방식으로 각자 자주 사용하는 프로그램을 바탕 화면에 바로가기로 만들어 놓은 후 바탕 화면에서 마우스 오른쪽 버튼을 클릭하고 [정렬 기준]과 [이름]을 차례대로 선택합니다.

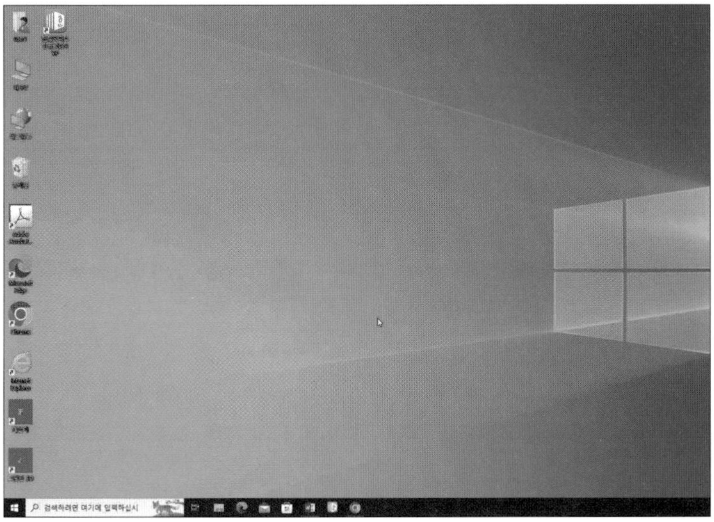

05 바로가기 아이콘들이 [이름] 순으로 차례대로 정렬된 것을 볼 수 있습니다.

2 바탕 화면의 배경 바꾸기

바탕 화면은 윈도우10을 사용하면서 가장 많이 보게 될 화면입니다. 바탕 화면의 배경 그림은 사용자가 원하는 대로 변경할 수 있습니다. 바탕 화면을 꾸미는 방법을 알아보겠습니다.

01 [시작] 메뉴에서 [설정]을 클릭합니다.

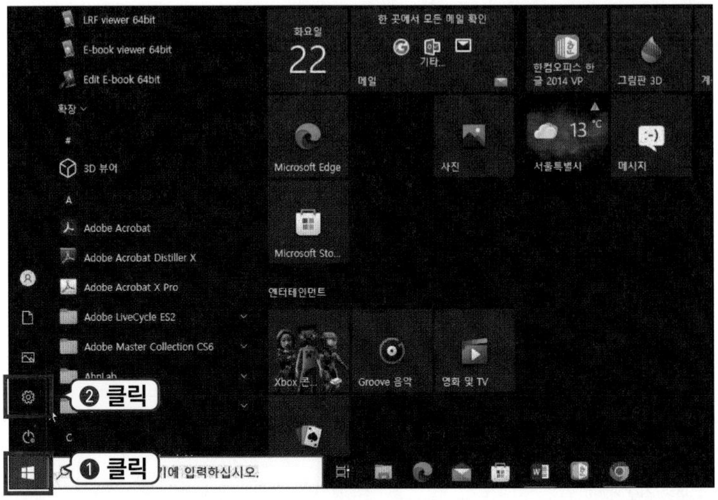

02 설정 창이 나타나면 [개인 설정]을 클릭합니다.

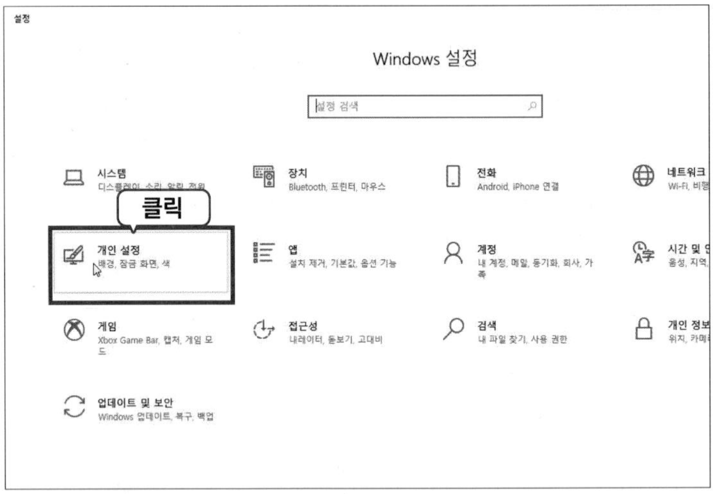

TIP

바탕 화면에서 마우스 오른쪽 버튼을 클릭하면 나타나는 메뉴 중에서 맨 밑에 있는 [개인 설정]을 클릭해도 됩니다.

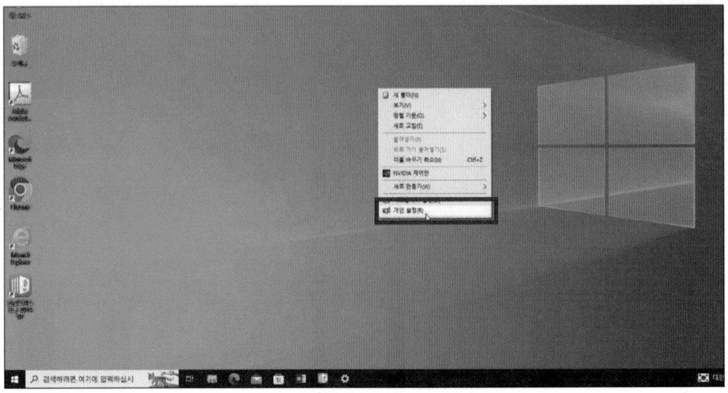

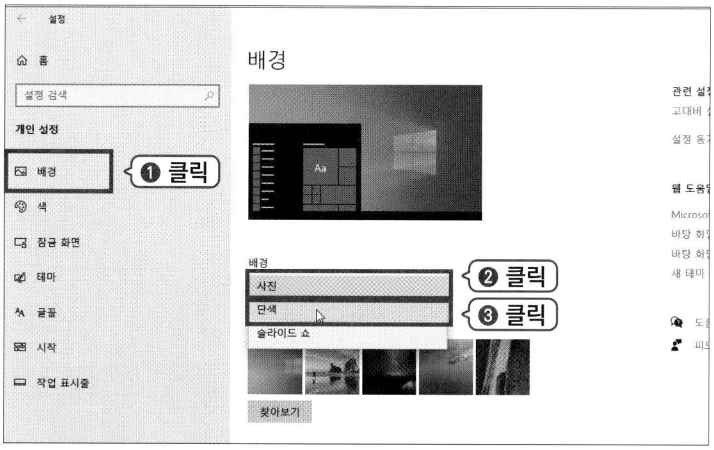

03 왼쪽에서 [배경]을 클릭하고 [배경]에서 [사진]을 클릭한 후 [단색]을 선택합니다.

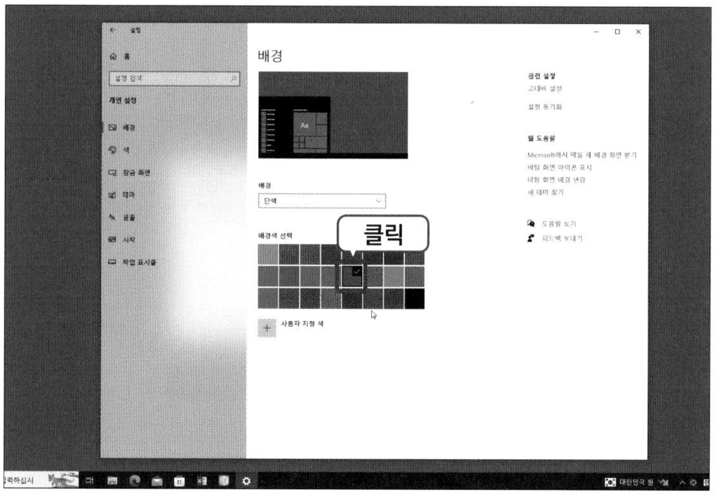

04 [배경색]에서 원하는 색을 클릭하면 바탕 화면이 바뀌는 것을 볼 수 있습니다.

05 이번에는 배경 사진을 바꾸어보도록 하겠습니다. [배경]에서 [사진]을 선택하고 [사용자 사진 선택]에서 원하는 사진을 클릭합니다. 그러면 위에 있는 [미리보기]에 선택한 사진이 적용된 바탕 화면이 보입니다. 마음에 드는 사진을 선택하고 [설정] 창 오른쪽 위에 있는 [최소화](–)를 클릭합니다.

TIP

프로그램을 실행하면 나타나는 창들을 보면 오른쪽 위에 다음과 같은 버튼들이 나옵니다.

–	□	×
❶	❷	❸

❶ **최소화** : 프로그램 창을 잠시 작업 표시줄에 숨겨줍니다.
❷ **최대화** : 프로그램 창을 최대로 크게 해줍니다.
❸ **닫기** : 프로그램을 종료합니다.

06 컴퓨터의 바탕 화면이 바뀌었음을 알 수 있습니다.

07 화면 아래 작업 표시줄에 있는 [설정](⚙)을 클릭합니다. 그러면 앞에서 최소화(—) 버튼을 클릭해서 잠시 닫아 두었던 [설정] 창이 다시 나타납니다.

08 이번에는 윈도우10에서 기본으로 제공하는 사진이 아닌 내가 가지고 있는 사진으로 바탕 화면을 바꾸어 보겠습니다. [사용자 사진 선택] 밑에 있는 [찾아보기]를 클릭합니다.

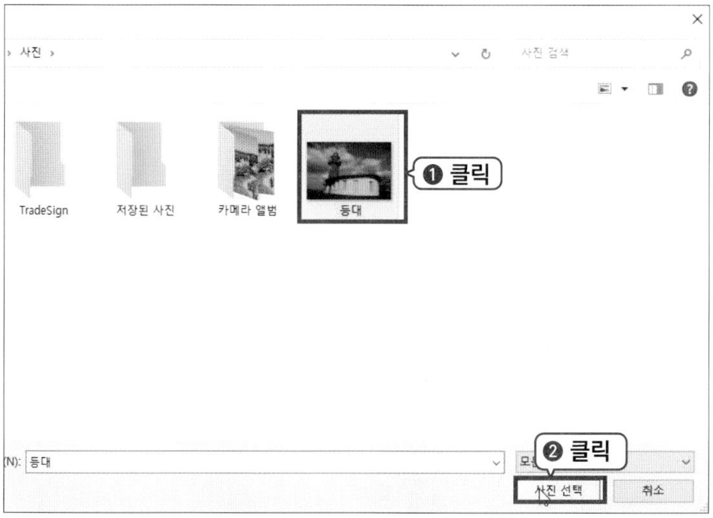

09 [파일 열기] 대화상자가 나오면 바탕 화면으로 바꾸고 싶은 사진을 찾아 클릭한 후 [사진 선택] 버튼을 누릅니다.

10 [설정] 창이 나오면 앞에서처럼 [최소화](—)를 클릭하면 내가 가지고 있는 사진으로 바탕 화면이 바뀌는 것을 볼 수 있습니다. [설정] 창을 종료시키려면 [닫기](×)를 클릭하면 됩니다.

CHAPTER 03 작업 표시줄

바탕 화면의 맨 아래 부분에 있는 작업 표시줄은 시작 메뉴, 검색, 작업 보기, 고정된 앱, 실행 중인 앱, 알림 영역, 알림 센터 등으로 구성되어 있습니다. 각각의 기능과 쓰임을 알아보고 구성과 위치 등을 변경하는 방법에 대해 알아보겠습니다.

1 작업 표시줄 구성

먼저 작업 표시줄이 기본적으로 어떻게 구성되어 있는지 간단히 살펴보도록 하겠습니다. 작업 표시줄은 시작 메뉴와 더불어 잘 익혀 놓으면 컴퓨터를 편리하게 사용할 수 있습니다.

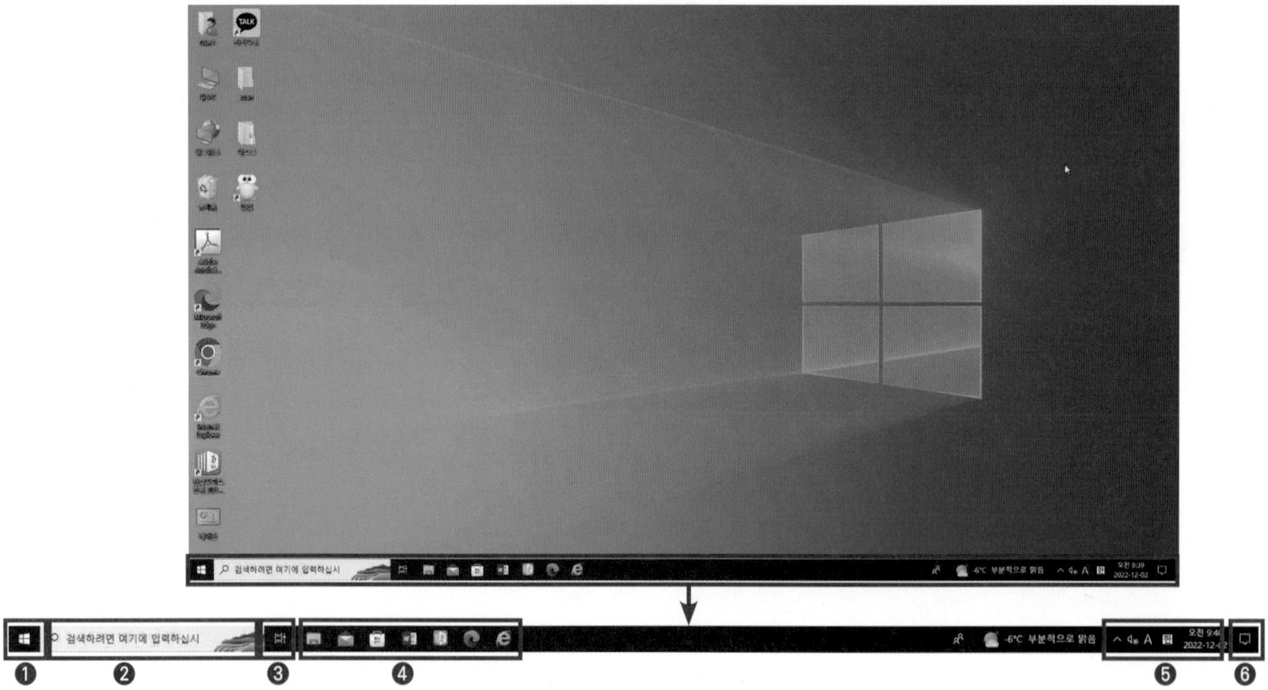

❶ **시작( )** : 시작 메뉴를 실행시킵니다.

❷ **Windows 검색** : 앱, 파일 등을 검색할 수 있습니다.

❸ **작업 보기( )** : 현재 실행 중인 작업들을 한눈에 확인할 수 있습니다.

❹ **실행 중인 앱** : 작업 표시줄에 고정되어 있거나 현재 실행 중인 앱들이 표시됩니다. 자주 사용하는 앱(프로그램)은 작업 표시줄에 고정할 수 있습니다.

❺ **알림 영역** : 네트워크 설정, 볼륨 조절, 한/영 전환 아이콘과 시계가 기본으로 보이고 아이콘을 숨김으로 해놓을 수 있어서 아이콘을 숨기거나 나타낼 수 있습니다.

❻ **알림 센터( )** : 모든 시스템 알림과 설정, 기기 설정을 할 수 있도록 통합된 곳입니다.

2 작업 표시줄에 앱(프로그램) 고정하기

앞에서 자주 사용하는 프로그램의 바로가기를 바탕 화면에 만들어놓고 사용하는 방법을 배웠는데 이번에는 자주 사용하는 프로그램을 작업 표시줄에 고정해서 편리하게 사용하는 방법을 알아보겠습니다.

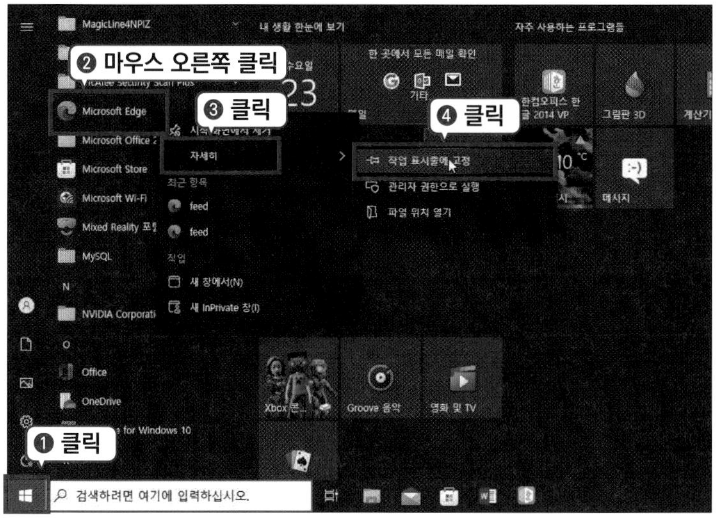

01 [시작]( )을 클릭하고 앱 중 [Microsoft Edge]에서 마우스 오른쪽 버튼을 클릭합니다. 그리고 [자세히]-[작업 표시줄에 고정]을 차례대로 선택합니다. [Microsoft Edge]가 고정되어 있다면 다른 앱을 고정합니다.

TIP

윈도우10에는 2개의 웹브라우저가 있습니다. 하나는 엣지( )이고 하나는 인터넷 익스플로러( )입니다. 인터넷 익스플로러가 익숙한 분들이 많으나 2022년 6월 15일 기준으로 서비스 지원이 종료되어, 이 책에서는 앞으로 엣지와 크롬( )을 중심으로 설명할 예정입니다.

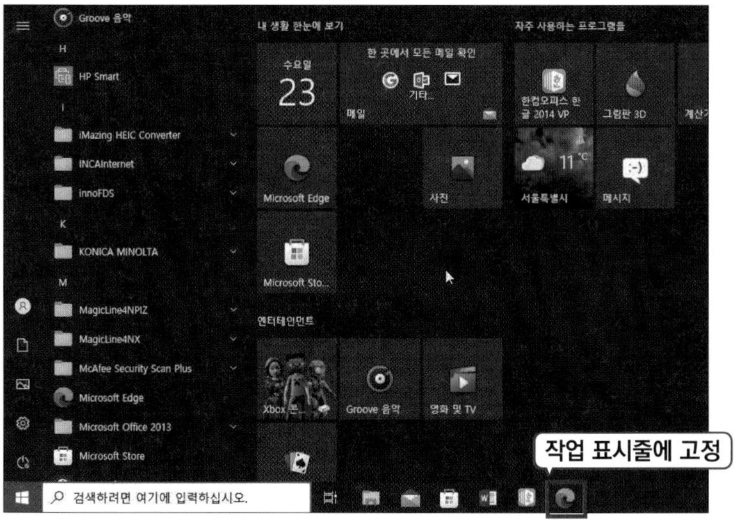

02 작업 표시줄에 엣지 아이콘( )이 생긴 것을 볼 수 있습니다.

TIP

만약 작업 표시줄에 고정된 앱(프로그램)을 제거하고 싶을 때는 해당 앱(프로그램)의 아이콘 위에서 마우스 오른쪽 버튼을 클릭하고 [작업 표시줄에서 제거]를 클릭하면 됩니다.

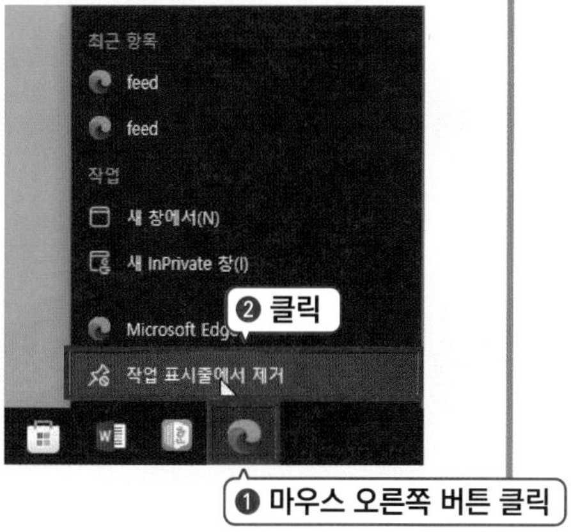

03 이번에는 바탕 화면에 있는 바로가기 아이콘을 이용해 작업 표시줄에 앱(프로그램)을 고정시키는 방법을 알아보겠습니다. 바탕 화면에 있는 아이콘 위에서 마우스 오른쪽 버튼을 클릭하고 [작업 표시줄에 고정]을 클릭합니다.

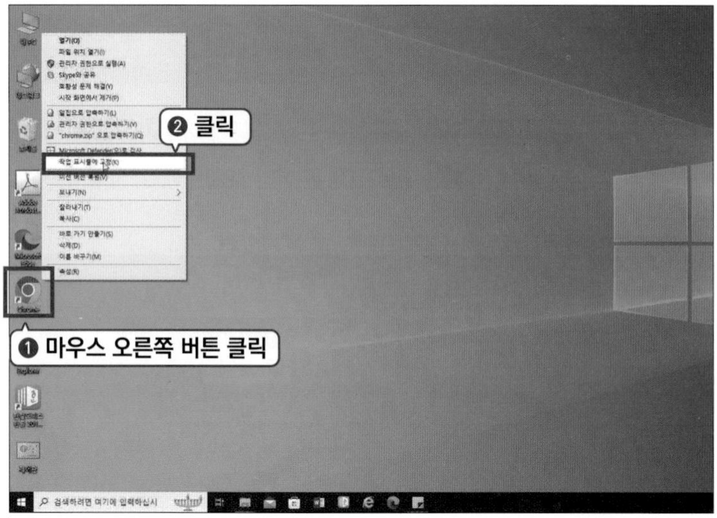

TIP

작업 표시줄에 고정시킨 앱(프로그램)은 해당 프로그램을 종료하거나 컴퓨터를 껐다 켜도 작업 표시줄에 위치합니다. 하지만 작업 표시줄에 고정시키지 않은 앱(프로그램)은 실행 중일 때만 아이콘이 나타나고 프로그램을 종료하거나 컴퓨터를 껐다 켜면 아이콘이 없어집니다.

3 열려있는 창 미리보기

작업 표시줄의 앱(프로그램) 아이콘에 마우스를 올려놓으면 현재 열어놓은 창을 미리 볼 수 있습니다. 창을 여러 개 열었을 경우 일일이 창을 전환해 보지 않아도 미리 볼 수 있으므로 편리합니다.

01 먼저 작업 표시줄에 있는 엣지( )를 클릭하여 실행하고 주소 표시줄에 네이버 홈페이지 주소(www.naver.com)를 입력하여 접속합니다.

02 Shift 키를 누른 채 작업 표시줄의 엣지( )를 클릭하면 새 창이 열립니다. 같은 방법으로 각각 다음(www.daum.net)과 네이트(www.nate.com)에 접속합니다.

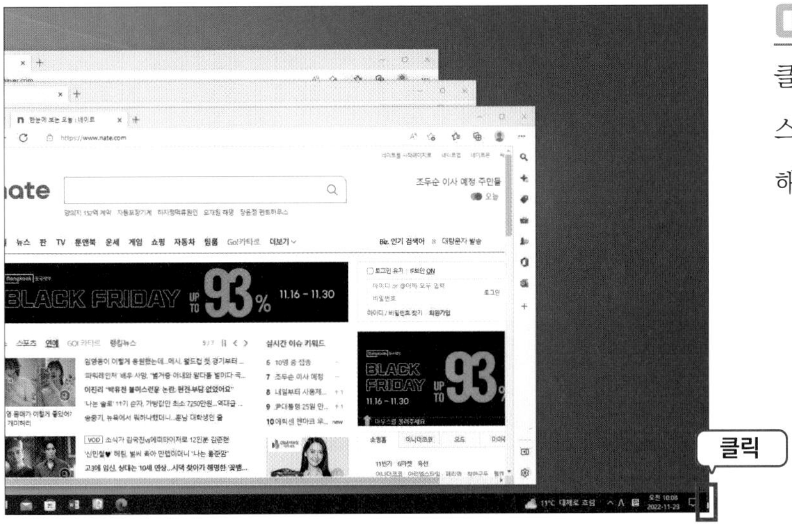

03 이제 작업 표시줄의 오른쪽 맨 끝을 클릭하여 바탕 화면이 보이게 합니다. 마우스가 보이지 않을 정도로 오른쪽 끝을 클릭해야 합니다.

04 작업 표시줄의 엣지 아이콘 위에 마우스를 위치하면 다음과 같이 열어 놓은 창의 미리보기가 나타납니다.

05 여러 개의 미리보기 중 하나를 선택해 마우스를 올려놓으면 큰 화면으로 볼 수 있습니다.

TIP

작업 표시줄에 있는 [작업 보기]( )를 클릭하면 현재 실행 중인 모든 앱(프로그램)의 실행 화면이 나옵니다.

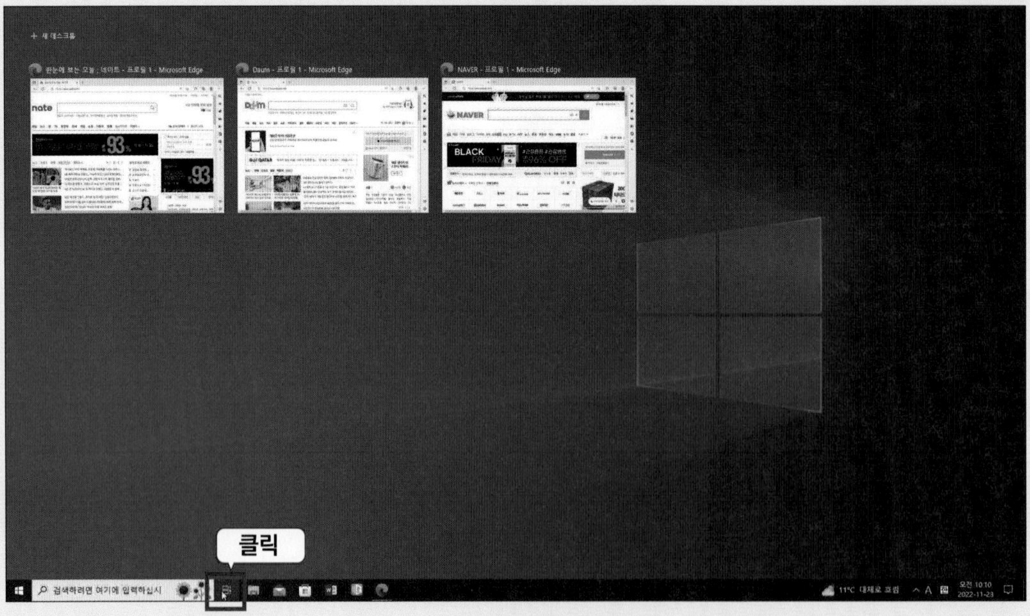

4 작업 표시줄의 위치와 속성 변경하기

작업 표시줄의 위치는 화면의 아래쪽에 있는데, 사용자가 임의로 바꿀 수 있습니다. 작업 표시줄의 위치 변경 방법을 알아보겠습니다.

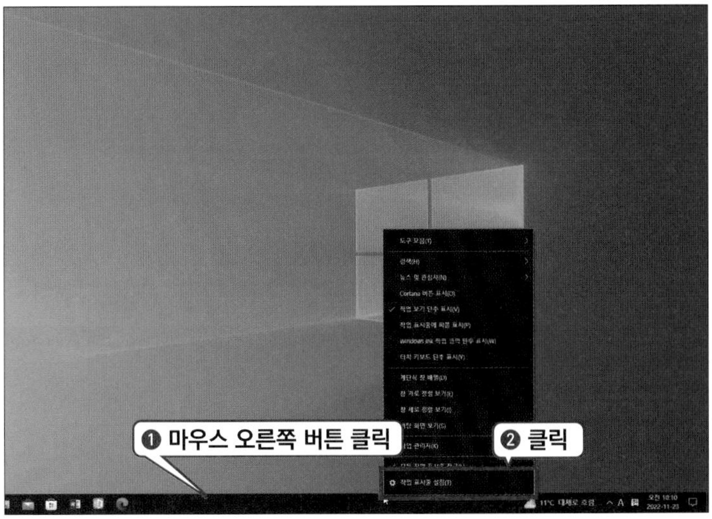

01 작업 표시줄의 빈 곳에서 마우스 오른쪽 버튼을 클릭한 후 [작업 표시줄 설정]을 클릭합니다.

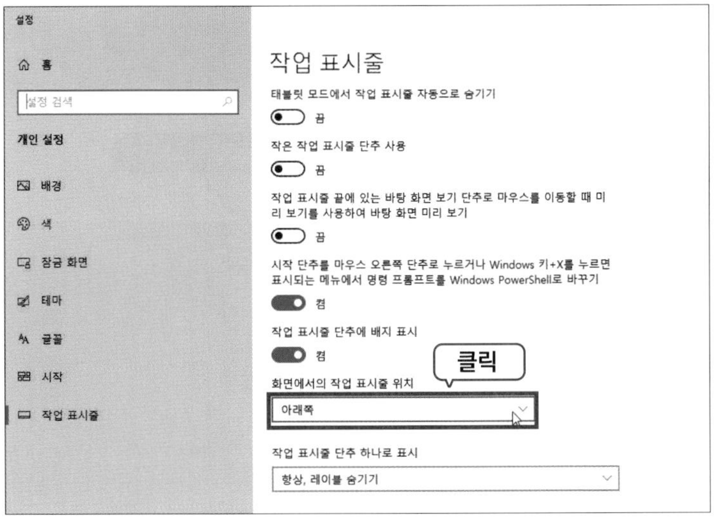

02 작업 표시줄 설정 창이 나타나면 화면을 아래로 내려서 [화면에서의 작업 표시줄 위치]에서 현재 [아래쪽]으로 되어 있는 부분을 마우스로 클릭합니다.

03 왼쪽, 위쪽, 오른쪽, 아래쪽이 나오는데 그중에 각자 원하는 위치를 클릭하면 됩니다.

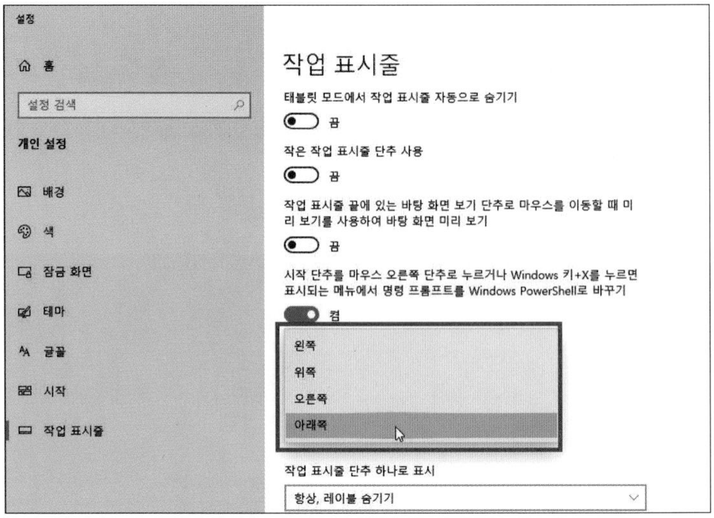

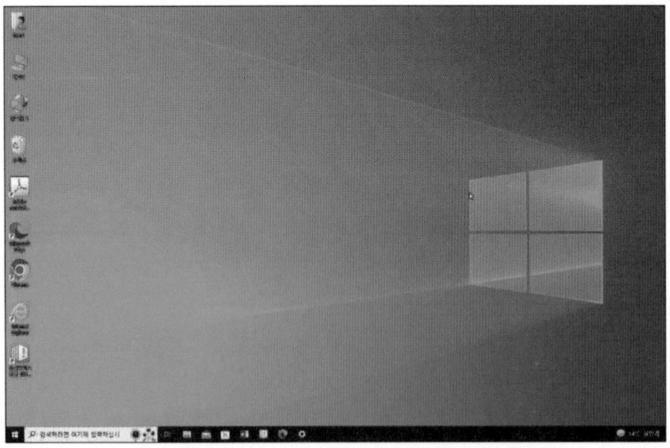

작업 표시줄이 아래쪽에 위치

작업 표시줄이 오른쪽에 위치

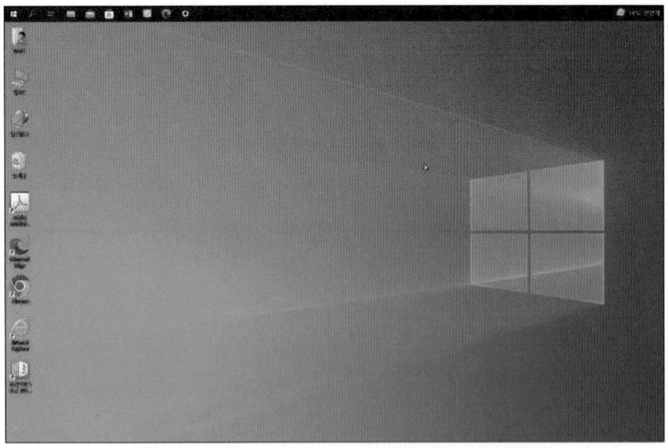

작업 표시줄이 위쪽에 위치

작업 표시줄이 왼쪽에 위치

04 이번에는 작업 표시줄을 숨겨보도록 하겠습니다. [작업 표시줄] 설정 창에서 [데스크탑 모드에서 작업 표시줄 자동 숨기기]의 끔을 클릭해서 켬으로 바꿉니다.

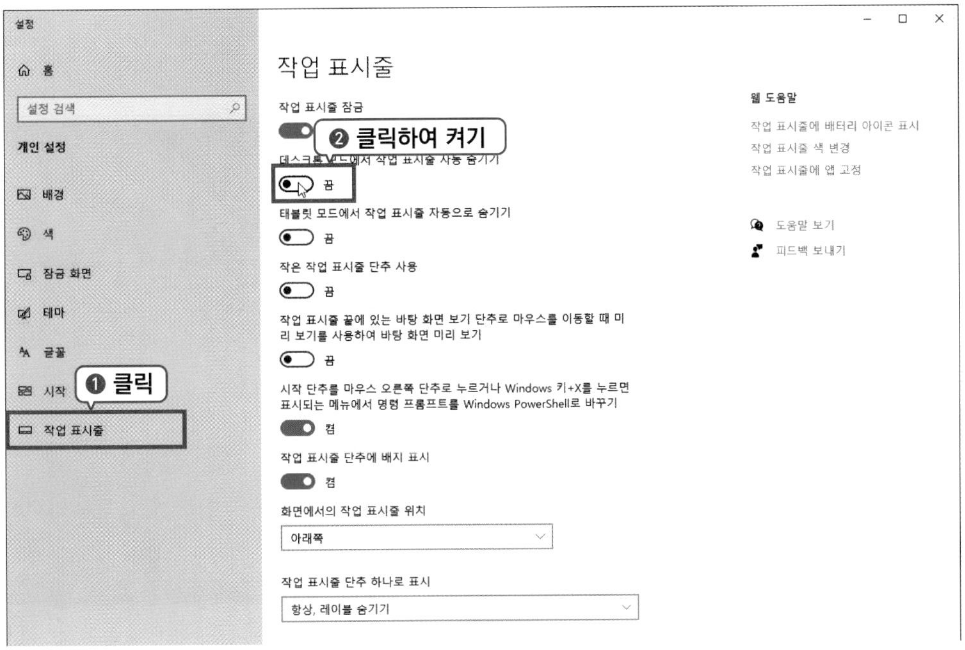

05 바탕 화면에서 작업 표시줄이 사라지는 것을 볼 수 있습니다. 마우스를 작업 표시줄이 있던 위치로 이동시키면 작업 표시줄이 나타나고 마우스가 작업 표시줄 영역을 벗어나면 작업 표시줄이 사라집니다.

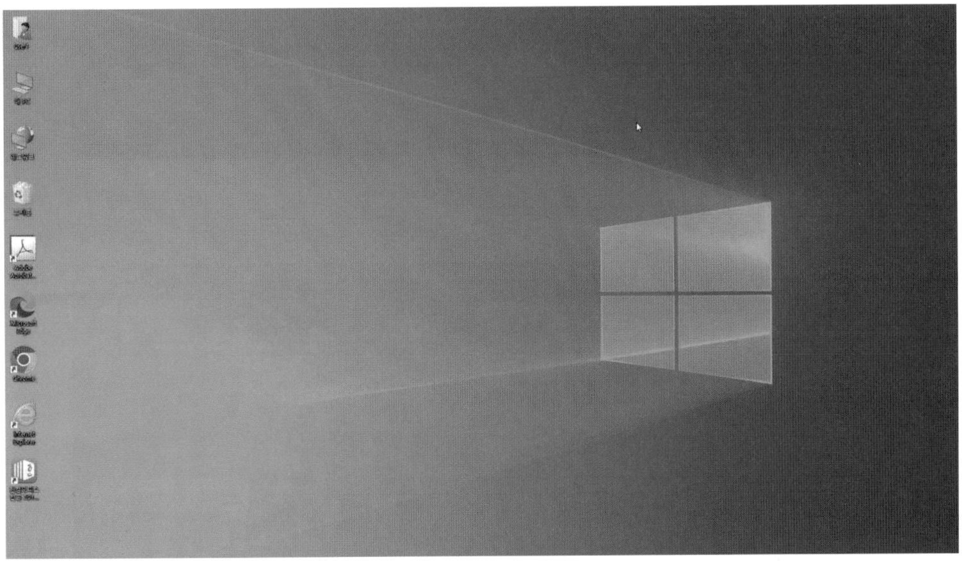

5 알림 영역 설정하기

알림 영역에 있는 시스템 아이콘을 숨기거나 표시하는 방법, 시간 설정하기, 시스템 볼륨 설정 등의 방법에 대해 알아보겠습니다.

01 알림 영역에 있는 [숨겨진 아이콘 표시]( )를 클릭하면 숨겨진 아이콘들이 보입니다.

02 숨겨진 아이콘 중 작업 표시줄에 나타나게 하고 싶은 아이콘을 마우스로 클릭한 채로 아래로 내립니다. 예제에서는 [볼륨]( ) 아이콘을 선택했습니다.

03 [볼륨] 아이콘이 작업 표시줄의 알림 영역에 표시됩니다. 반대로 작업 표시줄에 있는 아이콘을 숨기고 싶을 때는 해당 아이콘을 마우스로 클릭한 채로 드래그해서 숨겨진 아이콘 영역으로 끌어다 놓으면 됩니다.

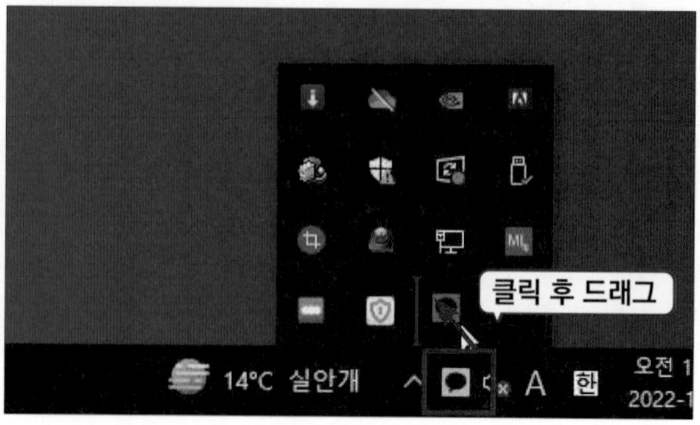

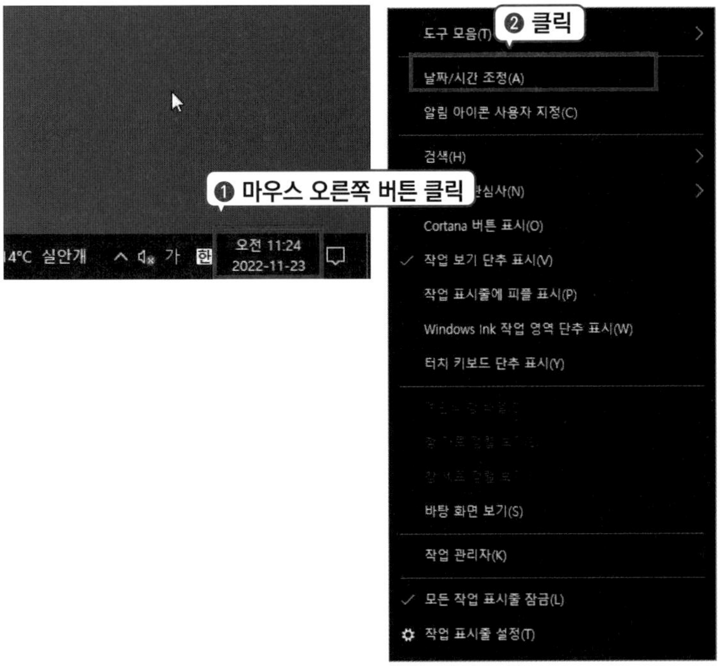

04 이번에는 시간을 설정해보도록 하겠습니다. 시계 위에서 마우스 오른쪽 버튼을 클릭하고 [날짜/시간 조정]을 클릭합니다.

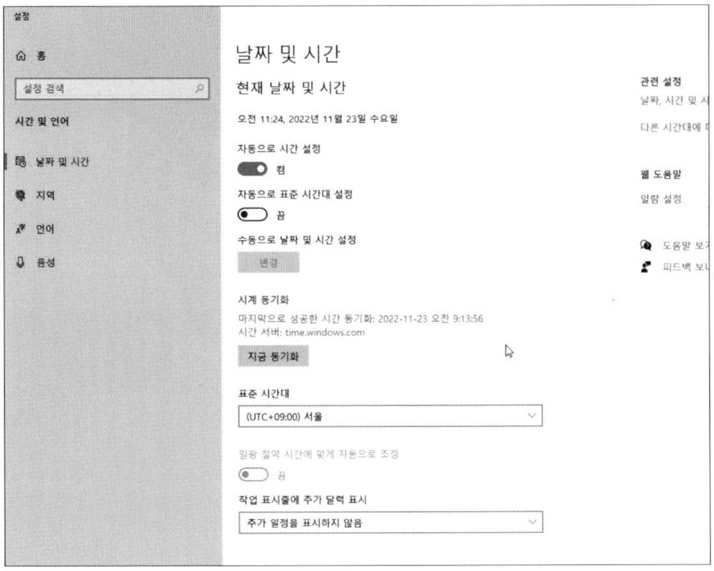

05 [날짜 및 시간] 설정 창에서 날짜, 시간, 다른 시간대에 대한 시계 추가 등을 설정할 수 있습니다.

CHAPTER 04

파일과 폴더에 대해 알아보기

파일과 폴더는 컴퓨터를 구성하는 가장 기본적인 단위라고 할 수 있습니다. 따라서 파일과 폴더를 잘 다루어야 윈도우를 잘 사용할 수 있습니다. 파일과 폴더에 대한 개념을 먼저 알아보고 파일 탐색기에 대해 설명하도록 하겠습니다.

1 파일이란?

파일은 음악, 사진, 문서 등 컴퓨터에 보관되어 있는 모든 자료를 말합니다. 파일은 파일명과 확장자로 구성되어 있으며, 이 둘은 구분점(.)으로 구분합니다. 파일명은 말 그대로 파일의 이름이고 확장자는 해당 파일의 성격을 나타내는 것이라고 볼 수 있습니다. 탐색기에서 파일을 더블 클릭하면 연결된 프로그램이 자동으로 실행됩니다. 즉, 그림판에서 저장한 그림은 그림판 프로그램이, 메모장에서 작성한 텍스트 파일은 메모장 프로그램이 실행되면서 그 파일을 볼 수 있게 됩니다. 이것은 파일이 가지고 있는 확장명 때문에 가능한 것인데, 텍스트 파일의 경우 txt, 사진 파일의 경우 jpg, png, bmp 등의 확장자를 갖습니다. 따라서 확장자만 보고도 파일의 성격을 알 수 있습니다. 확장자를 마음대로 변경하면 제대로 실행되지 않거나 파일이 열리지 않을 수 있으므로 주의해야 합니다.

파일들은 그 특성에 따라 다양한 아이콘으로 표현됩니다.

아이콘	의미	아이콘	의미
W	마이크로소프트 워드를 이용해 작성한 워드 파일		그림이나 사진 파일
X	마이크로소프트 엑셀을 이용해 작성한 엑셀 파일		소리 또는 음악 파일
P	마이크로소프트 파워포인트를 이용해 작성한 파워포인트 파일		압축 프로그램으로 압축한 파일
한	아래한글을 이용해 작성한 문서 파일	PDF	PDF 파일

2 폴더란?

폴더란 파일을 모아서 한꺼번에 관리할 수 있는 일종의 서류철이라고 할 수 있습니다. 다양한 파일을 종류별 혹은 관련 있는 것끼리 모아두면 매우 편리합니다. 다음 화면에서 보는 것처럼 폴더를 뜻하는 아이콘이 앞에 있고 그 다음에 폴더 이름이 나옵니다.

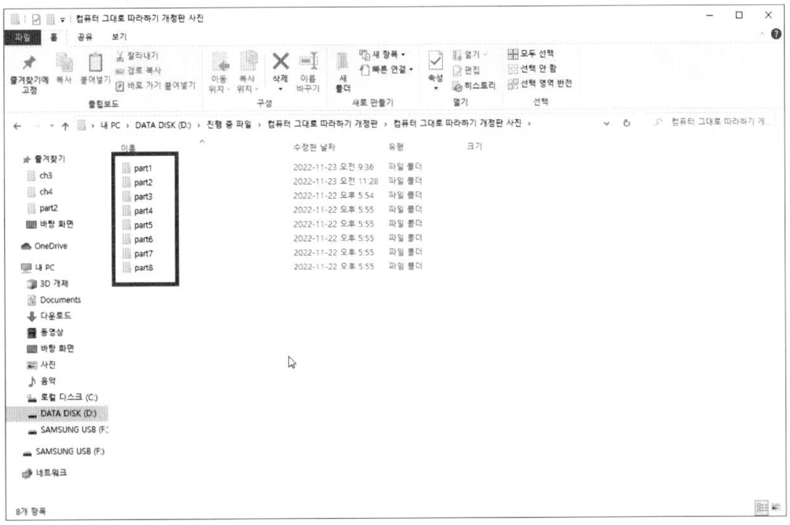

폴더는 파일만 보관하는 것이 아니라, 폴더 안에 또 다른 폴더를 포함할 수 있습니다. 폴더 안에 저장되어 있는 폴더를 하위 폴더라고 하고, 다른 폴더를 포함하고 있는 폴더를 상위 폴더라고 합니다. 이렇게 하나의 폴더 안에 다른 폴더를 만드는 것은 파일을 좀 더 세분화하여 보관할 수 있게 하기 위해서입니다.

폴더나 파일이 있는 위치를 경로라고 합니다. 예를 들어, 다음 화면에서 '바탕화면 캡처'라는 그림 파일이 있는 경로는 [내 PC] 폴더 → [사진] 폴더 → [카메라 앨범] 폴더가 됩니다.

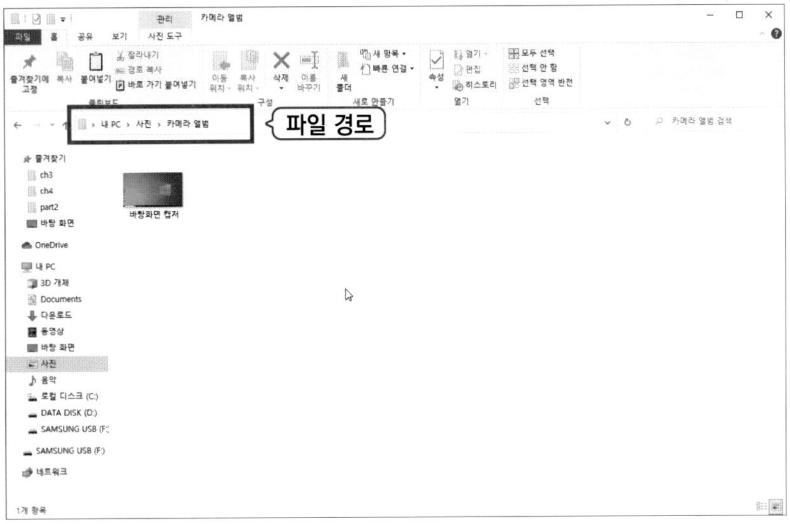

1 파일 탐색기 살펴보기

파일과 폴더를 관리하기 위해 가장 많이 사용하는 것이 파일 탐색기입니다. 파일 탐색기에서는 컴퓨터에 설치되어 있는 드라이브와 폴더, 파일을 찾아 복사, 이동, 삭제하는 등 다양한 작업이 가능합니다.

01 [작업 표시줄]에 있는 [파일 탐색기]( )를 클릭합니다.

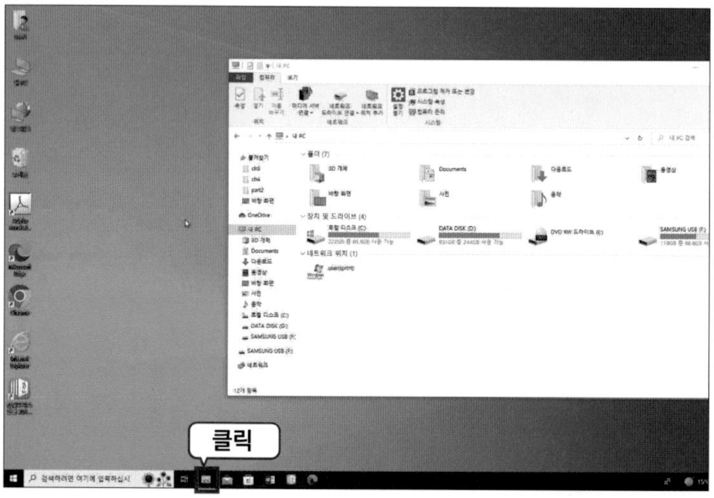

02 파일 탐색기가 실행됩니다. 윈도우 탐색기의 화면은 다음과 같은 요소로 구성되어 있습니다.

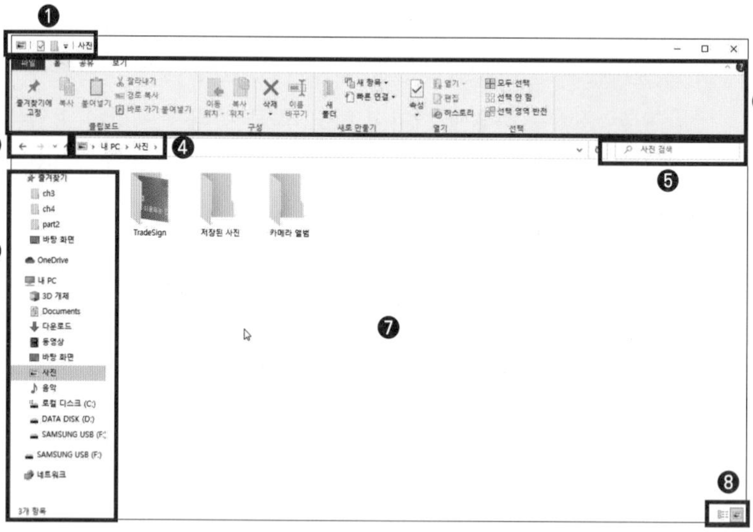

❶ 빠른 실행 도구 및 제목 표시줄 : 자주 사용하는 명령을 빠르게 실행할 수 있도록 제목 표시줄에 아이콘 형태로 표시해 놓은 것입니다.

❷ 명령 탭과 리본 메뉴 : 현재 선택한 명령 탭에서 사용할 수 있는 명령을 아이콘 형태로 표시해 놓은 것입니다. 명령 탭을 선택하면, 아이콘의 모양이 바뀝니다. 선택한 폴더나 파일의 종류에 따라 새로운 리본 메뉴가 나타나기도 합니다.

❸ 뒤로 이동/앞으로 이동/최근 위치/상위 폴더로 이동 버튼 : 뒤로 이동 버튼(←)은 현재 창을 닫지 않은 상태에서 이전에 보았던 폴더로 이동하고, 앞으로 이동 버튼(→)은 다음에 보았던 폴더로 이동합니다. 최근 위치 버튼( )은 이전에 보았던 폴더를 리스트 형태로 보여줍니다. 상위 폴더로 이동 버튼(↑)은 현재 폴더의 상위에 위치한 폴더로 이동합니다.

❹ 주소 표시줄 : 현재 폴더의 경로를 표시하거나 주소 표시줄에 경로를 입력하여 현재 창을 닫지 않은 상태에서 원하는 폴더로 빠르게 이동할 수 있습니다.

❺ 검색 상자 : 단어나 문장을 입력하여 현재 폴더에 저장된 파일이나 하위 폴더를 찾을 수 있습니다.

❻ **탐색 창** : 즐겨찾기 폴더, 라이브러리 폴더, 홈 그룹과 시스템 구조, 네트워크에 연결된 컴퓨터 등을 폴더 형태로 표시하는 창입니다.

❼ **파일과 폴더 영역** : 탐색 창에서 폴더를 선택했을 때 해당 폴더의 내용이 표시되는 영역입니다. 여기에서는 파일이나 폴더의 선택, 복사, 이동, 삭제 등의 작업을 실행할 수 있습니다.

❽ **상태 표시줄** : 탐색기의 각 항목을 자세히 표시하거나, 큰 아이콘으로 표시합니다.

TIP

리본 메뉴가 나타나지 않을 때는 [리본 확장](⌄) 버튼을 클릭하면 됩니다.

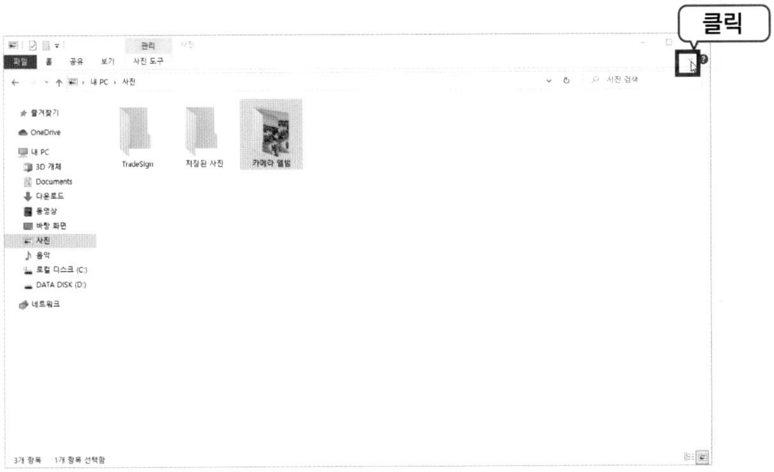

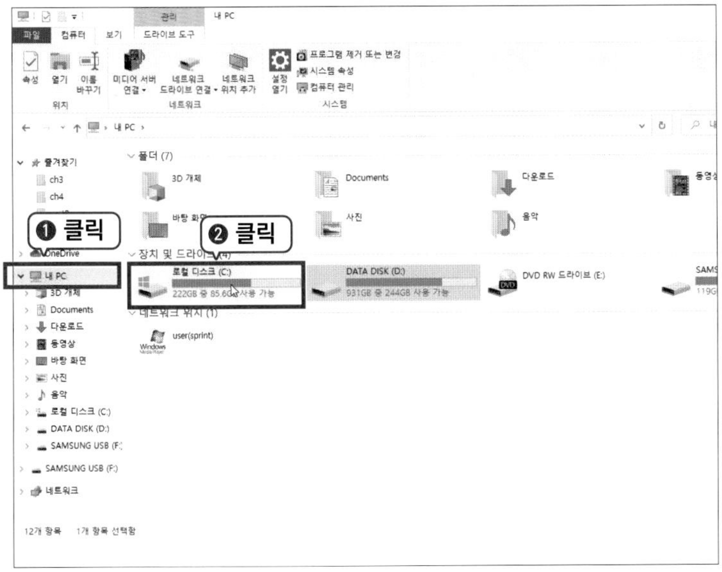

03 파일 탐색기의 왼쪽 탐색 창에서 [내 PC]를 클릭하면 파일, 폴더 영역에 [장치 및 드라이브]가 나타나는데 그중에서 [로컬 디스크 (C:)]를 클릭합니다.

TIP

각자 사용하는 컴퓨터에 따라 [장치 및 드라이브]에 나오는 구성 요소가 약간씩 다를 수 있습니다.

04 오른쪽 파일 영역에 [로컬 디스크 (C:)] 드라이브에 들어있는 파일 및 폴더 목록이 나타납니다. 오른쪽 파일 영역에서 [Windows]를 더블 클릭합니다.

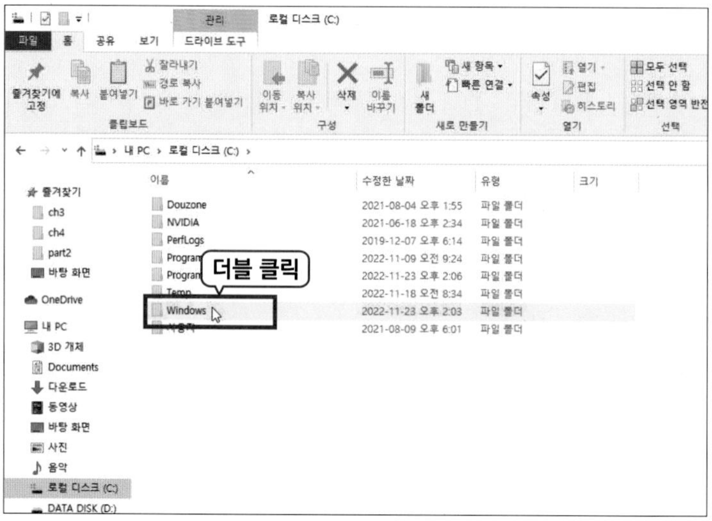

TIP

[Windows] 폴더는 윈도우에 꼭 필요한 파일들이 모여있는 폴더입니다. [Windows] 폴더에 있는 파일을 함부로 삭제하거나 이동하면 윈도우가 제대로 동작하지 않을 수 있습니다.

05 폴더가 열리면서 하위 폴더와 파일이 파일 영역에 나타납니다. 이처럼 파일 영역에서 폴더를 더블 클릭하면 그 폴더 안에 들어있는 파일이나 폴더를 볼 수 있습니다.

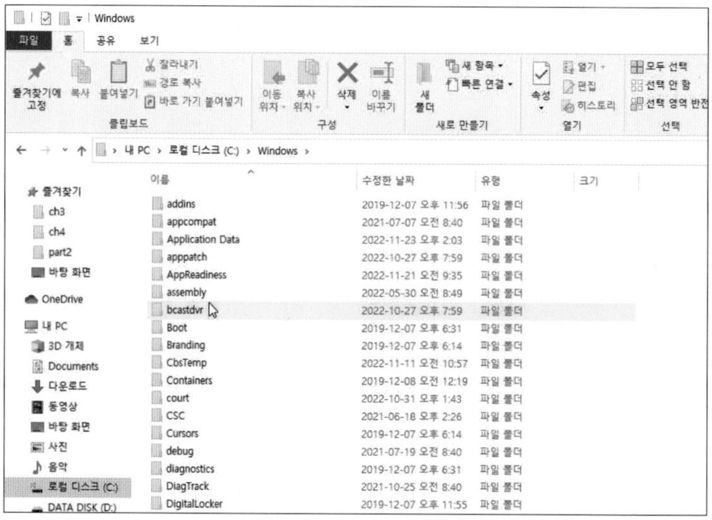

2 파일 탐색기에서 상/하위 폴더 파악하기

앞서 잠깐 살펴본 바와 같이 폴더 안에는 파일과 폴더가 포함될 수 있습니다. 이때 폴더 안에 있는 폴더를 하위 폴더, 하위 폴더를 포함하고 있는 폴더를 상위 폴더라고 합니다. 상/하위 폴더를 파악하는 방법에 대해 알아보겠습니다.

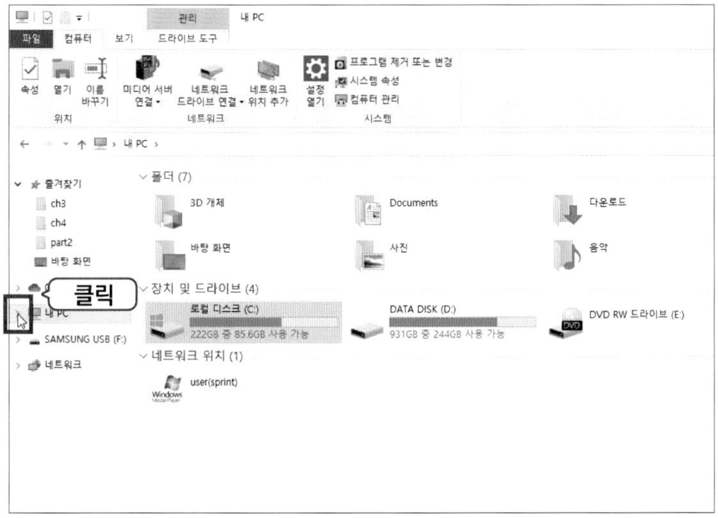

01 이번에는 앞에서 설명한 방식과 다르게 폴더를 찾아가보겠습니다. 탐색기를 실행해 [내 PC] 옆에 있는 > 를 클릭합니다.

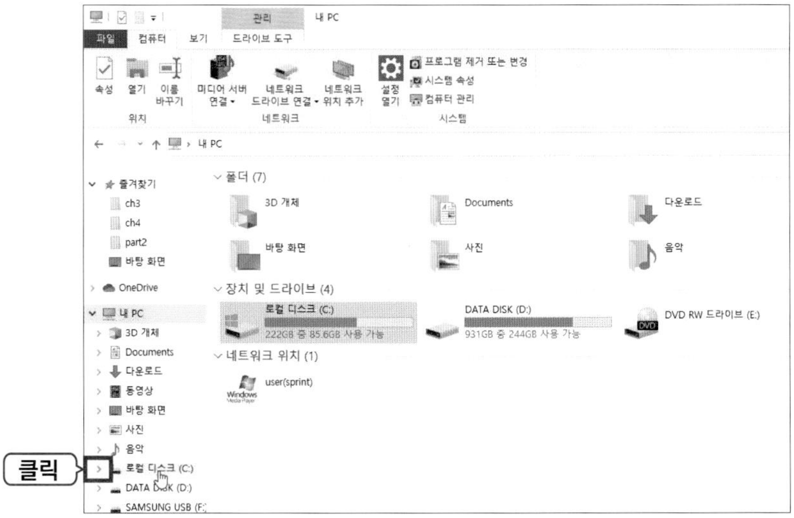

02 파일 영역에는 아무런 변동 사항이 없이 [내 PC] 아래로 폴더와 장치들이 나열됩니다. 여기에서 [로컬 디스크 (C:)] 옆에 있는 > 를 다시 클릭합니다.

03 [Windows] 폴더 옆에 있는 > 를 클릭하면 [Windows] 폴더 안에 속한 하위 폴더들이 나타납니다. 그리고 이번에는 [Windows] 폴더를 직접 클릭합니다. 그러면 파일 영역에 하위 폴더들과 파일들의 리스트가 나타납니다.

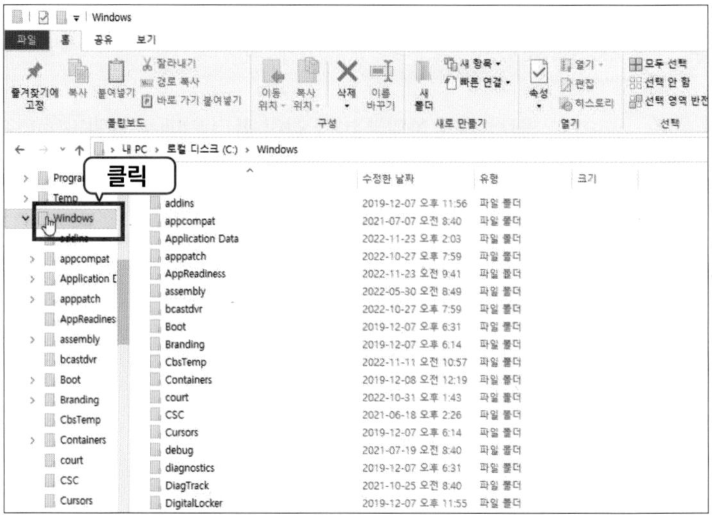

TIP

위의 화면에서 주소표시줄에 나타나는 > 내 PC > 로컬 디스크 (C:) > Windows > 는 [Windows] 폴더가 [내 PC] 항목의 [로컬 디스크 (C:)] 안에 위치해 있다는 표시입니다. 이와 같이 경로를 통해 해당 파일이 어느 폴더 안에 저장되어 있는지 확인할 수 있습니다.

04 왼쪽 탐색 창에서 하위 폴더를 감추고 싶다면 ∨ 를 클릭하면 됩니다.

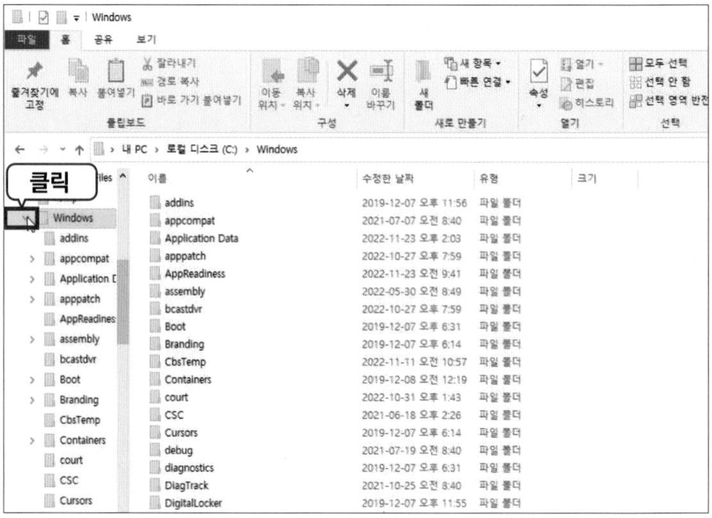

05 하위 폴더가 감춰지면서 다시 > 로 바뀝니다.

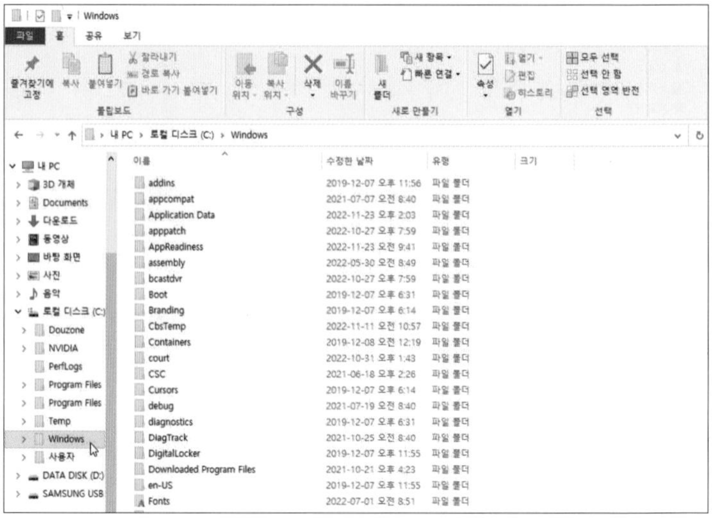

TIP

폴더 이름 앞에 > 가 있으면 그 폴더 안에 하위 폴더들이 있으며 현재는 보이지 않는다는 의미이고 ∨ 가 있으면 하위 폴더들이 모두 열려 있다는 뜻입니다.

3 새 폴더 만들고 이름 변경하기

파일을 잘 관리하려면 관련된 파일을 하나의 폴더에 모아두는 것이 좋습니다. 이번에는 새로운 폴더를 만들고 적절한 이름을 붙여 파일 관리를 효율적으로 할 수 있는 방법을 알아보겠습니다.

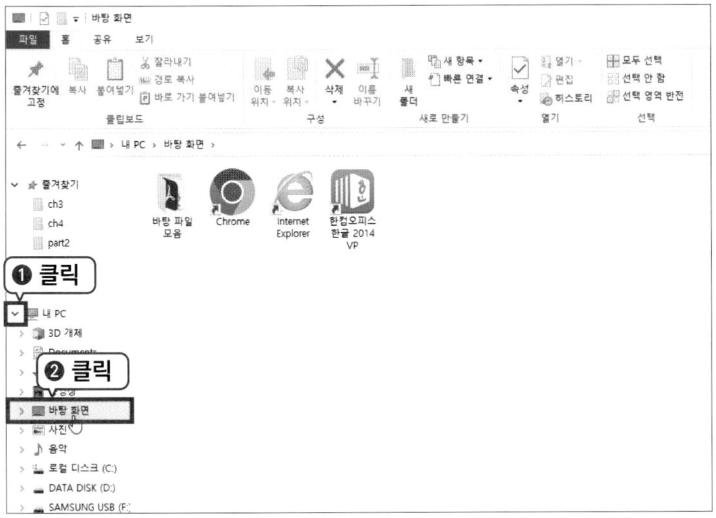

01 [파일 탐색기]를 실행한 다음 [내 PC]에서 [바탕 화면]을 클릭합니다.

TIP

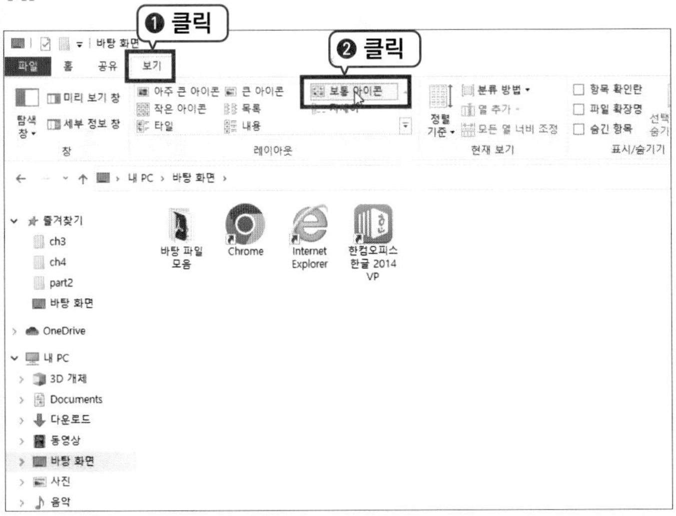

바탕 화면을 클릭했을 때 각자의 컴퓨터에 따라 화면이 다르게 보일 수 있습니다. 이럴 때는 화면 상단에 있는 [보기]를 클릭하고 [보통 아이콘]을 클릭합니다.

파일 영역에 파일들을 어떻게 나타나게 할지를 결정해줍니다. 각자 하나씩 차례대로 실행해보면서 파일 리스트가 어떻게 바뀌는지 살펴보는 것도 좋습니다. 폴더에 사진이나 동영상 파일이 많으면 큰 아이콘 을 선택해서 큰 아이콘으로 보는 것이 편합니다. 파일 수가 많고 자세한 정보를 보고 싶을 때는 자세히 를 선택해서 보는 것이 좋습니다.

02 탐색기 화면 오른쪽 상단에 있는 [새 폴더]( )를 클릭하면 다음 화면과 같이 새 폴더가 만들어집니다.

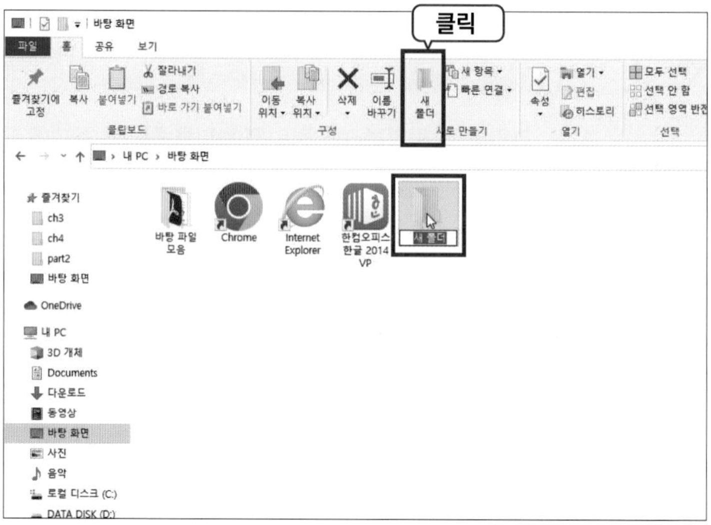

TIP

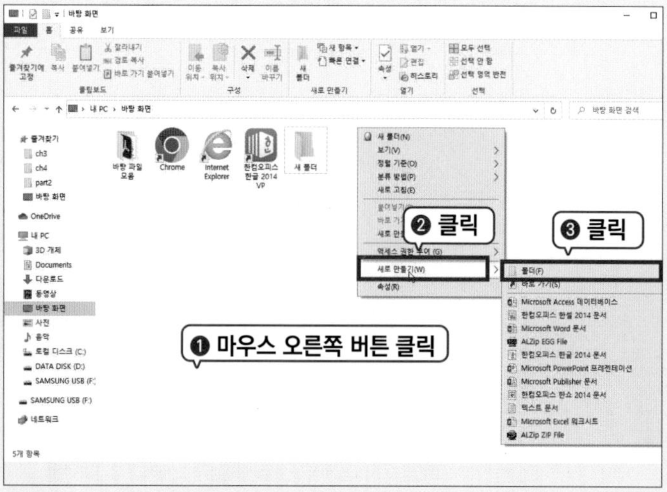

마우스로 새 폴더 만들기

파일 영역 빈 곳에서 마우스 오른쪽 버튼을 클릭하면 메뉴가 나타나는데 [새로 만들기] – [폴더]를 차례대로 클릭하면 새 폴더가 생성됩니다.

03 [새 폴더 만들기]를 클릭하면 기본적으로 폴더 이름이 '새 폴더'라고 나타납니다. 그 위에 각자 원하는 폴더 이름을 입력하고 Enter 키를 누릅니다. 예제에서는 '연습'이라고 입력했습니다.

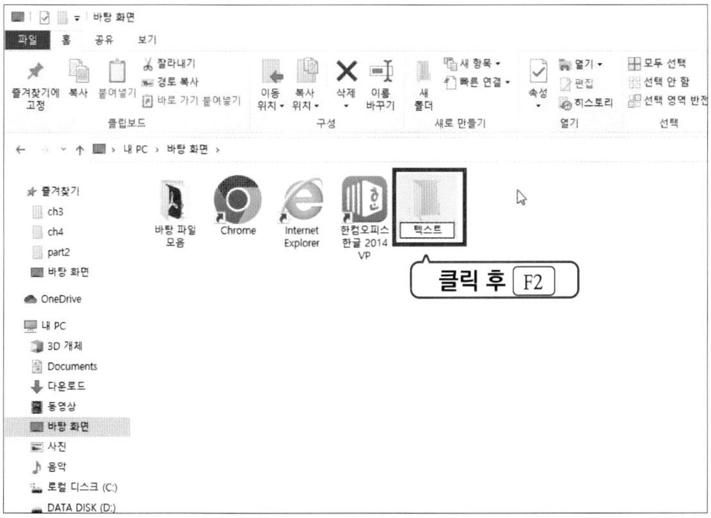

04 앞에서 폴더 이름을 입력할 때 이름이 잘못 들어가거나 '새 폴더'라는 이름 그대로 폴더 이름이 된 경우 폴더 이름을 바꾸는 연습을 해보도록 하겠습니다. 이름을 바꿀 폴더를 클릭하고 키보드에서 F2 키를 누른 후 커서가 깜빡이면 새로운 폴더 이름을 입력하고 Enter 키를 누릅니다. 파일 이름도 같은 방식으로 바꿀 수 있습니다.

TIP

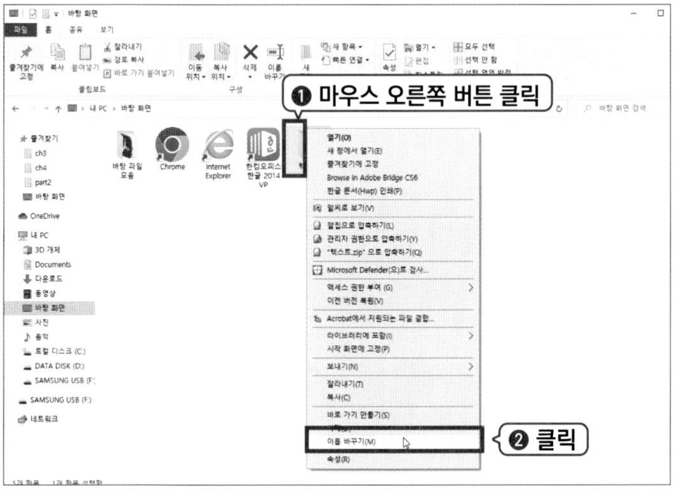

마우스로 폴더/파일 이름 바꾸기

이름을 바꾸려는 폴더 혹은 파일을 선택한 후 마우스 오른쪽 버튼을 클릭합니다. 메뉴가 나타나면 그 중에서 [이름 바꾸기]를 선택하고 바꾸고 싶은 이름으로 새롭게 입력하고 Enter 키를 누르면 됩니다.

4 다양한 방법으로 파일 선택해 보기

파일은 한 번에 하나씩만 선택할 수도 있지만 연속된 여러 개의 파일을 한꺼번에 선택하거나 떨어져 있는 파일 여러 개를 동시에 선택할 수도 있습니다. 파일을 선택하는 다양한 방법에 대해 알아보겠습니다.

01 먼저 연속된 여러 개의 파일을 선택해보겠습니다. 탐색기를 실행하고 선택하려는 파일들 중 첫 번째 파일 앞을 마우스 왼쪽 버튼으로 클릭한 채로 선택하고 싶은 마지막 파일까지 마우스를 드래그합니다.

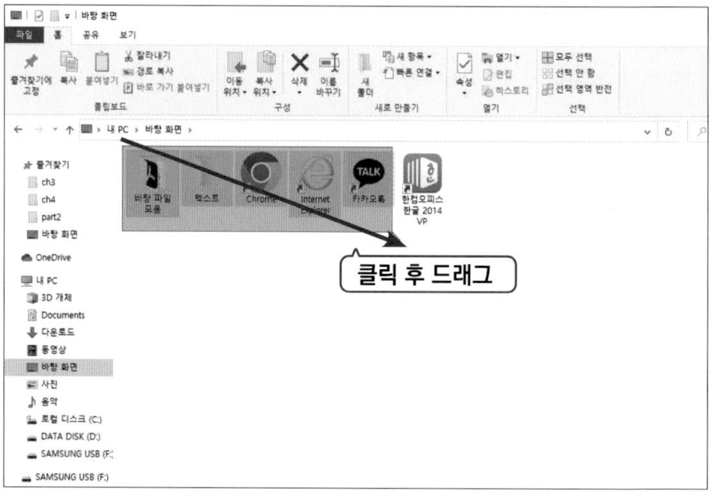

02 파일 선택을 취소하려면 파일 영역에서 빈 곳을 아무데나 마우스로 클릭합니다.

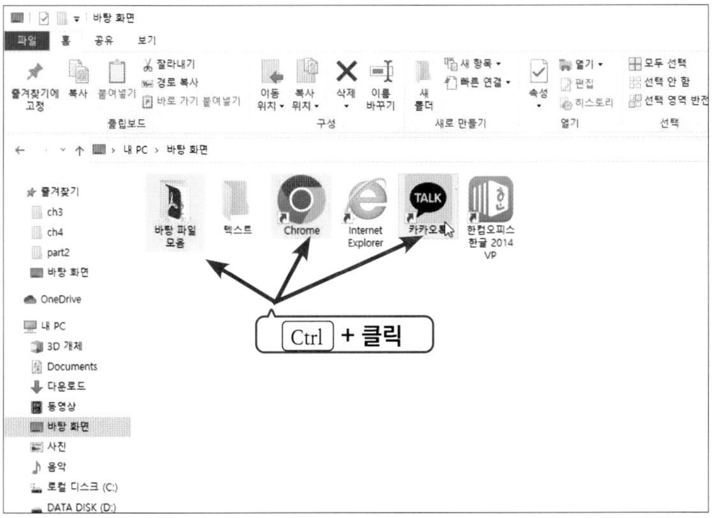

03 연속되지 않은 여러 개의 파일을 선택하려면 Ctrl 키를 누른 상태에서 파일을 차례대로 마우스로 클릭합니다.

TIP

파일 선택을 잘못 했을 경우에는 Ctrl 키를 누른 상태에서 잘못 선택한 파일을 다시 한번 누르면 선택이 해제됩니다.

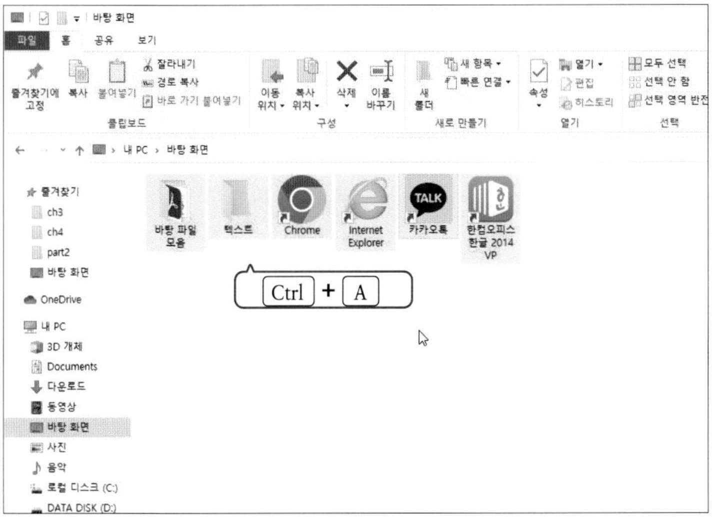

04 해당 폴더 내의 모든 파일을 한꺼번에 선택할 때는 키보드에서 Ctrl 키와 A 키를 동시에 누릅니다.

CHAPTER 05

파일과 폴더 복사, 이동, 삭제, 압축/압축 풀기

컴퓨터를 사용하다 보면 파일이나 폴더를 다른 곳으로 옮기거나 복사해야 하는 경우가 생깁니다. 또 필요 없는 파일은 삭제를 해야 될 수도 있습니다. 따라서 파일과 폴더를 자유자재로 다루는 것은 윈도우10을 사용할 때 가장 기본이 됩니다.

1 파일과 폴더를 다른 곳에 복사하기

파일이나 폴더를 똑같이 하나 더 만드는 것을 복사라고 합니다. 복사본을 만들면 파일이나 폴더를 실수로 지우거나 오류가 발생했을 때를 대비할 수 있습니다.

01 탐색기를 실행하고 각자 복사하고 싶은 파일이 있는 폴더로 들어가서 파일을 클릭합니다. 파일이 선택되었으면 마우스 오른쪽 버튼을 눌러 메뉴에서 [복사]를 클릭합니다.

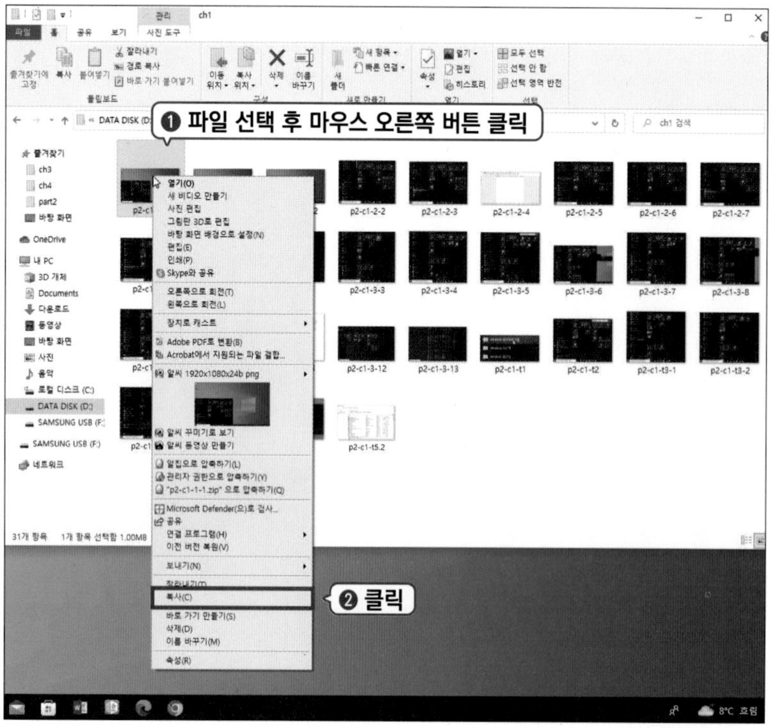

02 파일을 선택한 후 복사할 폴더를 열고 파일 영역 위에서 마우스 오른쪽 버튼을 클릭하고 [붙여넣기]를 클릭합니다.

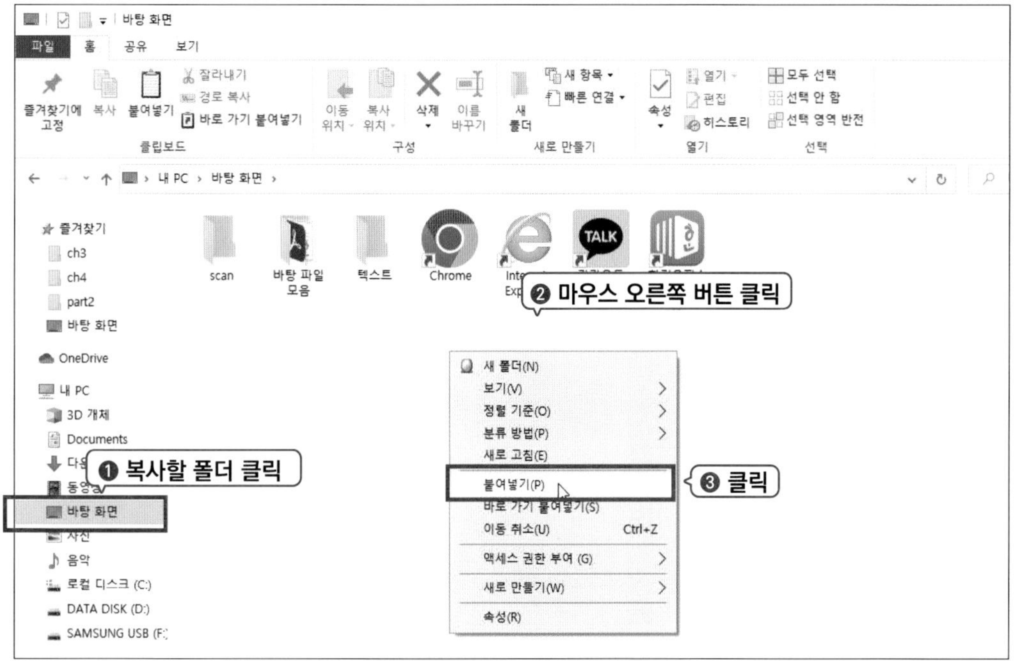

03 이번에는 마우스 드래그를 이용하여 복사해 보겠습니다. 파일을 선택한 후 Ctrl 키를 누른 상태에서 복사할 파일을 붙여넣을 위치로 드래그하고 '~으로 복사'라는 표시가 나타날 때 마우스 버튼에서 손을 떼면 파일이 복사됩니다.

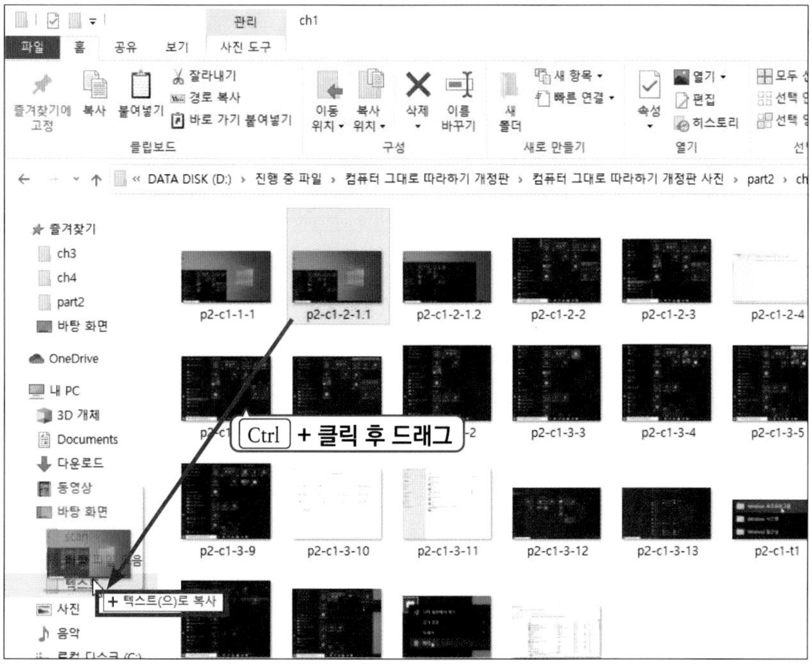

TIP

복사와 붙여넣기를 할 때 마우스 버튼을 이용하는 게 번거롭다면 파일을 선택한 후 키보드에서 Ctrl 키와 C 키를 동시에 누르면 복사가 됩니다. 그리고 붙여넣기를 할 때는 Ctrl 키와 V 키를 누르면 복사한 파일이 붙여넣기됩니다.

2 파일/폴더를 다른 곳으로 이동하기

이동과 복사는 개념이 약간 다릅니다. 복사는 원래 위치에 원본 파일이나 폴더를 그대로 유지하고 새롭게 만들지만, 이동은 원본 파일이나 폴더는 지워지고 복사한 위치에만 파일이나 폴더가 나타납니다.

01 이동하고자 하는 파일/폴더를 선택하고 선택된 파일/폴더를 마우스 오른쪽 버튼으로 클릭한 후 [잘라내기]를 선택합니다.

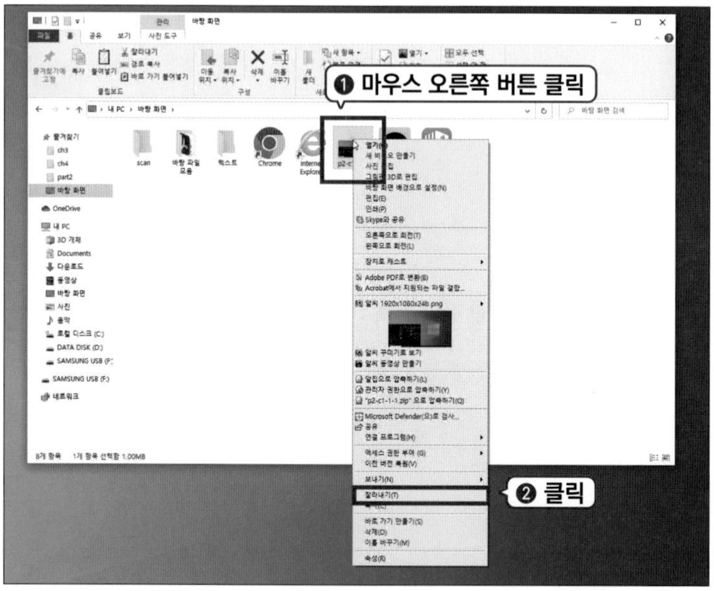

02 붙여넣을 폴더를 열고 마우스 오른쪽 버튼을 눌러 [붙여넣기]를 선택하면 방금 잘라낸 파일이 이동됩니다.

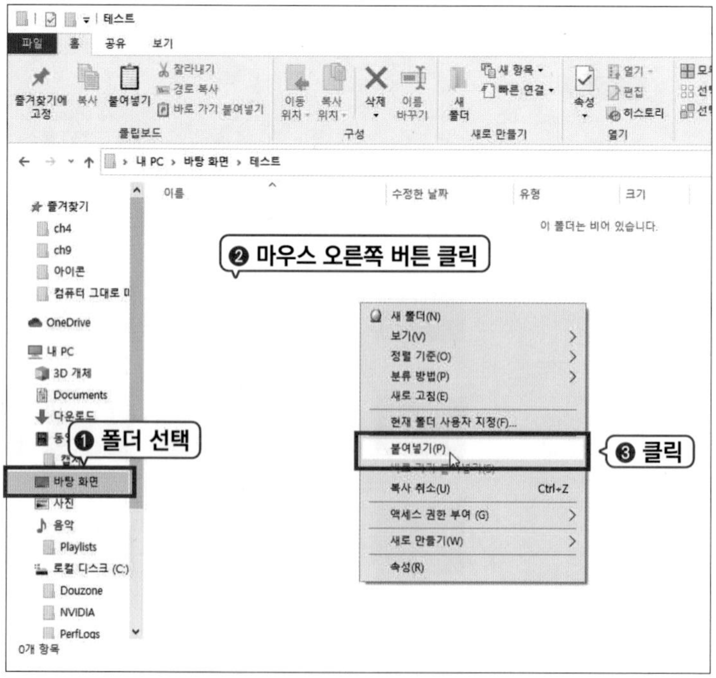

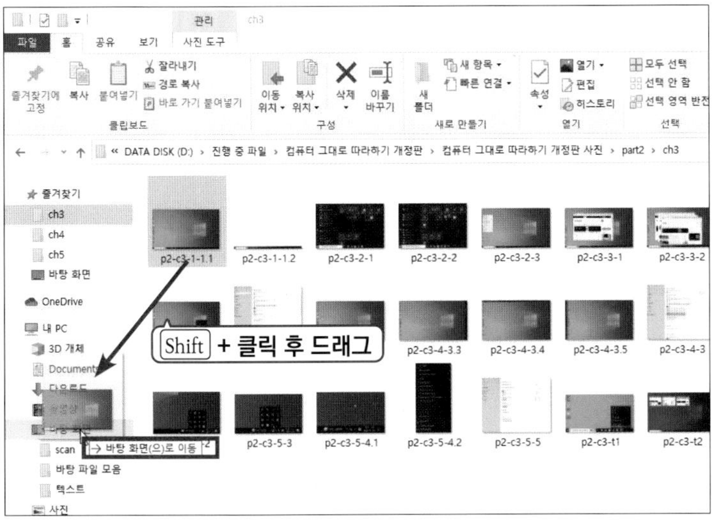

03 마우스를 이용한 이동 방법도 있습니다. 파일을 선택한 후 Shift 키를 누른 상태에서 이동할 파일을 원하는 곳으로 드래그합니다. '~로 이동'이라고 표시되었을 때 마우스 버튼에서 손을 떼면 파일이 이동됩니다.

TIP

파일이나 폴더를 같은 드라이브에 이동할 경우에는 Shift 키를 누르지 않고 원하는 곳으로 마우스로 드래그만 해도 파일이나 폴더가 이동됩니다.

3 파일/폴더를 삭제하고 다시 복원하기

디스크의 공간은 한정되어 있으므로 사용하지 않는 파일이 있으면 파일을 삭제해야 여유 공간을 확보할 수 있습니다. 또, 파일을 삭제하다 보면 잘못 삭제할 수도 있는데 이런 경우에는 휴지통에서 파일을 복원할 수 있습니다.

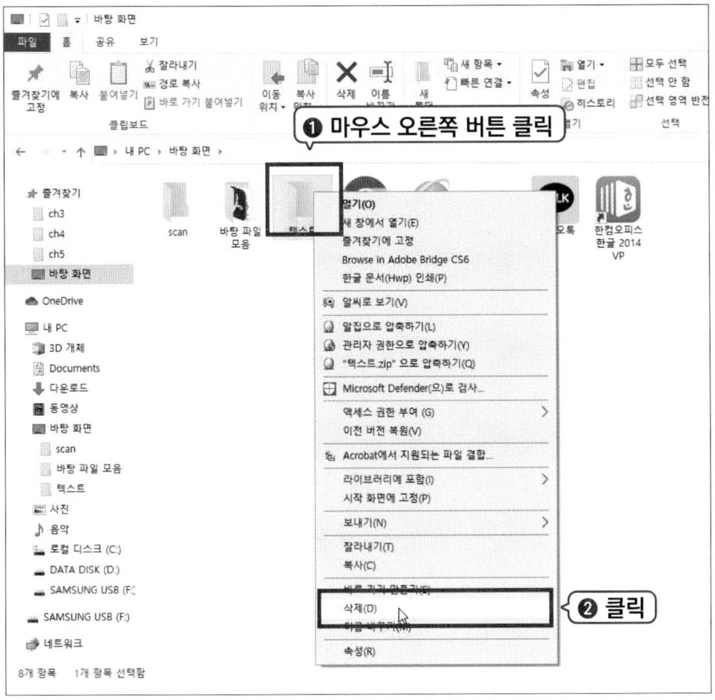

01 삭제하고 싶은 파일이나 폴더를 선택하고 마우스 오른쪽 버튼을 눌러 [삭제]를 선택합니다. 키보드에서 Delete 키를 눌러도 삭제됩니다.

02 이번에는 삭제한 파일을 다시 복원해보도록 하겠습니다. 바탕 화면에서 휴지통을 더블 클릭해 엽니다. 삭제한 파일은 휴지통에 보관됩니다.

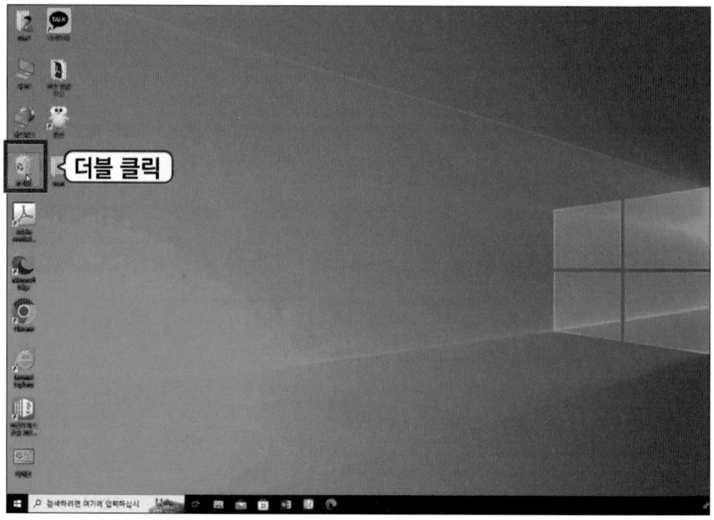

03 삭제된 파일을 복원하기 위해 복원할 파일을 선택한 [선택한 항목 복원]( )을 클릭하면 삭제한 파일이 원래 있던 폴더에 복원됩니다. [모든 항목 복원]( )은 휴지통 안에 있는 모든 파일들을 복원시킵니다.

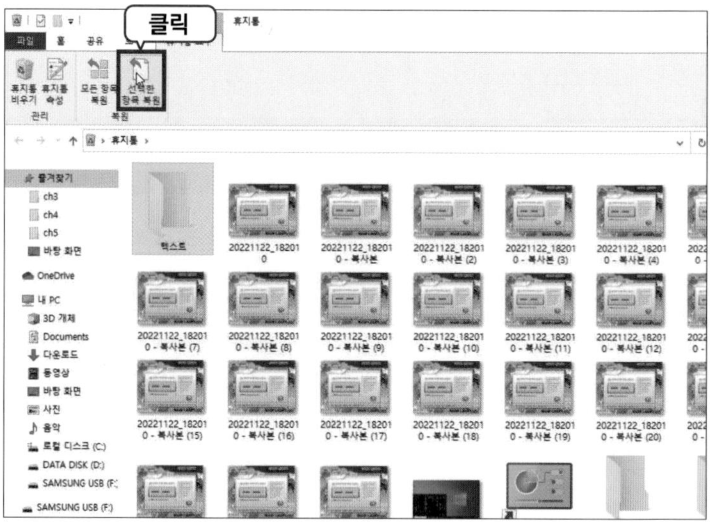

TIP

휴지통에서 [휴지통 비우기]( )를 클릭하면 휴지통 안에 보관하고 있던 삭제된 파일들이 모두 영구적으로 삭제됩니다. 하드디스크의 여유 공간이 없을 때 휴지통을 비우면 여유 공간이 생기기 때문에 그럴 경우에 주로 사용합니다. 하지만 휴지통 비우기를 실행하면 파일을 절대 복원할 수 없으므로 휴지통을 비우기 전에 꼼꼼히 살펴보는 게 좋습니다.

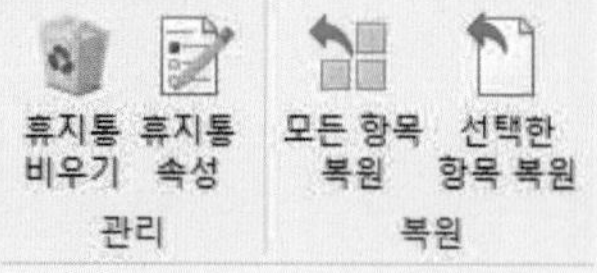

4 파일 및 폴더 압축/압축 풀기

여러 개의 파일이나 폴더를 하나의 파일로 압축해서 만들면 보관하기도 좋고 다른 사람에게 전달해 줄 때 특히 편합니다.

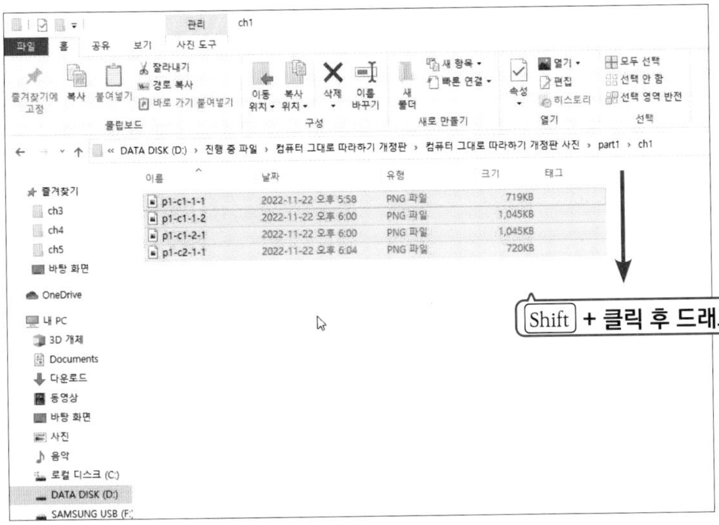

01 압축할 파일이 들어있는 폴더에 들어가서 압축할 대상을 선택합니다. 파일 전체를 선택할 때는 Shift 키를 누른 상태에서 마우스로 드래그를 하면 됩니다.

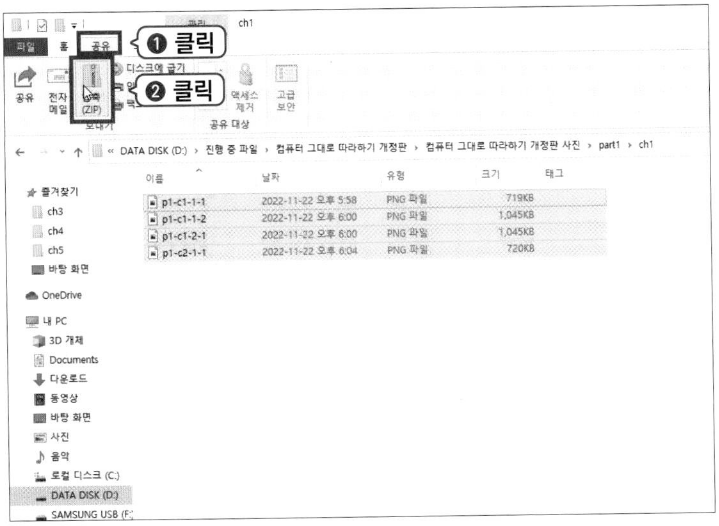

02 탐색기 화면 상단에 있는 [공유]를 클릭한 후 [압축(ZIP)]( )을 클릭합니다.

03 압축 파일이 생성되는 것을 볼 수 있습니다. 압축 파일을 뜻하는 아이콘( )과 함께 임시 파일 이름이 만들어집니다. 이때 생기는 파일 이름은 압축할 파일을 선택할 때 맨 처음에 선택한 파일 이름으로 생성됩니다.

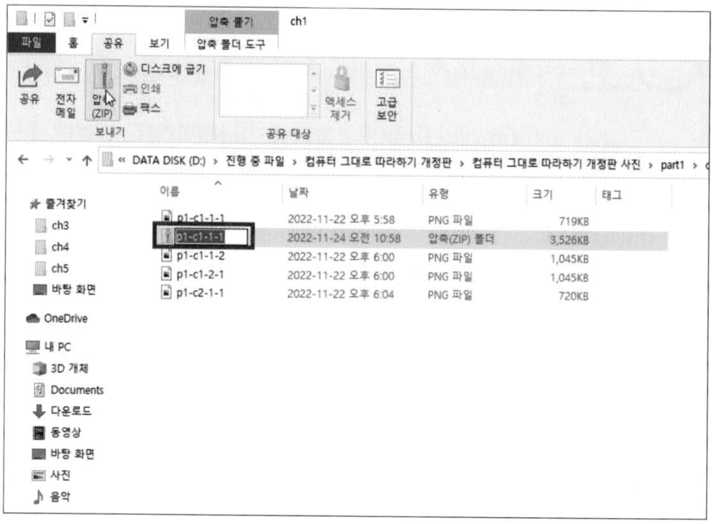

TIP

컴퓨터에 설치된 압축 프로그램의 종류에 따라 압축 파일 아이콘의 모양은 다를 수 있습니다.

04 원하는 파일 이름을 입력한 후 [Enter] 키를 누릅니다.

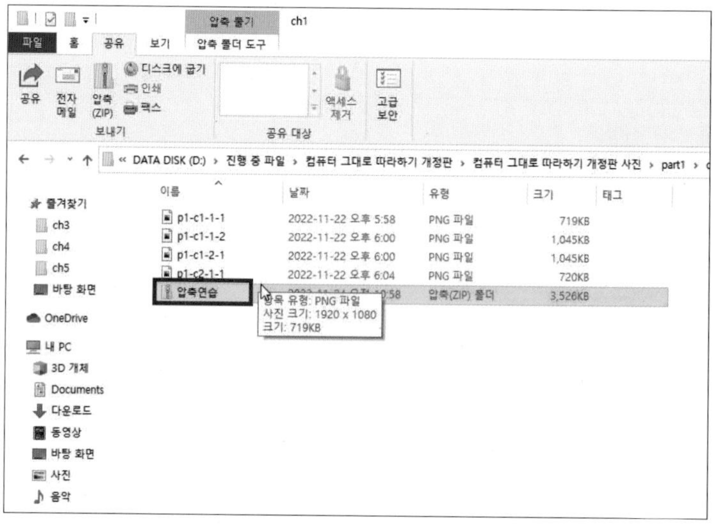

05 이번에는 압축을 풀어보도록 하겠습니다. 앞에서 만들었던 압축 파일을 더블 클릭합니다. 그러면 압축 파일 안에 어떤 파일과 폴더들이 압축되어 있는지 나타나고 화면 위에 [압축 풀기] 탭이 생성됩니다. [압축 풀기]를 클릭합니다.

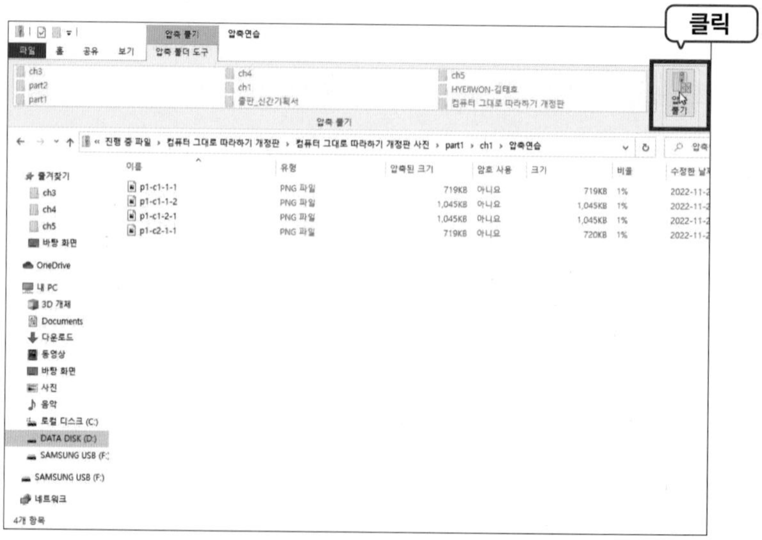

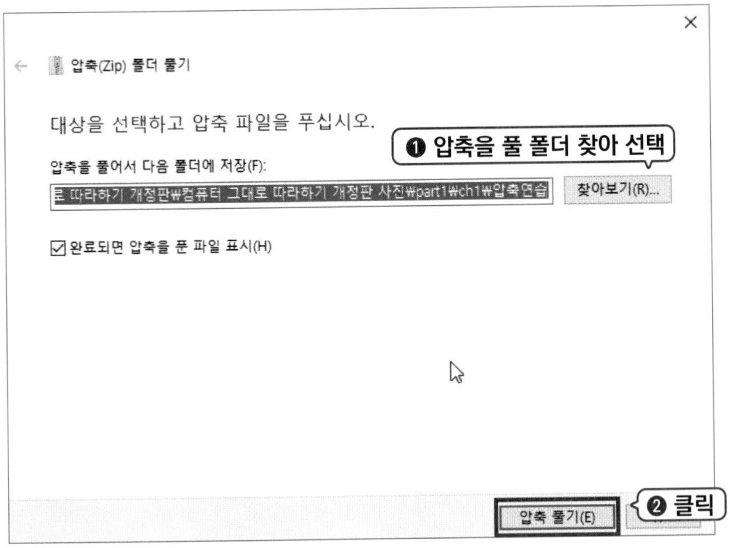

06 [압축 폴더 풀기] 창이 나오면 압축을 풀어서 파일을 저장할 폴더를 먼저 지정해야 합니다. 만약 기본으로 나오는 폴더에 압축을 풀고 싶다면 화면 아래에 있는 [압축 풀기]를 클릭하면 됩니다. 압축 파일이 있던 폴더 안에 압축 파일 이름과 동일한 폴더를 만들어 그 안에 압축을 풀게 됩니다.

TIP

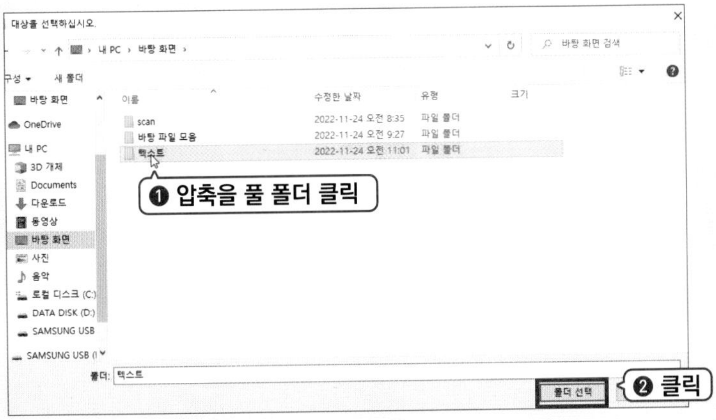

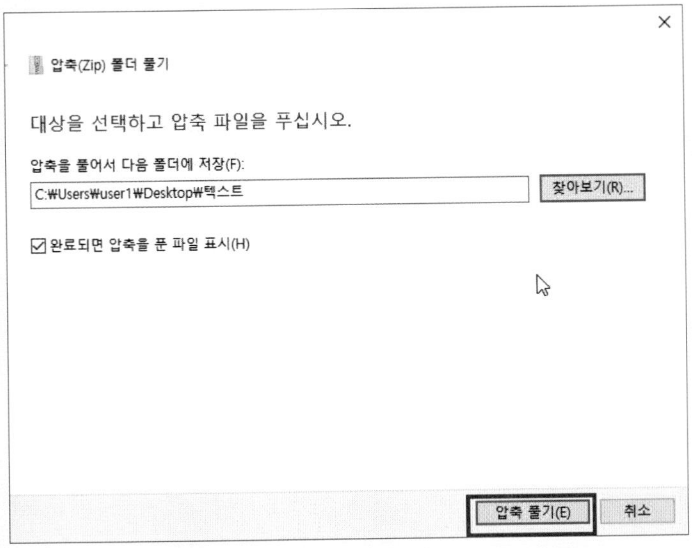

위에서 다른 폴더에 압축 파일을 풀고 싶다면 [찾아보기]를 클릭합니다. [대상 폴더 선택] 창이 나오면 압축을 풀고 싶은 폴더를 선택한 후 [폴더 선택]을 클릭합니다.

07 압축 파일이 있던 폴더 안에 압축 파일 이름과 동일한 폴더가 새로 만들어진 것을 볼 수 있습니다. 새로 만들어진 폴더를 더블 클릭해서 폴더 안으로 들어가면 압축 파일이 풀려 있는 것을 확인할 수 있습니다.

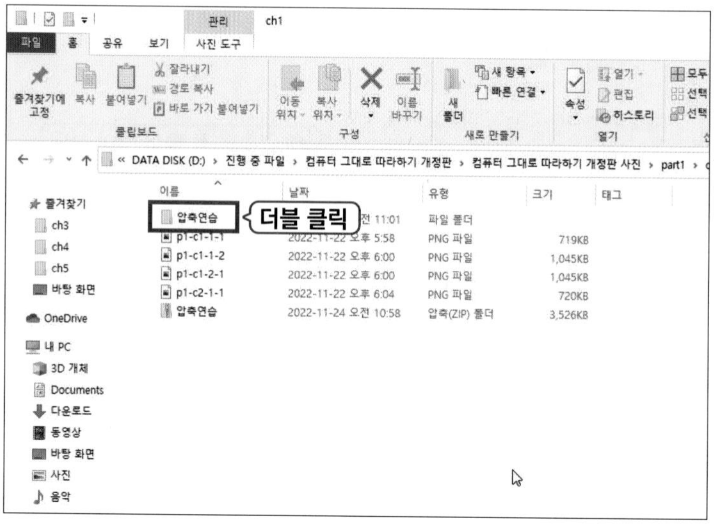

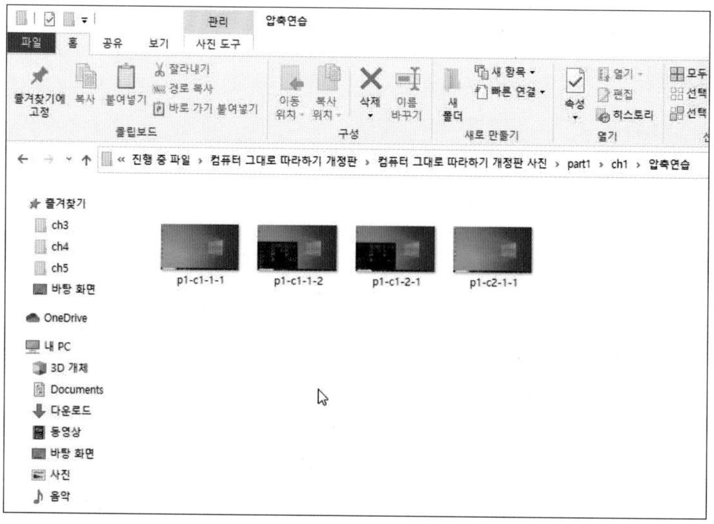

CHAPTER 06 멀티미디어

이번 챕터에서는 윈도우10의 음악, 동영상, 사진 앱에 대해 알아봅니다. 좋아하는 음악 파일이나 관련 있는 사진들만 모아 앨범을 만들어보기도 하고 사진을 간단하게 편집하는 방법도 함께 알아봅니다.

1 음악을 들을 때 사용하는 Groove(그루브) 앱

Groove 앱은 노래를 들을 때 사용하는 앱(프로그램)입니다. 좋아하는 노래들로 재생 목록을 만들어 편하게 들을 수 있습니다.

01 [시작]( ) 메뉴를 클릭하고 시작 화면에서 [Groove 앱]을 실행합니다.

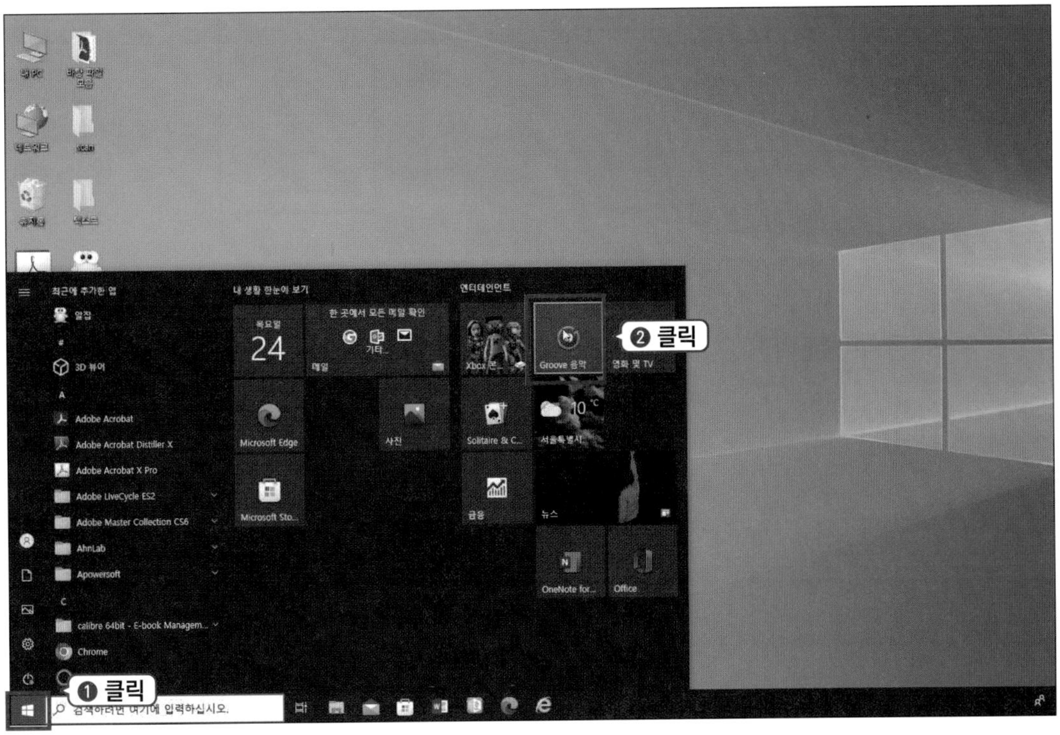

02 [Groove 앱]이 실행됐을 때 [내 PC] 안에 있는 [음악] 라이브러리에 음악 파일들이 들어있으면 자동으로 화면에 나타납니다. 그러므로 음악 파일들은 [음악] 라이브러리에 모아놓는 것이 편합니다.

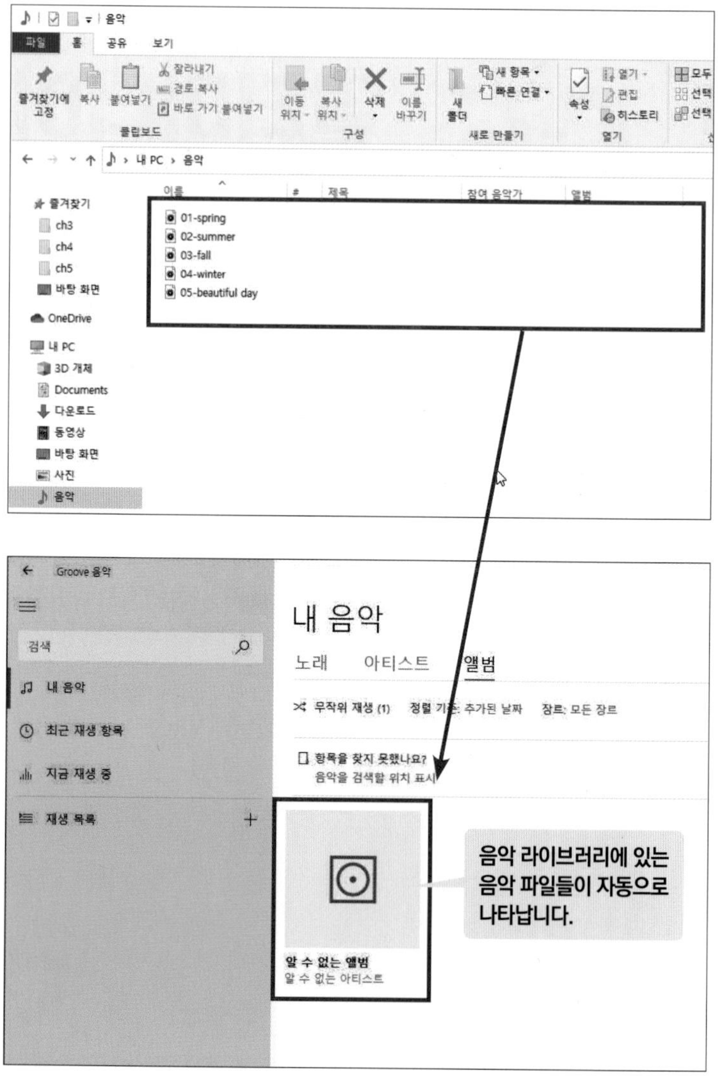

03 화면 위쪽에 있는 탐색 창에서 [노래]를 선택하고 듣고 싶은 노래 위에 마우스를 올려놓으면 [재생](▷) 버튼이 나타납니다. [재생] 버튼을 클릭합니다. 선택한 음악 파일이 화면 하단에 나타나면서 노래가 재생됩니다.

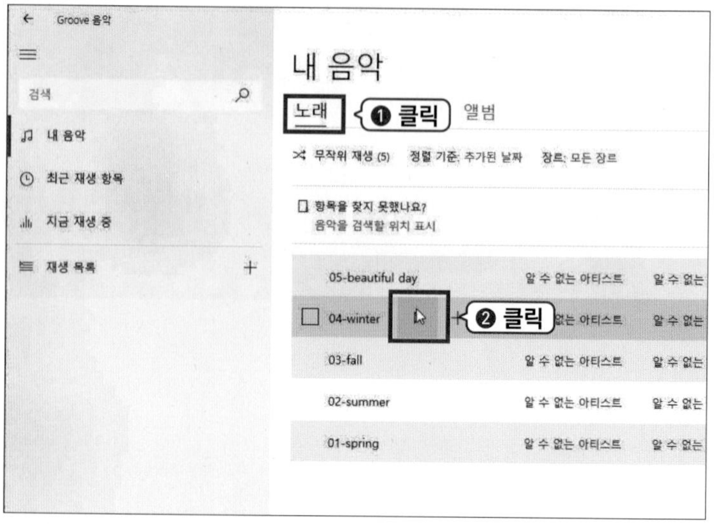

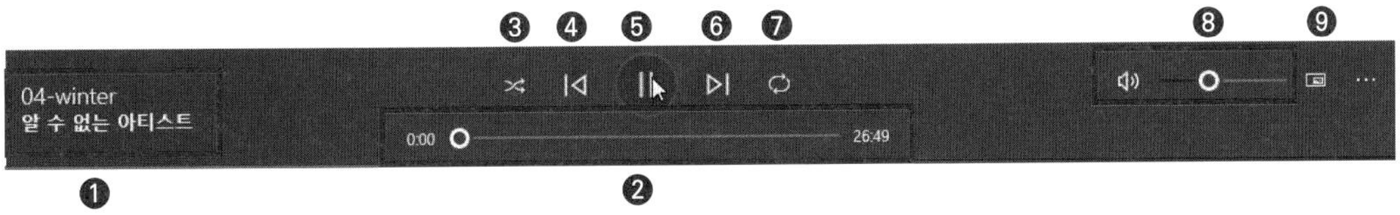

❶ 음악 정보
❷ 재생 컨트롤
❸ 무작위 재생 ( )
❹ 이전 곡으로 가기( )
❺ 재생( )/일시정지
❻ 다음 곡으로 건너뛰기 ( )
❼ 반복 재생( )
❽ 볼륨 조절( )
❾ 미니 뷰로 재생( )

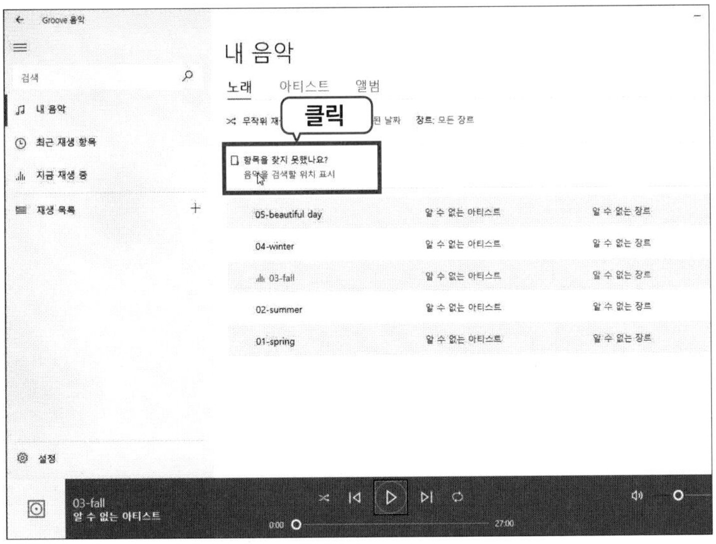

04 이번에는 다른 폴더에 있는 음악을 찾아서 재생시켜보겠습니다. 화면 위쪽에 있는 [음악을 검색할 위치 표시]를 클릭합니다.

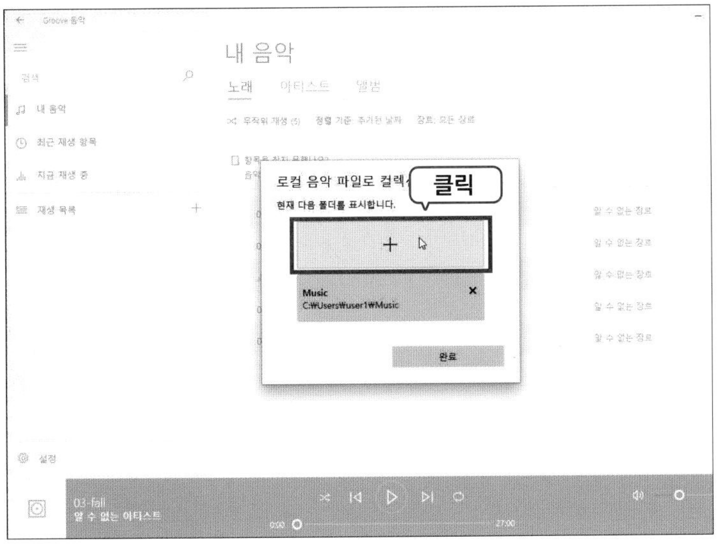

05 위쪽에 있는 [폴더 추가]를 클릭합니다.

06 [폴더 선택] 대화상자가 나오면 음악이 있는 폴더를 선택한 후 [이 폴더를 음악에 추가] 버튼을 클릭합니다. 그러면 추가된 폴더가 나타납니다. [완료]를 클릭합니다.

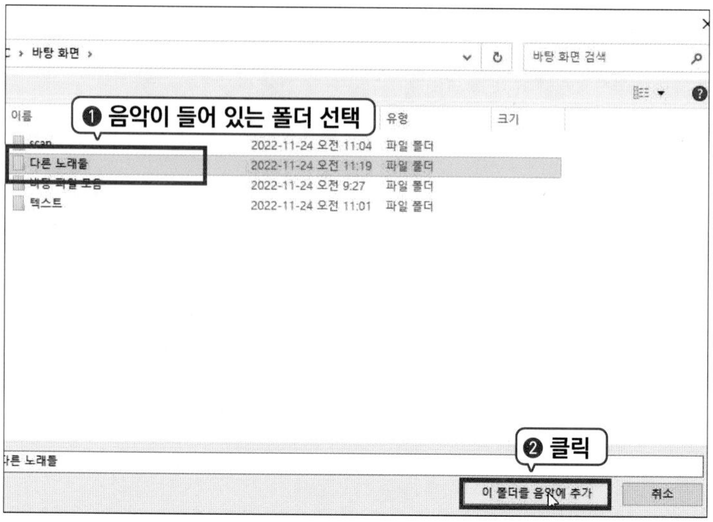

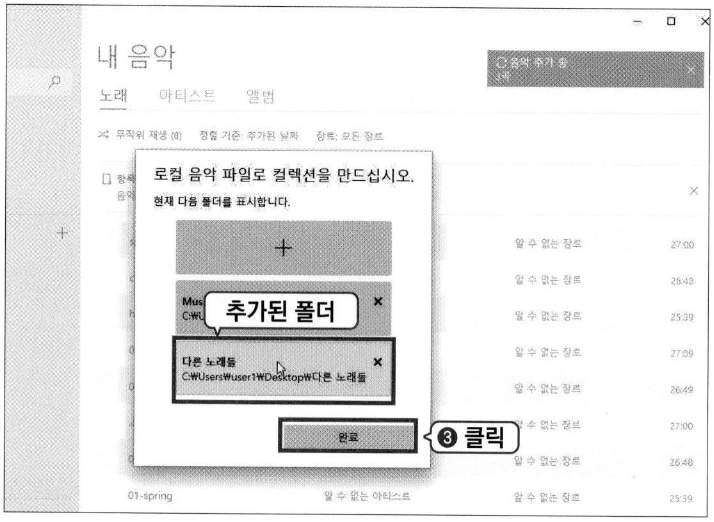

07 앞에서 지정한 폴더 안에 있던 음악 파일들이 추가된 것을 볼 수 있습니다.

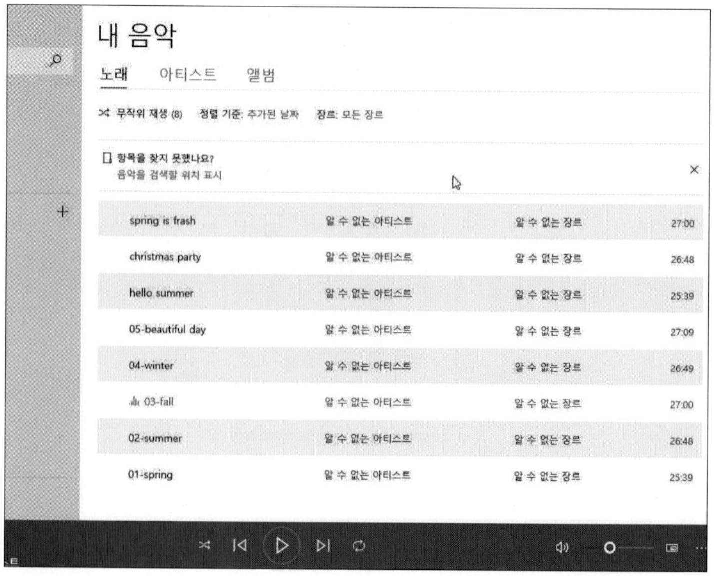

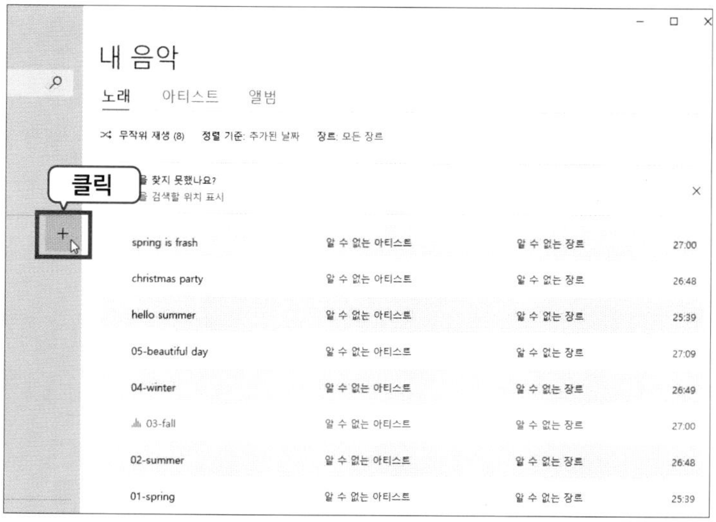

08 이번에는 자주 듣는 음악들만 모아서 들을 수 있게 재생 목록을 만들어보겠습니다. 탐색 창에서 [재생 목록]에 있는 [새 재생 목록 만들기](＋)를 클릭합니다.

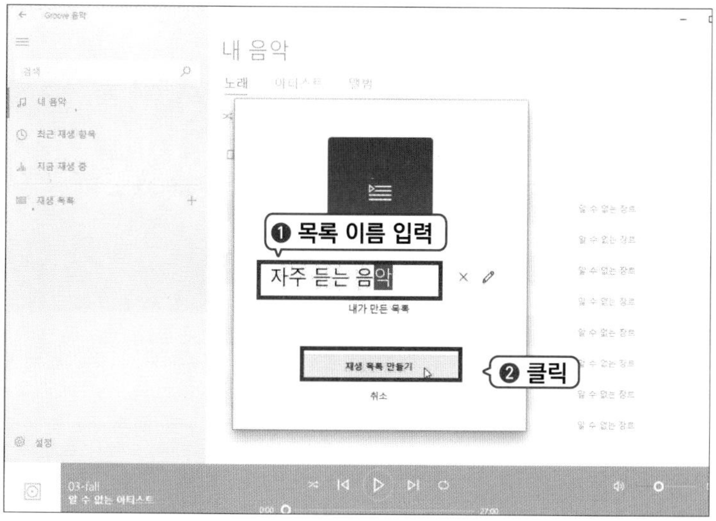

09 [재생 목록 이름 입력] 창이 나오면 재생 목록 이름을 입력하고 [재생 목록 만들기] 버튼을 누릅니다.

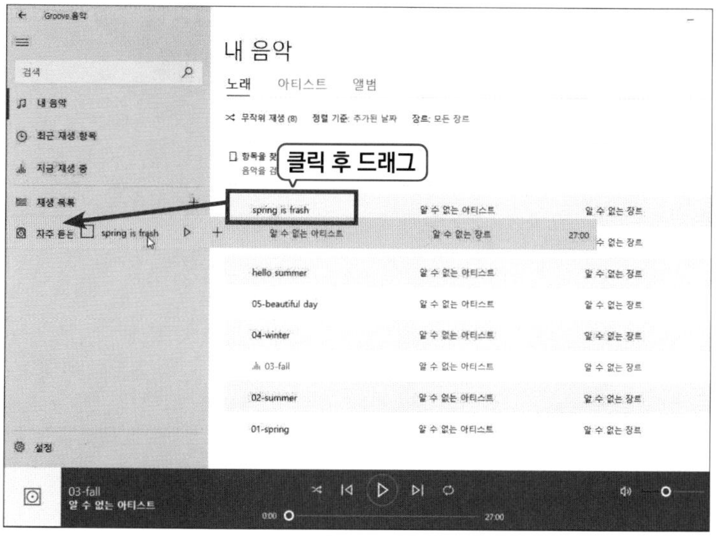

10 [재생 목록] 밑에 앞에서 만들었던 새로운 재생 목록(자주 듣는 음악)이 생겼습니다. 이 목록 안에 원하는 음악 파일을 넣으면 되는데 탐색 창에 있는 [노래]를 클릭해서 리스트가 나오면 그중 원하는 음악 파일을 마우스로 클릭한 후 새로 만든 재생 목록으로 드래그해서 넣으면 됩니다.

TIP

음악 리스트에서 원하는 음악의 [추가하기](+)를 클릭하고 만들어놨던 재생 목록을 선택해도 됩니다.

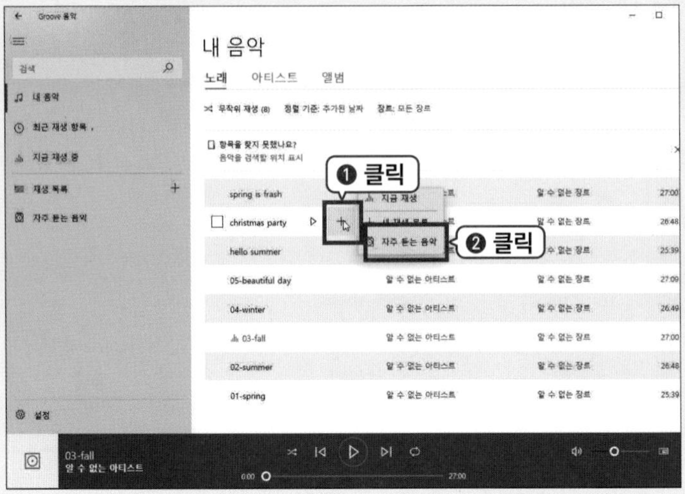

11 원하는 파일을 다 넣었으면 새로 만든 재생 목록을 클릭합니다. 내가 좋아하는 음악만으로 된 재생 목록을 만들었습니다. [Groove 앱]을 종료시키려면 화면 오른쪽 상단에 있는 [닫기](×)를 클릭하면 됩니다.

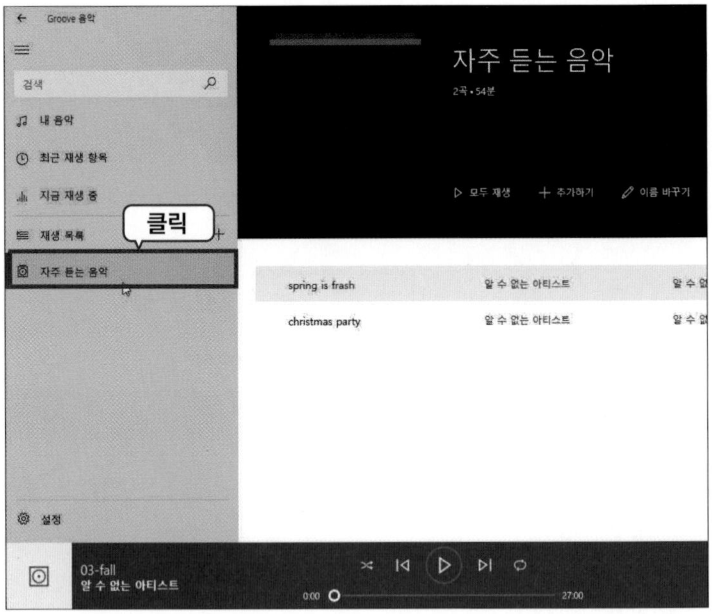

2 동영상 감상하기

[영화 및 TV] 앱을 실행시켜 동영상을 감상해보도록 하겠습니다. Groove 앱과 마찬가지로 동영상 파일이 [내 PC] – [동영상] 라이브러리 안에 있으면 자동으로 화면에 나타납니다.

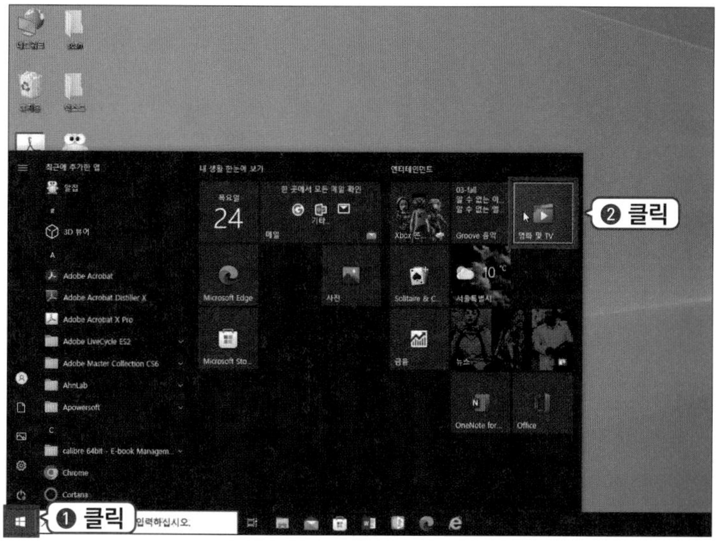

01 [시작] 메뉴( )를 클릭하고 [영화 및 TV] 앱을 실행시킵니다.

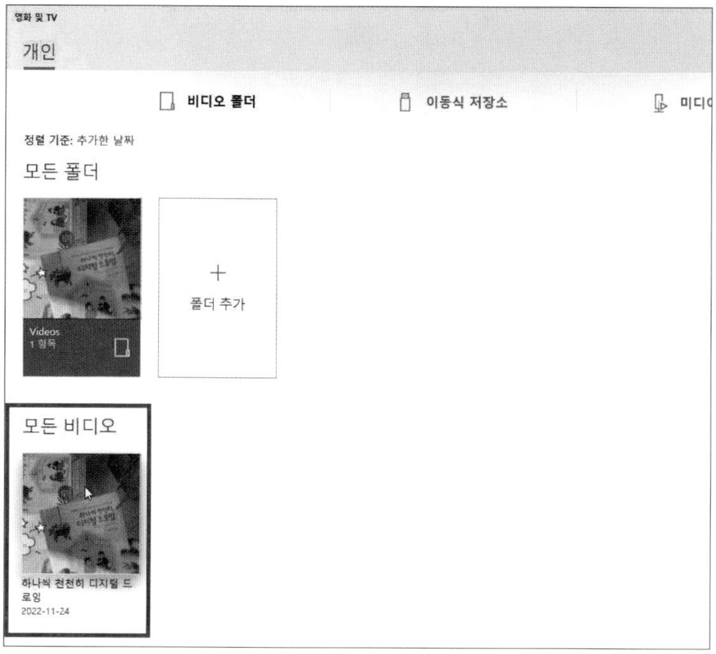

02 [동영상] 라이브러리에 동영상 파일이 들어있으면 [영화 및 TV] 앱을 실행시켰을 때 초기 화면에 나타납니다.

03 동영상 파일을 클릭해 재생합니다.

TIP

[영화 및 TV] 앱으로 영화를 볼 때 별도의 자막 파일이 필요한 경우 아직 지원하지 못하는 자막 파일들이 있습니다. 그러므로 자막 파일이 필요한 영화를 볼 때는 다른 동영상 재생 프로그램을 사용하는 것이 좋습니다(KM 플레이어, 곰플레이어, 다음 팟플레이어, 네이버 미디어 플레이어 등).

❶ 볼륨 조절( )
❷ 자막 파일 선택( )
❸ 10초 전 프레임으로 돌아가기( )
❹ 재생/일시정지(/)
❺ 30초 앞 프레임으로 건너뛰기( )
❻ 사진에서 편집( )
❼ 미니 뷰로 재생( )
❽ 전체 화면으로 확대하기( )
❾ 추가 옵션 메뉴( )

3 사진 관리하고 편집하기

[사진] 앱을 이용하면 다양한 사진을 한눈에 볼 수 있으며 슬라이드 쇼 기능을 활용할 수도 있습니다. 또한 간단한 사진 편집 작업을 통해 사진을 꾸밀 수도 있습니다.

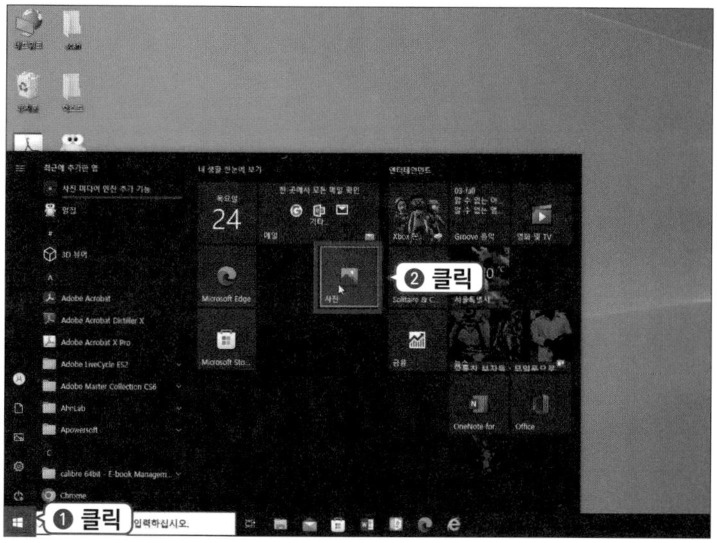

01 [시작] 메뉴( )를 클릭하고 시작 화면에서 [사진] 앱을 실행합니다.

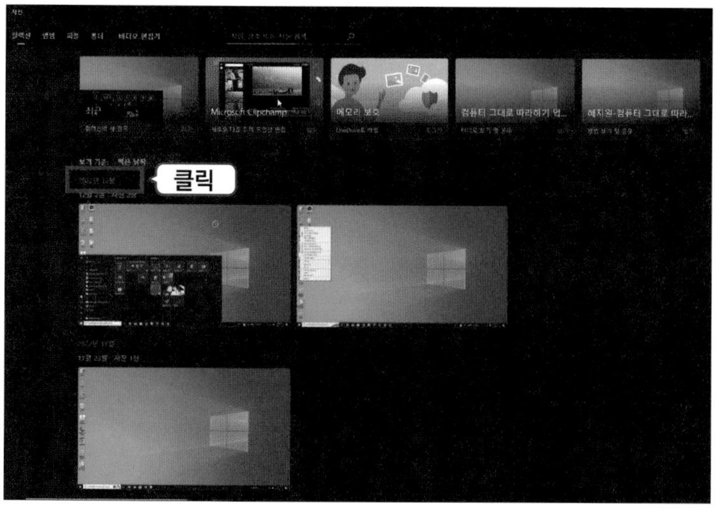

02 [Groove] 앱이나 [영화 및 TV] 앱처럼 [사진] 앱도 [내 PC]–[사진] 라이브러리에 사진 파일들이 들어있으면 촬영된 날짜별로 파일들이 나타납니다. 사진 파일 위에 있는 날짜를 클릭합니다.

03 사진이 촬영된 연도와 월별로 리스트를 만들어 보여줍니다. 보고 싶은 시기를 클릭하면 해당 시간에 촬영한 사진들이 나타납니다.

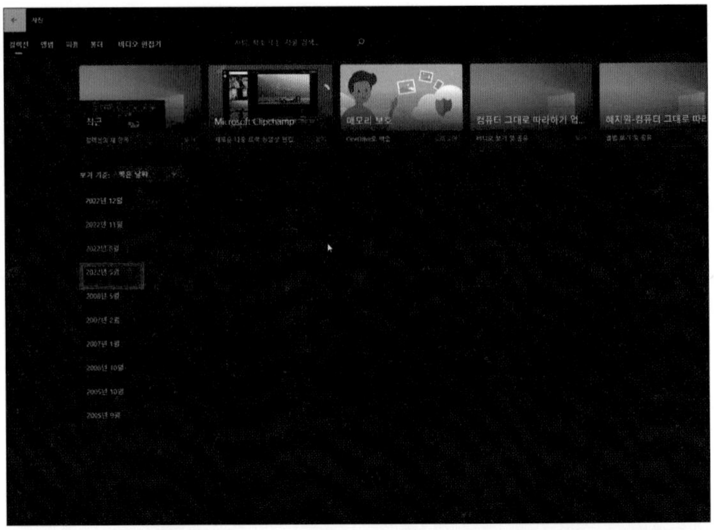

04 [사진] 라이브러리 외에 다른 폴더에 있는 사진을 불러와보겠습니다. [폴더]를 클릭하고 [폴더 추가]를 클릭합니다.

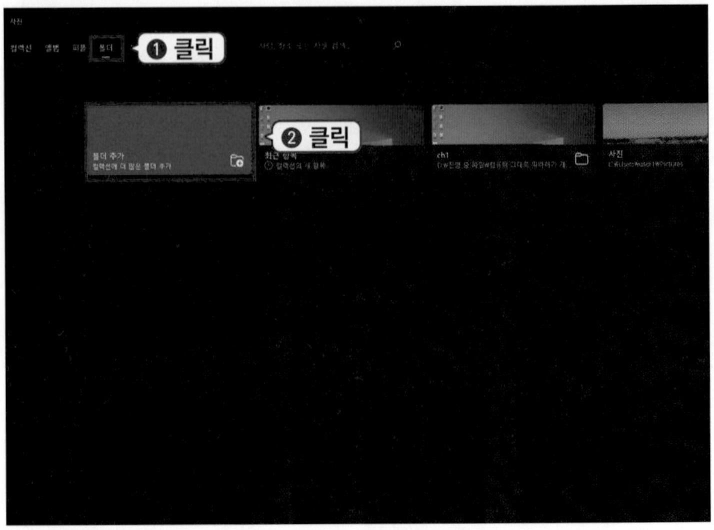

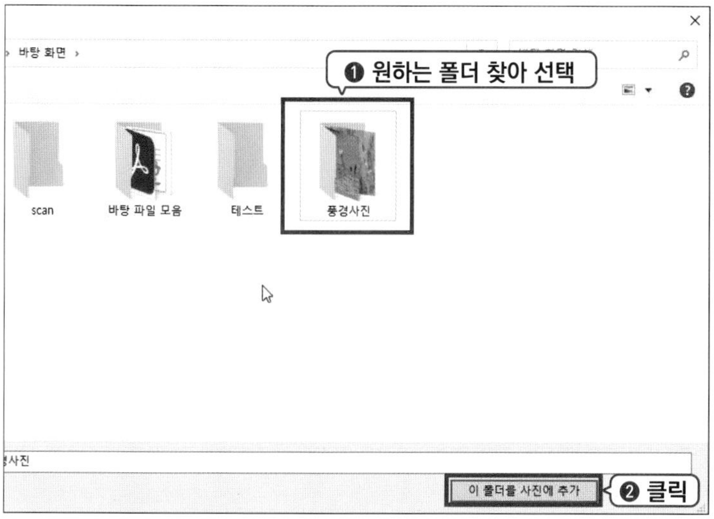

05 [폴더 선택] 대화상자가 나오면 원하는 사진이 있는 폴더를 선택한 후 [이 폴더를 사진에 추가] 버튼을 클릭합니다.

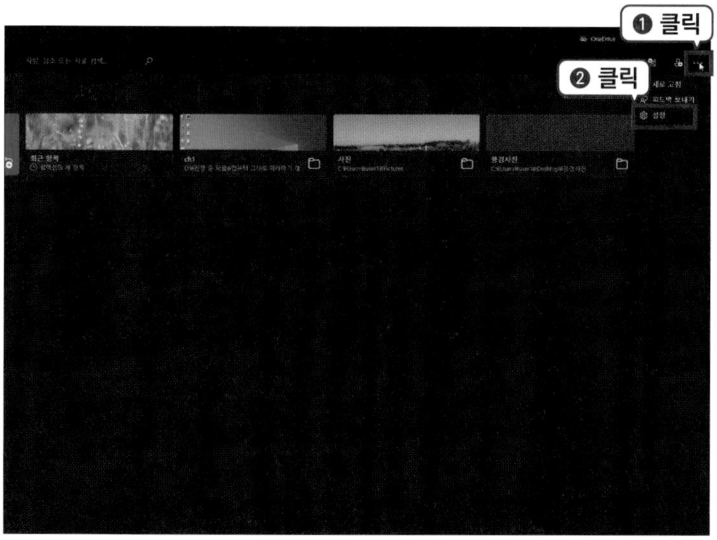

06 앞에서 지정한 폴더가 추가되었음을 볼 수 있습니다. 만약 [사진] 앱에 추가한 폴더를 없애고 싶다면 추가된 오른쪽 상단의 [자세히 보기](…)를 클릭하고 [설정]을 클릭합니다.

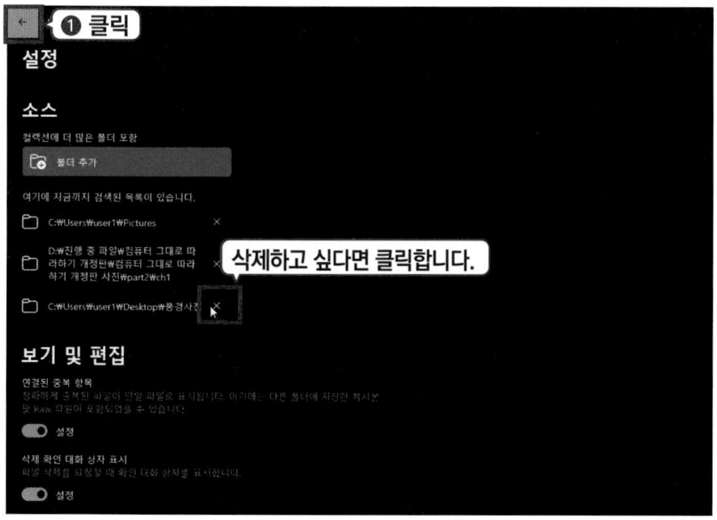

07 삭제하고자 하는 폴더 옆의 X를 클릭합니다. 이때는 [사진] 앱에 폴더가 추가된 것을 없애는 것이지 폴더에 있는 사진 전부를 삭제하는 것은 아닙니다. [돌아가기](←)를 클릭합니다.

08 [폴더] 안에 앞에서 추가한 폴더가 나타납니다. [앨범]을 클릭합니다.

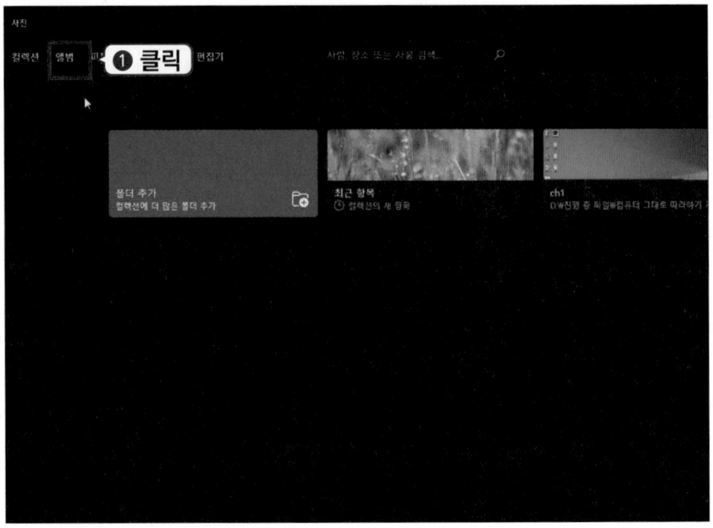

09 [새 앨범] 옆의 +를 클릭합니다.

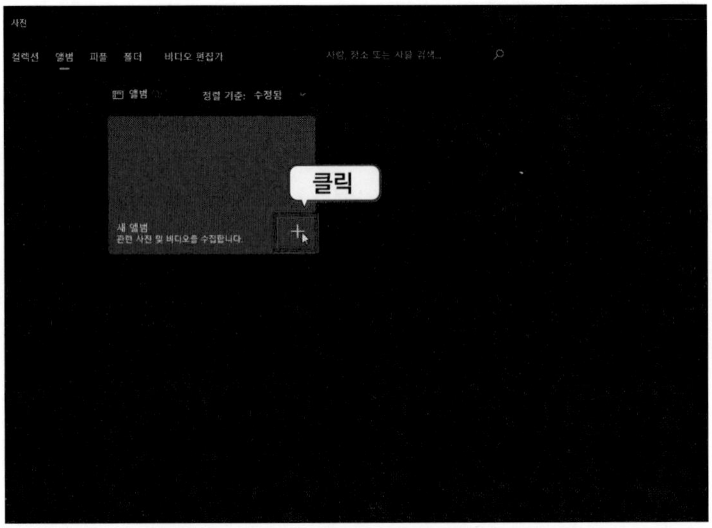

10 사진 위에 선택 박스(□)가 생기는 것을 볼 수 있습니다. 앨범에 포함시키고 싶은 사진의 선택 박스를 클릭해서(☑) 선택합니다. 선택을 모두 마쳤으면 [만들기]를 클릭합니다.

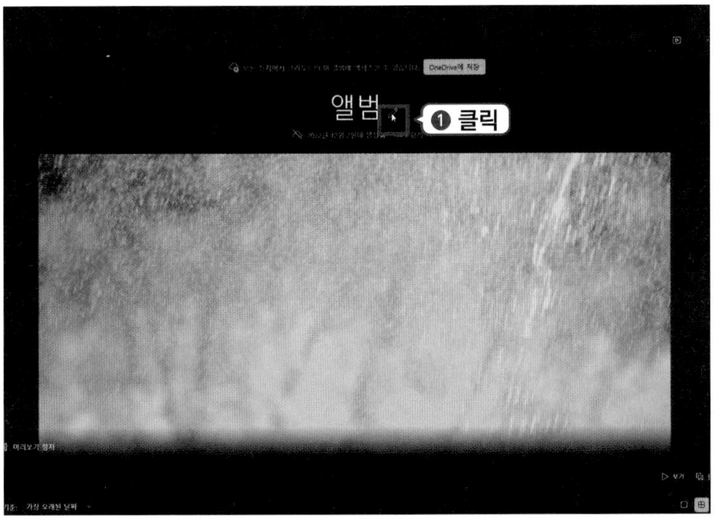

11 앨범이 만들어졌습니다. 이름을 수정하기 위해 을 클릭합니다. 원하는 앨범 이름을 입력하고 를 클릭합니다.

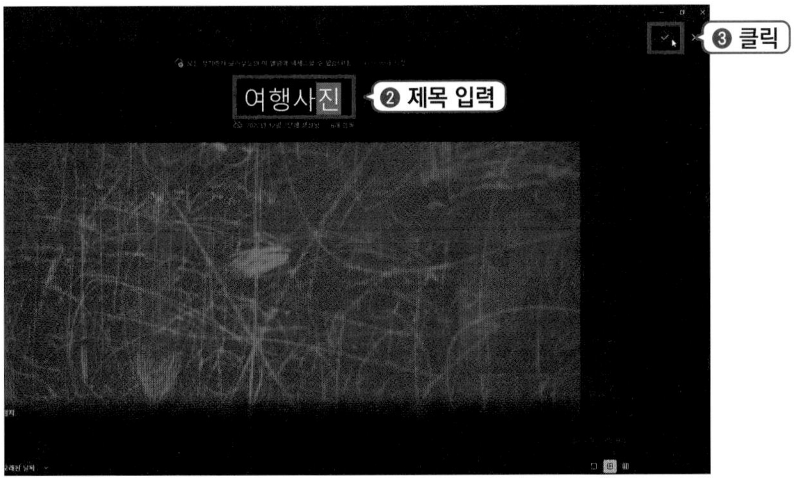

12 지금부터는 [사진] 앱을 이용해 사진을 편집하는 기능들에 대해 간단하게 알아보겠습니다. 편집하고 싶은 사진을 폴더에서 찾아 엽니다. 위쪽 메뉴 중 [이미지 편집]( )을 클릭합니다.

❶ **이미지 편집** : 이미지를 자르고 보정할 수 있습니다.
❷ **회전** : 이미지를 90도씩 회전할 수 있습니다.
❸ **삭제** : 이미지를 삭제합니다.
❹ **즐겨찾기에 추가** : 이미지를 즐겨찾기 목록에 추가할 수 있습니다.
❺ **파일 정보** : 파일을 찍은 장소, 크기 및 찍은 장치, 저장된 위치 등을 보여줍니다.
❻ **공유** : 파일을 다른 앱을 통해 공유할 수 있습니다.
❼ **자세히 보기** : 다른 이름으로 저장, 인쇄, 복사 등의 기능을 이용할 수 있습니다. [자세히 보기]를 클릭하고 [다음으로 설정]을 클릭하면 사진을 배경 화면이나 잠금 화면, 사진 타일로 설정할 수 있습니다.

❽ **전체 화면** : 사진을 전체 화면에 채워서 봅니다.
❾ **실제 크기로 확대/크기 맞춤** : 사진을 실제 크기에 맞춰 확대하거나 화면에 맞춰 보여줍니다.
❿ **확대/축소** : 사진을 확대 축소할 수 있습니다.

13 자르기 및 회전 기능이 기본적으로 선택되어 있습니다. 마우스로 클릭한 후 드래그해서 자를 영역을 설정합니다. 원하는 작업이 끝나면 [복사본 저장] 옆의 ∨를 클릭하고 [저장]을 클릭합니다.

TIP

[복사본 저장]은 원본은 그대로 놔 두고 수정한 파일을 따로 저장하는 것입니다. [저장]은 원본 자체를 수정하여 저장하는 것이니 원본을 보존하고 싶다면 복사본 저장을 이용하세요.

TIP

❶ **가로 세로 비율 :** 사진을 지정한 비율에 맞게 자동으로 자르기를 실행할 수 있습니다.

❷ **대칭 이동 :** 사진의 가운데를 기준으로 왼쪽과 오른쪽이 서로 바뀝니다.

❸ **회전 :** 사진을 시계방향으로 90도씩 회전시킵니다.

14 다음은 [필터](🖌)를 클릭합니다. 다양한 필터 효과를 적용할 수 있습니다. 원하는 효과를 선택해봅니다.

15 마지막으로 [조정](☀)을 클릭합니다. 조명, 색 등을 수정할 수 있습니다. [조명]의 세로선을 왼쪽으로 드래그하여 전체적으로 어둡게 합니다.

16 [명확도]의 세로선을 오른쪽으로 드래그하면 대상들의 구분이 명확하게 변경됩니다. [가장자리 어둡게]를 왼쪽으로 드래그하여 가장자리를 밝게 해봅니다.

TIP

편집을 마쳤으면 [복사본 저장]이나 [저장]을 이용해 저장합니다.

CHAPTER 07 윈도우10에서 제공하는 편리한 앱 알아보기

윈도우10에 있는 앱들 중에는 일상생활에 편리하게 사용할 수 있는 앱들이 있습니다. 금융, 뉴스, 날씨, 계산기 등의 앱과 기본적인 보조프로그램까지 알아봅니다.

1 [금융] 앱 알아보기

[금융] 앱을 이용하면 경제 뉴스, 증시 정보, 환율, 세계 지수 그리고 간단한 주택 담보대출 계산도 할 수 있습니다.

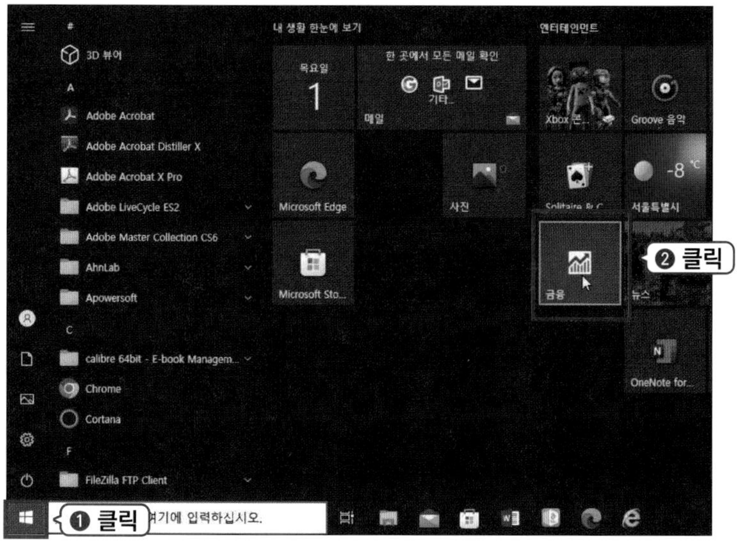

01 [시작] 메뉴( )를 클릭하고 [금융] 앱을 실행합니다.

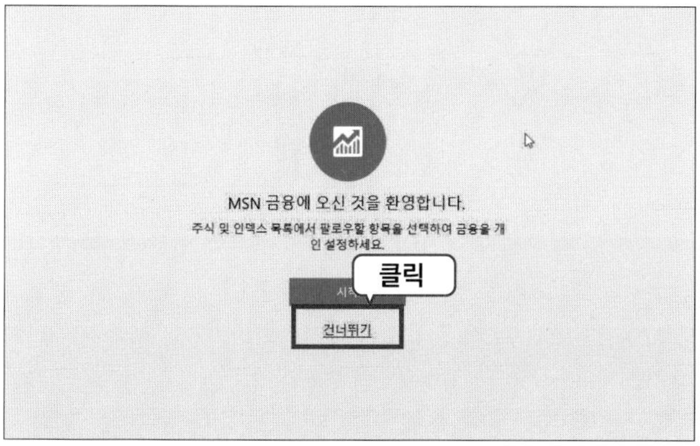

02 [금융] 앱을 처음 실행하는 경우에는 다음 화면처럼 개인 관심 항목을 별도로 설정하겠냐고 물어보는 창이 나옵니다. 여기에서는 간단한 설명을 위해 [건너뛰기]를 클릭합니다.

03 역시 [금융] 앱을 처음 실행하는 경우 금융 속보 알림을 받을지를 물어보는 창이 뜹니다. 금융 속보 알림을 받고 싶다면 [예]를, 그렇지 않으면 [끄기]를 클릭합니다.

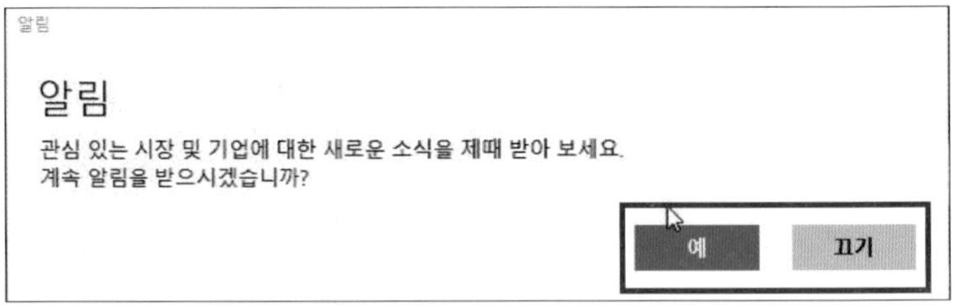

04 초기 화면에 경제 관련 뉴스와 종합 지수, 환율 등의 정보가 나옵니다. 왼쪽에서 [증시]( )를 클릭합니다.

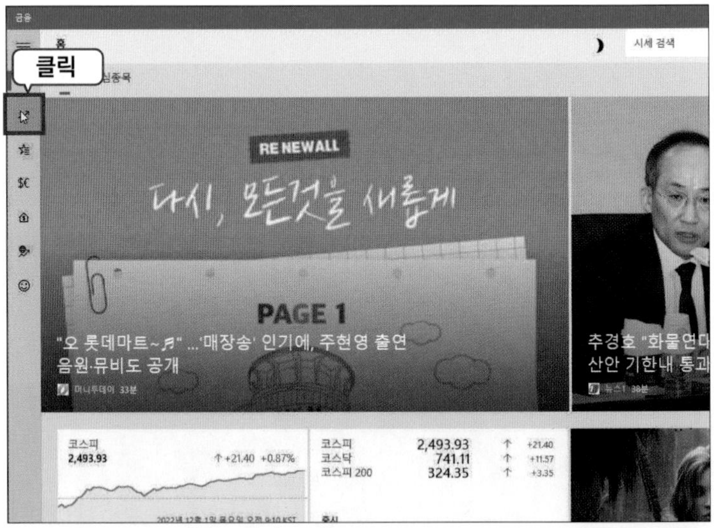

05 코스피, 코스닥 지수뿐만 아니라 니케이 지수 등 세계 주요 시장의 흐름도 보여줍니다. 화면 상단에 있는 [매매주]는 거래량이 많은 종목, 상승폭이 큰 종목, 하락폭이 큰 종목을 한눈에 볼 수 있습니다. [상품]은 세계 시장에서 에너지, 금속, 농수산물, 축산 등의 거래 정보를 보여주고 있습니다.

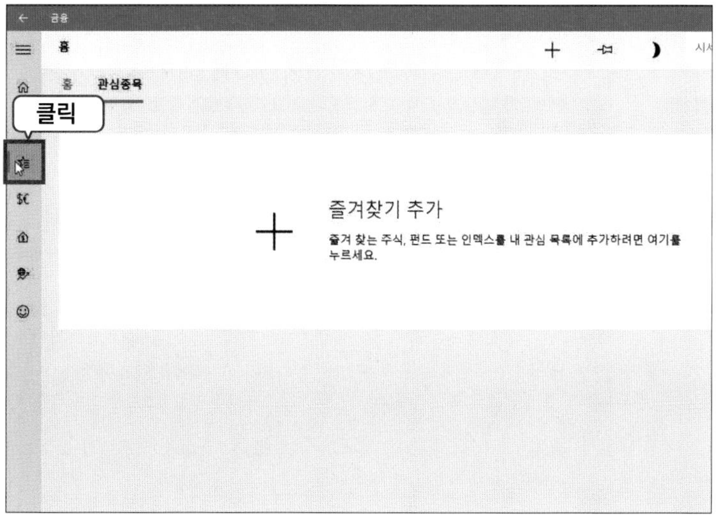

06 [관심 종목]( )을 클릭하면 [즐겨찾기 추가]를 통해 관심 종목을 추가할 수 있습니다.

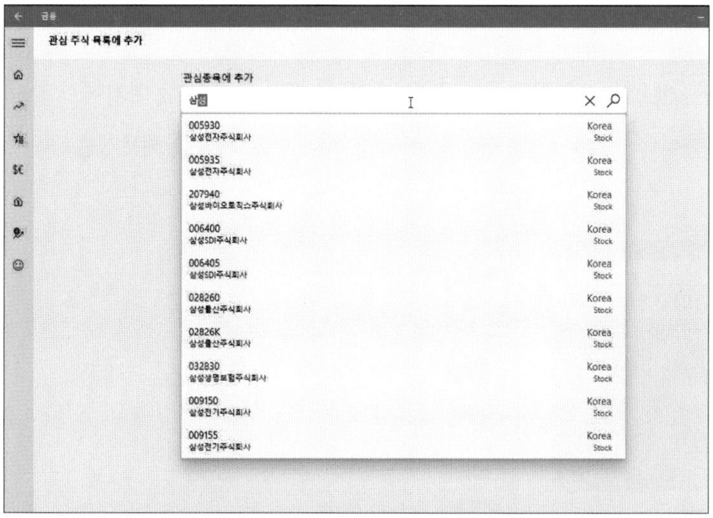

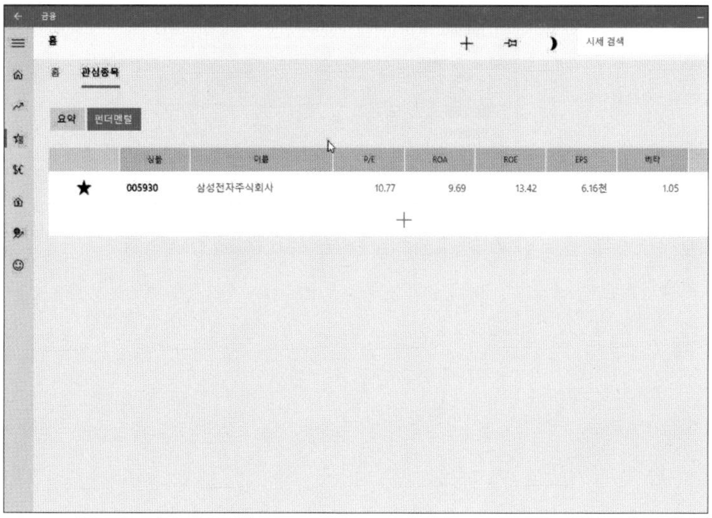

07 [즐겨찾기 추가]를 클릭하면 나타나는 검색란에서 등록하고자 하는 종목의 번호나 회사 이름을 입력해서 검색합니다. 원하는 종목을 클릭하면 관심 종목으로 추가됩니다.

08 [관심 종목]으로 등록한 종목을 클릭하고 들어가면 자세한 정보가 나타납니다.

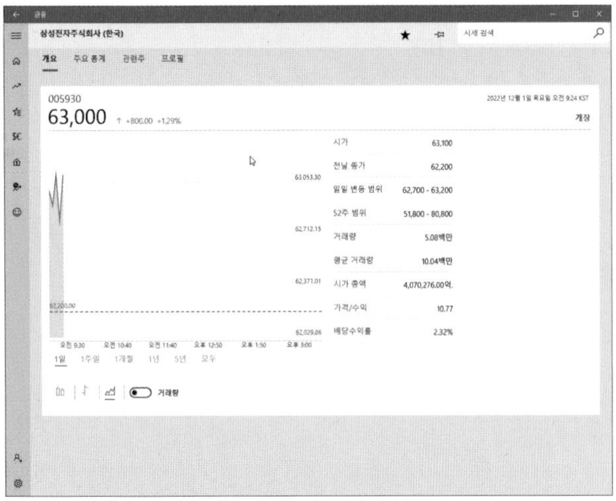

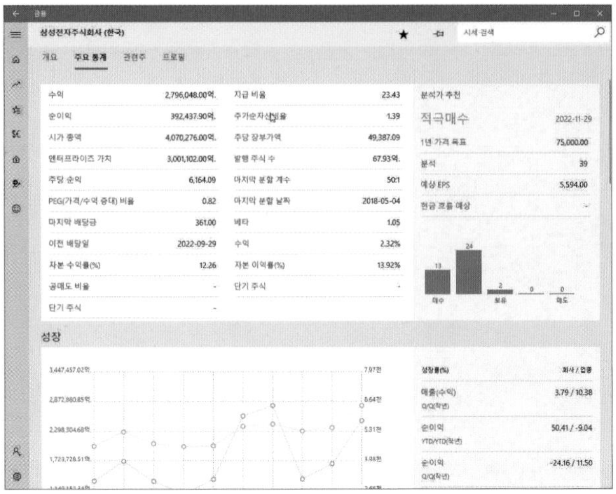

09 이번에는 환율 정보에 대해 알아보겠습니다. [환율]($€) 을 클릭하면 [환율 계산]이 먼저 나옵니다. 여기에서 각자 원하는 국가로 선택한 후 환율 계산을 편하게 할 수 있습니다. 예제에서는 원화를 미국 달러로 환율 계산을 해보겠습니다.

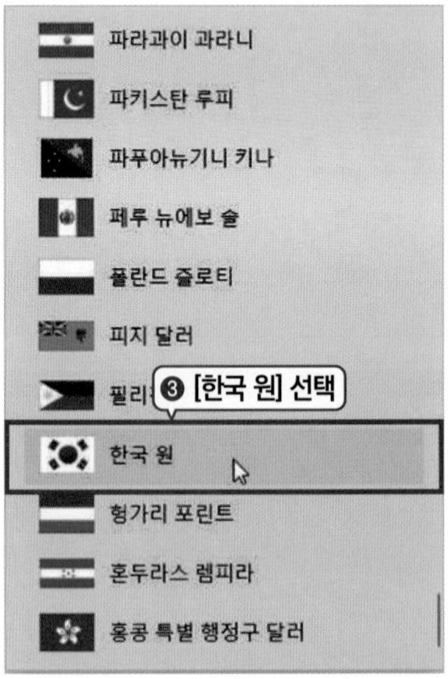

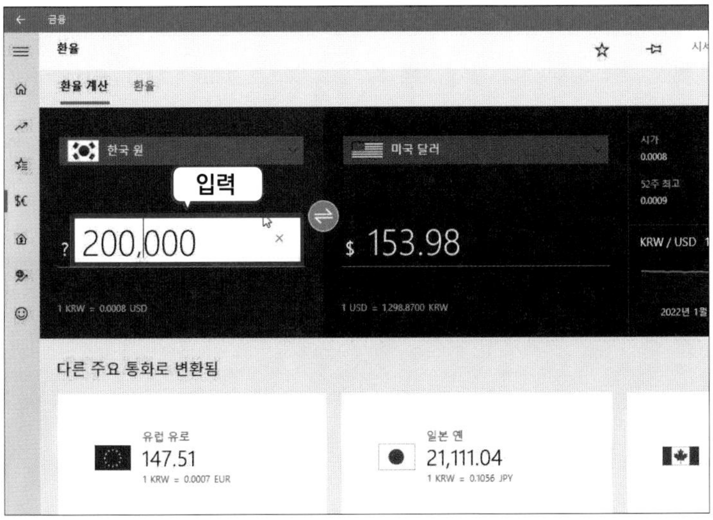

10 다음처럼 원화 입력란에 환율 계산을 하고 싶은 액수를 입력하면 미국 달러로 환율 계산이 자동으로 되어 나타납니다.

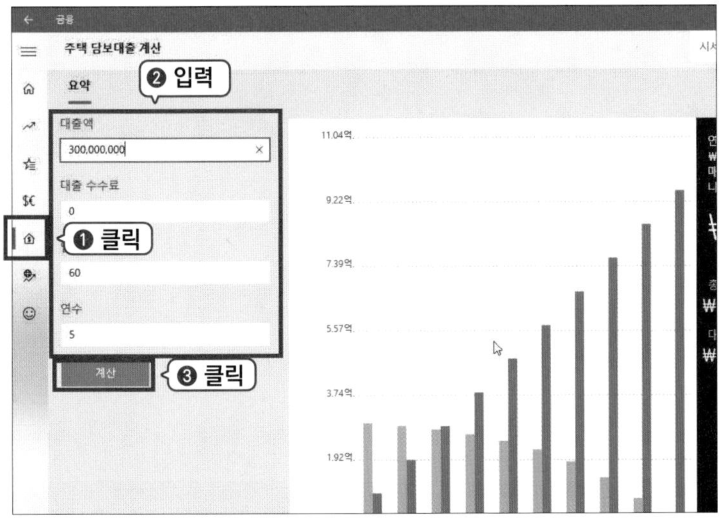

11 [주택 담보대출 계산]( )을 클릭합니다. 대출액, 수수료, 연이율, 연수를 차례로 입력하고 [계산]을 누르면 매월 갚아야 하는 돈과 이자가 나타납니다.

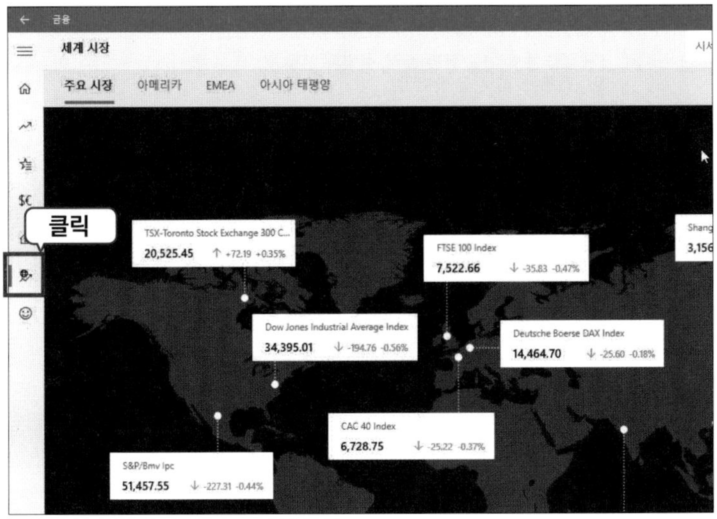

12 [세계 시장]( )을 클릭하면 세계 주요 시장의 지수가 나옵니다. 좀 더 자세히 보고 싶은 시장을 클릭하면 자세한 정보를 볼 수 있습니다.

2 [뉴스] 앱 알아보기

전 세계 소식을 빠르게 접할 수 있는 앱입니다. 앉은 자리에서 편하게 매일매일 새로운 뉴스들을 접해볼 수 있어 좋습니다.

01 [시작] 메뉴를 실행하고 [뉴스] 앱을 클릭합니다.

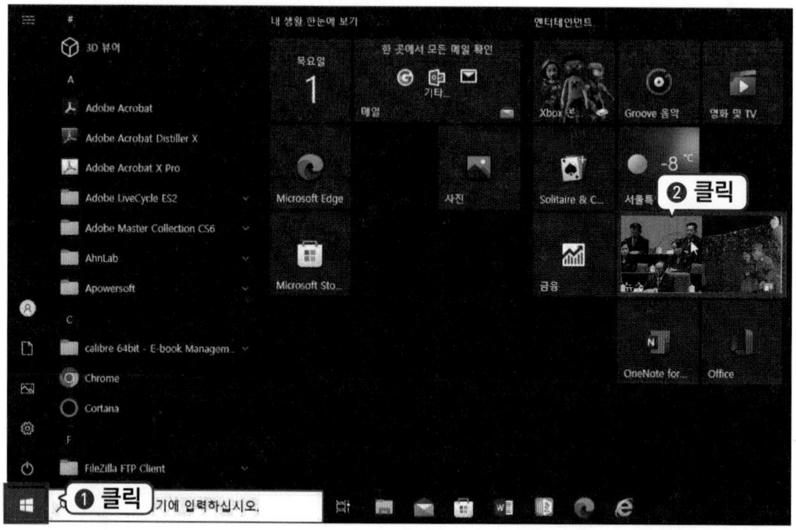

02 읽고 싶은 기사를 클릭하면 전체 기사가 나타납니다.

03 다른 나라 뉴스를 보는 방법을 알아보겠습니다. 화면 왼쪽 아래에 있는 [설정](⚙)을 클릭하고 [버전 선택]에서 미국(United States(English))을 선택합니다.

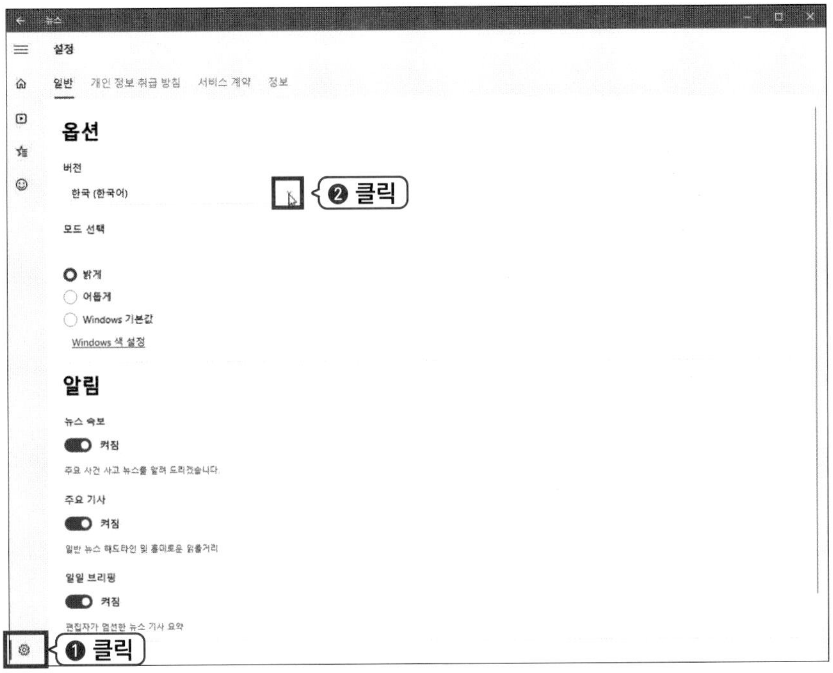

04 버전 선택에서 원하는 나라를 선택하고 나면 다음 화면처럼 [앱 닫기] 버튼이 나타납니다. [앱 닫기] 버튼을 클릭해서 [뉴스] 앱을 종료시키고 다시 [뉴스] 앱을 실행합니다. 미국에서 방송된 다양한 뉴스들을 접할 수 있습니다. 위와 같은 방법으로 여러 나라들의 뉴스를 선택해서 볼 수 있습니다.

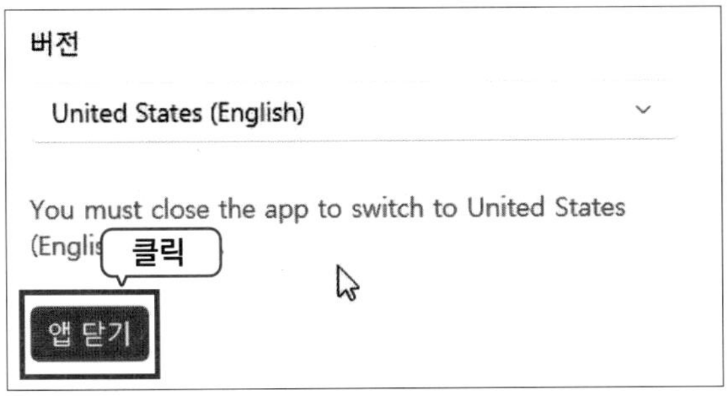

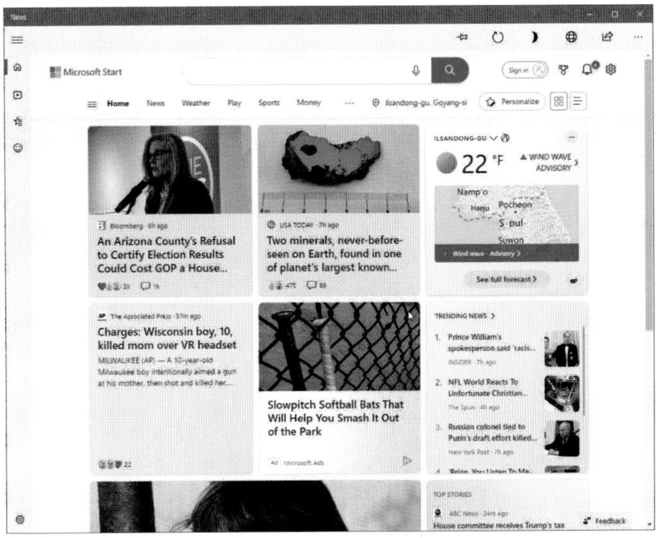

3 [날씨] 앱 알아보기

[날씨] 앱은 컴퓨터보다 스마트폰이나 태블릿에 더 어울리는 앱이지만 여기에서는 컴퓨터에서 사용하는 것을 기준으로 설명하겠습니다.

01 [시작] 메뉴(⊞)를 클릭하고 [날씨] 앱을 실행합니다.

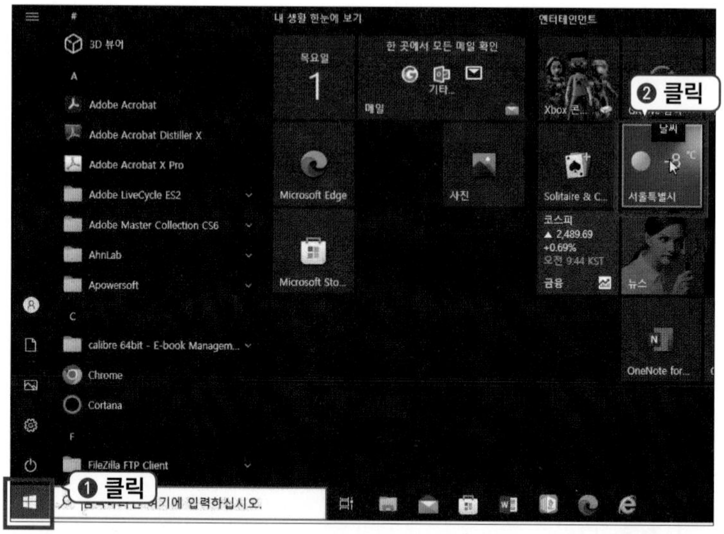

02 [날씨] 앱을 처음 실행하면 설정 화면이 나옵니다. 오른쪽 상단에 지역을 입력한 후 검색된 지역을 클릭합니다.

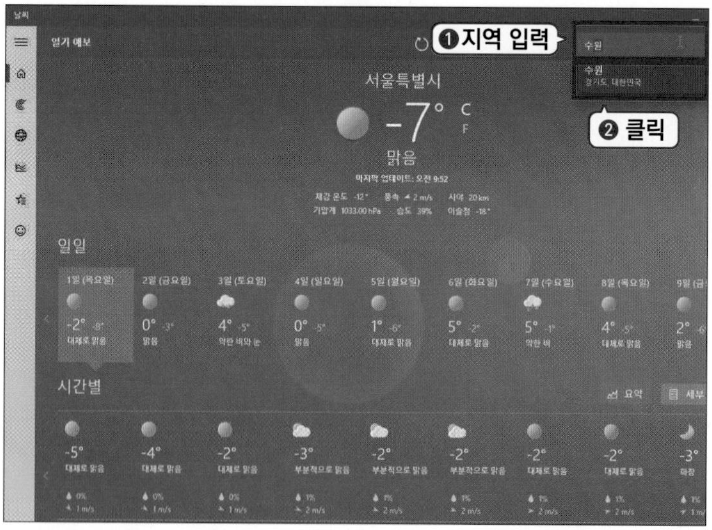

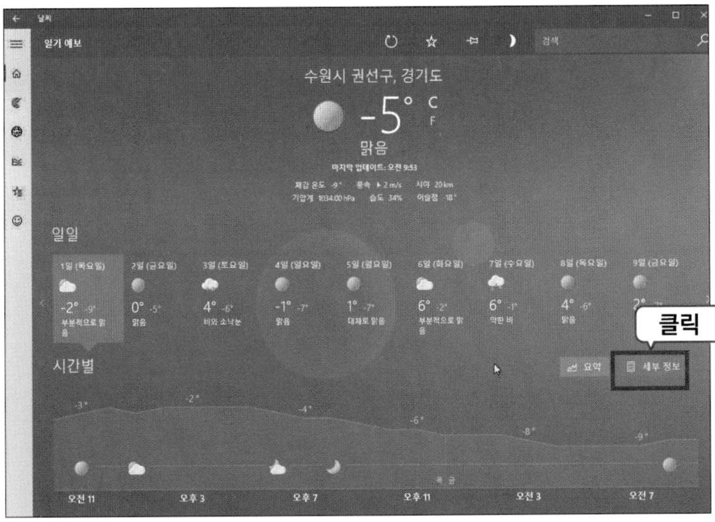

03 내 위치로 설정한 곳의 현재 날씨와 일주일 간의 날씨 예보, 그 밖의 세부 사항들이 나타납니다. [세부 정보]를 클릭하면 시간대별로 날씨 예보를 볼 수 있습니다.

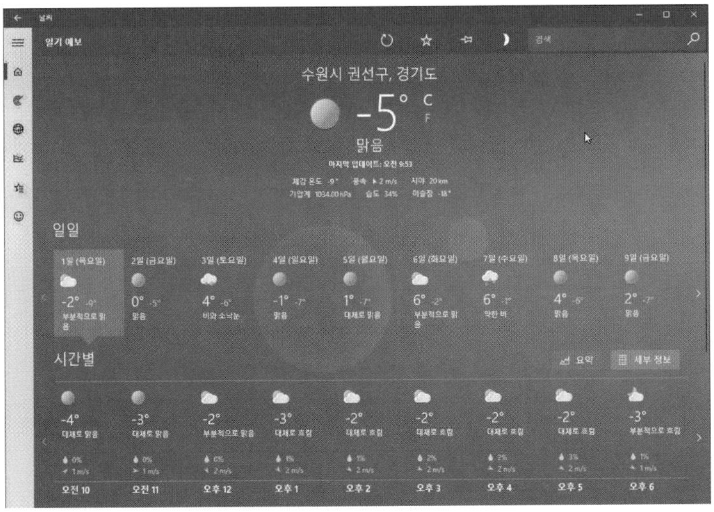

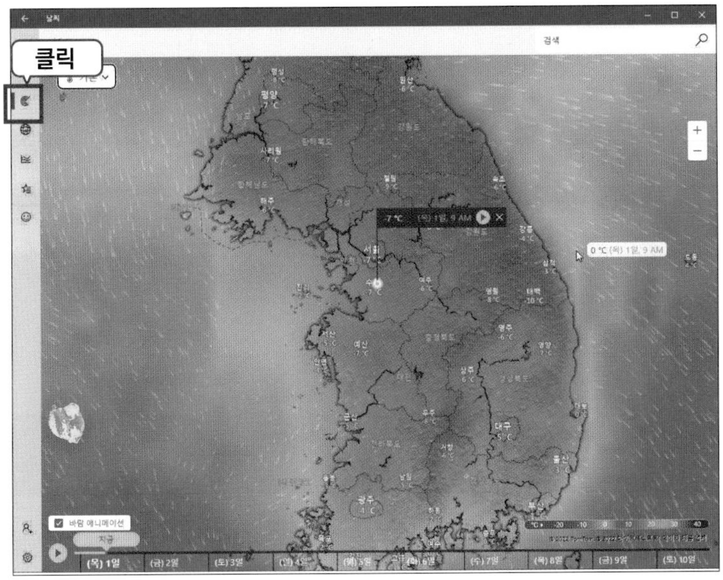

04 [지도( )]를 클릭하면 대한민국의 지역별 날씨를 지도 위에 보여줍니다. [3D 지도( )]는 3D 지구 모형 위에 보여줍니다. [과거 날씨]( )를 클릭하면 이번 달의 기온과 강수량, 눈 온 날 등을 과거의 기록과 비교해 볼 수 있습니다.

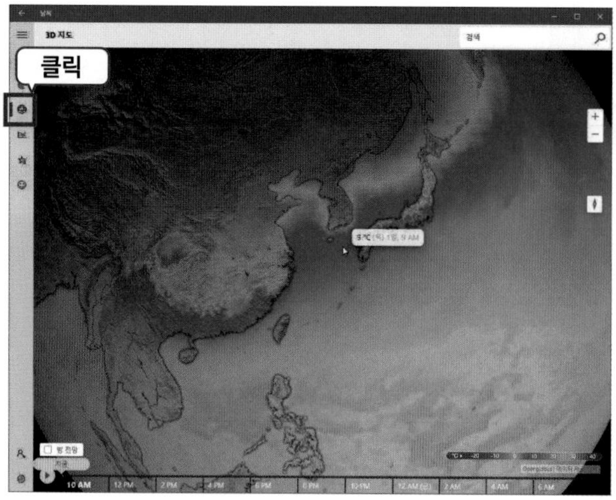

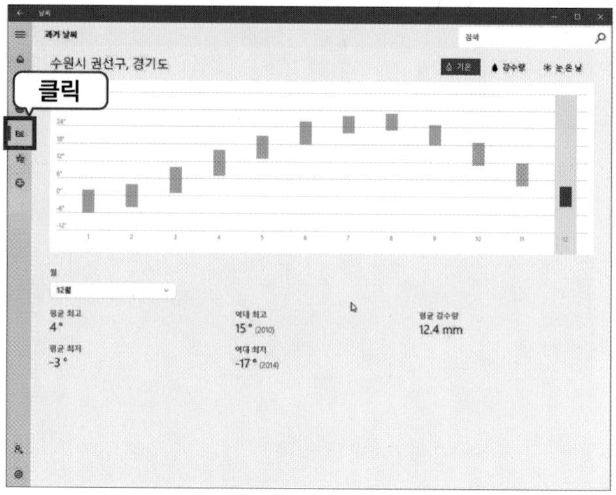

05 [즐겨찾기]( )를 클릭하고 관심 지역을 추가해보겠습니다. [좋아하는 장소]를 클릭한 후 지역을 추가합니다.

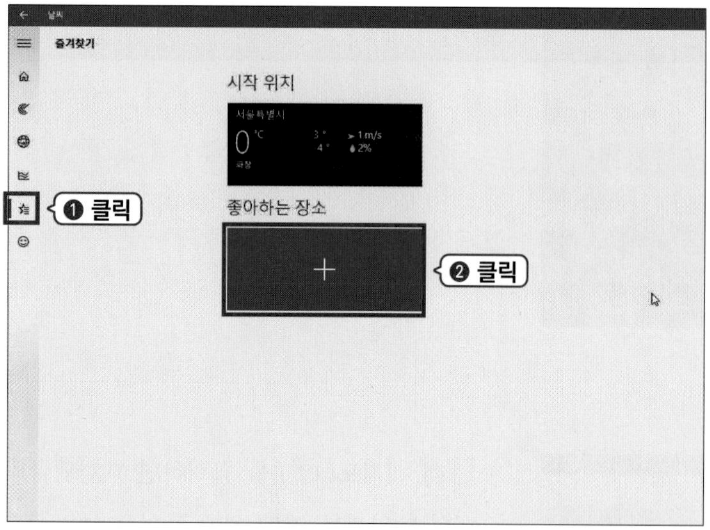

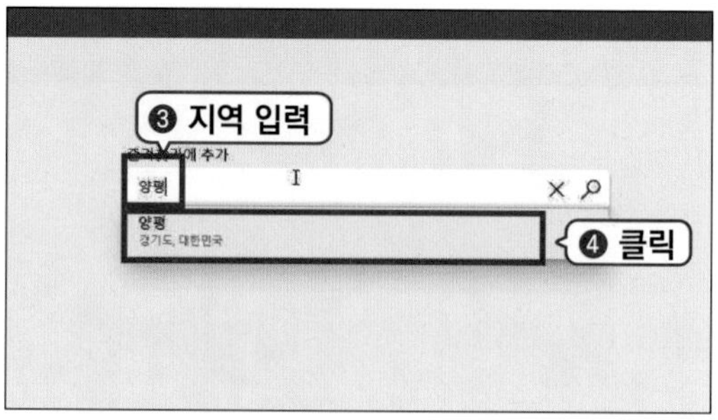

06 각자 날씨가 궁금한 지역을 추가로 설정해 놓고 [즐겨찾기]( )를 클릭해서 원하는 지역의 날씨를 알아볼 수 있습니다.

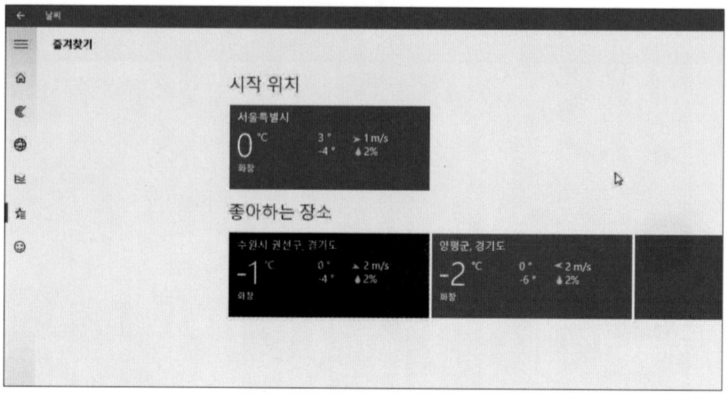

4 [계산기] 앱 알아보기

이번에는 윈도우10의 [계산기] 앱을 알아보겠습니다. 앞에서 알아본 앱들과 다르게 [계산기] 앱은 시작 화면에 없기 때문에 [Windows 검색]을 통해 직접 찾아서 실행해야 합니다.

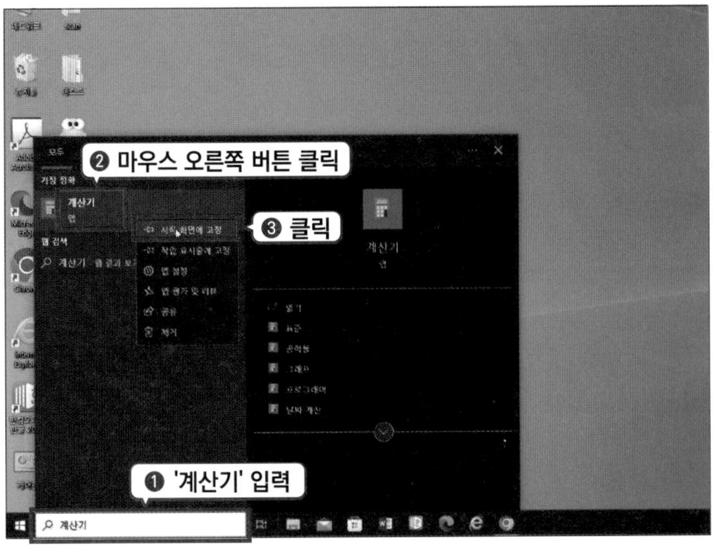

01 작업 표시줄에 있는 [Windows 검색]을 클릭한 후 '계산기'라고 입력하고 [계산기] 앱이 나타나면 마우스 오른쪽 버튼을 클릭해서 [시작 화면에 고정]을 선택합니다.

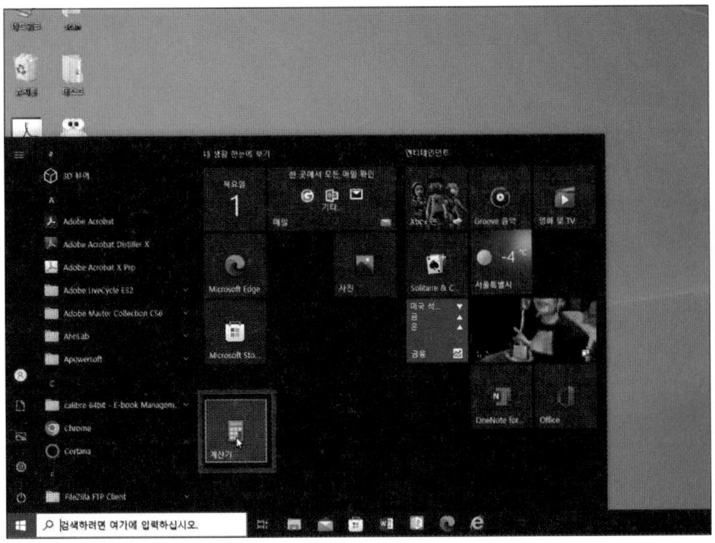

02 [시작 메뉴]( )를 클릭하고 [시작 화면]을 보면 [계산기] 앱이 추가된 것을 확인할 수 있습니다. [계산기] 앱을 클릭해서 실행합니다.

03 [계산기] 앱이 실행되면 테두리를 마우스 왼쪽 버튼으로 클릭한 채로 드래그해서 각자 보기 편한 크기로 조절합니다. 특히 옆으로 많이 늘리면 오른쪽에 계산한 기록들이 나타납니다.

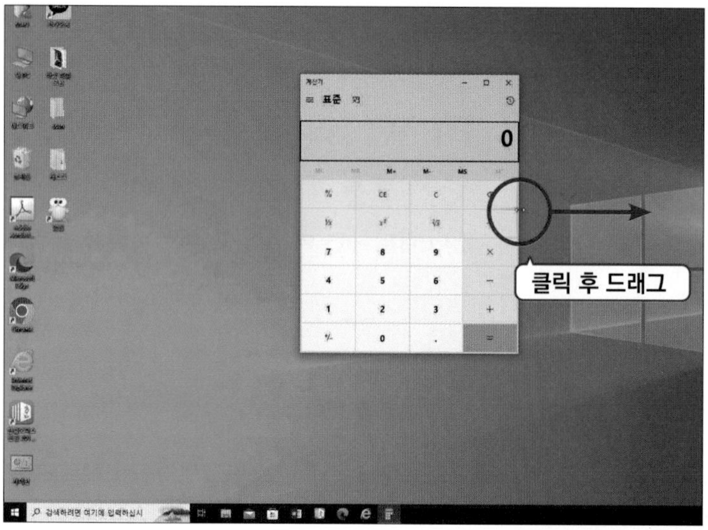

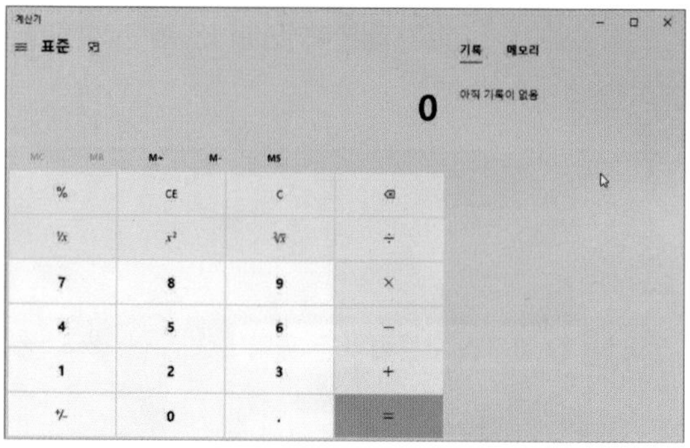

04 [메뉴](☰)를 클릭하면 계산기 모드를 '표준', 공학용', '프로그래머', '날짜 계산'으로 바꿀 수 있고 각종 단위를 변환할 수 있습니다.

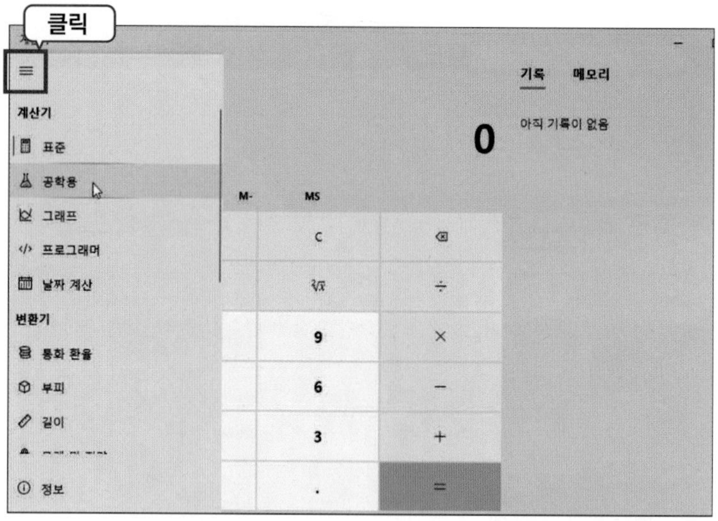

5 보조프로그램 알아보기

윈도우10의 보조프로그램에는 다양한 기능들이 제공되고 있습니다. 그중 가장 많이 사용하는 기능들인 [그림판], [메모장], [캡처 도구] 앱을 알아보겠습니다.

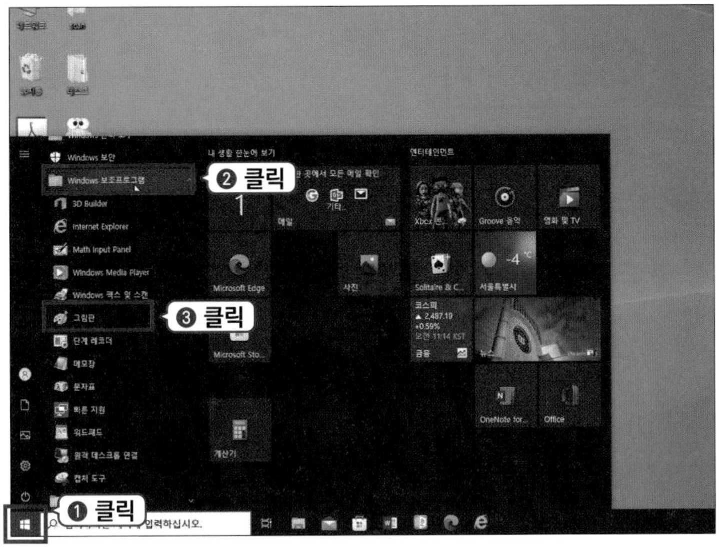

01 먼저 [그림판] 앱을 알아보겠습니다. [시작] 메뉴( )를 클릭하고 스크롤 바를 내립니다. [windows 보조프로그램]을 클릭하고 [그림판] 앱을 클릭해서 실행합니다.

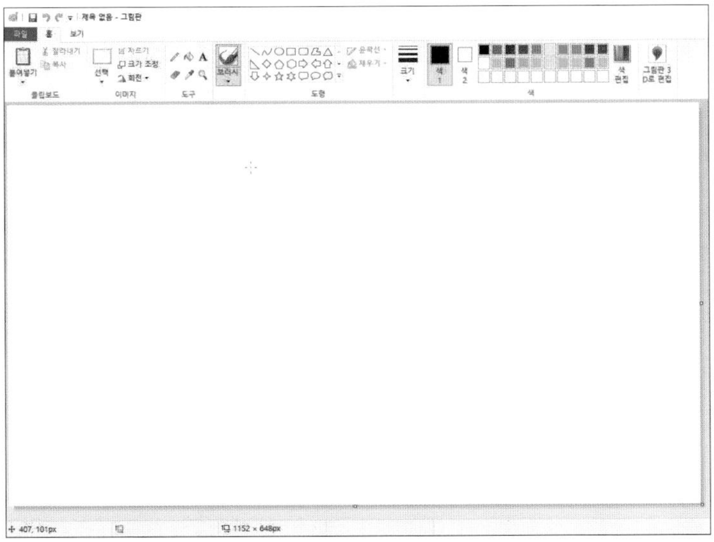

02 [그림판] 앱이 실행됩니다. [그림판]에서는 간단한 이미지 편집 작업 등을 할 수 있습니다.

03 이번에는 [메모장] 앱을 열어보겠습니다. [시작] 메뉴( )-[windows 보조프로그램]에서 [메모장] 앱을 클릭합니다. 다음과 같은 화면이 나오며, 텍스트를 입력하는 작업을 할 수 있습니다. 텍스트를 입력합니다.

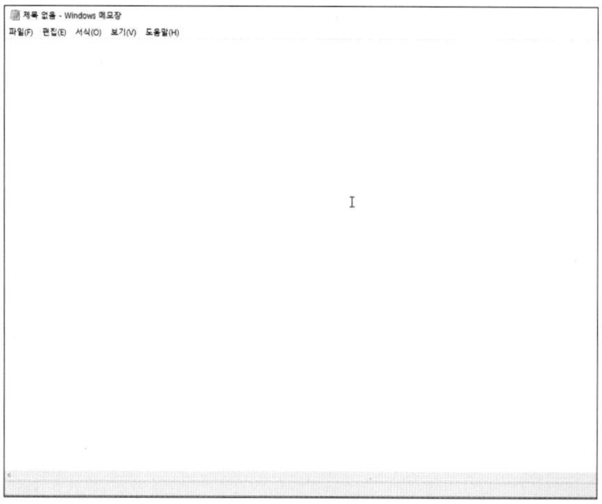

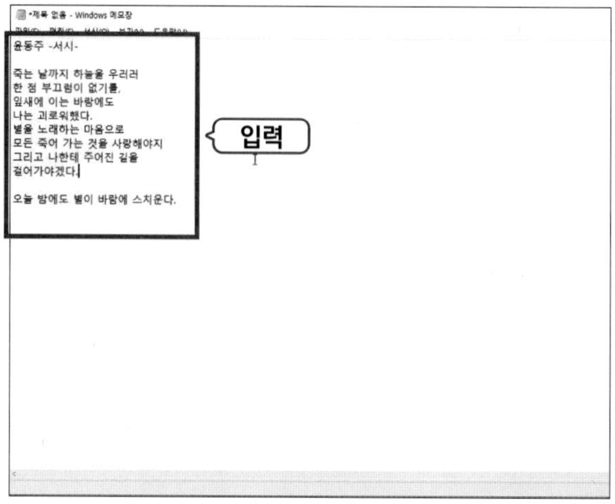

TIP

메모장은 한글이나 워드로 작성하여 저장하기에는 너무 간단한 내용인 경우에 이용하면 좋습니다.

04 [파일]-[저장]을 클릭합니다. 메모장의 확장자명은 .txt입니다. 원하는 위치를 선택하여 [저장]을 클릭합니다.

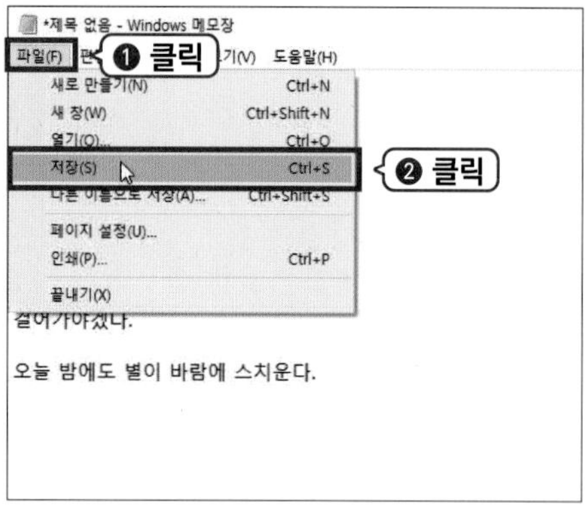

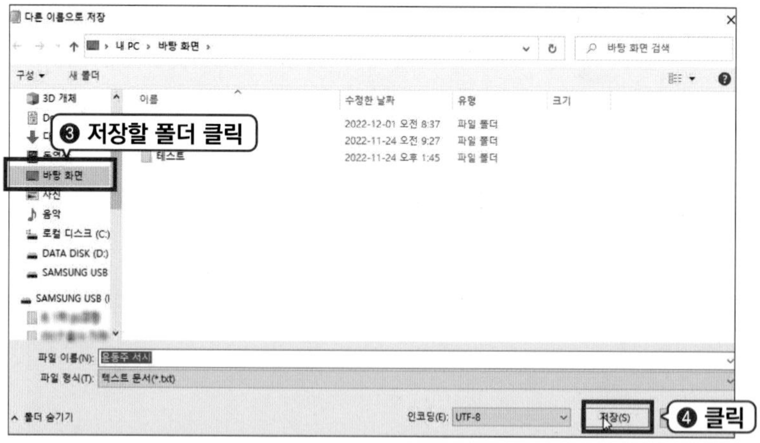

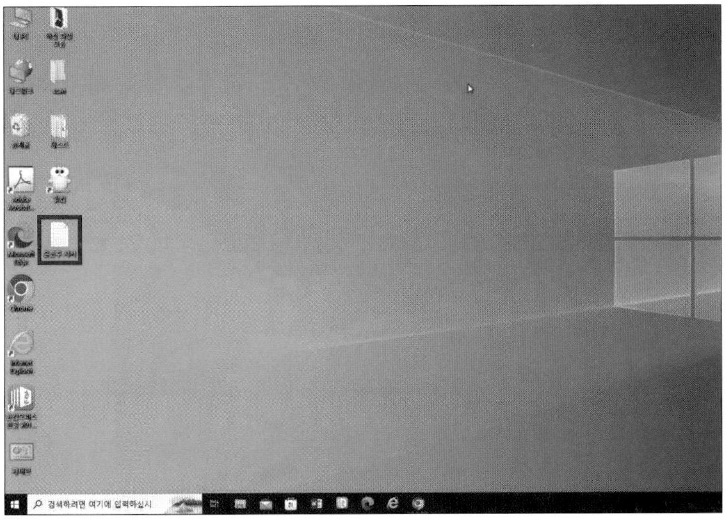

05 메모장 파일임을 나타내는 아이콘과 함께 저장이 되었습니다.

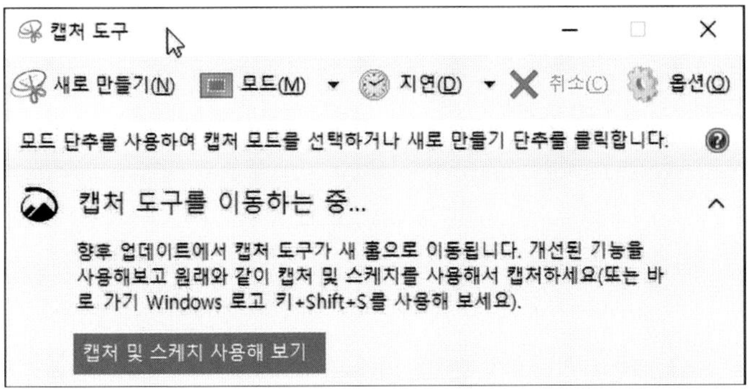

06 마지막으로 [캡처 도구] 앱을 알아보겠습니다. [시작] 메뉴( )-[windows 보조 프로그램]에서 [캡처 도구] 앱을 클릭합니다.

TIP

모드 : 캡처 모드를 지정할 수 있습니다. 자유형 캡처, 사각형 캡처, 창 캡처, 전체 화면 캡처 4가지 모드 중 원하는 모드를 선택하여 캡처합니다.

지연 : [새로 만들기]를 클릭한 뒤 몇 초 뒤에 캡처가 실시될지를 지정할 수 있습니다. 기본적으로는 '지연 없음'이 선택되어 있습니다.

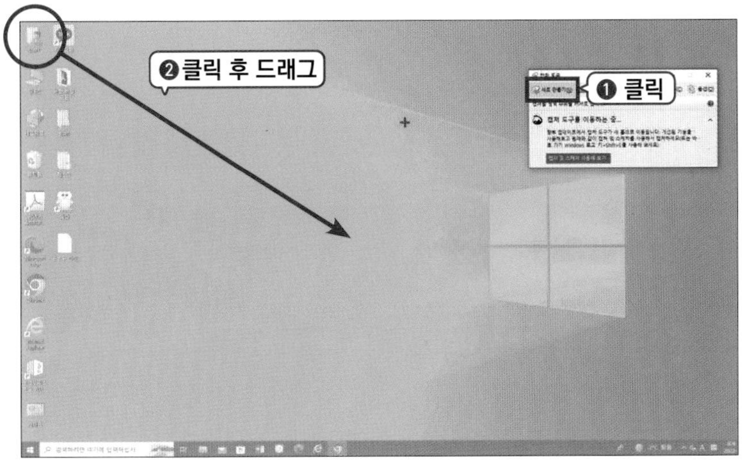

07 [새로 만들기]를 클릭하면 화면이 투명해지며 캡처할 수 있는 상태가 됩니다. 마우스를 드래그하여 원하는 영역을 캡처하고 손가락을 뗍니다.

08 캡처가 되었습니다. [파일]-[다른 이름으로 저장]을 클릭하여 원하는 위치에 파일을 저장합니다.

CHAPTER 08 PC 관리하기

컴퓨터를 자주 사용하다 보면 각종 오류가 발생할 수 있습니다. 특히 하드디스크는 오류가 많이 발생하는 장치 중 하나입니다. 이번 챕터에서는 컴퓨터나 윈도우에 문제가 발생했을 때 처리하는 방법들과 제어판 기능, 필요 없는 프로그램을 삭제하는 기능에 대해 알아보겠습니다.

1 하드디스크 관리하기

필요 없는 파일을 삭제하여 여유 공간을 만드는 방법, 하드디스크의 오류를 검사하는 방법, 드라이브의 최적화를 통해 드라이브의 속도를 높이는 방법에 대해 알아보겠습니다.

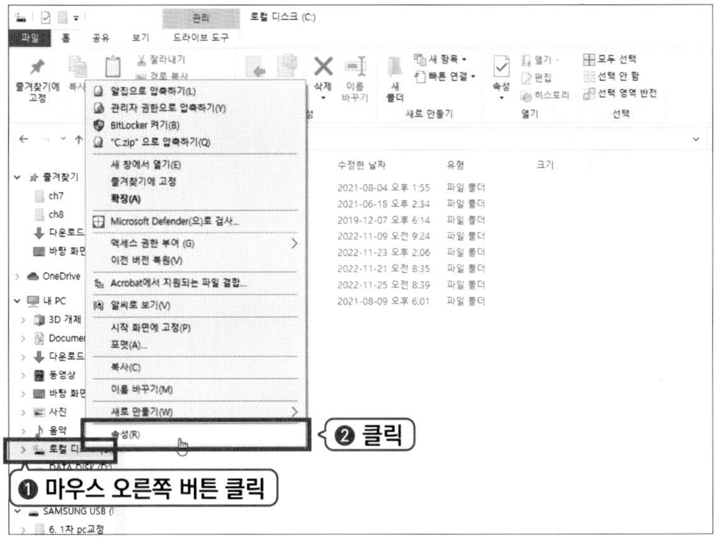

01 [파일 탐색기]( )를 클릭해 실행한 다음 오류 검사를 실행할 드라이브에서 마우스 오른쪽 버튼을 클릭해 [속성]을 선택합니다. 여기에서는 [로컬 디스크 (C:)]를 선택했습니다.

02 [속성] 창이 열리면, [일반] 탭을 선택해 [디스크 정리]를 클릭합니다.

TIP

[파일 탐색기]에서 드라이브 선택 후 [관리] 탭에 있는 [정리]( )를 클릭해도 됩니다.

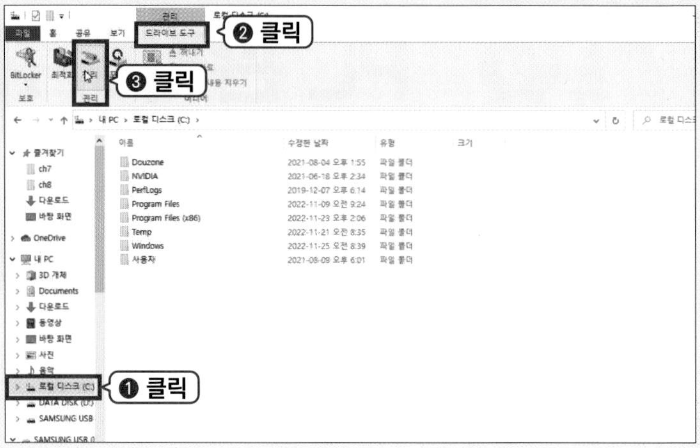

03 정리할 수 있는 파일을 검색합니다. 잠시 기다리면, [디스크 정리] 대화상자가 나타나면서 삭제했을 때 확보할 수 있는 공간이 표시됩니다. [삭제할 파일]에서 삭제할 항목을 선택합니다. 항목을 선택할 때마다 확보할 수 있는 공간의 총 합계가 바뀝니다. 삭제할 파일을 모두 선택하였으면 [확인]을 클릭합니다.

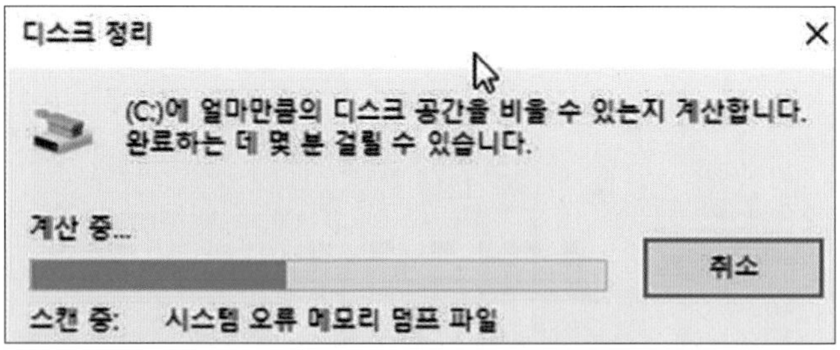

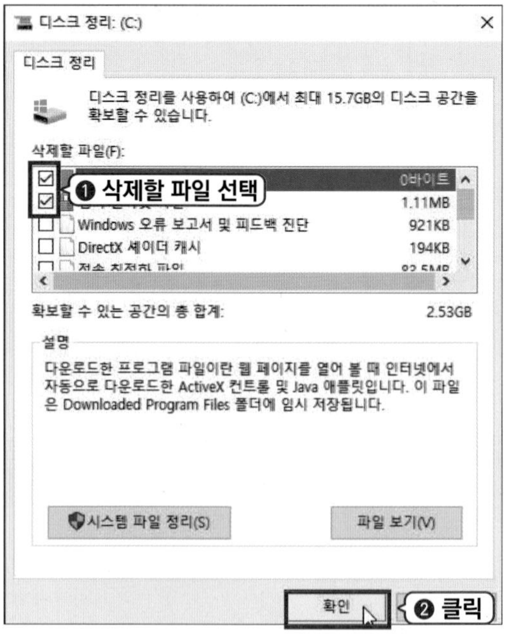

04 파일을 완전히 삭제할지 여부를 묻는 창이 나타나면 [파일 삭제]를 클릭합니다. 파일 삭제가 진행되는 동안 파일 삭제를 취소하려면 [취소]를 클릭합니다. [취소]를 클릭해도 이미 지워진 파일은 되돌릴 수 없습니다.

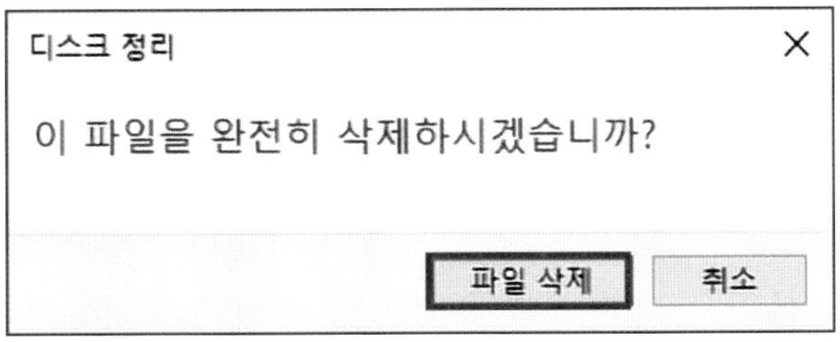

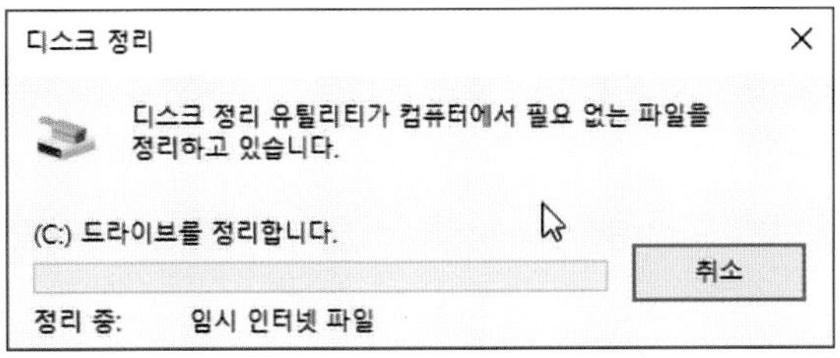

TIP

[디스크 속성] 창의 [일반] 탭

[디스크 속성]을 처음 실행했을 때 보이는 [일반] 탭에는 자신의 시스템 하드웨어에 관한 정보가 표시됩니다. 하드디스크와 관련한 정보가 필요할 때 유용하므로 잘 알아두도록 합니다.

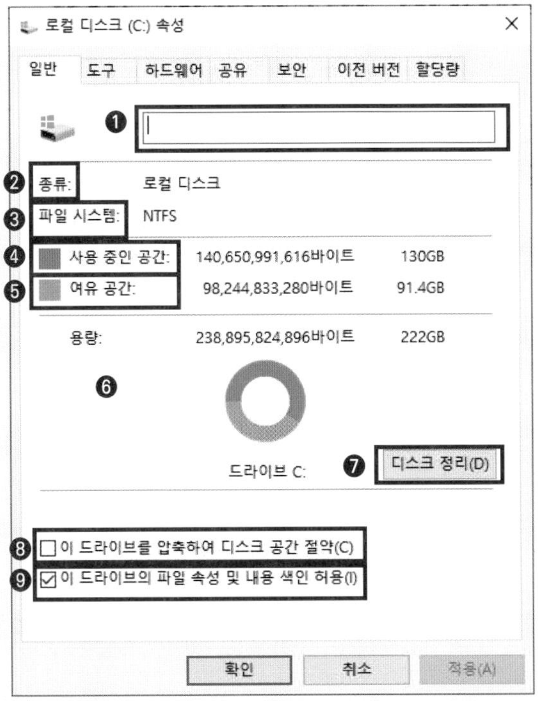

❶ **하드디스크 이름 :** 현재 하드디스크의 이름이 표시됩니다. 하드디스크 이름을 클릭해 새로운 이름을 입력하고 [적용]을 클릭하면 이름을 바꿀 수 있습니다.

❷ **종류 :** 로컬 디스크와 CD 드라이브, 이동식 하드디스크와 같이 드라이브의 종류가 표시됩니다.

❸ **파일 시스템 :** 하드디스크의 파일 시스템은 FAT32와 NTFS로 나뉘는데, NTFS가 파일이나 폴더의 권한, 파일 압축, 암호화 등에서 뛰어납니다.

❹ **사용 중인 공간 :** 현재 컴퓨터에서 사용 중인 하드디스크 공간의 총 크기가 표시됩니다.

❺ **여유 공간 :** 현재 컴퓨터에서 사용할 수 있는 하드디스크 공간의 크기가 표시됩니다.

❻ **용량 :** 하드디스크의 전체 크기가 표시됩니다.

❼ **디스크 정리 :** 디스크 정리를 클릭하면 하드디스크 안에 있는 불필요한 파일을 지울 수 있습니다.

❽ **이 드라이브를 압축하여 디스크 공간 절약 :** 하드디스크에 파일을 저장할 때 파일을 압축하여 저장합니다. 파일을 압축하면 하드디스크의 공간을 넓힐 수 있지만 압축과 압축 해제 때 사용하는 시간이 필요해 컴퓨터 속도가 느려집니다. 그러므로 여유 공간이 있다면 이 옵션은 사용하지 않는 것이 좋습니다.

❾ **이 드라이브의 파일 속성 및 내용 색인 허용 :** 파일의 속성과 내용을 색인으로 만듭니다. 윈도우의 검색 기능을 자주 이용한다면 이 항목을 선택하는 것이 좋지만, 검색 기능을 자주 사용하지 않는다면 이 기능을 해제하는 것이 좋습니다.

05 이번에는 하드디스크를 검사하는 방법을 알아보겠습니다. [디스크 속성] 창에서 [도구] 탭을 선택해 [검사]를 클릭합니다.

06 [오류 검사] 창이 열리면 [드라이브 검사]를 클릭합니다.

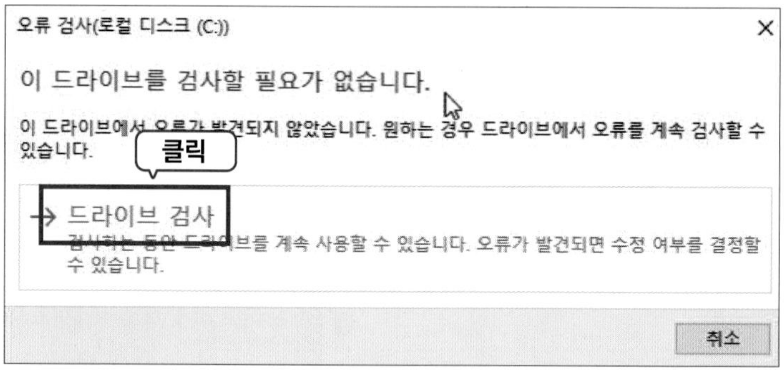

07 [오류 검사] 창이 나타나면서 디스크 검사를 시작합니다. 이 작업은 몇 분 정도 걸리므로 잠시 기다립니다. 오류 검사가 끝나면 [닫기]를 클릭합니다.

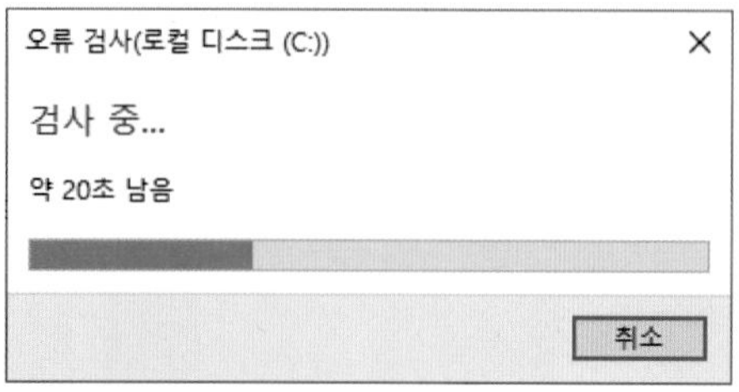

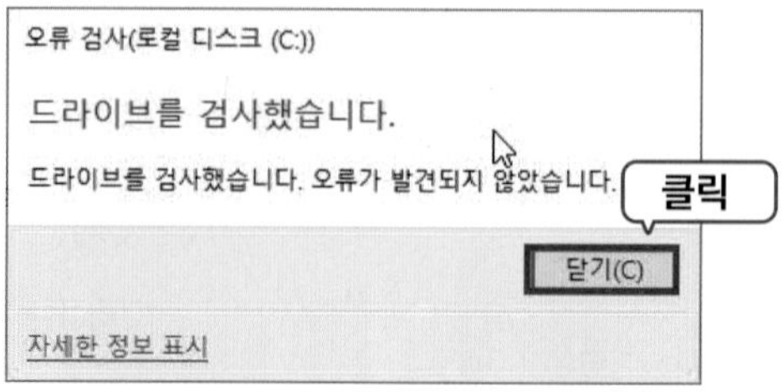

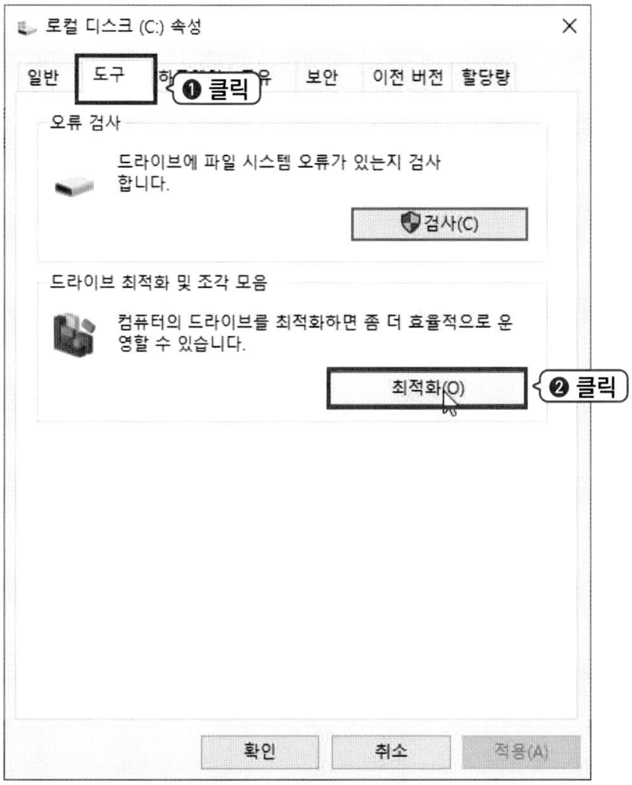

08 이번에는 하드디스크의 최적화를 통해 속도를 높이는 방법에 대해 알아보겠습니다. [디스크 속성] 창에서 [도구] 탭에 있는 [최적화]를 클릭합니다.

TIP

[파일 탐색기]에서 드라이브를 선택한 후 [관리] 탭에서 [최적화]( )를 선택해도 됩니다.

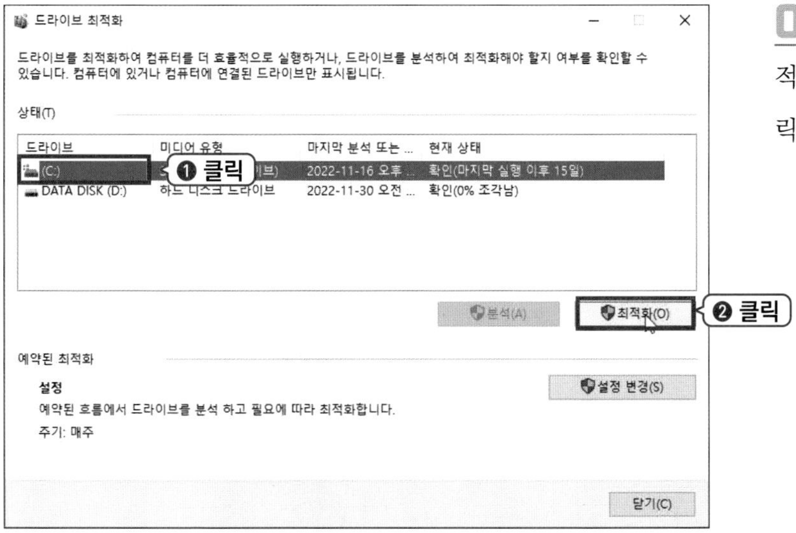

09 [드라이브 최적화] 창이 나타나면 최적화할 드라이브를 선택하고 [최적화]를 클릭합니다.

10 드라이브 분석이 끝나면, 드라이브 최적화가 시작됩니다. 최적화가 완료되면 [닫기]를 클릭합니다.

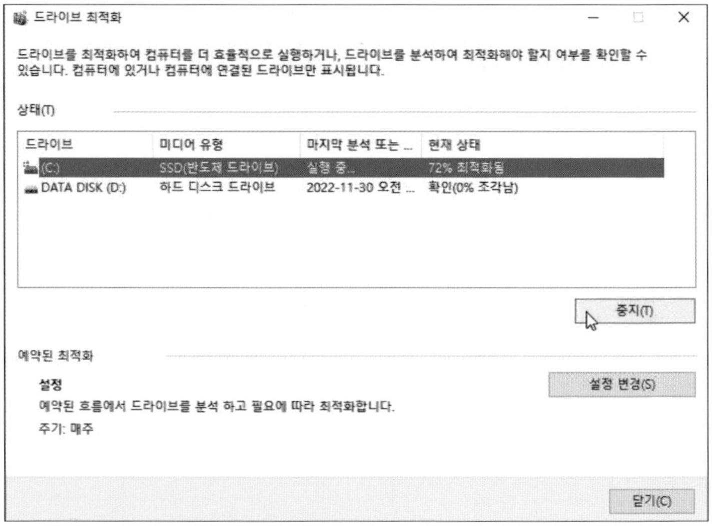

2 제어판 알아보기

제어판은 기본적인 시스템 설정과 상태를 볼 수 있으며, 필요한 경우 사용자가 설정을 바꿀 수 있도록 하는 기능을 모아놓은 앱입니다. 시스템 정보, 키보드와 마우스 설정, 기타 장치 확인, 네트워크, 설치 프로그램 확인 등 컴퓨터 운영에 관한 다양한 설정을 확인하고 조정할 수 있습니다. 이번에는 제어판의 주요 기능인 장치 및 프린터, 마우스 등에 대해 알아보겠습니다.

01 [시작] 메뉴( )를 클릭하고 검색 창에 [제어판]을 입력합니다. [제어판] 앱이 나오면 클릭합니다.

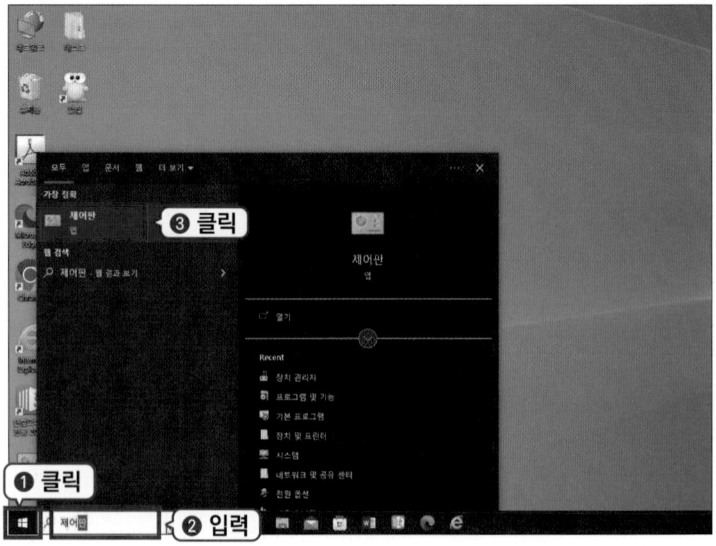

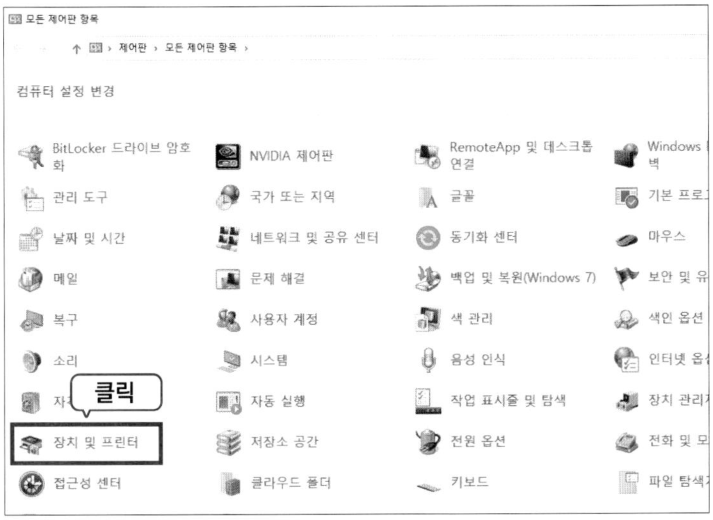

02 다양한 제어판 항목을 살펴볼 수 있습니다. 몇 가지 항목만 살펴보겠습니다. 먼저 [장치 및 프린터]를 클릭합니다.

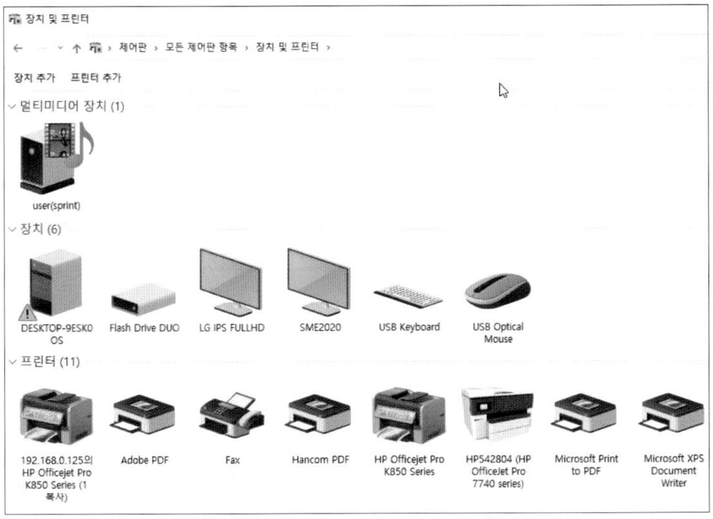

03 [장치 및 프린터]에서는 키보드, 마우스 등 컴퓨터에 연결된 장치들과 프린터를 확인하고 기본 속성을 확인할 수 있습니다. 또한 장치와 프린터를 추가 및 제거할 수 있습니다.

04 기본 프린터를 변경해보겠습니다. 변경을 원하는 프린터에서 마우스 오른쪽 버튼을 클릭하고 나오는 메뉴 중 [기본 프린터로 설정]을 클릭합니다. 변경이 완료되면 초록색 체크가 표시됩니다.

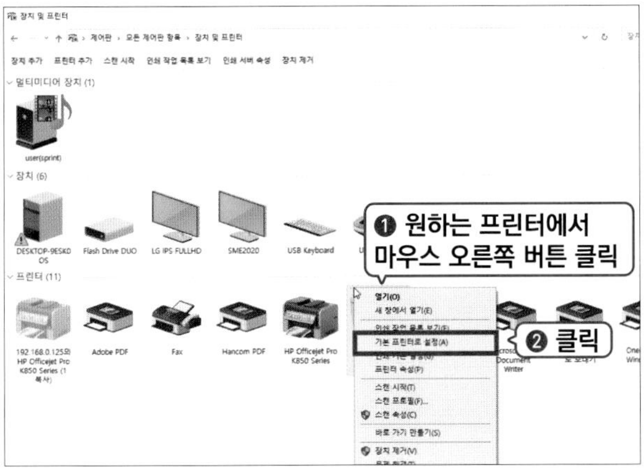

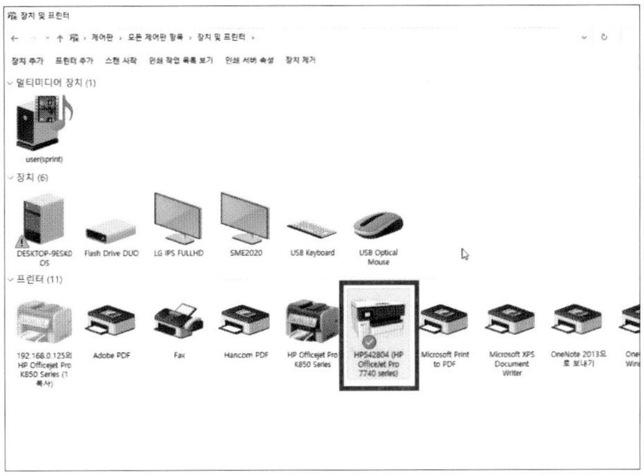

05 ← 을 클릭하여 다시 제어판 화면으로 돌아옵니다. 이번에는 [마우스]를 클릭합니다.

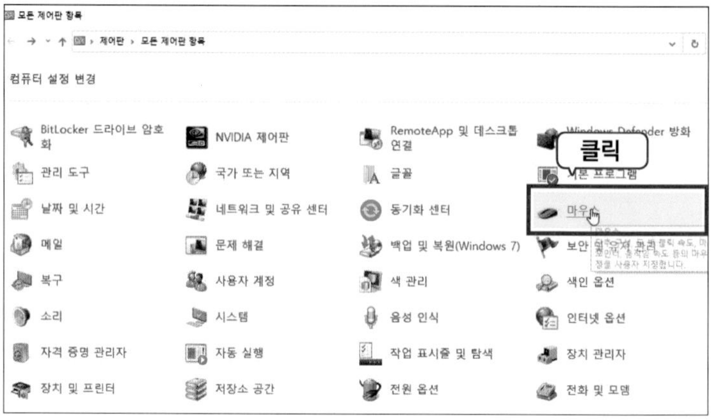

06 [단추]에서는 오른쪽 단추와 왼쪽 단추 기능 바꾸기, 두 번 클릭 속도를 조정할 수 있습니다. 두 번 클릭 속도를 '느림'으로 옮기고 [확인]을 클릭하면 더블 클릭을 느린 속도로 해도 컴퓨터가 더블 클릭으로 인식합니다.

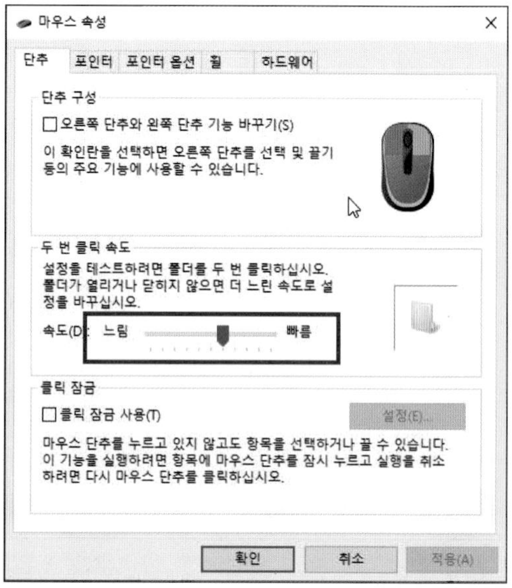

07 [포인터]에서는 포인터를 지정하고 포인터 그림자 사용 유무를 설정할 수 있습니다. [포인터 옵션]에서는 포인터 속도와 자국 표시 유무 등을 설정할 수 있습니다.

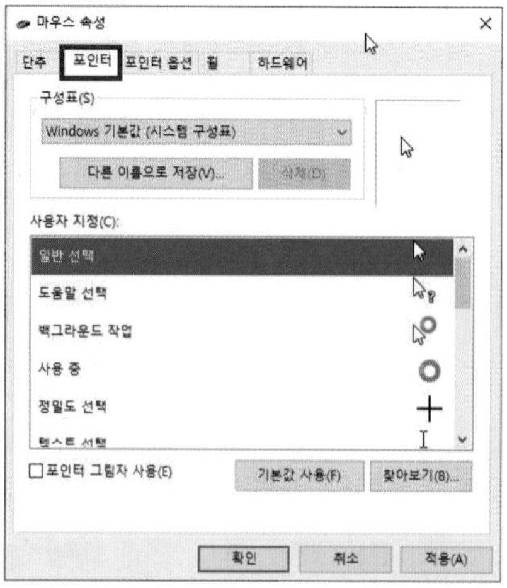

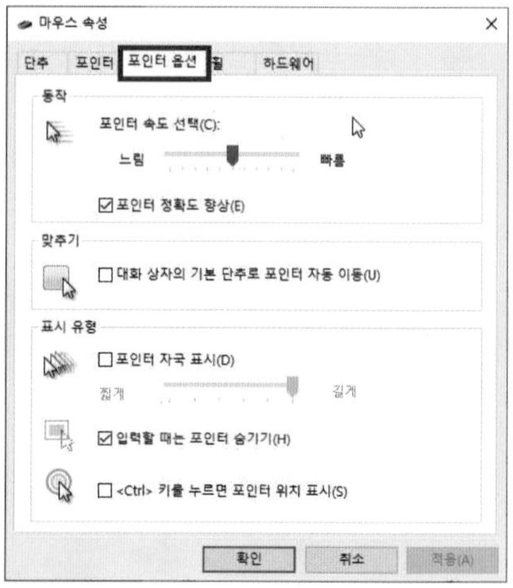

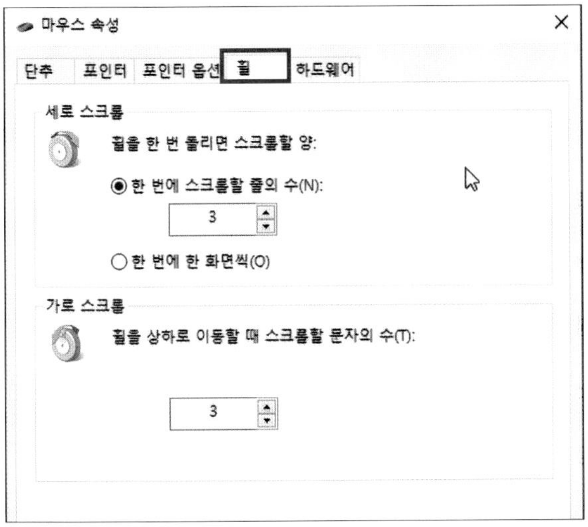

08 [휠]에서는 휠을 돌릴 때의 스크롤 양을 설정할 수 있습니다.

09 이번에는 [시스템] 앱을 열어보겠습니다. 제어판 초기 화면에서 [시스템]을 클릭합니다. PC와 윈도우의 기본 사양을 알 수 있습니다.

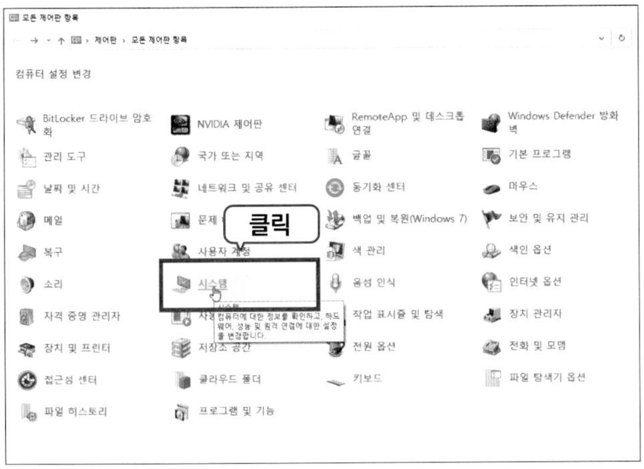

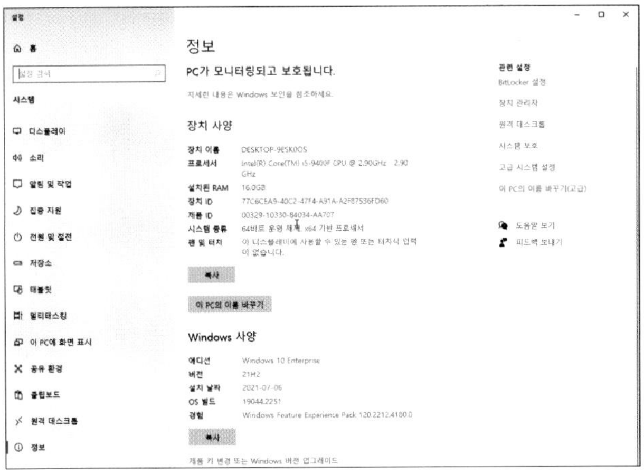

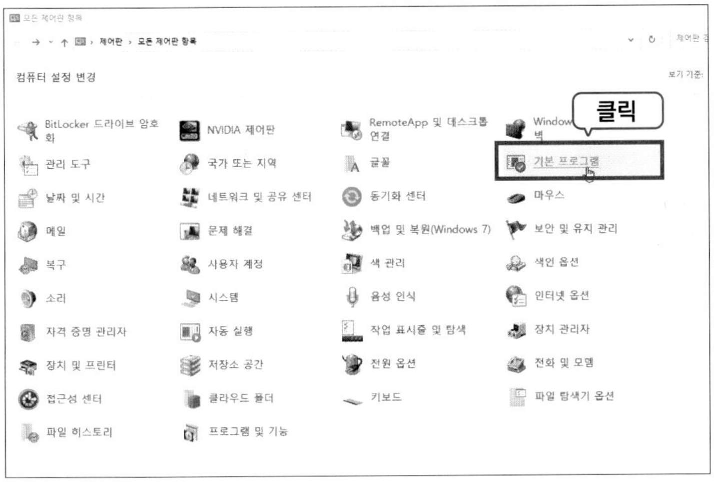

10 마지막으로 [기본 프로그램] 앱에 대해 살펴보겠습니다. [기본 프로그램]을 클릭합니다.

11 [기본 프로그램] 앱에서는 파일 및 인터넷 등을 열 때 사용할 기본 프로그램을 지정할 수 있습니다. [기본 프로그램 설정]을 클릭합니다.

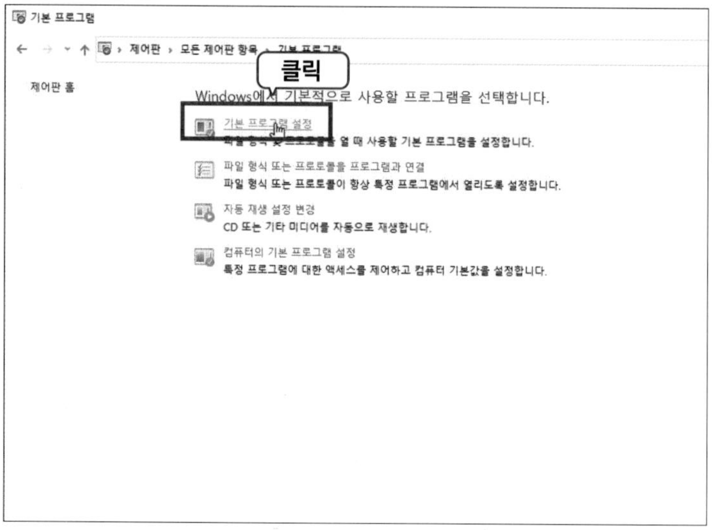

12 [기본 앱 선택] 창이 나타납니다. 사진을 열 때 사용하는 프로그램을 바꿔보겠습니다. [사진 뷰어]의 [사진]을 클릭하면 앱을 선택하라는 창이 나옵니다. [그림판] 앱을 클릭합니다.

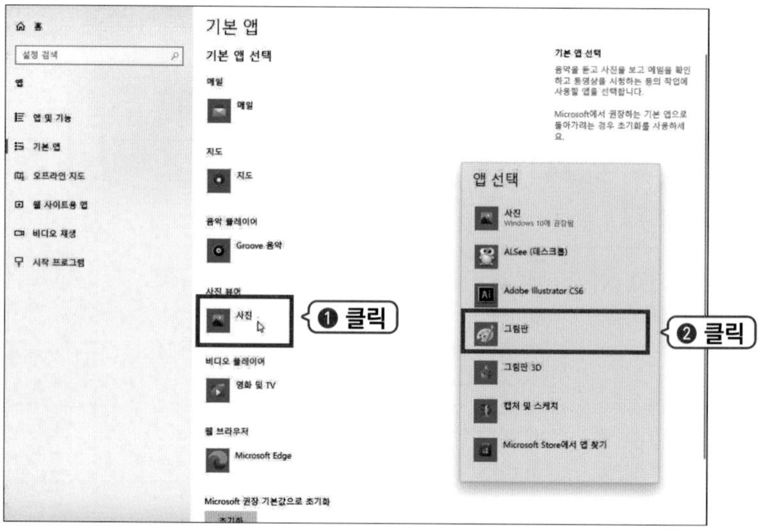

13 이후 아무 사진이나 더블 클릭하여 열어보면 그림판을 통해 열리는 것을 볼 수 있습니다.

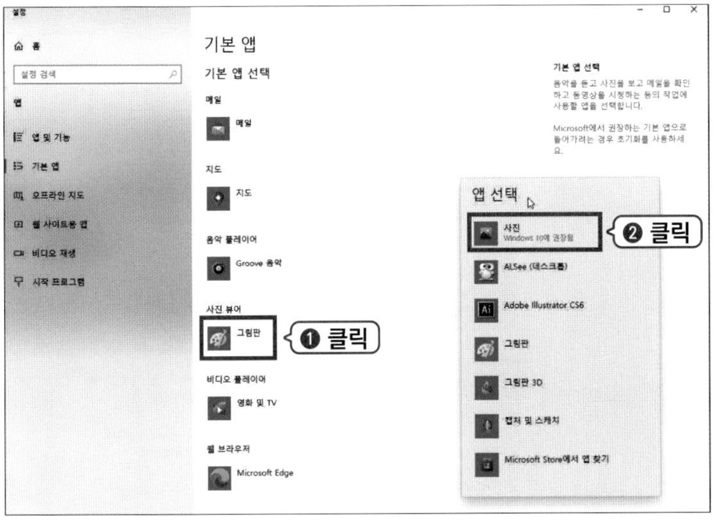

14 다시 변경하려면 [기본 앱] 창에서 사진 뷰어의 [그림판]을 클릭하고 앱 선택 창에서 [사진] 앱을 클릭합니다.

TIP

윈도우10에 권장되도록 기본 설정이 되어 있기 때문에, 그런 앱들은 기본 앱을 바꾸면 더 비효율적일 수도 있습니다. 상황에 따라서 기본 앱을 바꿔 가며 사용하길 바랍니다.

3 필요 없는 프로그램 완전히 제거하기

설치해놓고 사용하지 않는 프로그램이나 사용자도 모르게 설치된 프로그램을 컴퓨터에서 완전히 삭제하는 방법을 알아보도록 하겠습니다. 윈도우10에서 앱(프로그램)을 제거하는 방법에는 몇 가지가 있는데 그중 2가지 방법을 알아보겠습니다.

01 제어판의 [프로그램 및 기능]을 이용한 방법입니다. [제어판]을 연 다음 [프로그램 및 기능]을 클릭합니다.

02 [프로그램 및 기능]에서는 설치된 프로그램의 정보를 보여주고 프로그램을 제거할 수 있습니다. 원하는 프로그램을 클릭한 후 [제거/변경]을 클릭합니다.

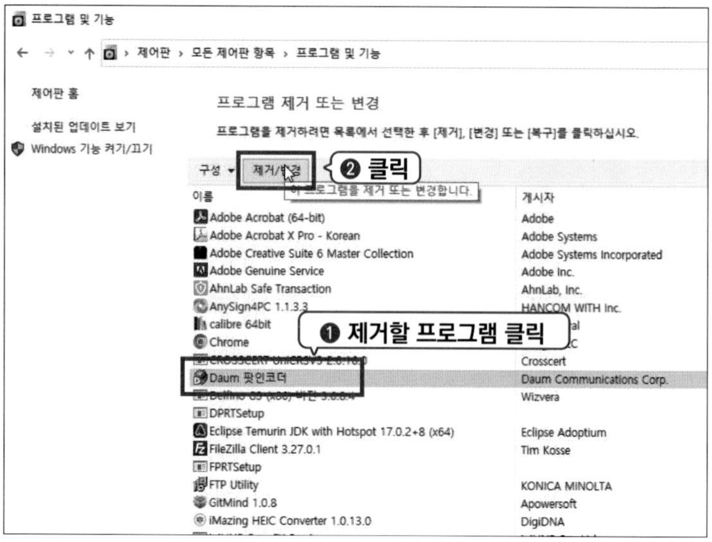

03 [프로그램 제거 창]이 나오면 제거하려는 프로그램이 맞는지 다시 한번 확인하고 맞다면 [다음]을 클릭합니다. 이어서 [제거]를 클릭합니다.

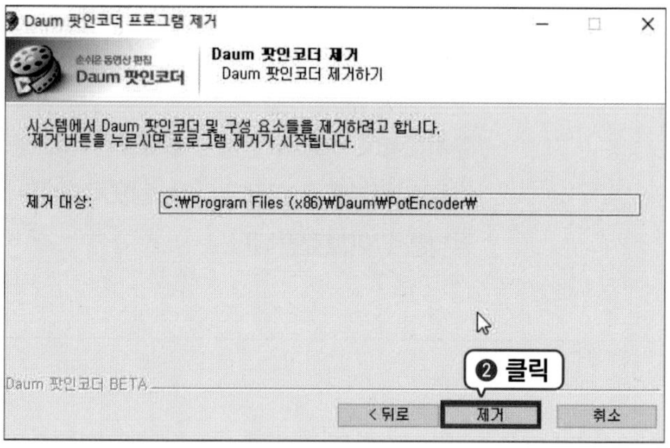

TIP

앱(프로그램)에 따라서 [제거/변경]만 클릭해도 바로 제거가 되는 경우도 있고, 창이 다른 형태로 나오는 경우도 있습니다.

04 프로그램 제거를 마쳤다는 문구가 나오면 [마침]을 클릭합니다.

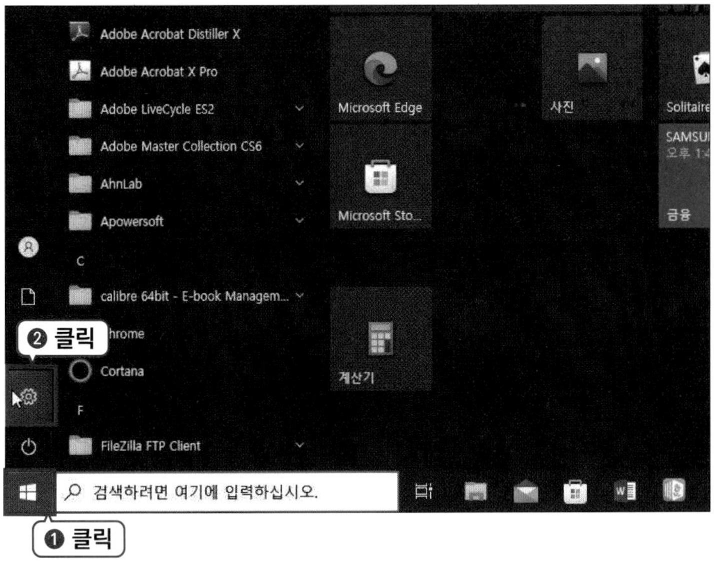

05 이번에는 윈도우10의 [설정] 메뉴를 통해 프로그램 제거 방법을 알아보겠습니다. [시작] 메뉴를 클릭하고 [설정](⚙)을 클릭합니다.

06 [설정] 창에서 [앱]을 클릭합니다.

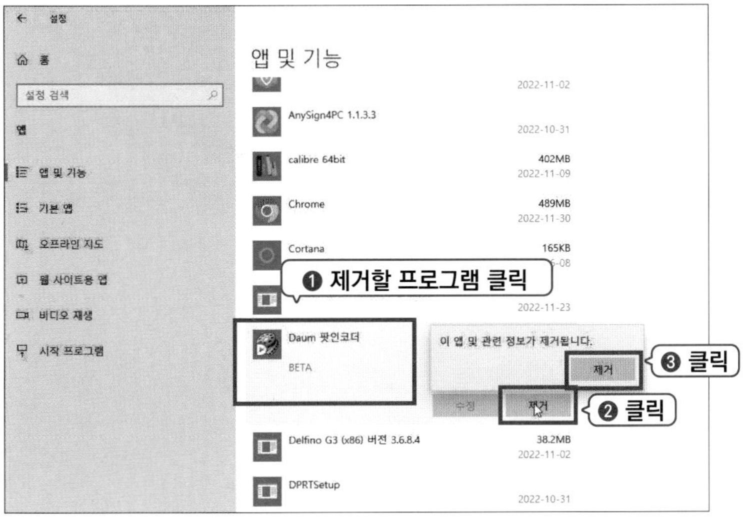

07 [앱 및 기능] 창이 나옵니다. 제거하려는 앱(프로그램)을 클릭하면 밑에 [제거] 버튼이 나옵니다. [제거] 버튼을 클릭하면 다시 한 번 창이 나오는데 [제거]를 클릭합니다.

08 [프로그램 제거] 창이 나오면 [다음]과 [제거] 버튼을 클릭해 앱(프로그램)을 제거합니다.

PART … 3

인터넷 백배 활용하기

CHAPTER 01

인터넷의 시작, 엣지와 크롬 살펴보기

인터넷은 이미 우리가 살아가는 데 꼭 필요한 필수품이라고 할 정도로 많은 사람들이 이용하고 정보를 얻는 데 필요한 도구라고 할 수 있습니다. 먼저 인터넷을 통해 어떤 일을 할 수 있는지 살펴보고 인터넷 사용의 기본이라 할 수 있는 웹 브라우저의 화면 구조에 대해 알아보겠습니다.

1 인터넷이란?

인터넷은 전 세계의 컴퓨터가 연결되어 있는 망을 말합니다. 인터넷을 통해 원하는 정보를 쉽게 얻을 수 있으며 다양한 친구들을 만날 수도 있습니다. 또한 인터넷 카페나 블로그를 통해 자신만의 커뮤니티를 형성할 수 있습니다.

2 인터넷으로 할 수 있는 일

- 인터넷이 연결된 전 세계의 컴퓨터와 접속하여 정보를 구할 수 있습니다.
- 이메일(E-mail)을 통해 전 세계 친구들을 사귈 수 있습니다.
- 메신저를 통해 실시간으로 대화를 나눌 수 있습니다.
- 온라인으로 다양한 게임을 즐길 수 있습니다.
- 인터넷 폰을 사용하여 국제전화를 저렴하게 이용할 수 있습니다.
- 실시간 방송을 볼 수 있습니다.
- 필요한 파일을 주고받을 수 있습니다.
- 블로그를 통해 자신의 관심 분야에 대한 의사를 밝힐 수 있습니다.
- 다양한 의문점에 대하여 전문가의 답변을 들을 수 있습니다.

3 인터넷을 하기 위해 필요한 것

인터넷을 하려면 가장 먼저 인터넷 회선을 컴퓨터에 연결해야 합니다. 인터넷이 연결되었다면 윈도우10에서 새롭게 선보인 마이크로소프트 엣지나 전 세계 사람들이 가장 많이 사용하는 브라우저 중 하나인 크롬에 대한 사용법을 알아야 합니다.

1 엣지 실행하고 화면 살펴보기

먼저 윈도우10에서 기본으로 제공하는 엣지(Edge)라는 웹 브라우저에 대해 간단히 알아보도록 하겠습니다.

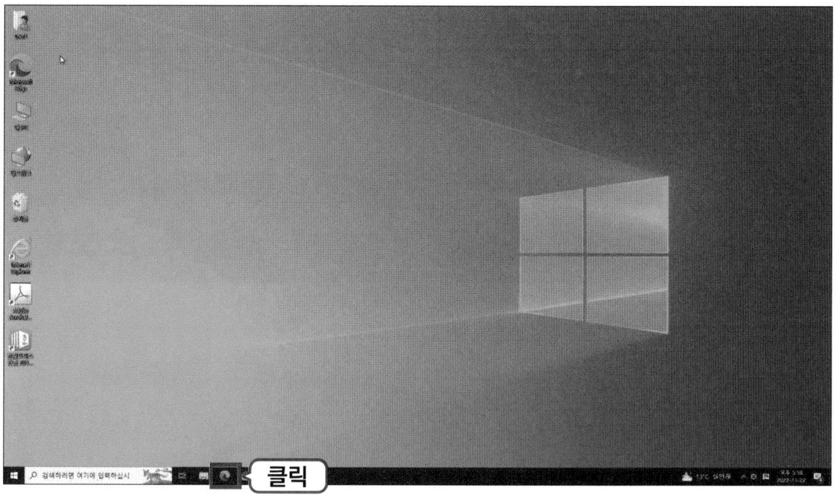

01 바탕 화면의 작업 표시줄에 있는 아이콘 중 엣지( )를 마우스로 클릭해서 실행합니다.

02 엣지를 실행하면 나타나는 화면입니다.

❶ **탭 브라우징** : 만들어진 탭을 전환할 수 있습니다.

❷ **내비게이션** : 최신 내용으로 새로 고침하거나 앞, 뒤 페이지로 이동할 수 있습니다.

❸ **새 탭** : 새 탭을 만듭니다.

❹ **명령 모음** : 허브(즐겨찾기, 읽기 목록, 기록 및 다운로드), 웹 메모, 기타 작업들을 할 수 있습니다.

❺ **검색 창** : 웹페이지 주소를 입력하거나 검색하고 싶은 단어를 입력합니다.

❻ **주요 사이트** : 자주 찾아가는 사이트나 추천 사이트가 표시됩니다.

❼ **콘텐츠 모음** : 뉴스, 날씨 등이 제공됩니다.

03 엣지에서 원하는 사이트에 찾아가는 방법을 간단히 알아보도록 하겠습니다. 검색 창에 '다음'이라고 입력하고 🔍 버튼을 클릭합니다.

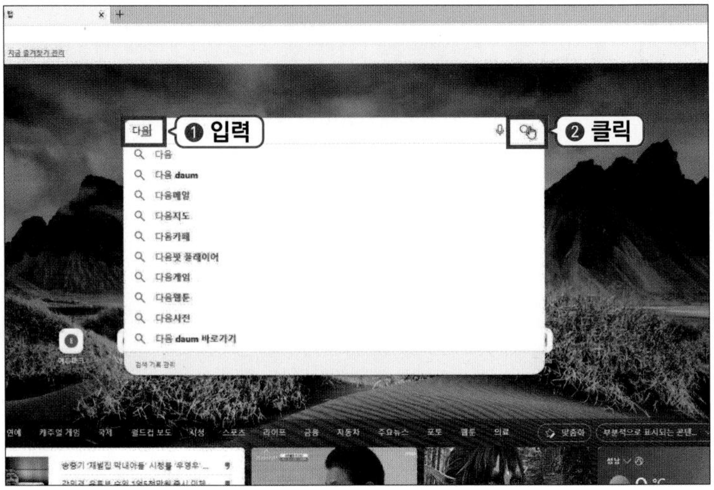

04 '다음'에 대한 검색 결과 화면이 나오면 맨 위에 있는 다음 포털 사이트 Daum(www.daum.net)을 클릭합니다.

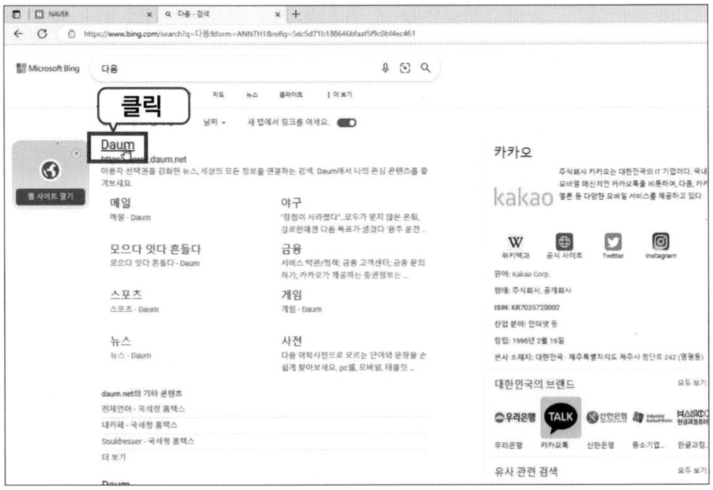

05 '다음' 사이트에 접속되는 것을 볼 수 있습니다.

TIP

이 책에서는 엣지를 기본으로 설명할 것입니다. 하지만 크롬 등 다른 웹 브라우저를 이용해도 상관 없습니다. 사용하는 사람의 편의성에 따라서 브라우저를 선택하여 익히시길 바랍니다.

2 원하는 홈페이지에 접속하고 새 탭 이용하기

엣지를 실행한 후 방문하고자 하는 홈페이지 주소를 주소 표시줄에 입력하고 이동하는 법을 알아보겠습니다.

01 작업 표시줄에 있는 엣지 아이콘( )을 마우스로 클릭하여 엣지를 실행합니다.

02 엣지 창의 주소 표시줄을 마우스로 클릭합니다. 주소 표시줄에 이동하려는 홈페이지 주소인 www.naver.com을 입력한 후 Enter 키를 누릅니다.

TIP

엣지를 실행했을 때 처음 나타나는 화면은 각자의 컴퓨터 설정에 따라 다르게 나타날 수 있습니다. 혹시 처음 화면에 네이버 홈페이지가 나타났다면 주소 표시줄에 'www.daum.net'을 입력하기 바랍니다. 그러면 네이버 홈페이지 대신 다음 홈페이지에 접속합니다.

03 다음 화면처럼 네이버 홈페이지가 나타납니다. 화면 위에 있는 ＋ 을 클릭해서 다른 사이트에 접속해 보도록 하겠습니다.

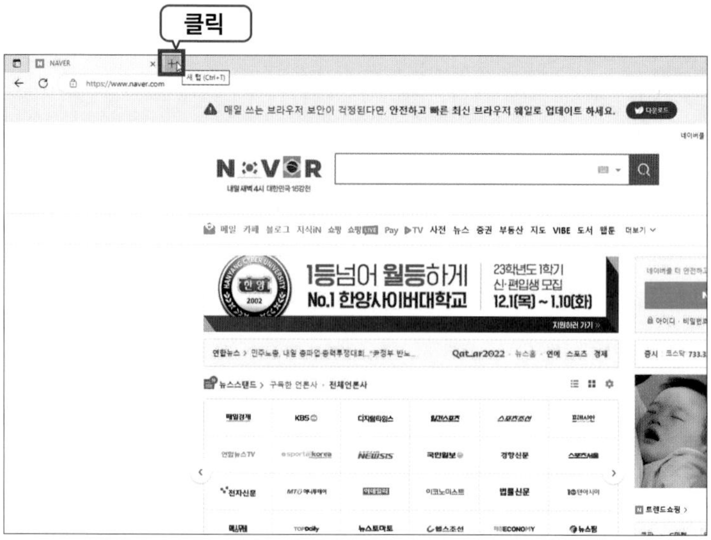

04 새로운 탭이 나오면 주소 표시줄에 사이트 주소를 입력하고 Enter 키를 누릅니다. 여기에서는 경향신문사 홈페이지 주소인 'www.khan.co.kr'을 입력하고 Enter 키를 누릅니다.

05 탭에 경향신문 사이트의 이름이 표시되고 화면에 경향신문 사이트가 나타납니다.

3 크롬 설치하고 살펴보기

크롬은 오늘날 대중적으로 가장 많이 사용하는 브라우저입니다. 구글 서비스와 궁합이 매우 좋아 구글 계정 연동을 강력하게 지원합니다. 크롬은 컴퓨터에 기본으로 설치되어 있지 않아 설치를 별도로 해야 하는 경우가 많습니다. 이번에는 크롬을 설치하여 크롬의 화면을 살펴보겠습니다.

01 엣지의 네이버 검색 창에 'chrome'을 입력한 후 Enter 키를 누릅니다.

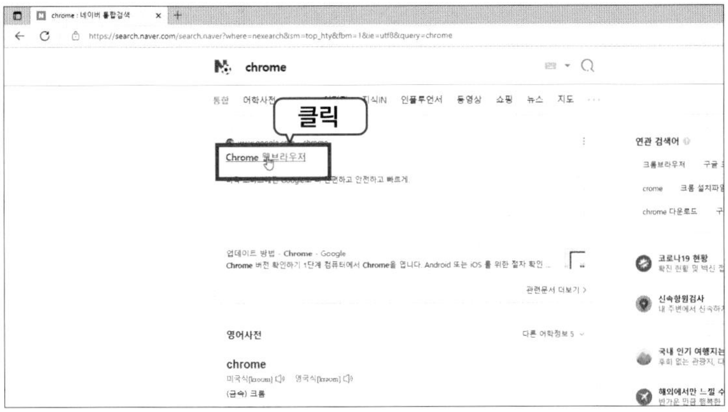

02 검색 결과 중 Chrome 웹브라우저 홈페이지를 클릭합니다.

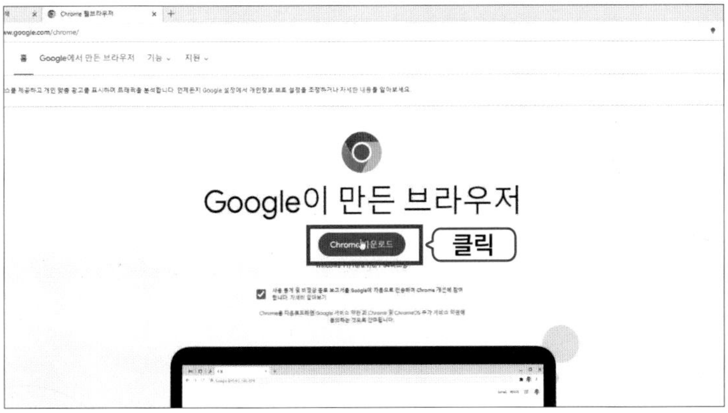

03 크롬 다운로드 창이 나타납니다. [Chrome 다운로드]를 클릭합니다.

04 다운로드가 완료되면 오른쪽 상단의 [파일 열기]를 클릭합니다.

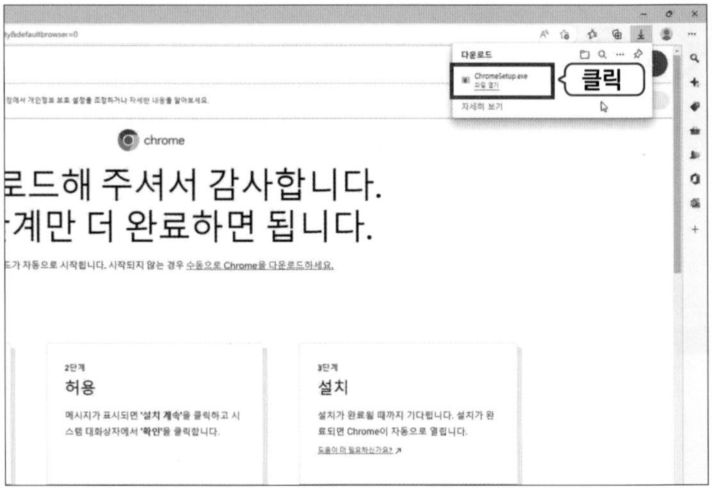

TIP

만약 다운로드가 되지 않는다면 [수동으로 Chrome을 다운로드하세요]를 클릭하여 다운로드받아 봅니다.

05 크롬이 설치됩니다. 설치가 완료되면 크롬 브라우저 창이 켜지고 바탕 화면에 크롬 아이콘()이 생성됩니다.

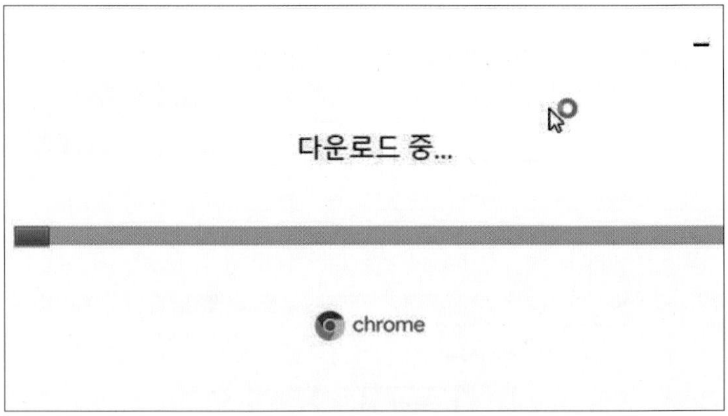

TIP

기본 브라우저로 설정

만약 크롬을 기본 브라우저로 설정하고 싶다면 [기본 브라우저로 설정]을 클릭합니다. 그렇지 않고 엣지를 사용하다가 크롬으로 기본 브라우저를 바꾸고 싶을 경우의 절차는 다음과 같습니다.

❶ [제어판]-[기본 프로그램]을 클릭합니다. [기본 프로그램 설정]을 클릭합니다.

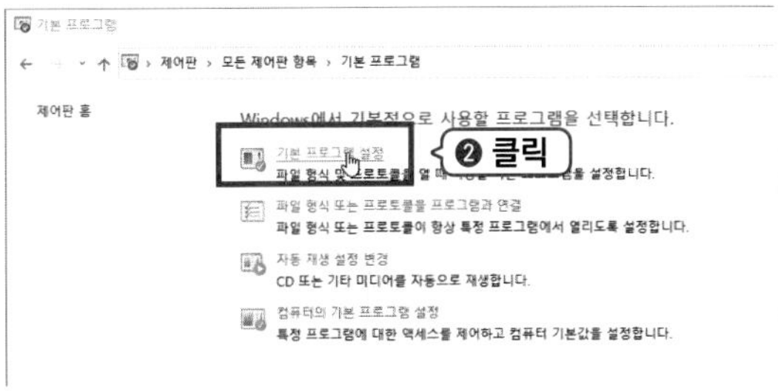

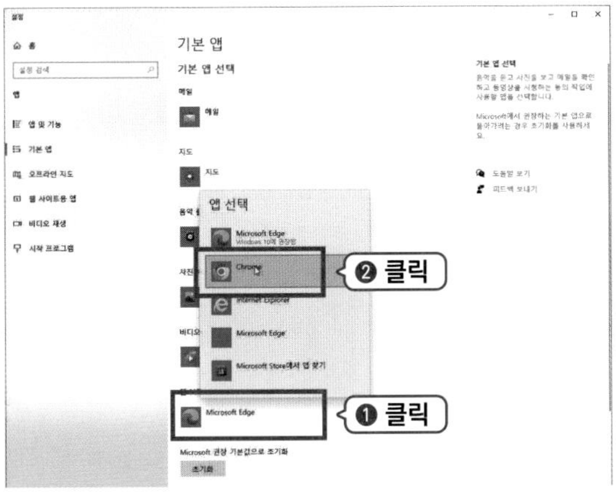

❷ [웹 브라우저]에 기본 프로그램으로 등록된 엣지를 클릭합니다. [앱 선택]에서 ()을 클릭합니다.

❸ [전환하기]를 클릭합니다. 크롬이 기본 브라우저로 설정됩니다.

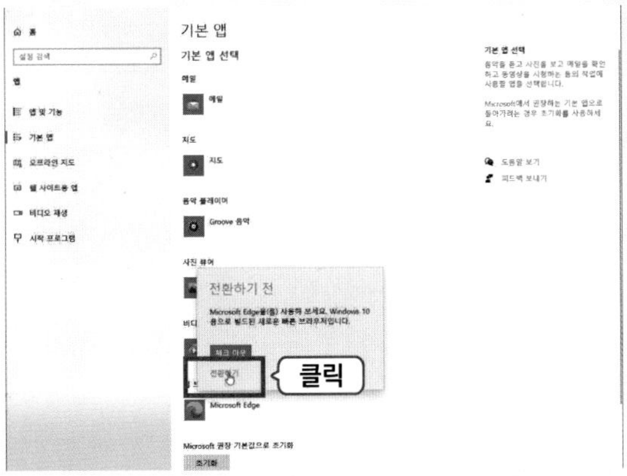

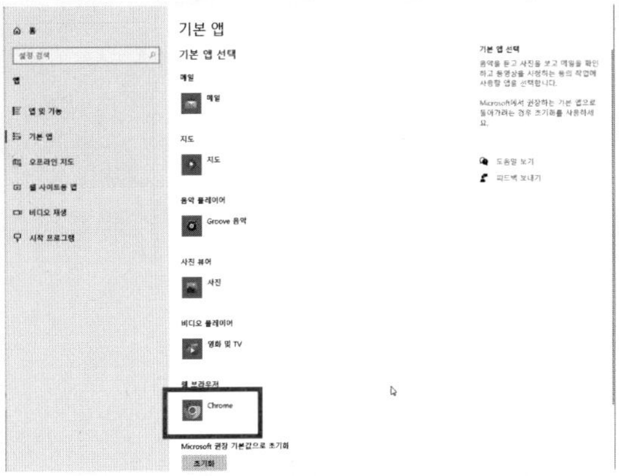

CHAPTER 02

시작 페이지 변경하기, 즐겨찾기 변경하기

엣지를 실행시켰을 때 처음 나타나는 사이트를 각자 원하는 사이트로 지정하고 자주 방문하는 사이트를 즐겨찾기로 등록해서 인터넷을 사용하기 편리한 환경으로 만들어보도록 하겠습니다.

1 시작 페이지 설정하기

시작 페이지란 인터넷을 실행했을 때, 처음 나타나는 페이지입니다. 자주 방문하는 사이트를 시작 페이지로 지정해 두면 매번 주소를 입력할 필요 없이 마우스 클릭만으로 편리하게 인터넷을 이용할 수 있습니다.

01 시작 페이지를 바꾸기 위해 오른쪽 상단의 [설정 및 기타](···)를 클릭한 다음 [설정]을 클릭합니다.

02 설정 창에서 [시작, 홈 및 새 탭]을 클릭합니다. [새 페이지 추가]를 클릭합니다.

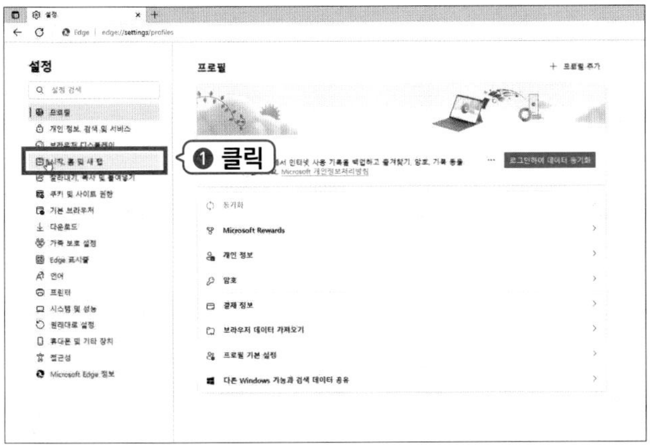

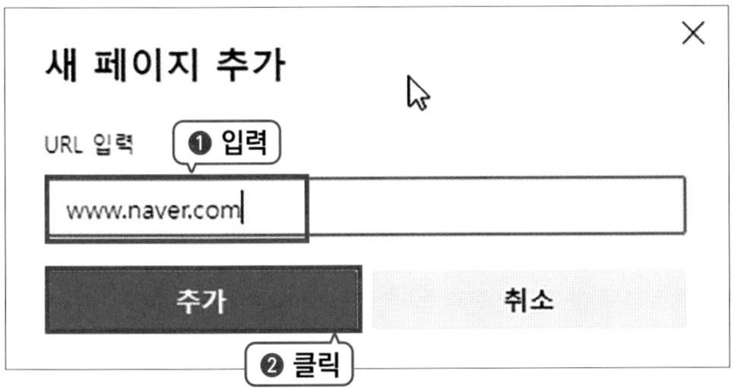

03 새 페이지 추가 창에 네이버 주소 www.naver.com을 입력하고 [추가]를 클릭합니다.

04 네이버가 추가되었습니다. 시작할 때 자동으로 열리게 하려면 [다음 페이지를 열 수 있습니다]에 체크하여 ◉ 상태로 만듭니다. 그다음 ✕ 를 눌러서 창을 닫습니다.

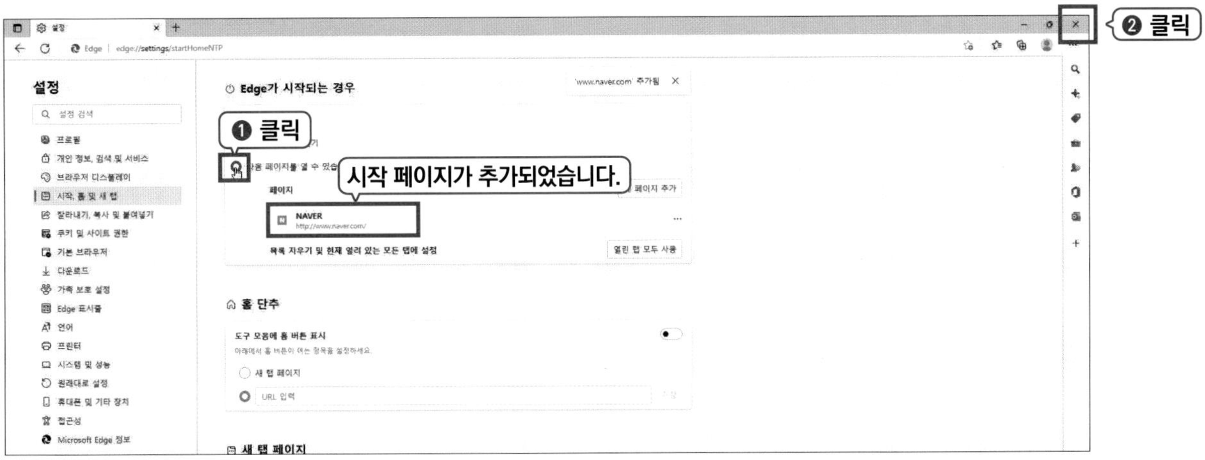

TIP

[열린 탭 모두 사용]은 현재 엣지로 연 모든 페이지를 자동으로 열 페이지 목록에 추가하는 기능입니다. 새 페이지를 추가하면 추가된 페이지들이 엣지를 실행할 때마다 한꺼번에 열립니다.

05 다시 엣지를 켜면 네이버가 시작 페이지로 열립니다.

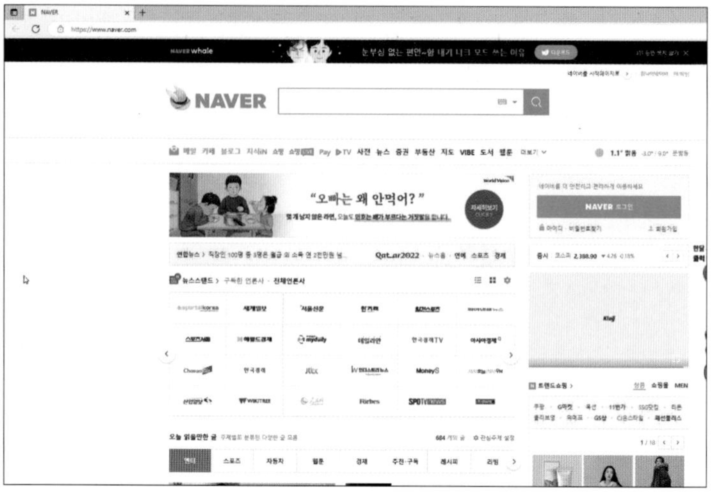

2 자주 방문하는 사이트를 즐겨찾기에 등록하기

즐겨찾기는 자주 방문하는 사이트를 모아두어 이름만 클릭하면 바로 해당 페이지가 열리도록 설정하는 기능입니다.

01 먼저 즐겨찾기 폴더를 새로 만들어보겠습니다. 엣지를 실행하고 를 클릭합니다.

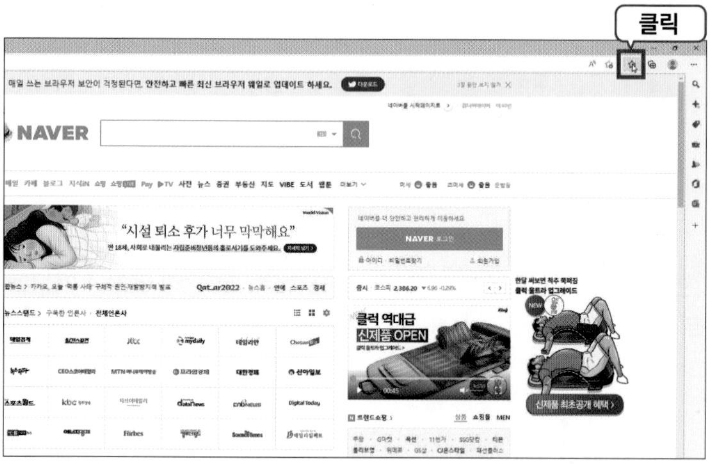

02 를 클릭하여 새 폴더를 만듭니다.

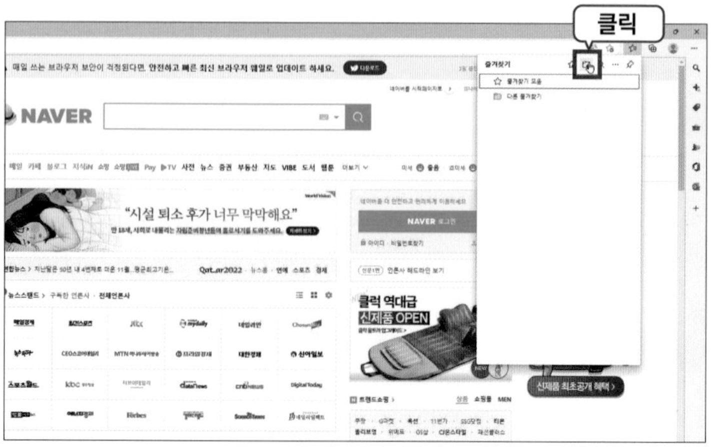

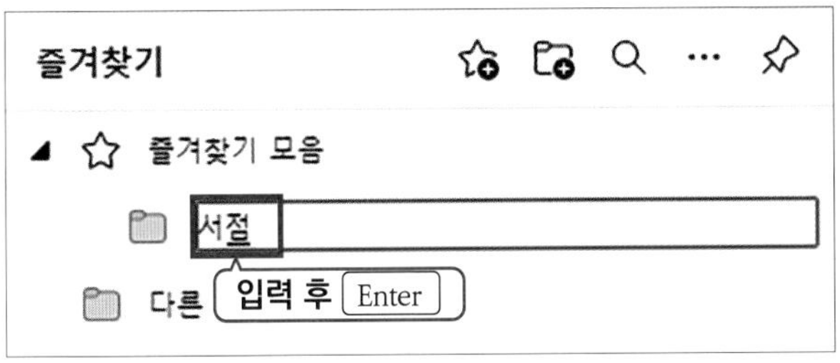

03 즐겨찾기로 등록할 사이트들의 공통점을 고려해서 폴더 이름을 입력하고 Enter 키를 누릅니다. 여기서는 서점을 즐겨찾기로 등록할 것이라 서점으로 지었습니다.

04 즐겨찾기에 등록을 해보겠습니다. 여기에서는 인터넷 서점 'YES24'의 홈페이지로 이동해보겠습니다. 주소 표시줄에 주소(www.yes24.com)를 입력한 후 Enter 키를 누릅니다. YES24 홈페이지가 나타나면 즐겨찾기 추가( )를 클릭합니다.

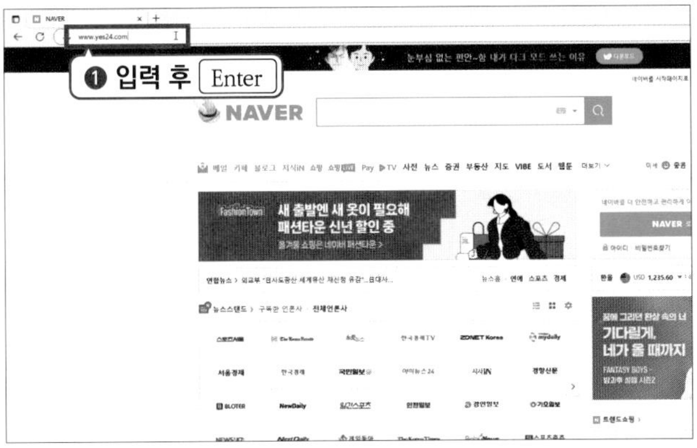

05 ∨ 를 클릭한 후 [서점]을 클릭하여 선택합니다. [완료]를 클릭합니다.

06 ☆≡ 를 클릭하고 서점에 들어가보면 등록한 페이지가 나타납니다.

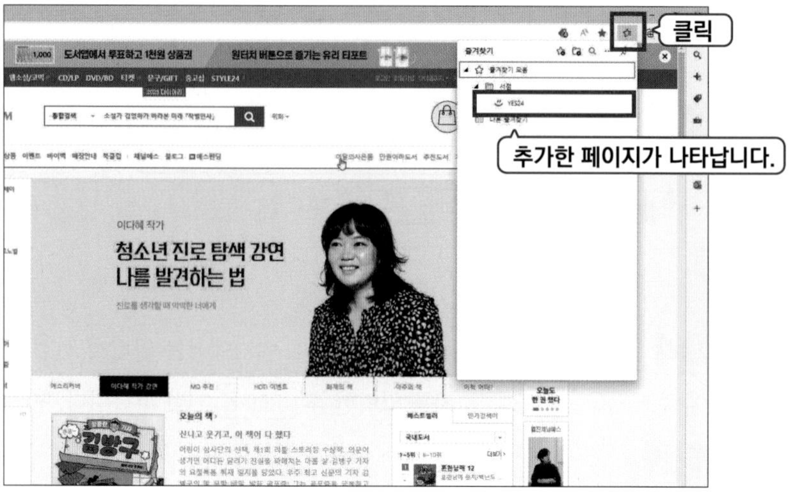

07 이번에는 즐겨찾기로 등록되어 있는 사이트를 삭제해보겠습니다. 사이트 위에서 마우스 오른쪽 버튼을 클릭하고 [삭제]를 선택하면 즐겨찾기에서 삭제됩니다.

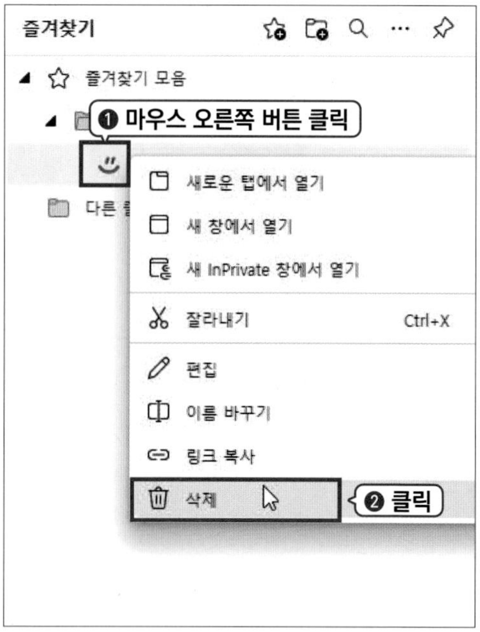

CHAPTER

03 네이버 회원가입하고 메일 사용하기

이번 챕터에서는 네이버에 회원가입을 하고 메일을 보내는 방법을 알아보도록 하겠습니다. 혹시 네이버에 이미 회원가입이 되어 있는 경우에는 메일 보내기 설명 부분으로 건너뛰어도 상관없습니다.

1 네이버 회원가입하기

네이버 메일을 이용하려면 먼저 네이버 회원으로 가입을 해야 합니다. 네이버 회원가입을 하는 방법을 알아보도록 하겠습니다.

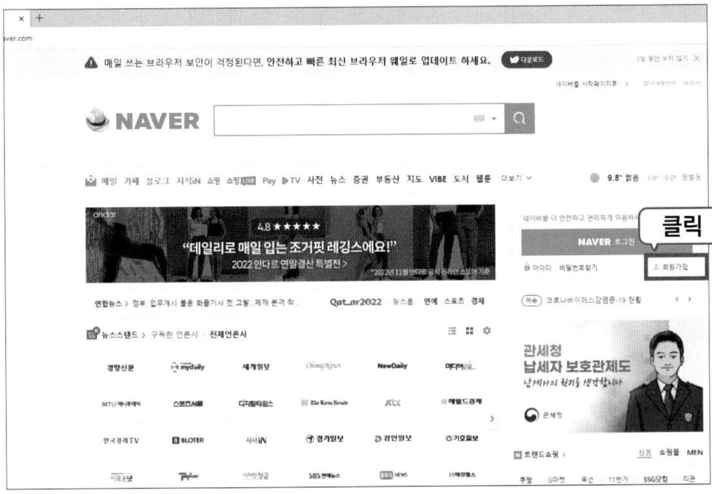

01 엣지를 실행하고 네이버 홈페이지로 이동합니다. 시작 페이지가 네이버가 아닌 경우에는 주소 표시줄에 www.naver.com을 입력하고 Enter 키를 누릅니다. 네이버 홈페이지에서 화면 오른쪽에 있는 [회원가입]을 클릭합니다.

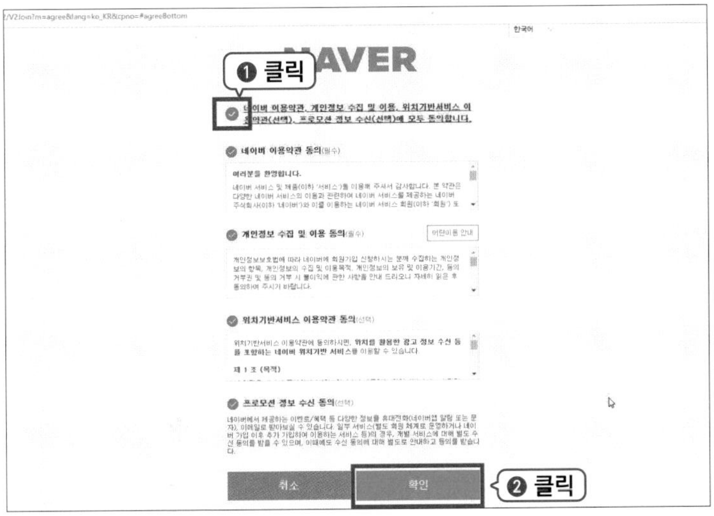

02 [회원가입] 창이 나오면 맨 위에 있는 '모두 동의합니다'를 클릭하고 화면 아래에 있는 '확인'을 클릭합니다.

TIP

'선택'이라고 표시가 되어 있는 동의란의 경우, 동의를 하지 않아도 가입에 문제가 없습니다. 광고 정보가 지나치게 많이 오는 것이 싫다면 프로모션 정보 수신 동의 체크는 해제하고 진행합니다.

03 가입 양식이 나타나면 기본 정보를 입력합니다. 네이버에서 사용할 아이디와 비밀번호, 이름, 생년월일, 성별을 차례대로 입력하고 '본인 확인 이메일'은 나중에 아이디나 비밀번호를 잃어버렸을 때를 대비해서 입력하는 것이므로 굳이 필요 없다면 기입하지 않아도 됩니다. 전화번호 인증이 필요한 각자의 휴대폰 번호를 입력하고 [인증번호 받기]를 누릅니다.

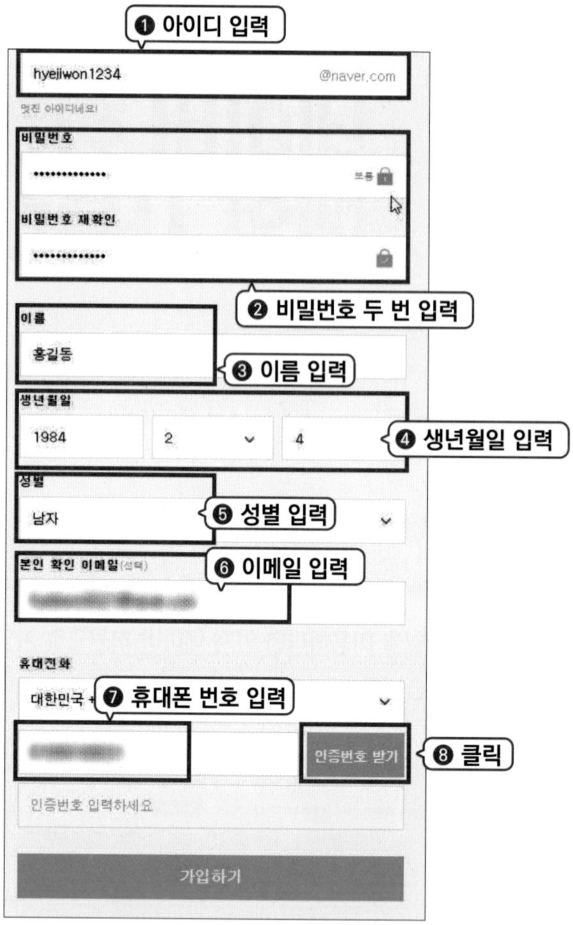

04 휴대폰으로 인증번호가 오면 인증번호 입력 칸에 입력하고 [확인]을 누릅니다. "인증이 성공했습니다"라는 문구가 나오면 [가입하기]를 누릅니다.

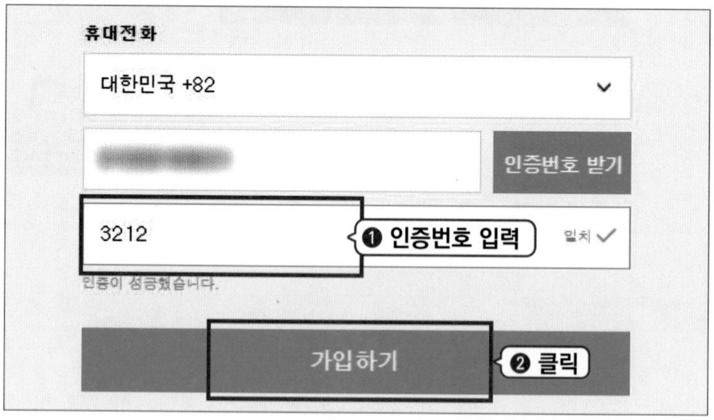

TIP

아이디를 입력할 때 다른 사람이 이미 사용 중인 아이디이거나 탈퇴한 아이디라는 말이 나오면 다른 아이디를 다시 입력해야 합니다.

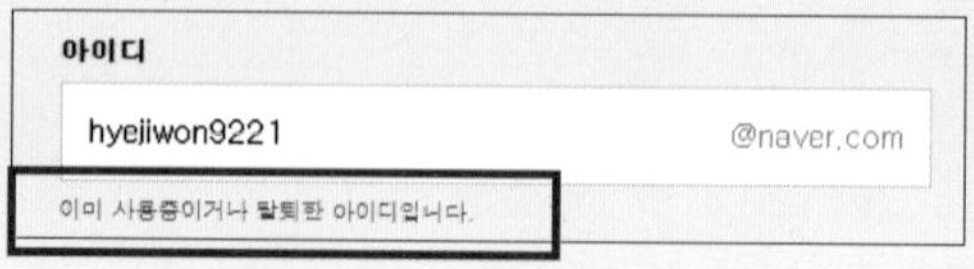

05 회원가입이 성공적으로 이루어지면 "회원가입을 환영합니다"라는 문구가 나옵니다. [시작하기]를 클릭합니다.

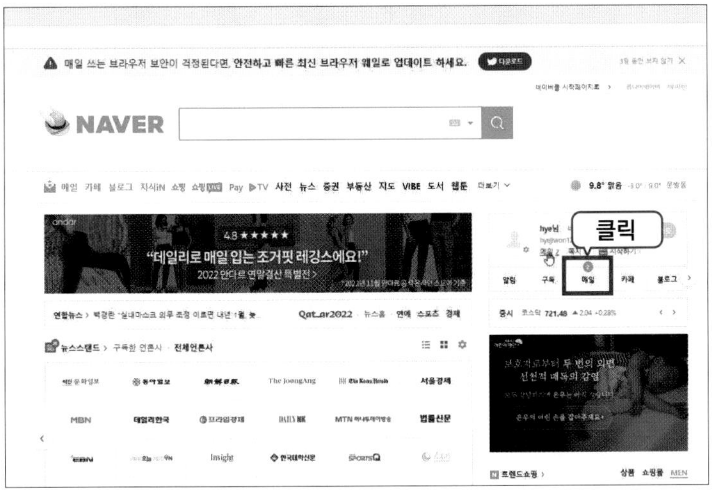

06 네이버 초기 화면이 나오면 [메일]을 클릭합니다.

07 네이버에서 보낸 메일이 보입니다. 메일을 클릭하면 내용을 볼 수 있습니다.

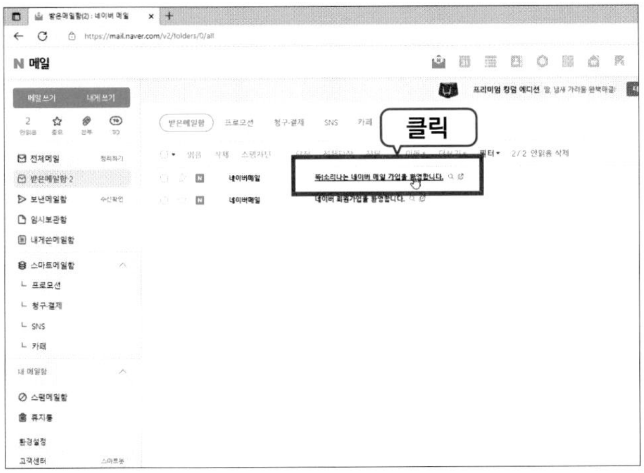

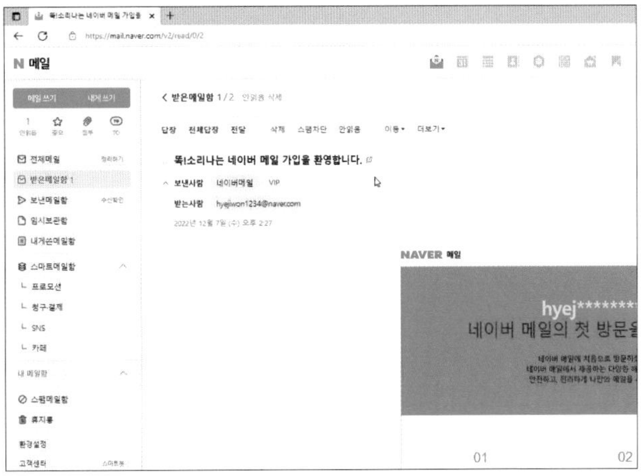

08 메일을 다 읽고 화면 오른쪽 위에 있는 사용자 이름(앞에서 회원가입할 때 입력했던 이름)을 클릭하고 [로그아웃]을 클릭합니다. 네이버 초기 화면으로 돌아옵니다.

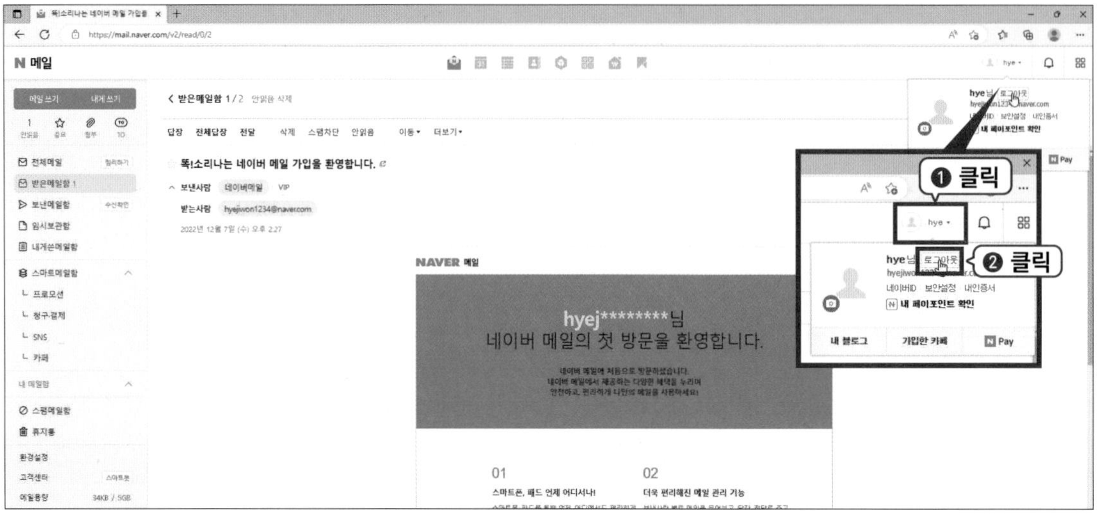

2 파일 첨부해서 이메일 보내기, 답장하기

네이버에 회원가입을 끝마쳤으면 이제부터 이메일을 보내는 방법에 대해 알아보겠습니다.

01 이메일을 보내기 위해서는 먼저 네이버에서 로그인을 해야 합니다. 네이버 초기 화면에서 [로그인]을 클릭합니다. 아이디와 비밀번호를 입력하고 [로그인]을 클릭합니다.

02 사용자 이름 밑에 있는 [메일]을 클릭합니다.

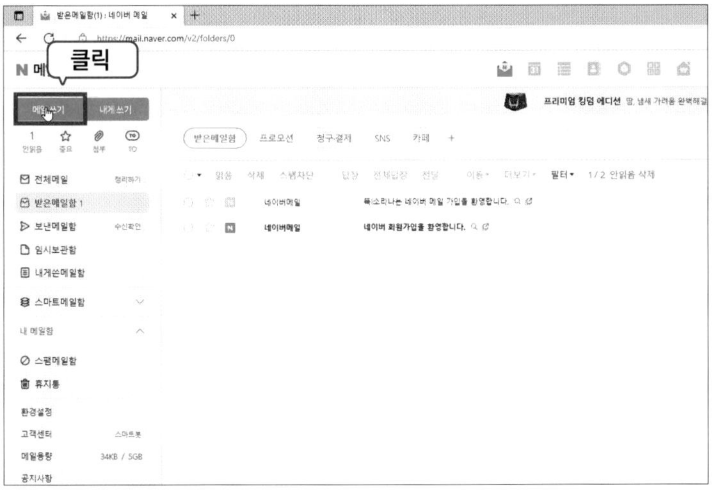

03 왼쪽 상단의 [메일 쓰기]를 클릭합니다.

TIP

네이버 메일 기능

❶ **메일 쓰기** : 다른 사람에게 메일을 쓸 수 있습니다.

❷ **내게 쓰기** : 나한테 메일을 쓸 수 있습니다. 파일을 내 메일에 보관하고 싶을 때 등에 사용합니다.

❸ 1 안읽음 : 클릭하면 읽지 않은 메일을 보여줍니다.

❹ ☆ 중요 : 클릭하면 중요 표시를 해놓은 메일을 보여줍니다. 메일 왼쪽의 ☆을 클릭하면 중요 메일로 지정됩니다.

❺ 첨부 : 클릭하면 첨부 파일이 있는 메일을 보여줍니다.

❻ TO : 클릭하면 내가 수신인에 포함된 메일을 보여줍니다.

❼ **받은메일함** : 내가 받은 메일 목록을 볼 수 있습니다. 안 읽은 메일이 있다면 옆에 숫자가 표기됩니다.

❽ **보낸메일함** : 내가 보낸 메일 목록을 볼 수 있습니다. 옆의 [수신확인]을 클릭하면 네이버 메일을 쓰는 사람에게 보낸 경우 상대방이 메일을 읽었는지 여부를 확인할 수 있습니다.

❾ **임시보관함** : 메일을 쓰던 도중에 화면을 이동하거나, 메일을 쓰던 도중 임시 저장하면 임시보관함에 보관됩니다.

04 [받는 사람] 입력란에 상대방 메일 주소를 입력합니다. 제목과 내용을 쓰고 파일 첨부란 옆의 [내 PC]를 클릭합니다.

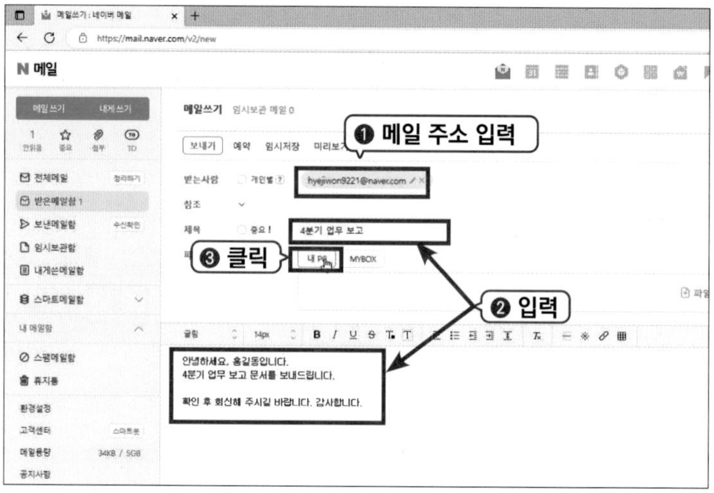

05 [업로드할 파일 선택] 대화상자가 나오면 첨부할 파일을 선택한 후 [열기]를 클릭합니다.

06 [파일 첨부]에 선택한 파일이 등록된 것을 볼 수 있습니다. [보내기]를 클릭해서 상대방에게 이메일을 보냅니다.

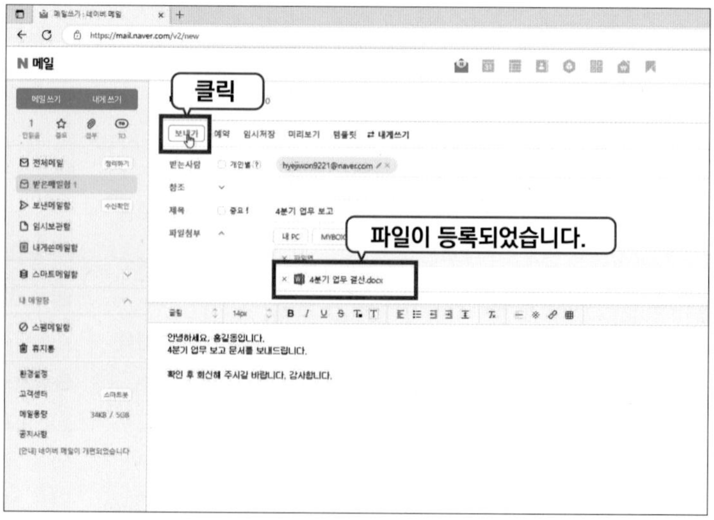

07 메일을 성공적으로 보냈다는 문구가 나옵니다. 화면 왼쪽에 있는 [수신확인]을 클릭하면 상대방이 내가 보낸 메일을 읽었는지 안 읽었는지를 알 수 있습니다. 다음 화면에서는 아직 상대방이 이메일을 읽지 않았기 때문에 '읽지않음'으로 표시되어 있습니다. 만약 상대방이 읽었다면 '읽음'으로 표시됩니다.

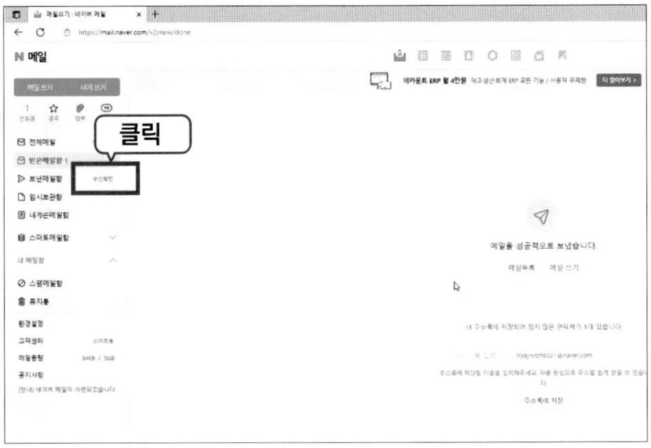

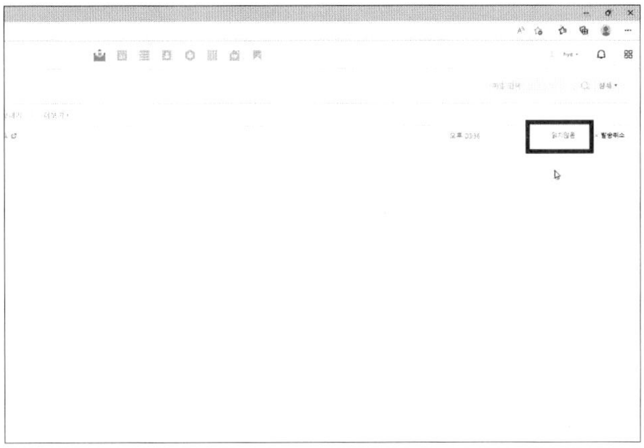

TIP

상대방에게 보낸 메일을 취소하고 싶을 때는 위의 화면 맨 오른쪽에 있는 [발송취소]를 누르면 됩니다. 단, 상대방이 아직 메일을 확인하지 않았을 때 가능합니다.

TIP

첨부 파일 저장하기

❶ 다른 사람이 보낸 메일 중 보낸 사람 이름 앞에 📎 표시가 있다면 첨부 파일이 있다는 뜻입니다. 메일 제목을 클릭해 메일 내용을 확인합니다.

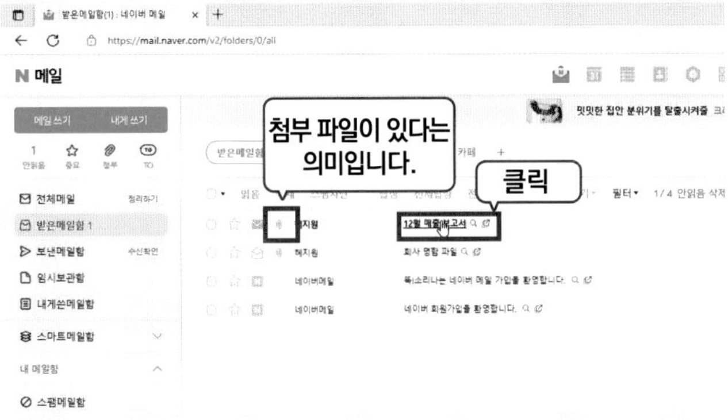

❷ 첨부한 파일을 클릭하면 우측 상단에 다운로드되었다는 표시가 뜹니다. 파일을 열고 싶으면 [파일 열기]를, 파일이 저장된 폴더를 열고 싶으면 🗁를 클릭합니다.

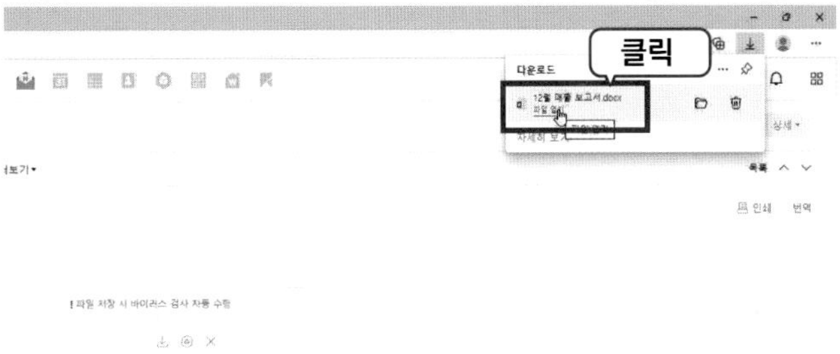

CHAPTER 04 네이버 편의 기능 알아보기

포털 사이트인 네이버에서는 뉴스, 스포츠, 쇼핑 등 다양한 정보를 제공하고 있습니다. 그중 몇 가지를 살펴보겠습니다. 책에서 설명하는 것 외에도 많은 기능들이 있으니 이것저것 눌러보며 많은 편의기능을 익혀보길 바랍니다.

1 네이버를 이용해 스포츠 중계 실시간으로 보기

네이버에서는 축구, 야구, 배구, 농구 등 다양한 스포츠를 실시간으로 볼 수 있으며 스포츠 기사와 영상도 살펴볼 수 있습니다. 네이버를 통해 스포츠 중계를 실시간으로 보겠습니다.

01 네이버 홈페이지 가운데에 있는 [스포츠]를 클릭합니다.

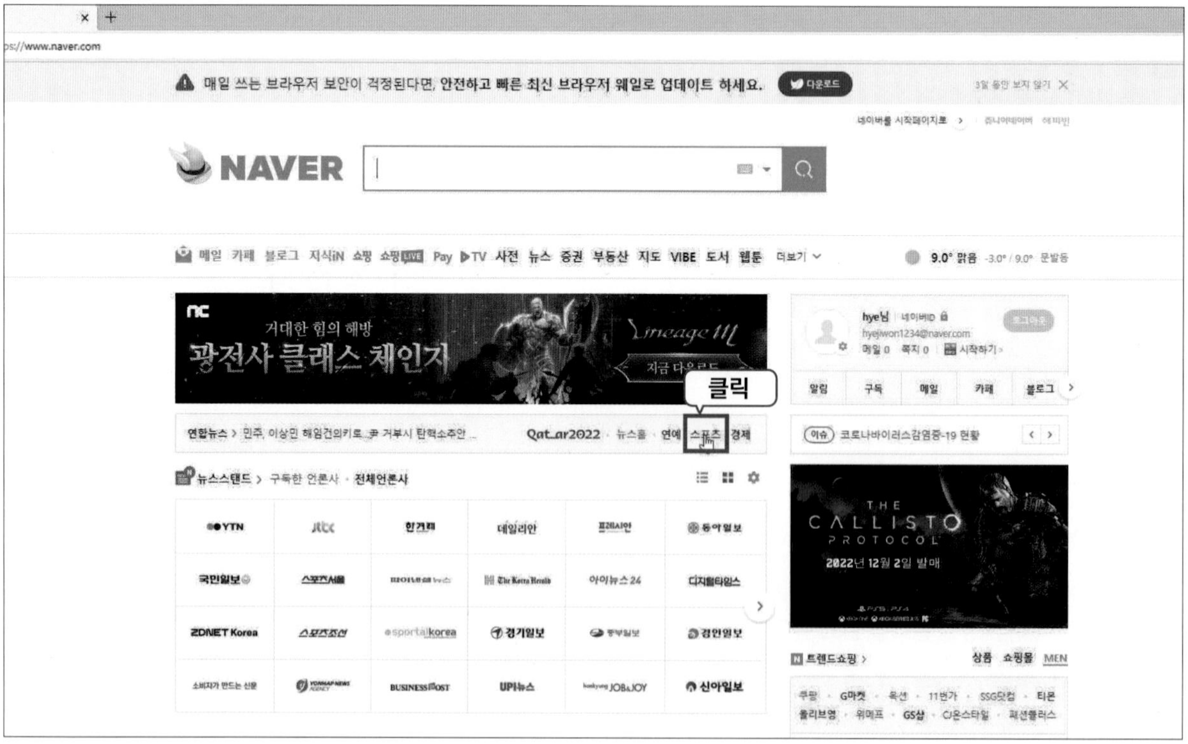

02 스포츠 홈이 나타납니다. 실시간으로 하고 있는 경기가 있다면 맨 위에 표시됩니다. 현재 하고 있는 경기를 클릭합니다.

03 일반 화질로 감상하고자 할 경우, [일반 화질재생]을 클릭합니다. 고화질의 네이버 라이브 스트리밍 설치를 해서 보겠습니다. [확장 프로그램 설치]를 클릭합니다.

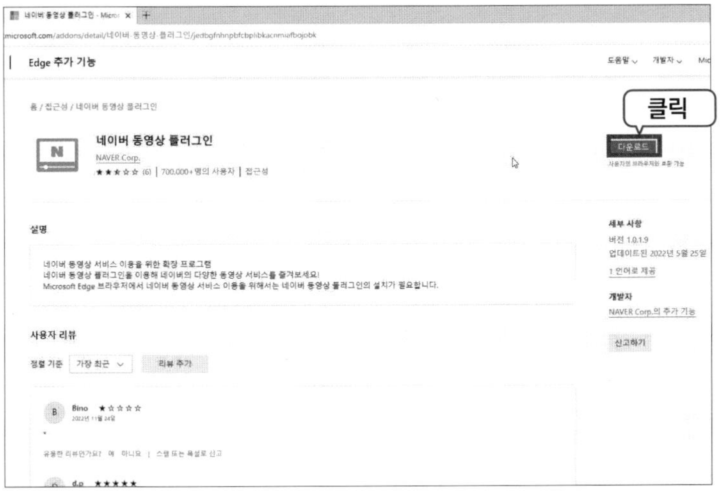

04 네이버 동영상 플러그인 설명 화면이 나옵니다. 오른쪽의 [다운로드]를 클릭합니다.

05 네이버 동영상 플러그인을 추가하겠냐는 창이 나옵니다. [확장 추가]를 클릭합니다. 확장 추가를 해야 프로그램 설치를 할 수 있습니다. 잠시 후 완료되면 네이버 스포츠 창을 클릭합니다.

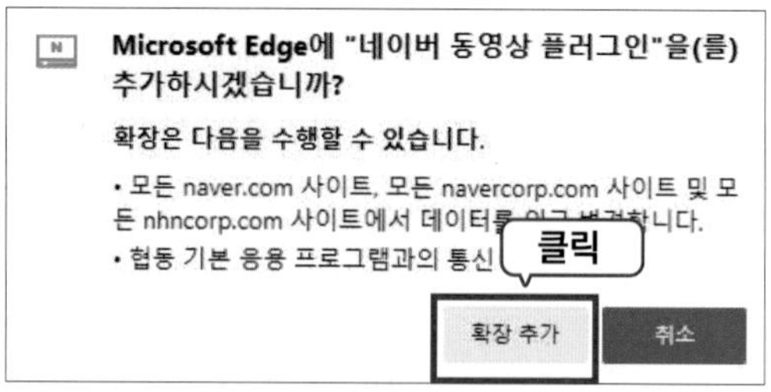

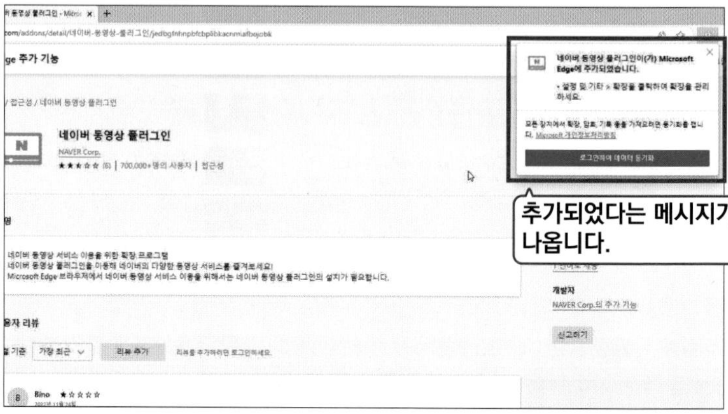

06 [확장 프로그램 설치]를 다시 클릭합니다. 이제 다운로드가 됩니다. 오른쪽 상단에 다운로드가 완료되면 [파일 열기]를 클릭합니다.

07 언어를 선택하는 화면이 나옵니다. [OK]를 클릭합니다.

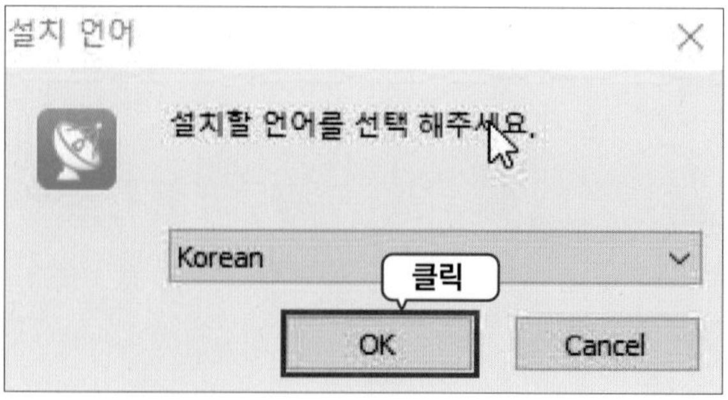

08 [다음]을 클릭합니다. 뒤이어 [동의함]을 클릭합니다.

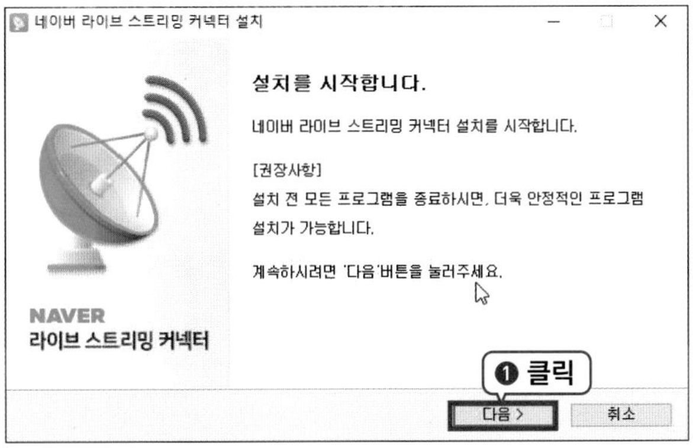
네이버 라이브 스트리밍 커넥터 설치
설치를 시작합니다.
네이버 라이브 스트리밍 커넥터 설치를 시작합니다.
[권장사항]
설치 전 모든 프로그램을 종료하시면, 더욱 안정적인 프로그램 설치가 가능합니다.
계속하시려면 '다음'버튼을 눌러주세요.
NAVER
라이브 스트리밍 커넥터
❶ 클릭
다음 >
취소

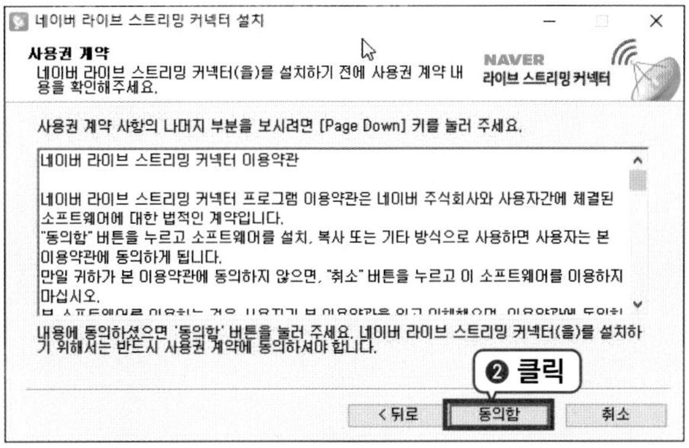
네이버 라이브 스트리밍 커넥터 설치
사용권 계약
네이버 라이브 스트리밍 커넥터(을)를 설치하기 전에 사용권 계약 내용을 확인해주세요.
NAVER
라이브 스트리밍 커넥터
사용권 계약 사항의 나머지 부분을 보시려면 [Page Down] 키를 눌러 주세요.
네이버 라이브 스트리밍 커넥터 이용약관
네이버 라이브 스트리밍 커넥터 프로그램 이용약관은 네이버 주식회사와 사용자간에 체결된 소프트웨어에 대한 법적인 계약입니다.
"동의함" 버튼을 누르고 소프트웨어를 설치, 복사 또는 기타 방식으로 사용하면 사용자는 본 이용약관에 동의하게 됩니다.
만일 귀하가 본 이용약관에 동의하지 않으면, "취소" 버튼을 누르고 이 소프트웨어를 이용하지 마십시오.
내용에 동의하셨으면 '동의함' 버튼을 눌러 주세요. 네이버 라이브 스트리밍 커넥터(을)를 설치하기 위해서는 반드시 사용권 계약에 동의하셔야 합니다.
❷ 클릭
< 뒤로
동의함
취소

09 설치가 완료되면 [마침]을 클릭합니다.

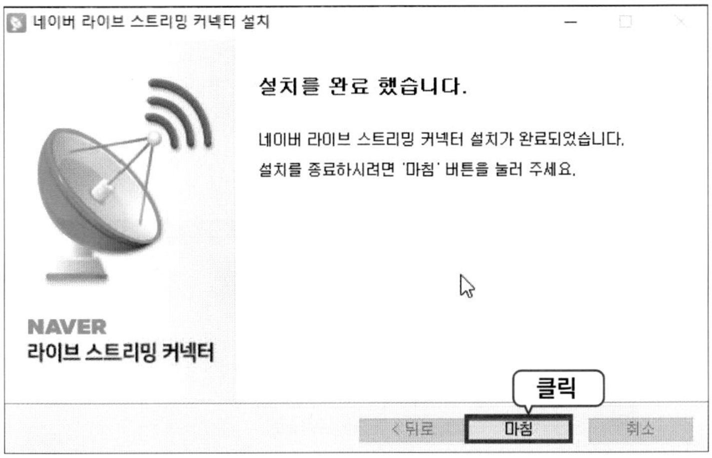
네이버 라이브 스트리밍 커넥터 설치
설치를 완료 했습니다.
네이버 라이브 스트리밍 커넥터 설치가 완료되었습니다.
설치를 종료하시려면 '마침' 버튼을 눌러 주세요.
NAVER
라이브 스트리밍 커넥터
클릭
< 뒤로
마침
취소

TIP

방화벽에서 설치된 앱을 차단했다는 메시지가 나올 때가 있습니다. 비정상적인 프로그램이 아니기 때문에 [액세스 허용]을 클릭하면 됩니다.

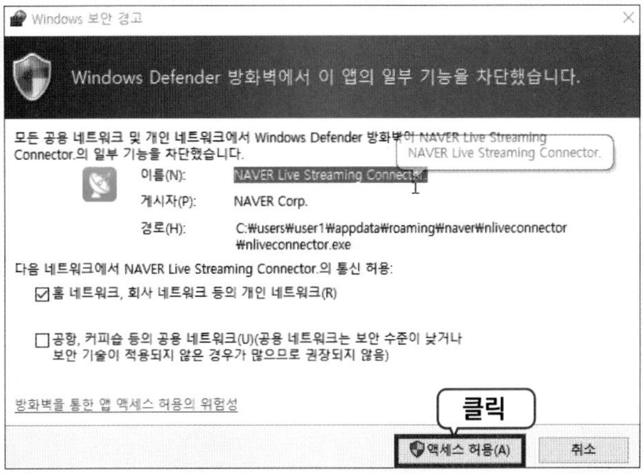
Windows 보안 경고
Windows Defender 방화벽에서 이 앱의 일부 기능을 차단했습니다.
모든 공용 네트워크 및 개인 네트워크에서 Windows Defender 방화벽이 NAVER Live Streaming Connector.의 일부 기능을 차단했습니다.
이름(N): NAVER Live Streaming Connector
게시자(P): NAVER Corp.
경로(H): C:₩users₩user1₩appdata₩roaming₩naver₩nliveconnector₩nliveconnector.exe
다음 네트워크에서 NAVER Live Streaming Connector.의 통신 허용:
홈 네트워크, 회사 네트워크 등의 개인 네트워크(R)
공항, 커피숍 등의 공용 네트워크(U)(공용 네트워크는 보안 수준이 낮거나 보안 기술이 적용되지 않은 경우가 많으므로 권장되지 않음)
방화벽을 통한 앱 액세스 허용의 위험성
클릭
액세스 허용(A)
취소

10 경기가 라이브로 나옵니다. ■를 클릭하면 일시 정지할 수 있습니다. [일반]을 클릭하여 스포츠 창으로 돌아갑니다.

2 네이버 뉴스 보기

네이버에서 제공하는 뉴스를 보도록 하겠습니다.

01 위쪽 가운데의 [뉴스]나 왼쪽의 [연합뉴스]를 클릭하면 뉴스 홈으로 이동합니다.

02 주제를 클릭하면 주제별 뉴스를 볼 수 있습니다. 관심 있는 언론사를 구독해보겠습니다. 언론사 위의 ＋를 클릭하여 ＋로 만듭니다. [1개 언론사 구독]을 클릭합니다.

03 구독한 언론사의 뉴스가 나옵니다. 오른쪽의 [구독 설정]을 클릭하면 언론사 구독 추가 및 삭제를 할 수 있습니다.

3 네이버 지도 이용하기

네이버 지도를 이용하여 원하는 장소를 찾고 길찾기도 가능합니다. 네이버 지도는 스마트폰에서 다운로드받을 수 있는 [네이버 지도]와 기능이 유사하니 참고하시길 바랍니다.

01 네이버 화면에서 [지도]를 찾아 클릭합니다.

02 지도 홈입니다. 지도 홈의 구성요소는 다음과 같습니다.

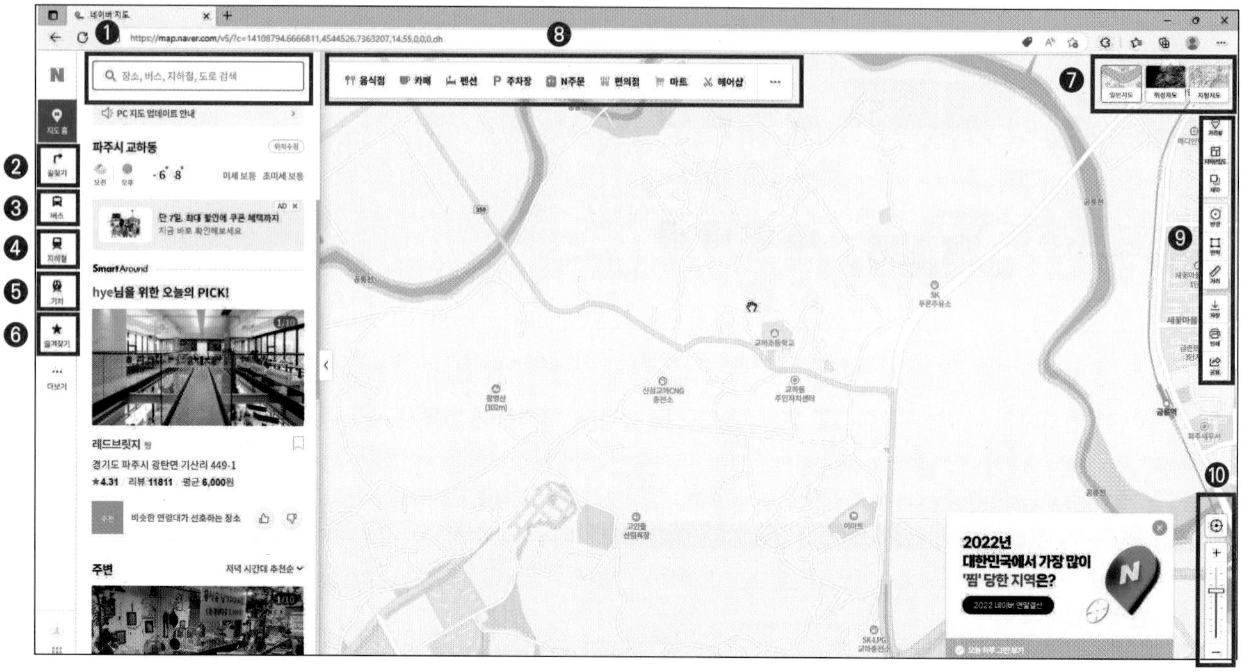

❶ **검색란 :** 원하는 장소를 검색할 수 있습니다.

❷ **길찾기 :** 출발지와 도착지, 경유지를 입력하여 대중교통/자동차/도보 경로를 알 수 있습니다.

❸ **버스 :** 찾고자 하는 버스나 버스정류장의 도착 정보를 입력하여 검색할 수 있습니다.

❹ **지하철 :** 지하철 노선도를 권역별로 볼 수 있으며 지하철 길찾기도 가능합니다.

❺ **기차 :** 기차역의 시간표를 조회하고 네이버를 통해 예매한 경우 승차권 확인이 가능합니다.

❻ **저장 :** 즐겨찾는 장소를 따로 즐겨찾기에 추가하여 확인할 수 있습니다.

❼ **제공 지도 :** 크게 일반지도, 위성지도, 지형지도가 제공됩니다.

❽ **범주 :** 원하는 테마의 장소들을 한 번에 검색할 수 있게 해주는 기능입니다. 음식점을 클릭하면 지도 구역 안의 음식점들이 표시됩니다.

❾ **편의 기능 :** 거리를 재거나 저장 및 인쇄 등의 기능을 제공합니다.

❿ **확대/축소 :** 지도를 확대 및 축소할 수 있습니다. 확대하면 이전에는 보이지 않았던 장소명 및 세부 도로가 나타납니다. 마우스 휠을 이용해도 됩니다.

03 원하는 장소를 입력하고 Enter 키를 누릅니다.

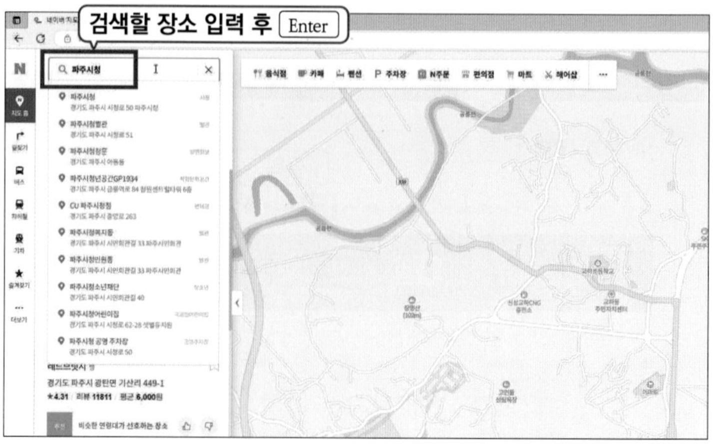

04 찾는 주소가 나왔다면 클릭합니다. 상세한 정보가 나옵니다.

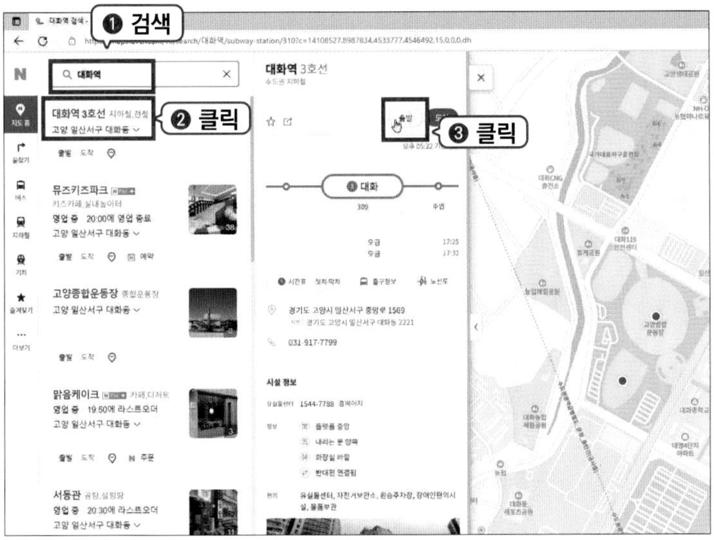

05 이번에는 길찾기 기능을 이용해보겠습니다. 출발 장소를 검색한 후 [출발]을 클릭합니다.

06 출발지가 입력되었습니다. 도착지를 입력하고 [Enter] 키를 눌러 원하는 도착지를 찾습니다. 원하는 도착지를 선택하고 [길찾기]를 클릭합니다.

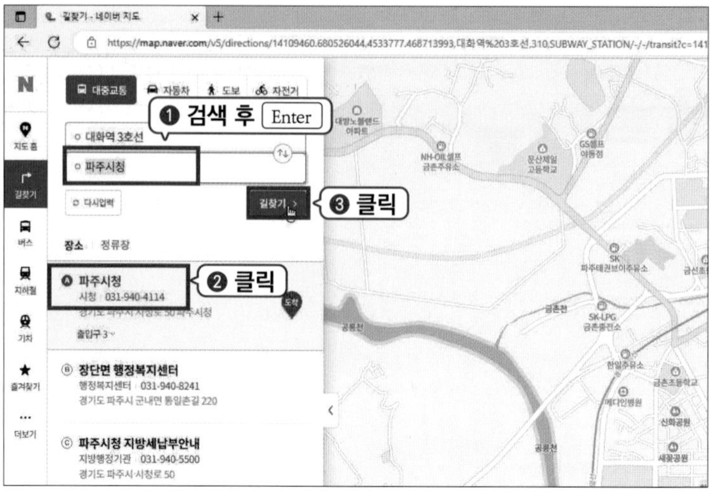

07 선택된 이동 수단에 따른 경로들이 나타납니다. 이동 수단을 바꾸면 이동 수단에 맞는 경로가 나타납니다.

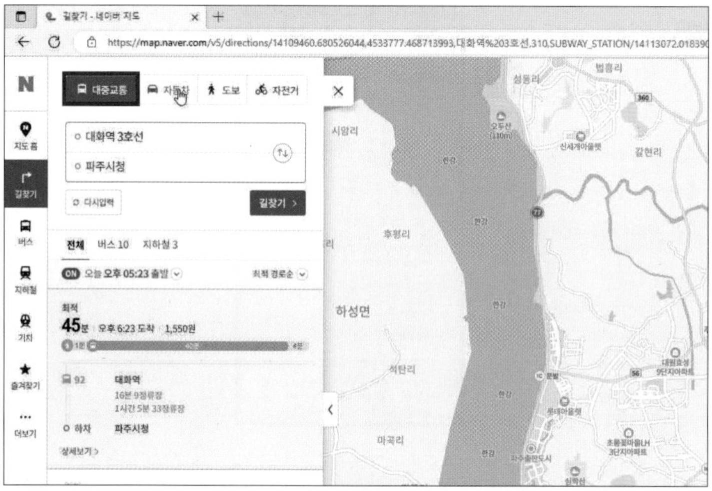

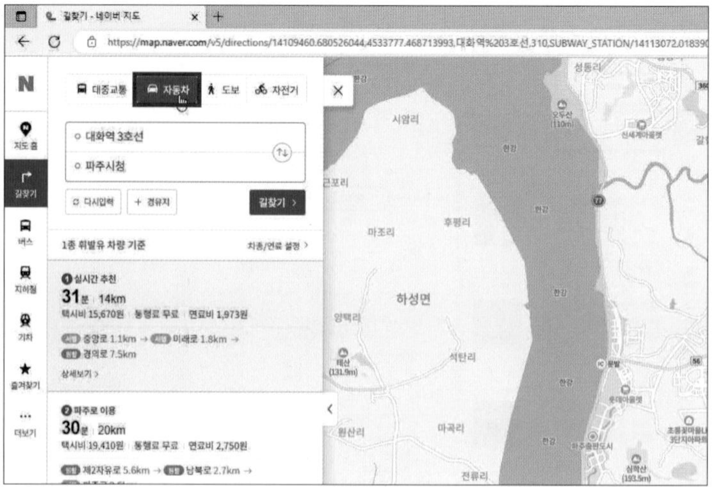

TIP

자동차로 선택한 경우 차종/연료 설정을 하여 기름값과 톨게이트 비용은 얼마나 드는지 등을 알 수 있습니다. 또한 택시비도 알 수 있습니다.

4 네이버 카페 가입하기

네이버 카페는 특정 주제에 대해 관심 있는 사람들이 모여 정보를 공유하거나 그 외 다양한 활동을 하는 온라인 공간입니다. 카페에 가입하려면 조건에 맞아야 하는 경우도 있습니다. 원하는 카페에 가입해보겠습니다.

01 네이버 사이트에 접속해 아이디와 비밀번호를 입력한 후 Enter 키를 눌러 로그인합니다.

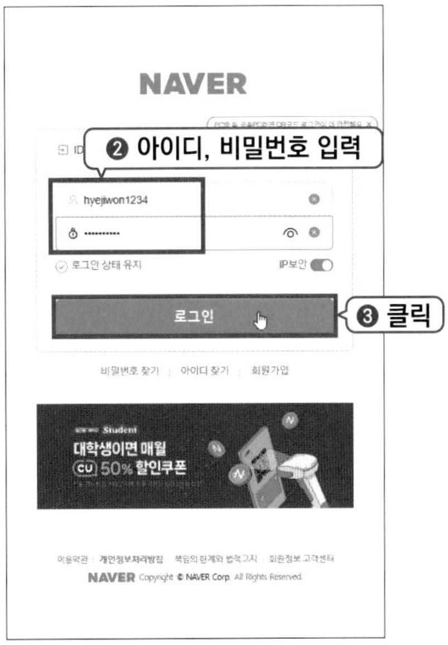

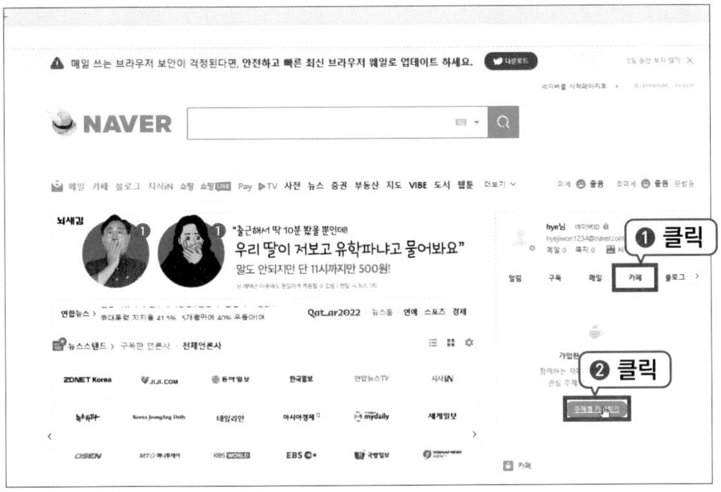

02 [카페]를 클릭합니다. 가입한 카페가 없으면 아무것도 나오지 않습니다. [주제별 카페 찾기]를 클릭합니다.

03 주제별, 지역별로 카페를 찾을 수 있습니다. 위의 검색란에서 원하는 키워드를 입력해 직접 검색할 수도 있습니다. 검색란에 '독서'를 입력하고 Enter 키를 누릅니다.

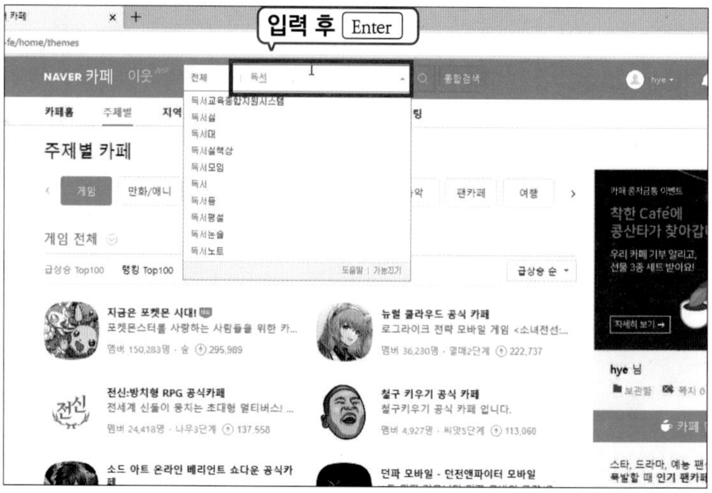

04 연관 카페가 나옵니다. [카페 더보기]를 클릭하여 원하는 카페를 찾고 클릭하여 들어갑니다.

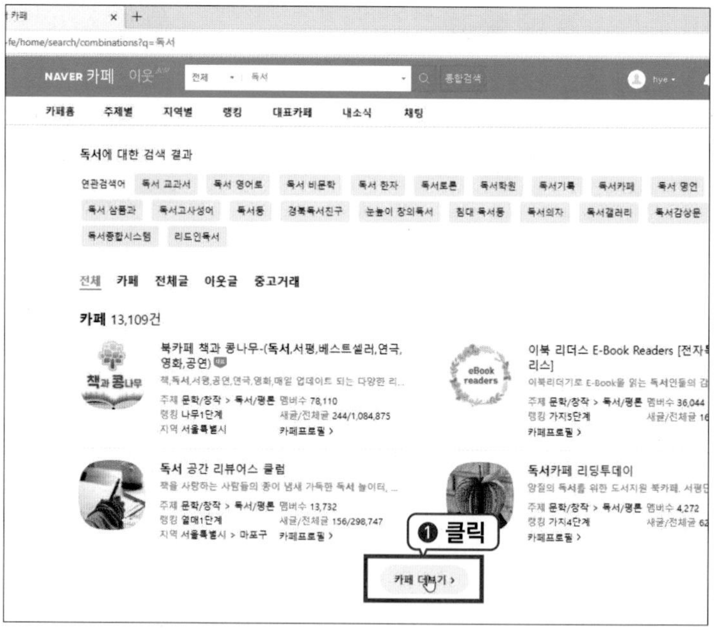

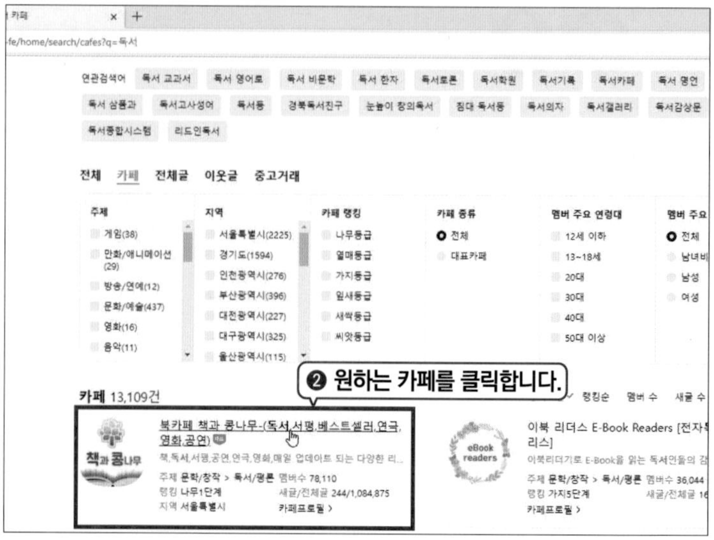

TIP

'주제와 지역, 랭킹 등을 체크하면 원하는 카페를 좀 더 효율적으로 찾을 수 있습니다.

05 [카페 가입하기]를 클릭합니다.

06 별명과 공개설정 여부, 가입질문, 보안문자를 입력합니다. 약관 동의에 체크한 후 [동의 후 가입하기]를 클릭합니다.

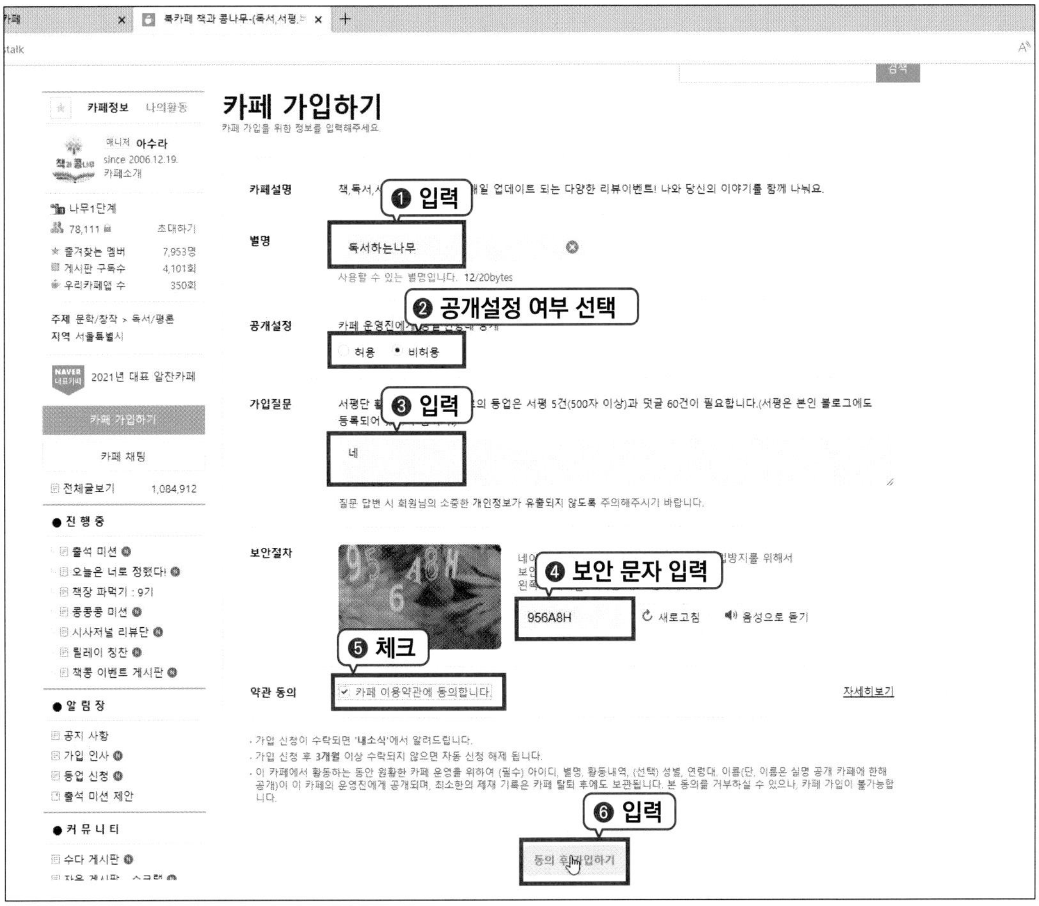

TIP

별명 입력 시, '이미 사용 중인 별명입니다'라는 메시지가 나오면 다른 별명을 입력합니다.

TIP

카페에 따라서 입력해야 하는 내용들이 다를 수도 있습니다. 카페 안내글을 꼼꼼히 읽으며 내용을 입력하기 바랍니다.

07 가입이 완료되면 [나의활동]을 클릭합니다. 나의 정보가 나타납니다.

TIP

가입이 바로 되는 경우도 있고 관리자 확인 후 가입 수락까지 시간이 걸리는 경우도 있습니다. 가입이 거절된다면 거절된 이유를 확인하시길 바랍니다.

08 정보 검색을 해보겠습니다. 검색란에 원하는 정보의 키워드를 입력한 후 Enter 키를 누릅니다. 여기서는 '서평단'을 입력했습니다. 관련 정보가 검색됩니다.

TIP

게시글 + 댓글 옆의 ∨ 을 클릭하면 검색 조건이 나타납니다. 선택한 조건에 검색 키워드가 들어간 게시글을 결과로 보여줍니다.

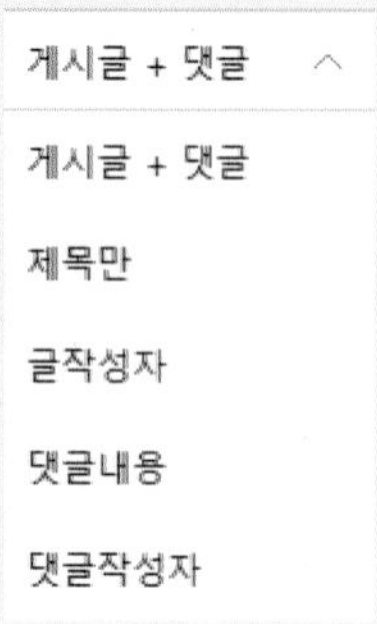

5 카페 게시글 작성하기

가입한 카페에서 게시글과 댓글을 작성해보겠습니다.

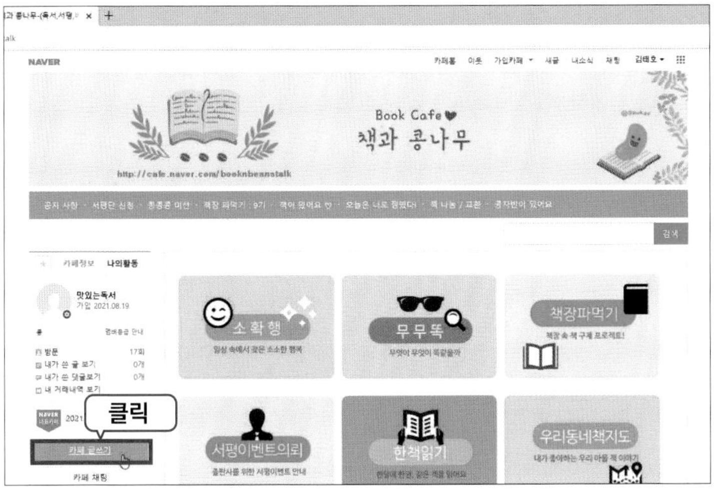

01 [카페 글쓰기]를 클릭합니다.

TIP

카페에 따라서 일정 회원 등급이 되어야 원하는 게시판에 글을 쓸 수 있는 경우가 많이 있습니다. 보통은 댓글과 출석 등의 최소 활동 조건을 충족하면 회원 등급이 올라가며 해당 조건을 만족하기 위해서 활발하게 활동하기를 추천합니다.

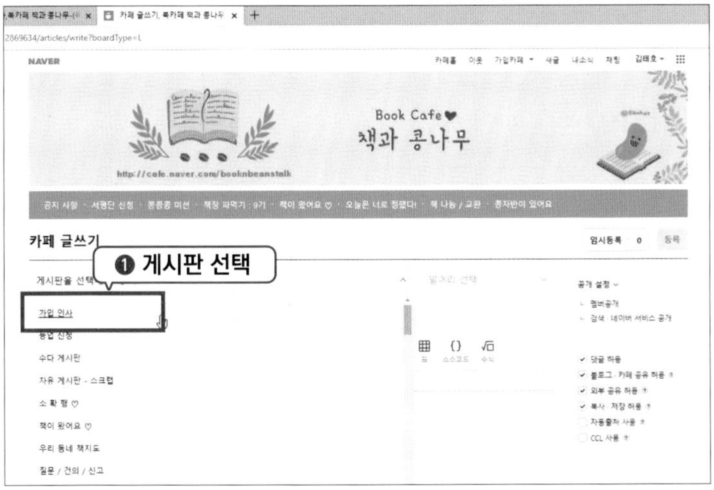

02 글을 쓸 수 있는 공간입니다. 게시판을 선택하고 제목과 글을 입력합니다.

TIP

글쓰기 기능

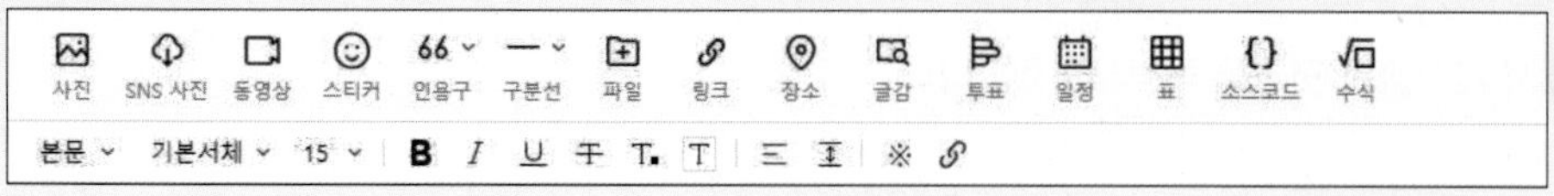

글을 올릴 때 다양한 기능을 사용할 수 있습니다. 사진, 동영상 삽입 및 인용구 디자인도 정할 수 있습니다. 투표가 필요한 경우 투표 기능을 이용하면 됩니다.
그 아래는 본문 글의 스타일을 지정할 수 있습니다. 서체와 bold, 기울기, 글자 색깔과 정렬을 지정할 수 있습니다.

03 인사말을 드래그하여 선택하고 **B**를 클릭합니다. [등록]을 클릭합니다.

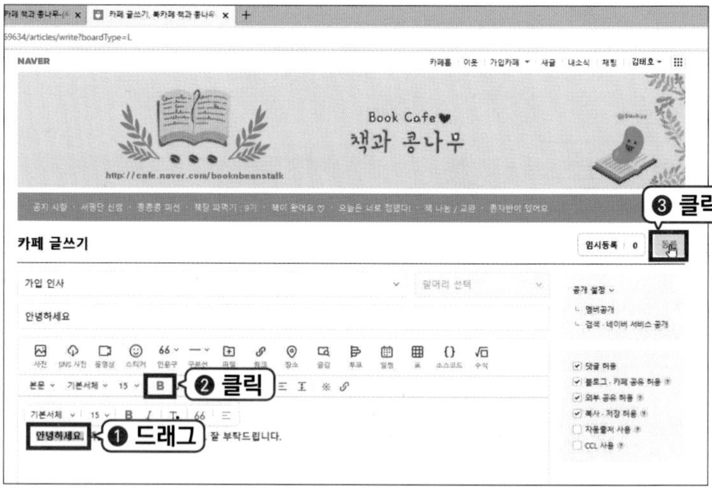

04 게시글이 등록되었습니다. 댓글을 추가로 남겨보겠습니다. 댓글 입력란에 댓글 내용을 입력하고 [등록]을 클릭합니다.

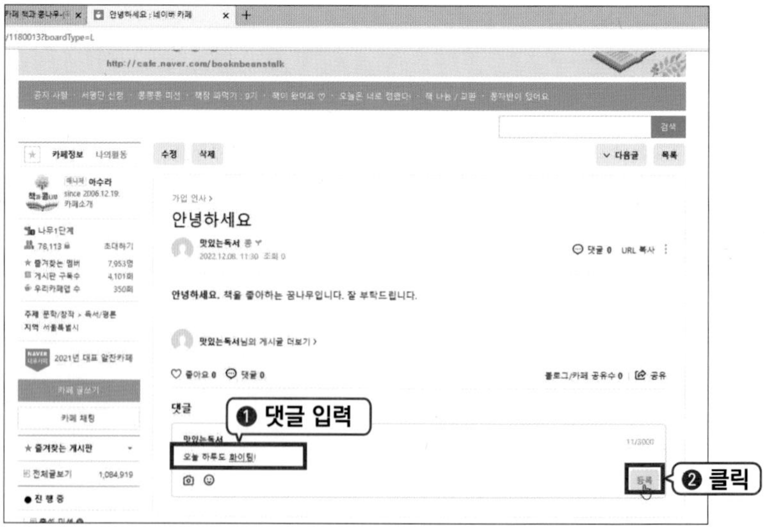

05 댓글이 등록되었습니다. 다른 사람이 댓글을 쓰면 답글을 달 수도 있습니다.

CHAPTER 05 네이버 블로그 만들기

블로그(Blog)는 자신의 관심 분야에 따라 자유롭게 글을 올릴 수 있는 1인 미디어 기능의 웹사이트를 말합니다. 개인 홈페이지보다 훨씬 쉽게 만들 수 있으며 관리하기도 무척 편리합니다. 블로그를 만들려면 포털 사이트(네이버, 다음 등)에 가입해야 합니다. 여기에서는 네이버를 기준으로 설명하겠습니다.

1 네이버에서 블로그 만들기

네이버에서 블로그를 만들어보겠습니다.

01 네이버 사이트에 접속해 아이디와 비밀번호를 입력한 후 Enter 키를 눌러 로그인합니다.

02 [블로그]를 클릭합니다. [블로그 아이디 만들기]를 클릭합니다.

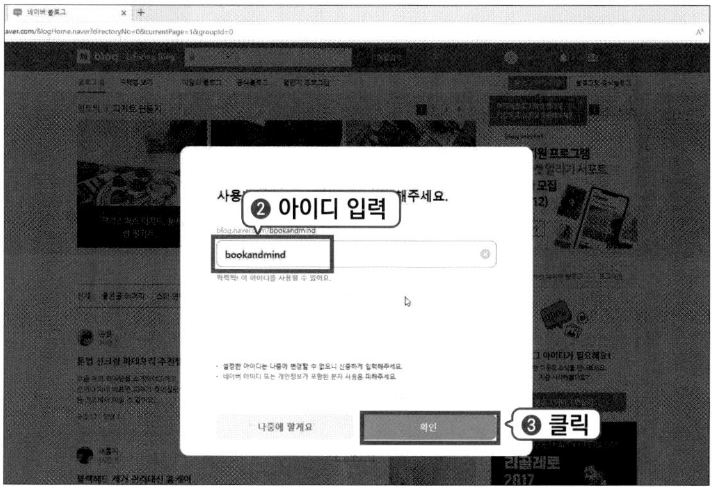

03 [블로그 아이디 만들기]를 클릭합니다. 사용할 블로그 아이디를 입력하고 [확인]을 클릭합니다. 블로그 아이디는 블로그 주소이기도 합니다. 설정한 아이디는 변경할 수 없으니 신중하게 입력합니다.

TIP

블로그 아이디로는 영문, 소문자, 숫자, -, _만 사용 가능합니다.

04 [확인]을 클릭합니다. 블로그 아이디가 만들어졌습니다. [바로 시작하기]를 클릭합니다.

05 [내 블로그]를 클릭합니다. [시작하기]를 클릭합니다.

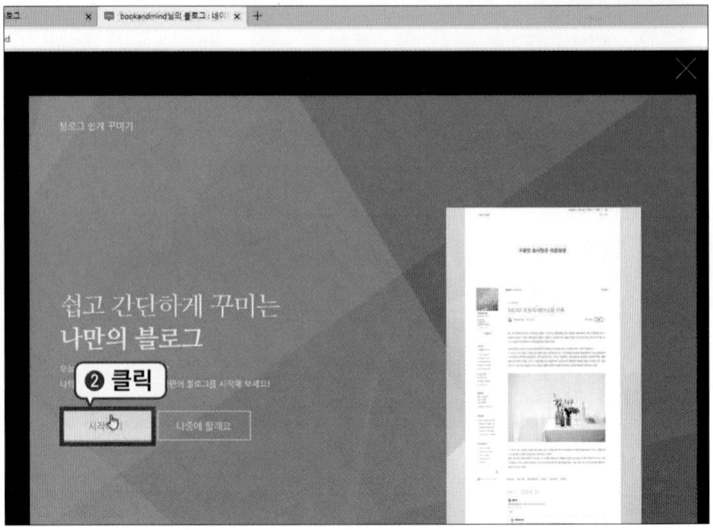

06 스킨을 먼저 고릅니다. 원하는 스킨 위에 마우스를 올리고 [이 스킨 사용하기]를 클릭합니다.

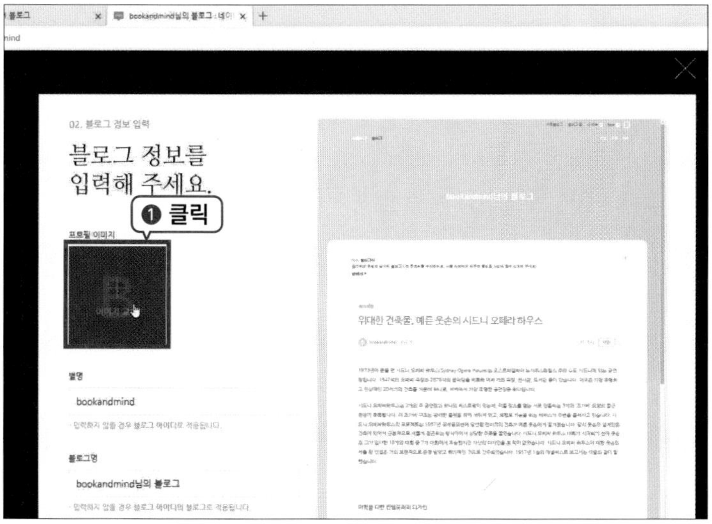

07 프로필 이미지를 삽입하기 위해 [이미지 교체]를 클릭합니다. 원하는 프로필 사진을 선택한 후 [열기]를 클릭합니다.

08 프로필이 반영되었으면 [완성하기]를 클릭합니다. [내 블로그 가기]를 클릭합니다.

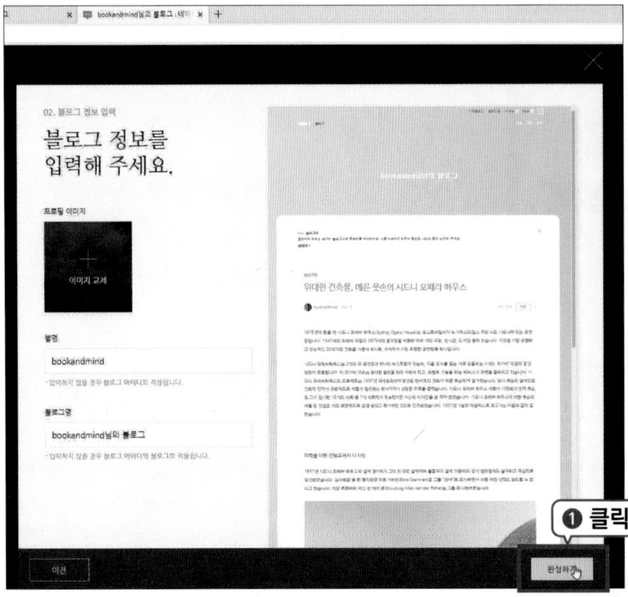

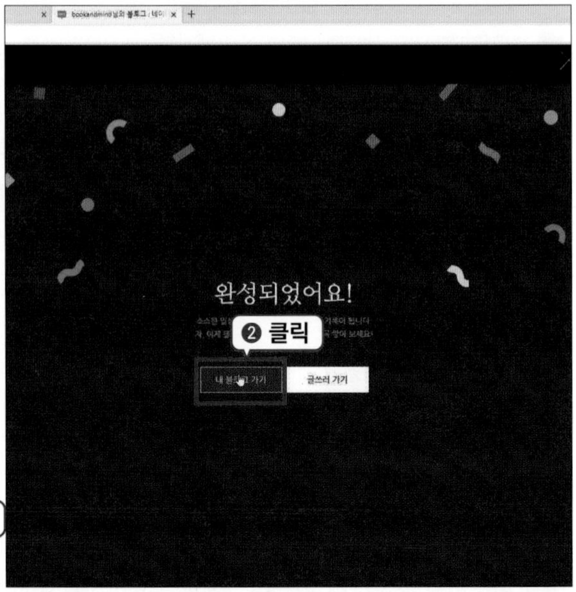

09 블로그가 완성되었습니다.

2 블로그 꾸미기

블로그 개설을 완료했다면 이제 블로그를 꾸미는 방법에 대해 알아보겠습니다. 블로그를 잘 꾸미고 관리해서 많은 방문객을 오게 한다면 즐거운 인터넷 생활이 될 것입니다.

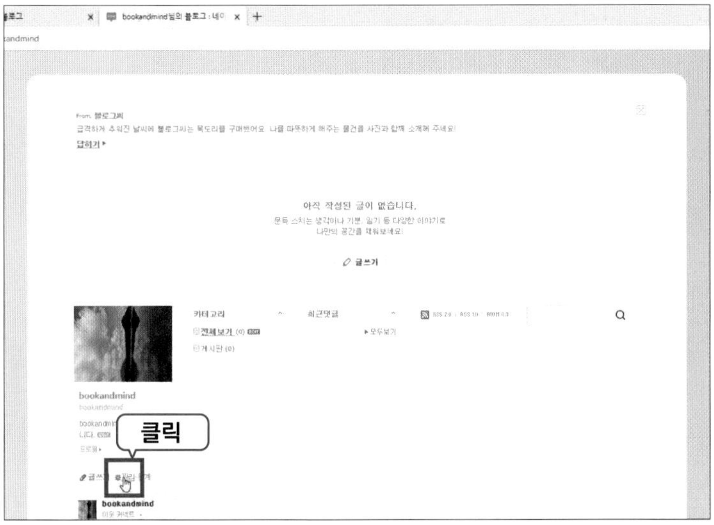

01 프로필 아래의 [관리]를 클릭합니다.

02 관리에서 스킨 디자인 및 프로필을 다시 설정할 수 있습니다. [기본 설정]에서 프로필과 블로그 정보를, [꾸미기 설정]에서 스킨 및 디자인 설정을 할 수 있습니다. 오른쪽 상단의 [내 블로그]를 클릭하면 블로그의 첫 화면이 나타납니다.

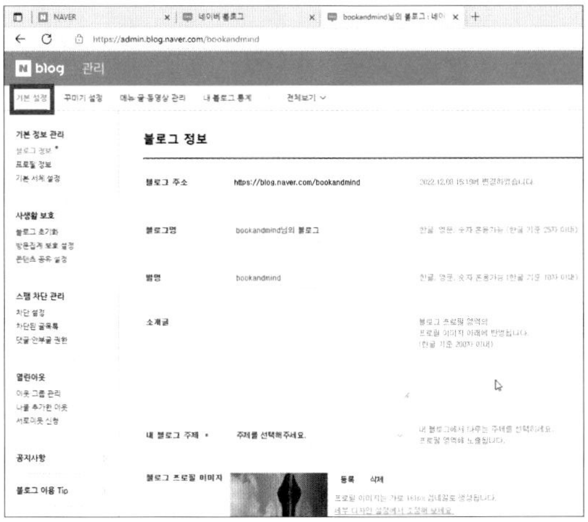

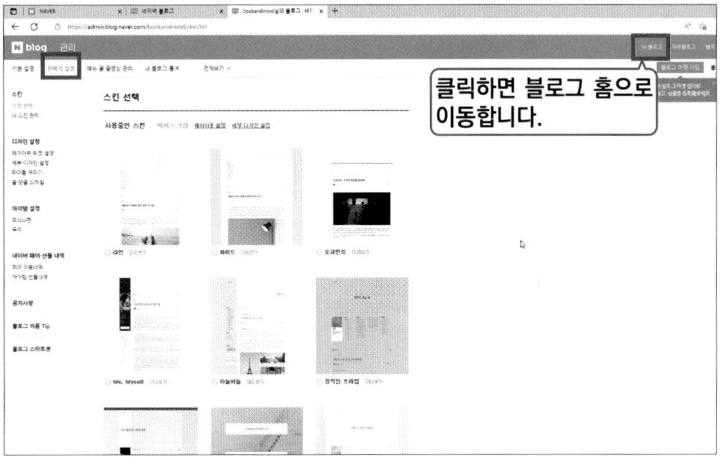

TIP

다른 기능들을 클릭해보며 블로그에서 제공하는 기능들을 익혀봅니다. [메뉴·글·동영상 관리]에서는 상단 메뉴와 댓글 등을 관리할 수 있고 [내 블로그 통계]에서는 블로그 방문 현황과 사용자 분석을 할 수 있습니다.

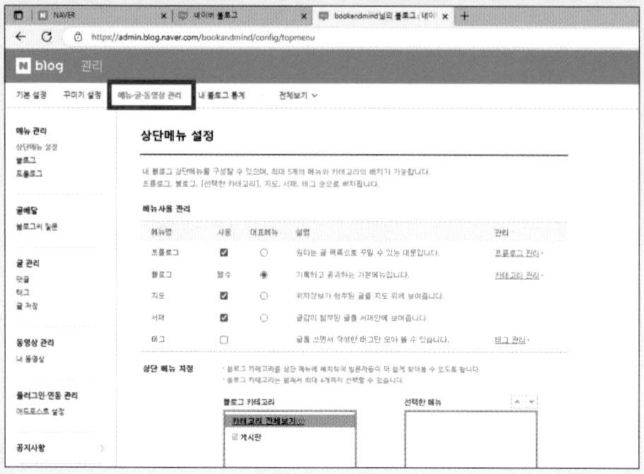

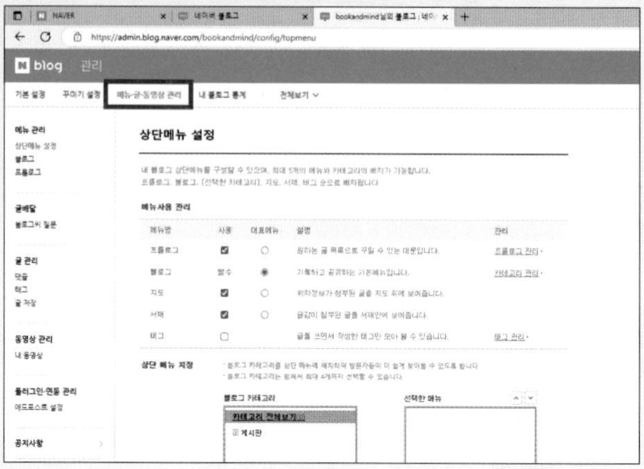

03 원하는 스킨을 고른 후 [스킨 적용]을 클릭합니다. 예제에서는 [옐로우 라인]을 선택했습니다.

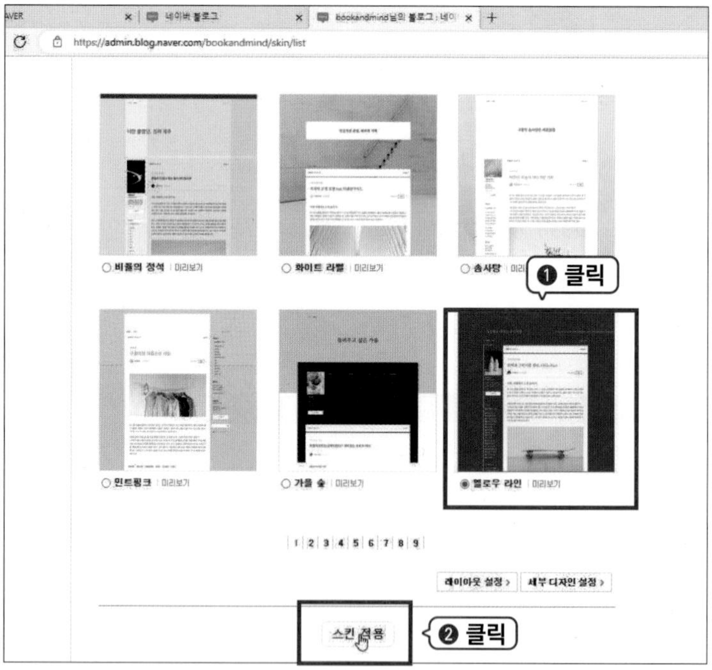

TIP

스킨을 선택할 때 스킨 이름 옆에 있는 [미리보기]를 클릭하면 배경화면이 어떻게 바뀌는지 먼저 볼 수 있습니다. [미리보기]를 이용해서 각자 원하는 스타일의 화면이 맞는지 확인한 후 최종적으로 선택하면 됩니다. [미리보기] 창을 빠져나올 때는 화면 오른쪽 위에 있는 [닫기](x)를 클릭하면 됩니다.

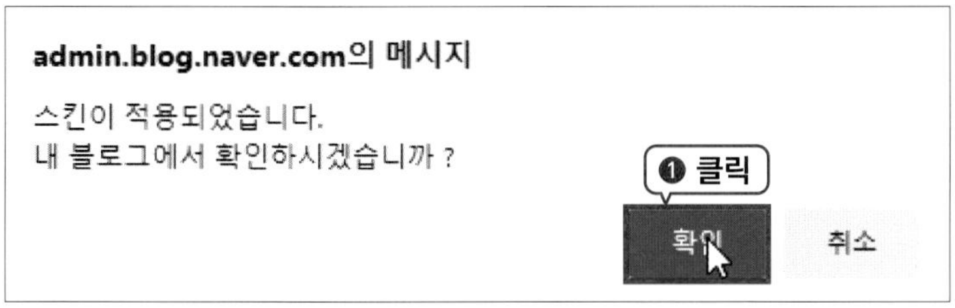

04 블로그에서 확인하겠냐는 메시지가 나오면 [확인]을 클릭합니다. 적용이 된 모습을 볼 수 있습니다. 레이아웃 설정을 하기 위해 [관리]를 다시 클릭합니다.

05 [꾸미기 설정]-[레이아웃·위젯 설정]을 클릭합니다.

06 블로그의 레이아웃을 다른 스타일로 변경할 수 있는 레이아웃 설정 화면이 나오면 그 중에서 각자 원하는 구성을 선택합니다. [확인]을 클릭한 후 화면을 아래로 내려서 [미리보기]를 클릭하면 적용하기 전에 화면이 어떻게 바뀌는지를 미리 볼 수 있습니다.

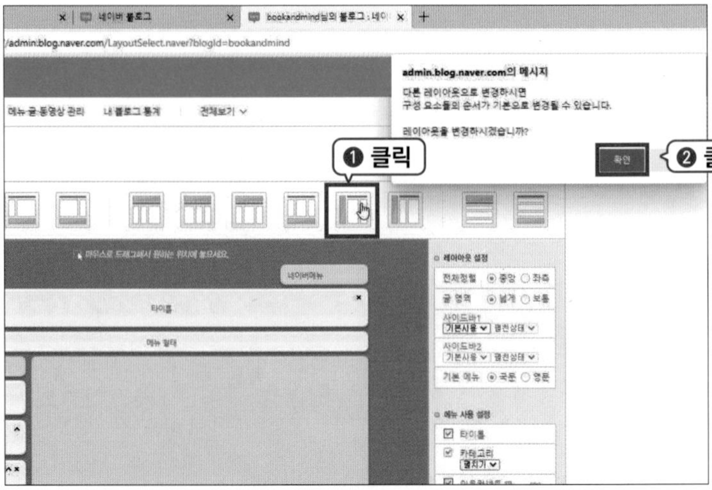

07 미리보기 창이 나오면 화면을 스크롤해서 위, 아래로 살펴본 후 화면 오른쪽 위에 있는 닫기(×)를 클릭해서 미리보기 창을 빠져나옵니다.

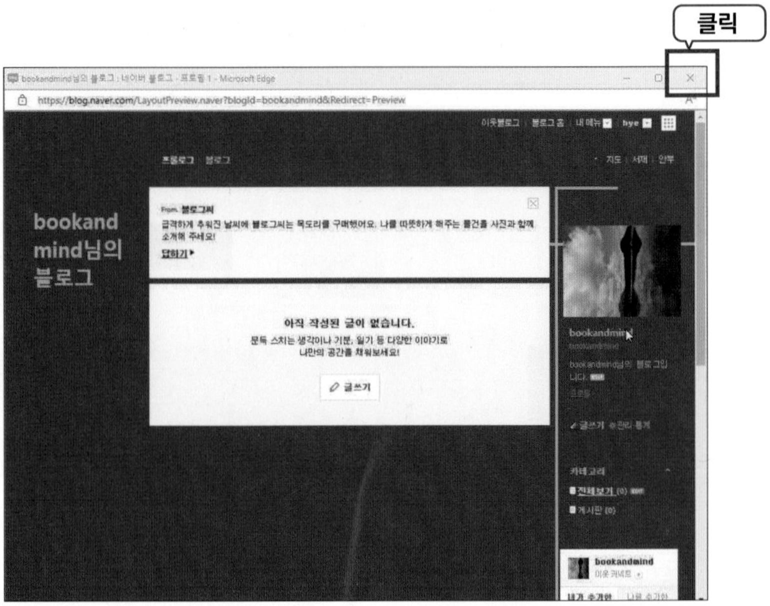

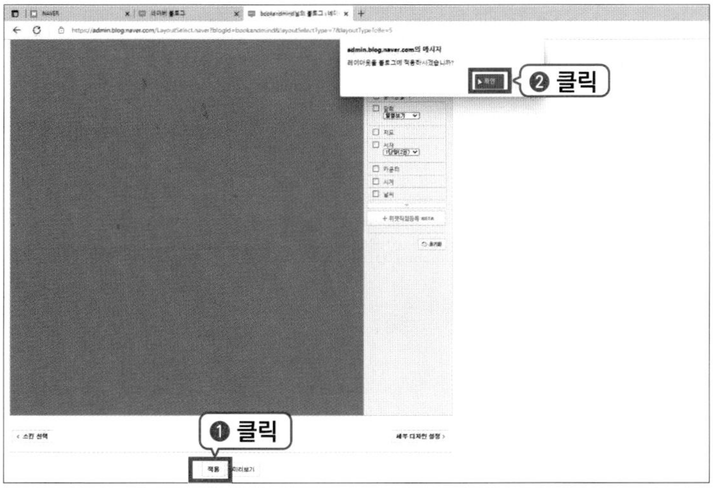

08 각자 원하는 레이아웃을 선택했으면 화면 아래에 있는 [적용]을 클릭하고 "레이아웃을 블로그에 적용하시겠습니까"라고 물어보면 [확인]을 클릭합니다. 블로그 화면 구성 레이아웃이 바뀐 것을 확인할 수 있습니다.

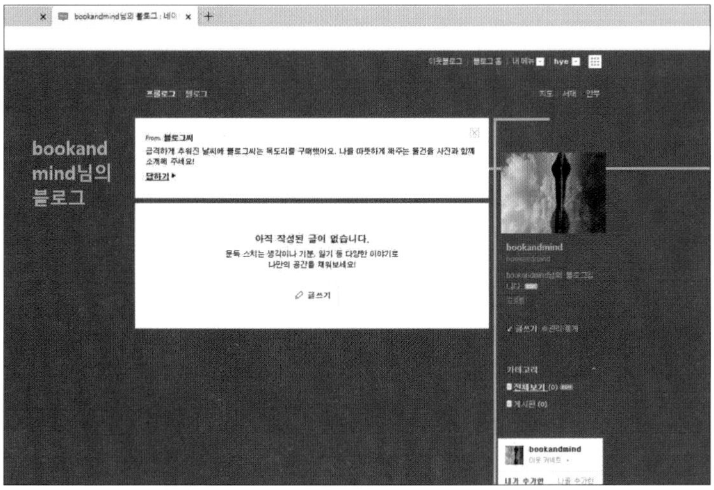

09 블로그 화면의 [관리]를 다시 클릭해 관리 화면으로 넘어옵니다. [꾸미기 설정]-[세부 디자인 설정]을 클릭합니다.

10 [스킨 배경]을 선택하고 옆에서 각자 원하는 이미지를 클릭합니다. 배경이 바뀌는 것을 볼 수 있습니다. 선택한 것이 마음에 안 들 때는 [스킨 배경] 상자 오른쪽 상단에 있는 [스킨 배경 원래대로]를 클릭하면 됩니다.

11 이번에는 [타이틀]을 선택하고 역시 원하는 이미지를 선택합니다. 다음으로 위에 있는 [서체]의 크기와 색을 선택합니다. 각자 원하는 대로 선택하면 됩니다.

TIP

스킨이나 타이틀 등 일부 디자인은 직접 파일을 등록하여 설정할 수도 있습니다. [직접등록]을 클릭하여 파일을 등록하면 됩니다.

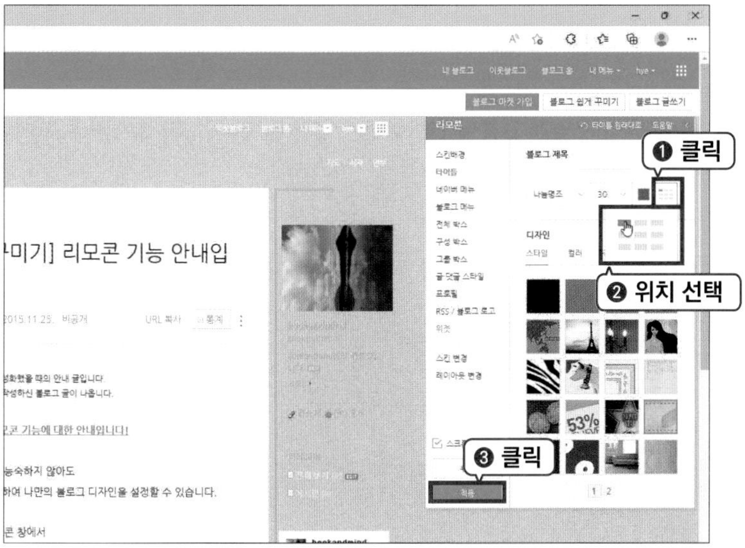

12 다음으로 타이틀에 들어가는 텍스트의 위치를 지정해줍니다. 예제에서는 [왼쪽 상단]을 선택했습니다. 위치까지 지정이 다 끝났으면 [적용]을 누릅니다.

13 현재 디자인을 적용하겠냐는 창이 나오면 [적용]을 클릭합니다.

14 간단하게 세부 설정을 마쳤습니다. 세부 설정에 있는 다른 항목들도 차례대로 바꾸며 화면이 어떻게 변하는지 보면서 각자 원하는 화면으로 꾸며보는 것도 좋습니다.

3 카테고리 만들기

카테고리는 블로그에 올리는 글들을 각각의 성격에 맞게 그룹을 만들어주는 것을 말합니다. 따라서 카테고리를 만들기 전에 어떤 주제를 어떻게 분류해서 올릴지 미리 생각하고 만드는 것이 좋습니다.

01 블로그 소개글 밑에 있는 [관리]를 클릭합니다.

02 [메뉴·글·동영상 관리]-[블로그]를 클릭합니다.

03 [카테고리 추가]를 클릭한 후 [카테고리명]을 각자 원하는 이름으로 입력합니다. 예제에서는 '사진'이라고 입력했습니다. 그리고 그 밑에 있는 [카테고리 옆에 포스트 수 표시]를 체크(☑)합니다. 해당 카테고리에 글이 몇 개나 올라가 있는지 보여주는 것을 설정하는 것입니다. 마지막으로 [주제분류]에서 '사진'을 선택합니다.

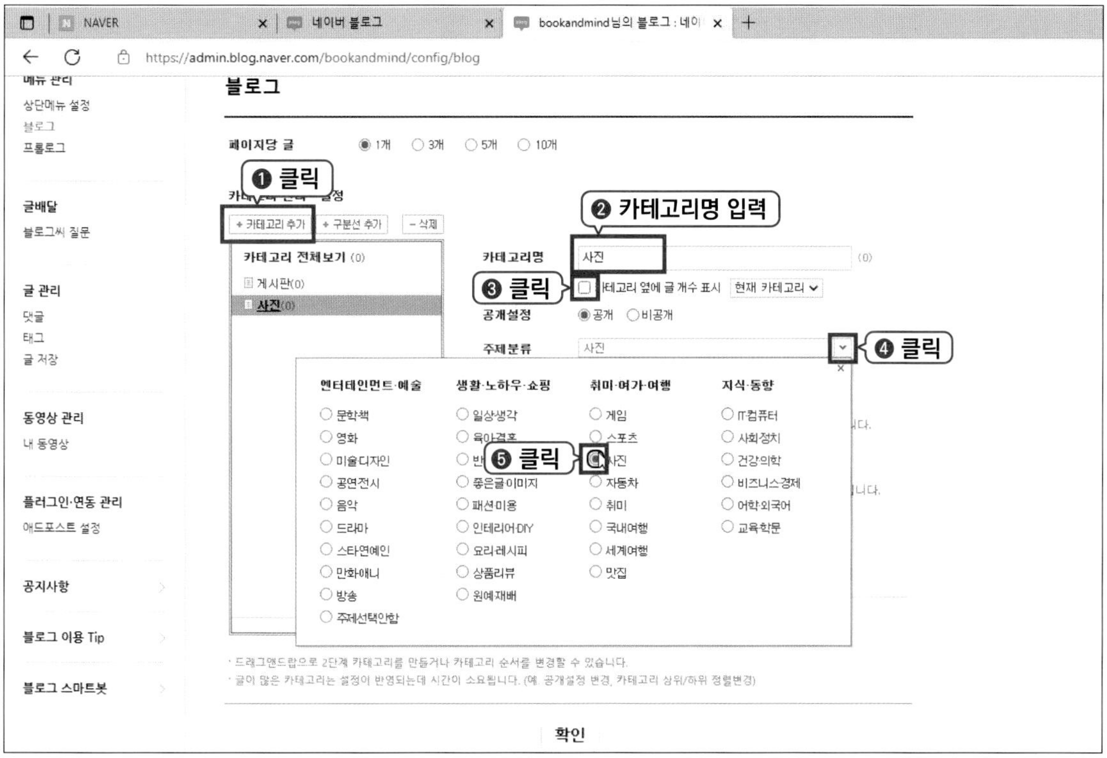

04 [글보기]에서 [앨범형]을 선택합니다. 블로그에 글을 올릴 때 이미지를 첨부해서 올릴 경우에는 이미지가 부각될 수 있게 [앨범형]을 선택하는 것입니다. [확인]을 클릭합니다. 성공적으로 반영되었다는 메시지가 뜨면 [확인]을 클릭합니다.

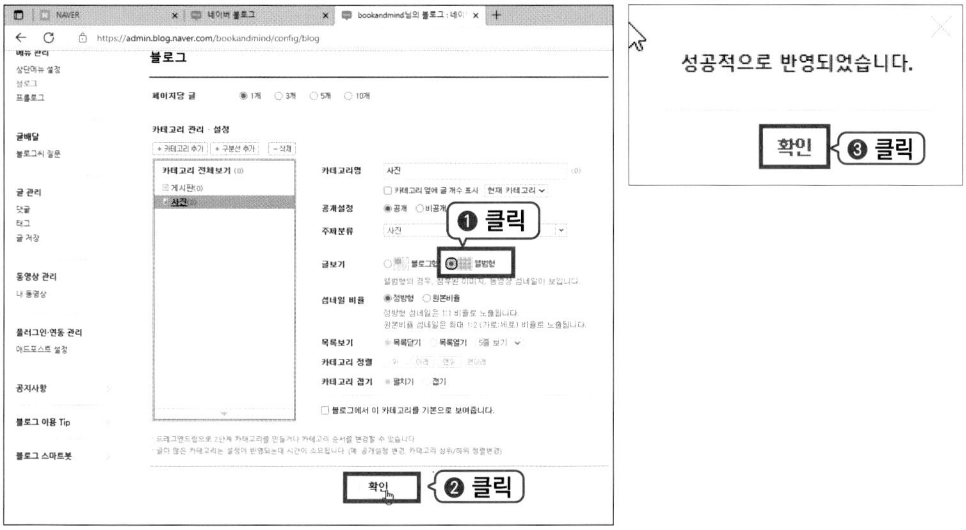

05 이번에는 새로운 카테고리로 '맛집'을 만들어봅니다. [카테고리 전체보기]를 클릭한 후 앞에서처럼 [카테고리 추가]를 클릭하고 카테고리 이름(맛집)과 주제 분류(맛집), 글보기 형식(앨범형)을 지정해줍니다.

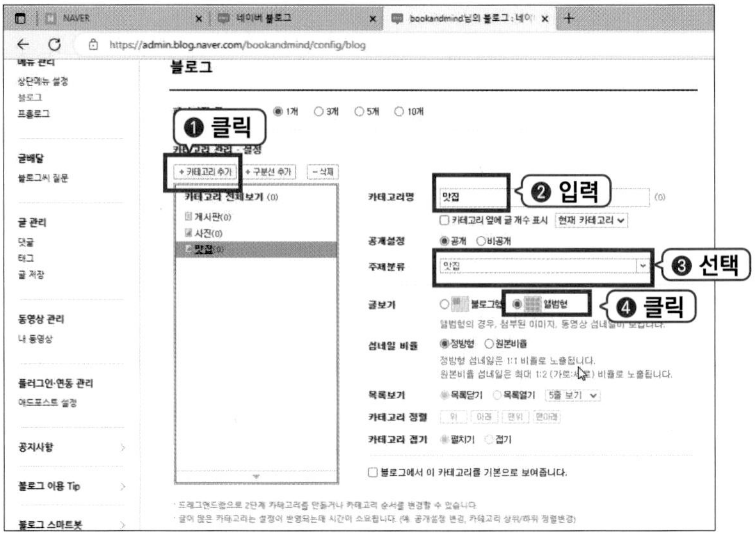

06 이번에는 카테고리 밑에 속하는 하위 카테고리를 만들어보겠습니다. 앞에서 만들어놓은 사진 카테고리를 클릭한 후 [카테고리 추가]를 클릭합니다. 그러면 사진 카테고리 밑에 새로운 카테고리가 만들어지는 것을 볼 수 있습니다. 예제에서는 '산' 카테고리를 만들었습니다. [확인]을 클릭합니다.

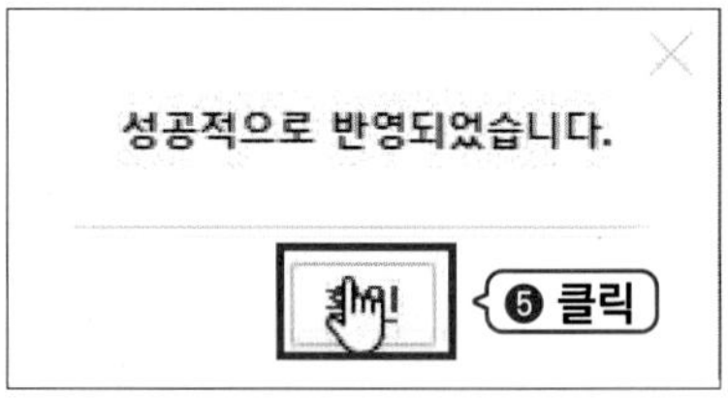

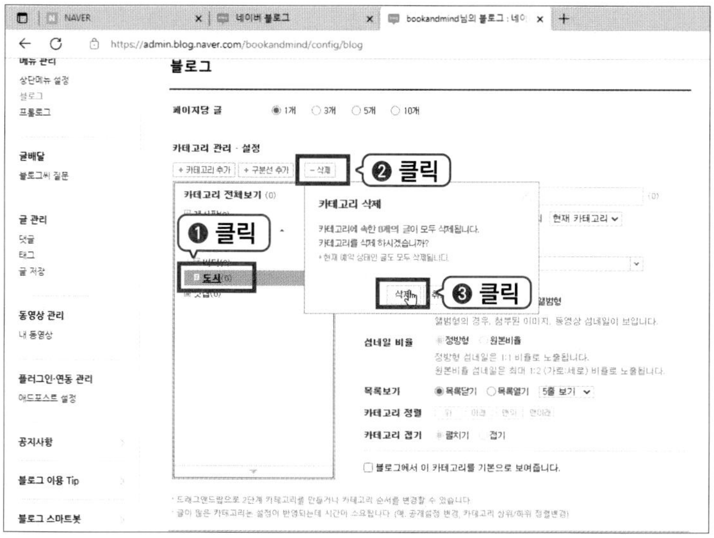

07 그리고 기존에 만들었던 카테고리를 삭제하려면 삭제하려는 카테고리를 클릭한 후 [삭제]를 누릅니다. 카테고리를 삭제하면 카테고리 안에 있는 글들이 모두 같이 삭제된다는 경고창이 뜨는데 여기서 [삭제]를 누르면 선택된 카테고리와 그 안에 있는 글들이 모두 삭제됩니다.

08 카테고리를 모두 만들었으면 [사진] 카테고리를 클릭한 후 마지막으로 맨 밑에 있는 "블로그에서 이 카테고리를 기본으로 보여줍니다"를 체크하고 [확인]을 클릭합니다. 블로그에서 어떤 카테고리를 기본으로 할지를 정해주는 것입니다.

09 [성공적으로 반영되었습니다] 창에서 [확인]을 클릭하고 화면 상단에 있는 [내 블로그]를 클릭해서 블로그 초기 화면으로 돌아갑니다.

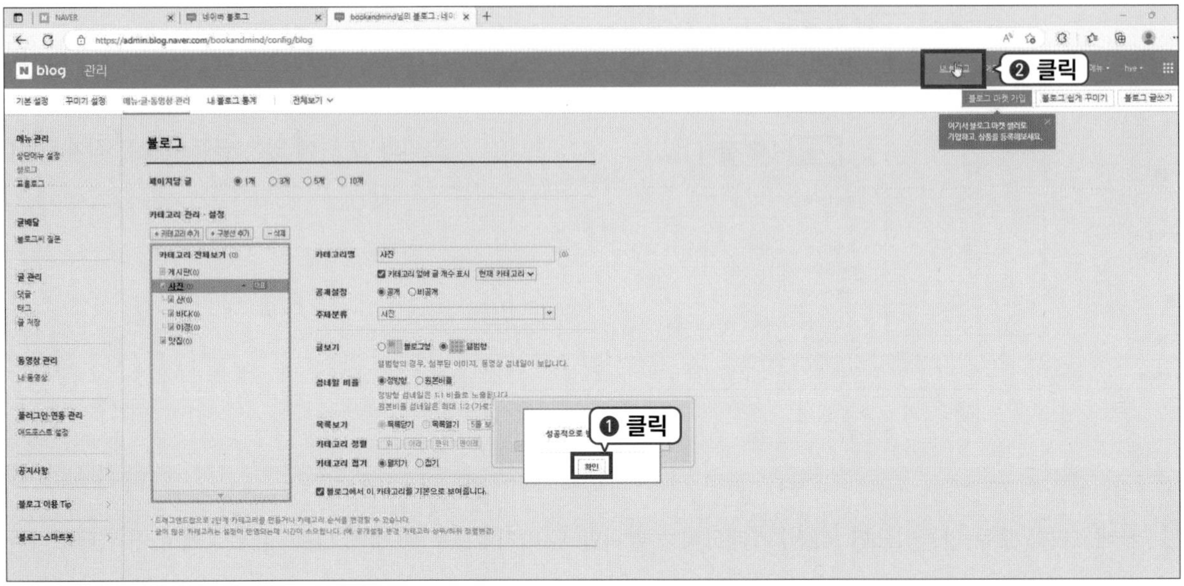

10 블로그 초기 화면이 나오면 앞에서 만든 카테고리가 나타나는 것을 확인할 수 있습니다. 각 카테고리 이름 옆에 있는 숫자는 카테고리 안에 있는 글의 개수를 표시해주는 것인데 3번 단계에서 [카테고리 옆에 포스트 수 표시]를 체크한 카테고리에만 숫자가 나타납니다.

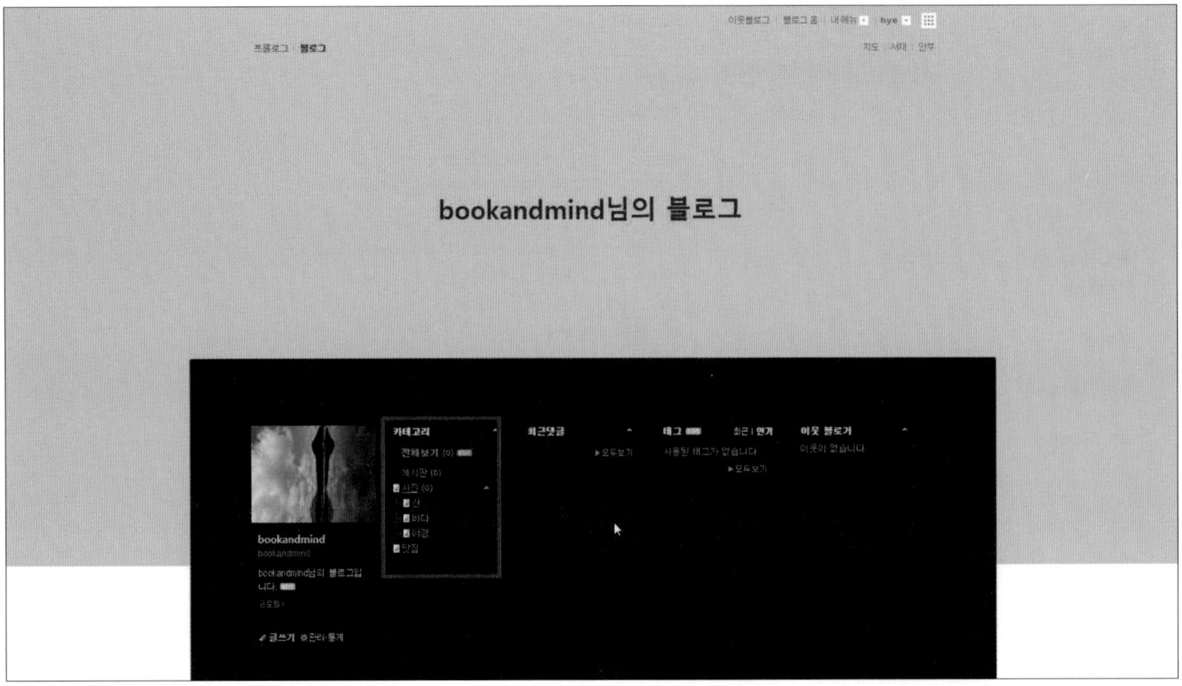

4 블로그에 글 올리기

블로그에 글을 올릴 때는 기본 에디터를 통해서 작성을 할 수 있습니다. 사용자가 글을 쓴 후에도 편집기를 이용하여 수정을 할 수 있습니다.

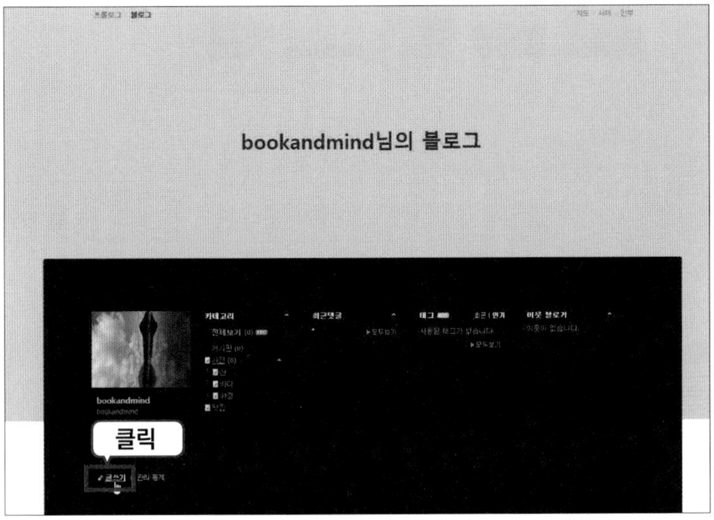

01 [글쓰기]를 클릭합니다.

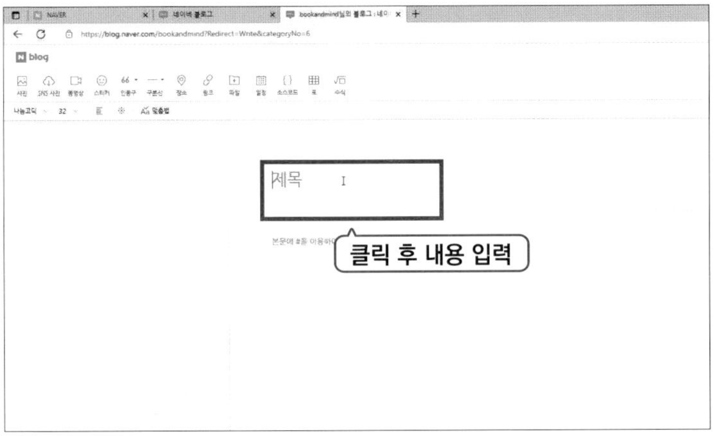

02 네이버 블로그 글쓰기 창이 나타납니다. 먼저 제목 부분을 클릭하고 원하는 내용을 입력합니다.

03 서체와 크기, 정렬을 지정하고 [사진]을 클릭합니다.

04 파일 업로드 대화상자가 나오면 원하는 파일을 선택한 후 [열기] 버튼을 클릭합니다.

05 사진이 삽입되는데 사진 크기가 너무 클 경우에는 사진 크기를 조절해야 합니다. 사진을 클릭한 상태에서 [크기 변경]( )을 클릭하고 가로를 '300'으로 입력하고 Enter 키를 누릅니다. 입력하는 가로값에 대해 자동으로 세로값이 설정됩니다.

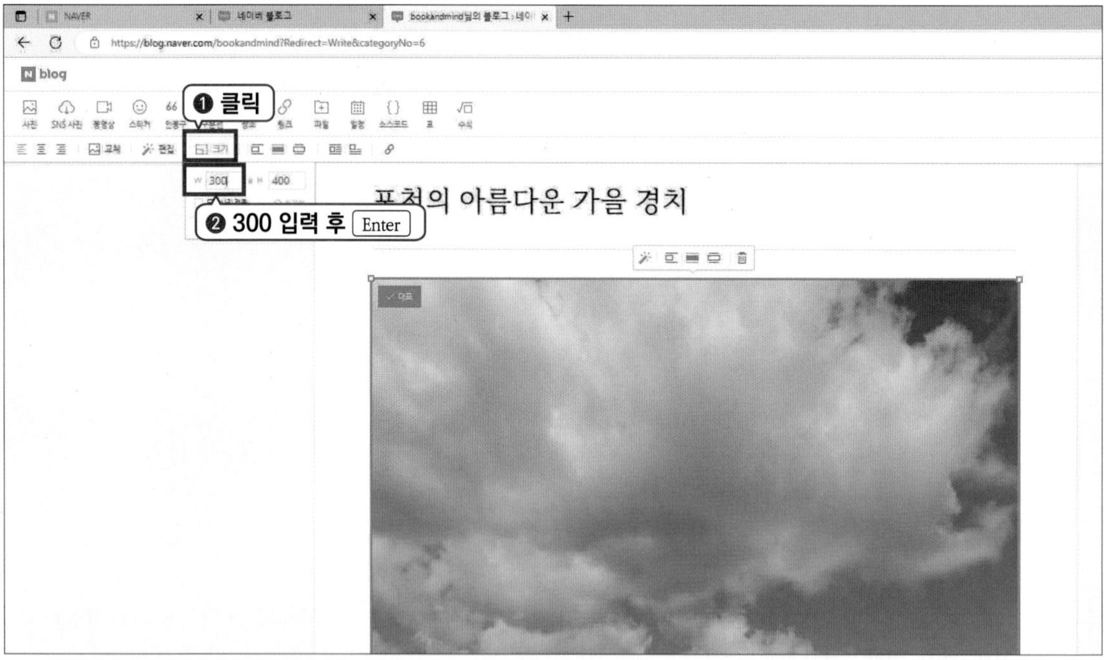

06 원하는 크기로 사진이 입력되었으면 다음에는 사진 설명과 내용을 입력합니다. 사진 설명이나 내용을 입력할 필요가 없다고 생각하면 굳이 넣지 않아도 되지만 블로그에 방문하는 사람들을 위해서는 사진 못지않게 글도 중요합니다. 서체, 크기, 글자 색 등을 원하는 데로 설정해주고 화면 오른쪽 위에 있는 [발행]을 클릭합니다.

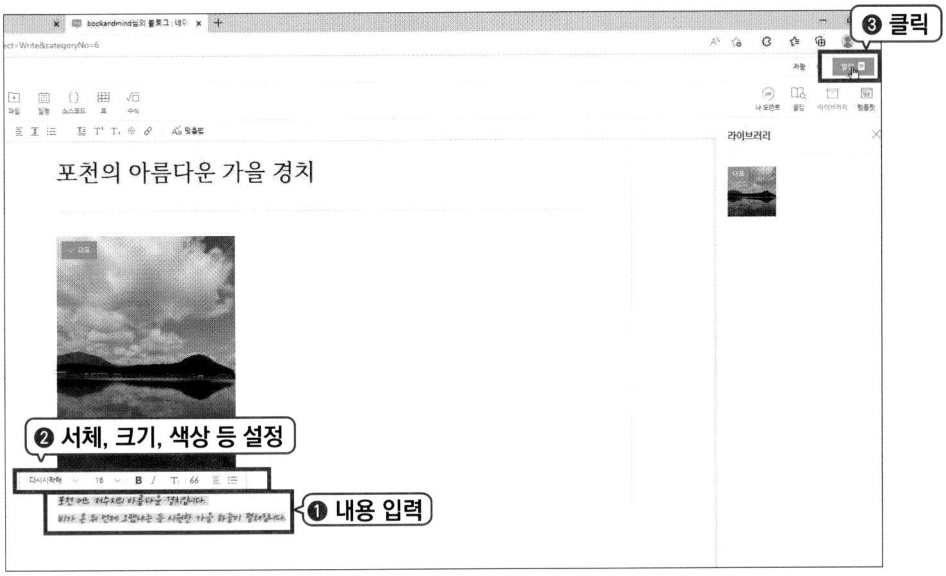

07 글을 올릴 카테고리를 선택한 후 공개를 누구한테 할 것인지 체크합니다. 예제에서는 [전체공개]를 선택했습니다. [댓글허용], [검색허용], [블로그/카페보내기] 등의 여부를 체크한 후 [발행]을 클릭합니다.

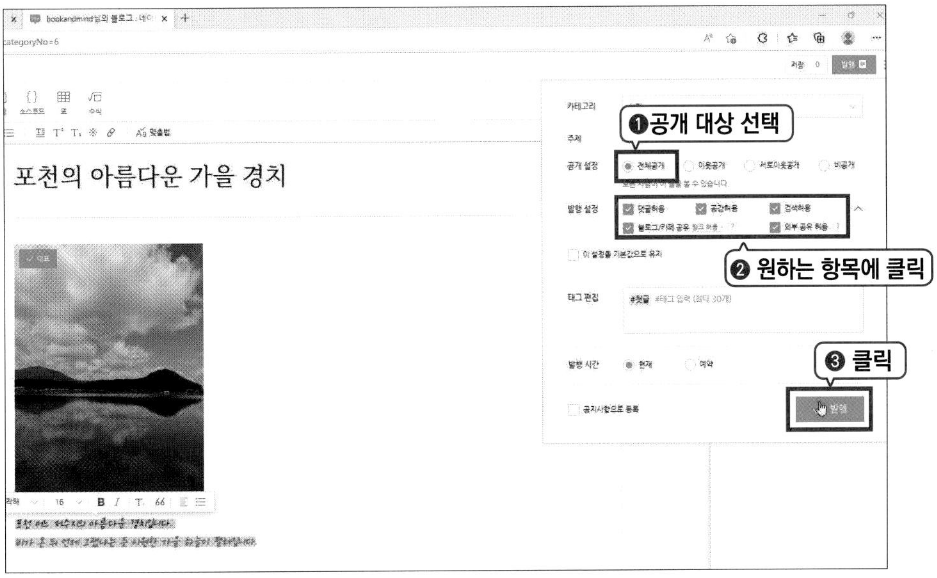

08 블로그에 첫 글을 올린 것을 축하한다는 문구가 나오면 [닫기](×)를 클릭합니다.

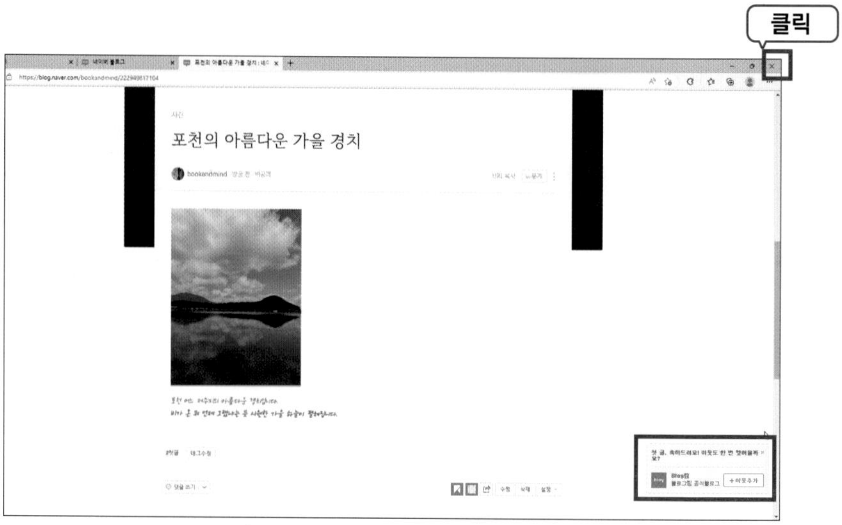

5 이웃친구 맺고 댓글 달기

다른 사람의 블로그와 친구맺기를 하면 서로의 블로그에 방문하기가 쉬워지고 더 많은 사람들에게 빠른 시간에 내 블로그를 알릴 수 있습니다.

01 이웃추가를 하고 싶은 상대의 블로그에 방문을 합니다. 이때 네이버에 로그인이 되어있어야 합니다. 그리고 [이웃추가]를 클릭합니다.

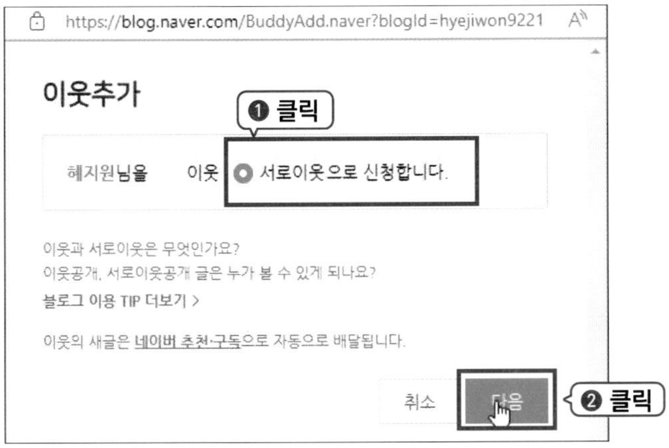

02 [이웃추가] 창이 나타나면 [서로이웃]을 체크하고 [다음]을 누릅니다. 그룹 선택 창이 나오면 신청 메시지를 입력하고 [다음]을 누릅니다. 마지막으로 "서로이웃을 신청하였습니다"라는 문구가 나오면 [닫기]를 클릭합니다.

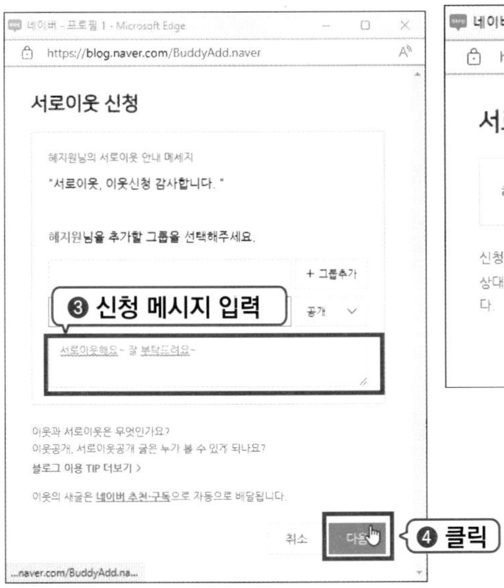

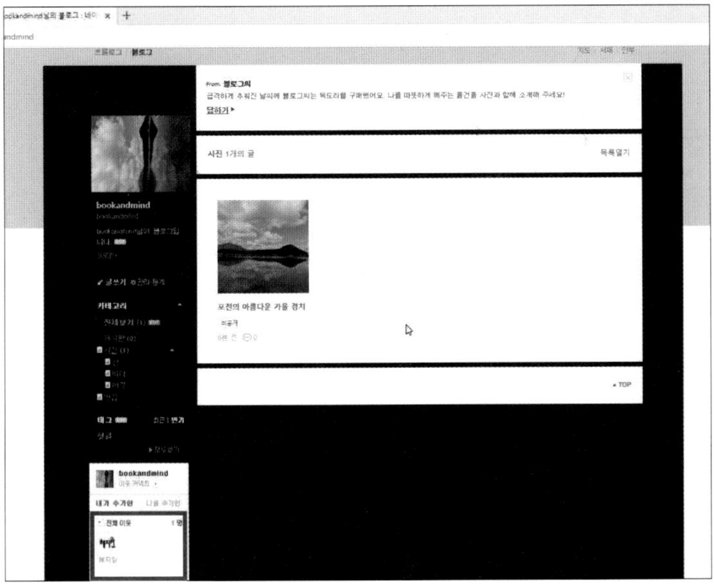

03 상대방이 이웃신청을 수락하면 내 블로그에 이웃으로 추가한 사람의 블로그 프로필이 나타납니다.

TIP

이웃은 내가 추가하면 그것으로 끝이지만 서로이웃은 상대방의 동의가 있어야 가능합니다.

04 이웃으로 추가한 상대방 블로그에 들어가 원하는 글을 클릭해서 읽은 후 맨 아래에 나오는 [댓글]란에 내용을 입력합니다. 입력이 끝나면 [등록]을 클릭합니다.

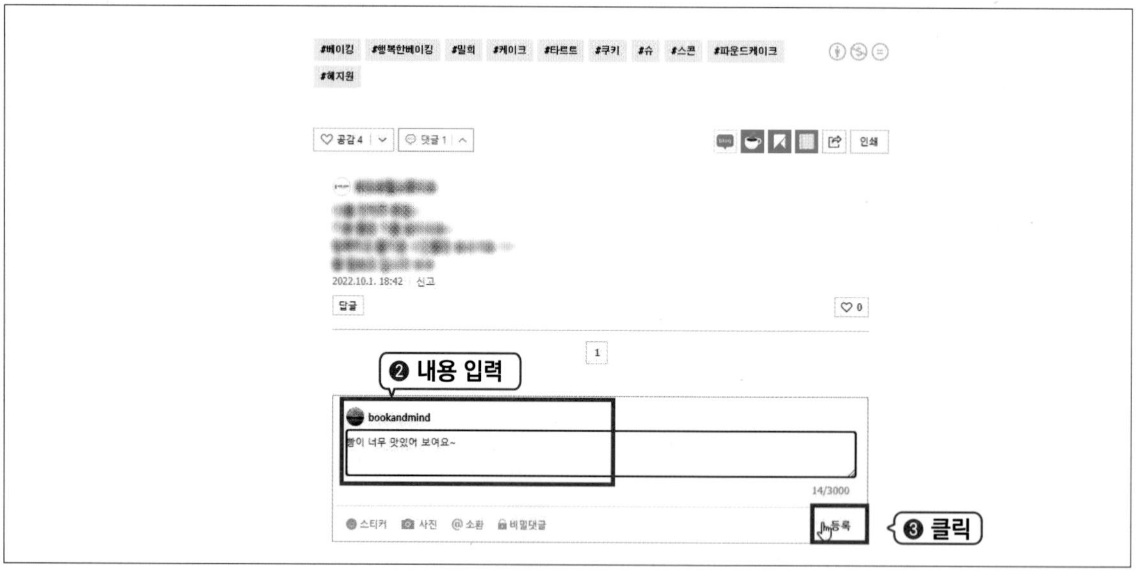

CHAPTER

06 PC에서 카카오톡 사용하기

스마트폰에서 가장 많이 이용하고 있는 앱 중에 하나인 카카오톡을 PC에 설치해서 사용하는 방법을 알아보겠습니다. PC용 카카오톡과 스마트폰용 카카오톡은 서로 연동되기 때문에 양쪽에서 모두 메시지를 볼 수 있습니다.

1 PC용 카카오톡 다운로드받아 설치하기

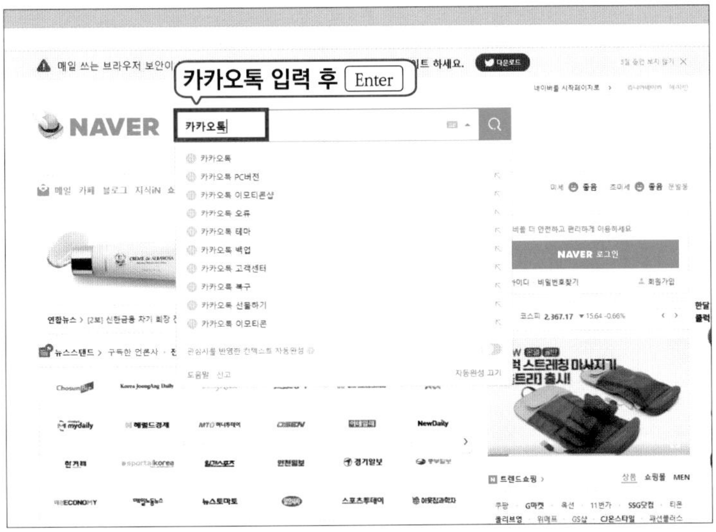

01 엣지를 실행시킨 후 네이버 홈페이지(www.naver.com)에서 검색어 입력란에 '카카오톡'이라고 입력하고 Enter 키를 누릅니다.

02 카카오톡 검색 결과 화면에서 '카카오톡' 홈페이지를 클릭합니다.

03 카카오톡 홈페이지를 보면 오른쪽 상단에 [다운로드]가 있습니다. 클릭하고 [windows]를 클릭합니다.

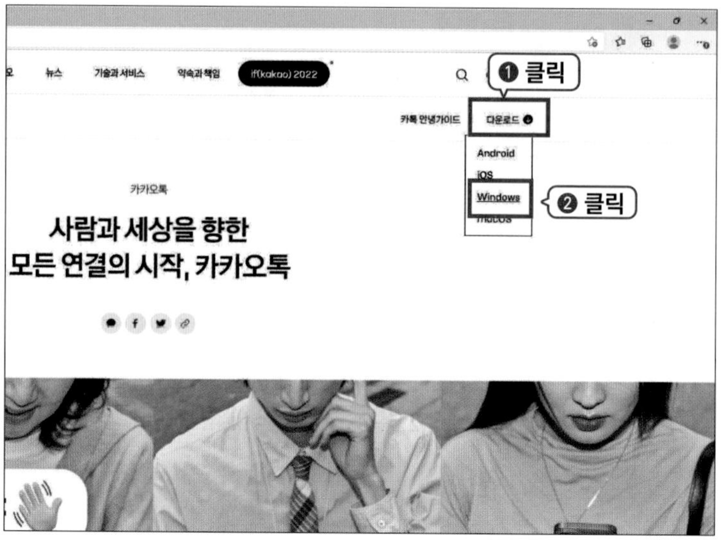

04 다운로드가 진행됩니다. 다운로드가 완료되면 [파일 열기]를 클릭합니다.

05 다운로드가 완료되면 "이 앱이 디바이스를 변경할 수 있도록 허용하시겠어요"라고 물어보는 창이 나오는데 [예]를 클릭합니다. 그러면 언어 선택 대화상자가 나오는데 한국어가 기본으로 설정되어 있으므로 [OK]를 누릅니다.

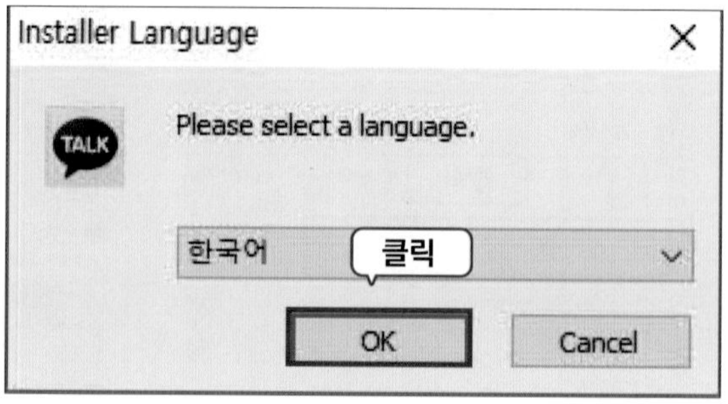

06 다음에 [카카오톡 설치] 대화상자가 나오면 [다음]을 클릭합니다.

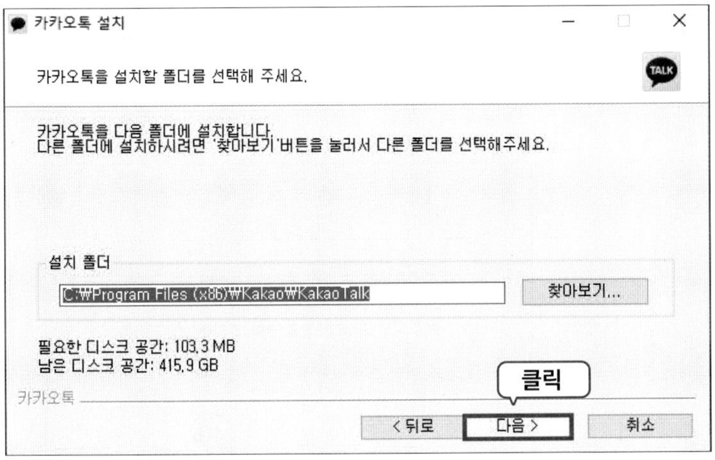

07 카카오톡을 설치할 폴더를 물어보는 대화상자가 나오면 [다음]을 클릭합니다.

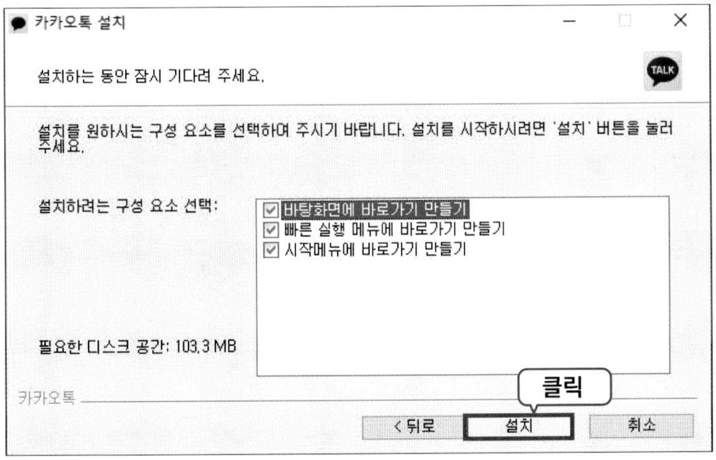

08 바탕 화면이나 [시작] 메뉴에 바로가기를 만들 것인지 등을 물어보는 화면이 나오면 [설치]를 클릭합니다. 그러면 설치가 시작됩니다.

09 설치가 끝난 후 설치 완료 문구가 나타나면 [마침]을 클릭합니다.

10 카카오톡 시작화면이 나오면 카카오 계정과 비밀번호를 입력하고 [로그인]을 클릭합니다.

11 다음에 나오는 화면에서 [내 PC 인증받기]를 클릭합니다.

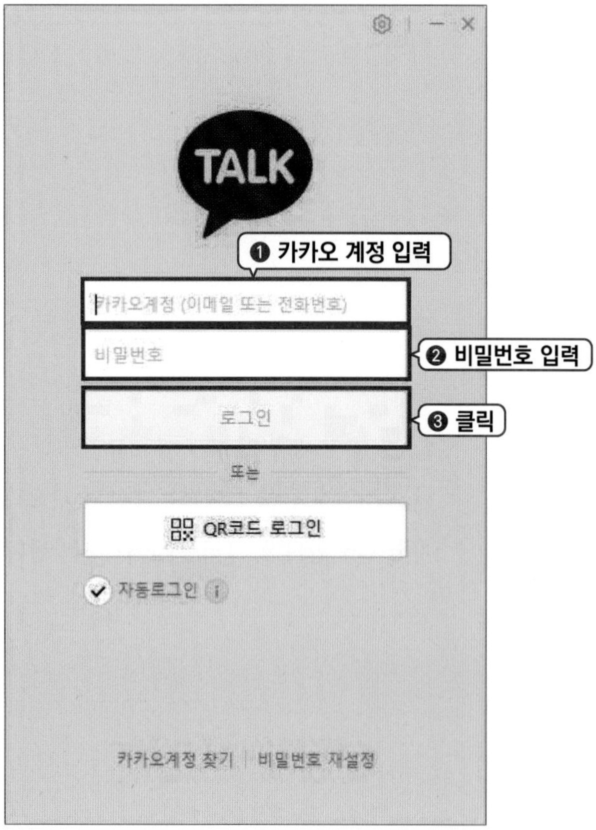

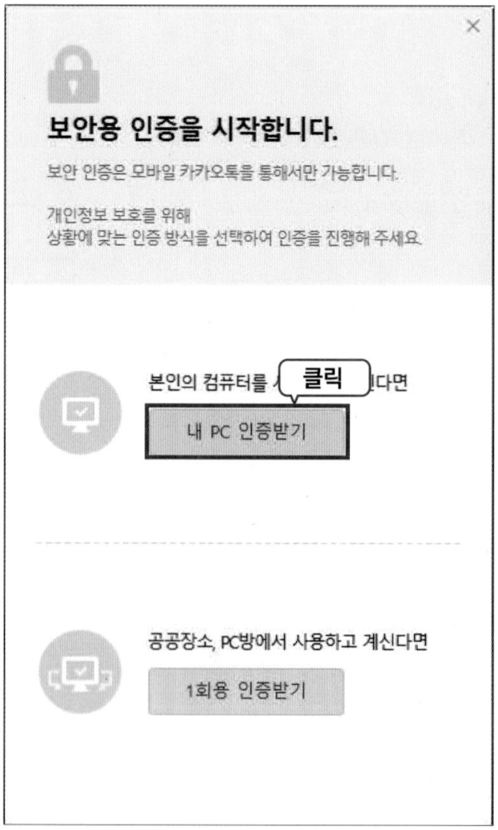

12 모바일 전자서명도 가능하지만 해당 기능을 잘 모르는 분들이 많을 수 있으므로 이전의 인증 방식을 이용하겠습니다. [혹시, 인증이 안되나요?]를 클릭합니다.

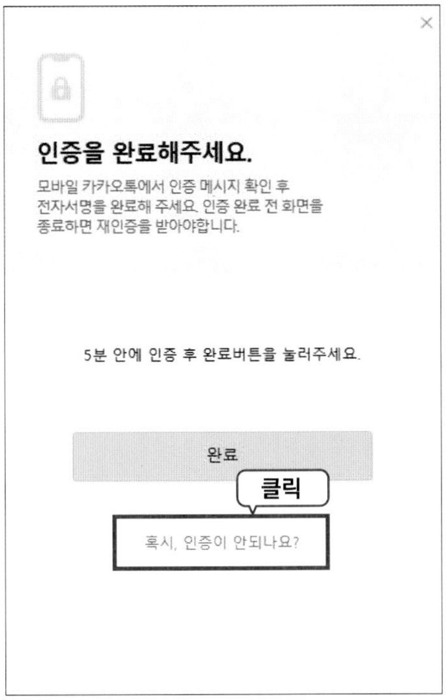
인증을 완료해주세요.
모바일 카카오톡에서 인증 메시지 확인 후
전자서명을 완료해 주세요. 인증 완료 전 화면을
종료하면 재인증을 받아야합니다.
5분 안에 인증 후 완료버튼을 눌러주세요.
완료
클릭
혹시, 인증이 안되나요?

13 사용하고 있는 스마트폰에서 보내주는 인증번호를 입력해야 합니다. [인증번호 전송]을 클릭합니다.

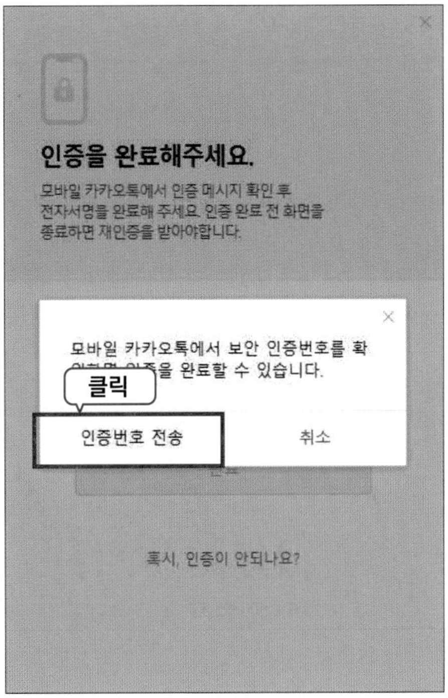
인증을 완료해주세요.
모바일 카카오톡에서 인증 메시지 확인 후
전자서명을 완료해 주세요. 인증 완료 전 화면을
종료하면 재인증을 받아야합니다.
모바일 카카오톡에서 보안 인증번호를 확
클릭
인증번호 전송
취소
혹시, 인증이 안되나요?

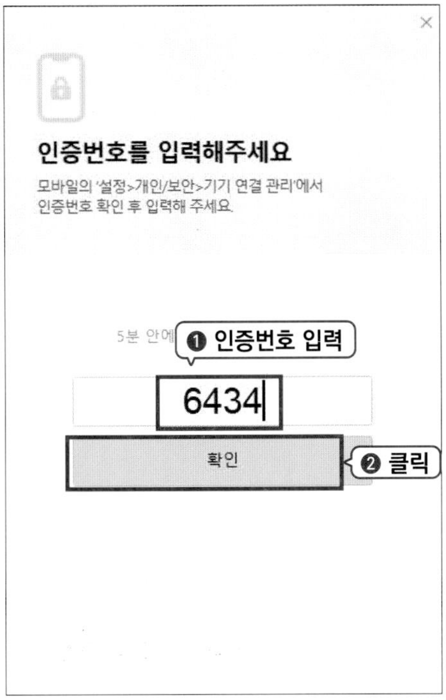
인증번호를 입력해주세요
모바일의 '설정>개인/보안>기기 연결 관리'에서
인증번호 확인 후 입력해 주세요.
❶ 인증번호 입력
6434
확인
❷ 클릭

14 인증번호를 확인하기 위해서는 스마트폰의 카카오톡에서 [더보기]-[설정]-[개인/보안]-[기기 연결 관리]-[보안 인증번호 확인]을 터치해서 PC 버전 인증번호를 확인합니다. 그리고 그 인증번호를 다음 화면처럼 입력하고 [확인] 버튼을 클릭합니다.

15 잠시 후 로그인이 됩니다.

TIP

스마트폰에서 인증번호 확인 방법

두 가지 방법이 있습니다.

❶ 13번에서 [인증번호 전송]을 클릭하면 스마트폰 카카오톡에 다음의 메시지가 옵니다. [보안 인증번호 확인]을 누르면 인증번호 페이지로 이동합니다. 해당 인증번호를 컴퓨터의 카카오톡 인증번호 입력란에 입력합니다.

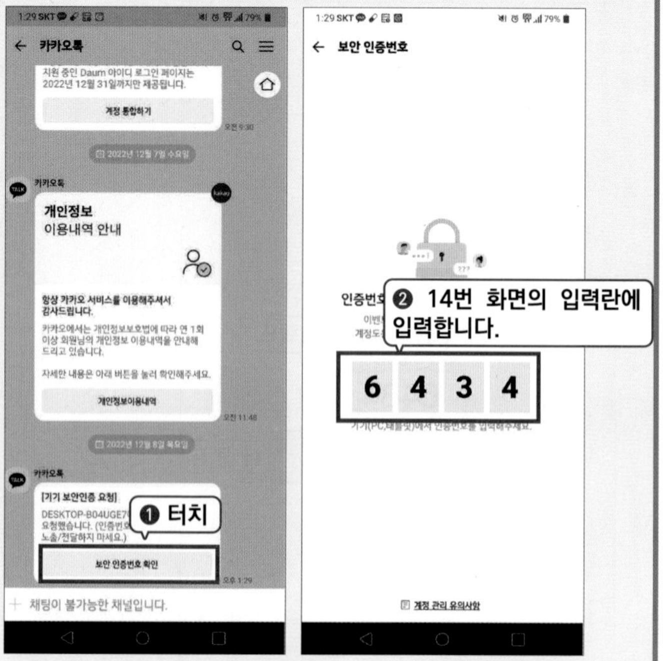

❷ 혹은 스마트폰의 카카오톡에서 [더보기]-[설정]-[개인/보안]-[기기 연결 관리]-[보안 인증번호 확인]을 터치해서 PC 버전 인증번호를 확인합니다. 해당 인증번호를 컴퓨터의 카카오톡 인증번호 입력란에 입력합니다.

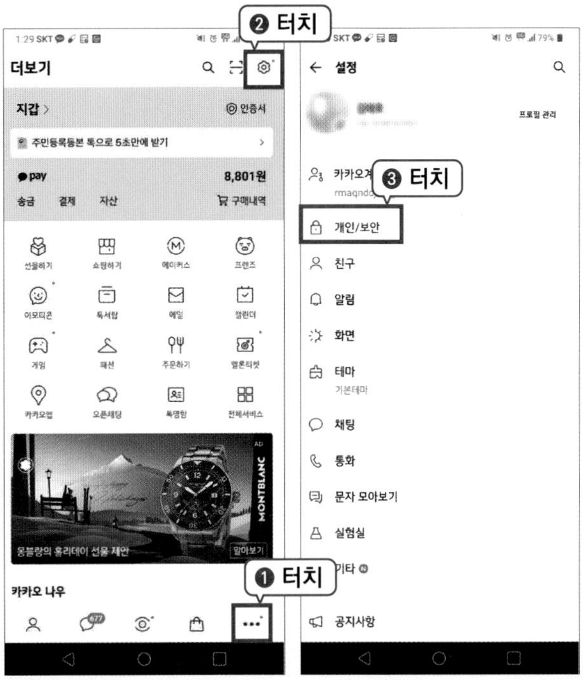

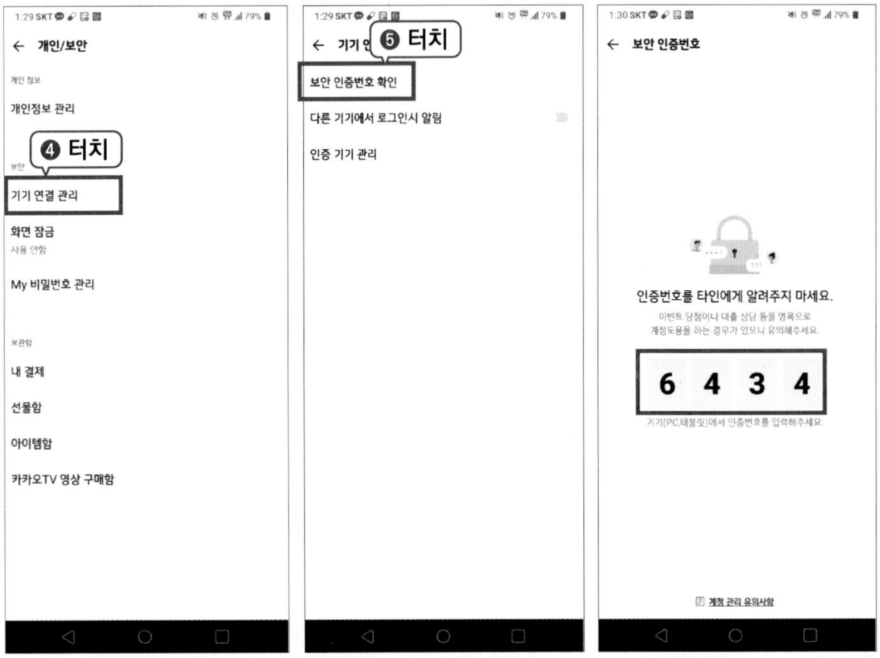

2 프로필 변경하고 대화하기

PC용 카카오톡 사용법은 스마트폰용 카카오톡과 크게 다르지 않기 때문에 여기에서는 간단하게 프로필 변경하는 방법과 대화하는 방법만 설명하겠습니다. 카카오톡 실행 화면에 나오는 이름과 사진은 개인정보 보호를 위해 모자이크 처리하였습니다.

01 카카오톡에서 [내 프로필]을 클릭하고 화면이 바뀌면 [프로필 관리]를 클릭합니다.

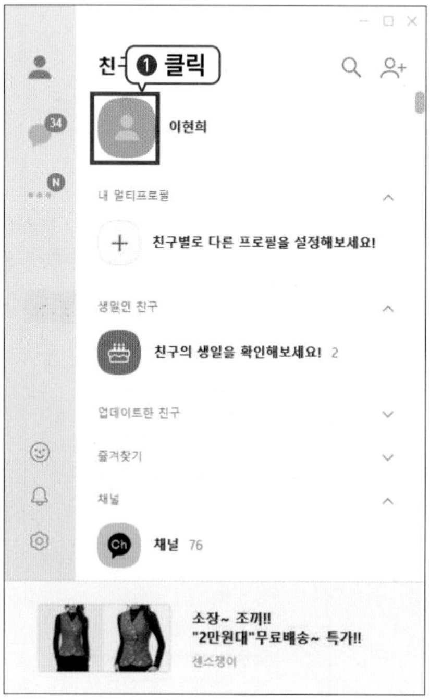

02 프로필 관리 창이 나오면 [편집]을 클릭한 후 을 클릭합니다. [사진 변경]을 클릭합니다.

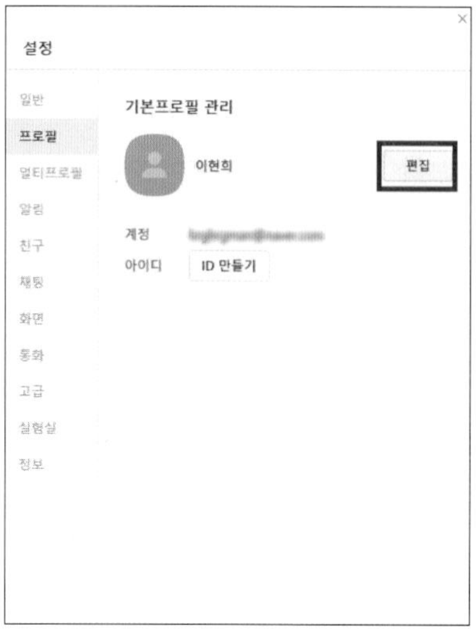

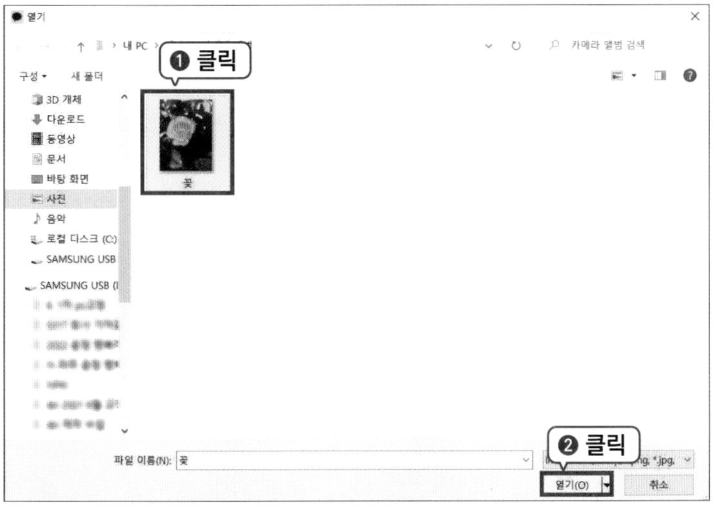

03 [열기] 대화상자에서 프로필에 넣어 사용할 사진을 선택한 후 [열기]를 클릭합니다.

04 [프로필 사진 편집]에서 원하는 크기로 사진을 조절한 후 [확인]을 클릭합니다. 다음으로 이름과 텍스트 입력란에 내용을 입력한 후 [확인]을 클릭합니다.

05 다음처럼 내 프로필에 사진과 글이 들어간 것을 확인할 수 있습니다. 이제 다른 사람과 대화하는 방법을 알아보겠습니다. 카톡을 보낼 사람을 마우스로 더블 클릭합니다.

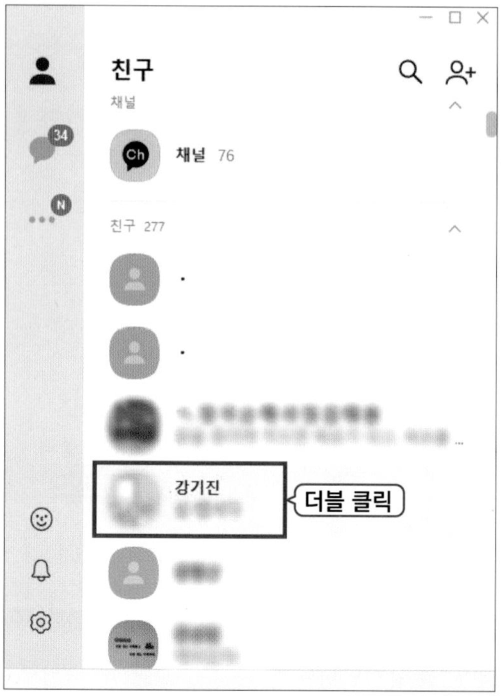

06 대화 창이 나오면 내용을 입력하고 [전송]을 클릭합니다.

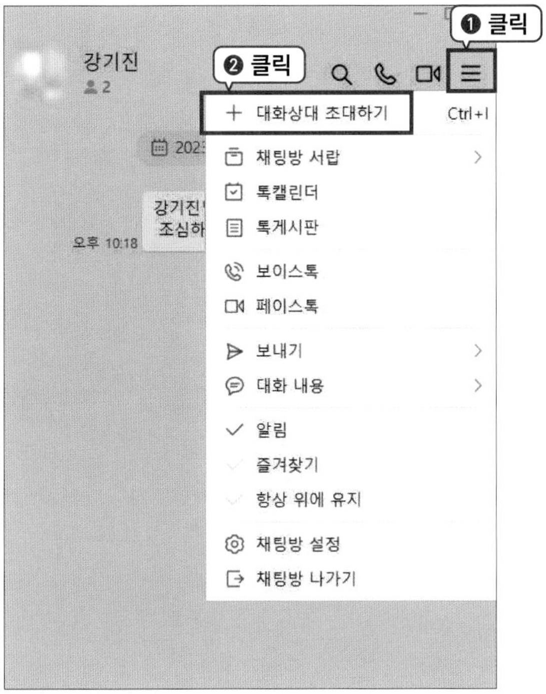

07 이번에는 단체로 대화하는 방법을 알아보겠습니다. 대화할 사람을 한 명만 더블 클릭해서 대화창을 띄웁니다. 그리고 [메뉴](☰)를 클릭해서 [대화상대 초대]를 선택합니다.

08 친구 목록에서 같이 대화할 사람을 차례대로 클릭하고 [확인]을 클릭합니다. 그룹 이름을 입력하고 [확인]을 클릭합니다.

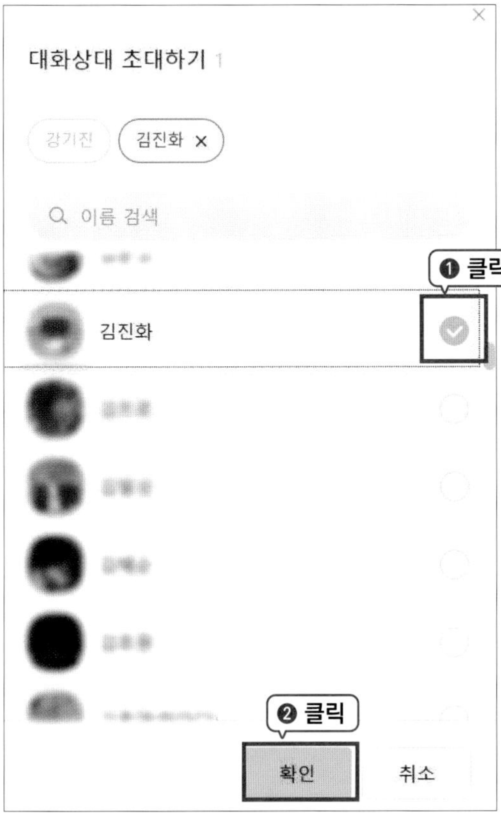

09 다음 화면처럼 내용을 입력하고 전송하면 그룹 채팅이 시작됩니다.

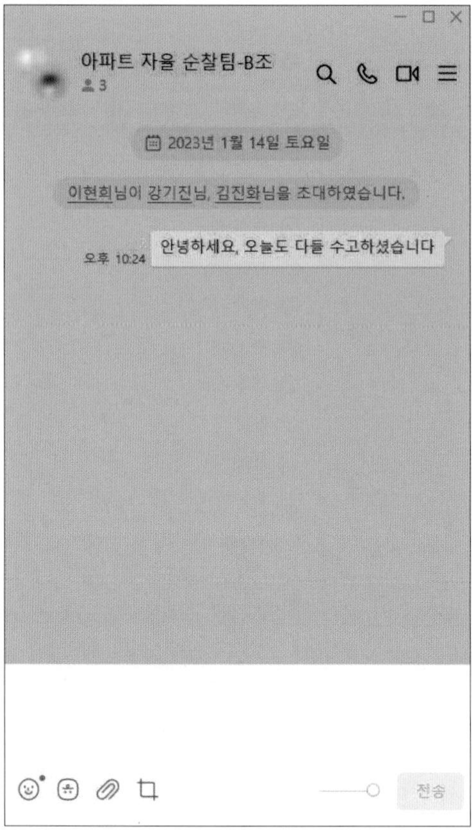

10 카카오톡 대화방을 나가기 위해서는 삭제하려는 대화목록 위에서 마우스 오른쪽 버튼을 클릭하고 [채팅방 나가기]를 선택하면 됩니다.

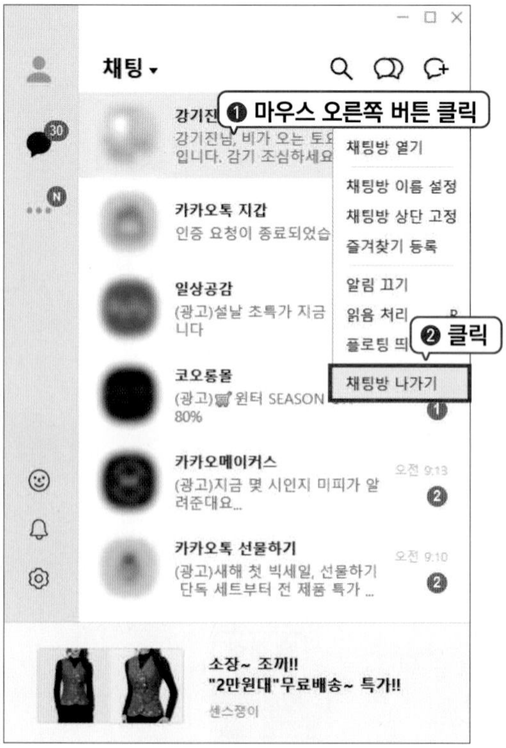

CHAPTER 07 인터넷 쇼핑몰 이용하기

요즘은 직접 쇼핑센터를 방문하지 않고도 집에서 편리하게 쇼핑을 하는 시대가 되었습니다. 인터넷이 되는 곳이라면 언제 어디서나 주문이 가능하고 또 주문한 물건은 집으로 배송을 해주기 때문에 인터넷 쇼핑몰을 이용하는 방법을 알아두면 아주 편리하게 생활할 수 있습니다. 이번 챕터에서는 인터넷 쇼핑몰 중 하나인 쿠팡(www.coupang.com)에 가입하고 물건을 구매하는 방법을 알아보도록 하겠습니다.

1 쿠팡에 가입하기

인터넷으로 물건 주문을 하려면 먼저 쇼핑몰에 회원가입을 해야 합니다. 여기에서는 쿠팡이라는 쇼핑몰에 회원가입하는 방법을 알아보겠습니다.

01 주소 표시줄에 'www.coupang.com'을 입력하고 Enter 키를 누릅니다.

TIP

대표적인 인터넷 쇼핑몰 사이트

- GS샵 : www.gsshop.com
- 롯데On : www.lotte.com
- CJ몰 : www.cjmall.com
- 지마켓 : www.gmarket.co.kr
- 11번가 : www.11st.co.kr
- 인터파크 : www.interpark.co.kr

02 [회원가입]을 클릭합니다.

03 회원가입 창이 나오면 각각의 항목에 맞게 내용을 입력하고 필수 항목에 체크하여 동의하고 [동의하고 가입하기]를 누릅니다.

> **TIP**
>
> 선택 항목은 동의를 하지 않아도 됩니다. 모두 동의하고 싶으면 [모두 확인하였으며 동의합니다] 옆 체크 박스에 체크합니다.

04 회원가입 환영 문구가 나오면 쇼핑을 진행할 수 있습니다.

2 쇼핑하기

회원가입을 마쳤으니 이제부터 본격적으로 쇼핑을 해보도록 하겠습니다. 예제에서 설명하는 것과 별도로 각자 원하는 물건을 직접 구매해보는 것도 좋습니다.

01 검색어 입력란에 구입하고 싶은 물품을 입력합니다. 예제에서는 '영양제'라고 입력했습니다. 그리고 Enter 키를 누릅니다.

02 영양제 상품들이 검색되어 화면에 나열되면 화면을 아래로 스크롤하면서 원하는 상품을 고릅니다. 마음에 드는 상품이 있으면 그 상품을 클릭합니다.

03 화면을 아래로 내려 상품정보, 상품평, 상품문의 등을 차례대로 클릭해서 해당 상품에 대한 자세한 내용을 살펴봅니다.

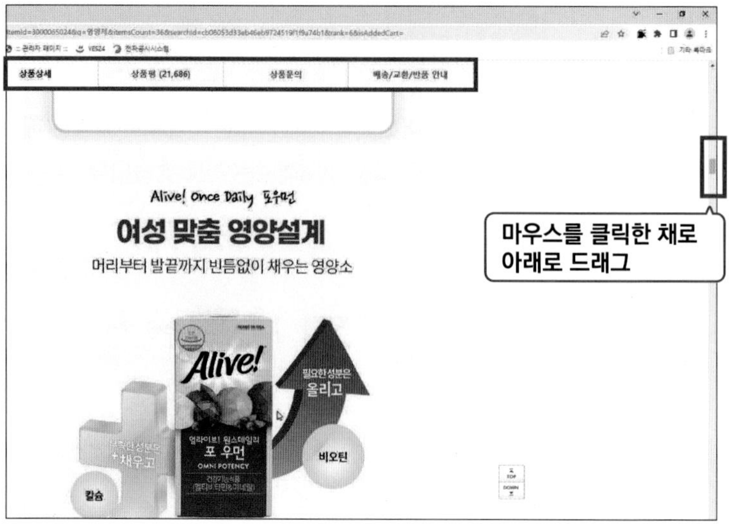

04 상품 내용에 대한 내용을 다 읽었으면 다시 화면을 위로 올려서 [장바구니 담기]를 클릭합니다. 여러 종류의 다른 상품을 구매하지 않고 하나만 주문할 생각이라면 [바로구매]를 클릭합니다.

05 이번에는 검색어 입력란에 '허브차'라고 입력을 해보겠습니다. 각자 다른 물건을 주문하고 싶으면 원하는 상품 이름을 입력하면 됩니다.

06 원하는 상품을 클릭합니다.

TIP

물건을 구매할 때 배송비가 무료인 경우가 있고 배송비를 별도로 청구하는 경우가 있습니다. 배송비 포함 여부를 잘 따져서 물건을 구매하는 것이 좋습니다.

07 [장바구니 담기]를 클릭한 후 화면 오른쪽 위에 있는 장바구니 아이콘(장바구니)을 클릭합니다.

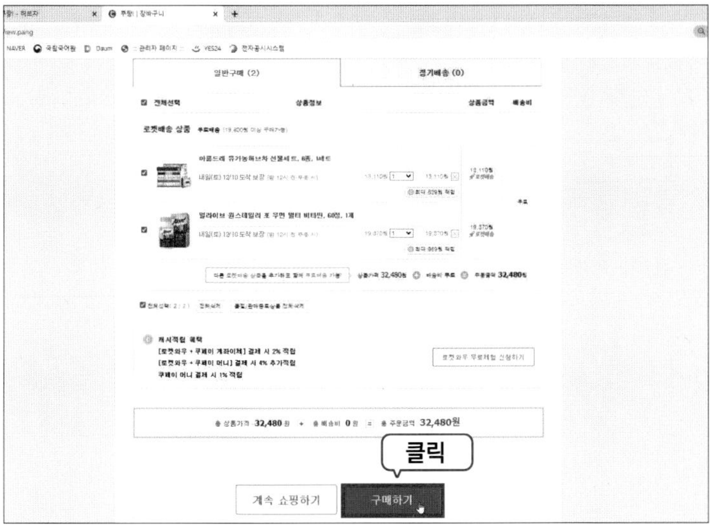

08 지금까지 쇼핑하면서 장바구니에 담아놨던 상품 리스트가 나타납니다. 상품과 주문 개수가 맞는지 잘 살펴보고 [구매하기] 버튼을 클릭합니다.

09 주문 화면이 나오면 구매자 정보를 확인하고 배송지를 입력합니다. 구매자 정보가 입력되어 있다면 [배송지추가]를 클릭합니다.

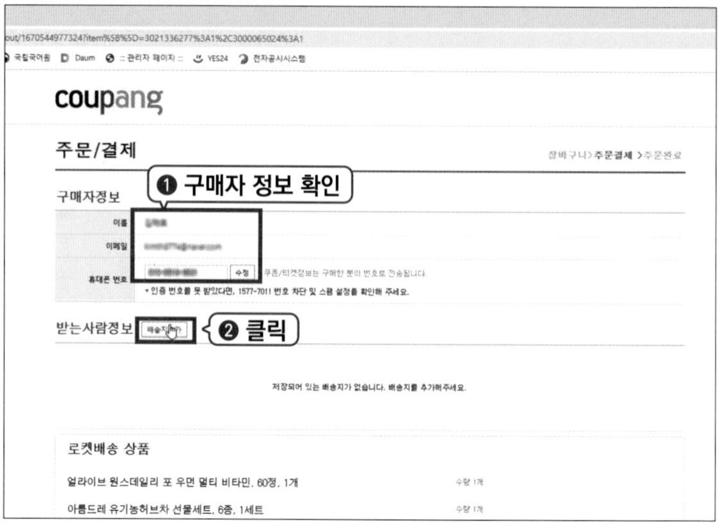

10 받는 사람, 휴대폰 번호를 입력합니다. [우편번호 찾기]를 클릭합니다.

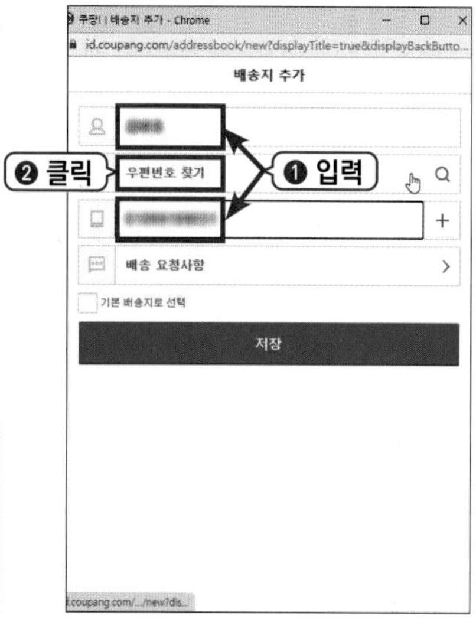

TIP

배송 요청사항은 특별히 요청할 사항이 있을 때 클릭하여 작성하거나 선택하면 됩니다. 취급주의 상품, 부재 시 전달 방법 등을 요청할 수 있습니다.

11 우편번호 찾기 창이 나오면 도로명 주소를 입력한 후 [검색] 버튼을 클릭합니다. 시/도 선택과 시/군/구 선택을 클릭해서 시, 도, 구(군)을 선택합니다. 그리고 밑에서 정확한 주소를 클릭합니다.

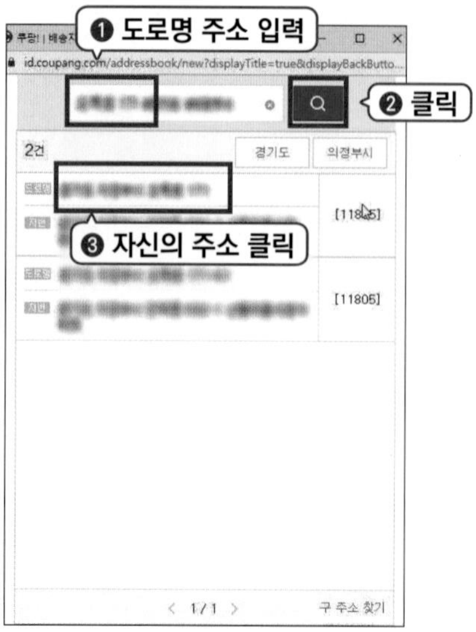

12 위에서 선택한 주소가 자동으로 입력되면 그 아래에 상세 주소를 집적 입력하고 배송 요청사항을 클릭해서 원하는 사항을 선택합니다. 없으면 그냥 넘어가도 됩니다. [저장]을 클릭합니다.

TIP

회원가입 후 처음 주문할 때는 휴대폰 번호로 인증번호를 발송하고 입력하라는 화면이 나올 수도 있습니다.

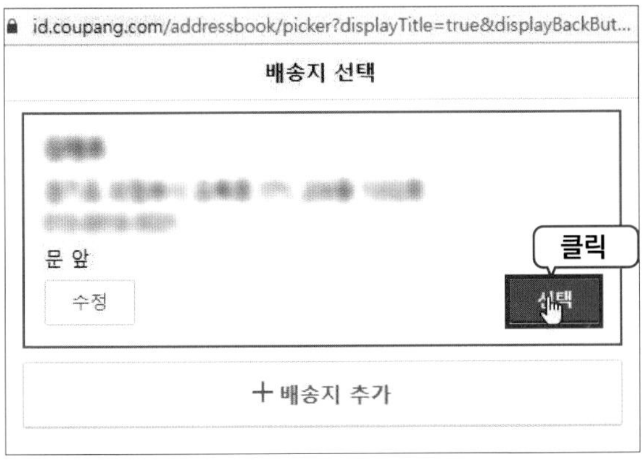

13 배송지가 추가되었습니다. [선택]을 클릭해서 배송지를 입력합니다.

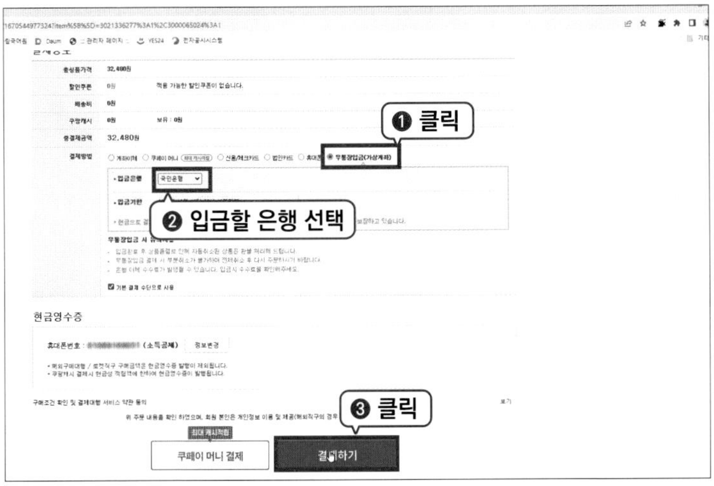

14 화면을 아래로 내려서 [결제정보]에 있는 결제 방법을 각자 원하는 방식으로 선택합니다. 예제에서는 [무통장입금(가상계좌)] 결제를 선택했습니다. 무통장입금 선택 시 입금은행을 지정해야 합니다. 입금은행을 클릭하여 결제할 은행을 선택합니다. 그리고 밑에 있는 [결제하기]를 클릭합니다.

TIP

무통장입금 외에 실시간 계좌이체, 신용/체크카드, 휴대폰 등으로도 결제가 가능합니다. 자신에게 편리한 결제 수단을 이용해서 결제하면 됩니다.

TIP

무통장입금 시에는 아래처럼 명시된 입금기한 내에 해당 가상계좌에 입금을 해야 합니다. 안 그러면 주문이 자동 취소됩니다.

• 입금기한	2022년 12월 10일 09시 16분까지

15 주문이 완료됩니다. 무통장입금 선택 시 주문이 완료되면 아래 화면처럼 계좌번호가 표시됩니다. 해당 가상계좌에 금액을 입금해야 결제가 완료되어 주문 처리가 되니 가능한 한 빠르게 입금하길 바랍니다.

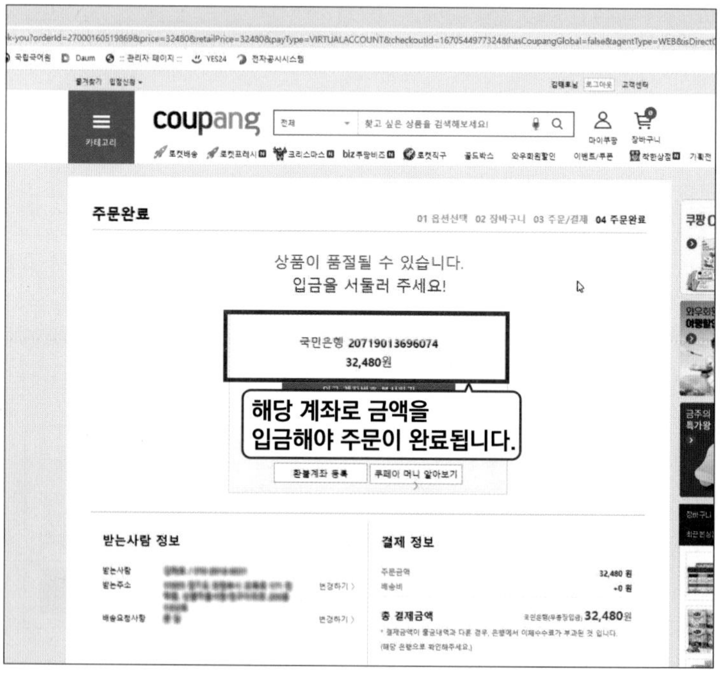

CHAPTER

08 인터넷, 생활에 이용하기

인터넷에는 많은 정보들이 존재합니다. 인터넷만 연결되어 있으면 언제든지 원하는 정보를 찾아 활용할 수 있습니다. 이번 챕터에서는 인터넷으로 공동인증서 발급받기, 주민등록등본 발급받기에 대해서 알아보겠습니다.

1 국민은행 공동인증서 발급받기

공동인증서는 인터넷 뱅킹뿐만 아니라 공공기관에서의 서류 발급 및 개인 인증 등에서 다양하게 사용할 수 있습니다. 공동인증서를 발급받으려면 스마트폰과 은행에서 받은 보안카드가 있어야 합니다.

1 공동인증서 발급 전 준비사항

1. 신분증과 도장을 가지고 은행에 가서 인터넷 뱅킹 가입 신청을 합니다.
2. 가입 신청 시 작성한 아이디와 비밀번호, 그리고 자신의 계좌번호와 비밀번호를 잘 기억합니다.
3. 보안카드를 받아가지고 옵니다.
4. 인터넷에 접속하여 공동인증서를 발급받습니다.

2 보안카드 주의사항

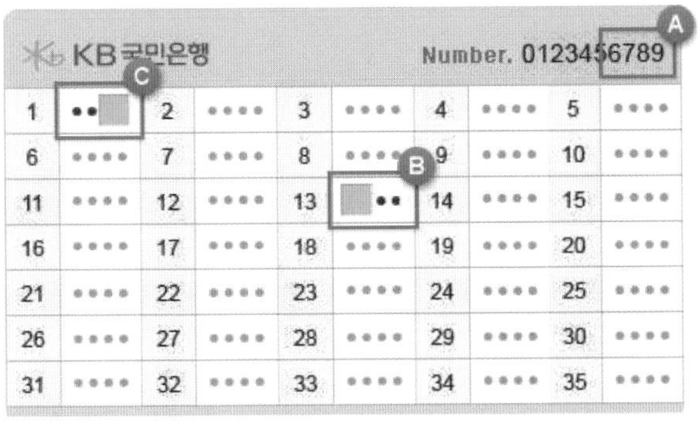

1. 보안카드는 인터넷 뱅킹을 할 때, 공동인증서를 발급받을 때 필요합니다. 어떤 경우에도 보안카드를 타인에게 보여주거나 숫자를 불러주면 안 됩니다.
2. 보안카드는 크게 보안카드 일련번호와 보안카드 정보로 구성되어 있습니다. 보안카드 정보는 28번 앞 2자리, 14번 뒤 2자리처럼 앞과 뒤 2자리를 각각 입력하는 식입니다.

01 엣지에 접속하여 검색란에 국민은행 홈페이지(www.kbstar.com)를 입력하고 Enter 키를 누릅니다.

> **TIP**
>
> 예제에서는 국민은행 공동인증서로 실습하지만 다른 은행도 과정이 유사합니다.

02 공동인증서는 인증센터에서 발급받을 수 있습니다. [인증센터]에 마우스를 대고 [개인]을 클릭합니다.

03 [공동인증서 발급/재발급]을 클릭합니다.

> **TIP**
>
> 인증서 종류에는 크게 금융인증서와 공동인증서가 있습니다. 금융인증서 발급이 필요하다면 금융인증서를 클릭하여 금융인증서를 발급하길 바랍니다.

04 은행 인증센터에서 처음 작업을 하는 경우에는 인증 프로그램을 설치해야 한다는 메시지가 나옵니다. [확인]을 클릭합니다.

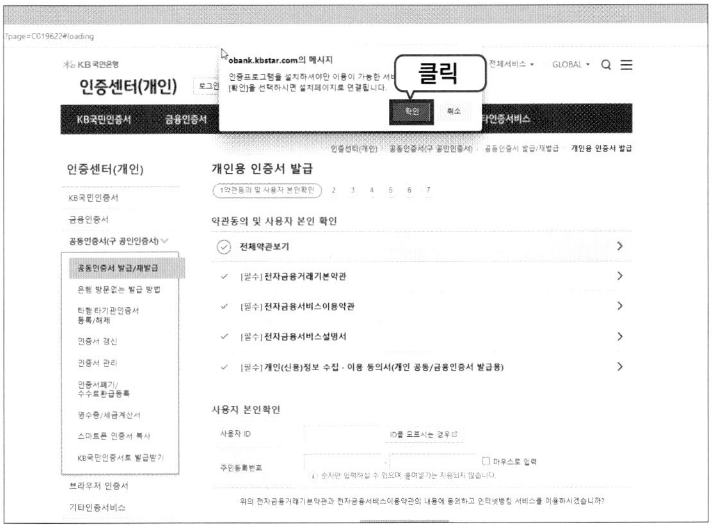

> **TIP**
>
> 온라인 뱅킹은 철저한 보안을 위해 인증 및 보안 프로그램을 설치해야 하는 경우가 대부분입니다. 설치를 하지 않으면 이용이 불가능하니 번거로워도 설치를 하길 바랍니다.

05 설치되지 않은 프로그램의 [설치하기]를 클릭합니다.

> **TIP**
>
> 통합 보안프로그램도 설치가 되지 않았다면 [설치완료] 대신 [설치하기] 메뉴가 뜹니다. 똑같이 설치를 진행합니다. 각각 설치하는 것이 번거롭다면 아래의 [전체설치]를 클릭합니다.
>
> 전체설치 | 새로고침 | 홈으로 이동

06 잠시 후 오른쪽 상단에 다운로드가 완료되면 [파일 열기]를 클릭합니다.

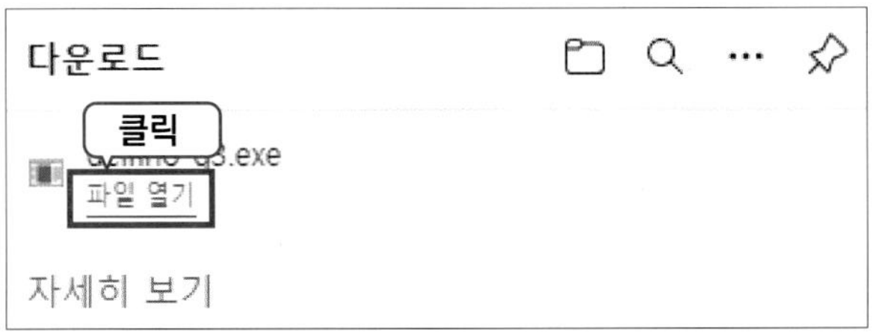

07 설치 창이 나오면 [다음]을 클릭합니다.

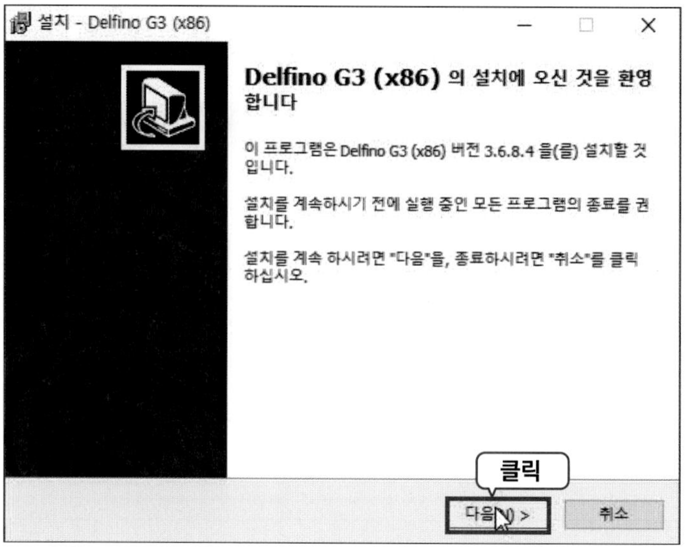

08 이 앱이 디바이스를 변경할 수 있도록 허용하겠냐는 메시지가 나오면 [예]를 클릭합니다. 설치가 완료되면 5번의 국민은행 홈페이지로 이동하여 확인합니다. [설치완료]로 바뀌었음을 확인할 수 있습니다. [홈으로 이동]을 클릭합니다.

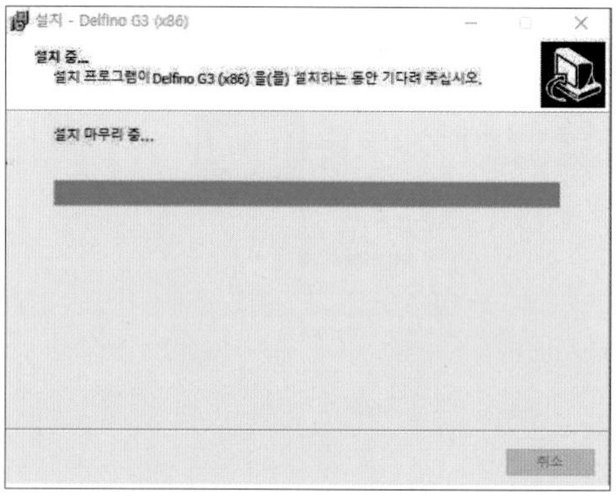

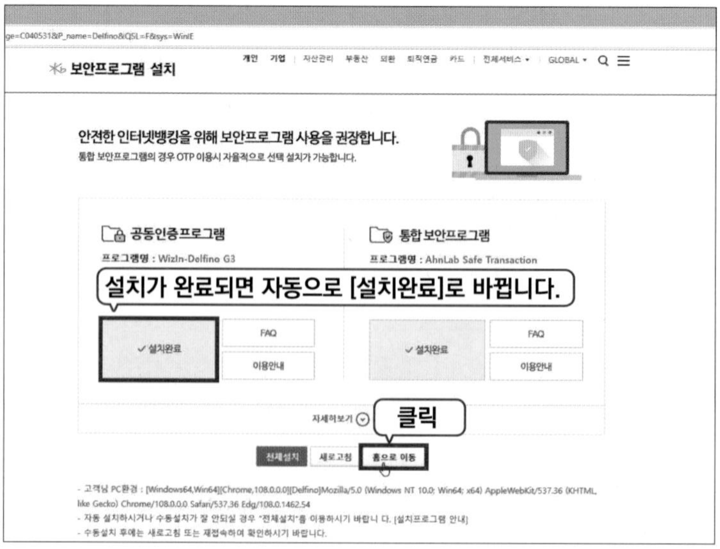

09 다시 [인증센터]-[개인]을 클릭하고 [공동인증서 발급/재발급]을 클릭합니다.

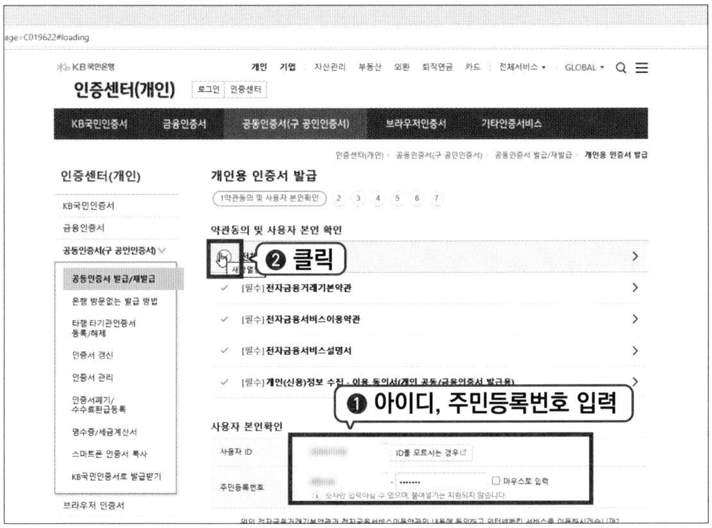

10 은행에서 가입한 아이디와 주민등록번호를 입력하고 [전체약관보기] 체크를 클릭합니다.

11 약관동의 안내 창이 나오면 [전체동의]를 클릭합니다.

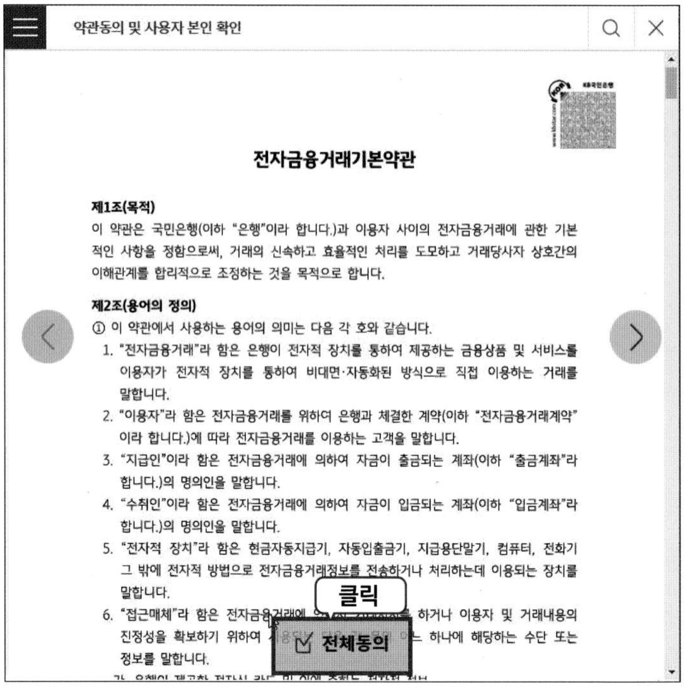
약관동의 및 사용자 본인 확인
전자금융거래기본약관
제1조(목적)
이 약관은 국민은행(이하 "은행"이라 합니다.)과 이용자 사이의 전자금융거래에 관한 기본적인 사항을 정함으로써, 거래의 신속하고 효율적인 처리를 도모하고 거래당사자 상호간의 이해관계를 합리적으로 조정하는 것을 목적으로 합니다.
제2조(용어의 정의)
① 이 약관에서 사용하는 용어의 의미는 다음 각 호와 같습니다.
1. "전자금융거래"라 함은 은행이 전자적 장치를 통하여 제공하는 금융상품 및 서비스를 이용자가 전자적 장치를 통하여 비대면·자동화된 방식으로 직접 이용하는 거래를 말합니다.
2. "이용자"라 함은 전자금융거래를 위하여 은행과 체결한 계약(이하 "전자금융거래계약"이라 합니다.)에 따라 전자금융거래를 이용하는 고객을 말합니다.
3. "지급인"이라 함은 전자금융거래에 의하여 자금이 출금되는 계좌(이하 "출금계좌"라 합니다.)의 명의인을 말합니다.
4. "수취인"이라 함은 전자금융거래에 의하여 자금이 입금되는 계좌(이하 "입금계좌"라 합니다.)의 명의인을 말합니다.
5. "전자적 장치"라 함은 현금자동지급기, 자동입출금기, 지급용단말기, 컴퓨터, 전화기 그 밖에 전자적 방법으로 전자금융거래정보를 전송하거나 처리하는데 이용되는 장치를 말합니다.
클릭
전체동의

12 [약관 동의/본인확인]을 클릭합니다.

KB국민은행
인증센터(개인)
KB국민인증서
금융인증서
공동인증서(구 공인인증서)
브라우저인증서
기타인증서비스
개인용 인증서 발급
약관동의 및 사용자 본인 확인
전체약관보기
[필수] 전자금융거래기본약관
[필수] 전자금융서비스이용약관
[필수] 전자금융서비스설명서
사용자 본인확인
클릭
약관 동의/본인확인
취소

13 용도제한용에 체크되어 있음을 확인하고 [전체약관보기] 체크를 클릭합니다.

TIP

일반적인 은행 업무 및 본인 인증용으로 사용할 때는 무료 인증서를 사용해도 문제없습니다. 범용 인증서가 필요한 경우에는 범용 인증서를 구매합니다.

14 [전체동의]를 클릭합니다. 이어서 [예]를 클릭합니다.

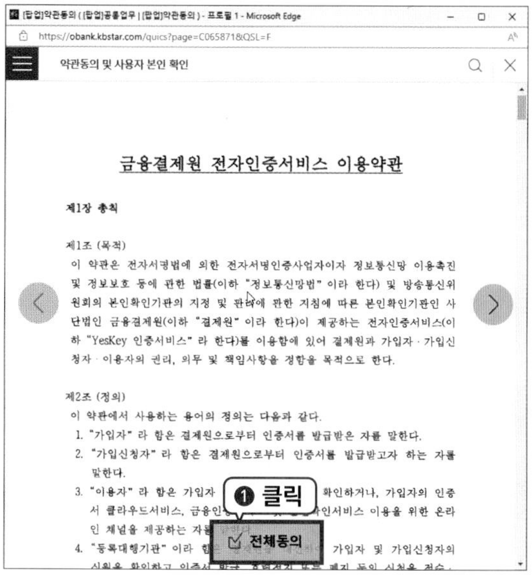

15 추가 본인 인증이 필요합니다. ARS 인증을 이용하겠습니다. ARS 인증이 선택된 상태에서 [인증받기]를 클릭합니다.

인증센터(개인)
KB국민인증서
금융인증서
공동인증서(구 공인인증서)
브라우저인증서
기타인증서비스
개인용 인증서 발급
❶ 클릭
ARS 인증
해외출국확인
인증받기
❷ 클릭

16 이전에 등록했던 본인의 전화번호가 나오면 [확인]을 클릭합니다.

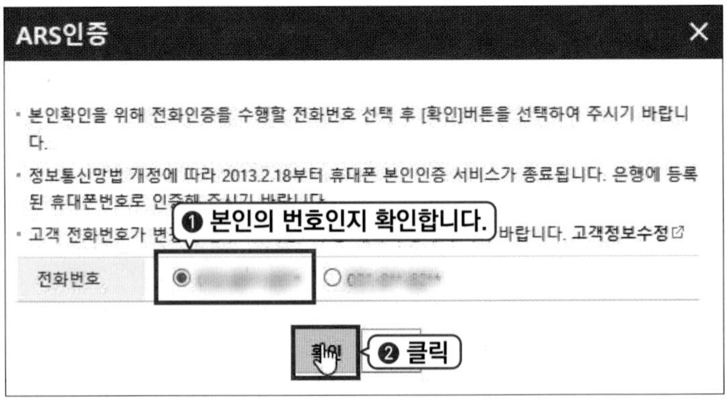

ARS인증
· 본인확인을 위해 전화인증을 수행할 전화번호 선택 후 [확인]버튼을 선택하여 주시기 바랍니다.
· 정보통신망법 개정에 따라 2013.2.18부터 휴대폰 본인인증 서비스가 종료됩니다. 은행에 등록된 휴대폰번호로 인증해 주시기 바랍니다.
· 고객 전화번호가 변경 ... 바랍니다. 고객정보수정
❶ 본인의 번호인지 확인합니다.
전화번호
확인
❷ 클릭

17 화면에 승인번호가 뜨고 곧 자신의 스마트폰으로 인증 전화가 걸려옵니다. 전화가 오면 키패드로 해당 번호를 입력하면 인증 완료되었다는 메시지와 함께 전화가 끊깁니다. 전화가 끊기면 [전화승인완료]를 클릭합니다.

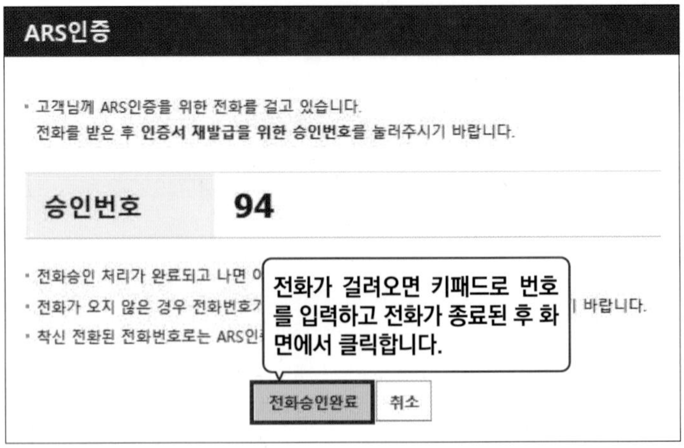

ARS인증
· 고객님께 ARS인증을 위한 전화를 걸고 있습니다.
전화를 받은 후 인증서 재발급을 위한 승인번호를 눌러주시기 바랍니다.
승인번호
94
· 전화승인 처리가 완료되고 나면 ...
· 전화가 오지 않은 경우 전화번호가 ... 바랍니다.
· 착신 전환된 전화번호로는 ARS인증 ...
전화가 걸려오면 키패드로 번호를 입력하고 전화가 종료된 후 화면에서 클릭합니다.
전화승인완료
취소

TIP

제대로 입력을 하지 않으면 인증 승인이 완료되지 않아 다시 인증 작업을 해야 합니다.

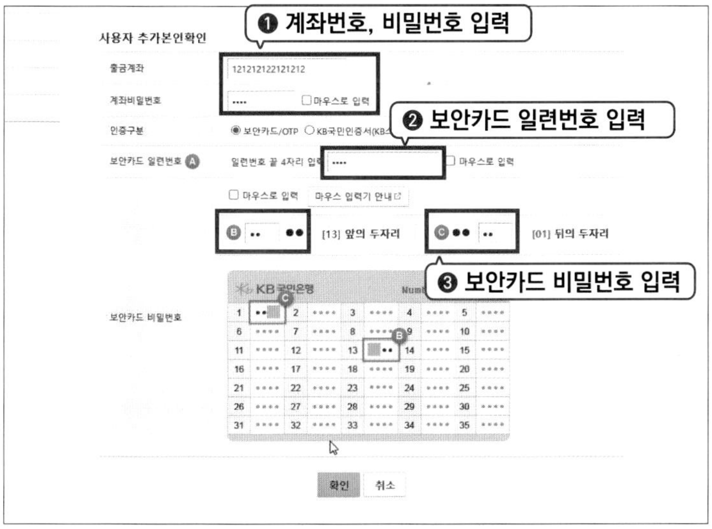

18 인증이 완료되면 사용자 본인확인을 위해 출금계좌번호, 계좌 비밀번호를 입력합니다. 이어서 보안카드의 일련번호 끝 네 자리와 해당되는 조건의 비밀번호를 입력합니다.

TIP

입력할 비밀번호는 진행을 할 때마다 항상 바뀝니다.

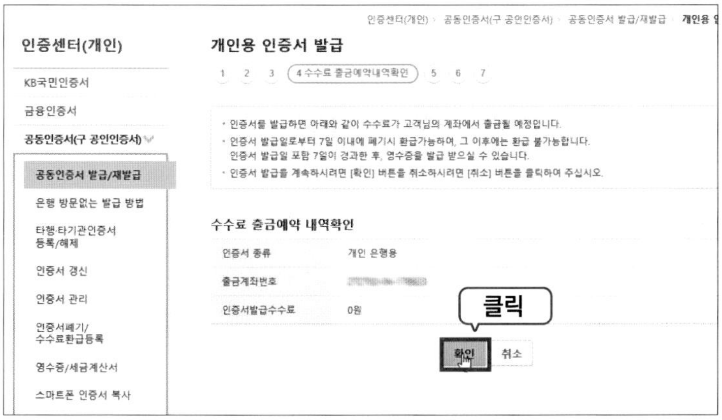

19 수수료 내역 창이 나오면 [확인]을 클릭합니다. 무료 인증서를 발급받기 때문에 수수료가 들지 않습니다.

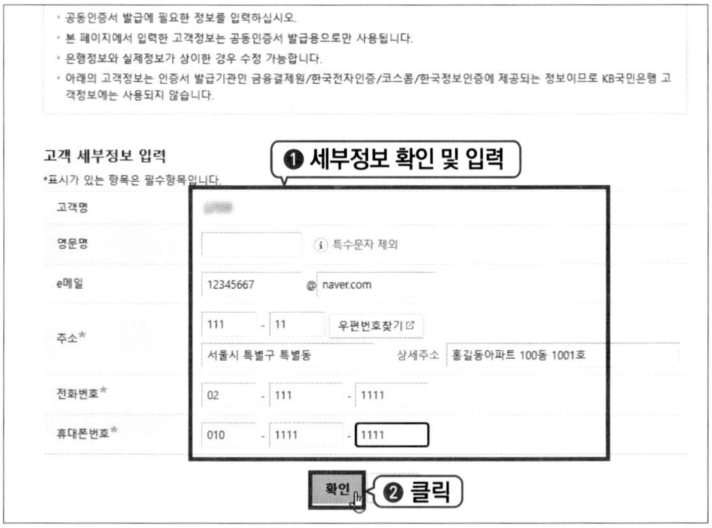

20 세부정보를 입력하고 [확인]을 클릭합니다. 회원가입 시 입력했던 정보가 자동으로 기입되기 때문에 수정할 필요가 없다면 바로 [확인]을 클릭합니다.

21 [인증서 저장]을 클릭합니다.

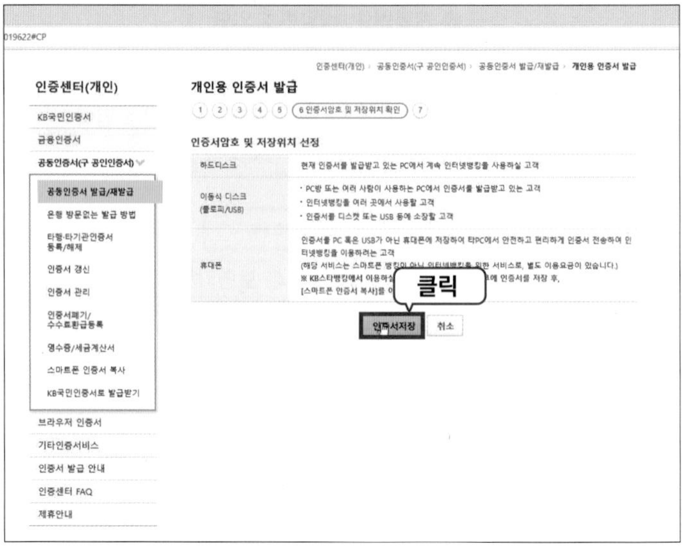

22 저장 위치를 선택합니다. 여기서는 이동식 디스크를 선택했습니다. 자신의 USB가 있다면 이동식 디스크에, 없다면 하드디스크에 저장합니다.

23 비밀번호를 입력하고 [확인]을 클릭합니다.

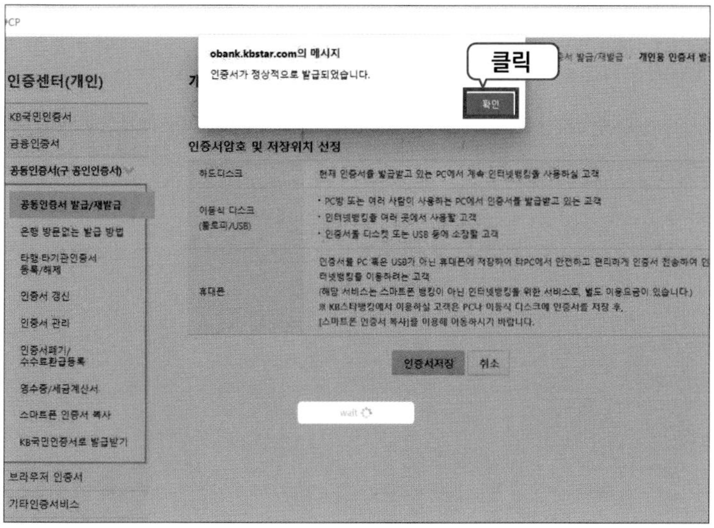

24 인증서가 발급되었다는 메시지가 뜨면 [확인]을 클릭합니다. 인증서가 발급되었습니다.

TIP

다음 장에서 발급된 인증서를 이용하여 등본을 출력해보겠습니다.

2 집에서 편하게 주민등록등본 발급받기

예전에는 주민등록등본이 필요하면 동사무소까지 직접 가야 했습니다. 하지만 인터넷이 발달하면서부터 이젠 집에서도 주민등록등본을 발급받을 수 있게 되었습니다.

01 엣지를 실행하고 다음이나 네이버 검색란에 '정부24'라고 입력하고 Enter 키를 눌러 '정부24' 사이트가 검색되면 클릭해서 접속합니다.

02 '정부24' 홈페이지가 나오면 [서비스]-[신청·조회·발급]을 클릭합니다.

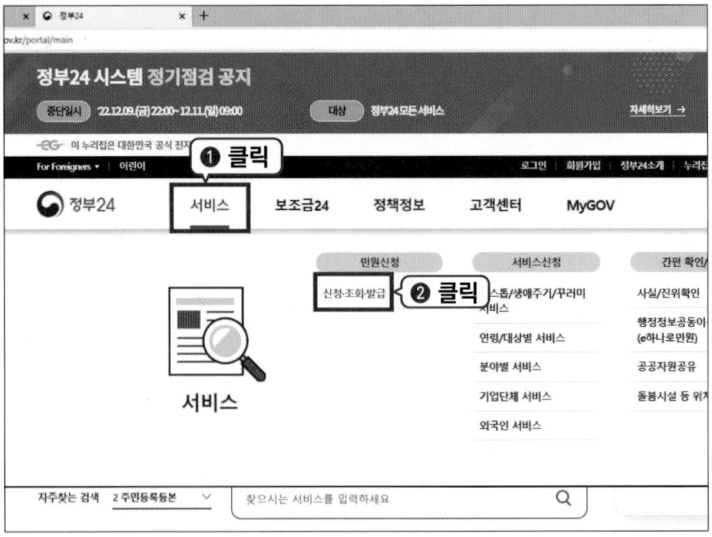

TIP

혹은 자주 찾는 서비스에서 [주민등록등본]을 클릭해도 바로 연결됩니다.

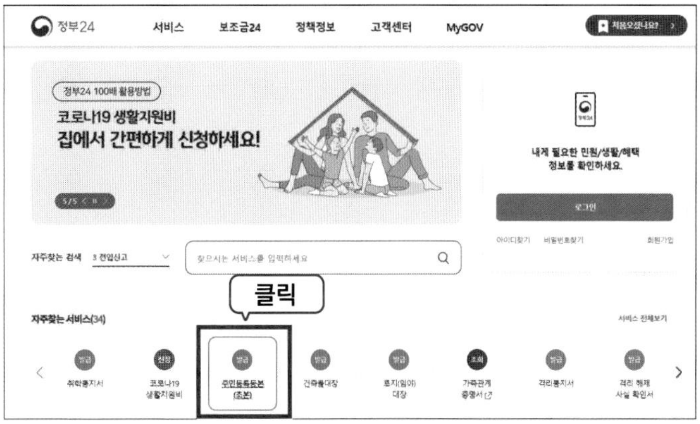

03 여기서 원하는 서류를 온라인으로 발급할 수 있습니다. 스크롤 바를 내려 주민등록표 등본교부를 찾아 옆의 [발급]을 클릭합니다.

04 [비회원 신청하기]를 클릭합니다.

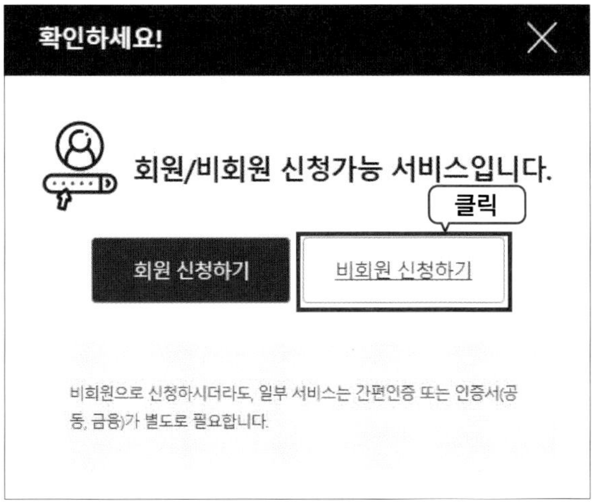

05 안전하게 이용하기 위해 번거롭지만 키보드보안 프로그램을 적용하겠습니다. [키보드보안 프로그램 적용] 옆의 체크박스에 체크합니다.

06 [키보드보안 프로그램이 적용되었습니다]라는 메시지가 뜹니다. [확인]을 클릭하면 설치가 필요하다는 메시지가 연이어 나옵니다. [확인]을 클릭합니다.

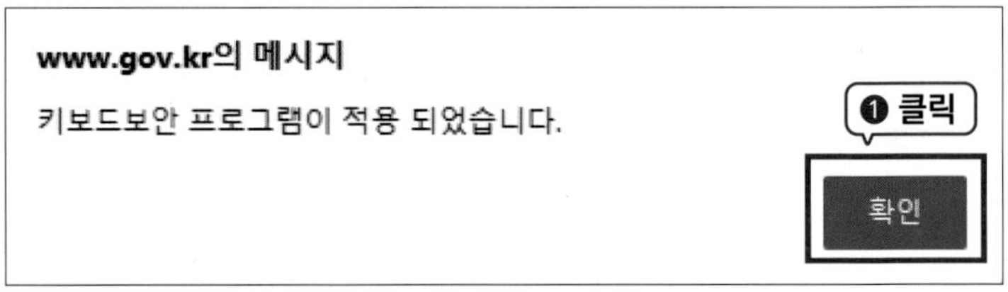

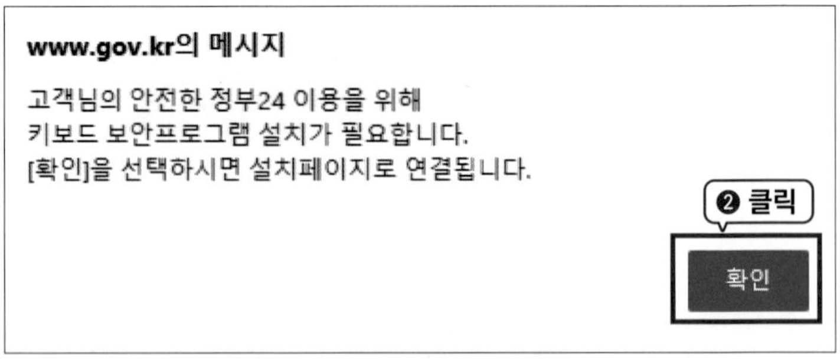

TIP

공공기관이나 은행 등의 온라인 작업을 할 때는 보안프로그램 설치가 필요한 경우가 대다수이며 프로그램을 설치하지 않으면 이용할 수 없는 경우가 많습니다. 각각 사용하는 프로그램이 다르니 보안프로그램 설치가 필요하다는 문구가 나오면 번거로워도 설치를 하시길 바랍니다.

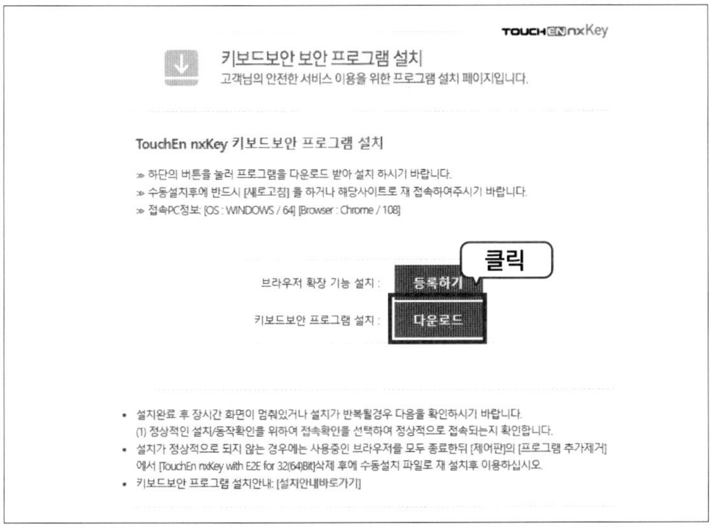

07 아래의 키보드보안 프로그램 설치 옆의 [다운로드]를 클릭합니다.

08 다운로드가 완료되면 오른쪽 상단의 [파일 열기]를 클릭합니다.

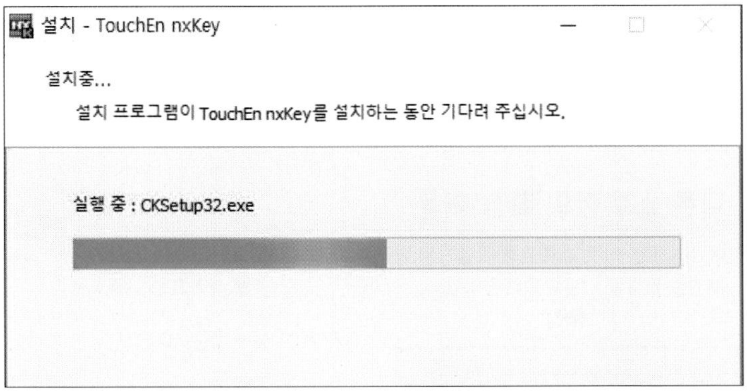

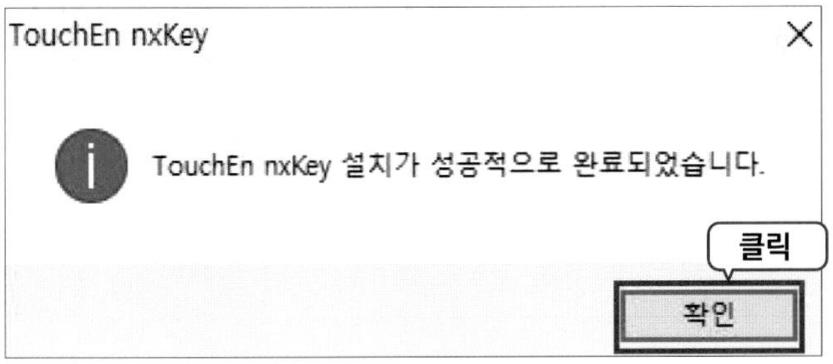

09 프로그램이 설치되어 완료되었다는 창이 뜨면 [확인]을 클릭합니다.

10 원래 화면으로 돌아오면 브라우저 확장 기능 설치 옆의 [등록하기]를 클릭합니다. 상단의 [다른 스토어의 확장 허용]을 클릭합니다.

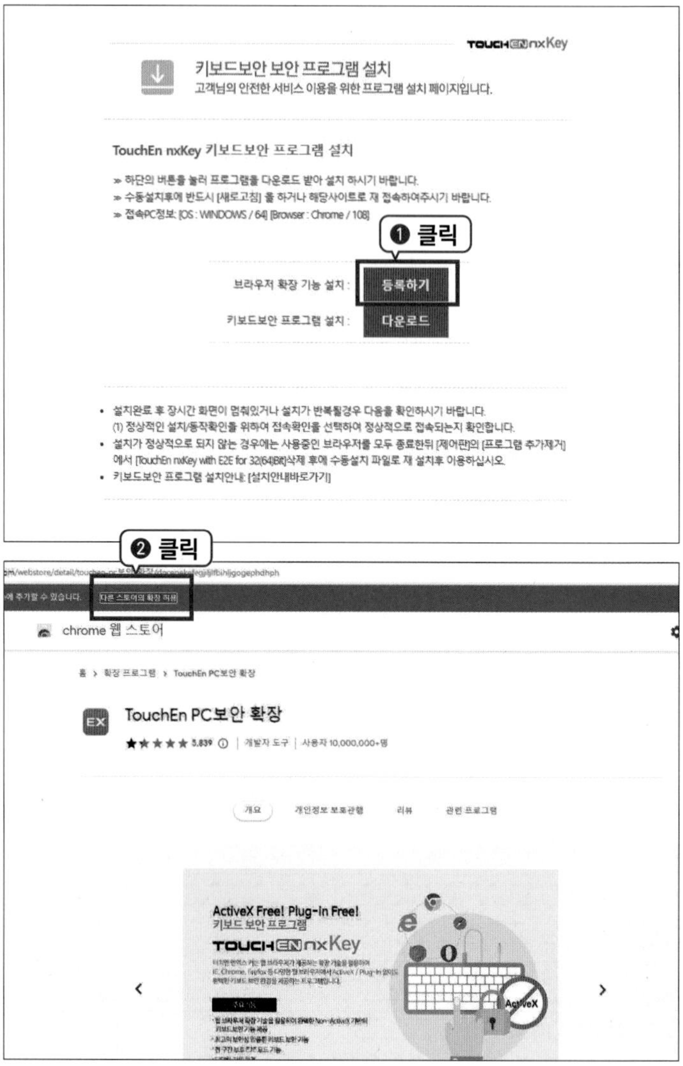

TIP

이 책에서는 엣지를 이용했으나 이런 보안프로그램과의 연동은 크롬이 편리한 경우가 많이 있습니다. 크롬을 이용해도 과정은 비슷하니 크롬을 이용해봐도 좋습니다.

11 다른 스토어의 확장 허용 메시지가 나오면 [허용]을 클릭합니다.

chrome 웹 스토어
클릭
TouchEn PC보안 확장
Chrome에 추가
ActiveX Free! Plug-in Free!
키보드 보안 프로그램
TOUCH EN nxKey

12 [Chrome에 추가]를 클릭합니다.

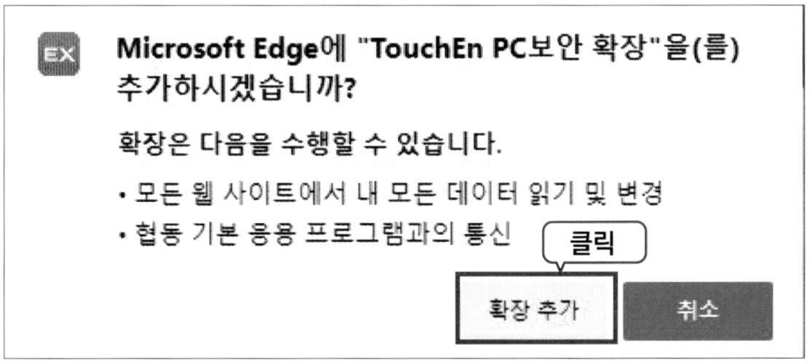
Microsoft Edge에 "TouchEn PC보안 확장"을(를) 추가하시겠습니까?
확장은 다음을 수행할 수 있습니다.
• 모든 웹 사이트에서 내 모든 데이터 읽기 및 변경
• 협동 기본 응용 프로그램과의 통신
클릭
확장 추가
취소

13 [확장 추가]를 클릭합니다.

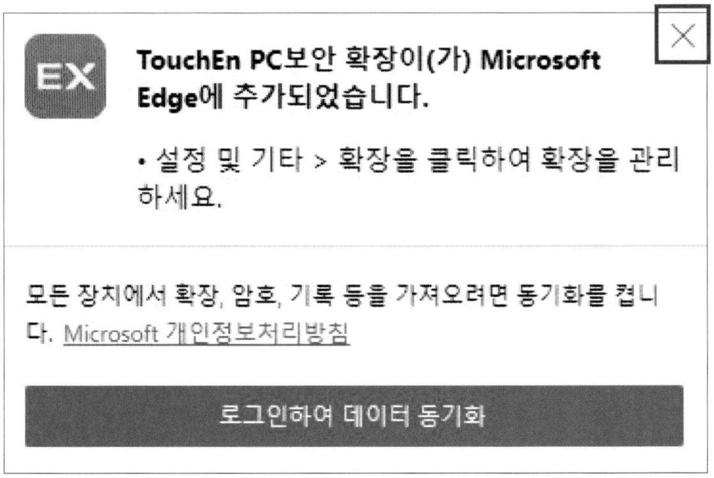
TouchEn PC보안 확장이(가) Microsoft Edge에 추가되었습니다.
• 설정 및 기타 > 확장을 클릭하여 확장을 관리하세요.
모든 장치에서 확장, 암호, 기록 등을 가져오려면 동기화를 켭니다. Microsoft 개인정보처리방침
로그인하여 데이터 동기화

14 추가가 완료되었다는 메시지가 뜨면 다시 정부 24 홈페이지로 돌아옵니다.

15 [동의합니다]에 체크하고 키보드보안 프로그램 적용 옆의 체크박스에 체크합니다. 그리고 아래의 개인정보를 입력하고 [확인]을 클릭합니다.

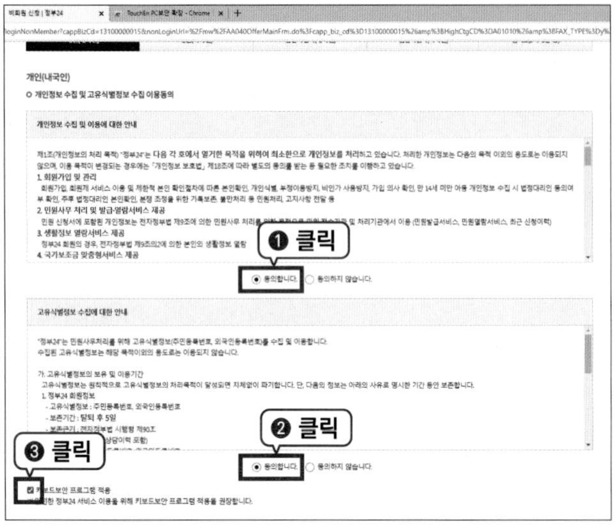

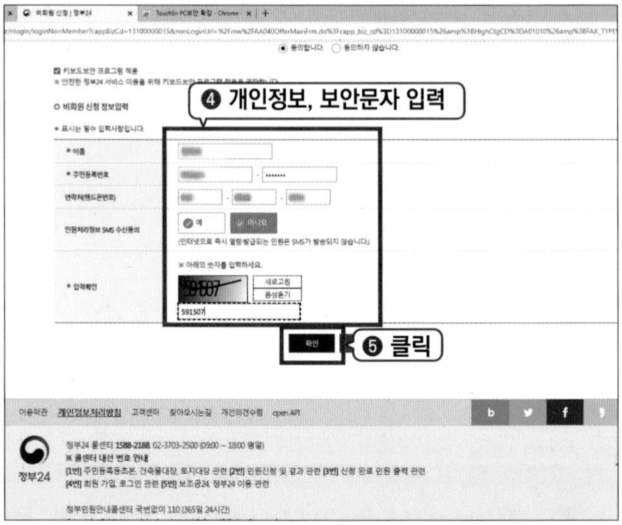

TIP

간혹 비밀번호 저장이라는 창이 나올 때가 있습니다. 이것은 자동으로 비밀번호를 저장하게끔 해주는 기능입니다. 편리한 기능이지만 보안상 위험에 노출될 수 있기 때문에 웬만하면 [저장]을 클릭하지 말기를 권합니다.

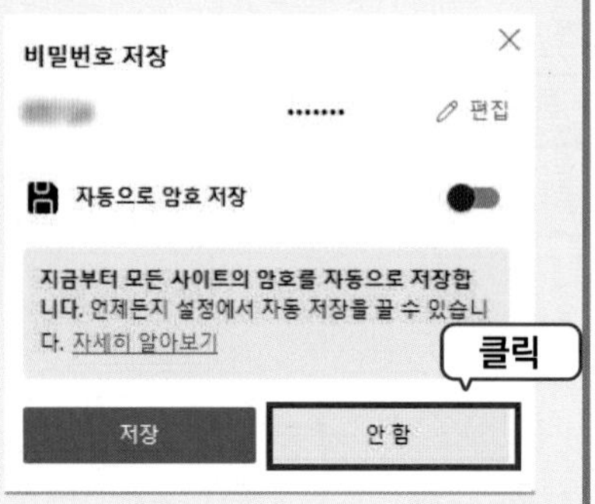

16 주민등록상의 주소를 클릭하여 본인의 주소를 선택합니다. 발급형태와 수령방법을 선택하고 [민원신청하기]를 클릭합니다.

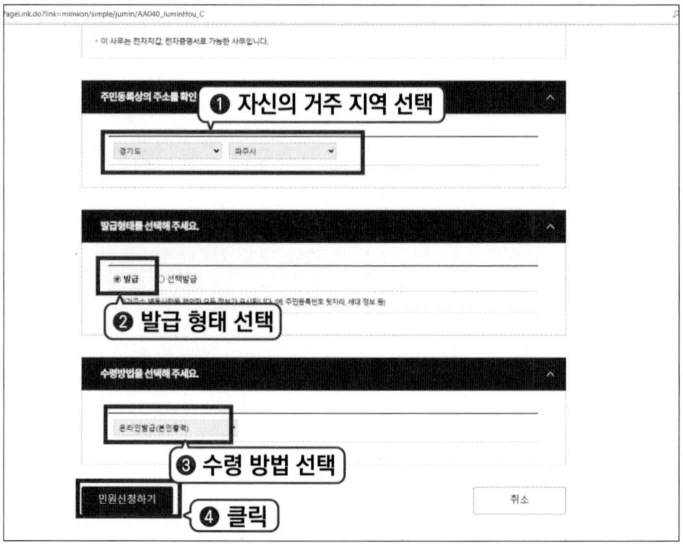

TIP

발급형태에는 발급과 선택발급이 있습니다. 뽑기 원하는 형식에 따라 선택하면 됩니다.

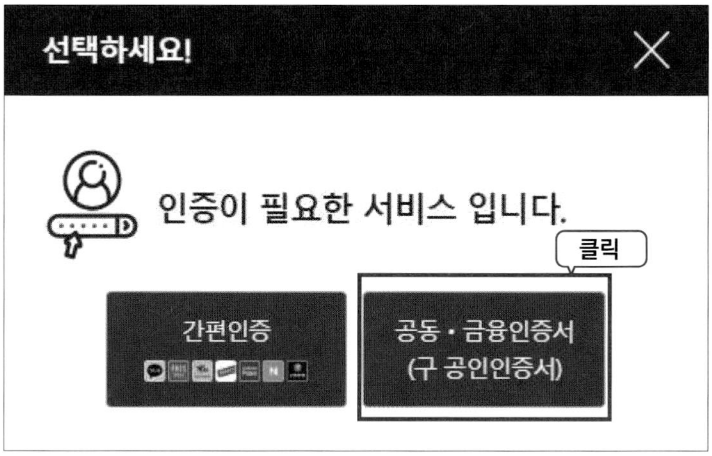

17 인증이 필요합니다. 공동인증서로 인증을 해보겠습니다. [공동·금융인증서]를 클릭합니다.

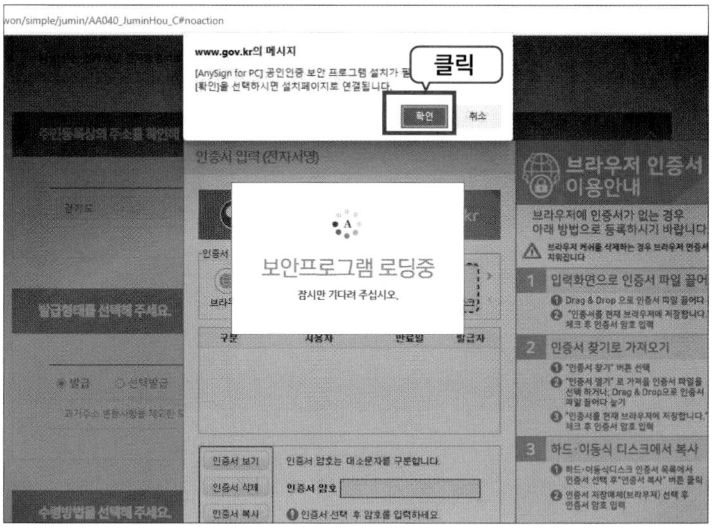

18 공동인증서가 저장된 장소를 클릭합니다. 보안프로그램이 설치되지 않았다면 보안프로그램 설치 필요 메시지가 나타납니다. [확인]을 클릭합니다.

TIP

공동인증서는 211p의 과정을 통해서 발급받은 인증서를 이용합니다.

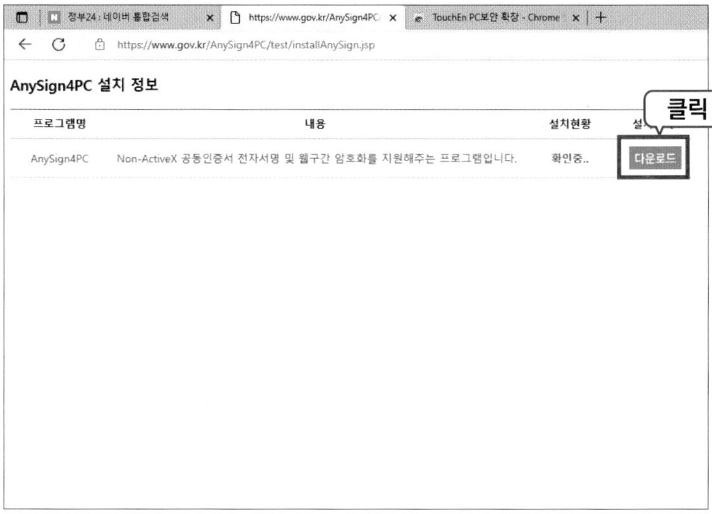

19 [다운로드]를 클릭합니다.

20 다운로드가 완료되면 오른쪽 상단의 [파일 열기]를 클릭하여 설치합니다. 설치가 완료되면 [확인]을 클릭합니다.

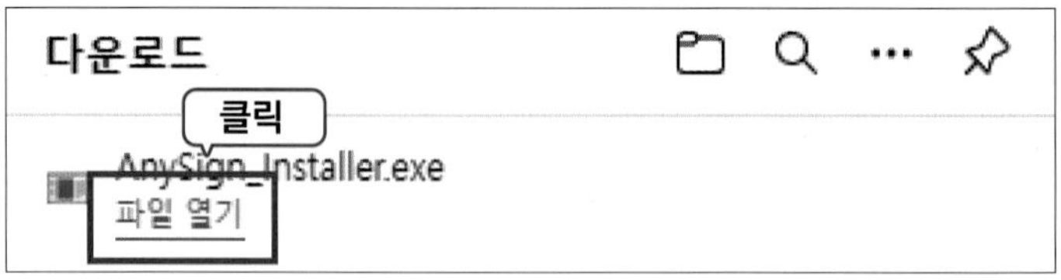

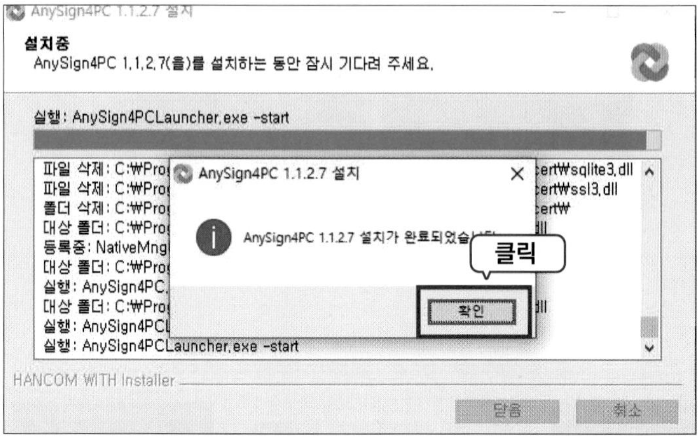

21 다시 초기화면으로 돌아왔다면 주소와 발급형태, 수령방법을 다시 선택하고 [민원신청하기]를 클릭합니다. [공동·금융인증서]를 클릭합니다.

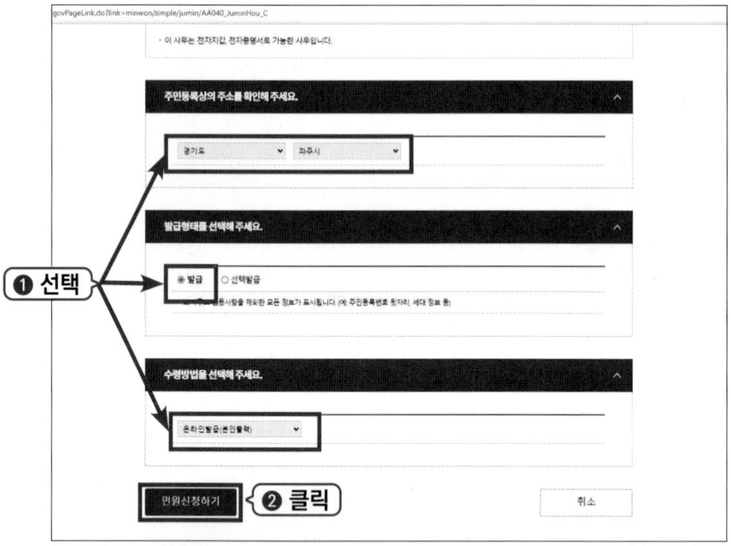

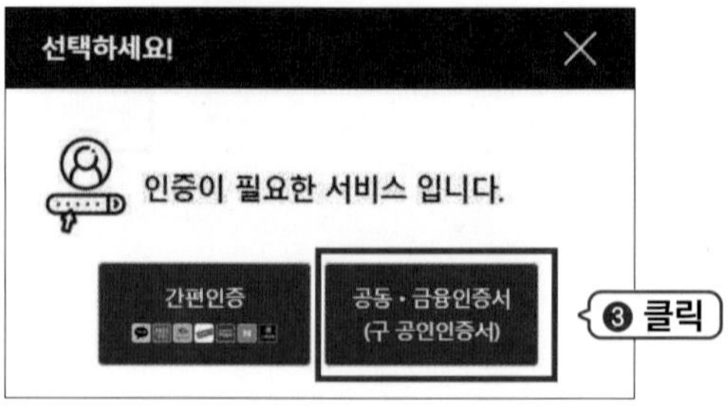

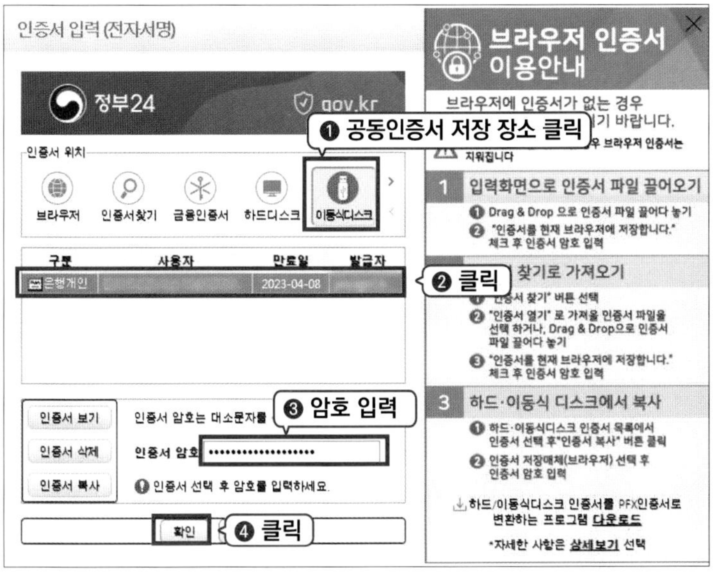

22 공동인증서가 저장된 곳을 선택하고, 인증서 암호를 입력하고 [확인]을 클릭합니다.

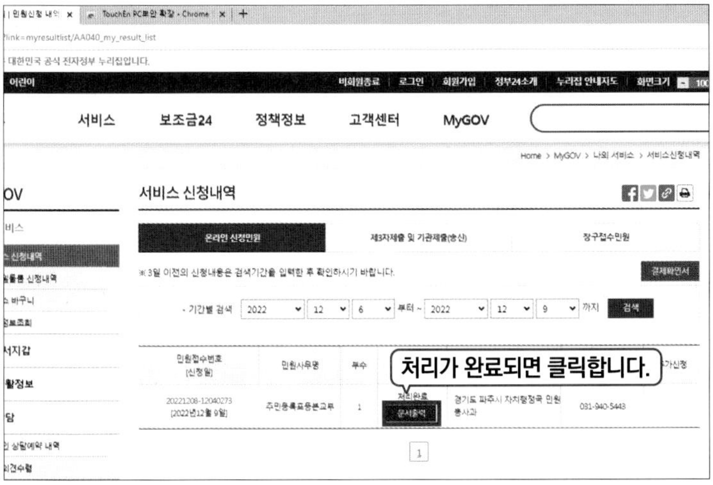

23 잠시 후 신청내역이 나타납니다. [문서출력]을 클릭합니다.

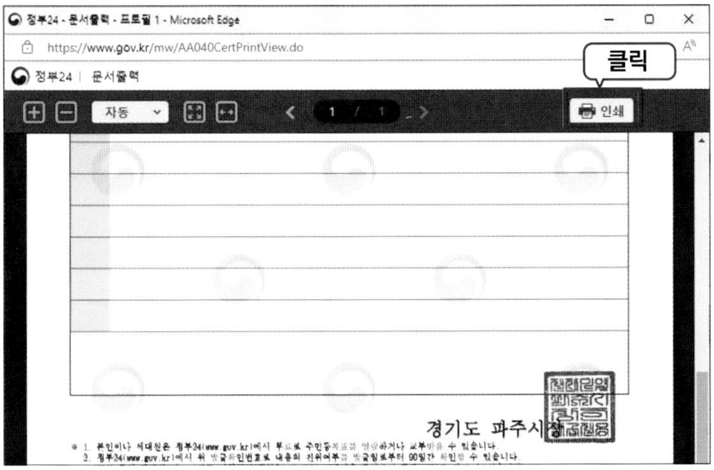

24 주민등록등본 출력 화면이 나타납니다. 오른쪽 상단의 [인쇄]를 클릭합니다.

25 원하는 프린터를 선택하고 [인쇄]를 클릭하면 인쇄가 완료됩니다.

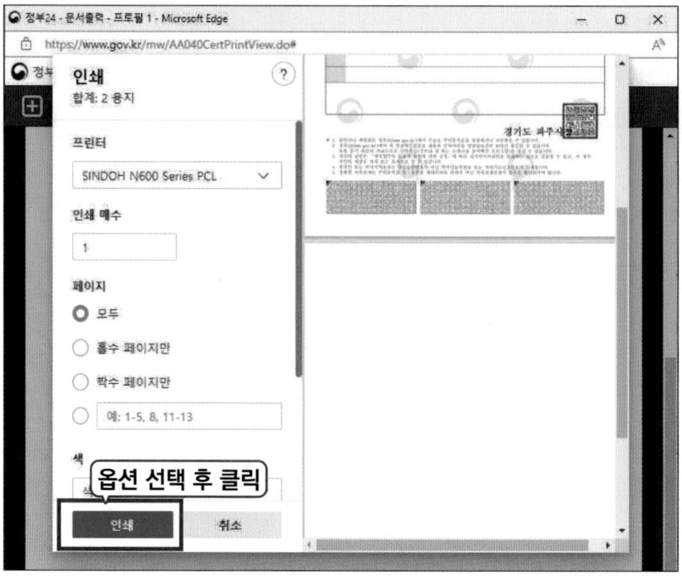

PART … 4

문서 작성의 달인 되기,
한글 2022

CHAPTER

01 한글 2022의 기본

이번 챕터에서는 한글 2022를 사용하기 위해 알아야 할 기본적인 내용에 대해 설명합니다. 한글 2022의 초기 화면에 대해 알아보고 프로그램을 실행/종료하는 방법과 간단한 예제 문서를 작성하면서 자주 사용되는 메뉴와 저장 및 인쇄하는 방법에 대해 소개합니다.

1 한글 2022 설치

한글오피스는 꾸준히 새로운 버전을 출시 및 업데이트하고 있습니다. 현재는 한글 2022가 가장 최신 버전입니다. 한글 2022가 깔려 있지 않다면 아래의 한글오피스 홈페이지(https://www.hancomdocs.com)에서 한컴오피스를 구매하여 설치해야 합니다. 1개월 체험판을 무료로 다운로드할 수 있으며, 체험판 기간이 끝난 후에는 일정 요금을 내고 이용할 수 있습니다.

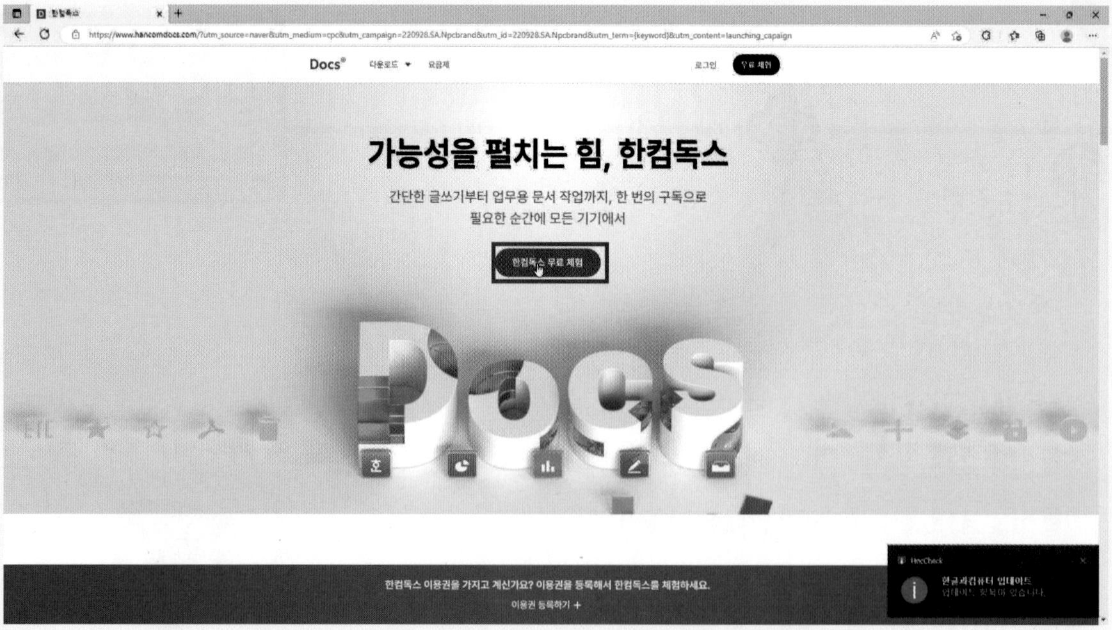
Docs
가능성을 펼치는 힘, 한컴독스
간단한 글쓰기부터 업무용 문서 작업까지, 한 번의 구독으로
필요한 순간에 모든 기기에서
한컴독스 무료 체험
한컴독스 이용권을 가지고 계신가요? 이용권을 등록해서 한컴독스를 체험하세요.
이용권 등록하기 +

2 한컴오피스 제공 프로그램

한컴오피스 패키지를 설치하면 이용할 수 있는 프로그램은 다음과 같습니다. 현재는 패키지로 매달 혹은 매년 결제하여 사용하는 방식입니다.

아이콘	의미	아이콘	의미
한PDF 2022	**한PDF** PDF 문서를 확인 및 편집할 수 있습니다.	한쇼 2022	**한쇼** 파워포인트 작업을 할 수 있습니다.
한글 2022	**한글** 한글(hwp) 문서를 작성하고 편집할 수 있습니다.	한워드 2022	**한워드** 한글과 유사하지만 다른 포맷의 문서 작성 프로그램입니다.
한셀 2022	**한셀** 시트를 이용한 작업을 할 수 있습니다.		

3 한글 2022 대신 사용할 수 있는 프로그램

대부분의 컴퓨터에는 한글 2022 최신 버전이 깔려 있지 않아도 한글 2014, 한글 2020 프로그램은 깔려 있을 것입니다. 기능의 차이는 약간씩 있지만 기본적으로 작업을 하는 데에는 큰 차이가 없습니다. 이 책에서 다룬 기능들 대부분도 하위 버전에서 사용이 가능하니 한글 2022가 설치되어 있지 않다면 다른 버전의 한글 프로그램을 사용해도 무방합니다. 다만 책에서는 최신 버전인 한글 2022를 기준으로 설명하겠습니다.

한글 2020

한글 2014

1 한글 2022 시작하고 화면 익히기

프로그램을 사용하려면 실행하는 방법부터 알아야 합니다. 윈도우10의 바탕 화면에서 바로가기 아이콘을 더블 클릭하거나 [시작] 메뉴에서 실행해도 됩니다. 프로그램을 실행하고 화면 구성을 익혀보도록 하겠습니다.

01 윈도우10의 바탕 화면에서 [한글 2022] 아이콘을 더블 클릭합니다.

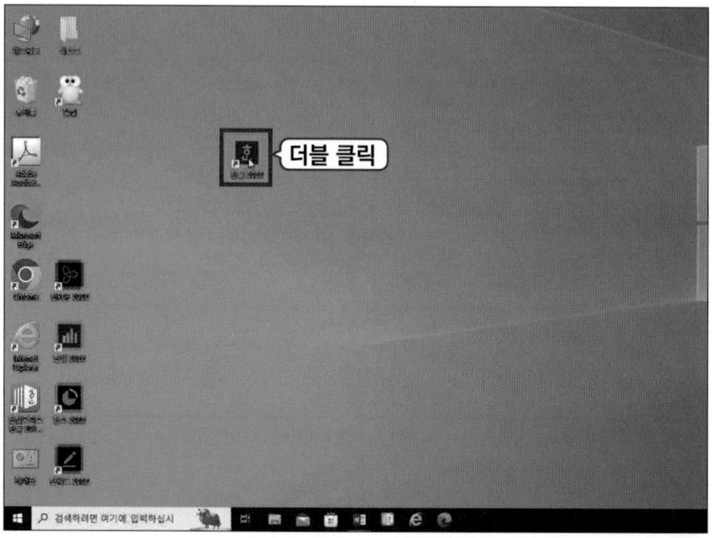

TIP

바탕 화면에 아래한글 아이콘이 없다면 [시작] 메뉴(⊞)를 클릭한 후 [앱 리스트]에서 [한글 2022]를 클릭합니다.

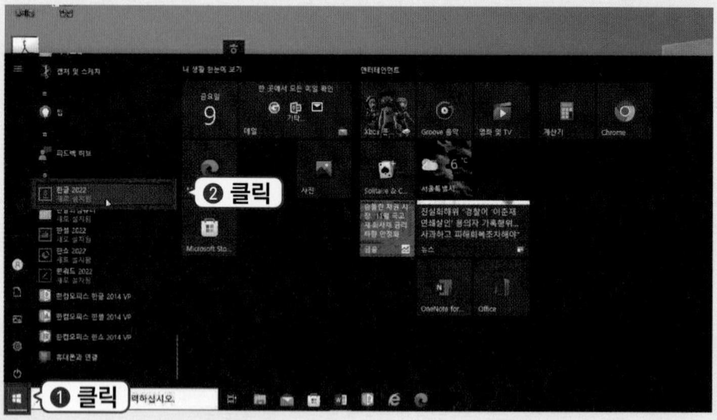

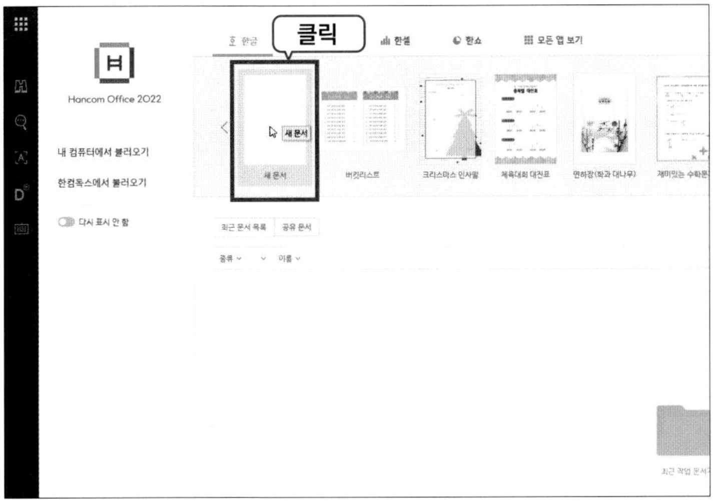

02 한글 2022가 실행되면 다음과 같은 한컴 오피스 화면이 나타납니다. [새 문서]를 클릭합니다.

03 기본 화면이 나타납니다. 한글 2022의 화면 구성 내용은 다음과 같습니다.

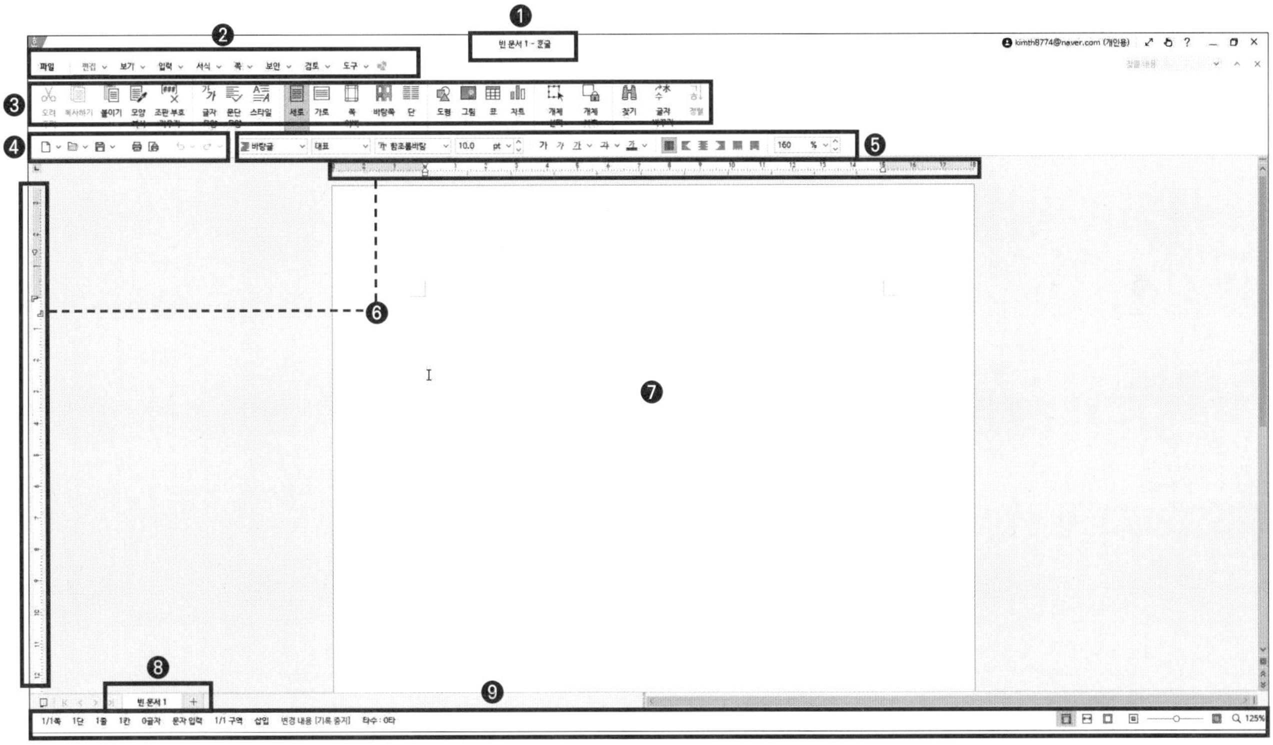

❶ **제목 표시줄** : 현재 작업하고 있는 문서의 이름과 문서가 저장되어 있는 경로를 표시합니다.

❷ **메뉴 표시줄** : 문서 편집을 하면서 사용할 수 있는 메뉴를 보여줍니다.

❸ **리본 바** : 메뉴를 클릭했을 때 그 메뉴와 관련된 명령들이 아이콘으로 나타납니다.

❹ **기본 도구 상자** : 새 문서를 열거나 저장, 인쇄 등 자주 사용하는 작업들을 아이콘으로 모아둔 곳입니다.

❺ **서식 도구 상자** : 글꼴이나 글자의 크기, 속성 등 글자 관련 아이콘들을 모아놓은 곳입니다.

❻ **눈금자** : 편집 용지의 크기나 개체 등의 크기를 가늠할 수 있는 눈금자입니다.

❼ **문서 편집 창** : 실제 문서의 내용을 입력하고 편집하는 공간입니다.

❽ **문서 탭** : 현재 열어 놓은 문서들이 탭의 형태로 나열됩니다.

❾ **상태 표시줄** : 페이지 수, 현재 커서의 위치 등에 관한 정보를 알려줍니다.

2 내용을 저장하고 종료하기

문서를 저장하고 종료하는 방법에 대해 알아보겠습니다. 저장 기능은 문서를 작성할 때 자주 사용하게 되는 기능이므로 단축키를 함께 익혀두면 좋습니다.

01 한글의 빈 문서 위에 다음과 같이 입력합니다.

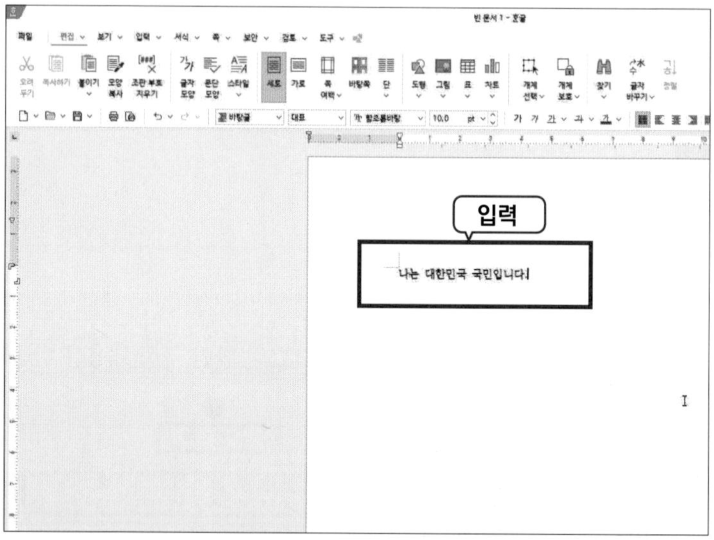

02 [파일]-[저장하기] 메뉴를 선택하거나 기본 도구 상자의 [저장]( ) 아이콘을 클릭합니다.

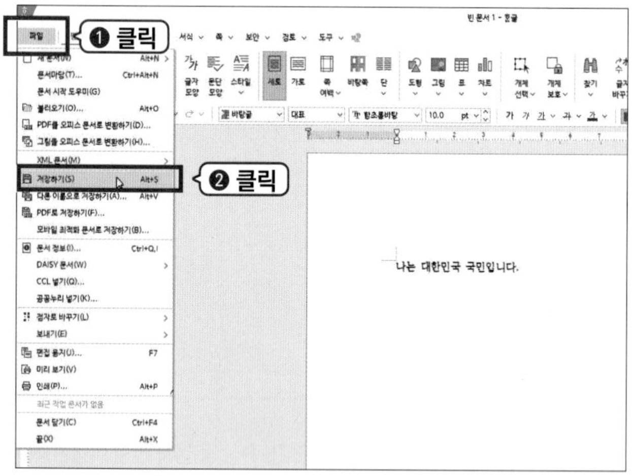

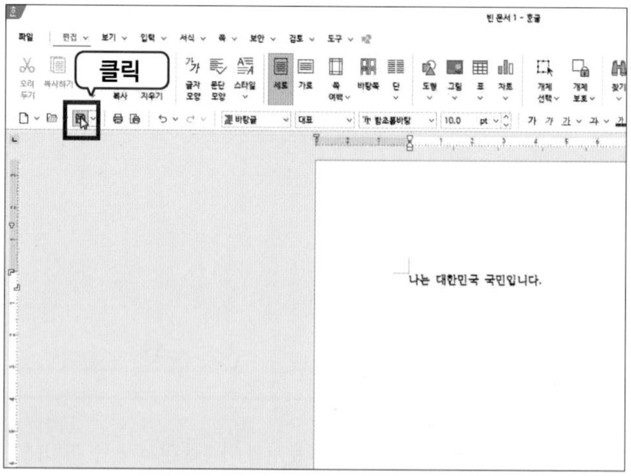

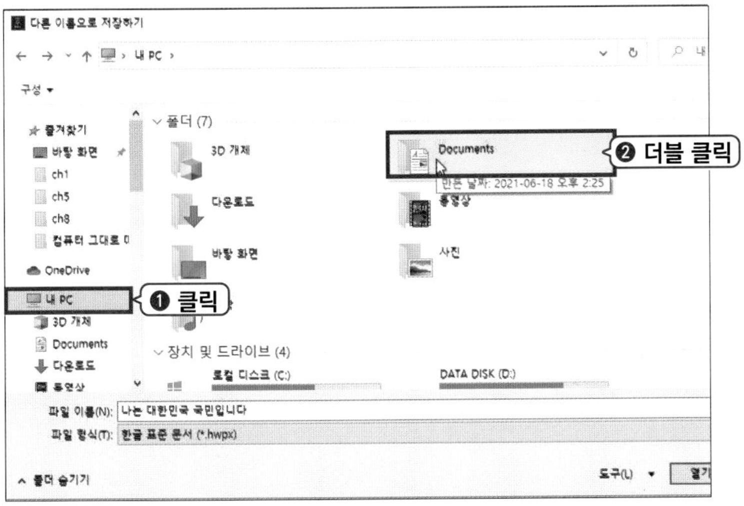

03 [다른 이름으로 저장하기] 대화상자가 나타납니다. 저장할 드라이브와 폴더를 선택해야 하는데 예제에서는 [내 PC]를 클릭하고 [Documents]를 더블 클릭했습니다.

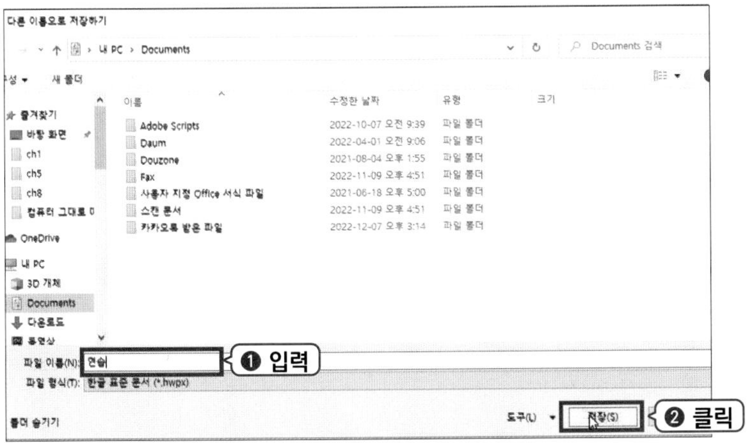

04 [파일 이름] 입력란에 '연습'이라고 입력한 후 [저장]을 클릭합니다.

05 제목 표시줄에 파일 이름과 경로가 표시되고, 아래쪽 문서 탭에도 입력한 파일 이름이 나타나는 것을 확인할 수 있습니다. 닫기(×)를 클릭하면 한글 2022 프로그램이 종료됩니다. 혹은 [파일]-[끝] 메뉴를 선택해도 종료됩니다.

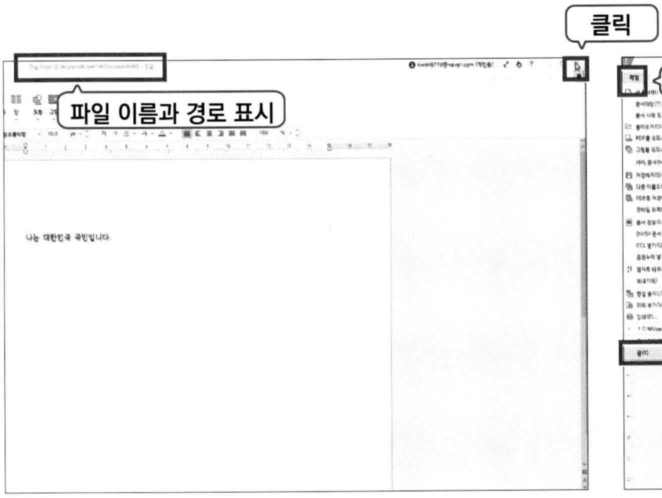

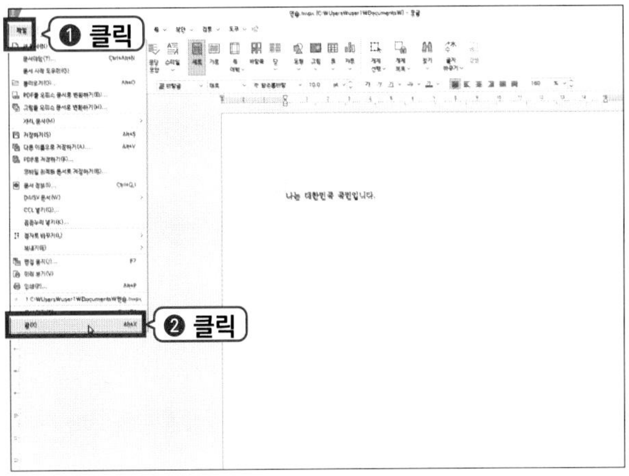

3 저장한 문서 불러오기

이번에는 기존에 저장했던 문서를 불러와 보겠습니다. 앞에서 '연습'이라는 파일 이름으로 저장했던 문서를 불러오겠습니다.

01 한글 2022를 다시 실행하고 [파일]-[불러오기] 메뉴나 기본 도구 모음의 [불러오기] ( ) 아이콘을 클릭합니다.

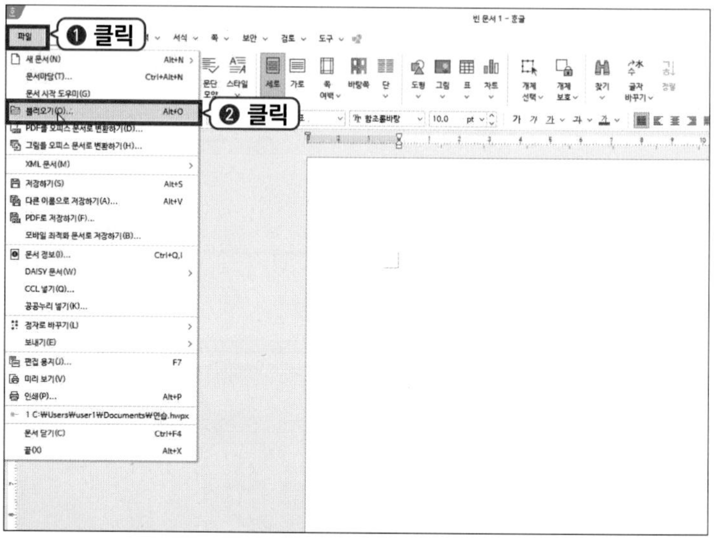

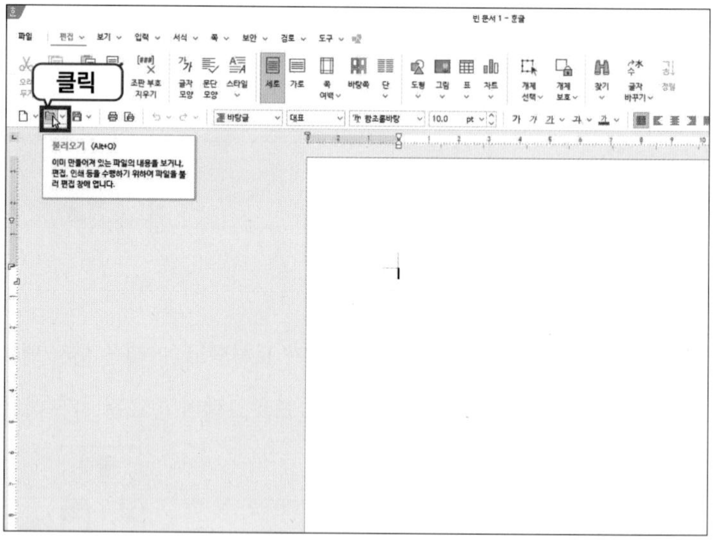

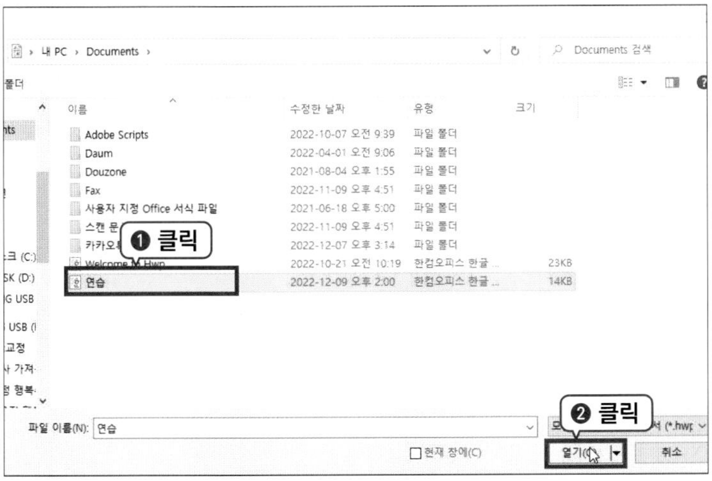

02 [불러오기] 대화상자가 나타나면 앞에서 저장해두었던 폴더를 선택하고 '연습' 파일을 선택한 후 [열기]를 클릭합니다.

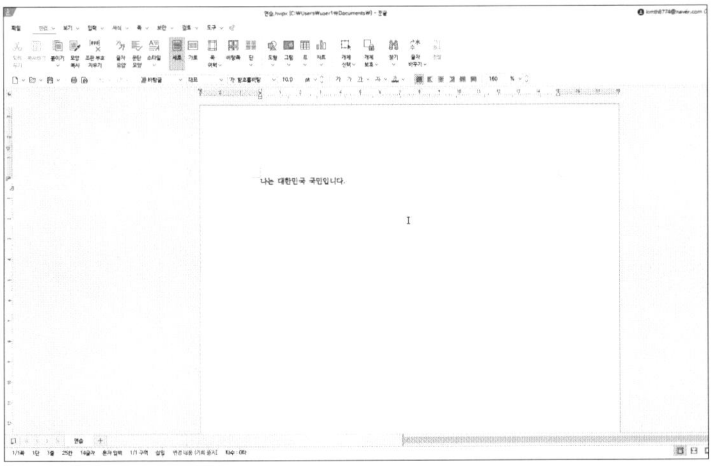

03 앞에서 저장했던 파일이 나타납니다.

TIP

최근에 작업한 파일은 번거롭게 [불러오기] 메뉴를 이용하지 않고 쉽게 불러올 수 있습니다. [파일] 메뉴를 실행하면 아래쪽에 최근에 작업한 한글 파일의 목록이 나타납니다. 여기서 불러오고 싶은 파일을 클릭하면 됩니다.

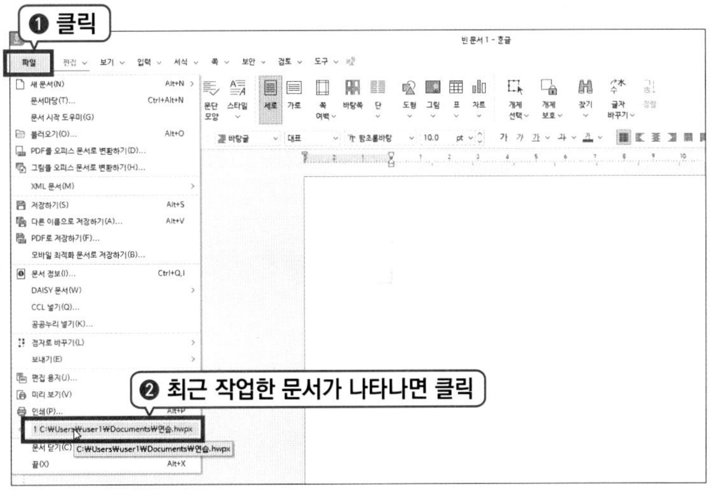

4 인쇄하기

작업한 문서를 프린터로 출력하는 방법을 간단하게 알아보겠습니다. 앞서 작업한 '연습' 파일을 먼저 불러옵니다.

01 [파일]-[인쇄] 메뉴를 실행하거나 도구상자에서 [인쇄]( )를 클릭합니다.

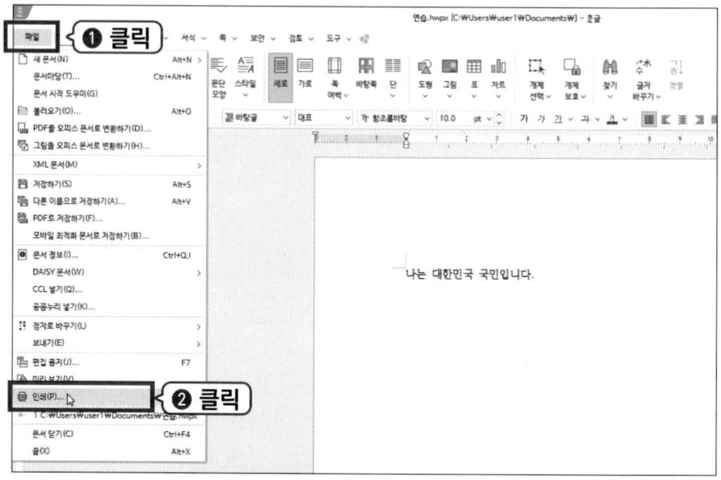

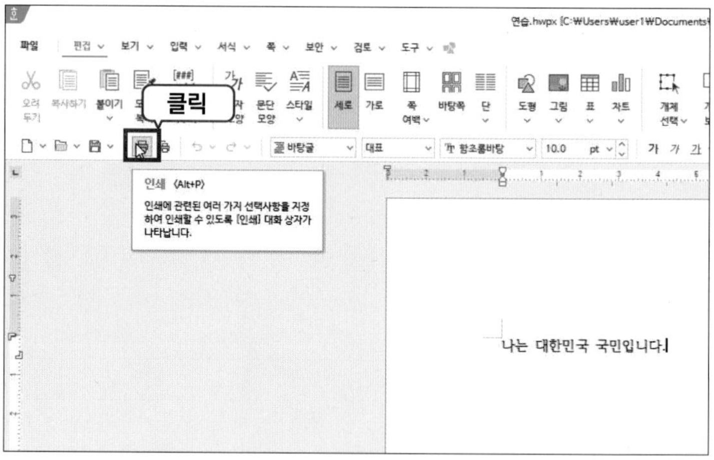

02 인쇄 대화상자가 나타나면 자신의 프린터기를 선택한 후 [인쇄]를 클릭합니다.

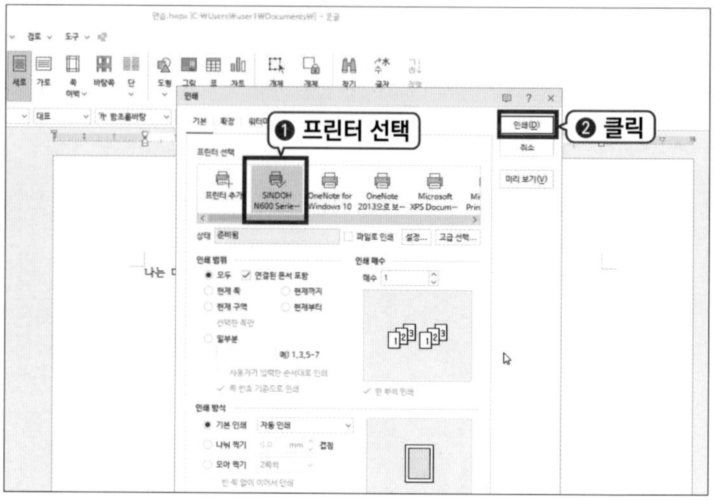

CHAPTER 02 한글 2022 익히기

이번 챕터에서는 애국가를 입력하면서 문단 모양과 글자 모양을 꾸며보고 내용 복사하기 기능을 익혀보겠습니다.

1 애국가 입력하고 글자 꾸미기

글자 서식은 글꼴, 글자 크기, 진하게, 기울임, 글자 색 등 글자를 돋보이게 하거나 보기 좋게 꾸미는 데 사용되는 기능을 말합니다. 여러 도구 모음을 이용해 서식을 지정해 보겠습니다.

01 한글 2022를 실행하고 빈 문서에서 다음과 같이 애국가를 입력합니다.

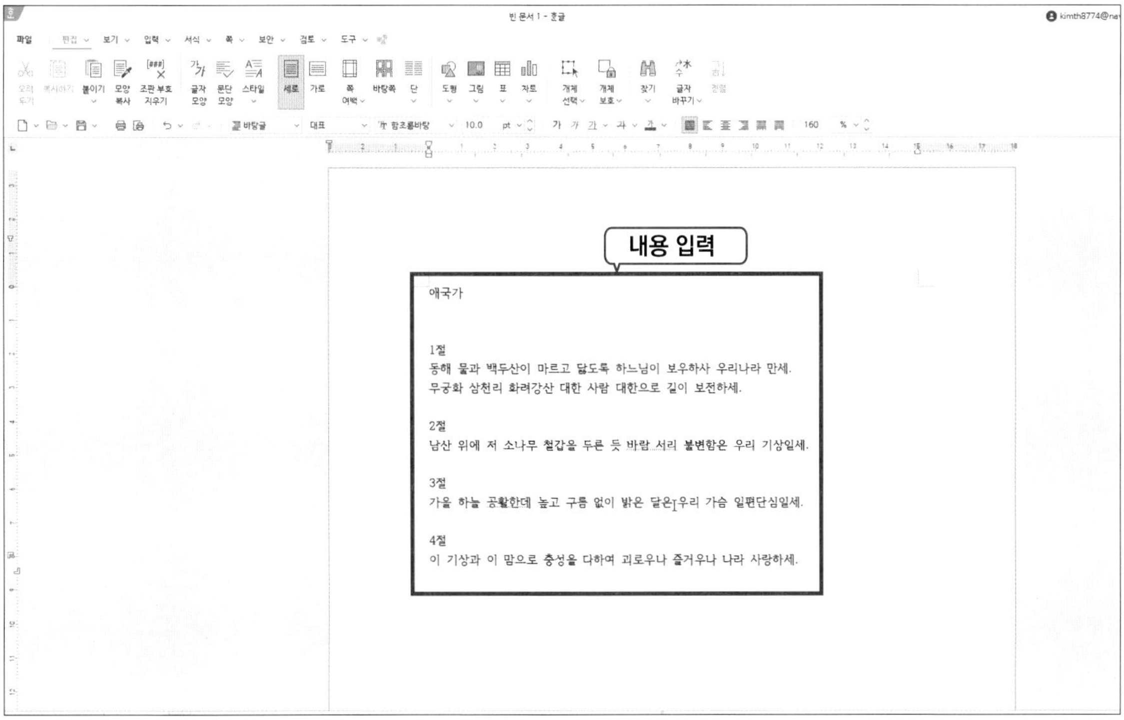
내용 입력
애국가
1절
동해 물과 백두산이 마르고 닳도록 하느님이 보우하사 우리나라 만세.
무궁화 삼천리 화려강산 대한 사람 대한으로 길이 보전하세.
2절
남산 위에 저 소나무 철갑을 두른 듯 바람 서리 불변함은 우리 기상일세.
3절
가을 하늘 공활한데 높고 구름 없이 밝은 달은 우리 가슴 일편단심일세.
4절
이 기상과 이 맘으로 충성을 다하여 괴로우나 즐거우나 나라 사랑하세.

02 제목 '애국가'를 블록 지정한 후 서식 도구 모음의 [글자 크기] 도구(10.0 pt)의 ⌄를 클릭하고 '20'을 선택합니다.

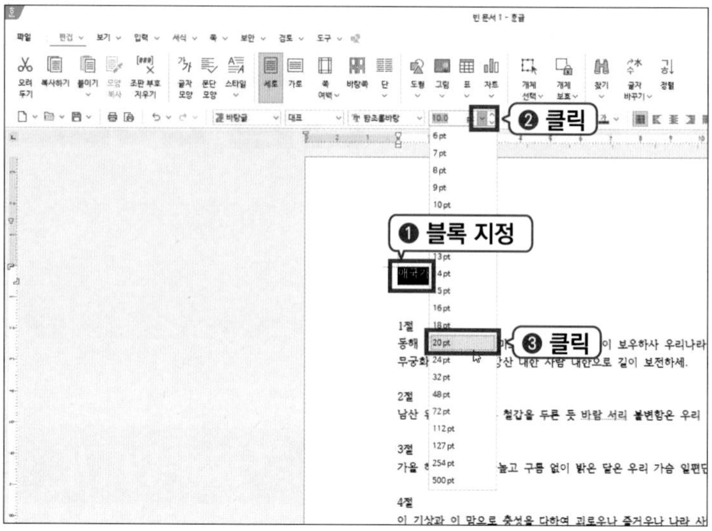

TIP

블록을 지정할 때는 블록 지정을 하고자 하는 글자의 처음이나 끝에서 마우스를 클릭한 채로 글자 끝까지 드래그해서 블록으로 지정이 되면 마우스 버튼에서 손을 놓습니다.

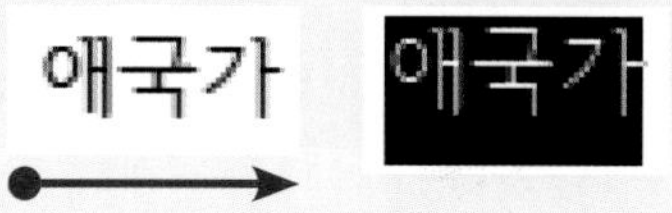

03 이번에는 '1절'을 블록 지정하고 서식 도구 모음의 [글꼴](함초롬바탕)에서 ⌄을 클릭해 '함초롬돋움'을 선택합니다. 그리고 '글자 크기'는 '12pt'로 지정합니다.

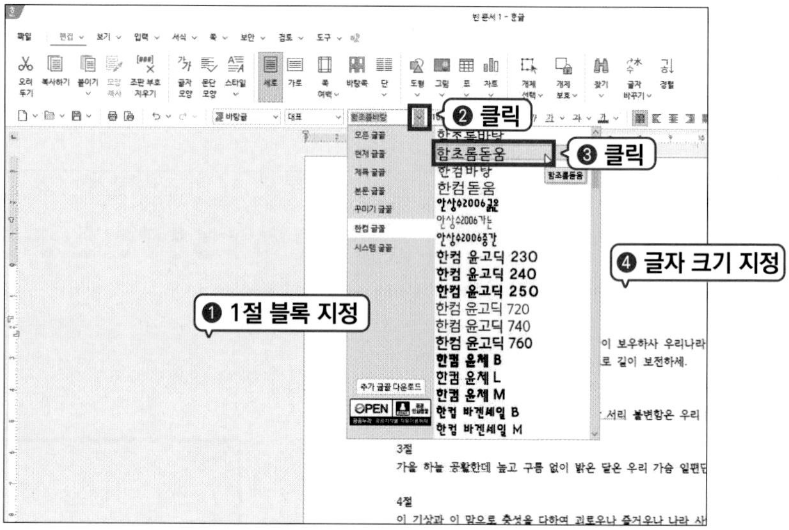

04 1절 가사 전체를 블록 지정하고 [글자 크기]를 '11pt', [줄 간격](160 %)을 '200'으로 정합니다.

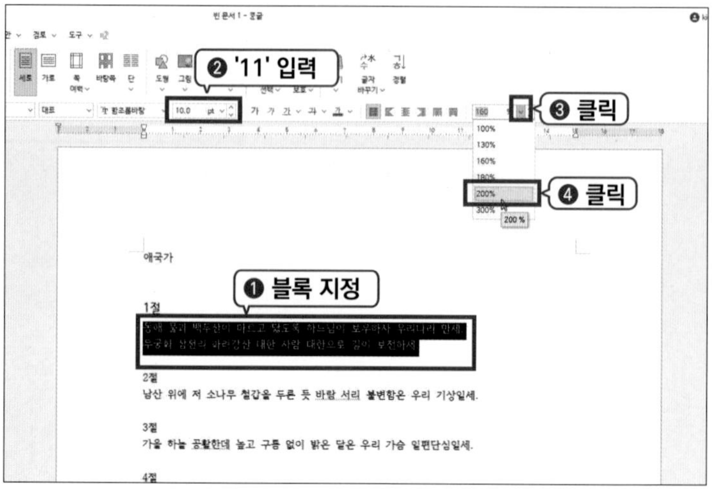

TIP

'글자 크기'나 '줄 간격' 같은 입력 상자는 목록에서 해당 내용을 선택해도 되지만 직접 숫자를 입력해도 됩니다.

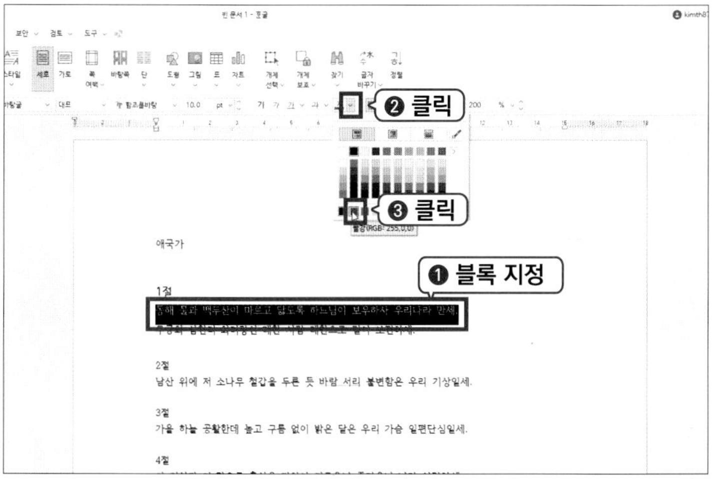

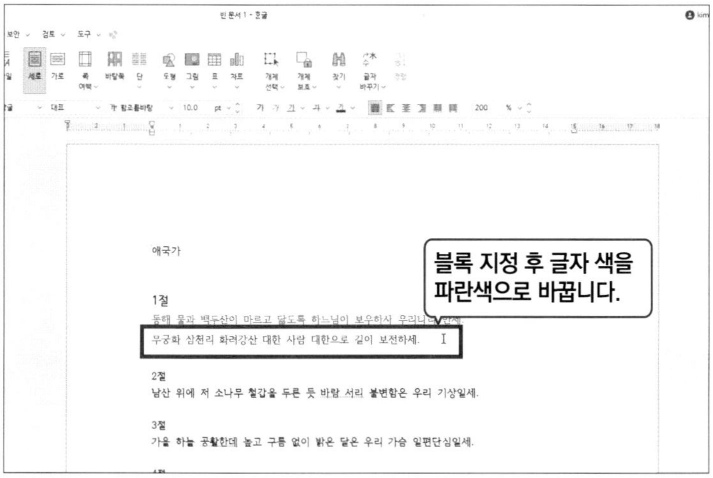

05 다음으로 1절 가사의 첫째 줄만 블록으로 지정하고 [글자 색](가)의 ⌄를 클릭해 색상 선택 상자가 나오면 빨간색을 클릭해 지정합니다. 1절 가사의 둘째 줄은 첫째 줄과 다르게 파란색으로 지정해줍니다.

TIP

'글자가 아닌 줄 전체를 블록으로 지정하고 싶을 때는 줄의 왼쪽 첫 글자 앞에서 마우스를 클릭하면 그 줄 전체가 블록으로 지정됩니다.

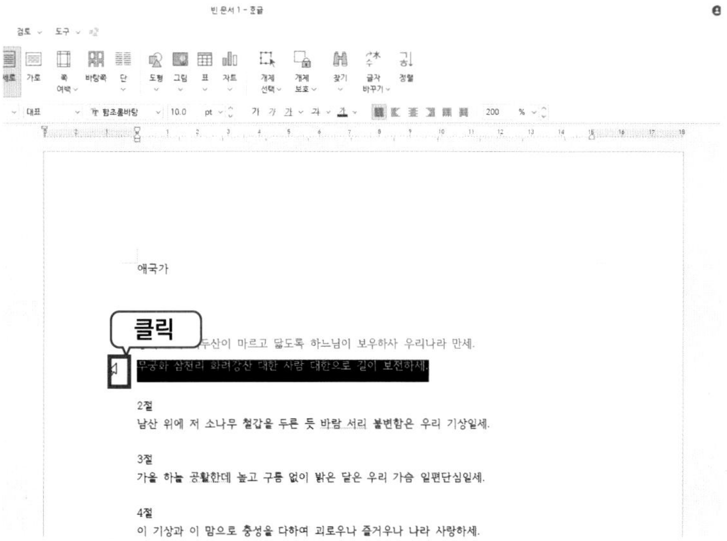

2 문단 가운데 정렬로 보기 좋게 바꾸기

문단 서식은 글자 일부가 아닌 문단 전체에 대해 지정되는 서식으로 정렬 방법(왼쪽, 오른쪽, 가운데 등)이나 줄 간격, 왼쪽/오른쪽 여백 등을 지정하는 기능입니다.

01 '애국가'부터 '1절'까지를 블록으로 지정하고 [서식] 탭에서 [문단 정렬]( )을 클릭해서 '가운데 정렬'을 선택합니다.

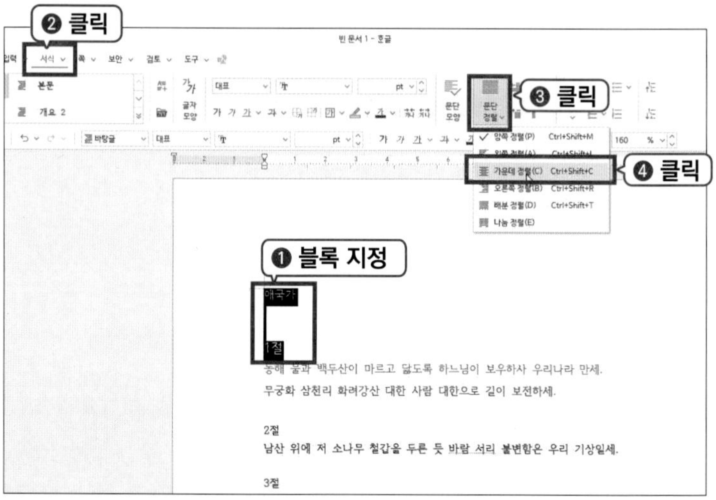

노트 가운데 정렬을 빨리 실행할 수 있는 단축키는 Ctrl + Shift + C 입니다.

TIP

[서식] 탭으로 이동하지 않고 도구 상자에 있는 에서 가운데 정렬을 선택해도 됩니다.

02 이번에는 1절 가사를 블록 지정하고 [편집]-[문단 모양]( )을 클릭하여 [문단 모양] 대화상자를 실행합니다.

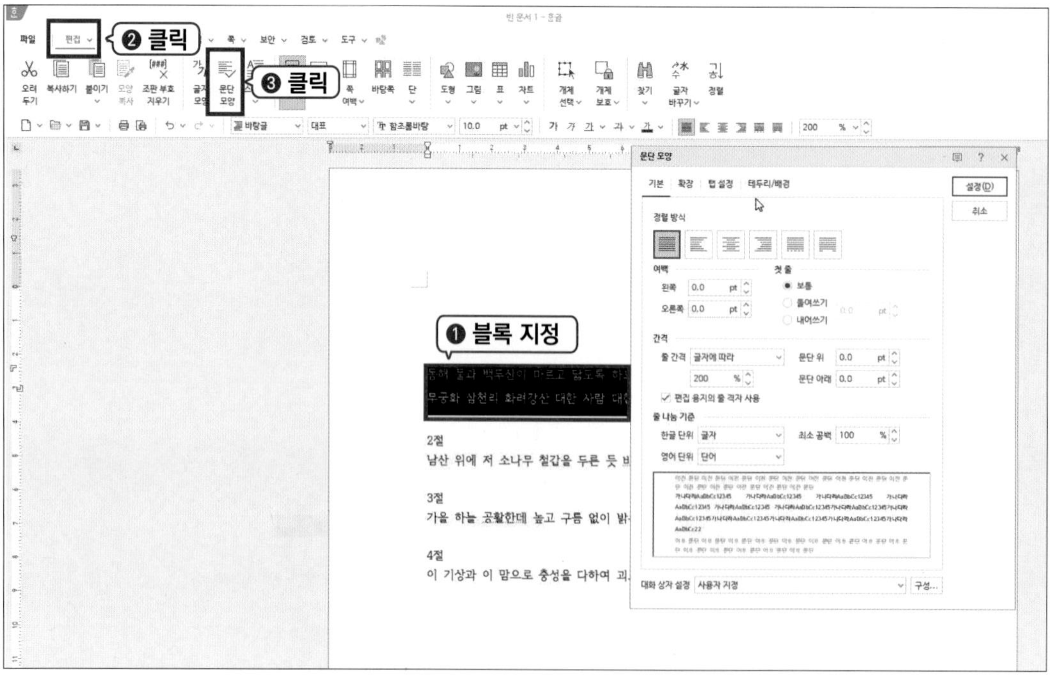

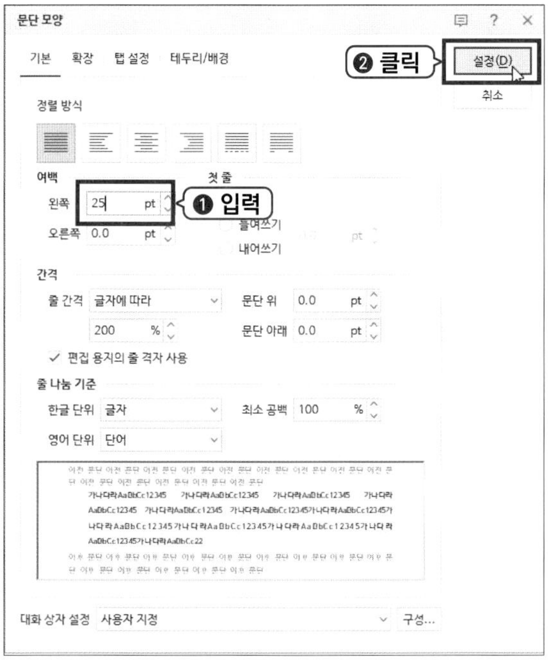

03 [여백]-[왼쪽] 항목을 '25'로 입력한 다음 [설정]을 클릭합니다.

TIP

[글자 모양]/[문단 모양] 대화상자

[서식] 탭을 이용해서 글자 및 문단 서식을 지정할 수 있지만 [편집] 탭에 있는 [글자 모양](가가)과 [문단 모양]( ) 대화상자를 이용하면 더 자세한 속성을 설정할 수 있습니다. 아니면 원하는 글자나 문단 위에서 마우스 오른쪽 버튼을 클릭하고 선택할 수도 있습니다.

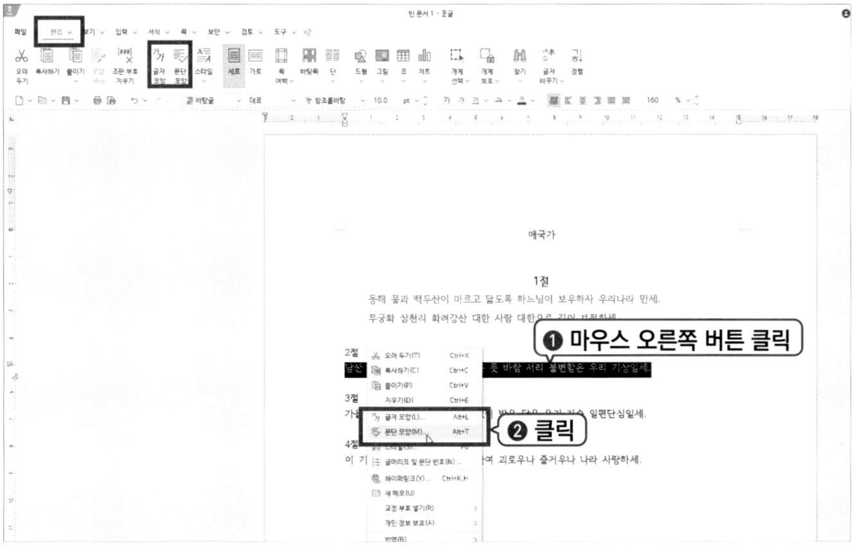

1. [글자 모양] 대화상자

❶ 장평 : 글자의 가로/세로 비율을 정하는 항목입니다. 장평이 100 이하면 세로가 가로보다 크고, 100보다 크면 가로가 세로보다 크게 됩니다.

〈장평 150%〉〈장평 80%〉

❷ 자간 : 글자와 글자 사이의 간격을 뜻합니다. 값이 작을수록 글자 사이가 좁고, 값이 클수록 글자 사이가 넓습니다.

〈자간-20〉〈자간 20〉

❸ 속성 : 각각 진하게, 기울임, 밑줄, 취소선, 외곽선, 그림자, 양각, 음각, 위 첨자, 아래 첨자, 보통 모양을 나타냅니다.

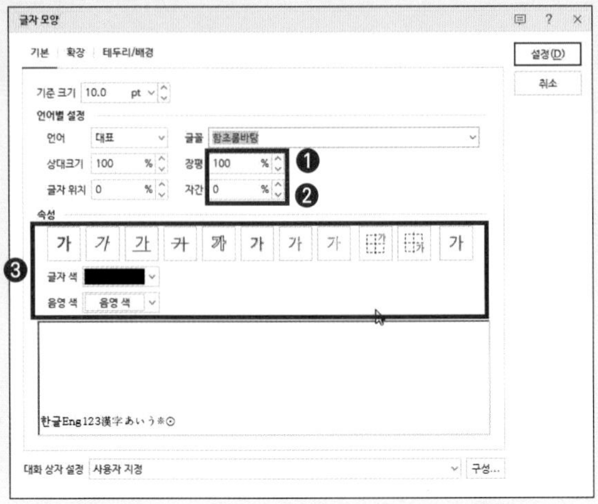

2. [문단 모양] 대화상자

❶ 여백 : 왼쪽과 오른쪽 여백을 정합니다. 여백을 준 만큼 공간을 두고 글자가 입력됩니다.

❷ 첫 줄 : 문단의 첫 줄을 다른 줄보다 들여쓸 것인지, 내어쓸 것인지를 선택하고 그 정도를 지정합니다.

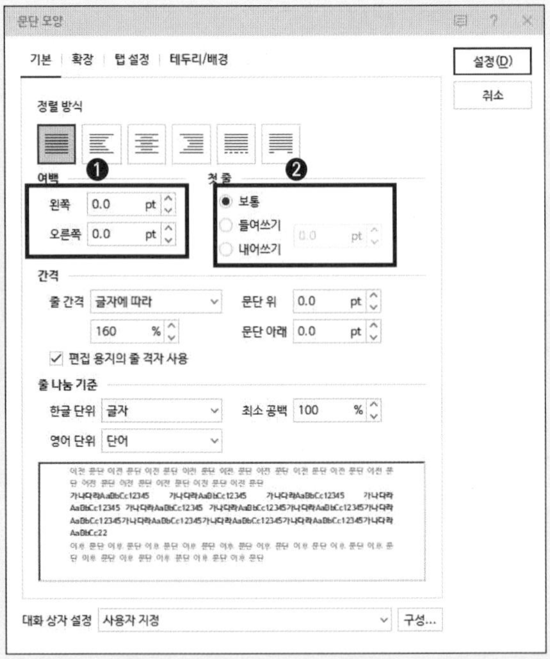

3 모양 복사 기능으로 글자/문단 모양 편리하게 바꾸기

앞서 지정한 서식을 그대로 복사하여 다른 문단에 쉽게 적용할 수 있는 모양 복사 기능을 이용해서 반복 작업을 쉽게 하는 방법을 알아보겠습니다.

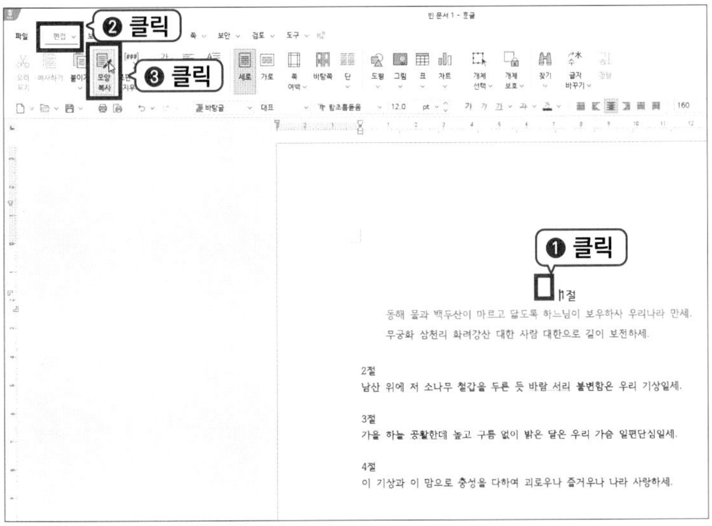

01 '1절' 행에 커서를 위치하고 [편집] 탭-[모양 복사]( )를 클릭합니다.

노트 모양 복사 단축키는 Alt + C 입니다.

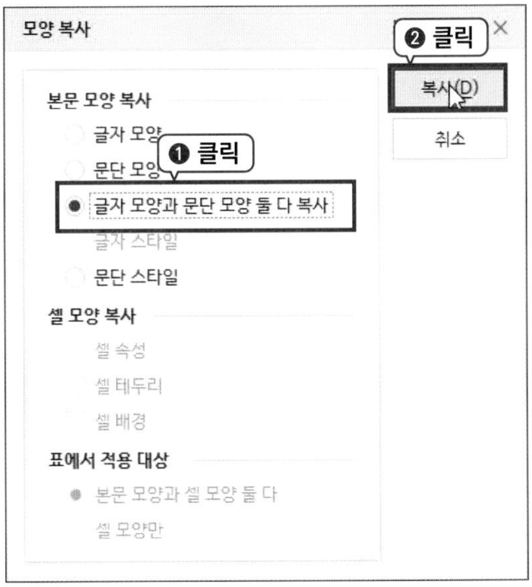

02 [모양 복사] 대화상자가 실행됩니다. [본문 모양 복사] 항목을 '글자 모양과 문단 모양 둘 다 복사'로 선택한 다음 [복사]를 클릭합니다.

03 '2절'을 블록으로 지정하고 다시 [편집]-[모양 복사]( )를 클릭하면 '1절'과 같은 서식이 '2절'에서 똑같이 적용되는 것을 확인할 수 있습니다. '3절', '4절'도 같은 방법(블록 지정 후 [편집]-[모양 복사] 클릭)으로 모양을 복사합니다.

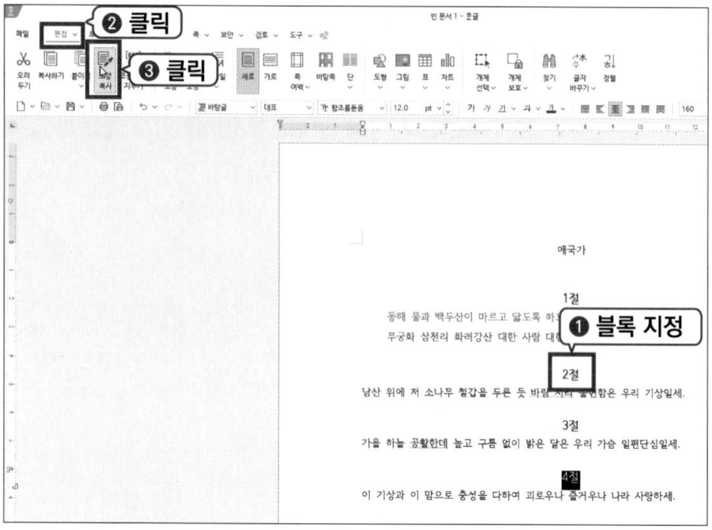
❷ 클릭
❸ 클릭
❶ 블록 지정
애국가
1절
2절
3절
4절
남산 위에 저 소나무 철갑을 두른 듯 바람 서리 불변함은 우리 기상일세.
가을 하늘 공활한데 높고 구름 없이 밝은 달은 우리 가슴 일편단심일세.
이 기상과 이 맘으로 충성을 다하여 괴로우나 즐거우나 나라 사랑하세.

04 이번에는 1절 가사 첫째 줄에 커서를 놓고 [편집]-[모양 복사]를 클릭한 후 [모양 복사] 대화상자에서 '글자 모양과 문단 모양 둘 다 복사'로 선택한 다음 [복사]를 클릭합니다.

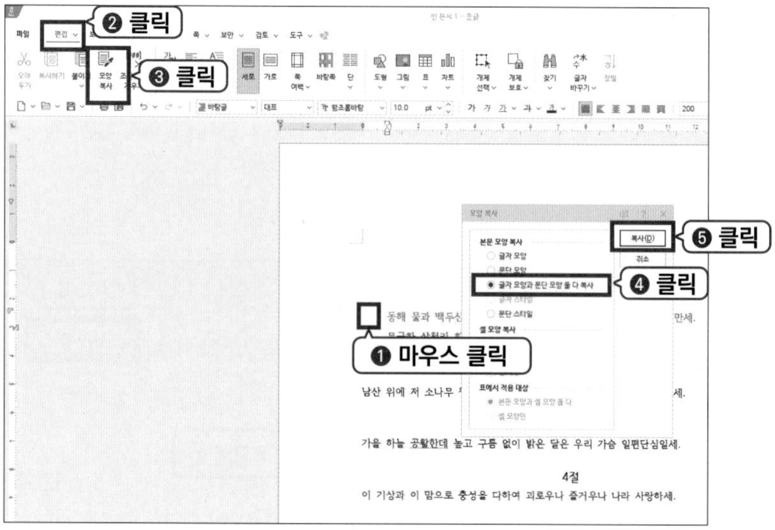
❷ 클릭
❸ 클릭
❺ 클릭
❹ 클릭
❶ 마우스 클릭
4절
가을 하늘 공활한데 높고 구름 없이 밝은 달은 우리 가슴 일편단심일세.
이 기상과 이 맘으로 충성을 다하여 괴로우나 즐거우나 나라 사랑하세.

05 2, 3, 4절 첫째 줄을 각각 블록 지정한 후 [편집]-[모양 복사]를 클릭하거나 단축키 Alt + C 를 누릅니다.

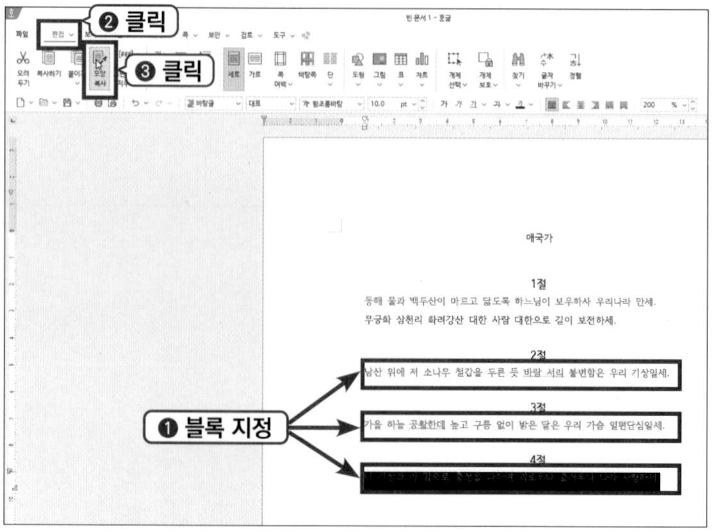
❷ 클릭
❸ 클릭
❶ 블록 지정
애국가
1절
2절
3절
4절

4 내용을 복사해서 붙여넣기

같은 내용이 반복될 때는 똑같은 내용을 여러 번 입력할 필요 없이 '복사-붙이기' 기능을 이용하면 편리합니다. 특히 해당 기능의 단축키는 자주 사용되므로 외워두는 게 좋습니다.

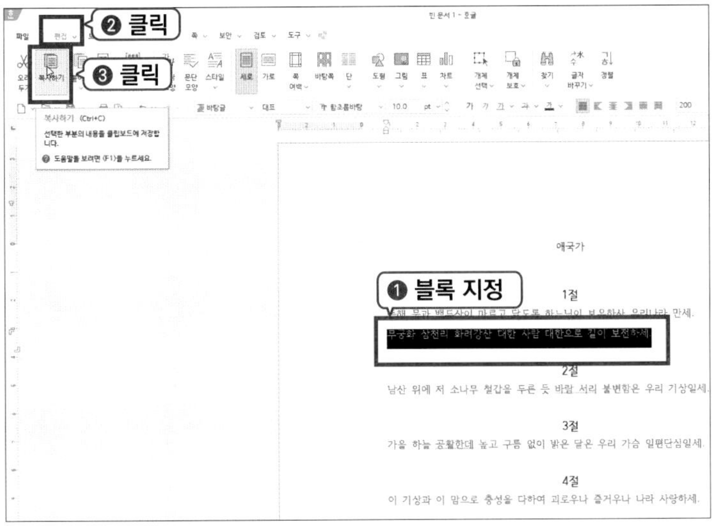

01 1절 후렴구를 블록 지정하고 [편집]-[복사하기]( )를 클릭합니다.

노트 복사하기의 단축키는 Ctrl + C 입니다. 이 단축키는 윈도우 등 거의 모든 프로그램에서도 사용되는 키이므로 반드시 외워두도록 합니다.

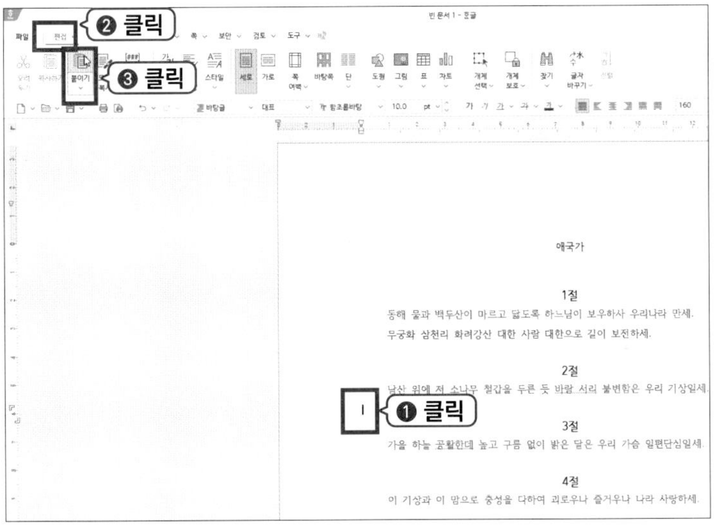

02 2절 가사 밑의 줄을 클릭하고 [편집]-[붙이기]( )를 클릭합니다.

노트 붙이기의 단축키는 Ctrl + V 입니다. 이 단축키는 윈도우 등 거의 모든 프로그램에서도 사용되는 키이므로 반드시 외워두도록 합니다.

03 3절과 4절은 복사하는 과정이 필요 없이 해당 위치에 커서를 놓고 [편집]-[붙이기]를 클릭하거나 단축키 Ctrl + V 를 누르면 복사해 두었던 내용이 붙여넣어집니다.

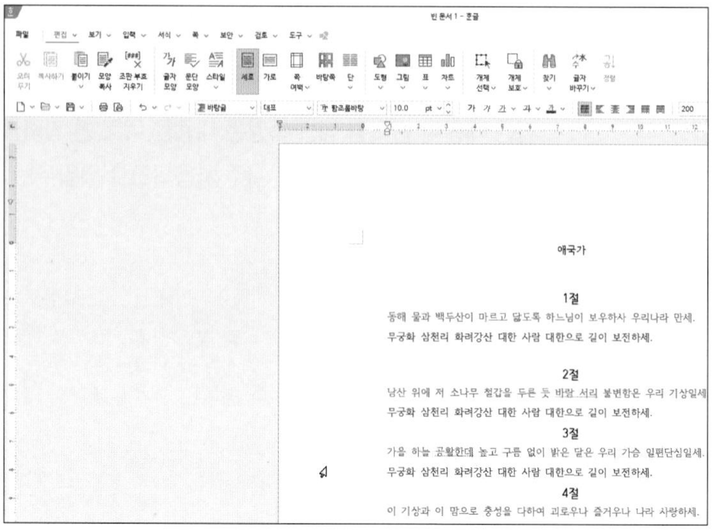
애국가
1절
동해 물과 백두산이 마르고 닳도록 하느님이 보우하사 우리나라 만세.
무궁화 삼천리 화려강산 대한 사람 대한으로 길이 보전하세.
2절
남산 위에 저 소나무 철갑을 두른 듯 바람 서리 불변함은 우리 기상일세
무궁화 삼천리 화려강산 대한 사람 대한으로 길이 보전하세.
3절
가을 하늘 공활한데 높고 구름 없이 밝은 달은 우리 가슴 일편단심일세.
무궁화 삼천리 화려강산 대한 사람 대한으로 길이 보전하세.
4절
이 기상과 이 맘으로 충성을 다하여 괴로우나 즐거우나 나라 사랑하세.

04 작업을 다 마쳤으므로 저장을 해보겠습니다. [파일]-[저장하기]를 클릭합니다.

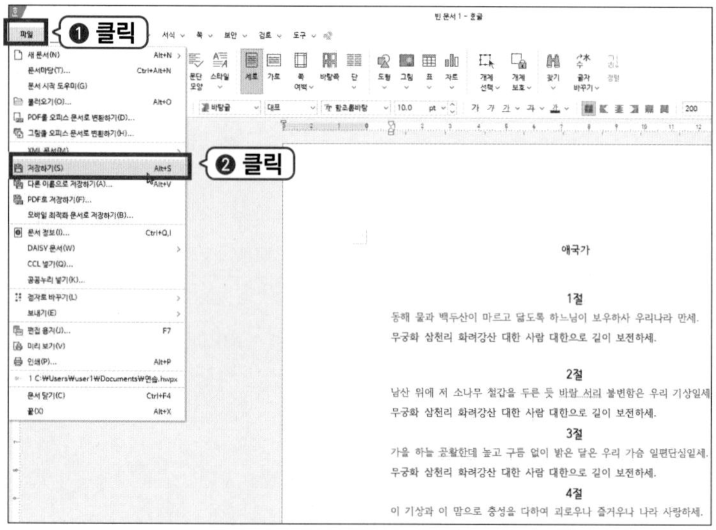
❶ 클릭
❷ 클릭

05 아래한글 연습 폴더를 새로 만들고 거기에 저장해보겠습니다. [다른 이름으로 저장하기] 대화상자가 나오면 [내 PC]-[Documents]를 클릭하고 [새 폴더]를 클릭합니다. 새 폴더가 생성되면 폴더 이름을 '아래한글 연습'이라고 입력하고 Enter 키를 누릅니다.

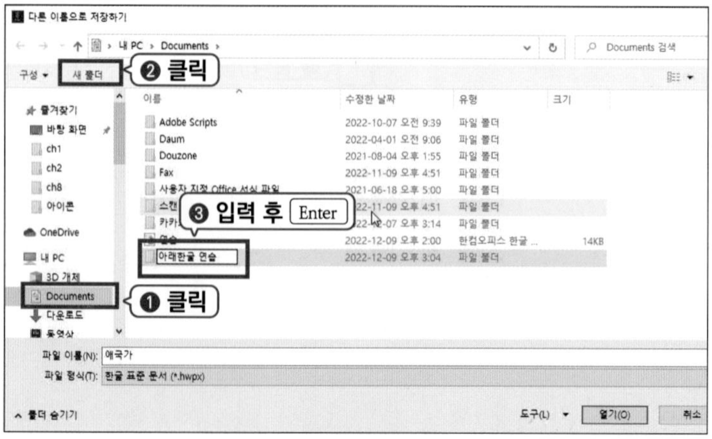
다른 이름으로 저장하기
❷ 클릭
❸ 입력 후 Enter
❶ 클릭
아래한글 연습
파일 이름(N): 애국가
파일 형식(T): 한글 표준 문서 (*.hwpx)

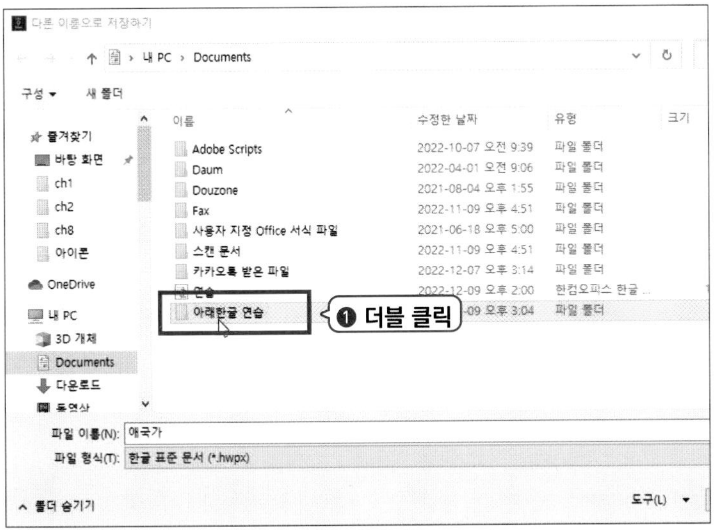

06 폴더 이름이 '아래한글 연습'으로 바뀌었습니다. 폴더를 더블 클릭합니다. [파일 이름] 입력란에 '애국가 4절까지'라고 입력하고 [저장]을 누릅니다.

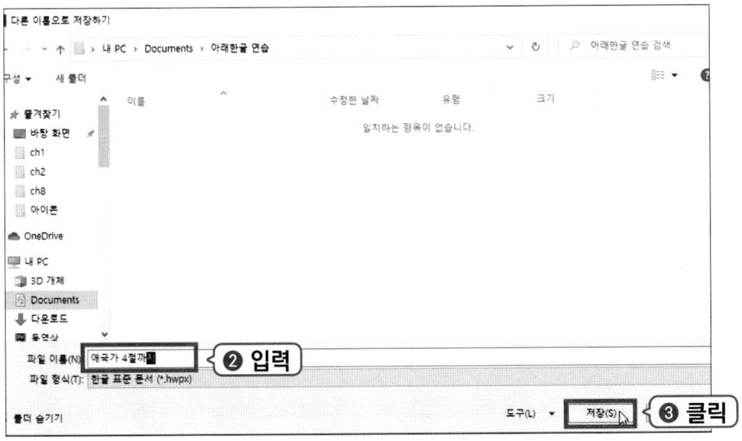

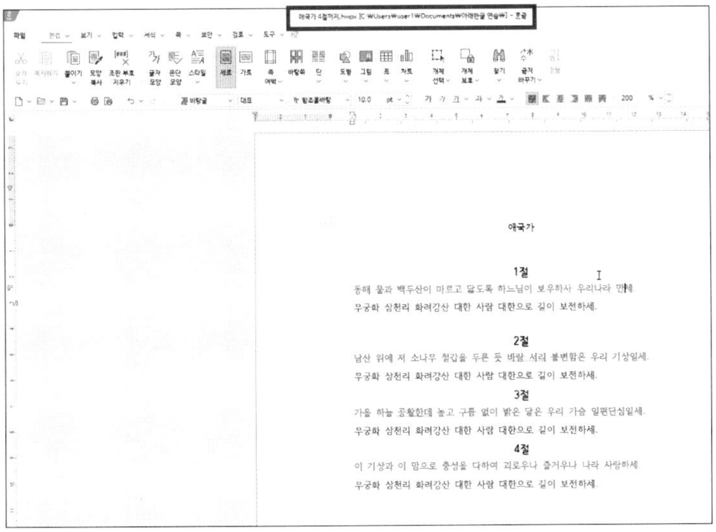

07 [제목 표시줄]에 파일 이름과 저장 위치가 나타나는 것을 볼 수 있습니다.

CHAPTER

03 모임 안내장 만들기

이번 챕터에서는 모임 안내장을 만들어보겠습니다. 글꼴 모양 바꾸기, 자간 조절하기, 문단 모양 바꾸기 등 기본적인 기능을 배워보도록 하겠습니다.

1 내용 입력 후 글꼴, 글자 크기, 정렬 방식 바꾸기

01 한글을 실행한 후 빈 문서에서 다음 내용을 입력합니다.

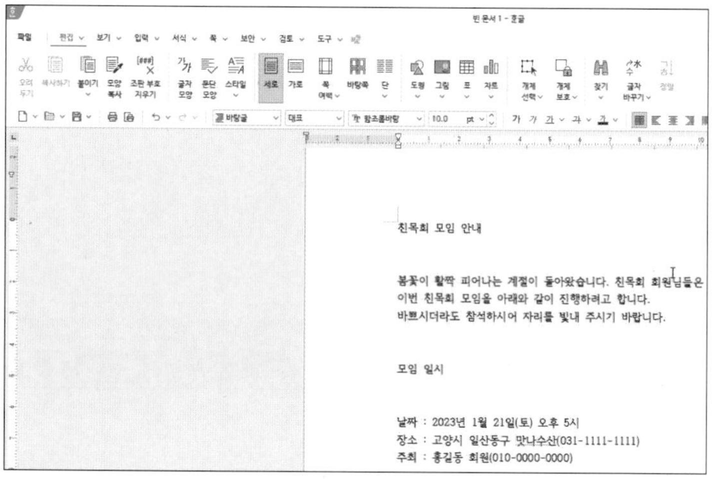
친목회 모임 안내
봄꽃이 활짝 피어나는 계절이 돌아왔습니다. 친목회 회원님들은
이번 친목회 모임을 아래와 같이 진행하려고 합니다.
바쁘시더라도 참석하시어 자리를 빛내 주시기 바랍니다.
모임 일시
날짜 : 2023년 1월 21일(토) 오후 5시
장소 : 고양시 일산동구 맛나수산(031-1111-1111)
주최 : 홍길동 회원(010-0000-0000)

친목회 모임 안내
Enter
Enter
봄꽃이 활짝 피어나는 계절이 돌아왔습니다. 친목회 회원님들은 잘 지내고 계신지요.
이번 친목회 모임을 아래와 같이 진행하려고 합니다.
바쁘시더라도 참석하시어 자리를 빛내 주시기 바랍니다.
Enter
Enter
모임 일시
Enter
Enter
날짜 : 2023년 1월 21일(토) 오후 5시
장소 : 고양시 일산동구 맛나수산(031-1111-1111)
주최 : 홍길동 회원(010-0000-0000)
Enter
Enter
친목회 회장 전우치

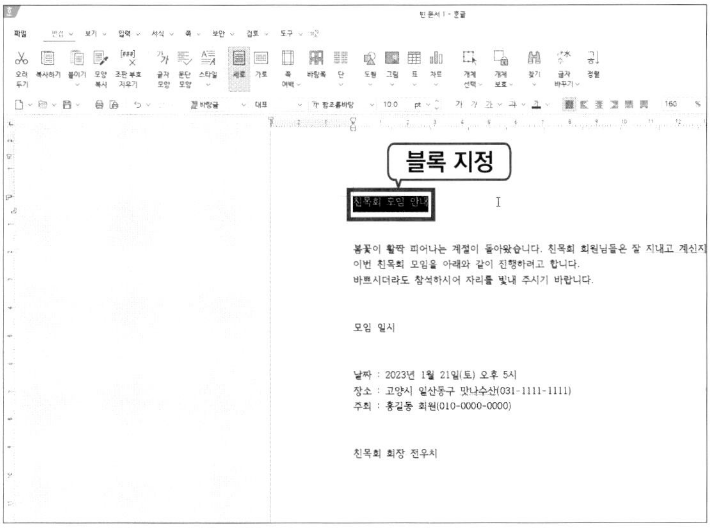

02 제목을 블록으로 설정합니다. 블록 설정은 앞 챕터에서 설명한 것처럼 첫 글자에서 마우스 왼쪽 버튼을 누른 채로 마지막 글자까지 드래그하면 됩니다. 또는 제목 왼쪽 부분에서 마우스를 클릭해도 블록으로 지정됩니다.

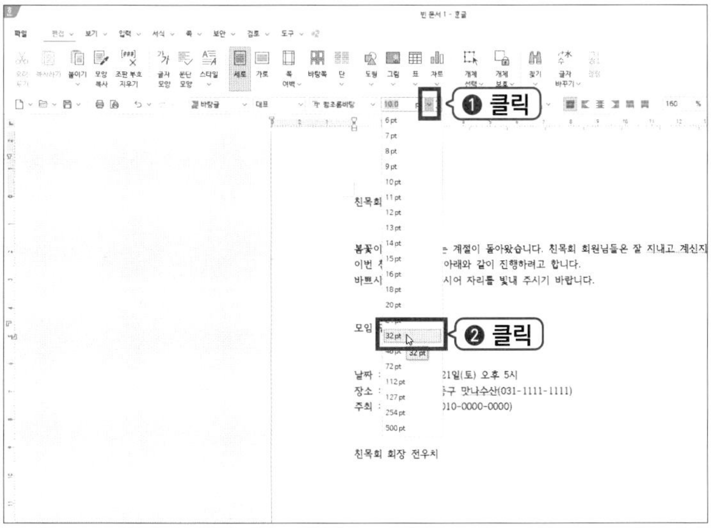

03 [글자 크기]의 ∨를 클릭해서 알맞은 크기를 선택합니다. 이 예제에서는 32pt로 선택했지만 글자 크기는 각자가 원하는 크기로 지정하면 됩니다.

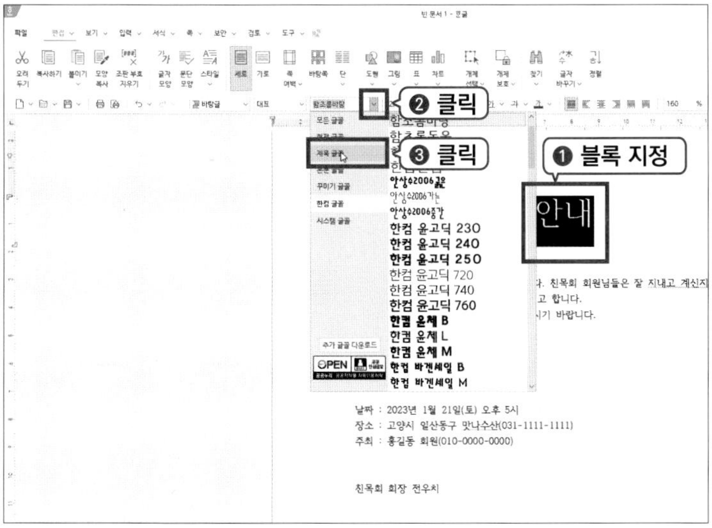

04 이번에는 글자 모양을 바꿔보도록 하겠습니다. 제목을 블록으로 지정한 후 [글꼴]의 ∨ 을 클릭하고 왼쪽에서 [제목 글꼴]을 클릭합니다.

TIP

꼭 제목 글꼴 안에서 글자 모양을 선택할 필요는 없습니다. 일반적으로 많이 쓰이는 글꼴을 각 범주별로 나누어놓은 것이기 때문에 각자 마음에 드는 글꼴을 사용하면 됩니다.

05 [제목 글꼴]을 클릭하면 나타나는 글꼴 중에서 '궁서'를 클릭합니다.

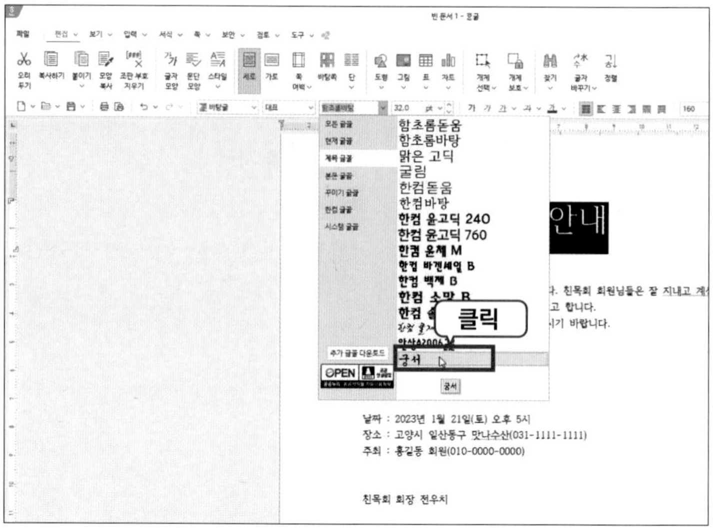

06 이제 제목 위치를 페이지 가운데에 놓이게끔 바꾸어보도록 하겠습니다. 블록으로 지정된 상태에서 정렬 방식 중 [가운데 정렬]( ) 을 클릭합니다.

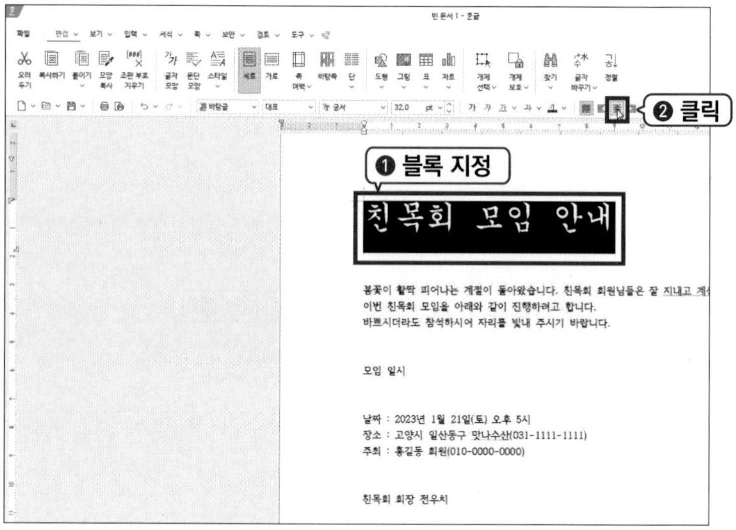

TIP

메뉴 위에 마우스를 살짝 올려놓으면 메뉴 기능과 도움말이 나타납니다. 메뉴가 익숙하지 않은 경우는 차례대로 마우스를 올려놓으면서 자신이 원하는 기능이 맞는지 확인한 후 클릭하면 됩니다.

2 블록 설정 후 글자 크기와 글꼴 바꾸기

본문의 내용을 블록으로 설정한 후 글자 크기, 글꼴을 전체적으로 바꾸어보겠습니다.

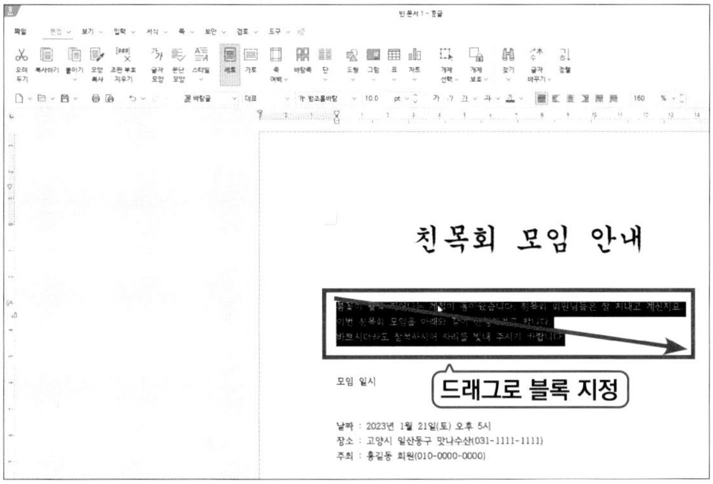

01 본문 맨 앞에서 마우스 왼쪽 버튼을 클릭한 채로 본문 끝까지 드래그해서 전체를 블록으로 설정합니다.

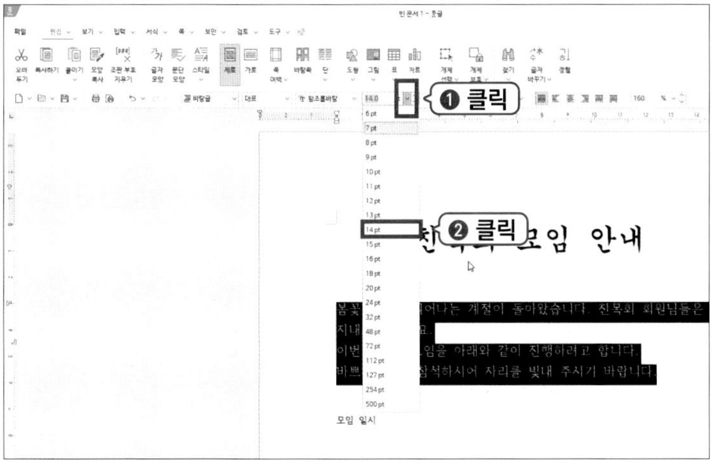

02 본문을 블록으로 설정한 후 글자 크기를 '14 pt'로 지정합니다.

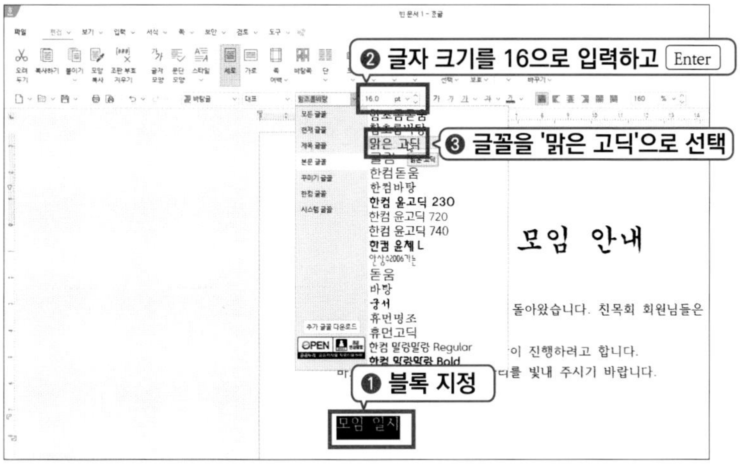

03 '모임 일시'를 블록으로 지정하고 [글자 크기]를 '16pt', [글꼴]을 '맑은 고딕'으로 선택합니다.

04 '모임 일시' 글자를 좀 더 잘 보이게 하고 싶다면 [글꼴 크기] 지정 옆에 나오는 [진하게](**가**)를 클릭합니다. 그러면 글자에 볼드 처리가 되어서 글자가 진하게 표현됩니다.

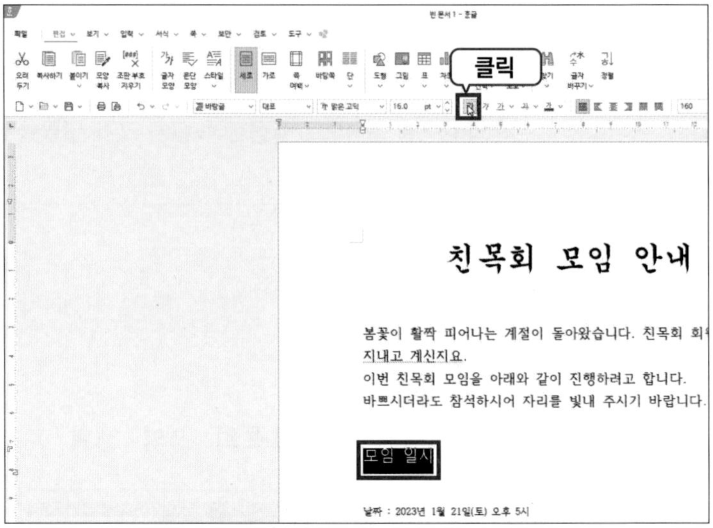
클릭
친목회 모임 안내
봄꽃이 활짝 피어나는 계절이 돌아왔습니다. 친목회 회
지내고 계신지요.
이번 친목회 모임을 아래와 같이 진행하려고 합니다.
바쁘시더라도 참석하시어 자리를 빛내 주시기 바랍니다.
모임 일시
날짜 : 2023년 1월 21일(토) 오후 5시

05 '모임 일시' 역시 제목과 마찬가지로 [가운데 정렬]을 클릭해서 글자 위치를 이동시켜줍니다.

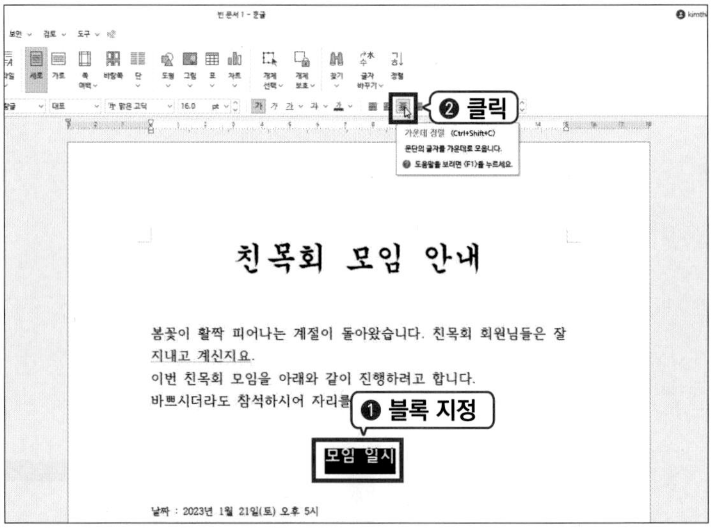
❷ 클릭
친목회 모임 안내
봄꽃이 활짝 피어나는 계절이 돌아왔습니다. 친목회 회원님들은 잘
지내고 계신지요.
이번 친목회 모임을 아래와 같이 진행하려고 합니다.
바쁘시더라도 참석하시어 자리를
❶ 블록 지정
모임 일시
날짜 : 2023년 1월 21일(토) 오후 5시

06 모임 일시 밑에 있는 내용을 블록으로 지정한 후 [글자 크기]는 '14pt', [글꼴]은 '함초롬바탕'을 선택합니다.

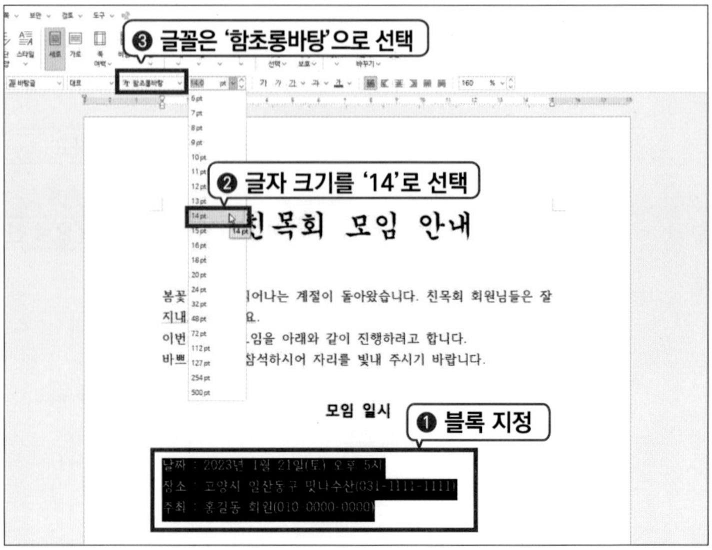
❸ 글꼴은 '함초롬바탕'으로 선택
❷ 글자 크기를 '14'로 선택
친목회 모임 안내
모임 일시
❶ 블록 지정

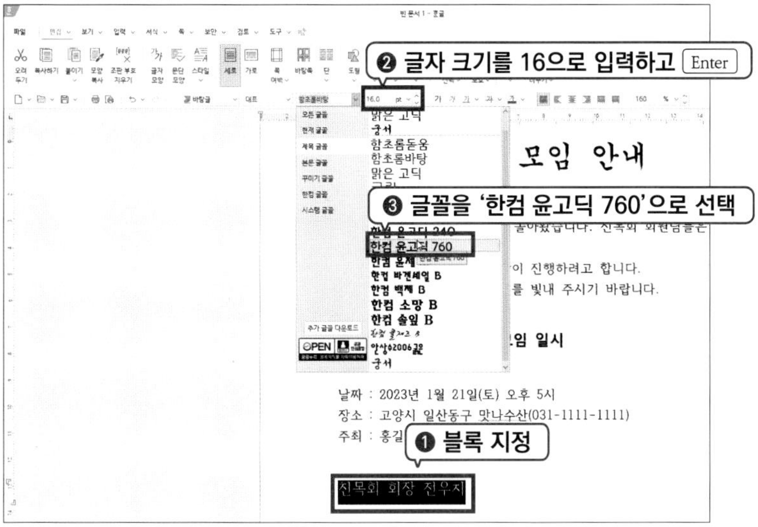

07 마지막 줄을 블록으로 지정한 후 [글자 크기]는 '16pt', [글꼴]은 '한컴 윤고딕 760'으로 지정합니다.

TIP

글자 크기와 글꼴은 독자 여러분 각자의 취향에 맞게 원하는 대로 선택하면 됩니다. 그리고 글꼴은 사용자의 컴퓨터에 따라 다르게 나타날 수 있습니다.

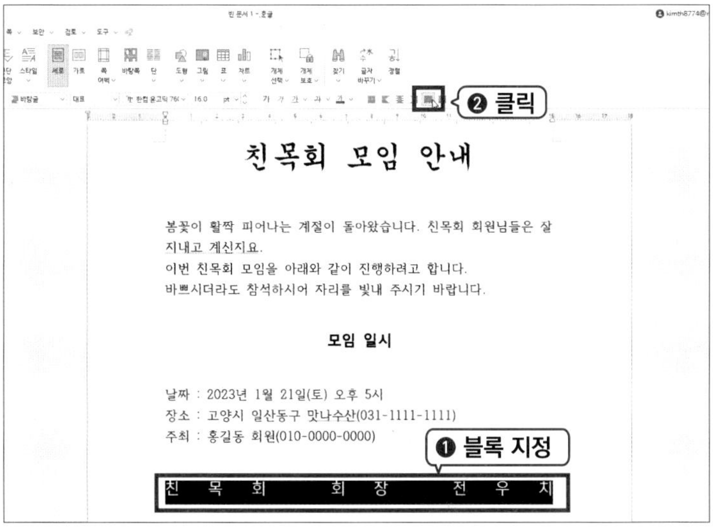

08 블록이 지정된 상태에서 글자 정렬 방식에서 [배분 정렬]( )을 선택합니다.

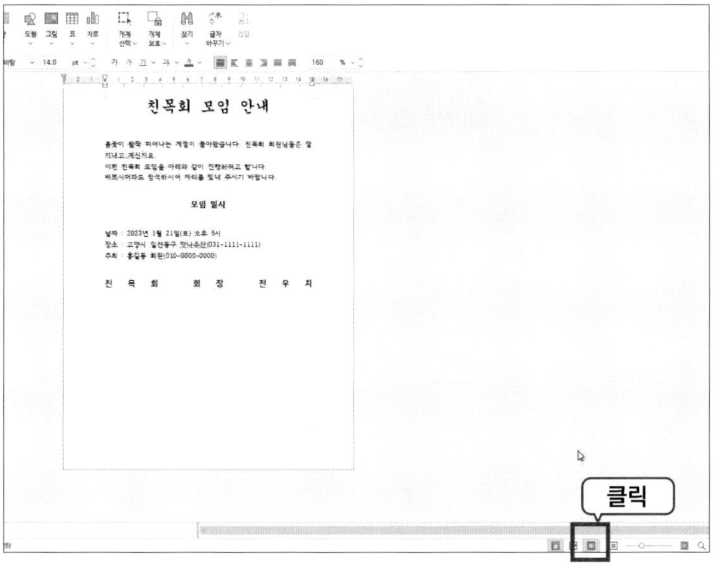

09 마지막으로 [쪽 맞춤]( )을 클릭합니다.

TIP

[쪽 맞춤]을 클릭하면 현재 작업 중인 용지의 크기 전체를 볼 수 있습니다.

3 줄 간격 조절하기

문장의 줄 간격을 조절해서 편집 용지에 맞게 배열해 보도록 하겠습니다.

01 제목의 앞쪽을 마우스 왼쪽 버튼으로 클릭한 채로 문서 끝까지 드래그해서 내용 전체를 블록으로 설정합니다.

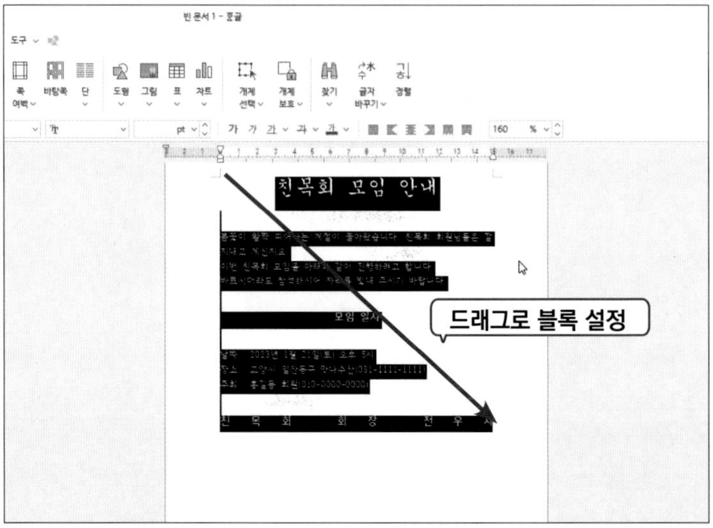

02 [줄 간격] 입력란을 클릭하고 '250'을 입력한 후 Enter 키를 누릅니다.

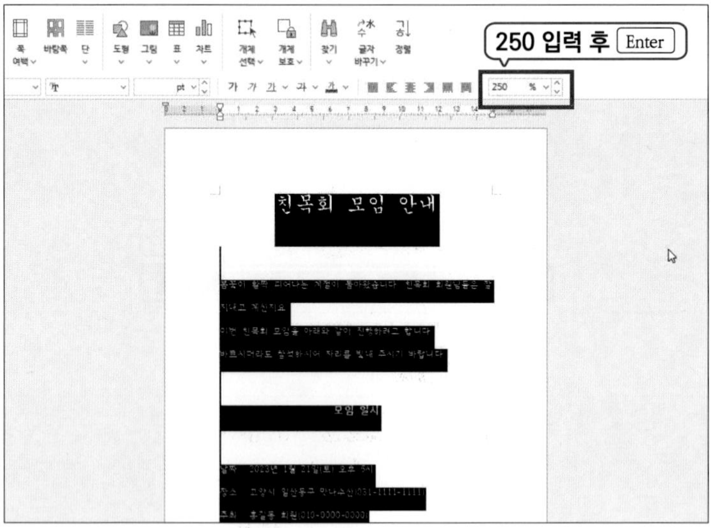

4 글자 색깔 바꿔보기

글자별로 색을 지정해서 문서를 꾸며보겠습니다.

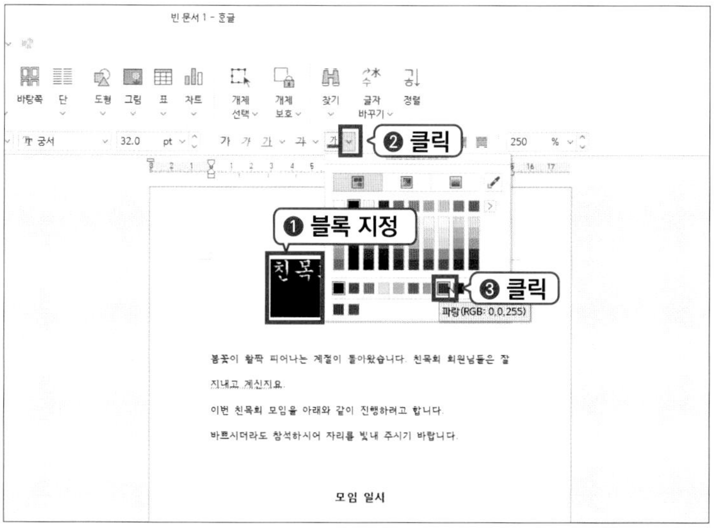

01 제목을 블록으로 지정하고 [글자 색](가)의 ∨를 클릭하면 색상 배열표가 나옵니다. 여기서 각자 원하는 색깔을 클릭하면 됩니다. 예제에서는 파란색을 지정했습니다.

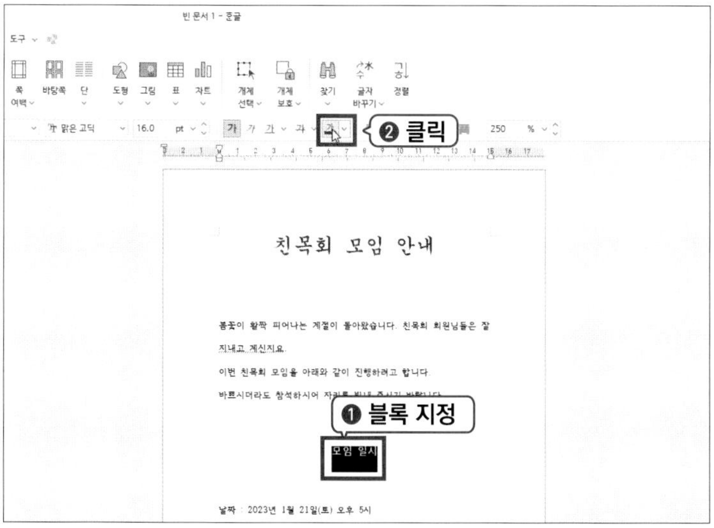

02 '모임 일시'를 블록으로 지정하고 [글자 색]을 누르면 앞에서 선택했던 색깔이 그대로 지정되는 것을 볼 수 있습니다.

TIP

한 번 글자 색을 지정한 후 다시 [글자 색]을 클릭하면 앞에서 지정했던 색으로 자동으로 선택됩니다.

03 '날짜'와 '장소', '주최'를 각각 블록으로 설정한 후 글자 색을 빨간색으로 바꾸어보도록 합니다.

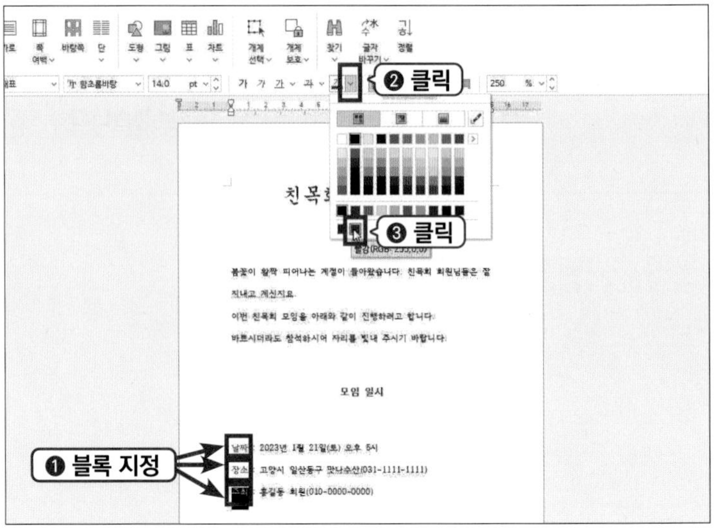

04 원하는 색상 지정을 모두 마쳤으면 [미리보기](🖨)를 클릭해서 이상이 없는지 살펴보도록 합니다.

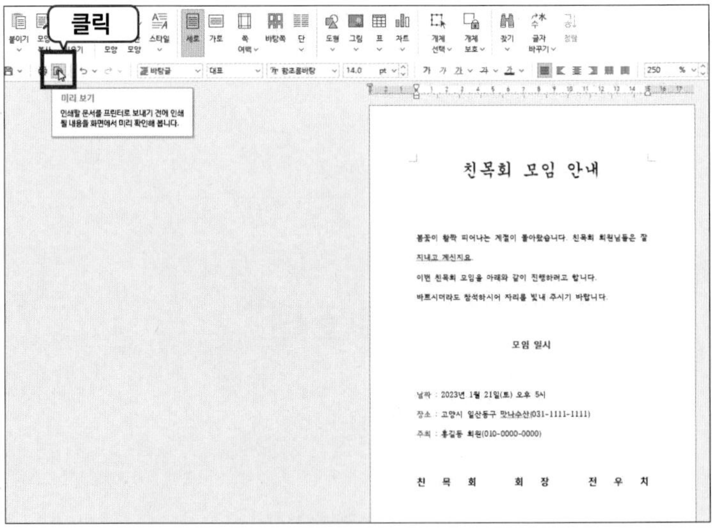

05 미리보기를 통해 작업한 내용을 살펴본 후 [닫기](⊗)를 클릭해서 미리보기 화면에서 나갑니다.

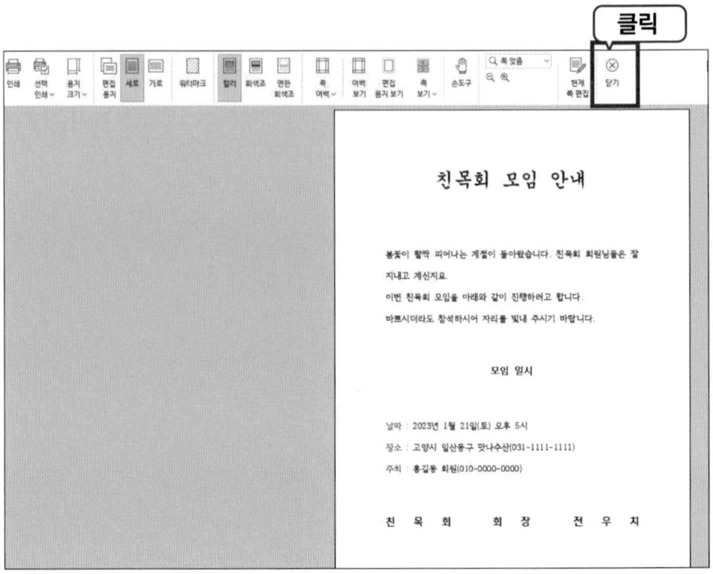

06 지금까지 작업한 문서를 저장하고 마치도록 하겠습니다. 상자 도구의 [저장하기]( )를 누르거나 [파일]-[저장하기]를 클릭해서 파일을 저장합니다.

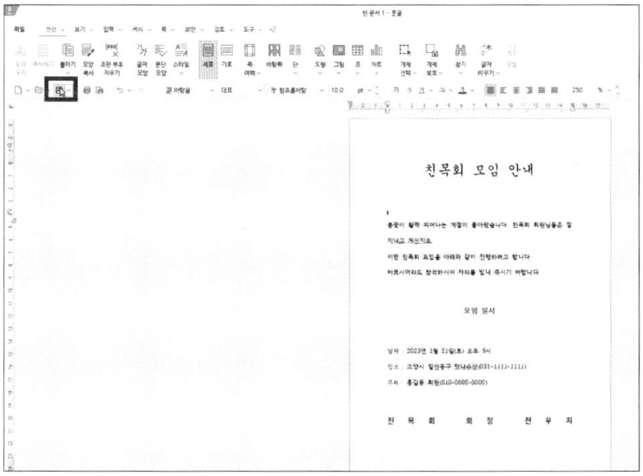

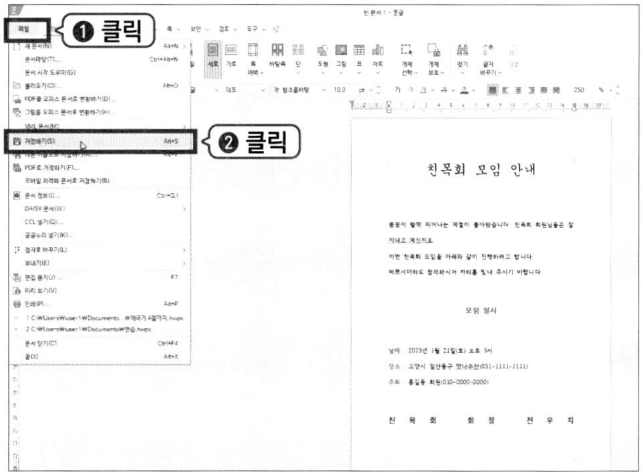

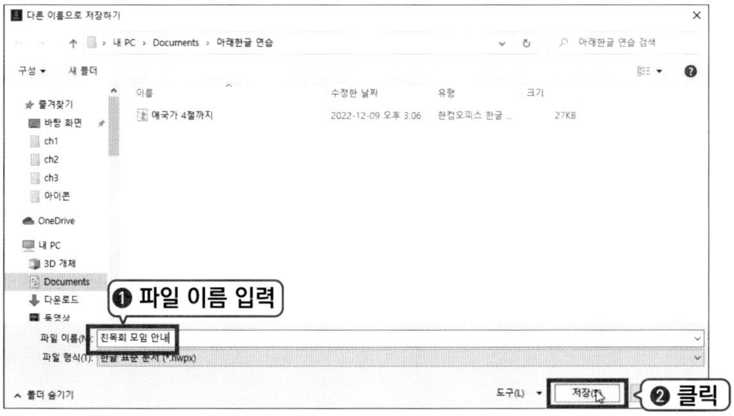

07 [저장하기] 대화상자가 나오면 저장할 폴더를 지정하고 파일 이름을 입력하고 [저장]을 클릭합니다. 예제에서는 파일 이름을 '친목회 모임 안내'라고 입력했습니다.

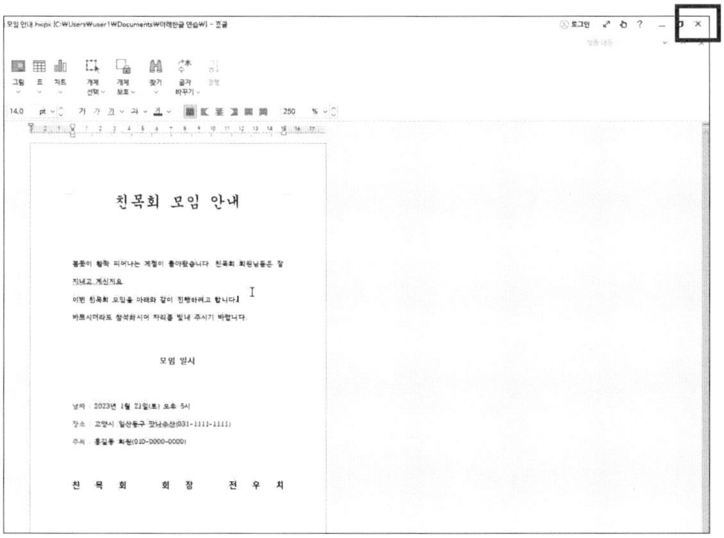

08 저장이 끝났으면 [닫기](×)를 눌러 한글 프로그램을 종료합니다.

CHAPTER

04 시집 만들기

이번 챕터에서는 편집 용지의 방향을 바꾸고 여백을 설정한 후 시를 입력하고 한글 2022에서 기본으로 제공하는 그림을 넣어보겠습니다.

1 용지 방향 지정하고 여백 설정하기

편집 용지 방향을 세로 방향이 아닌 가로 방향으로 설정해보는 연습을 하겠습니다.

01 한글 2022를 실행한 후 [편집] 탭의 도구 상자에서 [가로]( )를 클릭합니다. 그러면 편집 용지가 세로가 아닌 가로 방향으로 바뀌게 됩니다.

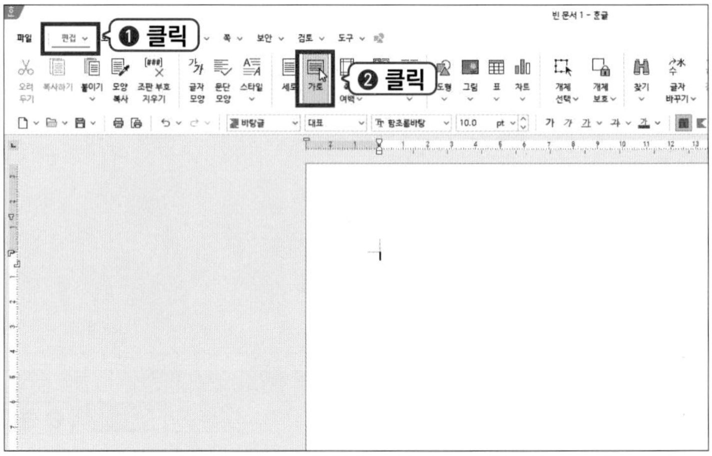

02 다음에 [가로] 메뉴 바로 옆에 있는 [쪽 여백]( )을 클릭하고 맨 밑에 있는 '쪽 여백 설정'을 선택합니다.

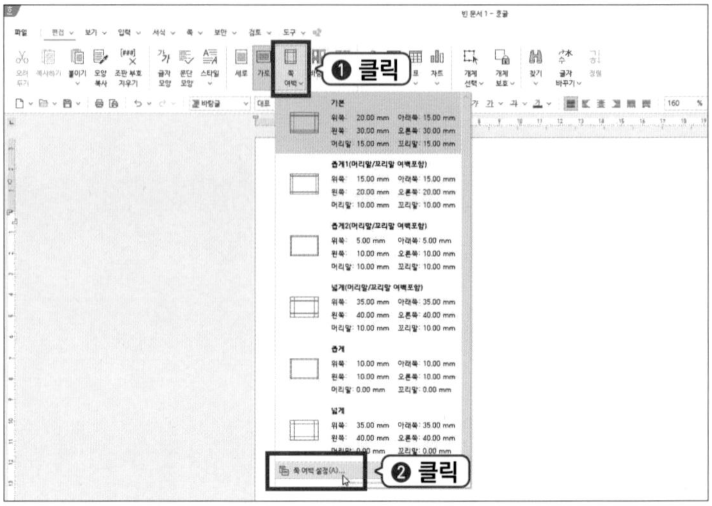

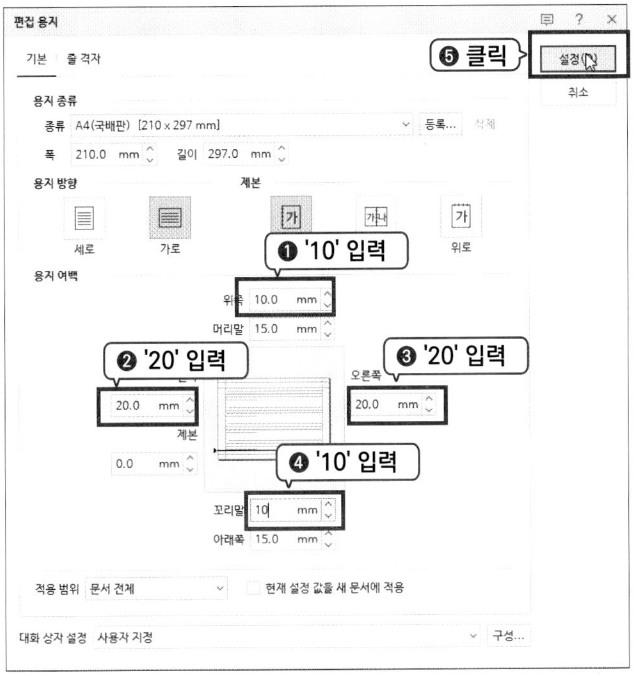

03 [편집 용지] 설정 대화상자가 나오면 '위쪽'은 10, '왼쪽'은 20, '오른쪽' 20, '꼬리말' 10을 직접 입력한 후 [설정]을 클릭합니다.

2 내용 입력하고 그림 넣기

문서에 시를 입력하고 한글을 한자로 바꾸는 방법과 그림을 넣는 방법을 알아보도록 하겠습니다.

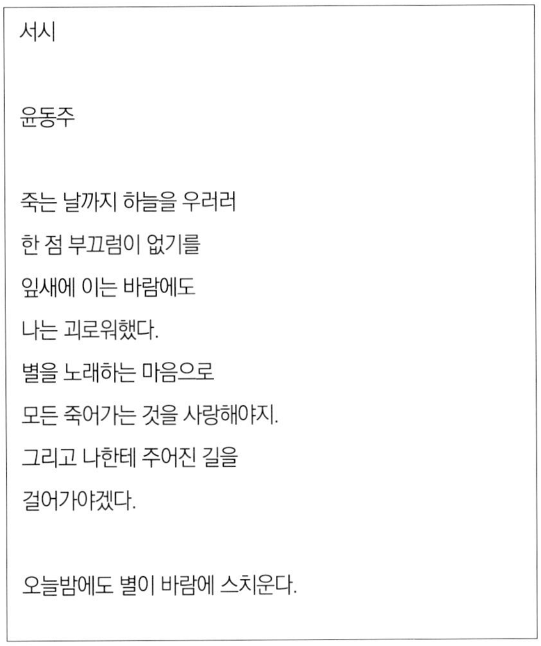
서시

윤동주

죽는 날까지 하늘을 우러러
한 점 부끄럼이 없기를
잎새에 이는 바람에도
나는 괴로워했다.
별을 노래하는 마음으로
모든 죽어가는 것을 사랑해야지.
그리고 나한테 주어진 길을
걸어가야겠다.

오늘밤에도 별이 바람에 스치운다.

01 윤동주 시인의 서시를 입력합니다.

02 [편집] 탭에서 [그림]( ) 아래의 를 클릭합니다. [그리기마당]을 클릭합니다.

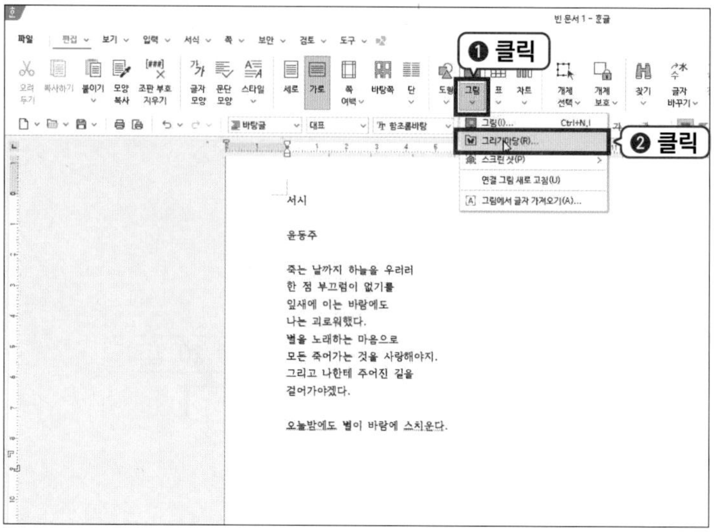

03 그리기마당 대화상자가 나오면 오른쪽의 [클립아트 다운로드]를 클릭합니다.

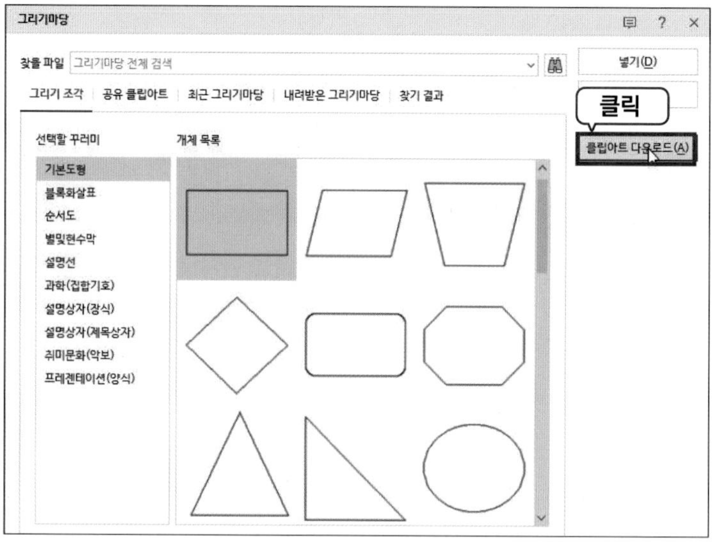

04 [그리기 조각]을 클릭하고 검색 창에 '여름'을 입력하고 Enter 키를 누릅니다. 여름날에 마우스를 대고 [내려받기]( ) 를 클릭합니다.

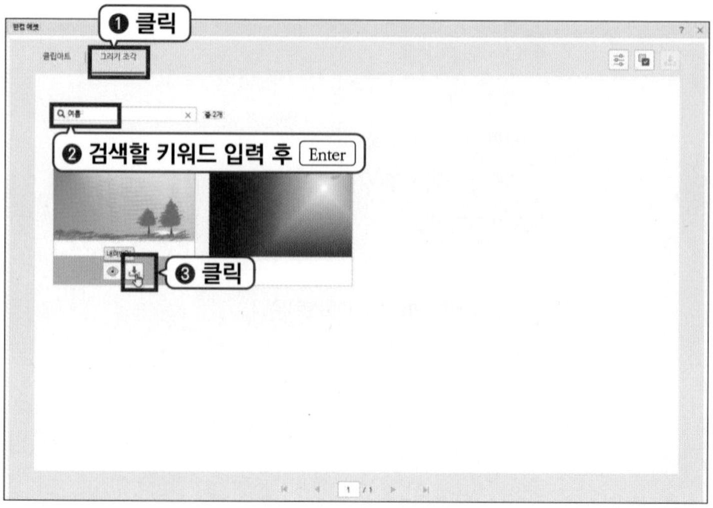

TIP

다른 이미지를 검색해도 되고 페이지를 넘기면서 원하는 이미지를 하나씩 골라봐도 됩니다.

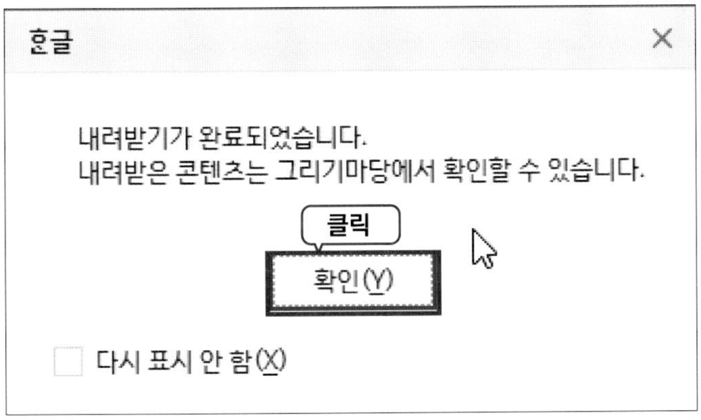

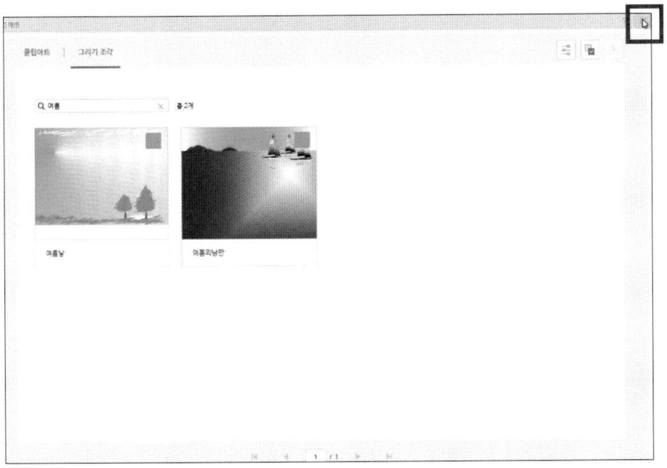

05 내려받기가 완료되었다는 메시지가 뜨면 [확인]을 클릭하고 [닫기](×)를 클릭합니다.

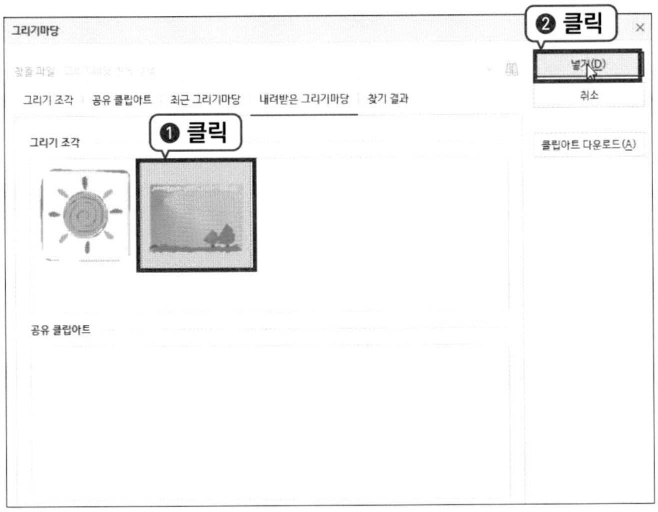

06 다운로드받은 그림을 클릭하고 [넣기] 버튼을 클릭합니다.

07 [넣기] 버튼을 누르면 마우스 커서 모양이 십자가 형태로 바뀌게 됩니다. 그림 넣을 위치의 시작점을 마우스 왼쪽 버튼으로 클릭한 채로 드래그해서 그림 크기가 적당하다 싶으면 마우스 버튼에서 손을 떼면 됩니다.

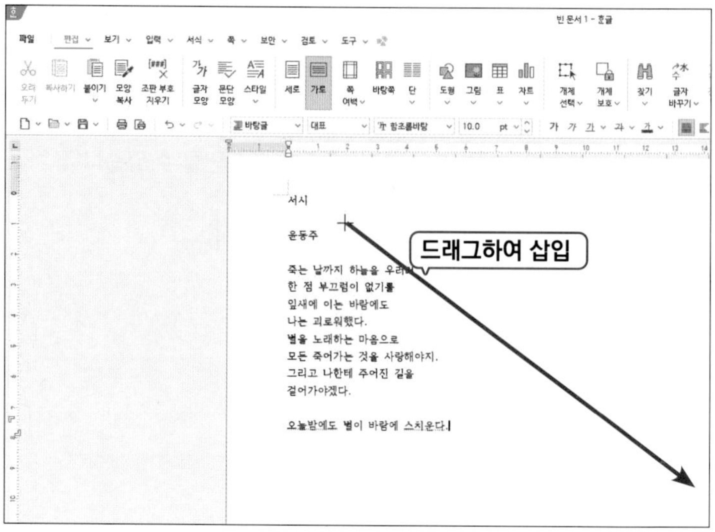
드래그하여 삽입
서시
윤동주
죽는 날까지 하늘을 우러러
한 점 부끄럼이 없기를
잎새에 이는 바람에도
나는 괴로워했다.
별을 노래하는 마음으로
모든 죽어가는 것을 사랑해야지.
그리고 나한테 주어진 길을
걸어가야겠다.
오늘밤에도 별이 바람에 스치운다.

08 그림이 나타나면 그림의 크기 조절 아이콘을 마우스로 클릭해서 원하는 크기가 되도록 조정해줍니다. 최대한 크게 해주는 것이 좋습니다.

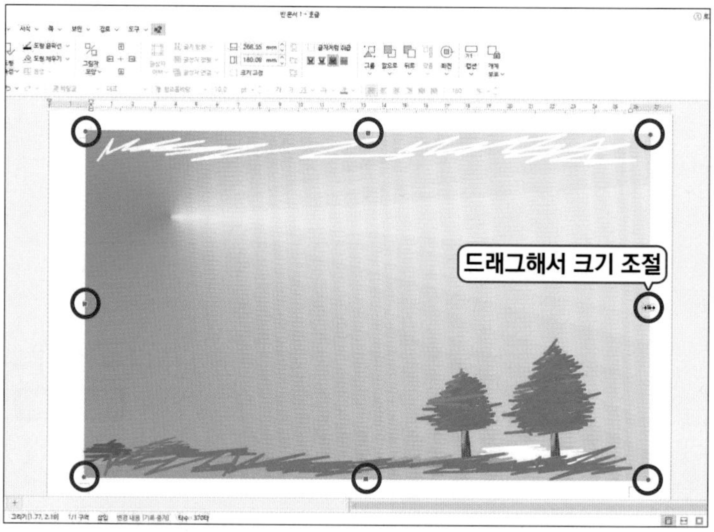
드래그해서 크기 조절

09 그림 위에서 마우스 오른쪽 버튼을 클릭하면 메뉴가 나타나는데 여기서 [개체 속성]을 선택합니다.

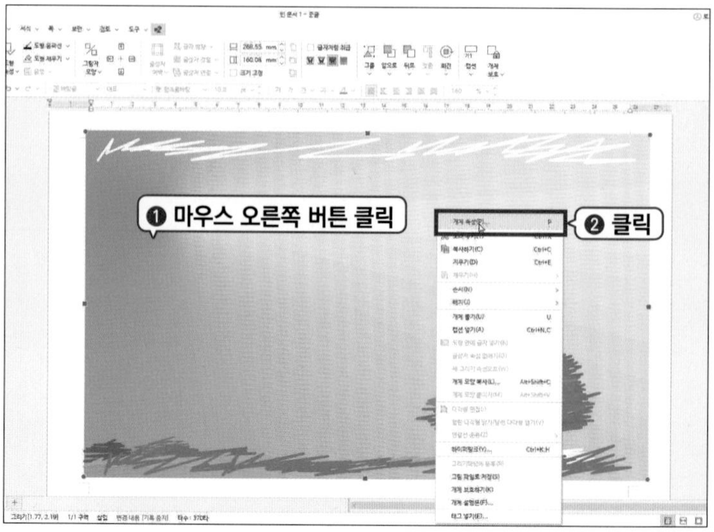
❶ 마우스 오른쪽 버튼 클릭
❷ 클릭

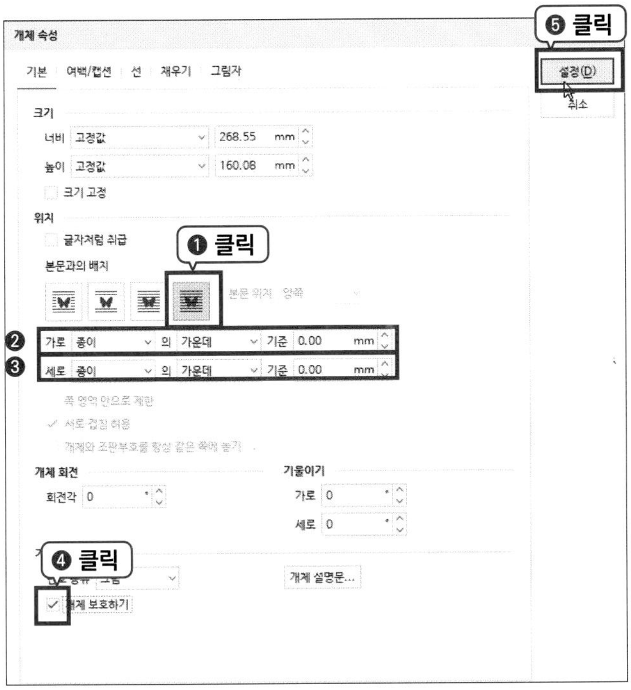

10 [개체 속성] 대화상자에서 ❶ '본문과의 배치'를 '글 뒤로' 지정하고 ❷ '가로' 옵션은 '종이', '가운데'로 지정합니다. ❸ '세로' 옵션 역시 '종이', '가운데'로 지정하고 ❹ 맨 밑에 있는 '개체 보호하기'를 체크합니다. ❺ 옵션 지정이 다 끝났으면 [설정]을 클릭합니다.

TIP

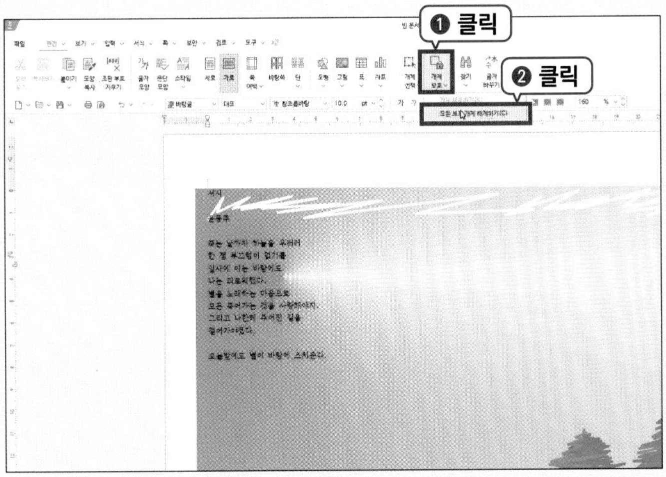

'개체 보호하기'를 체크하면 그림 위치가 고정된 상태로 되기 때문에 이리저리 움직이지 못합니다. 혹시 그림 위치나 크기를 조절하고 싶으면 '개체 보호'를 누른 후 '모든 보호 개체 해제하기'를 선택한 후 그림 위에서 마우스 버튼을 클릭하면 됩니다.

3 글꼴, 글자 크기를 지정한 후 문단 정렬 및 여백 주기

입력한 문단을 가운데로 정렬한 후 글자의 크기와 글꼴을 바꿔보겠습니다.

01 내용 전체를 블록으로 설정한 후 글자 크기를 '12pt'로 하고 [가운데 정렬]을 클릭합니다. 문단 정렬이 바뀐 후 그림 위에서 마우스를 클릭합니다.

TIP

글자 크기와 글꼴은 각자 원하는 값으로 지정해줘도 됩니다. 단 글자 크기를 너무 크게 해서 내용이 다음 페이지로 밀리지 않도록 해야 합니다.

02 제목 부분을 블록으로 지정합니다. 글자 크기는 '20pt', 글꼴은 '궁서'로 지정하고 '글자 진하게'를 클릭합니다.

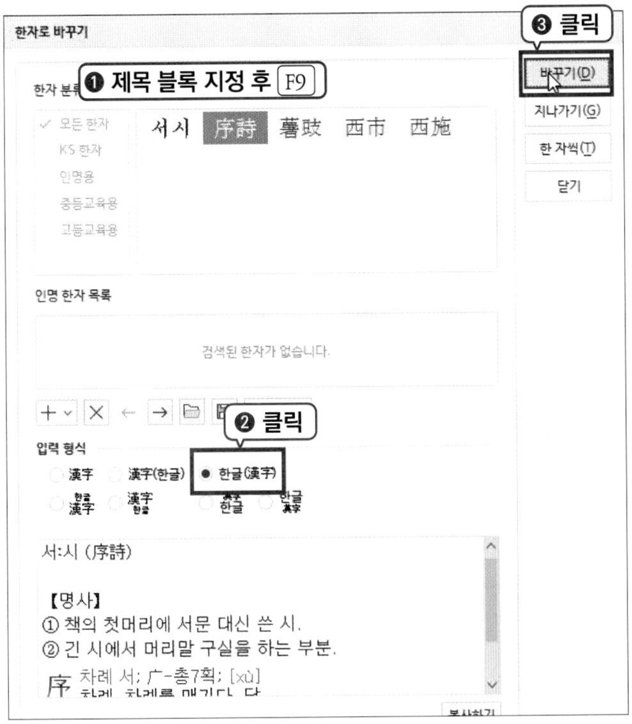

03 이번에는 제목을 한자로 바꾸어보겠습니다. 제목을 블록으로 다시 지정합니다. 그리고 F9 키를 누르면 '한자로 바꾸기' 대화상자가 열립니다. 여기서 원하는 한자를 선택한 후 밑에 '입력 형식'에서 ◯ 한글(漢字) 를 선택합니다. [바꾸기]를 클릭합니다.

TIP

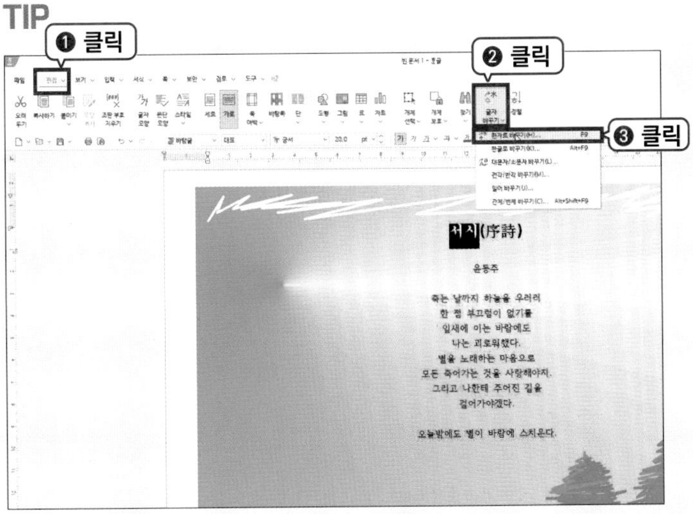

1. 한자 입력 방법은 위에서처럼 한자로 바꾸고 싶은 글자를 블록으로 지정하고 F9 키를 눌러서 변환하는 방법이 있고 다음 화면처럼 [편집] 탭의 도구상자에서 [글자 바꾸기]( )를 클릭해도 됩니다.

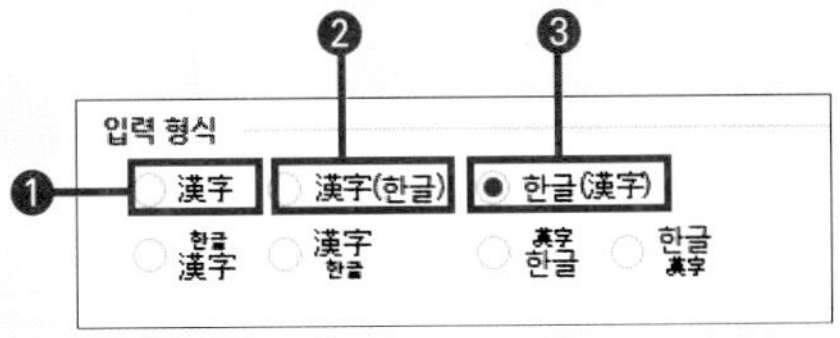

2. 한자 입력 방식

한자 바꾸기 대화상자 밑에 위 그림과 같은 옵션이 나오는데 첫 번째 줄에 있는 옵션을 많이 사용하고 두 번째 줄에 있는 옵션은 잘 사용하지 않습니다.

❶ 漢字 : 한글을 한자로 바꿉니다.

❷ 漢字(한글) : 한자가 앞에 나오고 괄호 안에 한글이 나옵니다.

❸ 한글(漢字) : 한글이 앞에 나오고 괄호 안에 한자가 나옵니다.

04 이번에는 시인의 이름을 블록으로 지정하고 글자 크기를 '14pt', 글꼴은 '함초롬돋움'으로 설정하고 문단 정렬을 [오른쪽 정렬]( )로 합니다. 그리고 [문단 모양]( )을 클릭합니다.

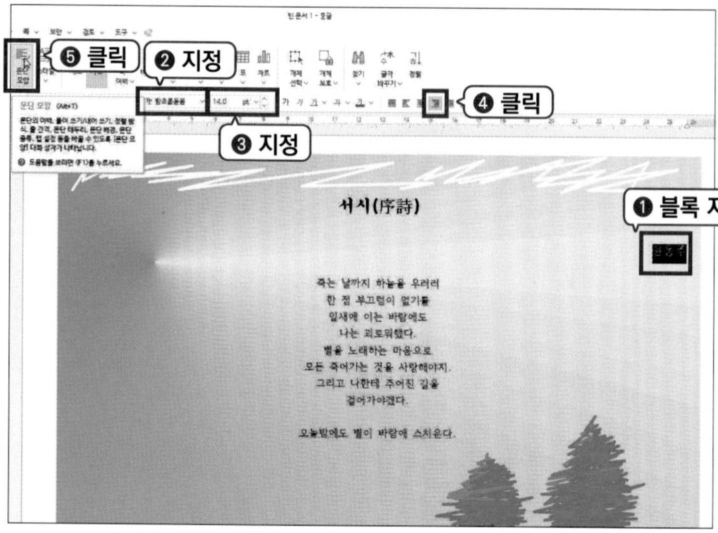

05 [문단 모양] 대화상자가 나오면 [여백]의 [오른쪽] 옵션에 있는 'pt'를 클릭해서 [밀리미터(mm)]를 선택합니다.

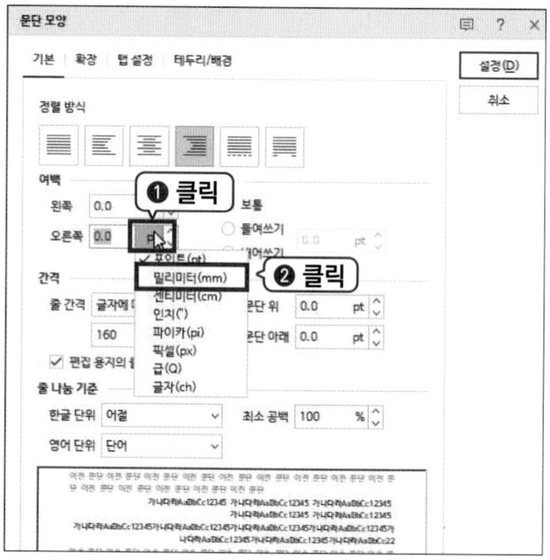

TIP

오른쪽 여백을 주기 위해 우리에게 친숙한 단위인 밀리미터로 바꾸는 과정입니다.

06 [밀리미터(mm)]로 지정한 후 오른쪽 여백 입력란에 '20'이라고 입력하고 [설정]을 클릭합니다.

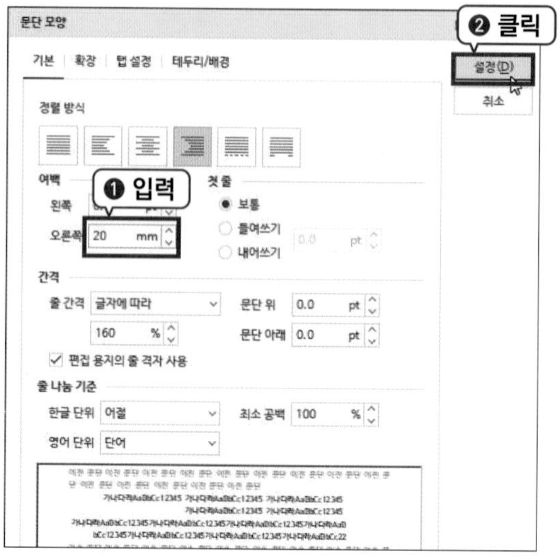

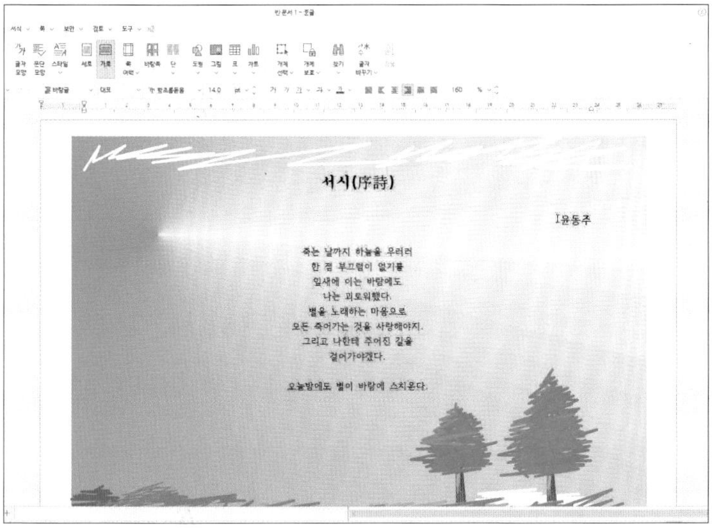

07 오른쪽 여백을 20으로 지정하면 다음 화면이 됩니다. 여기서 20이라는 값의 의미는 시인의 이름이 있는 곳에서 오른쪽으로 20mm(2cm) 여백을 둔다는 뜻입니다.

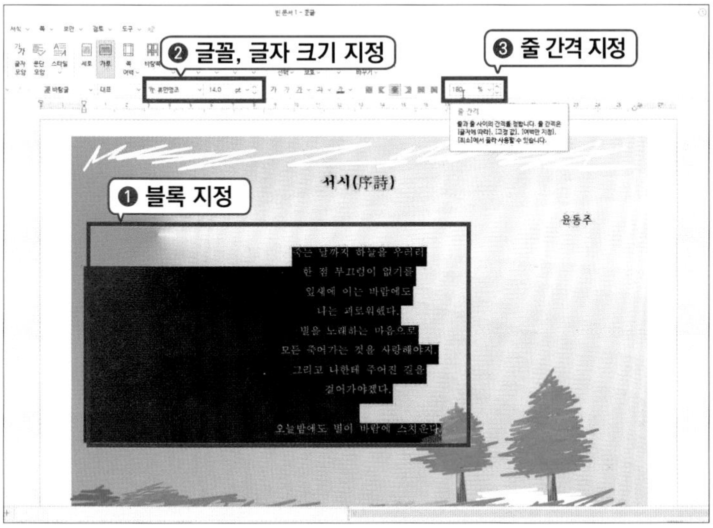

08 나머지 내용을 전체 블록으로 설정한 후 글자 크기는 '14pt', 글꼴은 '휴먼명조', 줄 간격은 '180'으로 설정해서 바꿔줍니다.

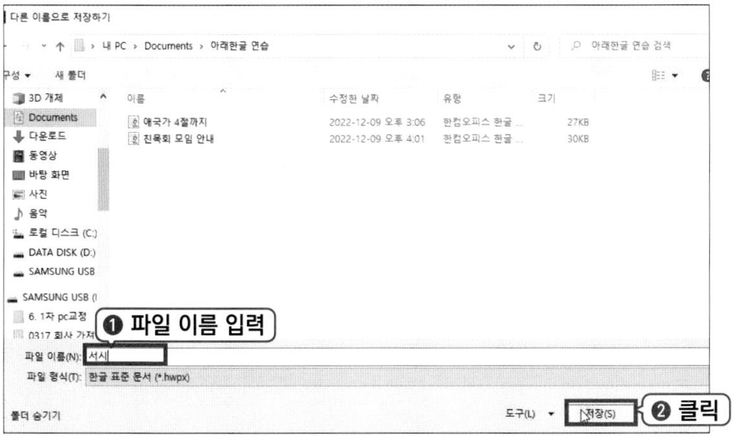

09 [파일] – [저장하기]를 실행해서 파일 이름을 '서시'라고 입력하고 [저장]을 클릭하고 한글을 종료합니다.

CHAPTER

05 달력 만들기

이번 챕터에서는 표 만들기 기능을 이용하여 달력을 만들어보겠습니다. 표 만들기는 문서를 작성할 때 가장 많이 사용하는 기능 중 하나이므로 꼭 익혀두기 바랍니다.

1 표 만들기

먼저 표를 만들어보겠습니다. 표는 만들기 전에 몇 칸, 몇 줄짜리 표를 만들 것인지를 먼저 생각해놓는 게 좋습니다.

01 한글을 실행한 후 [편집]-[표]( )를 실행합니다. 그러면 밑에 표가 나타나는데 표 위에서 마우스를 움직여보면 표의 줄과 칸이 자동으로 만들어집니다. 11줄, 7칸이 되면 마우스를 클릭합니다.

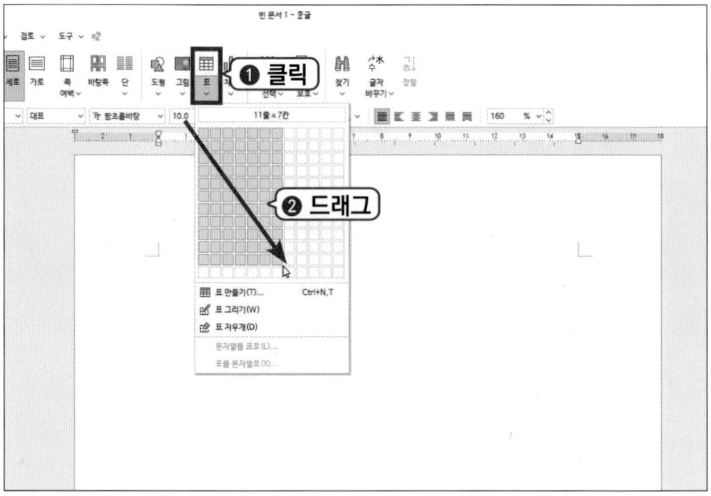

02 만들어진 표를 마우스 왼쪽 버튼으로 클릭해서 선택한 후 마우스 오른쪽 버튼을 눌러 [개체 속성]을 선택합니다.

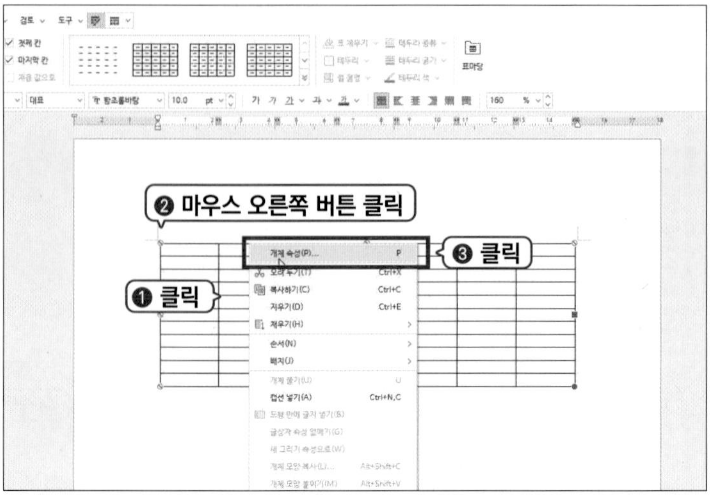

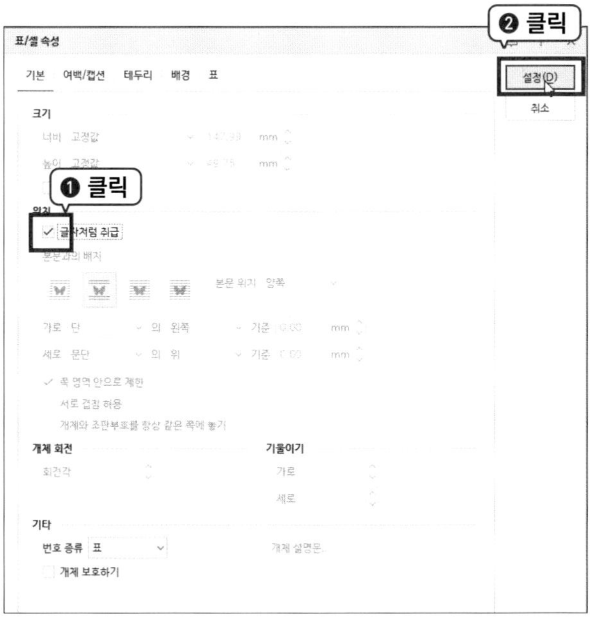

03 [표/셀 속성] 대화상자가 나타나면 [글자처럼 취급]에 체크를 하고 [설정]을 클릭합니다.

TIP

[글자처럼 취급]을 선택하면 표를 글자처럼 정렬할 수 있습니다.

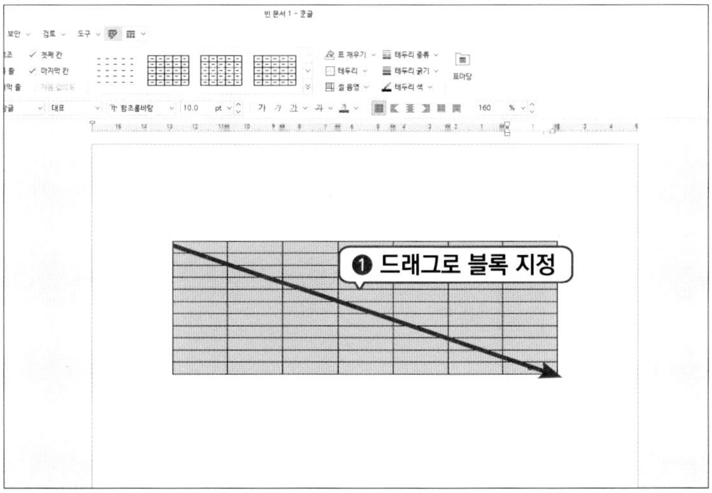

04 ESC 키를 눌러 표 선택 상태를 해제하고 표의 첫 번째 칸을 클릭한 후 표의 마지막 칸까지 드래그하여 표 전체를 블록으로 지정합니다.

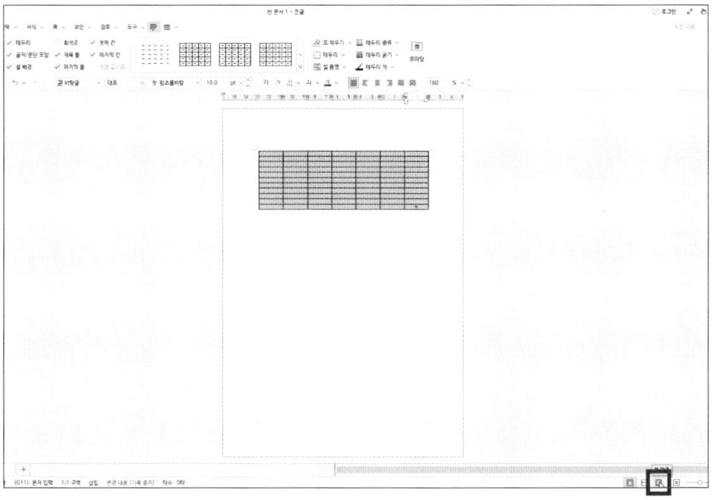

05 화면 보기 상태를 [쪽 맞춤](□)으로 맞춥니다.

06 Ctrl 키를 누른 채 ↓ 키를 여러 번 눌러 표가 한 페이지에 가득 차게 조정합니다. Ctrl 키는 선택한 모든 셀의 높이나 너비를 함께 늘이거나 줄일 때 사용합니다.

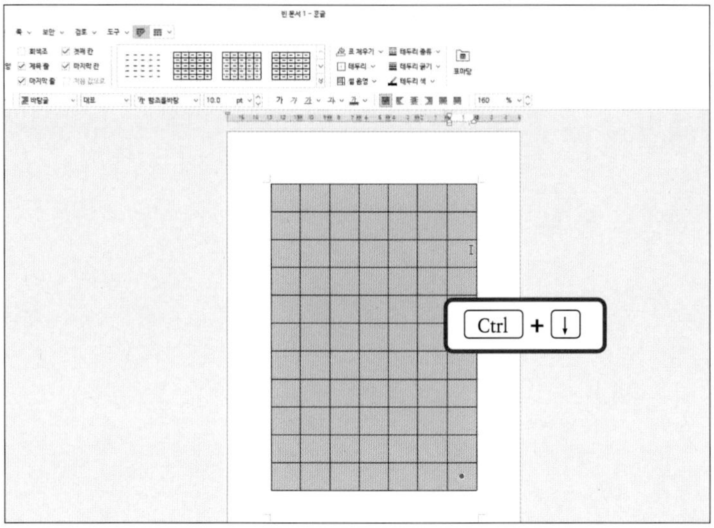

TIP

위의 방법이 번거롭다면 표를 마우스로 클릭한 후 다음 그림처럼 표 밑 부분에 마우스를 올려놓으면 마우스 커서가 바뀝니다. 이때 마우스를 클릭한 채로 밑으로 내려주면 됩니다. 너무 내리면 표가 다음 페이지로 밀리게 되므로 주의해서 내려줘야 합니다.

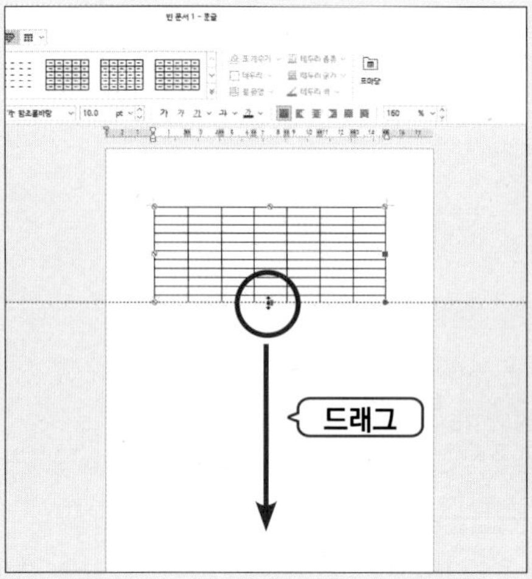

07 ESC 키를 눌러 표 선택을 해제하고 완성된 결과를 확인합니다.

2 달력에 맞게 표 모양 편집하기

문서의 형태에 맞게 표를 편집해보겠습니다. 여러 셀을 하나로 합치고, 셀 색과 셀 테두리 선을 바꾸는 연습을 해보겠습니다.

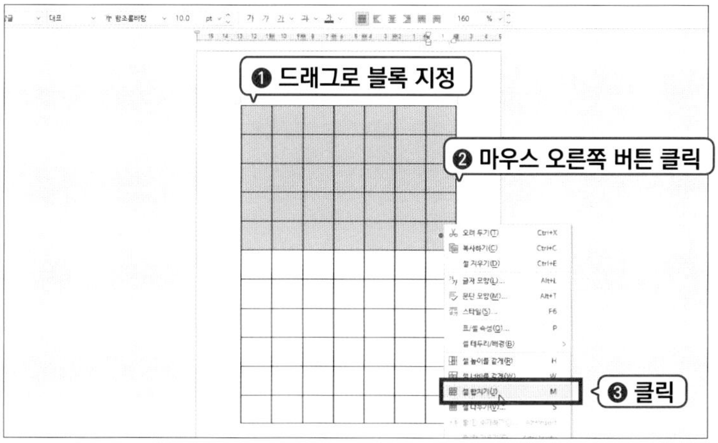

01 첫째 줄부터 다섯 번째 줄까지를 블록으로 지정하고 마우스 오른쪽 버튼을 누릅니다. 메뉴가 나타나면 '셀 합치기'를 클릭합니다.

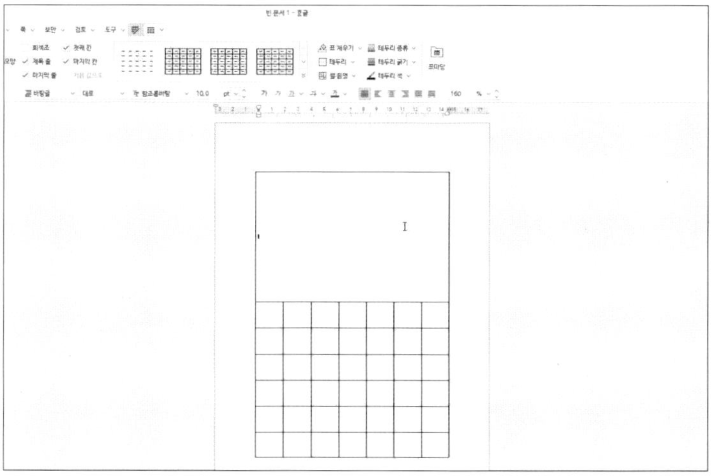

02 블록 지정한 셀들이 하나로 합쳐집니다.

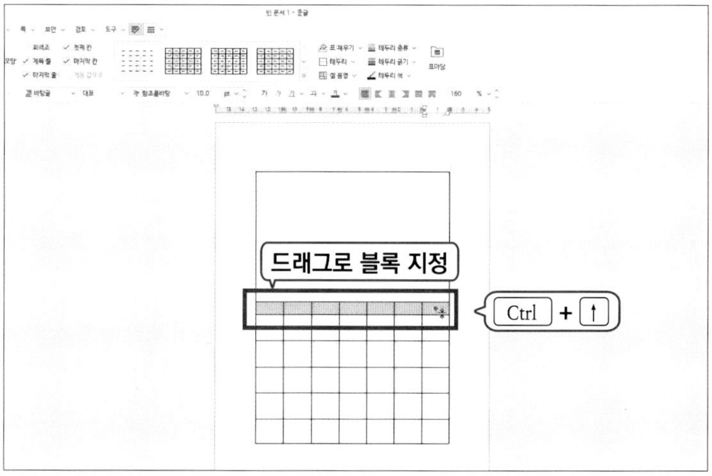

03 이번에는 합쳐진 줄 바로 아래에 있는 줄을 블록 지정하고 Ctrl + ↑ 키를 몇 번 눌러 행 높이를 줄입니다.

04 블록 지정이 되어 있는 상태에서 [표] 탭의 [표 채우기]의 ˅를 클릭합니다.

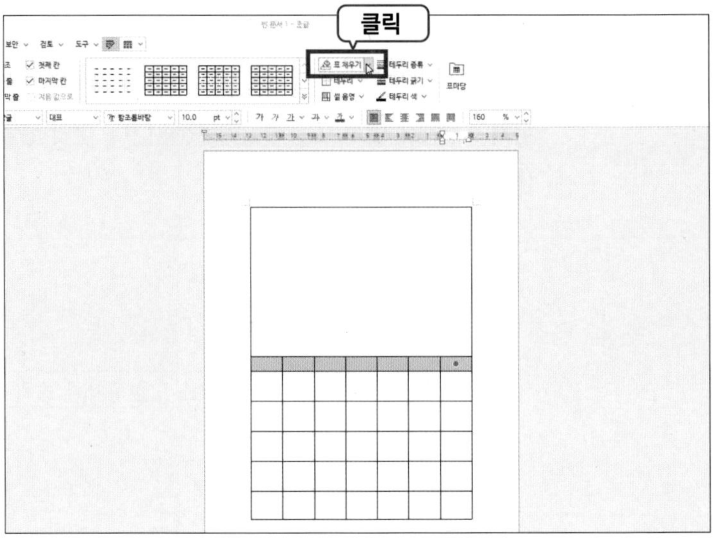

05 이어서 나타나는 색상 팔레트에서 색을 선택합니다. 예제에서는 '하양 25% 어둡게'를 선택했습니다.

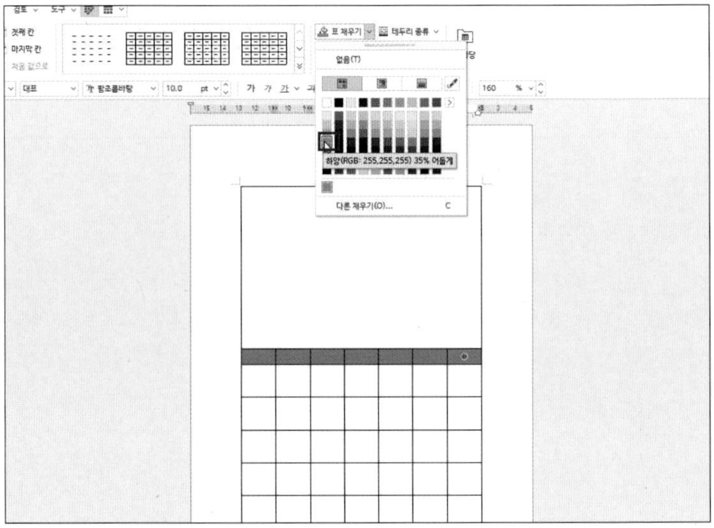

06 표 전체를 블록으로 지정하고 [표] 탭의 항목에서 [테두리 굵기]를 클릭한 후 '0.6mm'를 선택합니다.

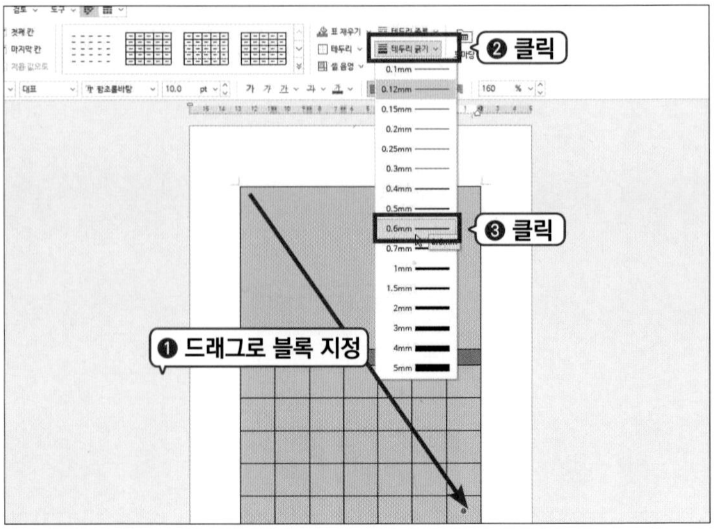

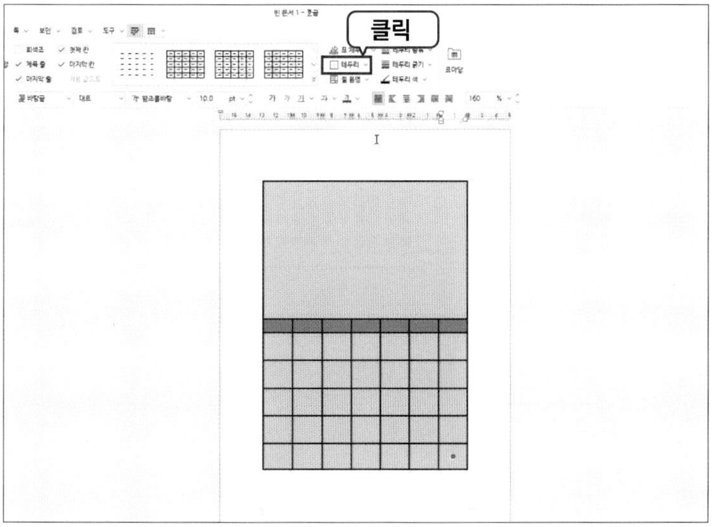

07 [표] 탭의 항목에서 [테두리]를 한 번 클릭합니다. 클릭하면 바꾼 굵기대로 테두리가 조정됩니다.

TIP

이 상태에서 [테두리]를 한 번 더 클릭하면 테두리 전체가 사라집니다.

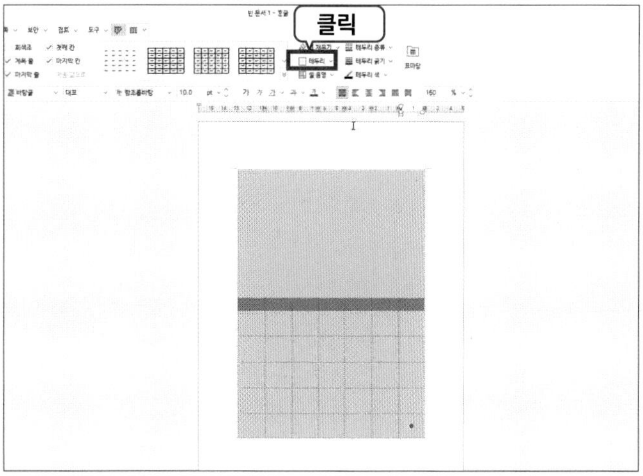

옆의 ⌄ 를 클릭하면 옵션이 나옵니다. 옵션에서 음영 표시가 되어 있는 것은 해당하는 테두리가 적용되어있다는 뜻입니다. 한 번 클릭하면 음영이 지워지며 해당하는 테두리가 사라집니다.

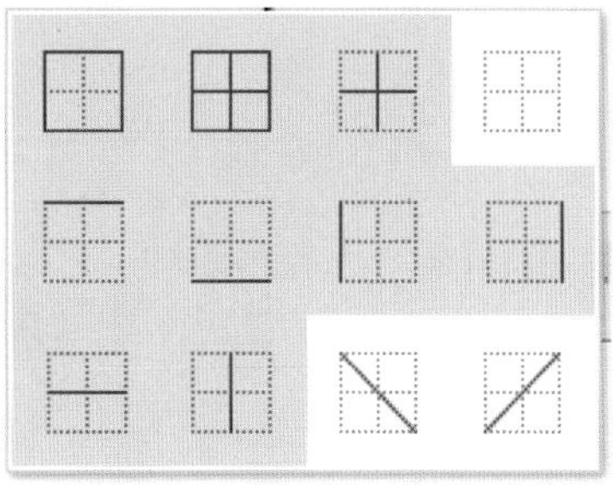

08 첫 번째 칸만 블록으로 지정한 후 [표] 탭의 항목에서 [표 채우기의] ˇ를 클릭하고 [다른 채우기]를 선택합니다.

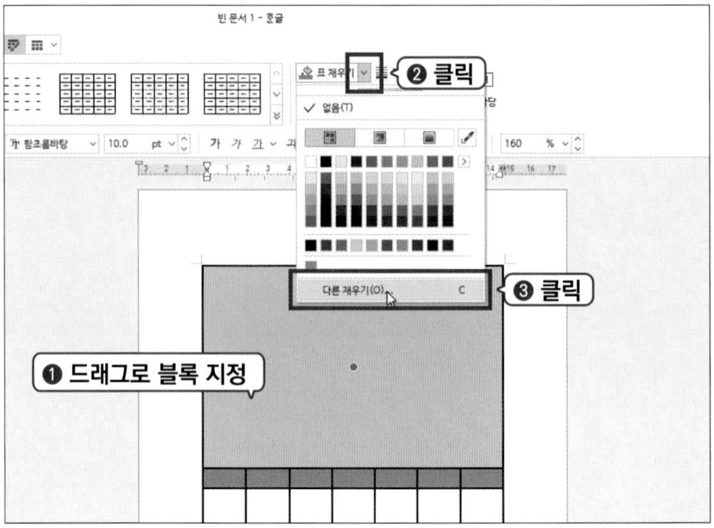

09 [셀 테두리/배경] 대화상자의 [배경] 탭을 선택하고 [그림]을 클릭합니다.

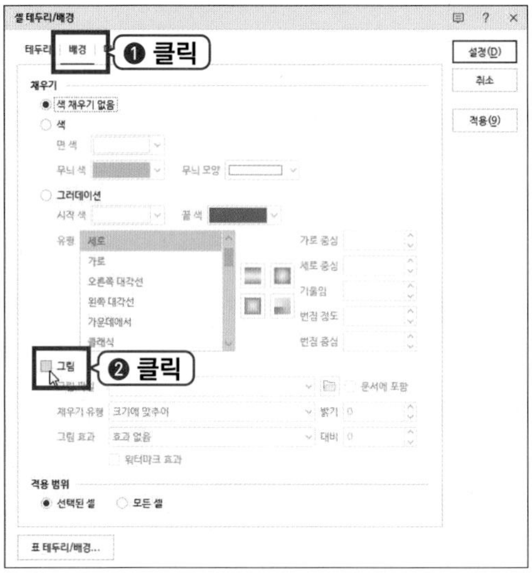

10 [그림 넣기] 대화상자가 나타나면 예제 파일이 있는 곳으로 이동해 '달력 1'을 선택하고 [열기]를 클릭합니다.

노트

예제파일 : computer starting/part4/달력1.jpg

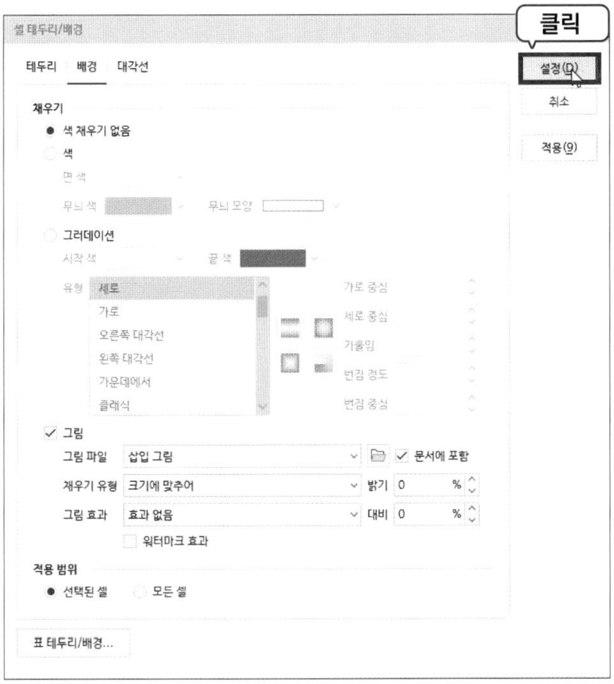

11 다시 [셀 테두리/배경] 대화상자로 돌아오면 [그림] 항목의 옵션을 확인하고 [설정]을 누릅니다. 그림이 표에 들어간 모습을 확인할 수 있습니다.

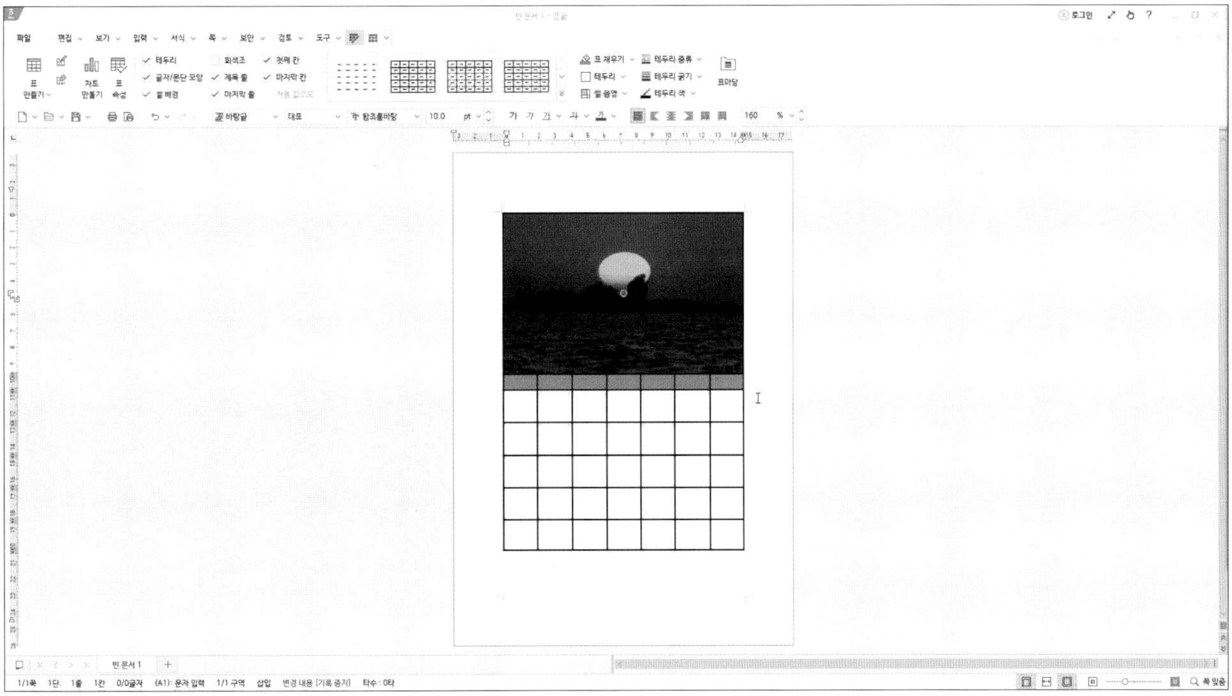

3 표에 달력 내용 입력하기

표의 편집을 마치고 이제 표 안에 내용을 입력해보겠습니다. 달력을 만들려면 날짜를 입력해야 하는데, 일일이 모두 입력할 필요 없이 '자동 채우기'라는 기능을 사용하면 됩니다.

01 먼저 화면을 [폭 맞춤](⊡)을 클릭해서 크게 합니다.

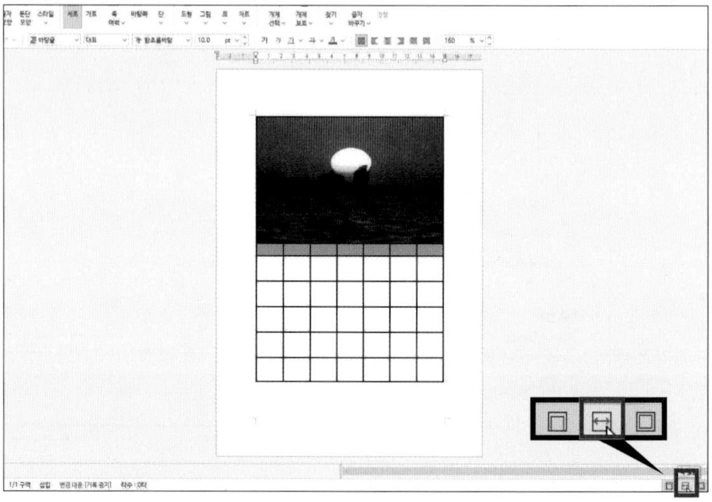

02 그림 위에 연도와 월을 입력해 보겠습니다. 첫 번째 칸을 클릭하고 [표 레이아웃]-[내용 정렬]-[세로 정렬]-[위쪽]을 클릭합니다.

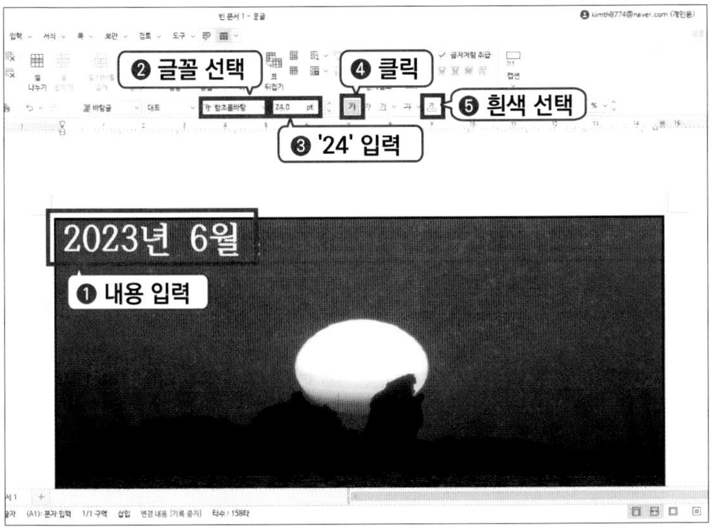

03 '2023년 6월'을 입력하고 글꼴은 '함초롬바탕', 글자 크기는 '24 pt', 글자 색은 '흰색', 속성은 '진하게'를 지정합니다.

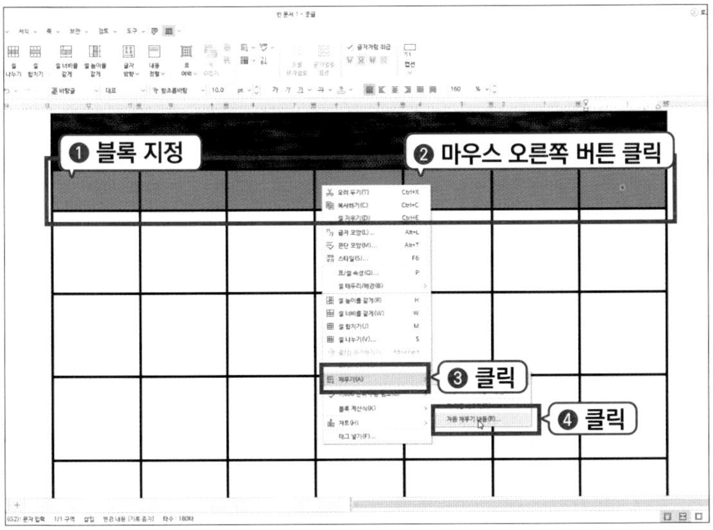

04 이번에는 요일을 입력하기 위해 그림 바로 밑에 있는 행을 블록 지정하고 마우스 오른쪽 버튼을 클릭한 후 [채우기]-[자동 채우기 내용]을 선택합니다.

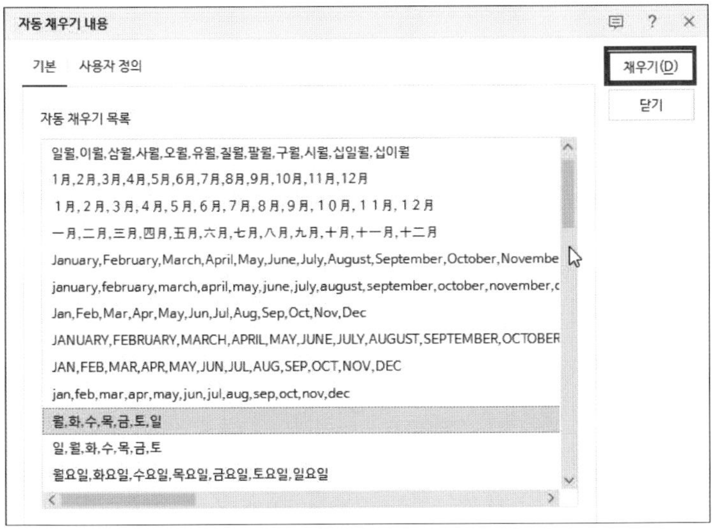

05 [자동 채우기 내용] 대화상자가 나타나면 각자 원하는 요일 목록을 선택하고 [채우기]를 클릭합니다.

06 요일이 입력된 행을 블록으로 지정하고 글자 크기는 '10pt', 글꼴은 '휴먼고딕', 문단 정렬은 '가운데 정렬'로 지정합니다.

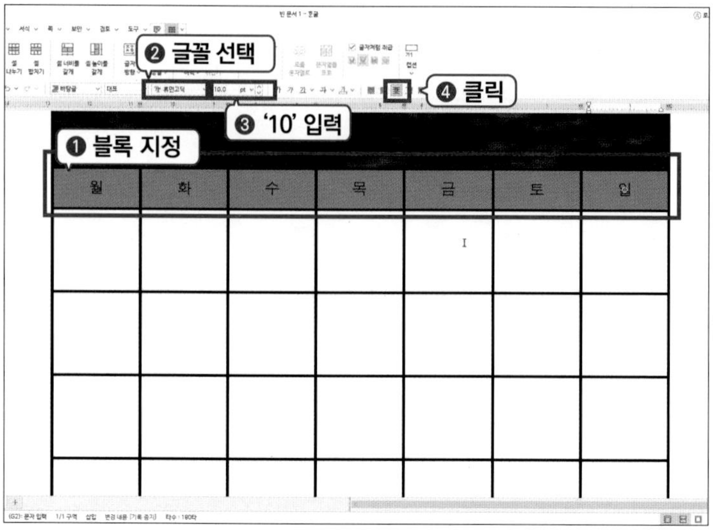

노트

글자 크기와 글꼴은 각자 임의대로 정해도 됩니다.

07 이제 날짜를 입력해보겠습니다. 날짜는 일일이 입력하지 않아도 자동 입력 기능을 이용하면 편하게 할 수 있습니다. 그림과 같이 빈 칸에 숫자 1부터 5까지를 입력합니다.

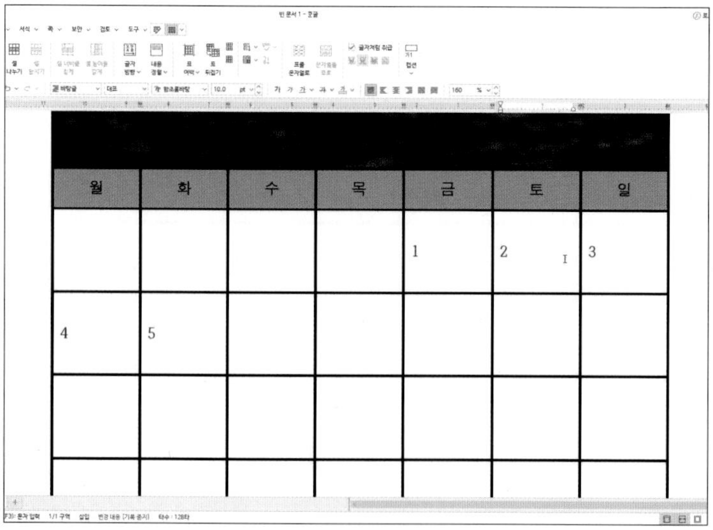

08 그림과 같이 블록 지정을 하고 마우스 오른쪽 버튼을 눌러 [채우기]-[표 자동 채우기]를 클릭합니다.

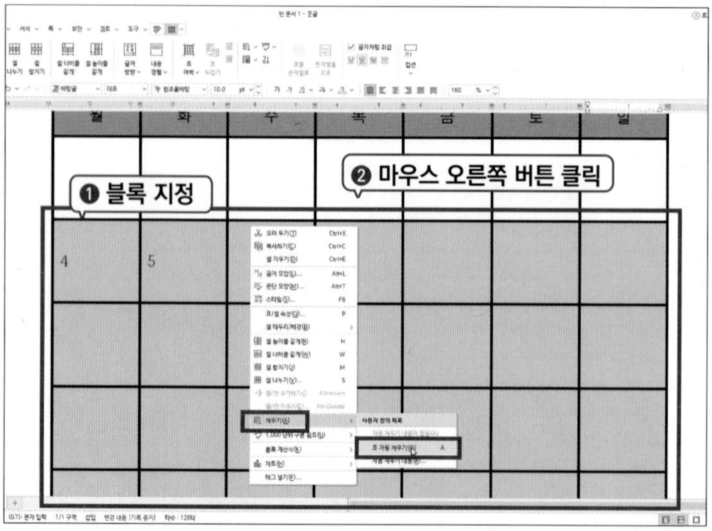

TIP

숫자가 채워진 후 필요 없는 날짜는 삭제합니다. 여기서는 마지막에 있는 31이 필요 없으므로 삭제하면 됩니다.

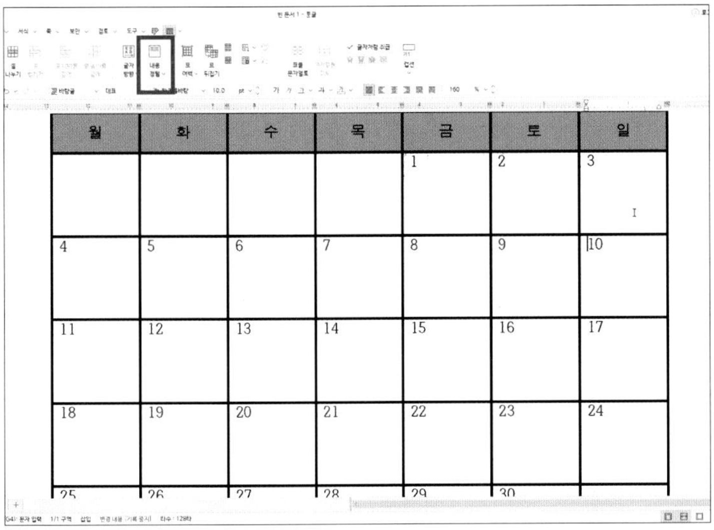

09 날짜를 블록 지정하고 [표] 탭의 [내용 정렬](☰)에서 [세로 정렬]과 [셀 정렬] 항목을 이용해 날짜를 배열해보면서 마음에 드는 배열을 선택하면 됩니다. 다음 그림은 [셀 정렬]에서 [왼쪽 위 정렬]을 선택한 것입니다.

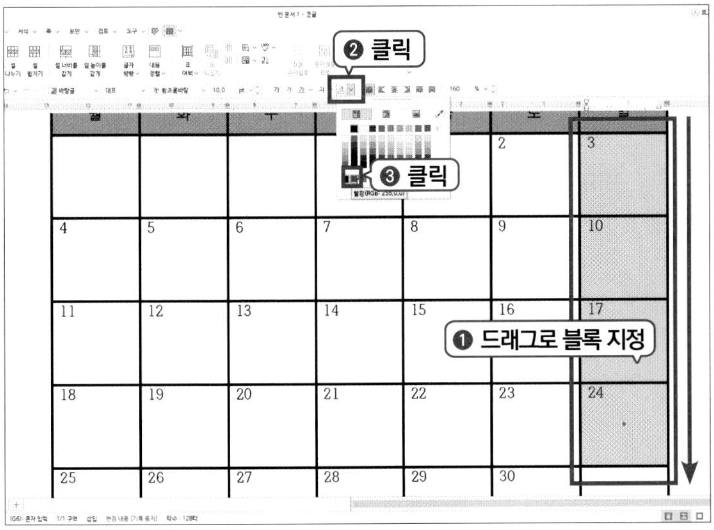

10 다음에 '일요일'이 있는 셀을 클릭한 후 아래쪽으로 드래그해서 블록으로 만든 후 글자 색을 '빨간색'으로 지정합니다.

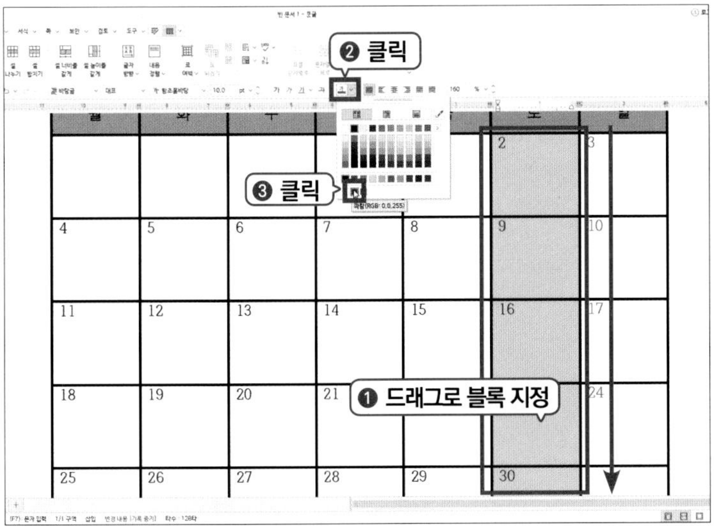

11 이번에는 토요일이 있는 행을 블록으로 지정한 후 글자 색을 '파란색'으로 지정합니다.

12 요일이 있는 행을 블록으로 지정하고 [표 디자인] 탭의 '표 채우기' 버튼을 클릭한 후 '노랑 25% 어둡게' 색을 클릭합니다.

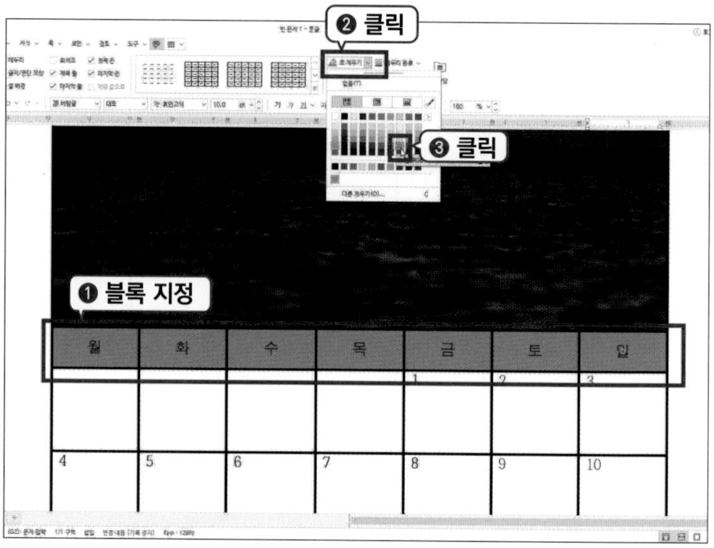

13 6월 6일은 현충일이므로 공휴일입니다. 공휴일도 빨간색으로 지정해주고 [파일]-[저장하기]를 눌러 파일 이름을 '6월 달력'으로 입력하고 [저장]을 클릭합니다.

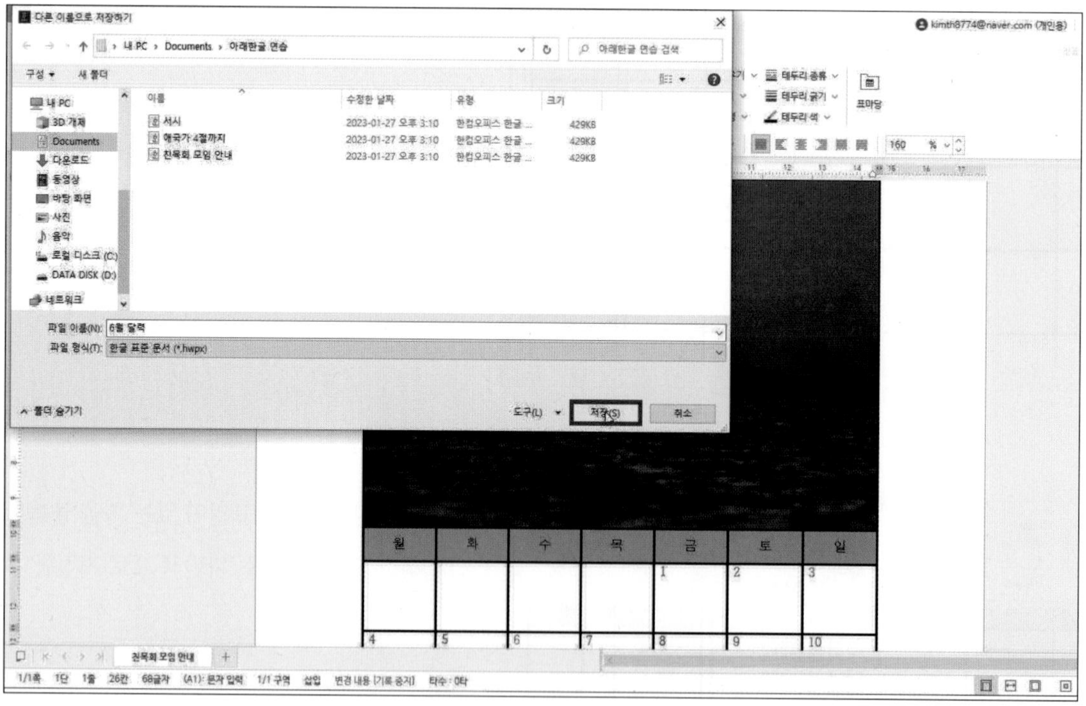

TIP

표 복사하기

앞에서 만들어놓은 달력을 복사하여 사용하면 다른 달의 달력도 쉽게 만들 수 있습니다. 표를 복사하는 방법을 간단히 알아보겠습니다.

❶ 표를 마우스로 클릭해서 선택한 후 마우스 오른쪽 버튼을 누르고 [복사하기]를 클릭합니다.

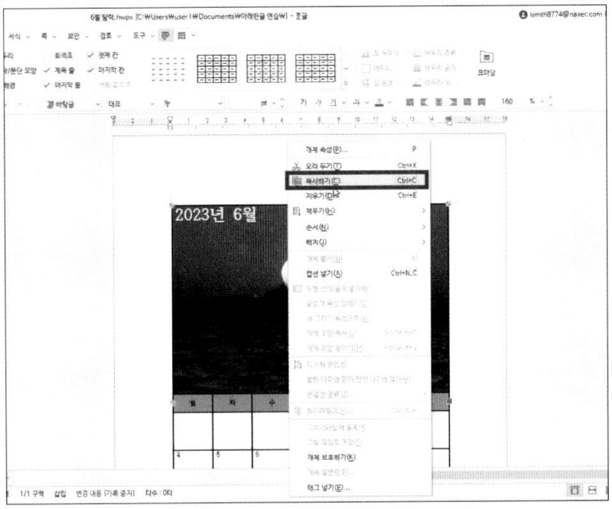

표를 선택할 때는 마우스를 표의 테두리 부분에 위치하면 다음과 같이 마우스 커서가 바뀝니다. 이때 클릭하면 됩니다.

❷ 페이지 맨 아래 부분을 클릭하고 Ctrl + Enter 키를 누르면 페이지에 공간이 남아 있어도 다음 페이지로 넘어갑니다. 다음 페이지 위에서 마우스 오른쪽 버튼을 클릭하고 [붙이기]를 클릭하면 표가 복사됩니다.

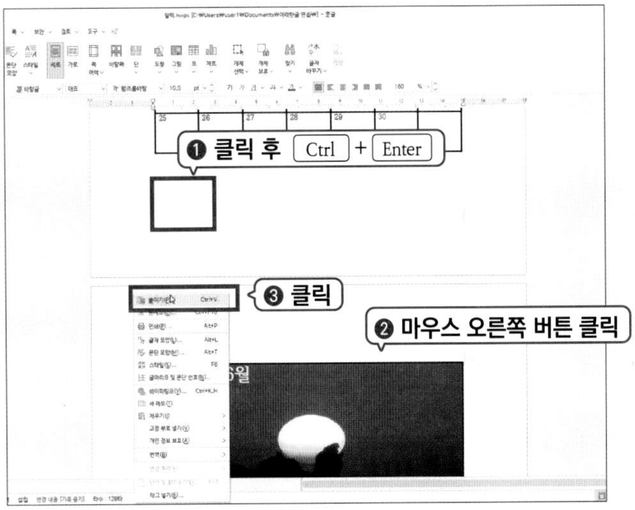

CHAPTER

06 전단지 만들기

이번 챕터에서는 전단지를 만들어보겠습니다. 전단지를 만들면서 글맵시 기능과 스타일 기능에 대해서 배우고 사진을 넣고 액자 효과를 주는 방법도 알아보도록 하겠습니다.

1 글맵시를 이용해보기

아래한글에서 제공하는 글맵시 기능을 이용하면 글자를 더욱 화려하게 보이도록 할 수 있습니다. 다양한 모양을 제공하므로 본인이 마음에 드는 모양으로 선택해도 좋습니다.

01 아래한글을 실행하고 빈 문서에서 [입력] 탭의 [글맵시](가나다)를 클릭하면 나타나는 글맵시 중 원하는 모양을 클릭합니다.

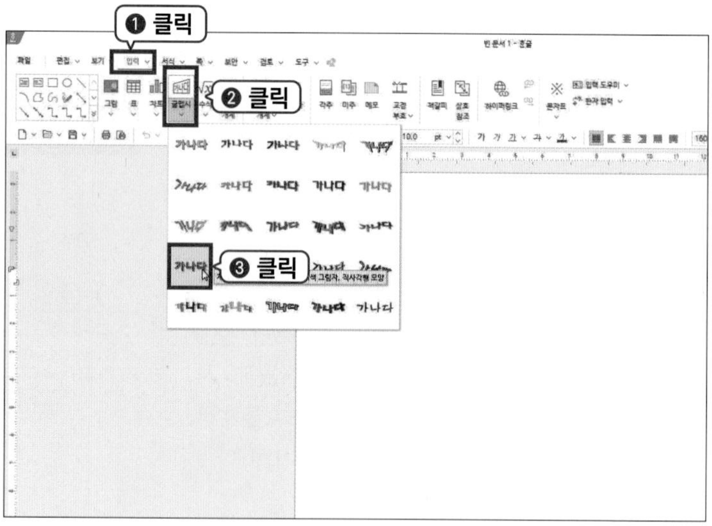

02 [글맵시 만들기] 대화상자가 나타나면 '강아지를 찾습니다'를 입력하고 [설정]을 클릭합니다.

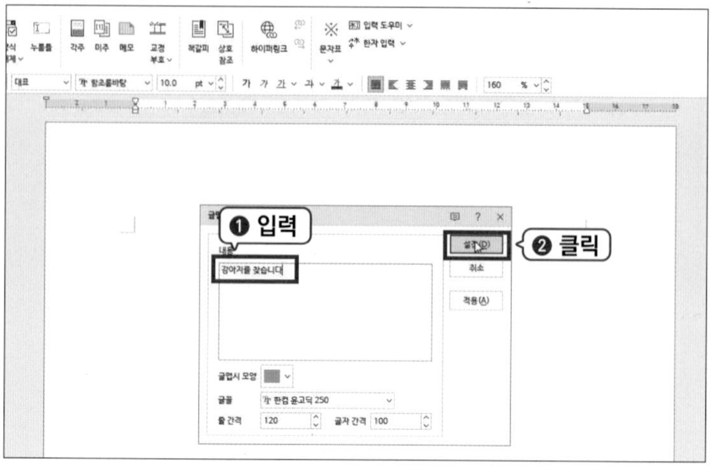

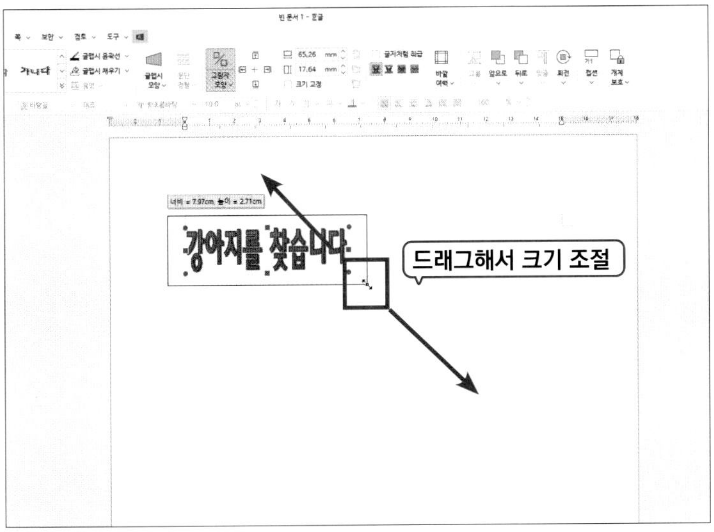

03 글맵시가 입력된 것을 확인하고 크기 조절 포인터를 드래그하여 크기를 조정합니다.

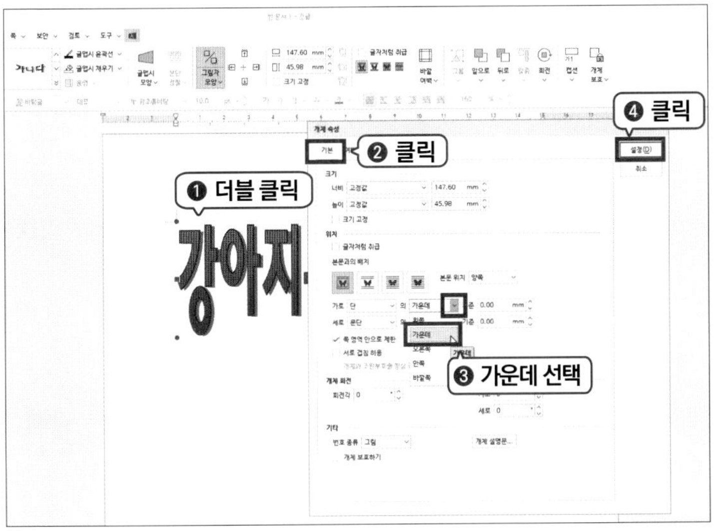

04 입력된 글맵시를 더블 클릭합니다. 그리고 [개체 속성] 대화상자의 [기본] 탭에서 [가로] 위치를 [가운데]로 변경한 후 [설정]을 클릭합니다.

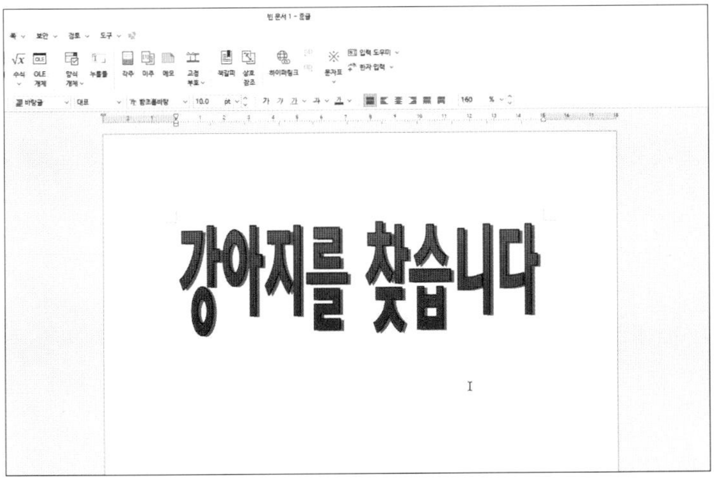

05 Esc 키를 눌러 글맵시 선택 상태를 해제하고 Enter 키를 두 번 누릅니다.

2 그림 넣어보기

그림 넣기 기능을 이용해 자전거 그림을 삽입해보겠습니다. 이번에는 그림 옆에 글자를 입력할 수 있도록 하고 글자와 그림이 서로 너무 붙지 않도록 여백을 주도록 하겠습니다.

01 먼저 화면을 쪽 맞춤 상태로 전환합니다.

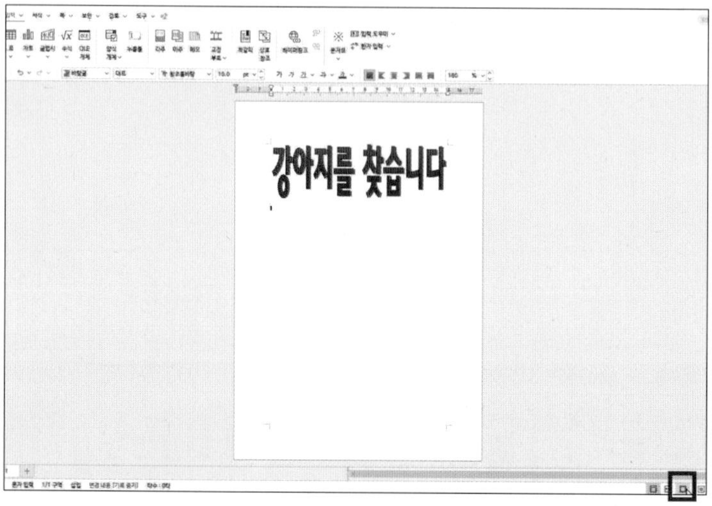

02 [편집] 탭의 [그림]( )을 클릭합니다.

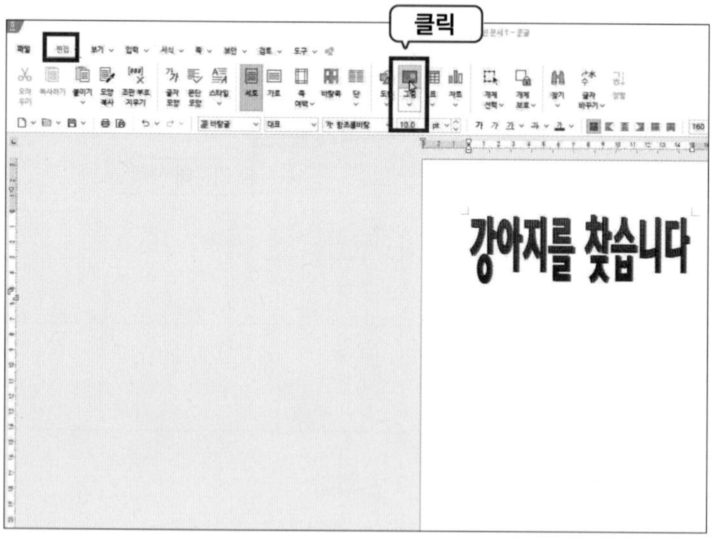

03 [그림 넣기] 대화상자가 나타나면 예제 파일로 제공한 '강아지.jpg' 파일을 선택한 후 [열기]를 클릭합니다.

노트

예제파일 : computer starting/part4/강아지.jpg

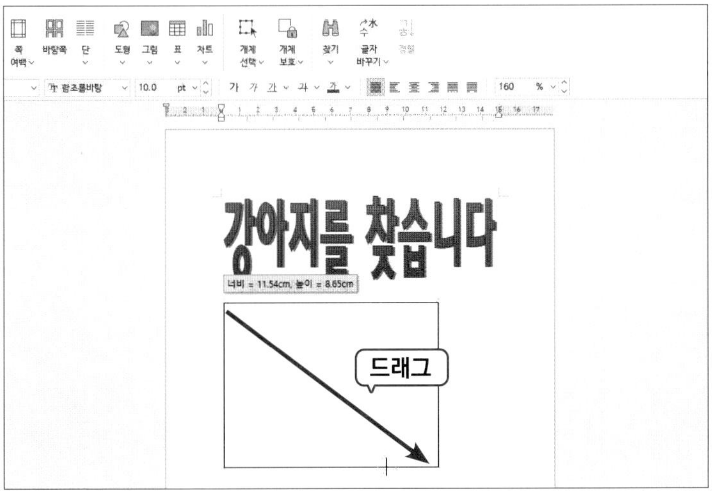

04 적당한 크기로 드래그하여 삽입합니다.

05 그림을 회전시킬 필요가 있는 경우 그림이 선택된 상태에서 [회전]을 클릭하고 원하는 회전 방향을 클릭합니다. 이 사진의 경우 [오른쪽으로 90도 회전]을 클릭합니다.

06 그림을 넣은 후 크기를 조정할 필요가 있으면 그림을 클릭한 후 그림의 모서리를 마우스로 클릭한 채로 움직이면 됩니다.

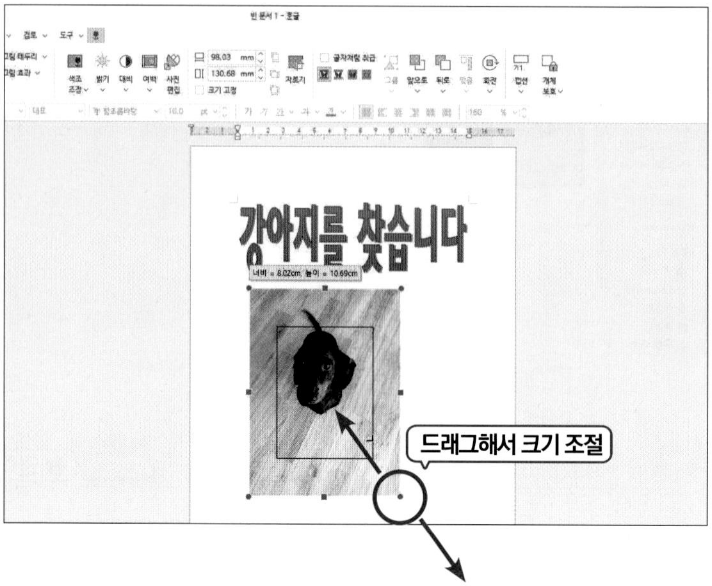

07 그림을 클릭하고 [스타일 효과]에서 [자세히] 버튼(▼)을 클릭합니다.

08 스타일 효과 목록이 나타나면 '회색 그림자 옅은 테두리'를 선택합니다.

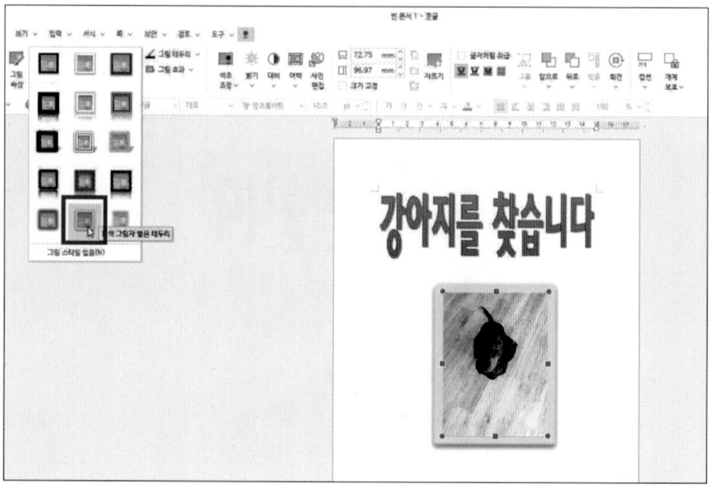

3 스타일 바꾼 후 내용 입력하기

스타일은 특정한 서식을 만들어놓고 필요할 때 서식을 지정해서 사용하는 편리한 기능입니다. 반복 작업이나 수정 작업 시에도 편하게 이용할 수 있습니다.

01 빈 곳을 클릭한 다음 [서식] 탭에서 [스타일 추가하기]( )를 클릭합니다.

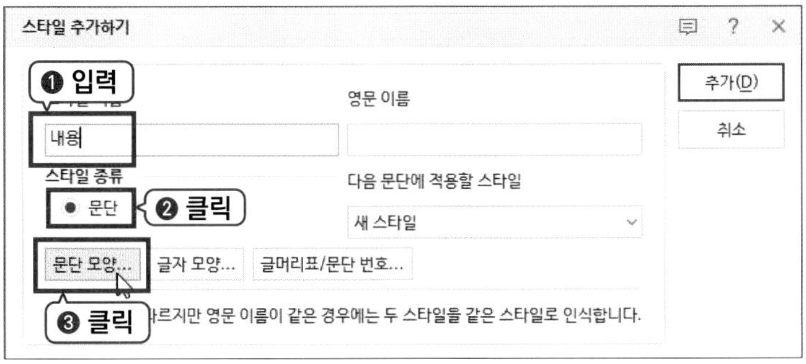

02 [스타일 추가하기] 대화상자가 나타나면 '스타일 이름'을 '내용'으로 입력하고 '스타일 종류'가 '문단'으로 되어 있는지 확인한 후 [문단 모양]을 클릭합니다.

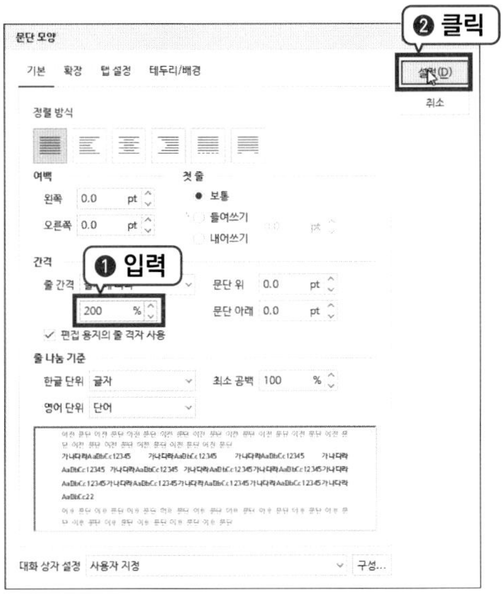

03 [문단 모양] 대화상자가 나타나면 줄 간격을 '200'으로 변경한 후 [설정]을 클릭합니다.

04 [스타일 추가하기] 대화상자가 다시 나타나면 이번에는 [글자 모양]을 클릭합니다.

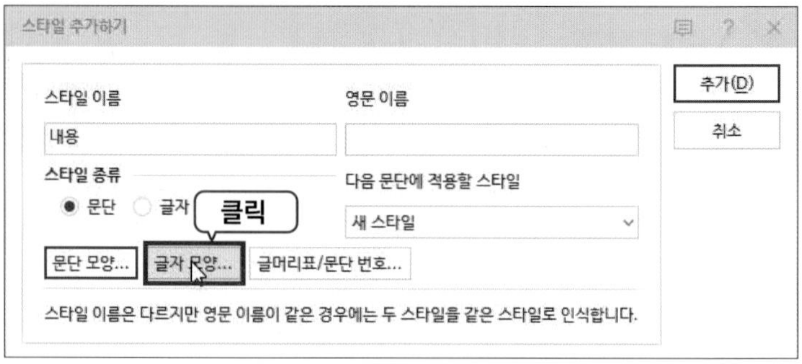

05 [글자 모양] 대화상자에서 기준 크기는 14', 글꼴은 'HY견고딕', 속성은 '진하게'로 지정한 후 [설정]을 클릭합니다. 크기와 글꼴, 속성은 각자 원하는 대로 별도로 지정해도 상관없습니다.

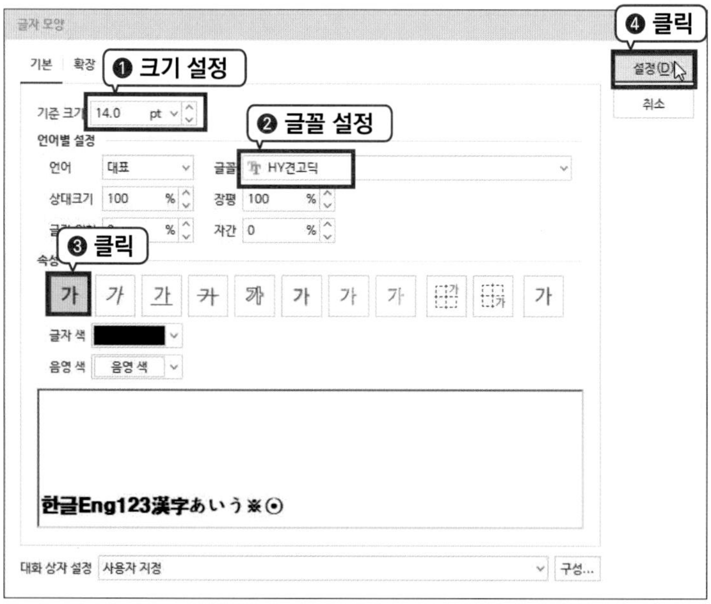

06 [스타일 추가하기] 대화상자가 다시 나타나면 [추가]를 클릭합니다.

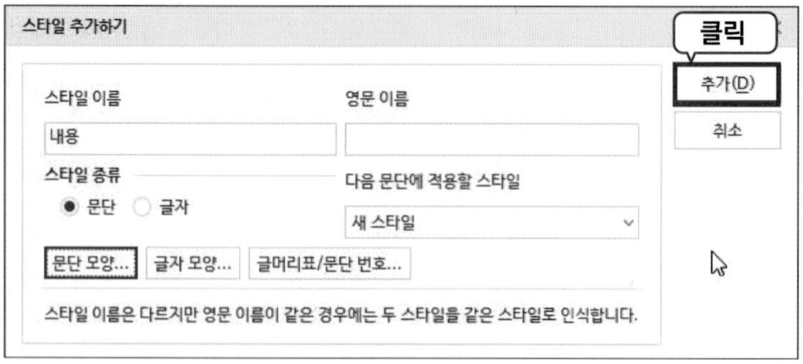

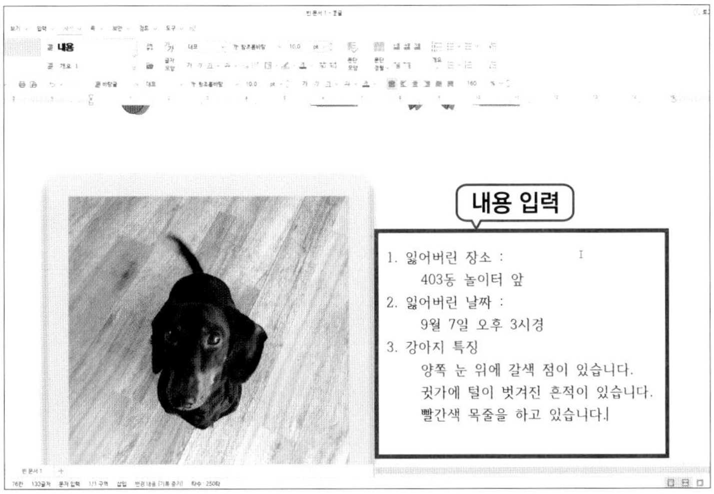
내용 입력
1. 잃어버린 장소 :
403동 놀이터 앞
2. 잃어버린 날짜 :
9월 7일 오후 3시경
3. 강아지 특징
양쪽 눈 위에 갈색 점이 있습니다.
귓가에 털이 벗겨진 흔적이 있습니다.
빨간색 목줄을 하고 있습니다.

07 이제 사진 옆에 내용을 입력합니다. 혹시 현재 화면이 [쪽 맞춤]으로 설정되어 있어서 작게 보이면 [폭 맞춤]을 클릭해 화면을 크게 합니다.

TIP

Ctrl 키를 누른 상태에서 마우스 스크롤을 움직이면 화면 확대/축소가 자유롭게 가능합니다. 이 기능을 이용해도 됩니다.

TIP

그림 위치를 조정하며 내용을 입력합니다.

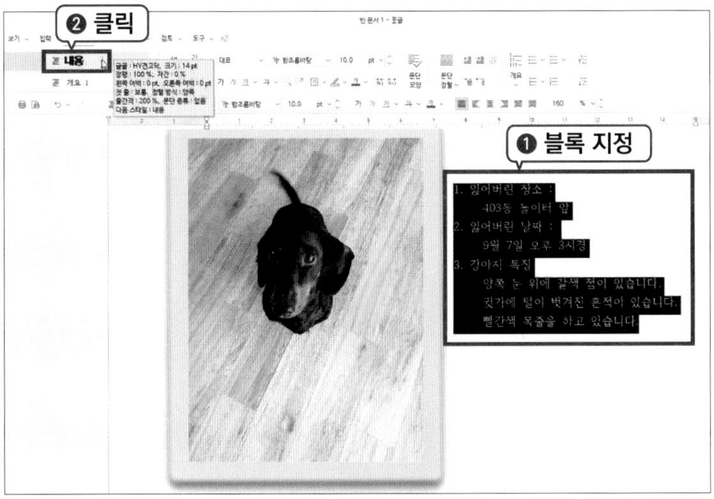
❷ 클릭
내용
❶ 블록 지정
1. 잃어버린 장소 :
403동 놀이터 앞
2. 잃어버린 날짜 :
9월 7일 오후 3시경
3. 강아지 특징
양쪽 눈 위에 갈색 점이 있습니다.
귓가에 털이 벗겨진 흔적이 있습니다.
빨간색 목줄을 하고 있습니다.

08 입력한 내용을 블록 지정하고 [스타일]에서 앞에서 만들어 새로 추가된 [내용]을 클릭합니다. 그러면 위에서 입력했던 내용들의 글자 크기, 글꼴, 속성이 앞에서 만들었던 스타일 형식대로 변경되는 것을 볼 수 있습니다.

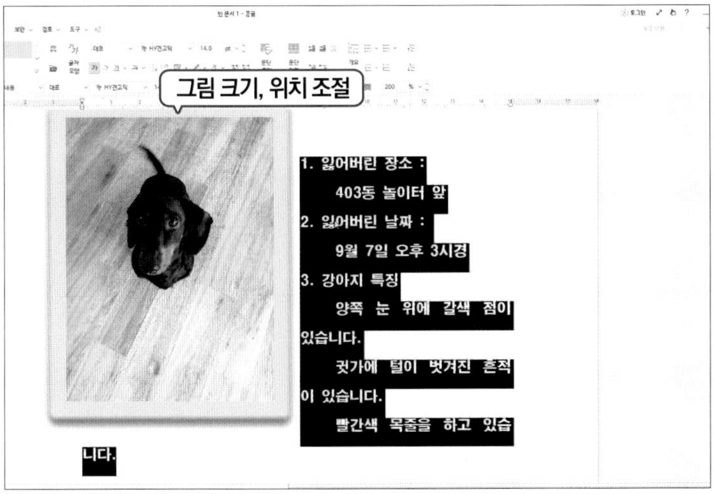
그림 크기, 위치 조절
1. 잃어버린 장소 :
403동 놀이터 앞
2. 잃어버린 날짜 :
9월 7일 오후 3시경
3. 강아지 특징
양쪽 눈 위에 갈색 점이
있습니다.
귓가에 털이 벗겨진 흔적
이 있습니다.
빨간색 목줄을 하고 있습
니다.

09 스타일이 변경되었습니다. 그림 크기와 위치를 조정하여 그림과 나란히 되게 맞춥니다.

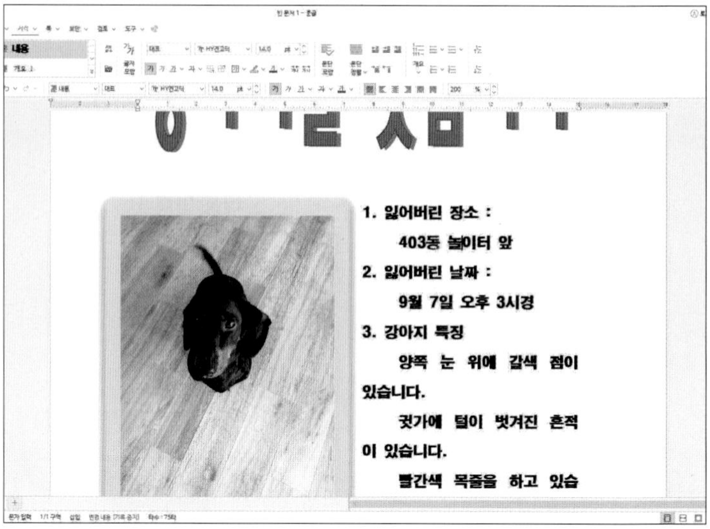

10 이번에는 제목 부분을 다른 스타일 형식을 만들어서 바꾸어보겠습니다. [서식] 탭에서 [스타일 추가하기]( )를 클릭합니다.

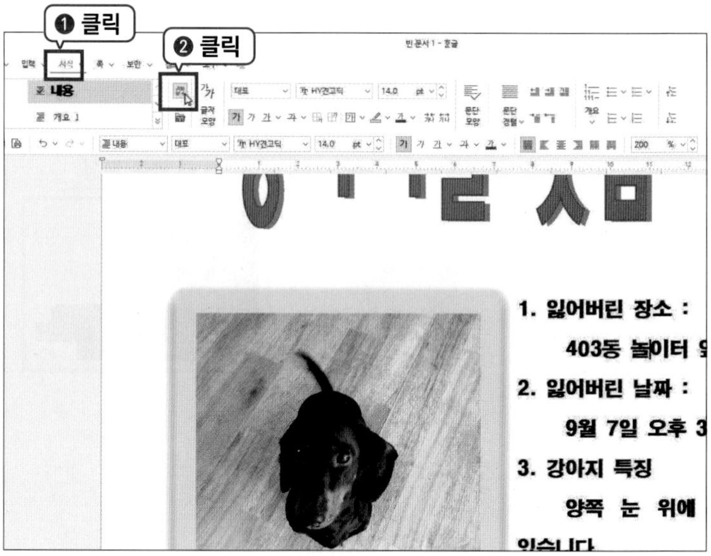

11 [스타일 추가하기] 대화상자가 나타나면 [스타일 이름]을 '제목'으로 입력하고 [스타일 종류]를 이번에는 '글자'로 선택한 다음 [글자 모양]을 클릭합니다.

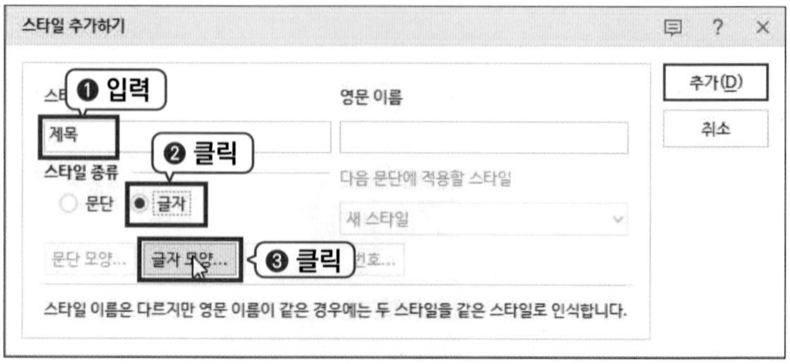

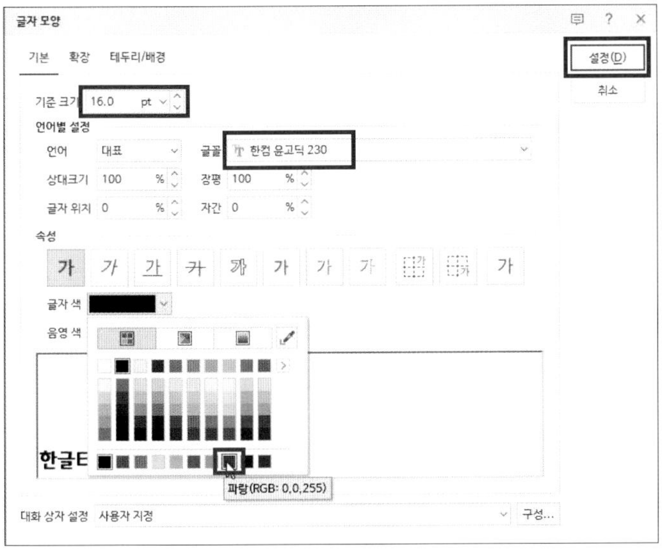

12 [글자 모양] 대화상자에서 글자 크기는 '16pt', 글꼴은 '한컴 윤고딕 230', 글자 색은 '파랑'으로 하고 [설정]을 클릭합니다. 그리고 [스타일 추가하기] 대화상자가 다시 나타나면 [추가]를 클릭해서 스타일 추가하기를 마칩니다.

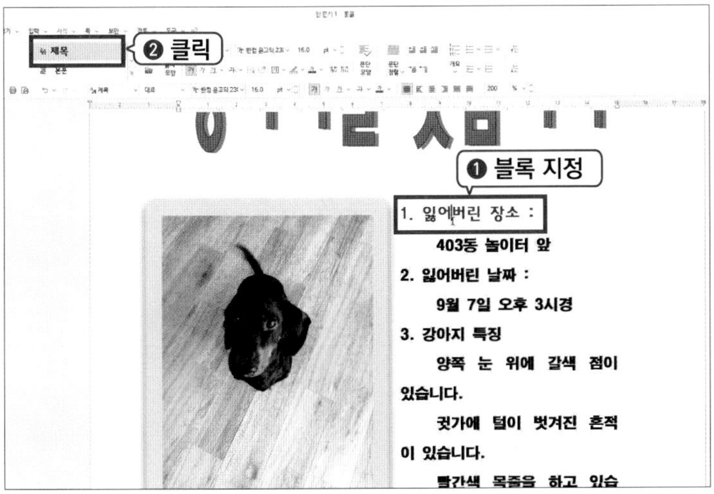

13 입력한 내용 중 '1. 잃어버린 장소' 부분만 블록으로 지정하고 만들어둔 [제목] 스타일을 클릭하여 적용합니다.

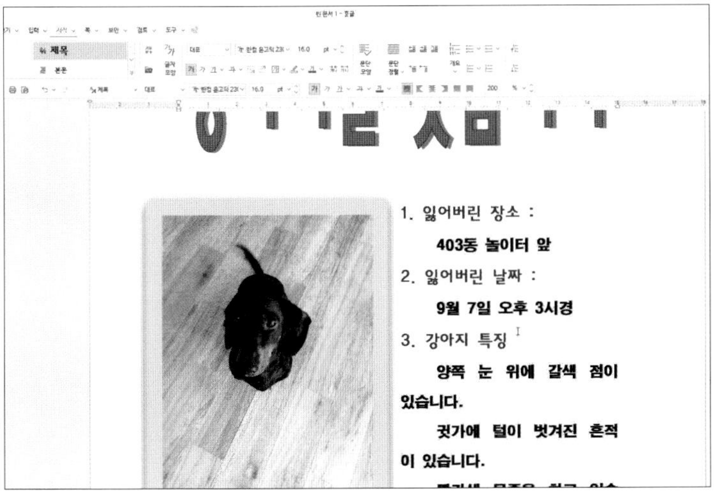

14 나머지 제목도 같은 방법으로 스타일을 바꿔보도록 합니다.

TIP

작업하다가 스타일 형식을 변경하고 싶다면 다음과 같이 하면 됩니다.

❶ [스타일]에서 아랫부분에 있는 [자세히] (⊽)를 클릭합니다.

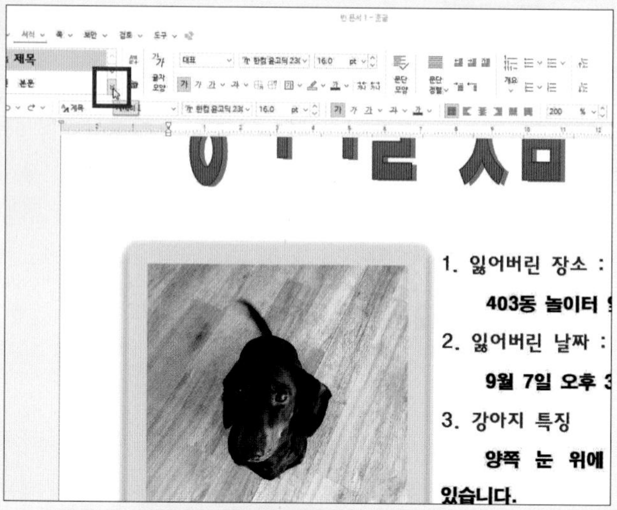

❷ [스타일] 목록이 나오면 왼쪽에 있는 '스타일 목록'에서 변경하려는 스타일에 마우스를 갖다대고 오른쪽 버튼을 클릭한 후 나타나는 메뉴에서 [스타일 편집]을 클릭합니다.

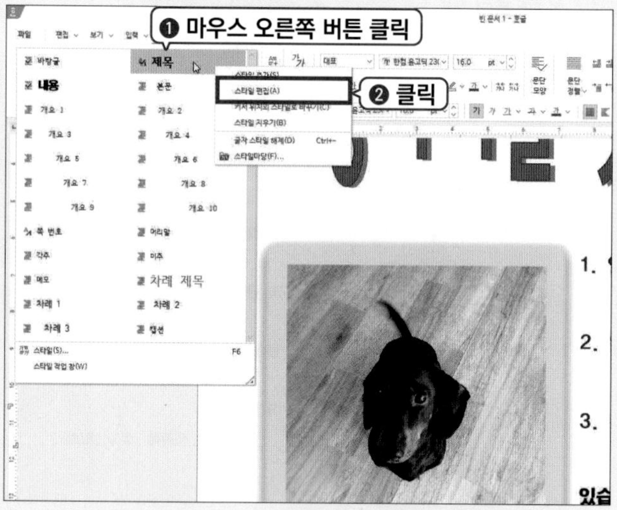

❸ 그러면 스타일 형식을 처음 만들 때 봤던 [스타일 편집하기] 대화상자가 나타납니다. 변경을 원하는 부분을 새로 변경하고 [설정]을 클릭하고 나오면 스타일 형식이 변경됩니다.

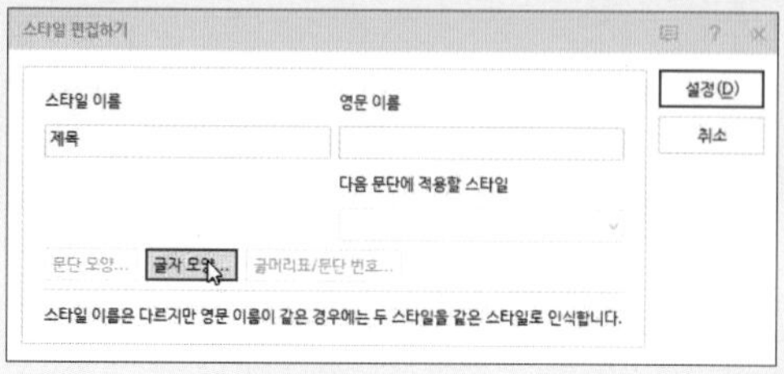

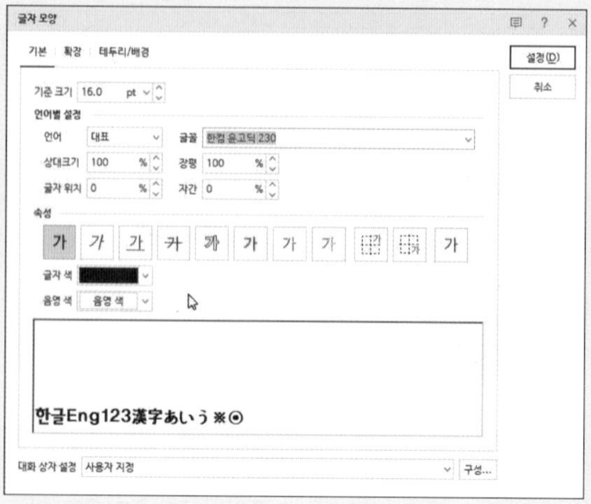

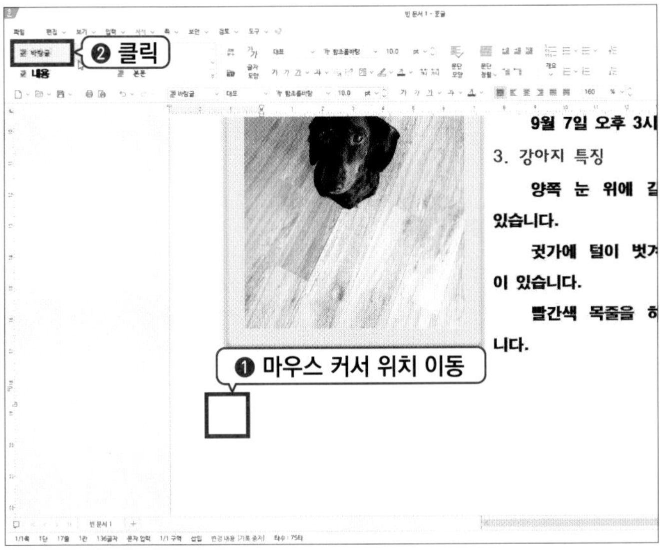
② 클릭
9월 7일 오후 3시
3. 강아지 특징
① 마우스 커서 위치 이동

15 다른 내용을 사진 아래 부분에 입력해보겠습니다. Enter 키를 한두 번 눌러 커서가 사진 아랫부분에 오게 만든 후 [스타일]에서 [바탕글]을 클릭합니다. 그렇지 않으면 앞에 지정했던 스타일 형식이 계속 유지되기 때문에 바꾸어야 합니다.

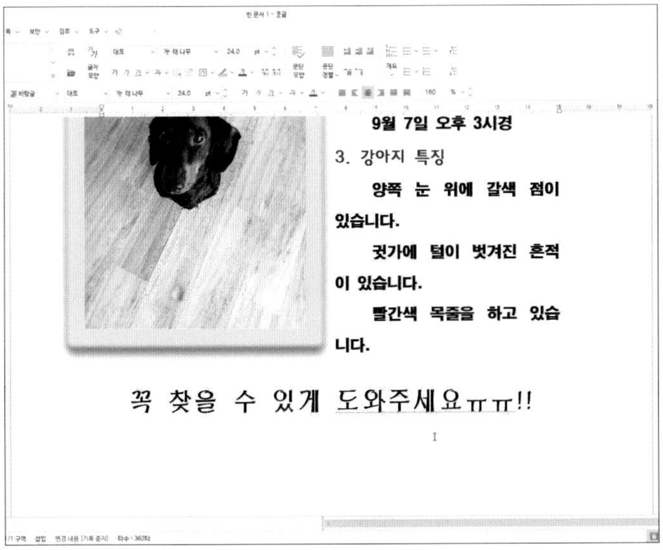
9월 7일 오후 3시경
3. 강아지 특징
양쪽 눈 위에 갈색 점이 있습니다.
귓가에 털이 벗겨진 흔적이 있습니다.
빨간색 목줄을 하고 있습니다.
꼭 찾을 수 있게 도와주세요ㅠㅠ!!

16 다음과 같이 내용을 입력하고 서식을 변경합니다. 각자 마음에 드는 스타일에 맞게끔 글자 크기, 글꼴, 글자 색으로 지정해주면 됩니다(예제에서는 글자 크기 '24pt', 글꼴 '태나무', '가운데 정렬'을 지정했습니다).

4 글상자 만들고 모양 바꾸기

이번에는 글상자를 이용하는 방법을 알아보겠습니다. 글상자를 만들고 원하는 스타일에 맞게 모양을 변경해보겠습니다.

01 [쪽 맞춤]으로 화면 보기를 바꾸고 [입력] 탭의 를 클릭해서 하위 메뉴가 나오면 [글상자]를 선택합니다.

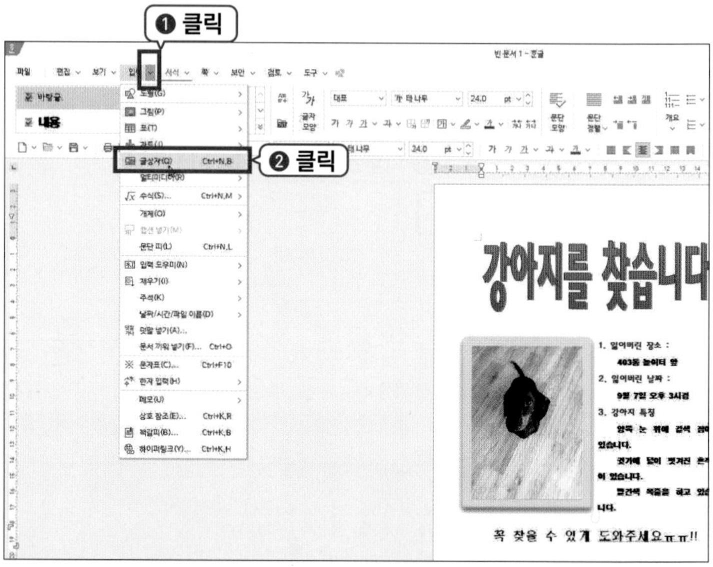

02 글상자를 선택하면 마우스 커서가 십자가 모양으로 바뀌는데 시작점을 누른 채로 대각선 방향으로 이동해서 화면과 같은 상자가 나타나면 마우스 버튼에서 손을 뗍니다.

03 글상자를 클릭하여 선택된 상태에서 선택된 외곽선을 더블 클릭합니다.

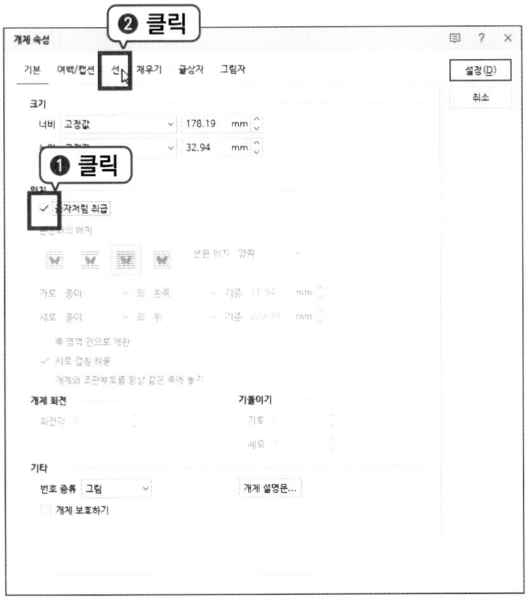

04 [개체 속성] 대화상자가 나타나면 [기본] 탭에서 [글자처럼 취급]을 체크하고 [선] 탭을 클릭합니다.

TIP

[글자처럼 취급] 옵션을 선택하면 문단의 가운데로 오게 할 수 있습니다.

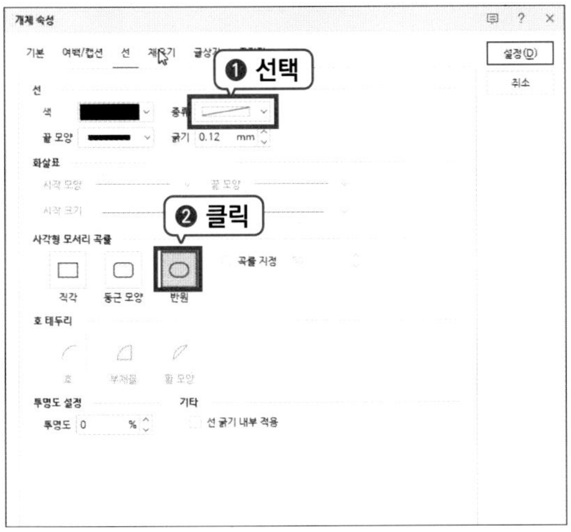

05 [선] 탭의 [종류] 항목에서 [없음]( )을 선택하고 [사각형 모서리 곡률] 항목에서 [반원]을 클릭합니다.

06 [채우기] 탭을 선택한 후 [면 색]에서 '보라 40% 밝게'를 선택합니다. [설정]을 클릭합니다.

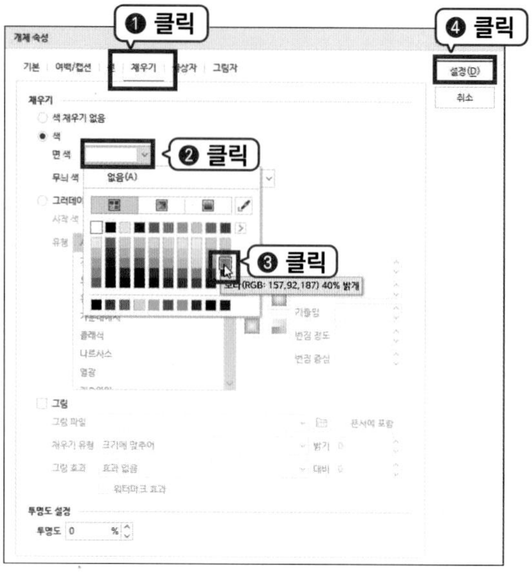

TIP

텍스트 박스에 그러데이션을 줄 수도 있습니다. 시작 색과 끝 색을 선택한 후 원하는 그러데이션 유형을 선택하면 그러데이션이 적용됩니다.

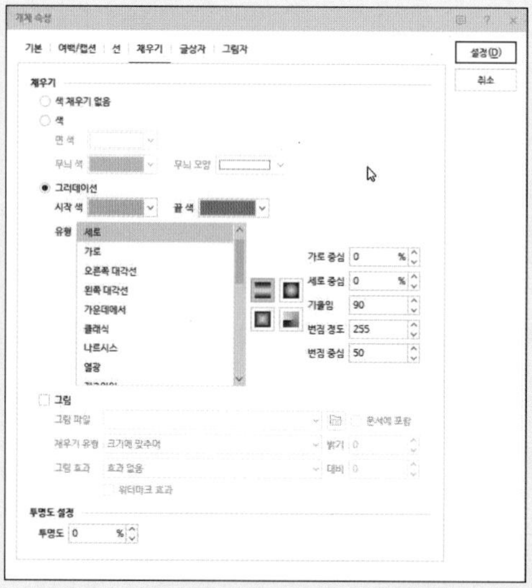

강아지를 찾습니다
꼭 찾을 수 있게 도와주세요ㅠㅠ!!
❶ 클릭 후 드래그

07 글상자가 선택된 상태에서 모서리를 마우스로 클릭한 채로 움직여 크기를 작게 만듭니다. 페이지의 맨 아래에 오게끔 조정합니다.

강아지를 찾습니다
꼭 찾을 수 있게 도와주세요ㅠㅠ!!
❷ 위치 이동

❷ 글꼴, 글자 크기 변경
강아지를 찾습니다
꼭 찾을 수 있게 도와주세요ㅠㅠ!!
❶ 클릭 후 입력

08 글상자 안을 클릭하여 글씨를 입력할 수 있게 만듭니다. 글자 색을 잘 보이는 색으로 바꾼 후(여기서는 흰색으로 바꿨습니다) 내용을 입력하고 글꼴과 크기를 정합니다. 여기서는 글꼴 'HY동녘B', 글자 크기 '17pt'로 했습니다.

노트 입력한 문장 : 찾게 되면 자진 수거하겠습니다. 떼지 말아주세요.

5 글상자를 이용해 연락처 세로로 입력하기

마지막으로 연락처를 입력해보겠습니다. 글상자 안에 연락처를 세로로 입력합니다.

01 [입력] 탭의 ⌄를 클릭해서 하위 메뉴가 나오면 [글상자]를 선택합니다.

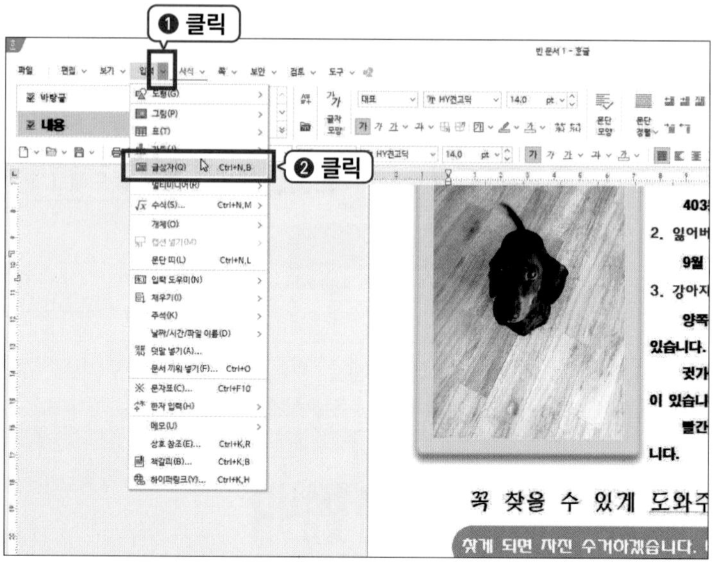

❶ 클릭
❷ 클릭

02 다음과 같이 글상자를 왼쪽에 딱 붙여서 만듭니다.

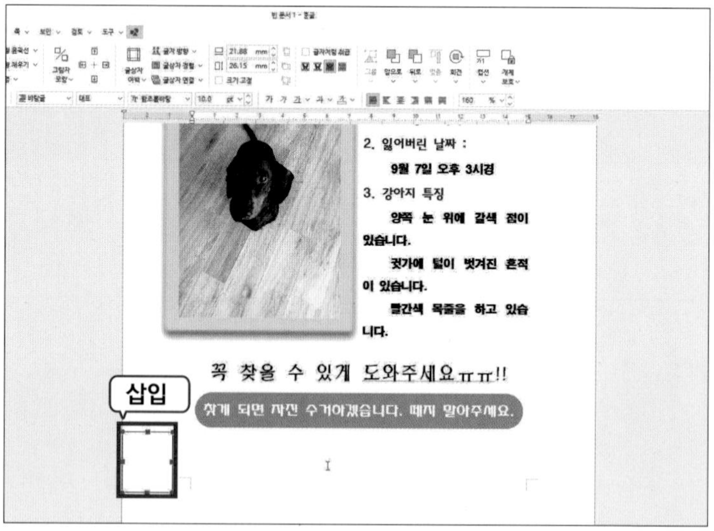

삽입
꼭 찾을 수 있게 도와주세요ㅠㅠ!!
찾게 되면 사진 수거하겠습니다. 떼지 말아주세요.

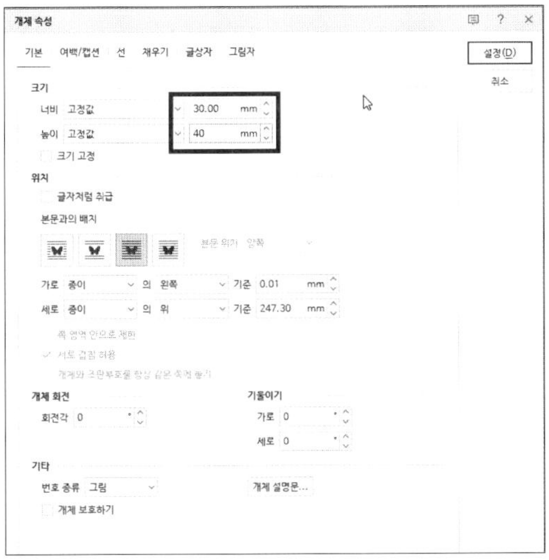

03 글상자를 더블 클릭하면 [개체 속성] 대화상자가 나타납니다. [기본]의 크기 항목에서 '너비'를 30, 높이를 '40'으로 입력합니다(이것은 나중에 문서의 크기에 딱 맞게 글상자를 배치하기 위한 작업이므로 각자의 작업 문서에 따라 값을 다르게 줘도 상관없습니다).

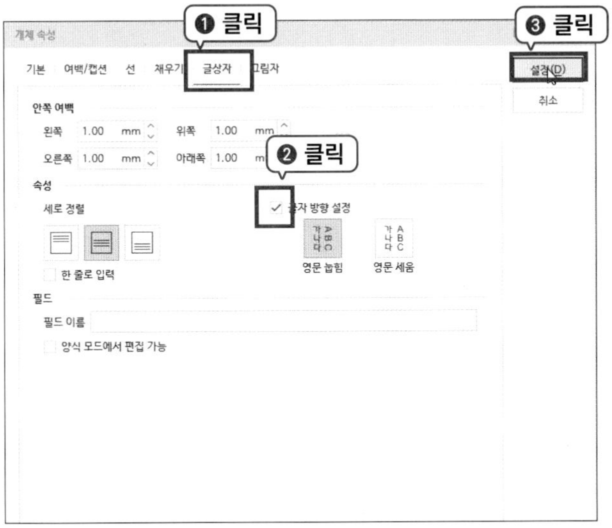

04 [개체 속성] 대화상자에서 이번에는 [글상자] 탭을 선택하고 '글자 방향 설정'을 체크합니다. 그리고 [설정]을 클릭합니다.

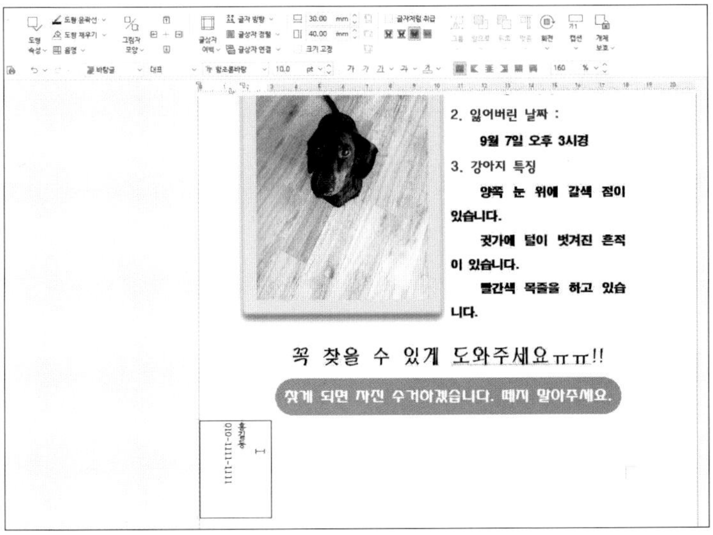

05 글상자 안에 연락처를 입력하면 다음 그림과 같이 세로로 글씨가 써집니다.

06 글상자를 클릭한 후 [가운데 정렬]을 클릭합니다.

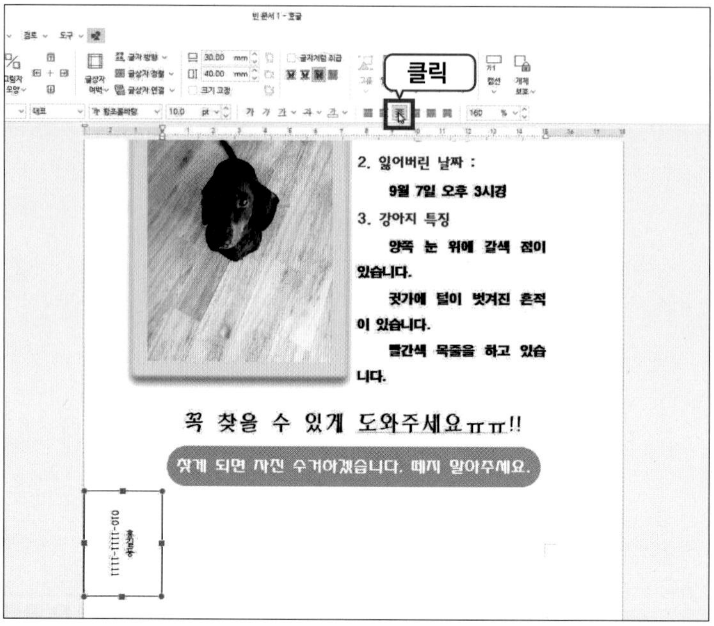
클릭
2. 잃어버린 날짜 :
9월 7일 오후 3시경
3. 강아지 특징
양쪽 눈 위에 갈색 점이 있습니다.
귓가에 털이 벗겨진 흔적이 있습니다.
빨간색 목줄을 하고 있습니다.
꼭 찾을 수 있게 도와주세요ㅠㅠ!!
찾게 되면 사진 수거하겠습니다. 떼지 말아주세요.

07 글상자가 총 7개가 되도록 복사를 합니다. 복사를 할 때 Ctrl + C 를 누른 후 Ctrl + V 를 6번 누르면 편합니다. 복사가 끝나면 마지막 글상자를 오른쪽 끝으로 이동시킵니다.

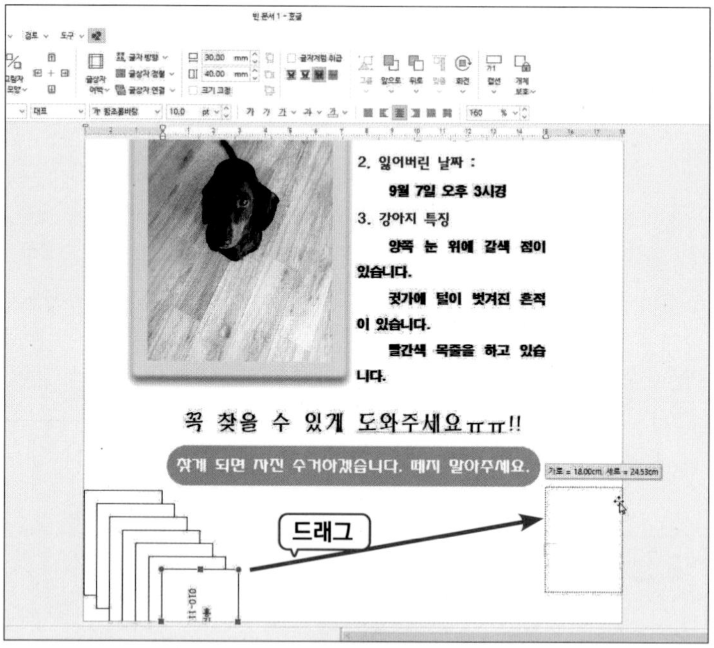
드래그
2. 잃어버린 날짜 :
9월 7일 오후 3시경
3. 강아지 특징
양쪽 눈 위에 갈색 점이 있습니다.
귓가에 털이 벗겨진 흔적이 있습니다.
빨간색 목줄을 하고 있습니다.
꼭 찾을 수 있게 도와주세요ㅠㅠ!!
찾게 되면 사진 수거하겠습니다. 떼지 말아주세요.

08 [도형] 탭에서 [개체 선택]( )을 클릭한 후 복사된 글상자를 마우스로 드래그하여 모두 선택합니다. 마우스로 드래그해서 선택할 때 복사된 글상자 전체가 포함될 수 있게 해야 합니다.

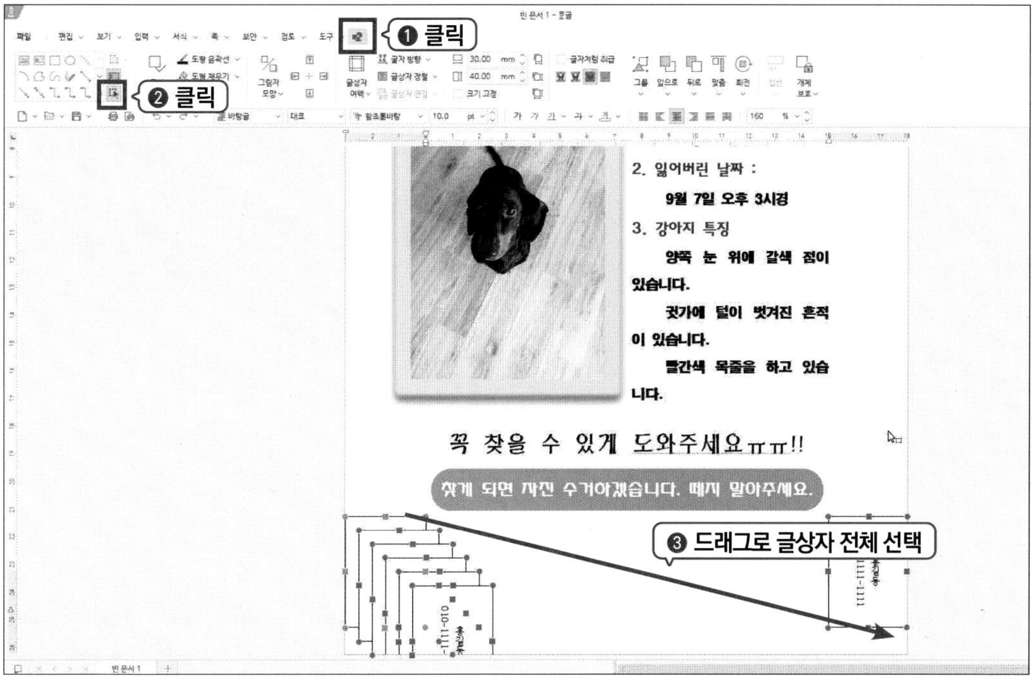
❶ 클릭
❷ 클릭
2. 잃어버린 날짜 :
9월 7일 오후 3시경
3. 강아지 특징
양쪽 눈 위에 갈색 점이 있습니다.
귓가에 털이 벗겨진 흔적이 있습니다.
빨간색 목줄을 하고 있습니다.
꼭 찾을 수 있게 도와주세요ㅠㅠ!!
찾게 되면 사진 수거하겠습니다. 떼지 말아주세요.
❸ 드래그로 글상자 전체 선택

09 [도형] 탭의 [맞춤]( ) 도구를 이용해 [위쪽 맞춤]과 [가로 간격을 동일하게]를 차례로 실행합니다.

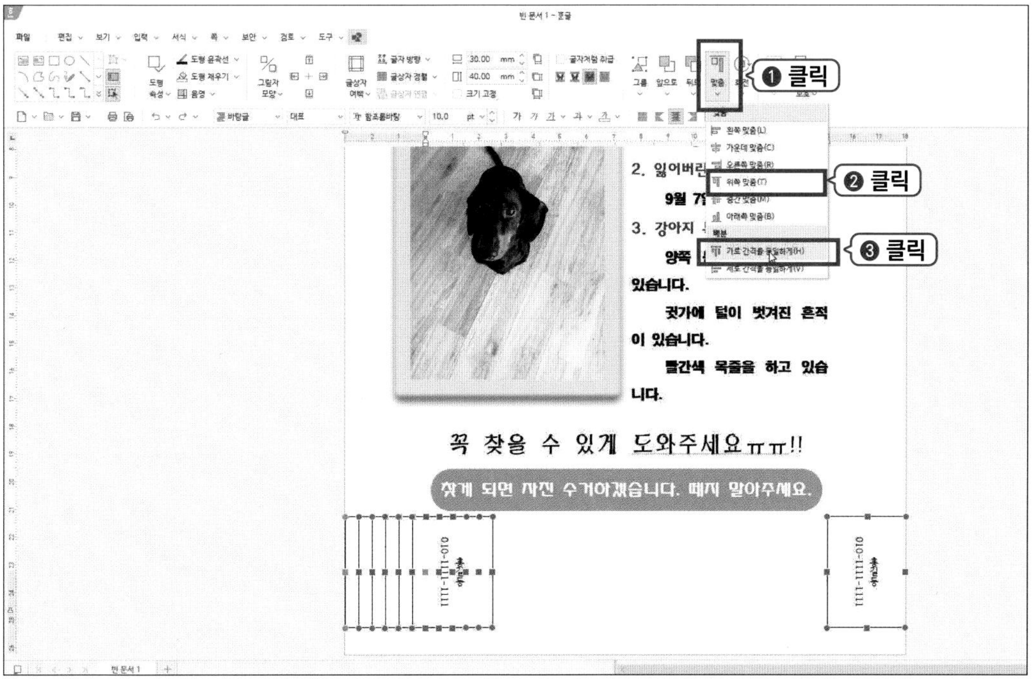
❶ 클릭
❷ 클릭
❸ 클릭
꼭 찾을 수 있게 도와주세요ㅠㅠ!!
찾게 되면 사진 수거하겠습니다. 떼지 말아주세요.

10 다음 그림과 같이 완성됩니다.

강아지를 찾습니다
1. 잃어버린 장소 :
403동 놀이터 앞
2. 잃어버린 날짜 :
9월 7일 오후 3시경
3. 강아지 특징
양쪽 눈 위에 갈색 점이 있습니다.
꼬리 끝이 하얀색 입니다.
빨간색 목줄을 하고 있습니다.
꼭 찾을 수 있게 도와주세요ㅠㅠ!!

PART 5

문서 쉽게 만들기, 워드

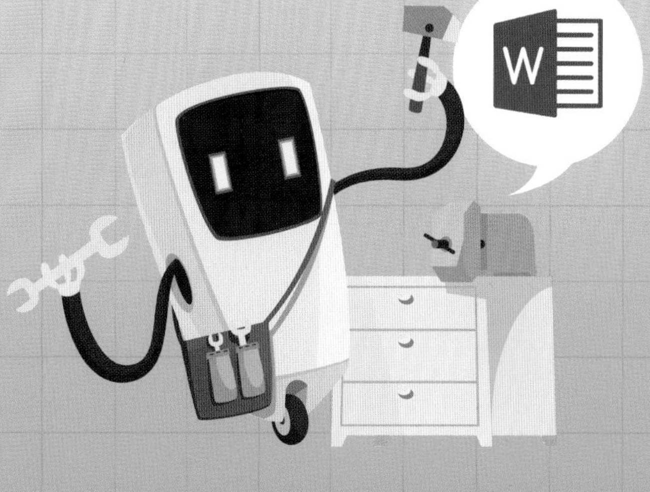

CHAPTER 01 마이크로소프트 워드의 기본

마이크로소프트 워드를 사용하기 위해 가장 기본적으로 알아야 할 기능을 알아보겠습니다. 워드를 실행하여 나타나는 화면의 구성 요소를 알아보고, 저장하고 종료하는 방법까지 연습해보겠습니다. 자주 사용되는 탭과 아이콘의 기능을 잘 알아두어야 워드를 능숙하게 사용할 수 있을 것입니다.

워드는 마이크로소프트사에서 만든 프로그램으로, 앞에서 설명한 한글 2022처럼 문서를 작성하는 프로그램입니다. 따라서 문서를 작성하는 데 필요한 다양한 기능을 갖추고 있습니다. 현재는 마이크로소프트 홈페이지에서 마이크로소프트 365 구독을 구매하면 워드, 엑셀, 파워포인트 등을 가장 최신 버전으로 한번에 받아 사용할 수 있게 되어있습니다. 단일 프로그램의 경우 평생 소장 형태로 구매가 가능합니다.

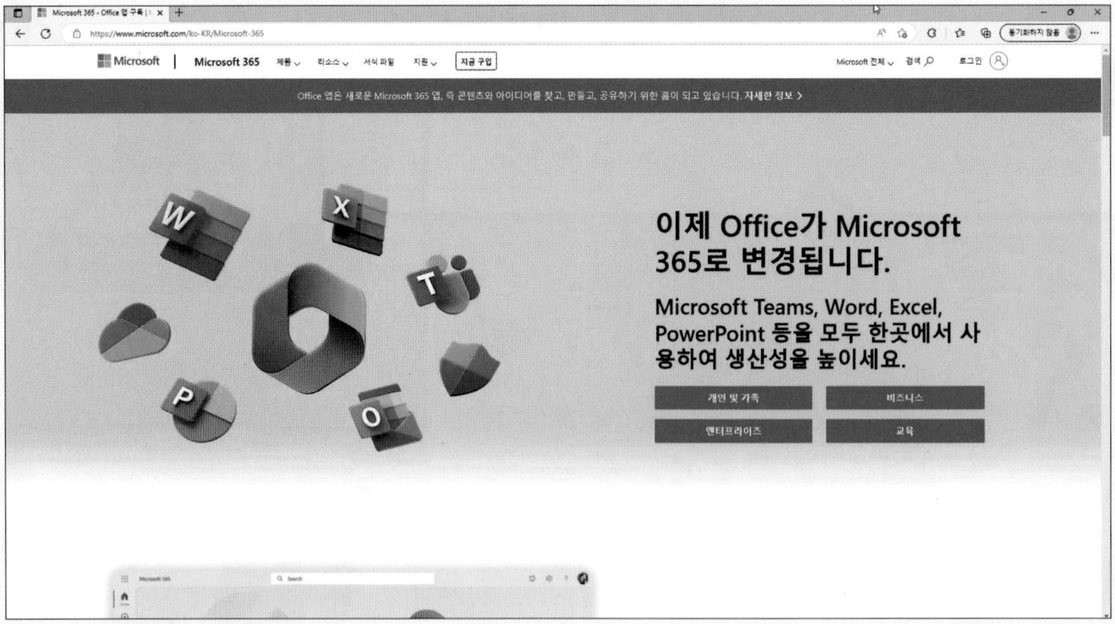
Microsoft
Microsoft 365
이제 Office가 Microsoft 365로 변경됩니다.
Microsoft Teams, Word, Excel, PowerPoint 등을 모두 한곳에서 사용하여 생산성을 높이세요.

마이크로소프트 365

여러 버전이 사용되고 있는데 2007, 2010, 2013, 2016, 2019 등이 있으며 앞으로도 꾸준히 버전업이 될 예정입니다. 이 책에서는 가장 최신 버전인 365 버전을 사용했으나 이전 버전으로 학습해도 큰 무리는 없습니다. 다만 기능의 이름이나 위치, 아이콘 모양, 최신 추가된 기능 등에서 차이가 있을 수 있으니 참고하시길 바랍니다.

워드의 기능을 정리하면 다음과 같습니다.

❶ 문서를 작성 및 편집하고, 출력할 수 있는 워드프로세서입니다.

❷ 다양한 기능을 제공하여 문서를 보기 좋게 꾸밀 수 있습니다.

❸ 다양한 서식 파일을 제공하여 원하는 문서를 쉽게 만들 수 있습니다.

❹ 해외의 여러 나라에서 많이 사용하고 있는 워드프로세서이기 때문에 해외에 있는 사람들과 편하게 공유할 수 있습니다.

❺ 문서에 필요한 차트나 도형을 쉽게 그릴 수 있습니다.

❻ 다양한 오피스 프로그램과 연결하여 쉽게 편집이 가능합니다.

1 워드 시작하고 화면 익히기

워드를 사용하려면 워드를 실행하는 방법부터 알아야 할 것입니다. 프로그램을 실행하고 화면 구성을 익혀보도록 하겠습니다.

01 워드를 실행하려면 바탕 화면에 있는 [Word]를 마우스 왼쪽 버튼으로 더블 클릭합니다.

TIP

[시작] 메뉴를 통해 워드를 실행할 수도 있습니다. [시작] 메뉴를 눌렀을 때 자주 사용하는 앱에 워드가 나타나지 않는 경우는 스크롤 바를 클릭한 채로 아래로 내려 워드를 찾아서 실행해야 합니다.

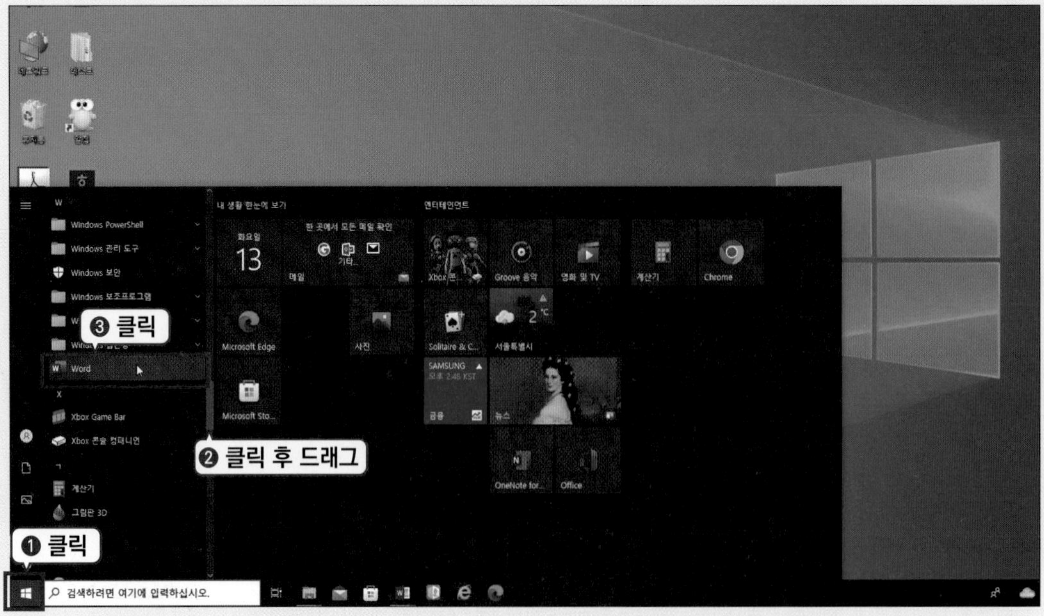

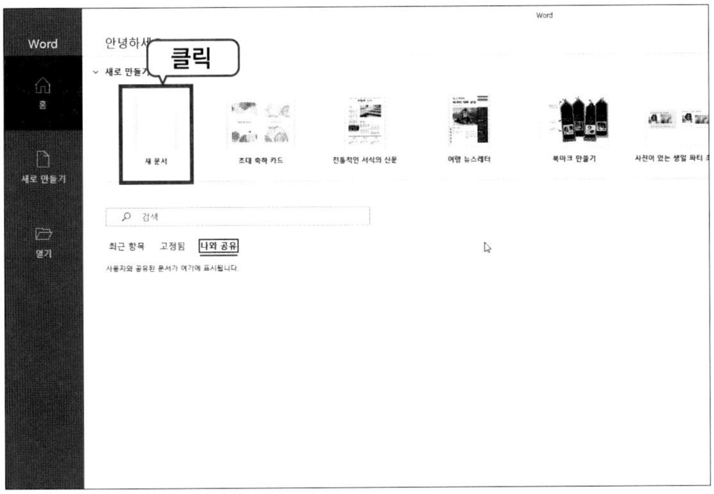

02 워드를 실행하면 처음으로 다음 화면이 나타납니다. 새로운 문서를 만들기 위해 [새 문서]를 클릭합니다.

03 [새 문서]를 클릭하면 문서를 편집할 수 있는 작업 창이 나타납니다. 대략적인 화면 구성은 다음과 같습니다.

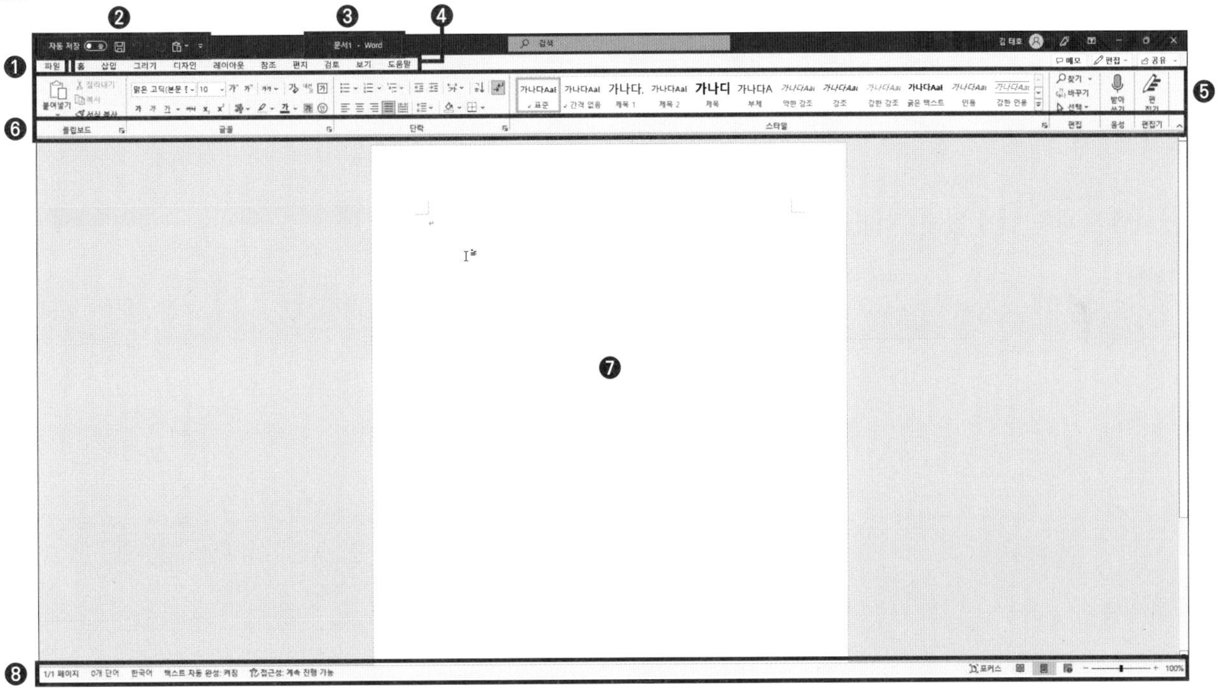

❶ 파일 메뉴 : 열기, 다른 이름으로 저장, 인쇄 등 기본적인 메뉴를 모아놓은 곳입니다.
❷ 빠른 실행 도구 모음 : 자주 사용하는 메뉴를 모아놓았으며 저장, 실행 취소, 다시 실행을 할 수 있는 아이콘이 있습니다.
❸ 제목 표시줄 : 현재 작업 중인 문서의 파일 이름이 표시됩니다. 저장하지 않은 문서는 새로 열 때마다 문서1, 문서2… 형식으로 표시됩니다.
❹ 탭 메뉴 : 작업 화면 상단에 있는 항목을 탭이라고 하며, 탭을 선택하면 각 탭에 관련된 기능이 리본 메뉴로 표시됩니다.
❺ 리본 메뉴 : 탭 메뉴를 클릭하면 아래쪽으로 아이콘 묶음이 표시되는데 이것을 리본 메뉴라고 합니다. 탭과 그룹, 아이콘으로 구성되어 있습니다.
❻ 그룹 버튼 : 특정 유형의 작업에 자주 사용되는 명령을 모아놓은 버튼으로 해당 기능을 버튼 클릭만으로 실행할 수 있기 때문에 편리합니다.
❼ 작업 창 : 실제 작업할 수 있는 공간으로 내용을 입력하고 도형과 그림 등을 삽입할 수 있는 공간입니다.
❽ 상태 표시줄 : 현재 작업 중인 상태나 키보드의 상태를 보여줍니다.

2 내용을 저장하고 종료하기

문서를 저장하고 종료하는 방법에 대해 알아보겠습니다. 저장 기능은 문서를 작성할 때 자주 사용하게 되는 기능이므로 단축키를 함께 익혀두면 좋습니다.

01 워드의 빈 문서 위에 다음과 같이 입력합니다.

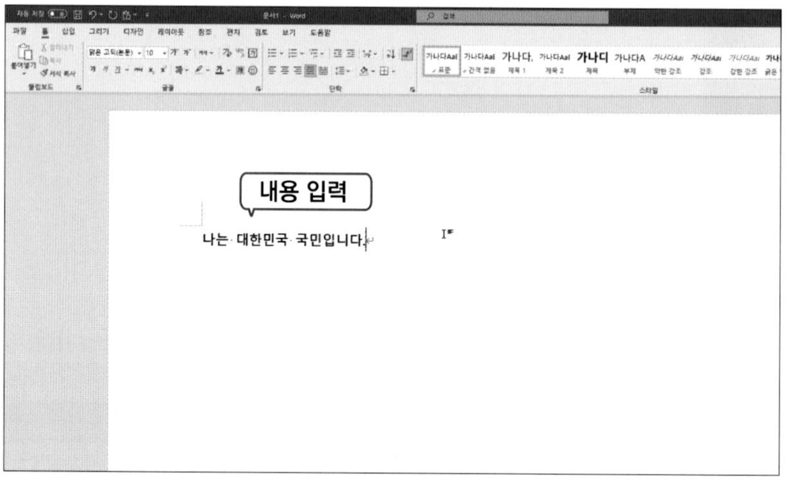

02 화면 왼쪽 위에 있는 [파일]을 클릭합니다.

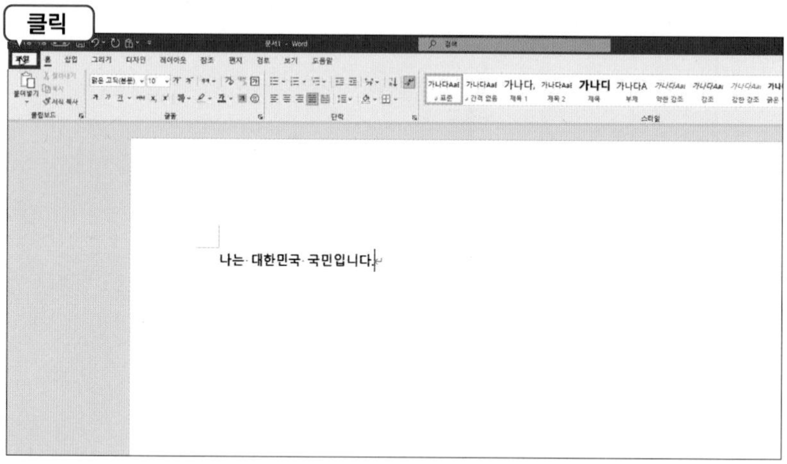

03 다음과 같은 창이 나오면 화면 왼쪽에 있는 [저장]을 클릭합니다.

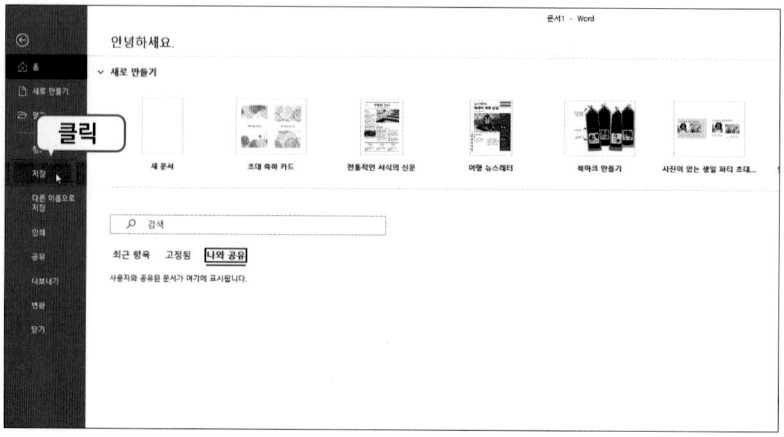

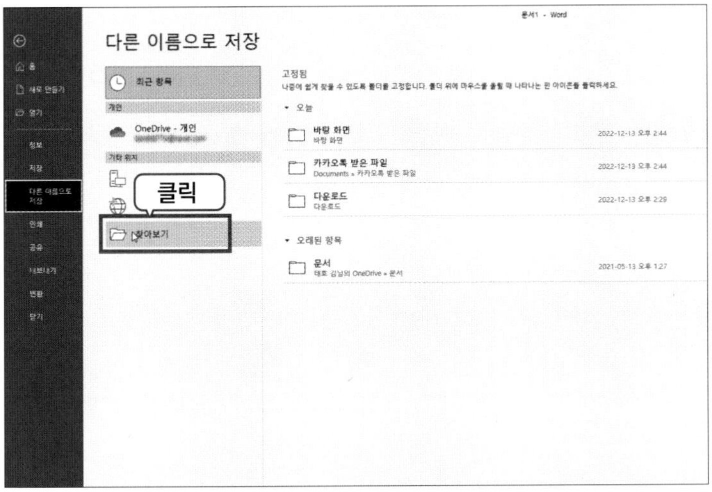

04 다음 화면처럼 [다른 이름으로 저장] 화면이 나타나면 [찾아보기]( )를 클릭합니다.

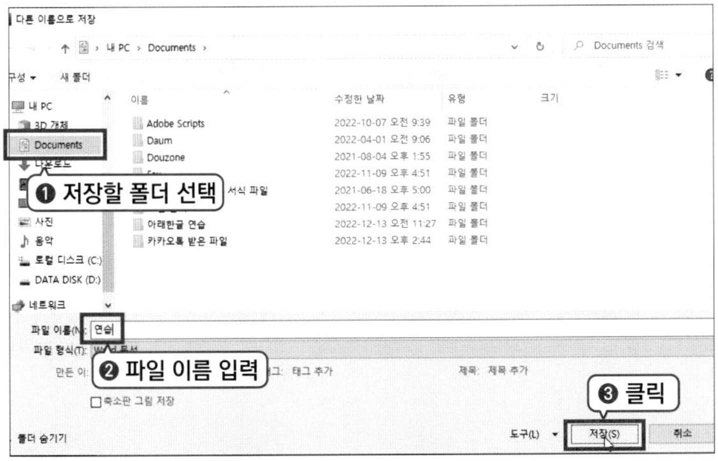

05 [다른 이름으로 저장] 대화상자가 나오면 저장할 폴더를 선택한 후 파일 이름을 입력하고 [저장]을 클릭합니다. 여기서는 파일 이름을 '연습'이라고 입력했습니다. 예제에서는 [내 PC] 안에 있는 [Documents] 폴더에 저장을 했습니다.

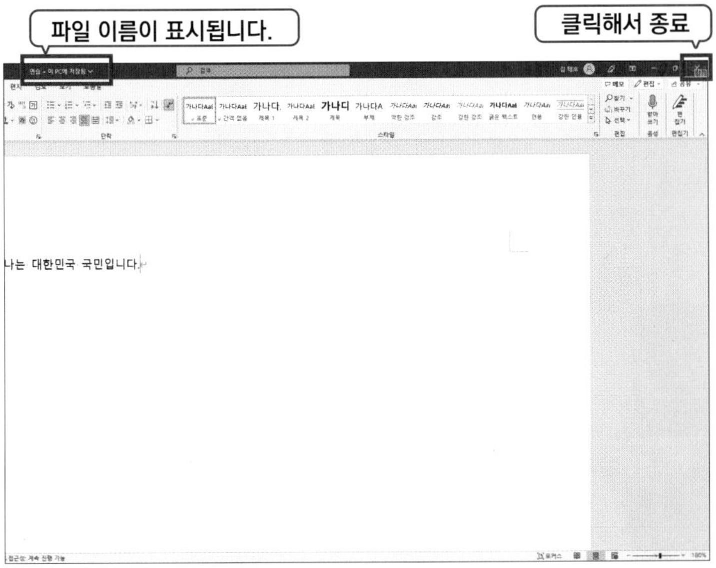

06 파일을 저장하고 나면 제목 표시줄에 저장한 파일 이름이 표시됩니다. 이제 워드를 종료해보도록 하겠습니다. 화면 상단 오른쪽 끝에 있는 단추를 클릭하면 워드를 끝낼 수 있습니다.

노트 혹은 [파일] 메뉴를 클릭한 후 [닫기]를 선택해도 종료됩니다.

3 저장한 문서 불러오기

이번에는 기존에 저장했던 문서를 불러와 보겠습니다. 앞에서 '연습'이라고 파일 이름을 저장했던 문서를 불러오겠습니다.

01 워드를 다시 실행하면 화면 아래쪽의 [최근 항목]에 조금 전에 저장했던 '연습' 파일이 나타납니다. '연습' 파일을 클릭합니다.

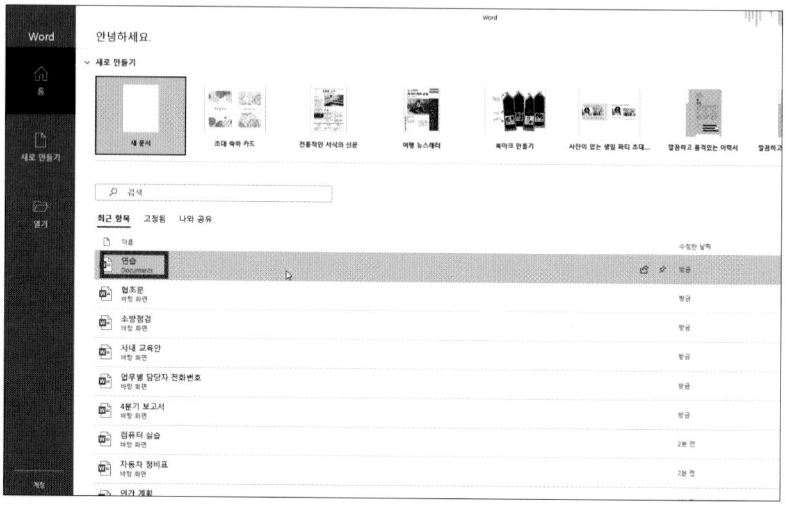

02 앞에서 저장했던 '연습' 파일이 나타납니다.

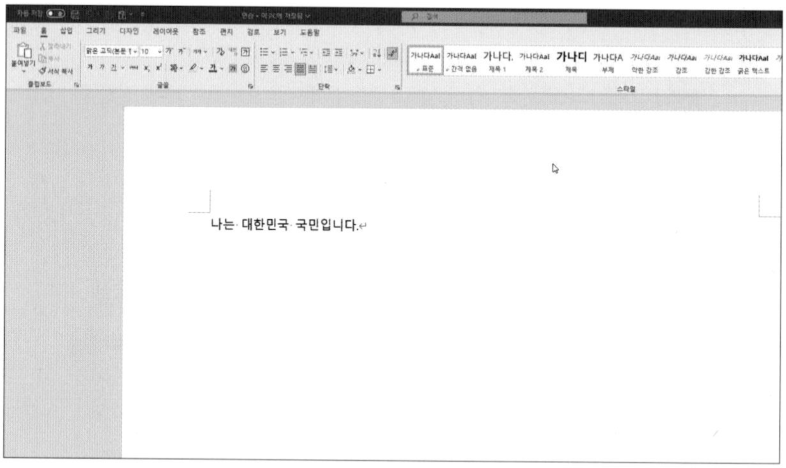

03 최근 항목에 나타나지 않는 다른 워드 파일을 불러오고 싶을 때는 왼쪽에서 [열기]를 클릭합니다.

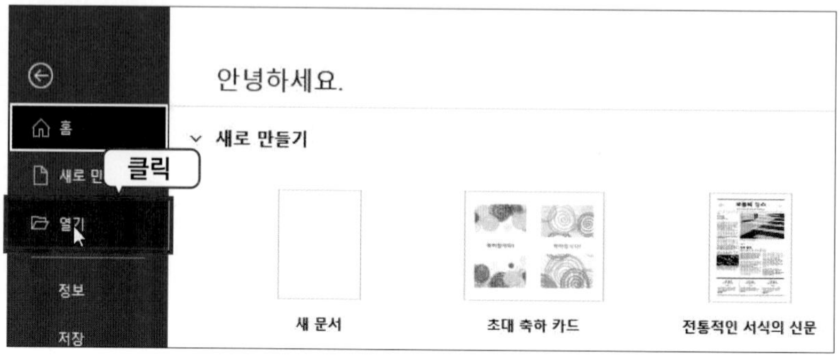

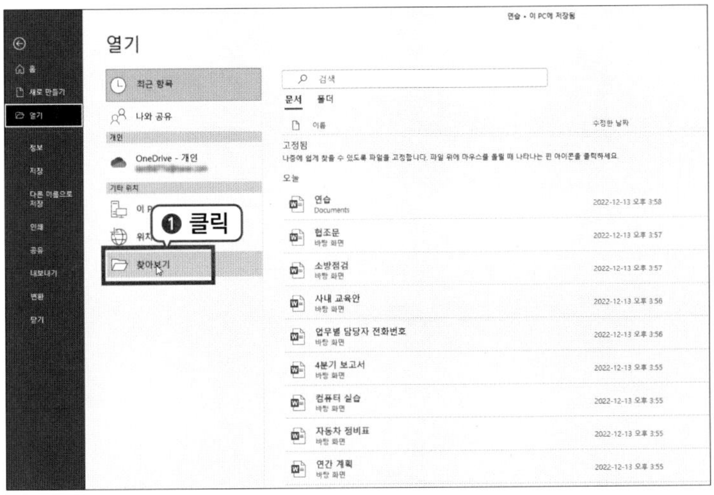

04 [열기] 창이 나오면 [찾아보기]를 클릭합니다. 불러오고 싶은 파일이 저장된 폴더를 찾아 파일을 선택합니다. [열기] 버튼을 클릭하면 원하는 파일을 불러올 수 있습니다.

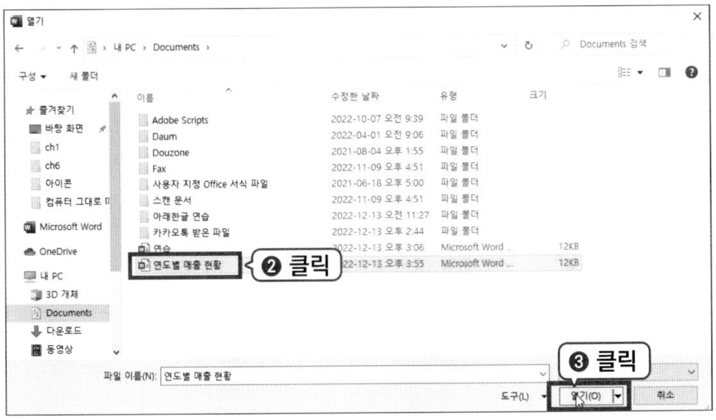

4 인쇄하기

작업한 문서를 프린터로 출력하는 방법을 간단하게 알아보겠습니다. 앞서 작업한 '연습' 파일을 먼저 불러옵니다.

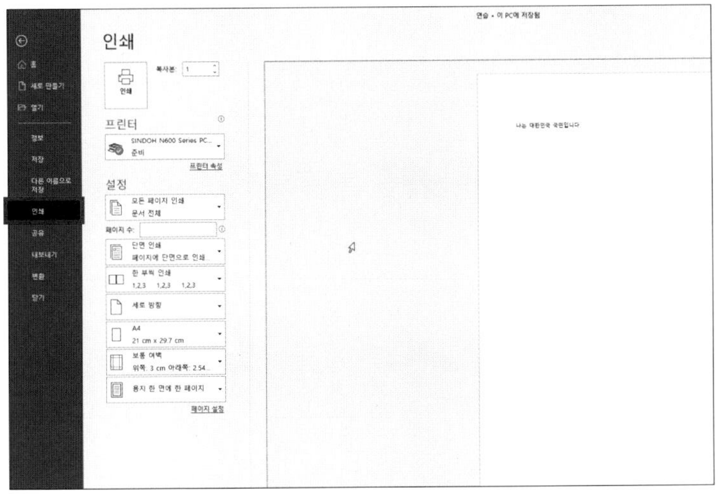

01 [파일] – [인쇄] 메뉴를 선택하면 다음과 같은 화면이 나옵니다.

02 [프린터]를 설정해주고 [인쇄]를 클릭하면 인쇄를 할 수 있습니다. 인쇄에 대한 자세한 설명은 뒤에서 다시 하도록 하겠습니다.

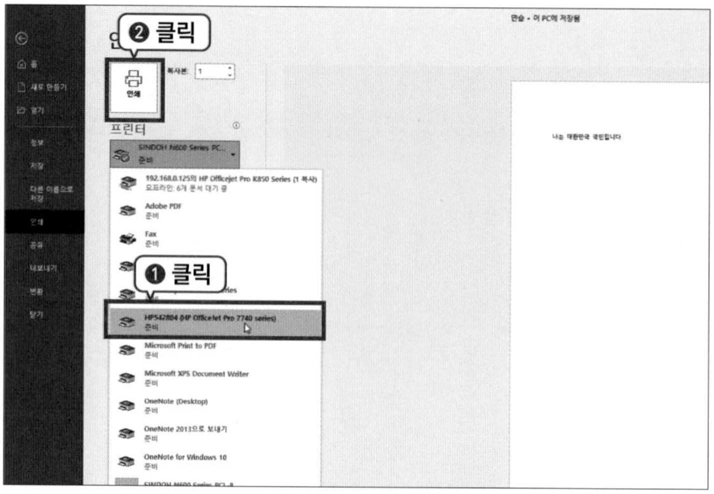

5 표준 탭과 그룹 살펴보기

본격적으로 문서를 작성하기 전에 워드의 탭에 대해 알아보겠습니다. 앞으로 자주 사용하게 될 탭에는 어떤 기능이 포함되어 있는지 익혀두는 것이 좋습니다.

1. [파일] 탭

[파일] 탭을 클릭하면 창이 나타나는데 이곳은 파일을 관리하기 위한 여러 가지 기능을 모아둔 곳입니다.

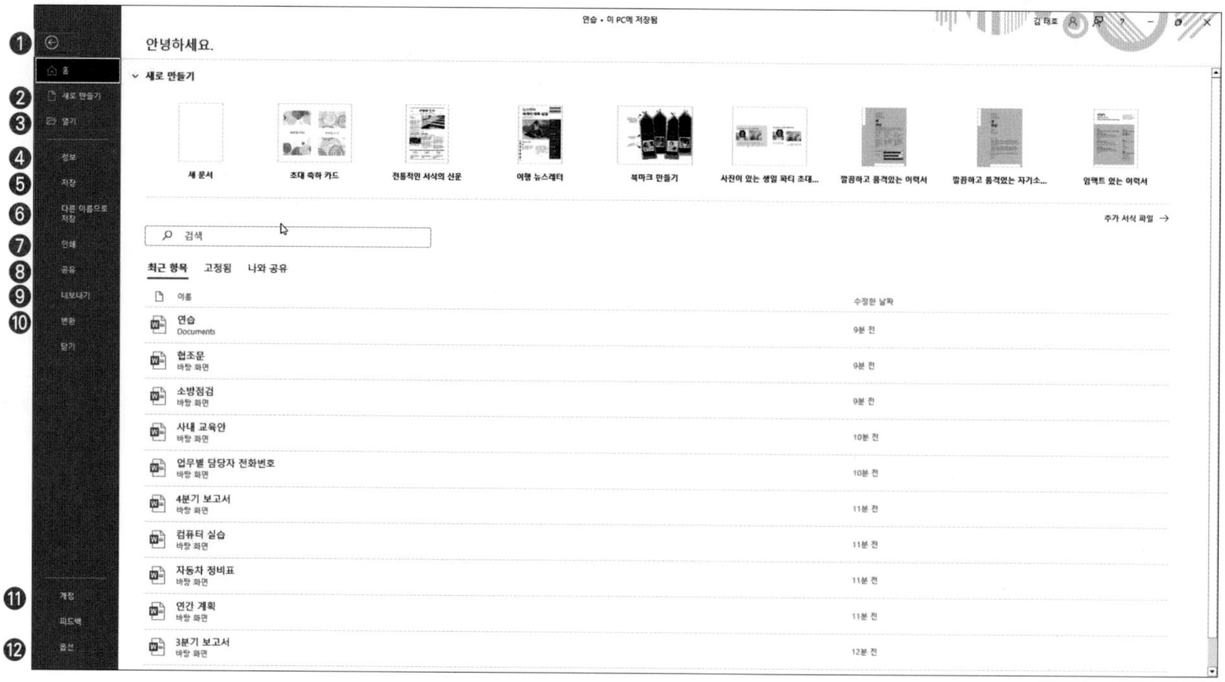

❶ 이전 : 편집 화면으로 되돌아갑니다.

❷ 새로 만들기 : 새로운 문서를 만들거나 서식을 이용해 원하는 문서를 편하게 만들 수 있습니다.

❸ 열기 : 저장된 문서를 열 수 있습니다.

❹ 정보 : 문서와 관련된 정보를 보여줍니다. 페이지, 만든 날짜, 최종 수정 날짜, 만든 사람 등의 정보뿐만 아니라 문서 보호, 문서 검사와 저장되지 않은 문서 복구 기능도 있습니다.

❺ 저장 : 작성한 문서를 파일로 저장합니다.

❻ 다른 이름으로 저장 : 기존에 저장되었던 파일을 다른 이름으로 저장합니다.

❼ 인쇄 : 문서를 인쇄합니다.

❽ 공유 : OneDrive에 문서를 저장해놓고 다른 사람과 공유할 수 있습니다.

❾ 내보내기 : 파일을 PDF나 XPS 문서로 만들 수 있습니다.

❿ 변환 : 워드 파일을 웹 페이지로 변환할 수 있습니다.

⓫ 계정 : Office에 로그인해서 문서를 가져올 수 있으며 오피스 제품 인증 정보를 표시합니다.

⓬ 옵션 : 워드에 대한 여러 가지 옵션을 설정합니다.

2. [홈] 탭

[홈] 탭은 워드를 사용하면서 가장 자주 쓰는 기능을 모아둔 곳입니다.

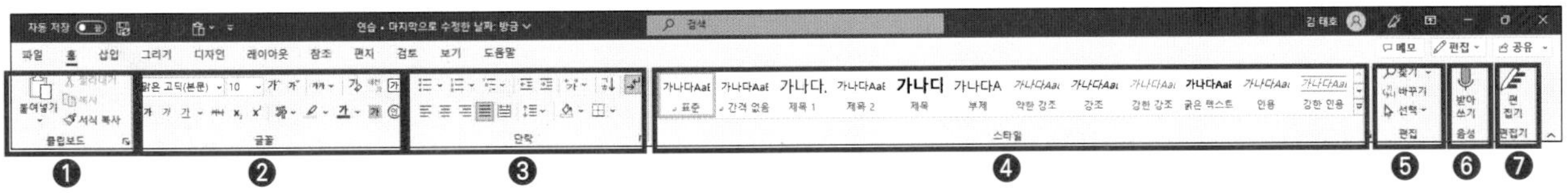

❶ 클립보드 : 클립보드는 개체나 텍스트를 복사하거나 이동할 때 사용합니다.

❷ 글꼴 : 글꼴이나 크기, 글자색, 배경색, 텍스트 효과 등을 지정할 수 있습니다.

❸ 단락 : 글머리 기호나 번호 매기기, 맞춤, 텍스트 방향, 들여 쓰기, 내어 쓰기 등을 지정할 수 있습니다.

❹ 스타일 : 글자 크기와 효과 등이 미리 정의되어 있는 스타일을 적용할 수 있습니다.

❺ 편집 : 문서에서 내용을 찾거나 다른 내용으로 바꿀 수 있습니다.

❻ 음성 : 마이크를 이용하여 받아쓰기 기능을 실행할 수 있습니다. 마이크가 연결되어 있어야 합니다.

❼ 편집기 : 워드에서 발견한 맞춤법 등의 수정사항 등을 확인할 수 있습니다.

3. [삽입] 탭

문서를 작성할 때 필요한 다양한 요소를 삽입하기 위한 기능을 모아둔 곳입니다.

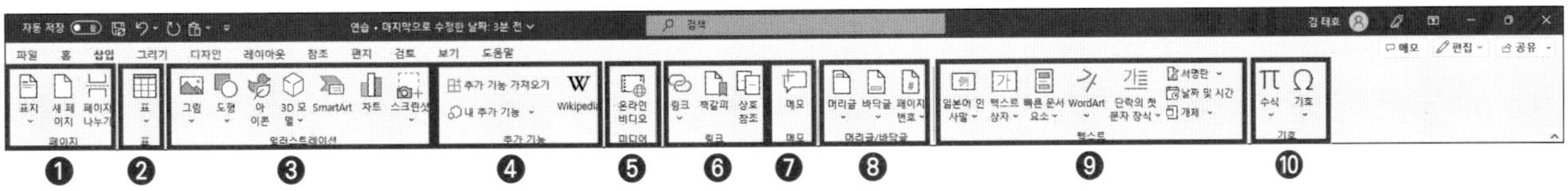

❶ 페이지 : 새로운 페이지나 그룹을 삽입합니다.

❷ 표 : 표를 삽입합니다.

❸ 일러스트레이션 : 그림, 도형, SmartArt, 차트 등을 삽입할 수 있습니다.

❹ 추가 기능 : 스토어에서 오피스 관련 추가 기능을 구입해 사용할 수 있습니다.

❺ 미디어 : 온라인 비디오를 삽입할 수 있습니다.

❻ 링크 : 하이퍼링크와 책갈피, 상호 참조를 삽입하거나 삭제합니다.

❼ 메모 : 문서에 메모를 추가합니다.

❽ 머리글/바닥글 : 문서에 머리글과 바닥글, 페이지 번호를 삽입

할 수 있습니다.

❾ **텍스트 :** 텍스트 상자를 삽입하거나 문서 요소, WordArt, 단락의 첫 문자 장식, 서명란, 날짜 및 시간, 개체 등을 삽입할 수 있습니다.

❿ **기호 :** 수식이나 기호를 삽입할 수 있습니다.

4. [그리기] 탭

펜을 이용해 화면상에 직접 선 등을 그리는 등의 작업을 할 수 있습니다.

❶ **그리기 도구 :** 다양한 그리기 도구로 그림을 그릴 수 있습니다.

❷ **변환 :** 펜으로 그린 것을 도형이나 수식으로 변환할 수 있습니다.

❸ **삽입 :** 캔버스를 삽입할 수 있습니다.

❹ **재생 :** 그림을 그린 과정을 재생할 수 있습니다.

5. [디자인] 탭

글꼴과 글자 색, 도형 등의 서식을 테마로 지정하거나 인쇄용지의 배경 등을 설정할 수 있습니다.

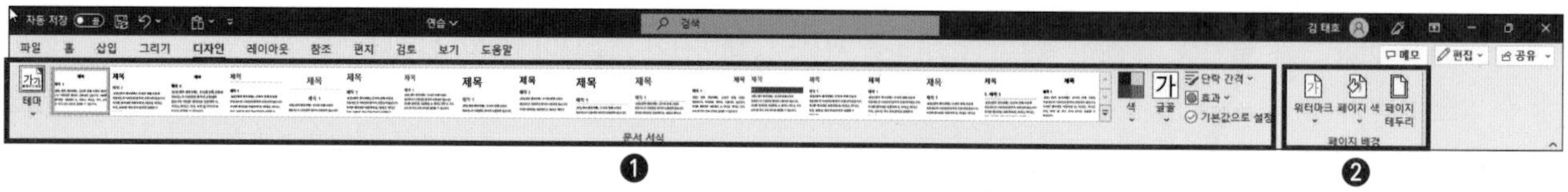

❶ **문서 서식 :** 오피스 테마를 이용하여 글꼴과 글자 색, 도형 색 등을 지정할 때 사용합니다.

❷ **페이지 배경 :** 인쇄용지의 배경이나 페이지 색, 페이지 테두리 등을 지정할 때 사용합니다.

6. [레이아웃] 탭

페이지 설정, 단락, 정렬 등 문서의 레이아웃을 지정할 수 있습니다.

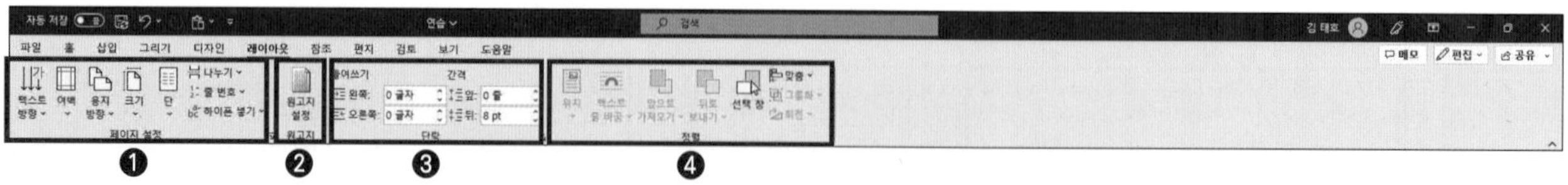

❶ **페이지 설정 :** 페이지 내의 텍스트 방향이나 여백, 페이지 크기, 단, 나누기, 줄 번호 등을 지정할 수 있습니다.

❷ **원고지 :** 현재 편집 중인 문서를 원고지 형태로 변경합니다.

❸ **단락 :** 들여쓰기와 줄의 앞뒤 간격을 지정합니다.

❹ **정렬 :** 삽입된 개체의 위치와 맞춤, 그룹, 회전 등을 지정합니다.

7. [참조] 탭

문서의 목차나 각주, 캡션, 색인 등의 기능을 제공하는 탭입니다.

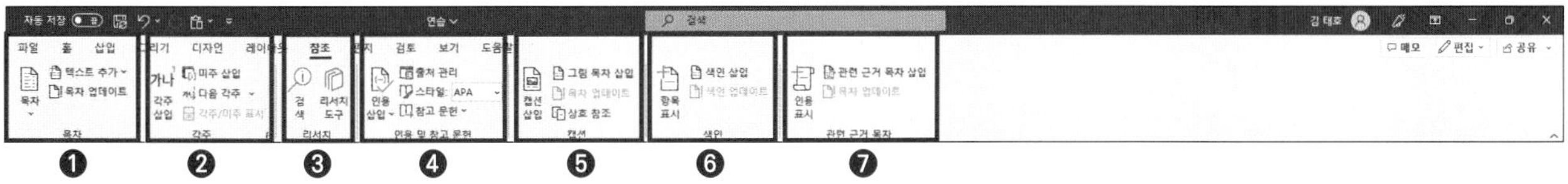

❶ 목차 : 자동으로 문서의 목차를 만들거나, 텍스트에 수준을 지정할 수 있습니다.

❷ 각주 : 인용 문서나 보충 설명을 할 수 있는 각주나 미주를 삽입합니다.

❸ 리서치 : 온라인 소스에서의 검색 기능을 제공합니다.

❹ 인용 및 참고 문헌 : 문서에 인용한 곳이나 출처를 적어두고 별도로 관리할 수 있습니다.

❺ 캡션 : 개체에 캡션을 달거나 캡션을 이용하여 그림 목차를 만들 수 있습니다.

❻ 색인 : 색인을 추가하거나 삭제할 수 있습니다.

❼ 관련 근거 목차 : 인용을 표시하거나 삭제할 수 있으며, 인용을 이용하여 인용 목차를 만들 수 있습니다.

8. [편지] 탭

편지 봉투나 레이블 작업, 편지 병합 등의 기능을 제공합니다.

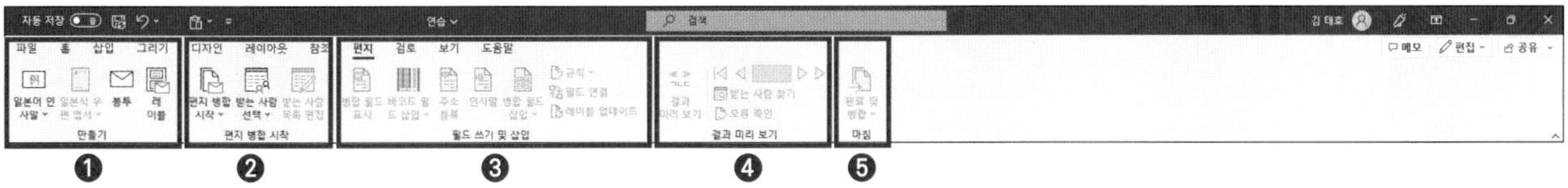

❶ 만들기 : 편지 봉투나 레이블을 만들 수 있습니다.

❷ 편지 병합 시작 : 내용은 같은데 받는 사람만 다른 경우 받는 사람 목록과 편지 봉투를 만들어 하나로 합칠 수 있습니다.

❸ 필드 쓰기 및 삽입 : 필드를 삽입하거나 연결할 수 있습니다.

❹ 결과 미리 보기 : 편지 병합의 결과를 미리 볼 수 있습니다.

❺ 마침 : 편지 병합을 끝냅니다.

9. [검토] 탭

완성된 문서의 맞춤법을 검사하거나 다른 사람이 문서를 검토하고 변경 내용을 편집할 때 사용합니다.

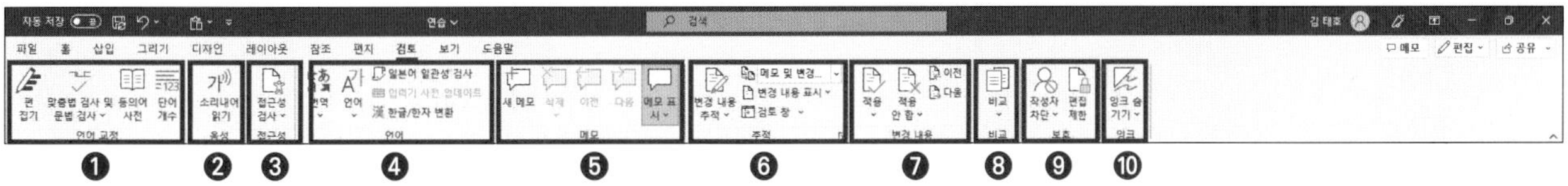

❶ 언어 교정 : 완성된 파일에 맞춤법이 틀린 부분이 있는지 검사하거나, 사전을 이용해 유사한 단어가 있는지 검사할 때 사용합니다.

❷ 음성 : 작성된 내용을 소리 내어 읽어보게 할 수 있습니다.

❸ 접근성 : 현재 파일의 호환성 검사 등을 수행합니다.

❹ 언어 : 영어를 한글로 번역하거나 한글/한자 변환 등을 할 때 사용합니다.

❺ 메모 : 워크시트에 메모를 삽입하거나 지울 때 사용합니다.

❻ 추적 : 어떤 내용을 변경했는지 찾아볼 수 있습니다.

❼ 변경 내용 : 변경 내용을 적용할 것인지 하지 않을 것인지 결정할 수 있습니다.

❽ 비교 : 두 개의 문서를 비교하여 같은지 확인하며, 여러 사용자가 검토한 문서를 하나로 통합할 수 있습니다.

❾ 보호 : 작성자를 제한하거나 편집을 제한할 수 있습니다.

❿ 잉크 : 잉크로 그린 것을 숨기거나 삭제할 수 있습니다.

10. [보기] 탭

통합 문서의 보기 방법을 지정할 때 사용합니다.

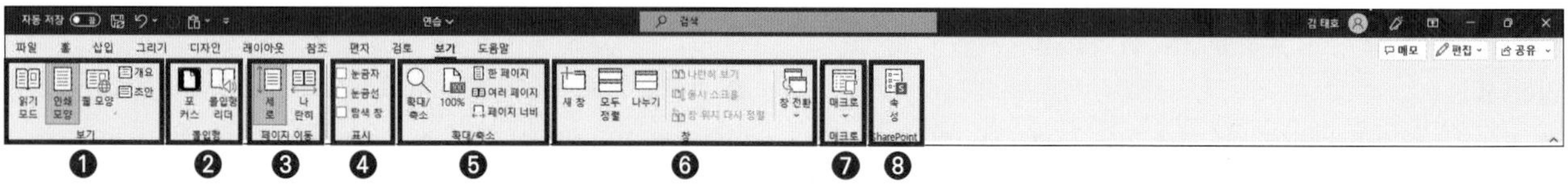

❶ 보기 : 현재 편집 중인 문서의 보기 방법을 읽기 모드, 인쇄 모양, 웹 모양, 개요, 초안 등으로 바꿀 때 사용합니다.

❷ 몰입형 : 포커스, 몰입형 리더 등으로 보여주는 방식을 다르게 합니다.

❸ 페이지 이동 : 페이지 이동 방식을 세로 혹은 가로로 지정합니다.

❹ 표시 : 눈금자, 눈금선, 탐색 창 등을 표시하거나 감출 때 사용합니다.

❺ 확대/축소 : 화면 비율을 확대하거나 축소할 때 사용합니다.

❻ 창 : 여러 개의 창이 열려 있는 경우 창 보기 방법을 지정할 때 사용합니다.

❼ 매크로 : 여러 개의 명령을 반복적으로 사용할 때 쉽게 사용할 수 있도록 매크로를 정의하거나 정의된 매크로를 실행할 때 사용합니다.

❽ Sharepoint : 문서의 [정보] 창으로 이동하여 정보를 보여줍니다.

CHAPTER

02 새 문서에 시 입력하기

이번 챕터에서는 워드를 이용해 내용을 입력한 다음 모양을 꾸며보겠습니다. 글자 모양을 꾸밀 때는 글꼴이나 크기, 글자 색을 지정할 수 있으며, 문단은 단락 간격이나 들여쓰기 등을 지정할 수 있습니다. 문서를 작성하는 데 있어 가장 기본이 되는 기능입니다.

1 내용 입력하기

먼저 빈 문서에 내용을 입력하는 것부터 시작해보도록 하겠습니다. 한글은 물론 한자를 입력하는 방법도 설명합니다. 내용을 입력할 때는 빈 칸과 빈 줄까지 정확하게 입력해야 합니다.

01 워드를 실행한 다음 빈 문서에 다음 내용을 입력합니다.

〈별 헤는 밤중〉 Enter
-윤동주 Enter
Enter
계절이 지나가는 하늘에는 Enter
가을로 가득 차 있습니다 Enter
Enter
나는 아무 걱정도 없이 Enter
가을 속의 별들을 다 헤일 듯합니다 Enter
Enter
가슴속에 하나 둘 새겨지는 별을 Enter
아직 다 못 헤는 것은 Enter
쉬이 아침이 오는 까닭이요, 내일 밤이 남은 까닭이요, Enter
아직 나의 청춘이 다하지 않은 까닭입니다 Enter
Enter
별 하나에 추억과 Enter
별 하나에 사랑과 Enter
별 하나에 쓸쓸함과 Enter
별 하나에 동경과 Enter
별 하나에 시와 Enter
별 하나에 어머니, 어머니, Enter

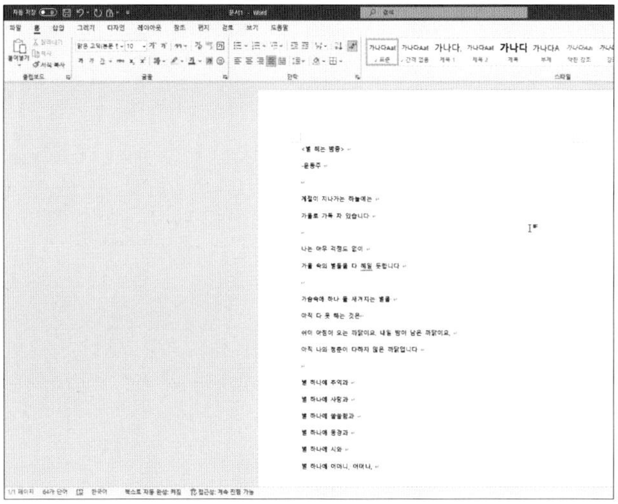

2 글자 모양 꾸미기

이번에는 글자를 꾸미는 방법을 알아보겠습니다. 예제에서 설명하는 것을 꼭 따라할 필요 없이 글꼴이나 크기, 색상은 각자 마음에 드는 것으로 바꾸어도 상관없습니다.

01 제목 글씨 앞에서 마우스 왼쪽 버튼을 클릭한 채로 드래그해서 블록으로 지정합니다.

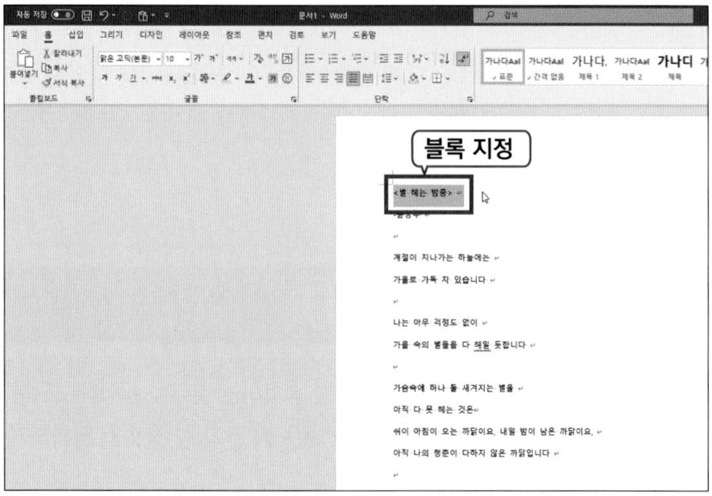
블록 지정
<별 헤는 밤중>
계절이 지나가는 하늘에는
가을로 가득 차 있습니다
나는 아무 걱정도 없이
가을 속의 별들을 다 헤일 듯합니다
가슴속에 하나 둘 새겨지는 별을
아직 다 못 헤는 것은
쉬이 아침이 오는 까닭이요, 내일 밤이 남은 까닭이요,
아직 나의 청춘이 다하지 않은 까닭입니다

TIP

블록으로 지정하고 싶은 문장의 시작 부분 옆의 빈 곳을 마우스로 클릭해도 블록으로 설정됩니다.

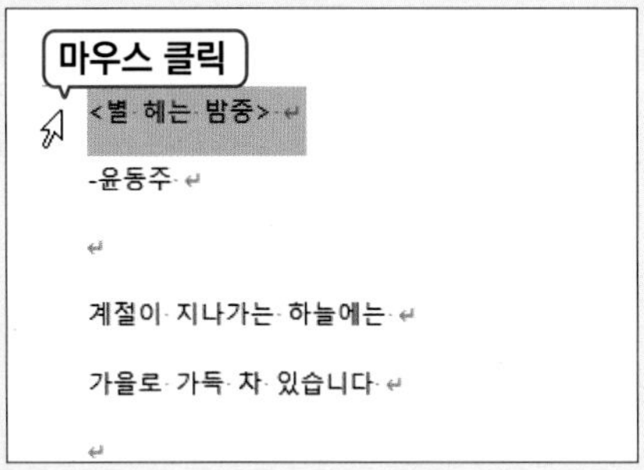
마우스 클릭
<별 헤는 밤중>
-윤동주
계절이 지나가는 하늘에는
가을로 가득 차 있습니다

02 [홈] 탭의 [글꼴] 그룹에서 [글꼴] 도구의 ⌄ 를 클릭해 [HY 궁서 B]를 선택합니다.

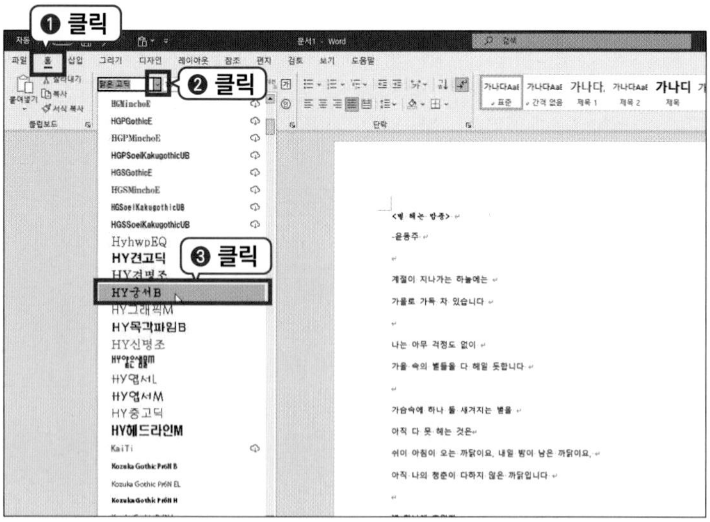
❶ 클릭
❷ 클릭
❸ 클릭
HY궁서B

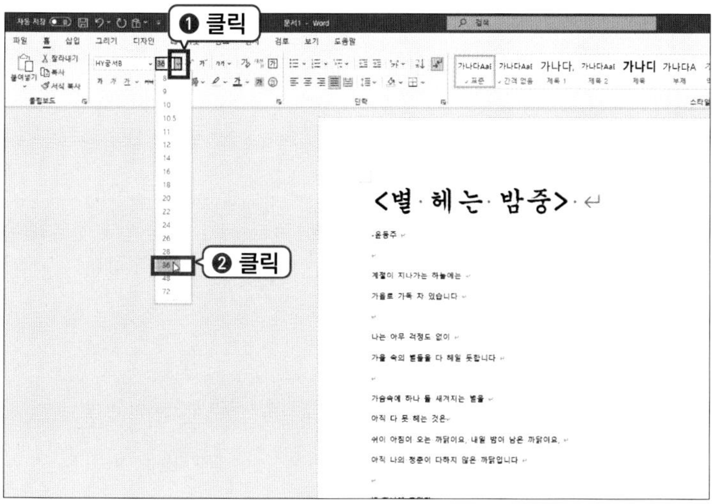

03 이번에는 [홈] 탭의 [글꼴] 그룹에서 [글꼴 크기]의 ⌄를 클릭해 '36'으로 지정합니다. 각자 원하는 글자 크기가 있으면 마음대로 설정해도 상관없습니다.

TIP

글꼴 크기를 지정할 때 목록 단추를 이용하지 않고 입력 상자를 더블 클릭한 다음 직접 숫자를 입력해도 됩니다.

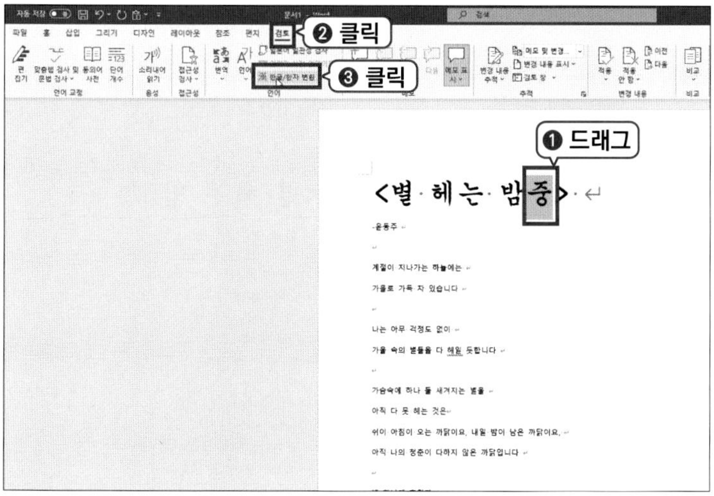

04 제목에서 '중' 글자만 마우스를 클릭한 채로 드래그해서 블록으로 지정한 다음 화면 상단에 있는 [검토] 탭을 선택하고 [한글/한자 변환]을 클릭합니다.

TIP

화면을 조금 더 크게 해놓고 작업하고 싶을 때는 화면 오른쪽 맨 밑에 있는 화면 확대/축소 바를 마우스로 클릭한 채로 오른쪽으로 움직입니다. 반대로 왼쪽으로 움직이면 화면이 축소됩니다.

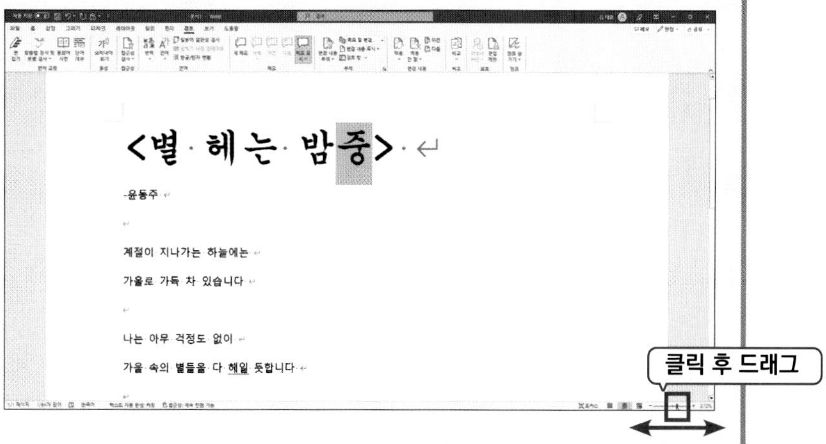

05 [한글/한자 변환] 대화상자가 나오면 원하는 한자를 선택한 후 [변환]을 클릭합니다.

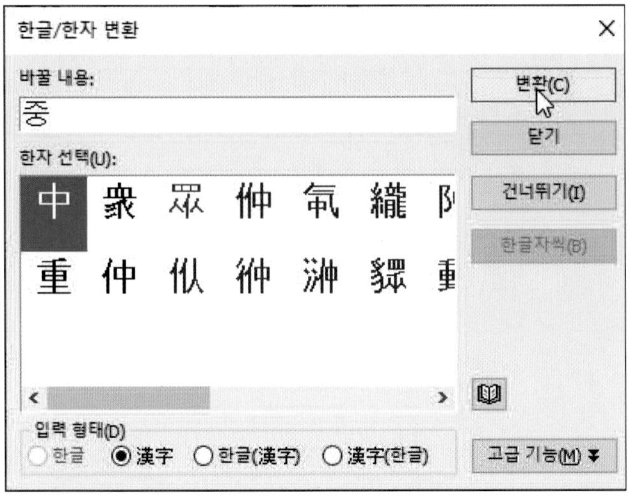

06 다음 화면처럼 한자로 변환이 되는 것을 확인할 수 있습니다.

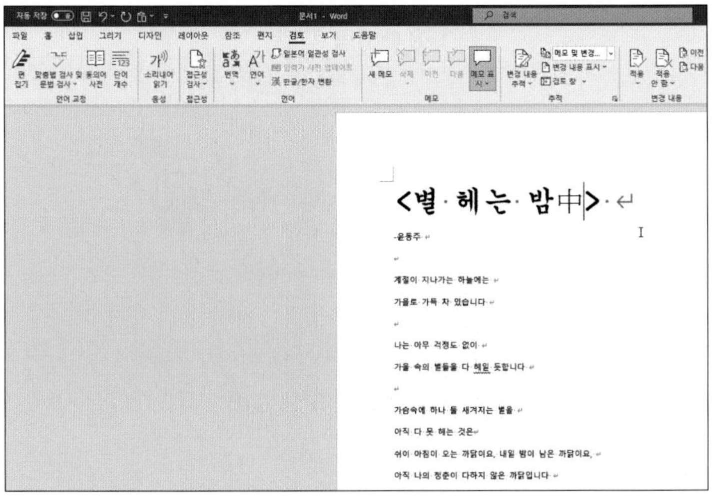

07 제목 부분을 다시 한번 블록으로 설정하고 [홈] 탭에서 [가운데 맞춤](☰)을 클릭합니다. 블록으로 설정한 부분이 가운데 정렬이 되는 것을 볼 수 있습니다.

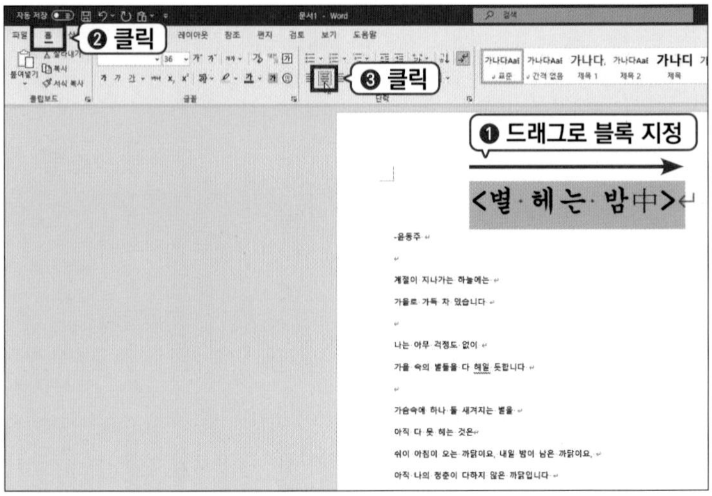

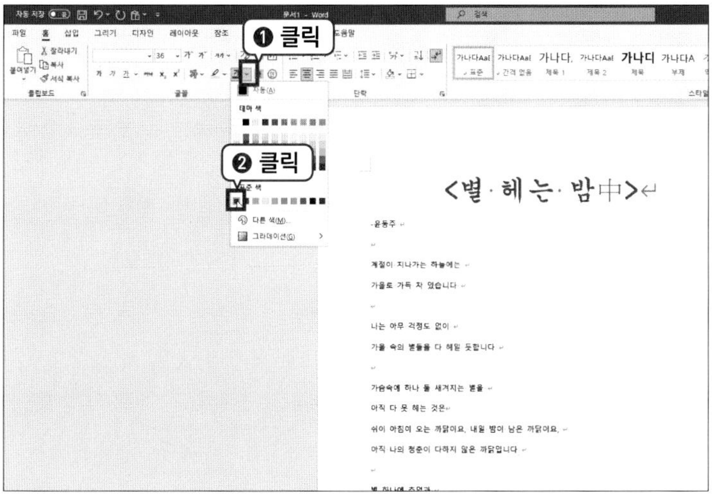

08 블록 설정이 된 상태에서 이번에는 [홈] 탭의 [글꼴 색](가)의 단추(⌄)를 클릭하고 색 선택 창에서 [진한 빨강]을 선택합니다. 마우스를 색상 위에 살짝 올려놓으면 해당 색상 이름이 나타납니다.

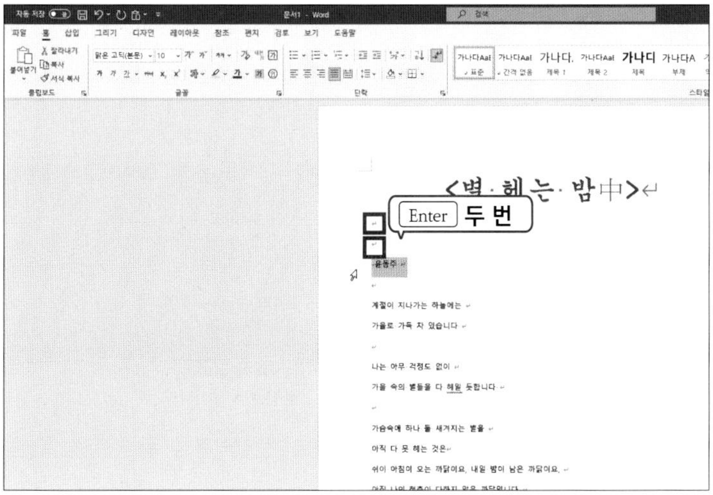

09 다음으로 제목과 시인 이름이 너무 붙어 있으므로 시인 이름 '윤동주' 앞을 마우스로 클릭한 후 Enter 키를 눌러 사이를 적당히 띄어줍니다. 그리고 시인 이름을 블록으로 지정해줍니다.

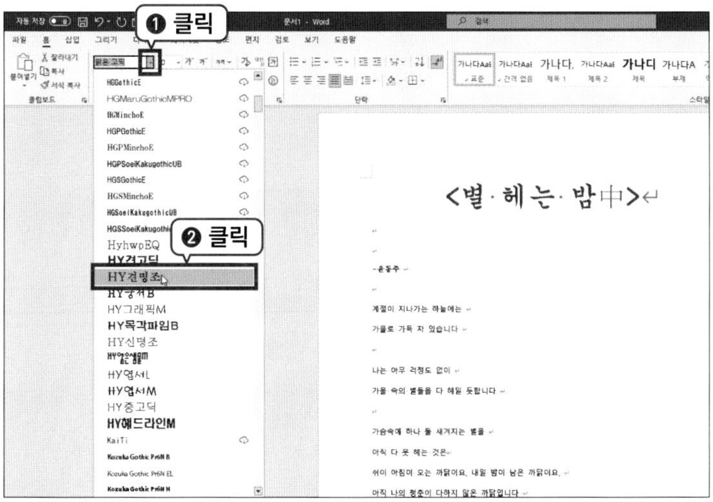

10 [홈] 탭의 [글꼴] 그룹에서 [글꼴] 도구의 ⌄ 를 클릭해 [HY 견명조]를 선택합니다.

11 이번에는 [홈] 탭의 [글꼴] 그룹에서 [글꼴 크기]의 를 클릭해 '12'로 지정합니다. 각자 원하는 글자 크기가 있으면 마음대로 설정해도 상관없습니다.

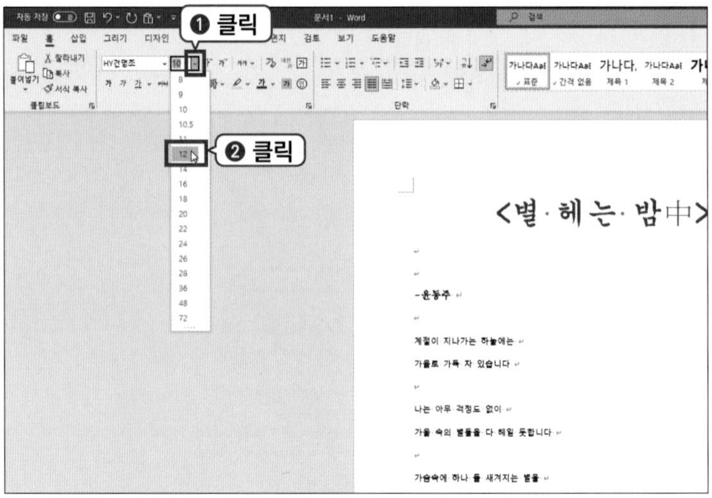

12 블록으로 설정된 상태에서 [홈] 탭에서 [오른쪽 맞춤]( )을 선택합니다.

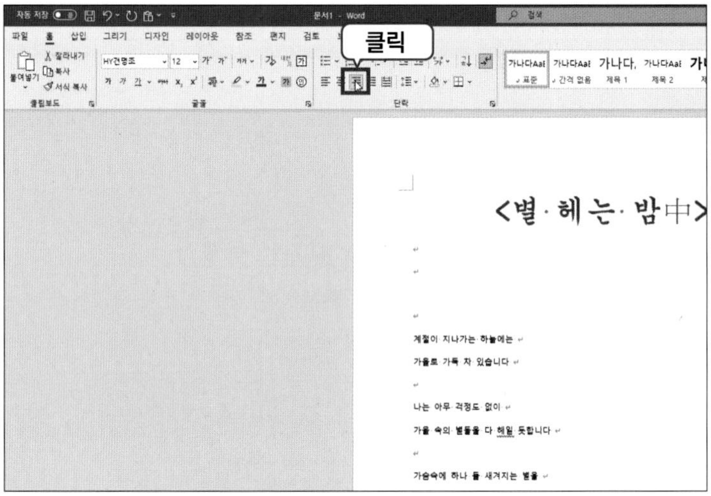

13 이번에는 시 내용 전체를 편하게 바꿀 수 있는 방법을 사용해 바꿔보겠습니다. 그림과 같이 본문 내용을 드래그해 블록으로 지정하고 [글꼴] 그룹에서 확장 단추( )를 클릭합니다.

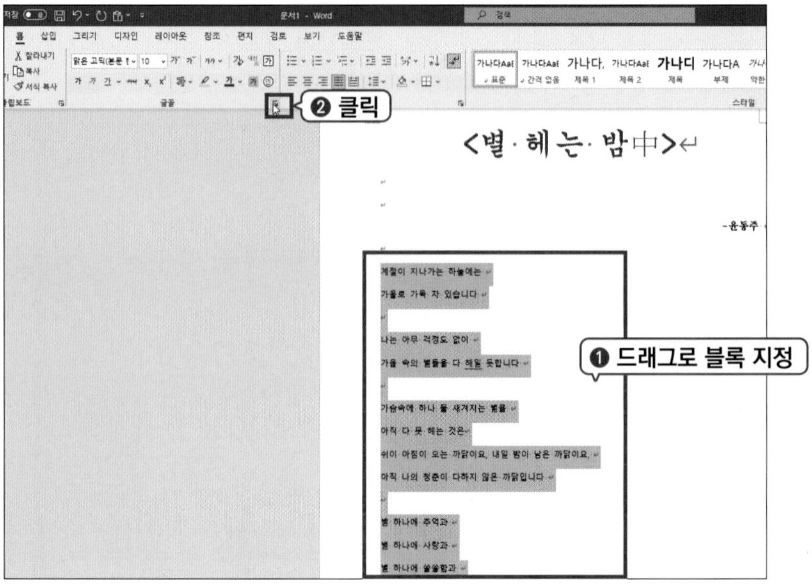

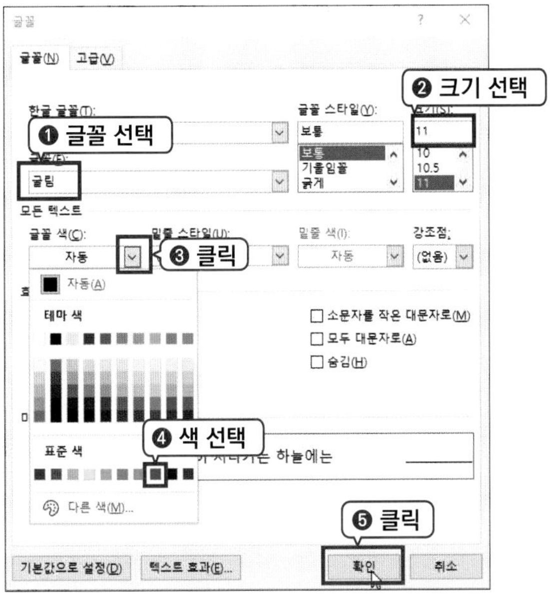

14 [글꼴] 대화상자가 나타나면 글꼴을 '굴림', 크기는 '11', 글꼴 색은 '파랑'으로 지정하고 [확인]을 클릭합니다.

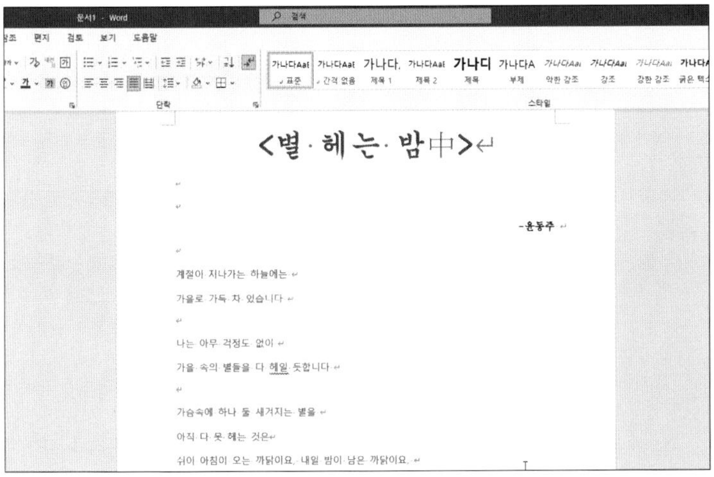

15 블록을 지정했던 부분의 글꼴과 크기, 글자 색 등이 바뀝니다.

TIP

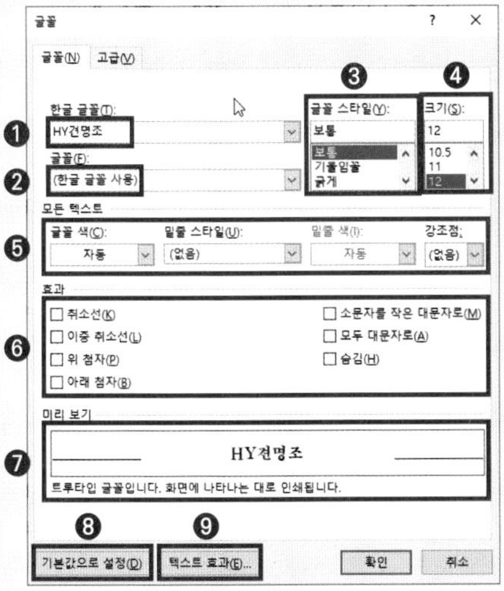

[글꼴] 대화상자

[글꼴] 대화상자를 이용하면 글자의 여러 가지 모양을 한 번에 지정할 수 있습니다.

❶ **한글 글꼴 :** 본문에 있는 글꼴 중 한글 글꼴만 지정합니다.

❷ **글꼴 :** 본문에 있는 모든 글꼴을 지정합니다.

❸ **글꼴 스타일 :** 보통, 기울임꼴, 굵게, 굵게 기울임꼴 등의 글꼴 스타일을 지정합니다.

❹ **크기 :** 글꼴 크기를 지정합니다.

❺ **모든 텍스트 :** 글꼴 색과 밑줄 스타일, 밑줄 색, 강조점 등을 삽입합니다.

❻ **효과 :** 글꼴에 지정할 수 있는 여러 가지 효과가 나타납니다.

❼ **미리보기 :** 글꼴에 지정한 여러 가지 효과를 미리 보여줍니다.

❽ **기본값으로 설정 :** 지정된 서식을 기본값으로 설정합니다.

❾ **텍스트 효과 :** [텍스트 효과 서식] 대화상자가 표시되며 텍스트 채우기 및 윤곽선, 그림자, 반사, 네온, 부드러운 가장자리, 3차원 서식 등을 지정할 수 있습니다.

3 단락 설정 바꾸기

이번에는 단락의 여러 설정을 바꾸어보겠습니다. '단락'에서는 글자 하나하나의 모양이 아닌 해당 단락(문단) 전체에 적용되는 정렬 방법이나 문단 사이의 간격 등을 정하게 됩니다.

01 본문 전체를 블록으로 지정하고 [홈] 탭의 [단락] 그룹에서 '선 및 단락 간격( )'을 클릭해 '2.0'을 선택합니다. 블록으로 지정했던 부분의 단락 간격이 바뀌는 것을 확인할 수 있습니다.

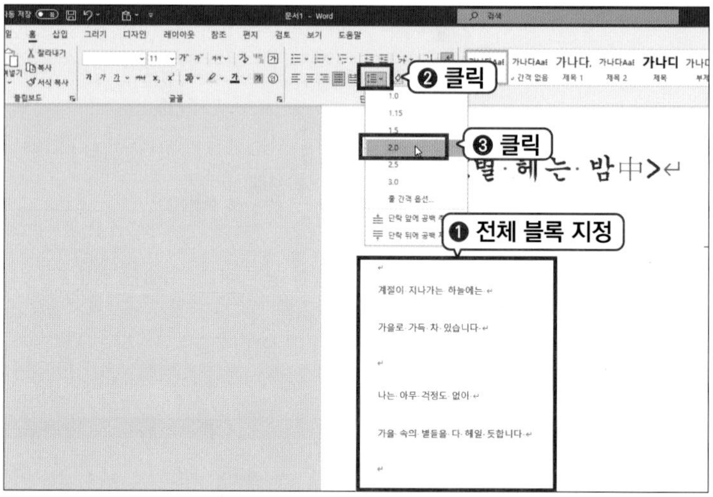

02 이번에는 본문 전체가 블록으로 설정된 상태에서 [홈] 탭에서 [들여쓰기]( )를 두 번 클릭합니다. 마우스로 클릭할 때마다 왼쪽으로 한 칸씩 들여쓰기되는 것을 볼 수 있습니다. Esc 키를 눌러 블록 설정을 해제합니다.

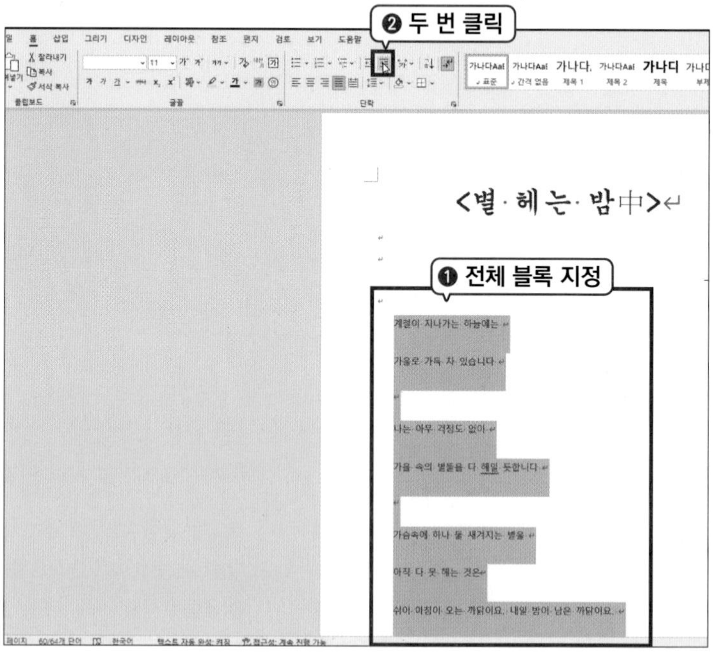

03 파일을 저장하기 위해 [파일] 탭을 클릭하고 [다른 이름으로 저장]을 클릭한 후 [찾아보기]를 차례대로 클릭합니다. [다른 이름으로 저장] 대화상자가 나타나면 저장할 위치를 선택한 후 파일 이름을 '별 헤는 밤'이라고 입력하고 [저장]을 클릭합니다. 파일 이름은 각자 원하는 데로 입력하고 저장해도 됩니다.

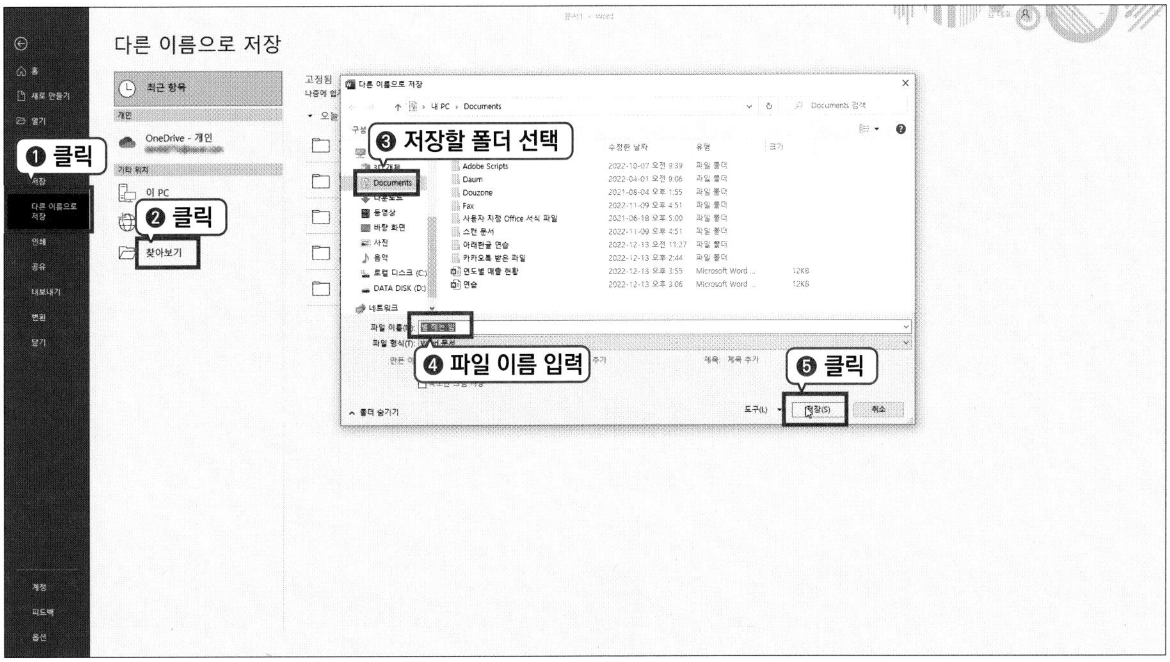

CHAPTER 03 이력서 만들기

이번 챕터에서는 미리 만들어놓은 이력서 파일을 불러와 작업하는 방법을 알아보겠습니다. 표를 깔끔하게 정리하고 사진을 삽입하여 하나의 이력서를 만들어보겠습니다. 이력서는 자주 사용할 수 있는 문서이므로 만드는 방법을 알면 잘 활용할 수 있습니다.

1 저장된 파일 불러오기

파일을 저장해놓으면 언제든지 파일을 불러와 다시 작업할 수 있습니다. 문서 편집에서 가장 중요한 기능 중의 하나이므로 반드시 익혀두는 것이 좋습니다.

01 워드를 실행한 다음 [열기]를 선택합니다.

02 [열기] 창이 나타나면 [찾아보기]를 클릭합니다.

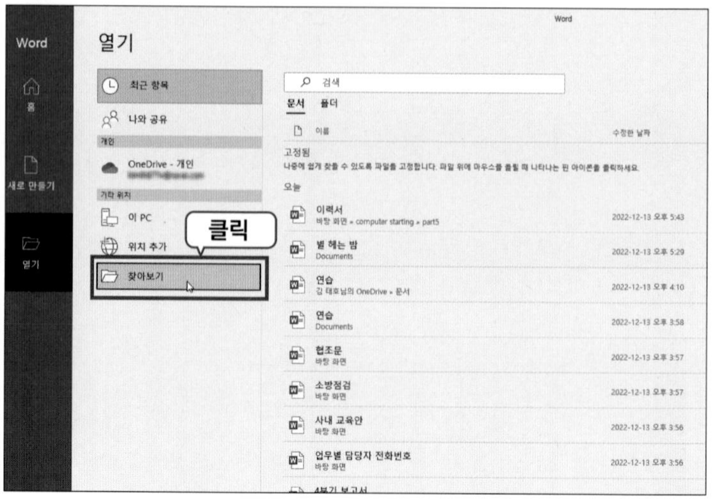

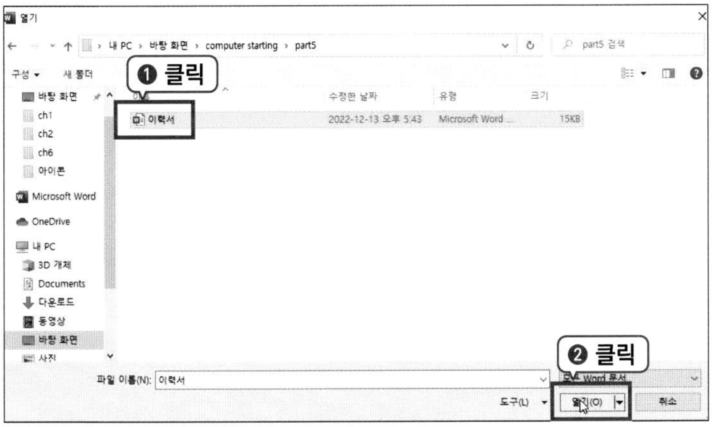

03 [열기] 대화상자가 나타나면 책에서 제공하는 예제파일인 '이력서'를 선택하고 [열기]를 클릭합니다.

노트

예제파일 : computer starting/part5/이력서.docx

04 예제파일이 열립니다. 기존에 저장해두었던 파일을 불러올 때는 이런 방법으로 파일을 불러와 다시 작업할 수 있습니다.

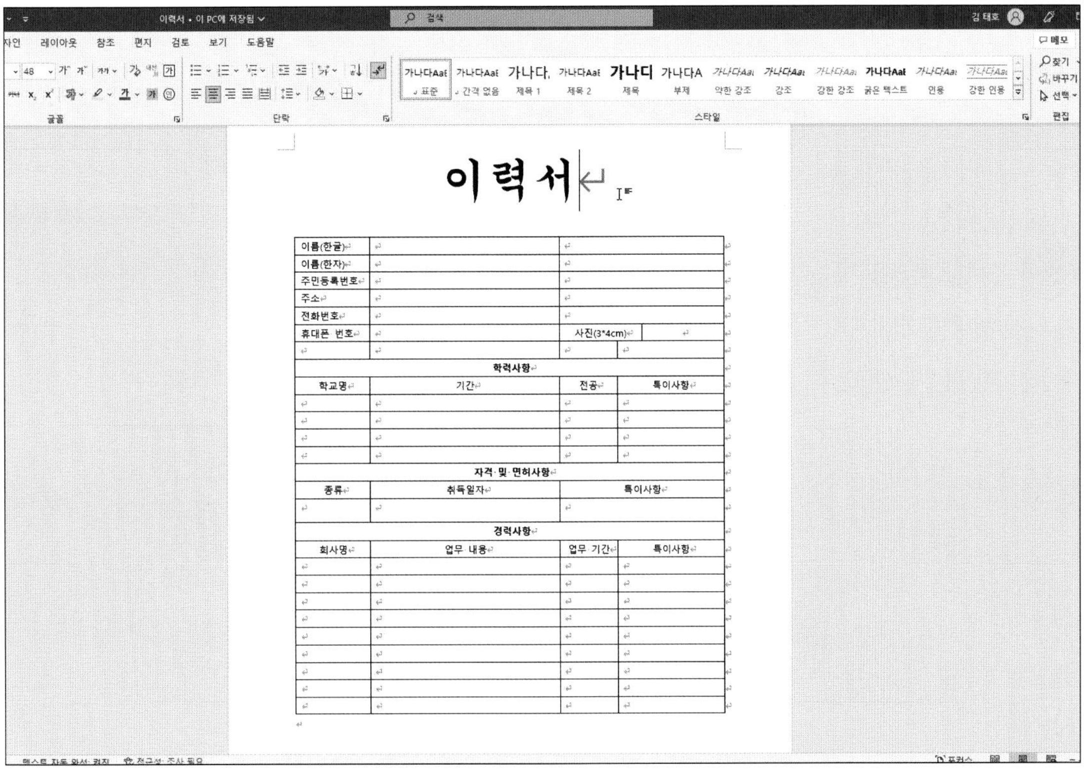

2 글자 입력하고 사진 삽입하기

이력서에 신상 정보를 입력하고 사진을 삽입해보겠습니다. 사진은 자신의 증명사진이 있다면 활용하며, 지금은 연습이니 아무 사진이나 이용해서 넣어보겠습니다.

01 이력서에 자신의 신상 정보 등을 입력합니다. 이름(한자)는 앞에서 배웠던 한자 변환 방법을 이용해봅니다.

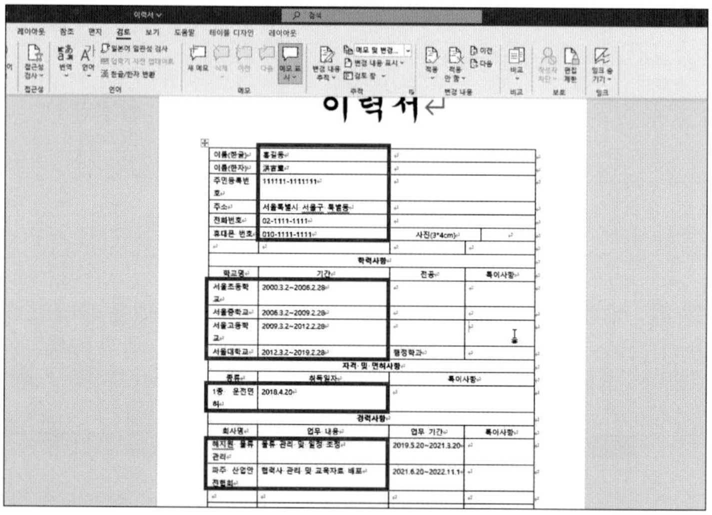

02 사진을 삽입하겠습니다. 사진을 삽입하기 위해 사진이 들어갈 부분을 병합합니다. 오른쪽 위에서 다섯 번째 줄까지 드래그하여 블록 지정합니다. [레이아웃]-[셀 병합]( ) 을 클릭합니다.

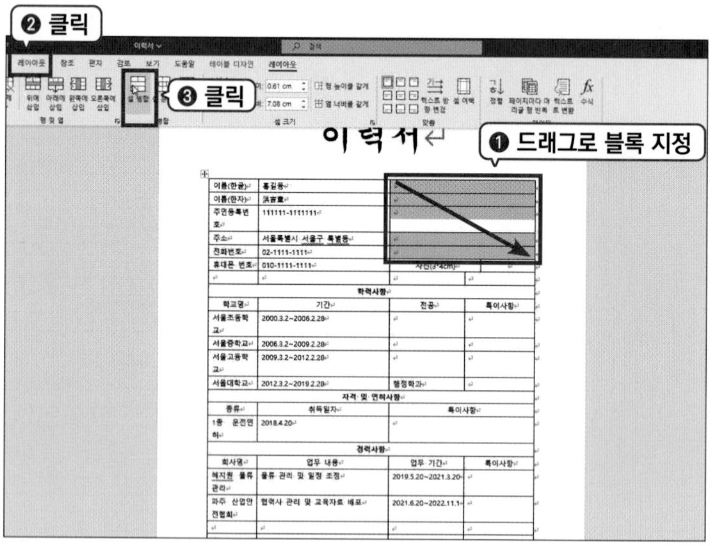

TIP

셀 분할

셀 분할은 셀 병합과 반대로 셀을 분할할 수 있는 기능입니다.

❶ 분할하고자 하는 셀을 블록 지정으로 선택합니다. 그다음 [셀 분할]( )을 클릭합니다.

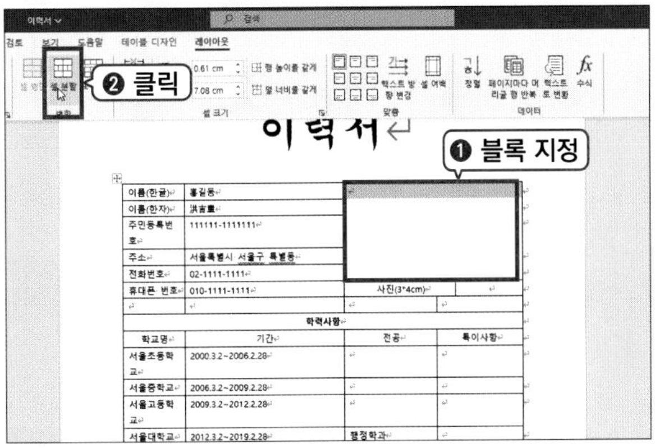

❷ 열 개수와 행 개수를 선택합니다. 열은 세로 칸, 행은 가로 칸의 개수입니다. 열 개수 3, 행 개수 1을 선택하고 [확인]을 클릭합니다.

❸ 다음과 같이 세로 칸 세 개로 분할됩니다.

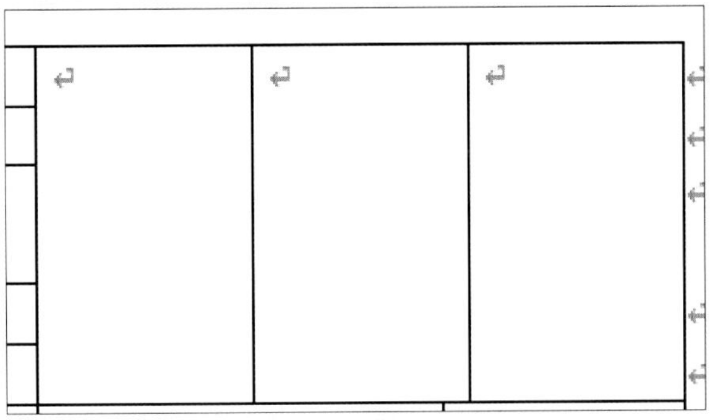

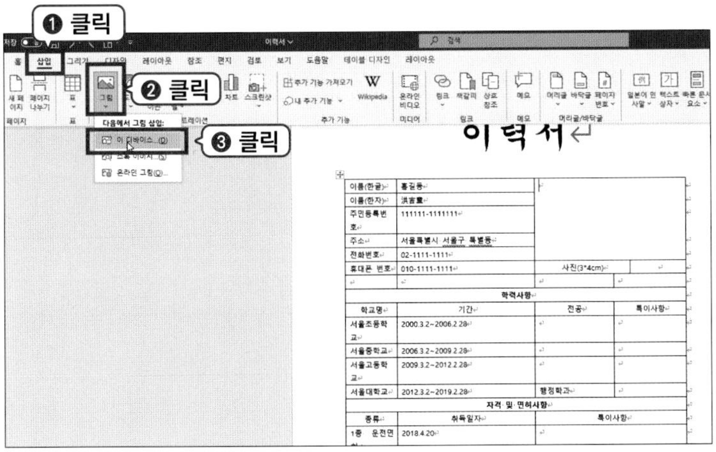

03 셀이 병합되었습니다. 클릭하여 커서를 놓은 후 [삽입] 탭의 [일러스트레이션] 그룹에서 [그림]( )을 클릭합니다. [이 디바이스]를 클릭합니다.

04 원하는 사진을 찾아 [삽입]을 클릭합니다.

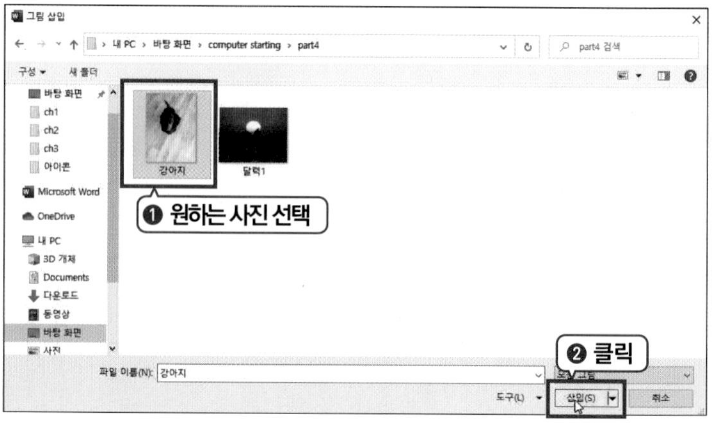

05 그림 크기를 조절합니다. 그림이 삽입되면 그림의 꼭지점에 있는 크기 조절점 위에 마우스를 올려놓으면 커서 모양이 바뀝니다. 마우스를 클릭한 채로 드래그해서 크기를 줄여줍니다.

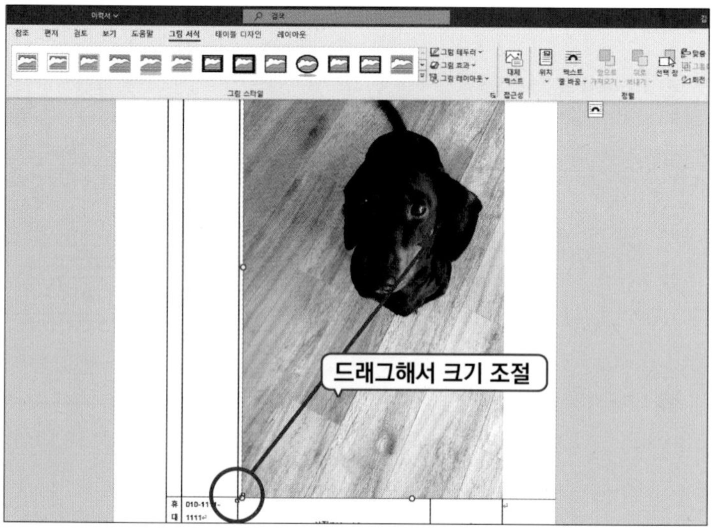

TIP

사진을 가로/세로로만 조정하면 비율이 깨져 이상할 수 있습니다. 되도록 가로/세로 비율을 깨지 말고 조절합니다.

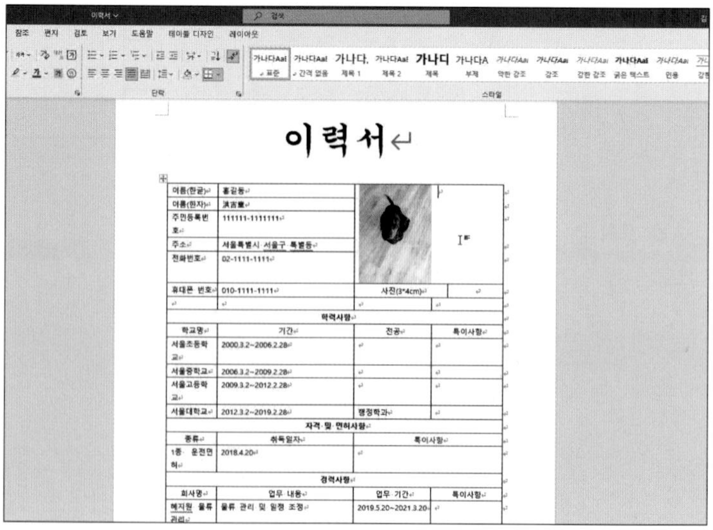

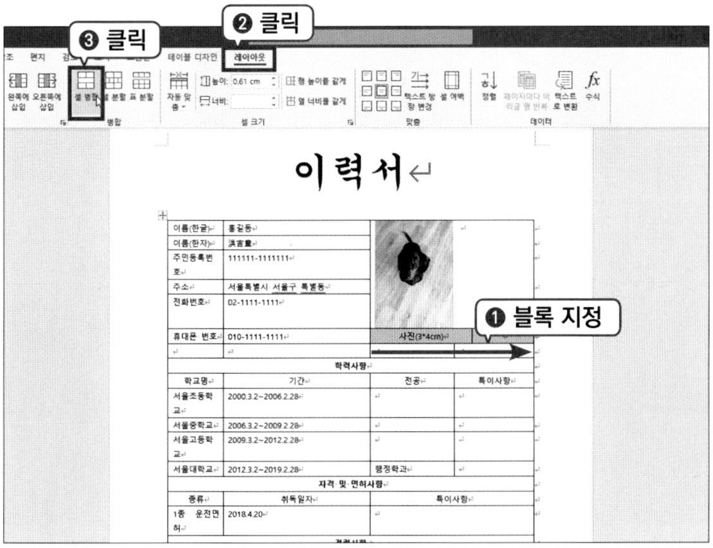

06 그 아래의 사진(3*4cm) 칸과 옆의 칸을 드래그하여 선택한 후 [레이아웃]-[셀 병합]( )을 클릭합니다.

3 표 깔끔하게 정리하기

마지막으로 표를 좀 더 깔끔하게 정리하여 완성하겠습니다.

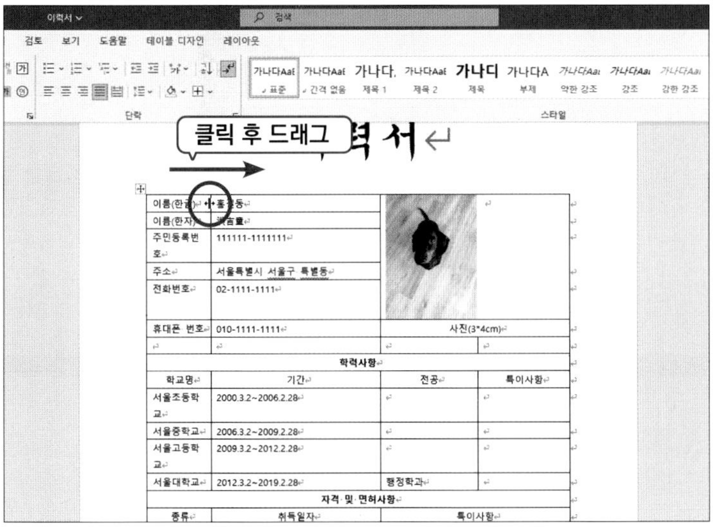

01 제일 왼쪽 열에 두 줄로 된 칸이 있어 보기에 지저분합니다. 너비를 넓히겠습니다. 조절하고자 하는 셀 사이의 경계선에 마우스를 갖다대면 +‖+로 모양이 바뀝니다. 그 상태에서 클릭한 채로 드래그하여 너비를 조정합니다.

02 특이사항 셀의 너비도 줄이겠습니다. 특이사항 셀 왼쪽의 경계선에 마우스를 갖다대고 드래그하여 너비를 좁힙니다.

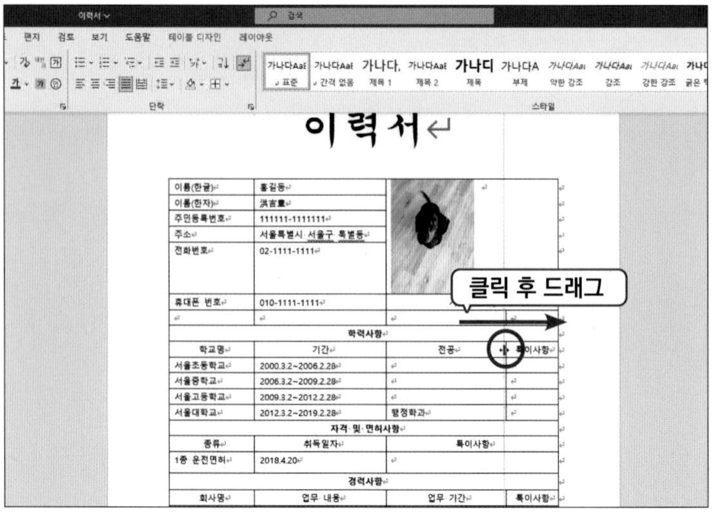

03 다른 부분도 너비를 조정합니다.

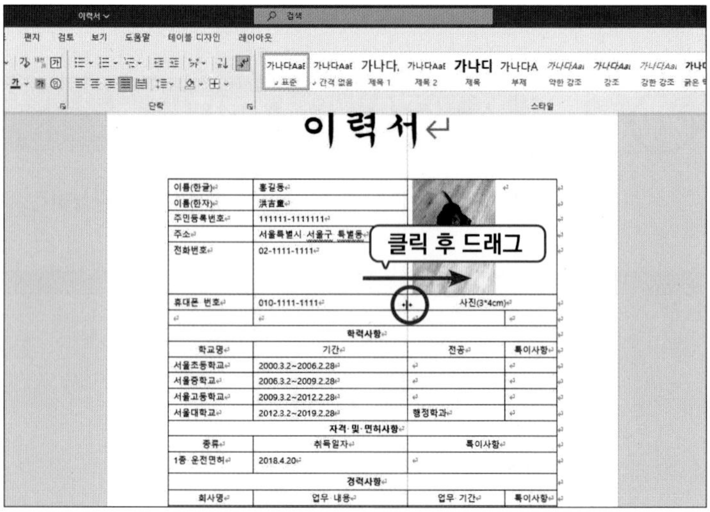

04 이번엔 열의 너비를 조정하겠습니다. 학력사항, 자격 및 면허사항, 경력사항이 입력된 셀의 높이를 넓히겠습니다. 경계선에 마우스를 갖다대면 ⇕으로 모양이 바뀝니다. 그 상태에서 클릭한 채로 아래로 드래그하여 높이를 넓힙니다.

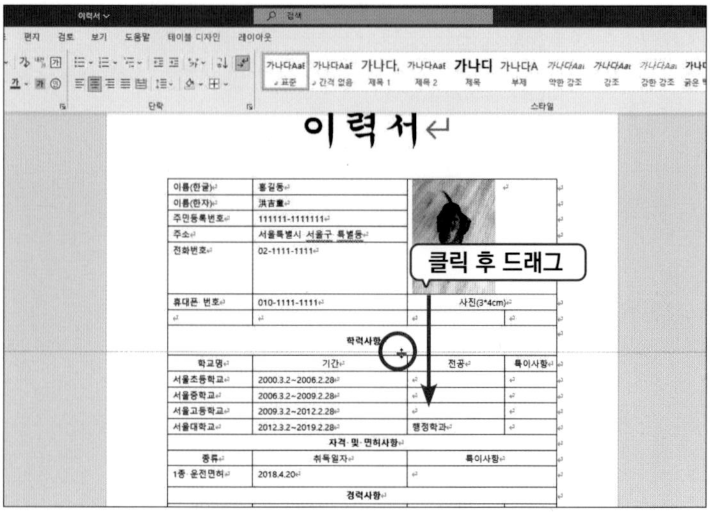

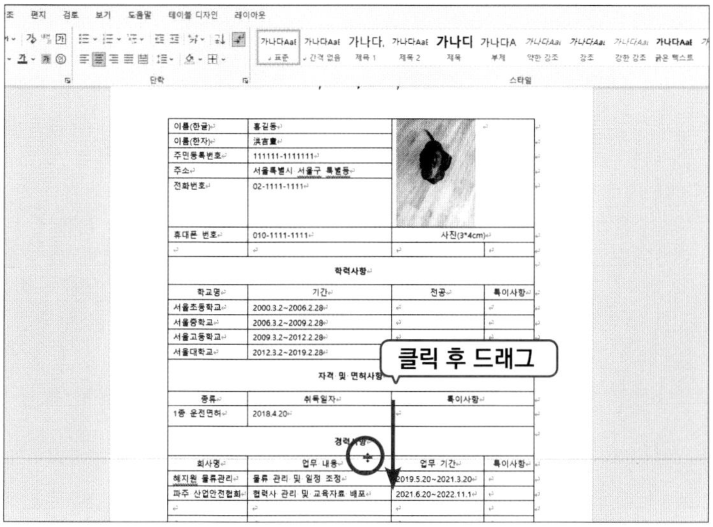

05 다른 부분도 조정합니다.

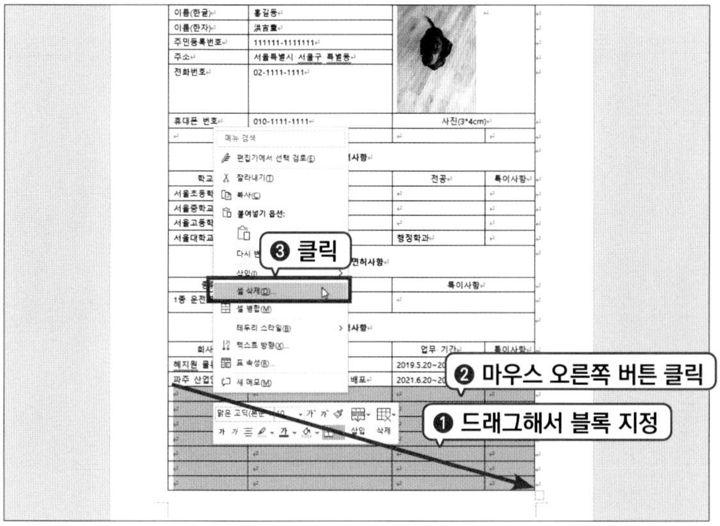

06 입력할 내용이 없는 셀을 통째로 삭제하겠습니다. 경력사항의 빈 셀을 드래그하여 선택합니다. 마우스 오른쪽 버튼을 클릭하고 [셀 삭제]를 클릭합니다.

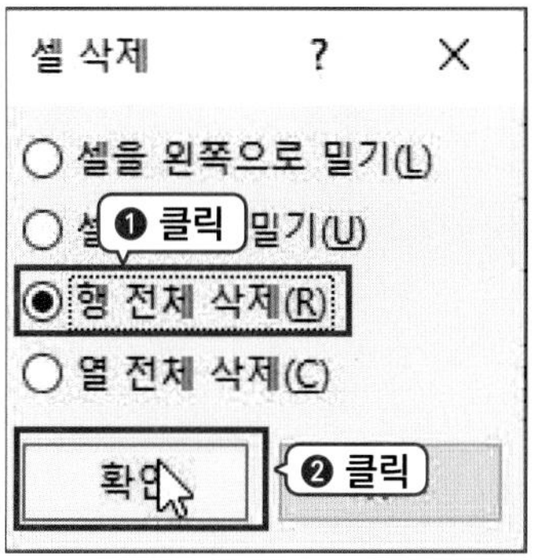

07 [행 전체 삭제]를 선택합니다. [확인]을 클릭합니다.

08 선택한 행 전체가 삭제되었습니다. 휴대폰 번호 아래의 행도 삭제해봅니다.

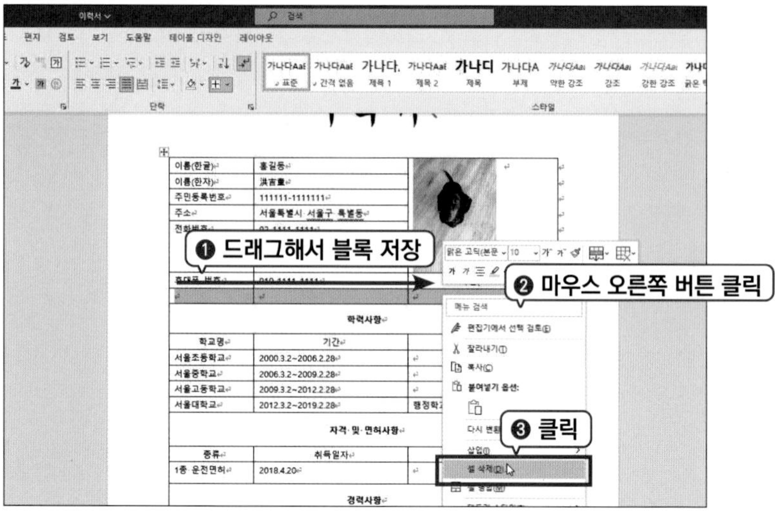

09 표에 마우스를 갖다대면 ⊕가 나오는데 클릭하여 표를 선택합니다. 왼쪽 아래 모서리의 □를 클릭한 채로 드래그하여 표를 아래로 넓힙니다.

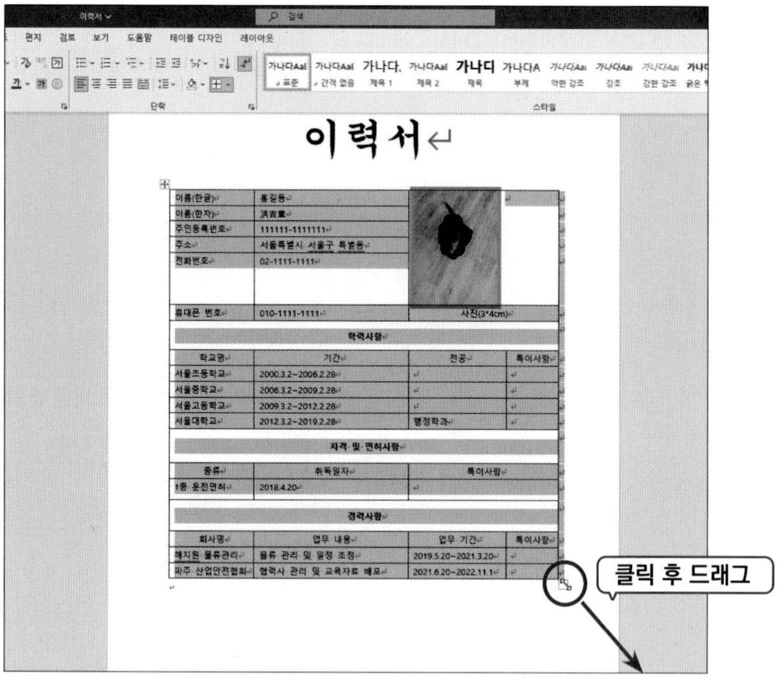

10 전체적으로 넓이가 조금씩 넓어졌습니다. Ctrl + S를 눌러 이력서 파일을 최신으로 저장합니다. 필요할 때마다 수정합니다.

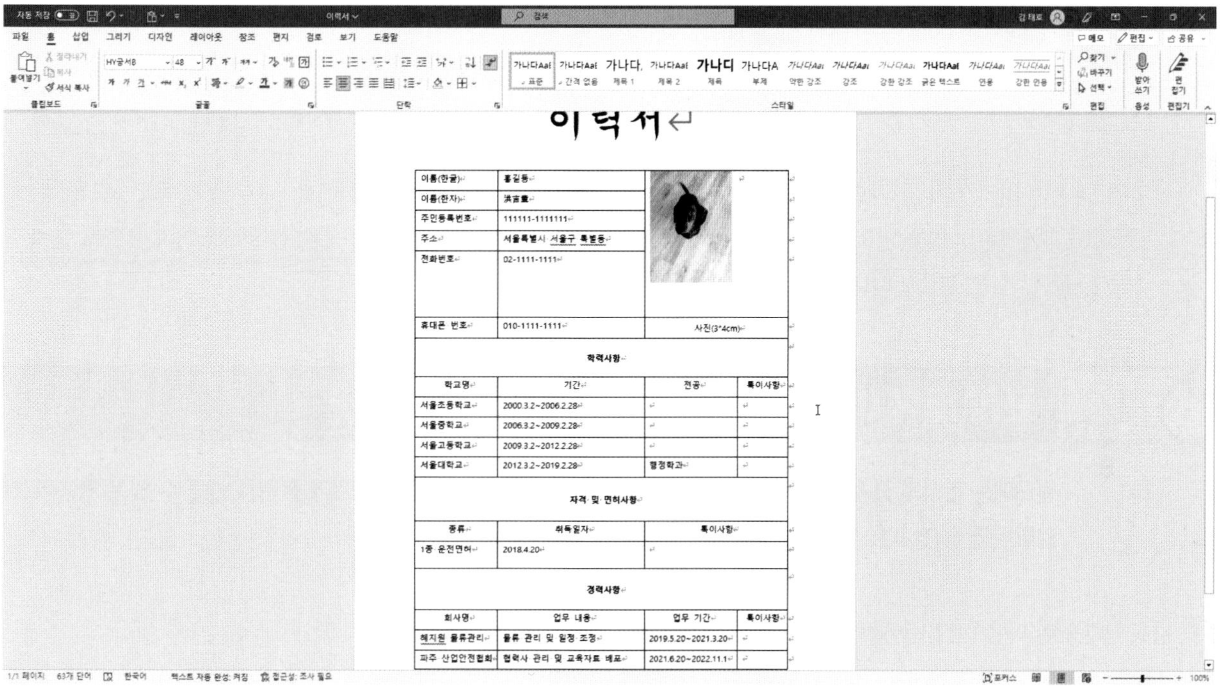

TIP

원본 파일은 보존한 채로 별도로 저장하고 싶다면 '다른 이름으로 저장'을 합니다.

CHAPTER 04 행사 안내장 만들기

워드에서는 여러 가지 서식을 제공하는데, 기본으로 제공되는 표지 서식을 적용해 문서의 표지를 만들고 서식을 복사하여 사용하는 방법을 알아보겠습니다. 문서를 편집할 때 자주 사용되는 기능이므로 잘 알아두어야 워드를 능숙하게 사용할 수 있을 것입니다.

1 표지 서식 이용하여 표지 만들기

워드에는 문서의 표지를 쉽게 만들 수 있도록 표지 서식을 제공합니다. 빠르게 표지를 만들 수 있는 기능이므로 알아두면 좋습니다.

01 워드를 실행한 다음 [파일]을 클릭해 [열기]를 선택합니다.

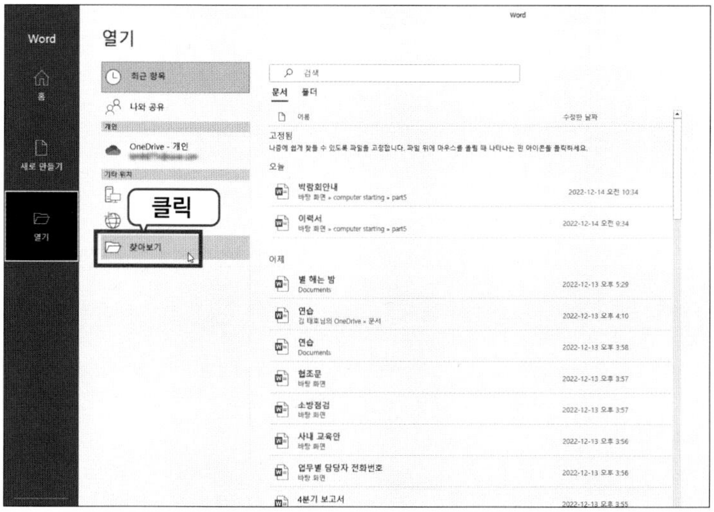

02 [열기] 창이 나타나면 [찾아보기]를 클릭합니다.

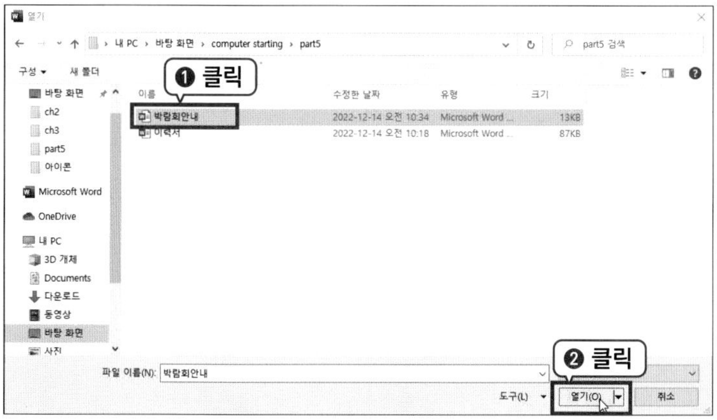

03 [열기] 대화상자가 나타나면 책에서 제공하는 예제파일인 '박람회안내'를 선택하고 [열기]를 클릭합니다.

노트

예제파일 : computer starting/part5/박람회안내.docx

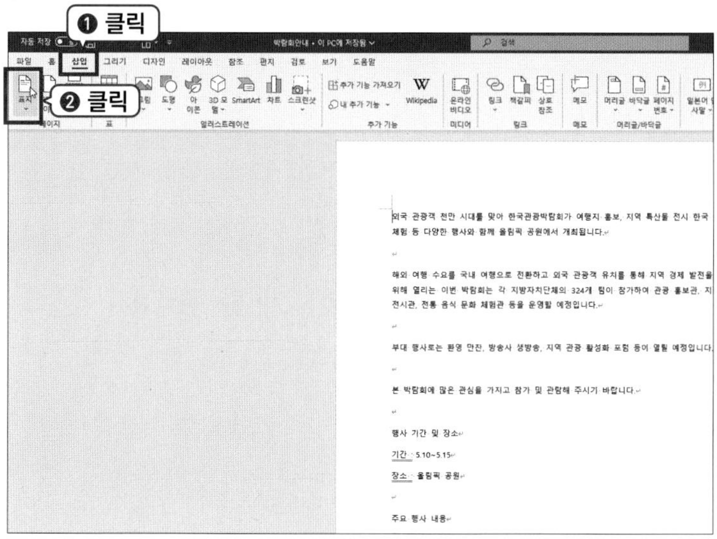

04 예제파일이 열렸습니다. 문서의 표지를 만들기 위해 [삽입] 탭의 [페이지] 그룹에서 [표지]( )를 클릭합니다.

05 [표지]를 클릭하면 표지 유형이 나타나는데 오른쪽에 있는 스크롤 바를 마우스로 클릭한 채로 밑으로 내려 '품격'을 선택합니다.

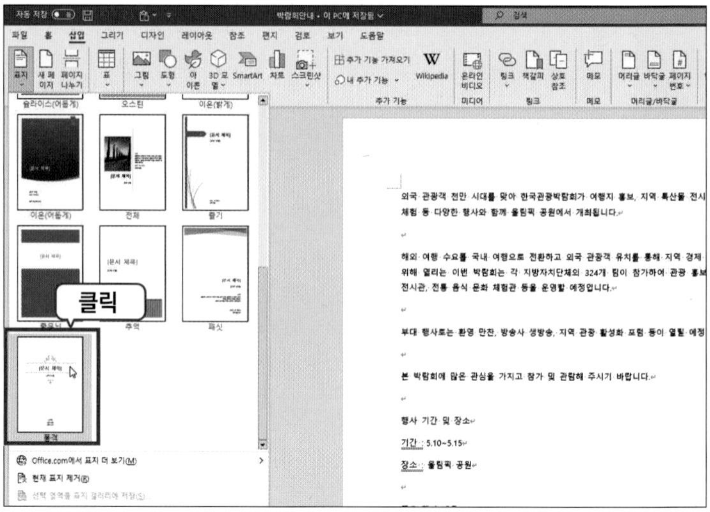

06 다음과 같은 표지 양식이 나오면 '문서 제목' 부분을 마우스로 클릭한 후 '한국 관광박람회 개최 안내'라고 입력합니다. 그리고 그 밑에 있는 '문서 부제' 부분 역시 마우스로 클릭한 후 '한국관광엑스포'라고 입력합니다.

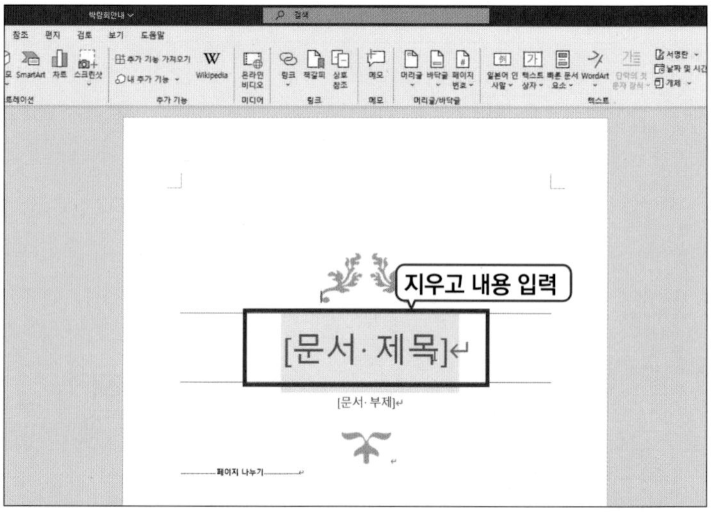

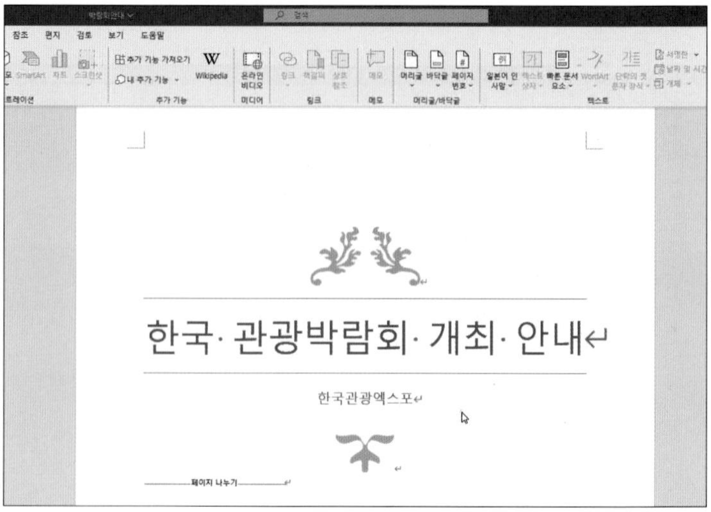

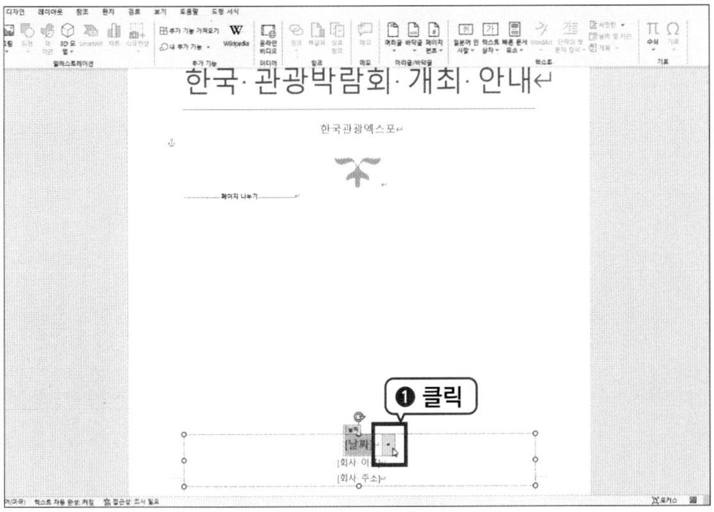

07 페이지의 아래쪽에 있는 [날짜]를 클릭하고 ▾를 클릭해 원하는 날짜를 선택합니다.

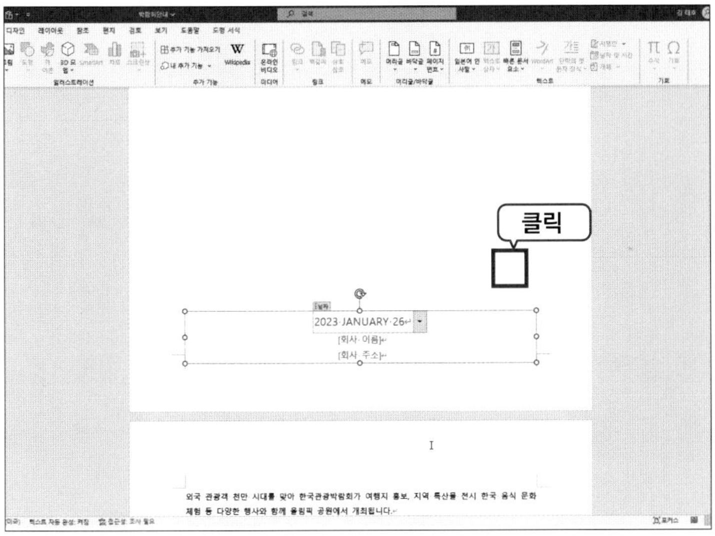

08 날짜가 입력되는 것을 확인한 후에는 바깥 영역의 빈 곳을 클릭해 날짜 상자가 선택된 상태를 해제합니다.

09 밑에 있는 [회사 이름]과 [회사 주소]는 각자 원하는 대로 입력합니다. 여기서는 예제이므로 항목을 그냥 지우는 것으로 하겠습니다. 이름과 주소 앞에서 마우스를 클릭하여 선택한 후 Delete 키를 누르면 항목이 사라집니다.

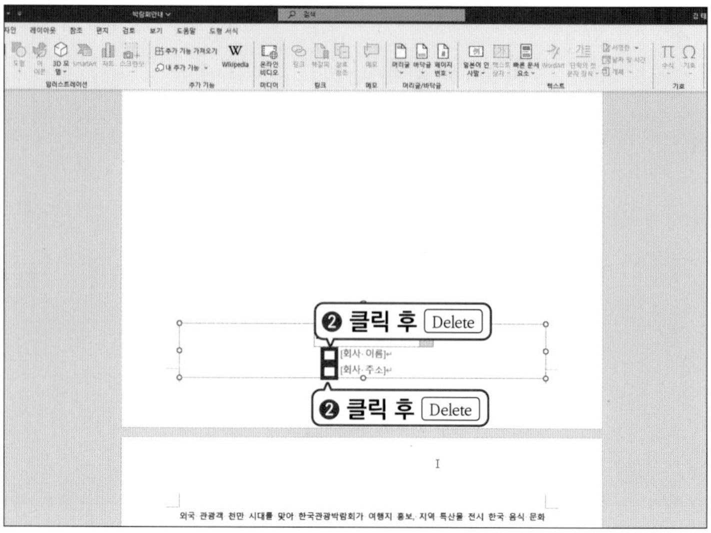

2 도형 삽입하기

워드에서는 다양한 도형을 삽입해 문서를 꾸밀 수 있습니다. 도형을 삽입한 다음에는 레이아웃 옵션을 이용해 도형의 배치 방법을 지정합니다. 그 방법을 자세히 알아보겠습니다.

01 화면 오른쪽에 있는 스크롤 바를 마우스로 클릭한 채로 밑으로 내려서 다음 페이지로 화면을 이동합니다. 제일 위쪽에서 Enter 키를 눌러 여백을 만듭니다. 그리고 도형을 삽입하기 위해 [삽입] 탭의 [일러스트레이션] 그룹에서 [도형]( )을 클릭합니다.

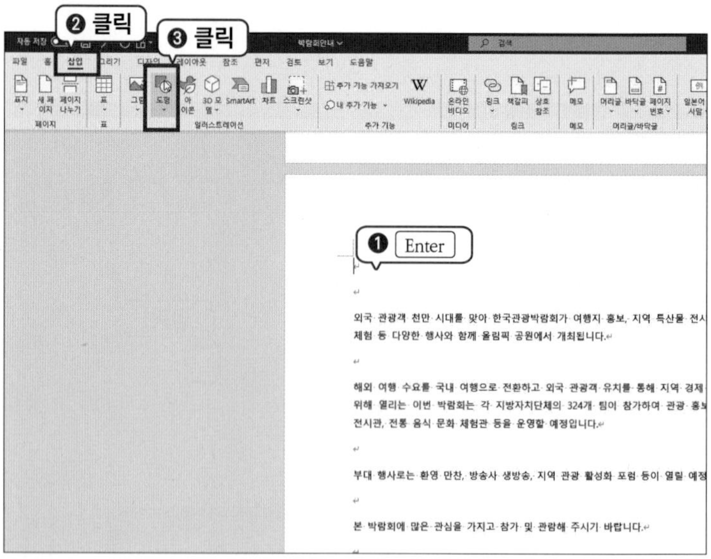

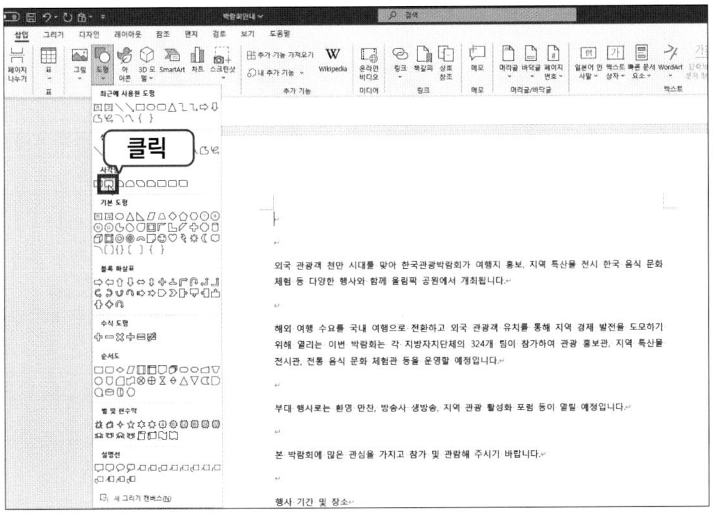

02 도형 목록이 나타나면 '사각형 : 둥근 모서리(▢)'를 선택합니다.

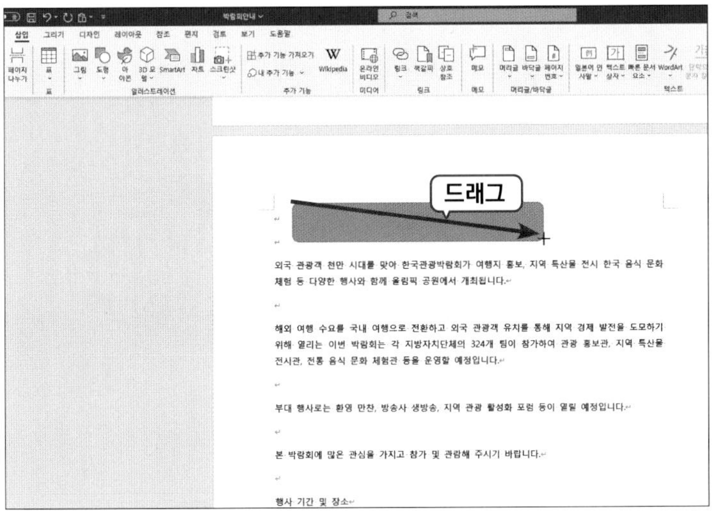

03 마우스 포인터 모양이 +로 바뀌면 다음과 같이 드래그해서 도형을 그립니다.

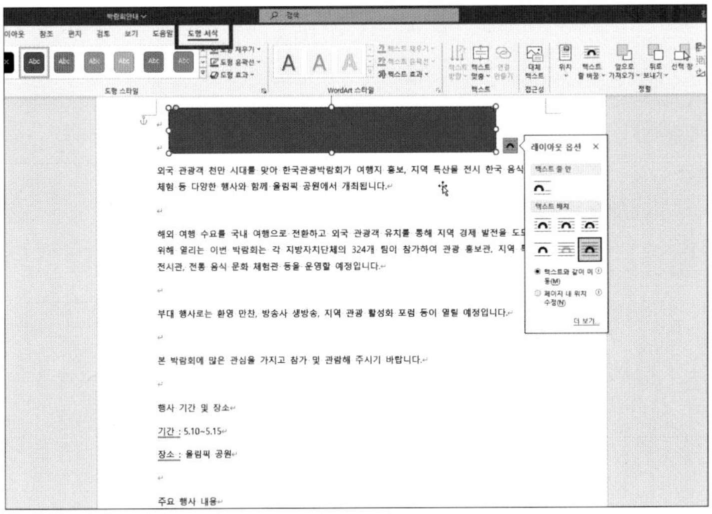

04 도형이 삽입되면 [도형 서식] 탭이 나타납니다. [도형 서식] 탭에는 도형에 여러 가지 효과를 지정할 수 있는 메뉴가 있습니다.

TIP

문서에 그림이나 도형 등을 삽입한 후 그림이나 도형을 선택하면 그림 및 도형과 관련된 [서식] 탭이 나타납니다.

05 '관광 박람회 행사 안내'라고 입력하면 도형 안에 글자가 나타납니다. 입력된 글자를 블록 지정하고 [홈] 탭에서 글꼴(맑은 고딕), 크기(20), 가운데 정렬 등을 지정합니다.

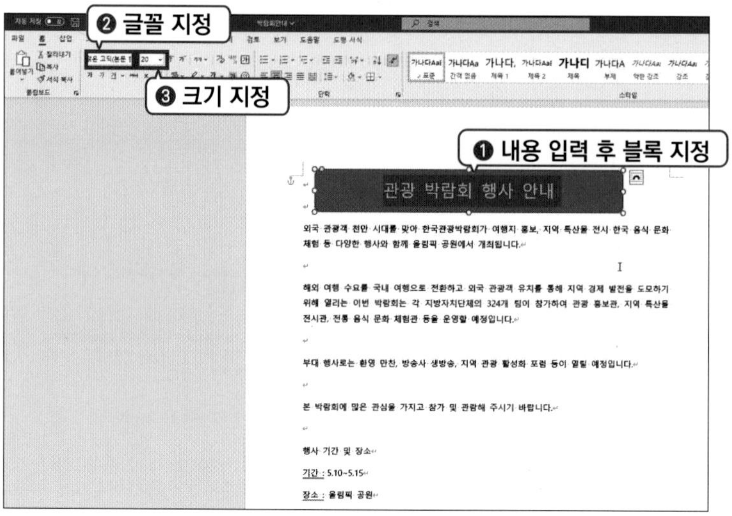

06 도형의 배치 방법을 바꾸기 위해 도형의 오른쪽 위에 있는 '레이아웃 옵션( )'을 클릭해 텍스트 배치 방법을 '위/아래'로 선택합니다.

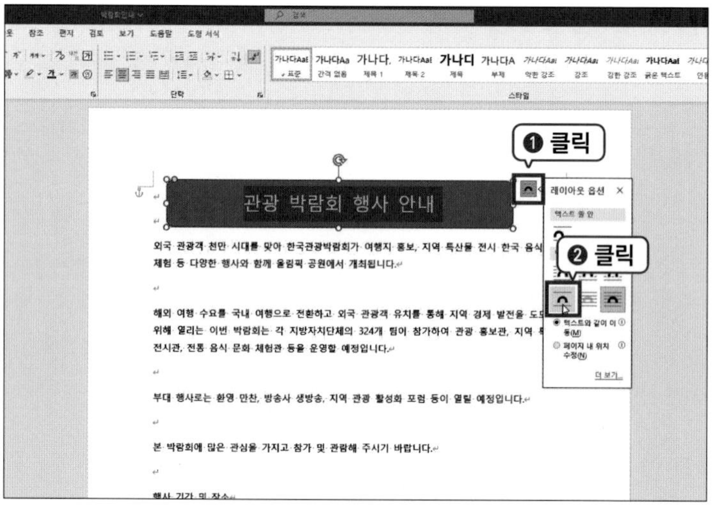

TIP

텍스트 배치 방법

❶ 도형이나 그림을 글자와 같이 취급하여 줄 안에 배치
❷ 도형이나 그림의 크기에 맞춰 텍스트를 배치
❸ 그림의 빈 부분에 맞춰 텍스트를 배치
❹ 그림에서 투명한 색으로 설정한 부분을 투과하여 텍스트가 배치
❺ 텍스트를 그림의 위와 아래에만 배치
❻ 텍스트 뒤에 그림이 오도록 배치
❼ 텍스트를 가리고 그림이 앞에 오게 배치

3 글머리 기호 지정하기

글머리 기호는 단락의 시작 부분에 기호를 삽입하는 기능입니다. 문서를 체계적으로 보이도록 할 때 자주 사용되는 기능이므로 익혀두는 것이 좋습니다.

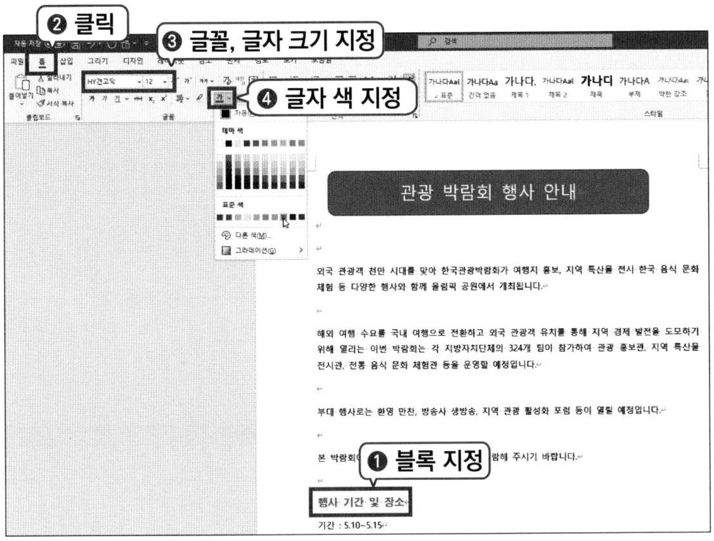

01 본문 내용 중 밑에 있는 '행사 기간 및 장소'를 블록으로 지정한 다음 [홈] 탭의 [글꼴] 그룹에서 글꼴(HY견고딕), 크기(12), 글자 색(파랑) 등을 지정합니다.

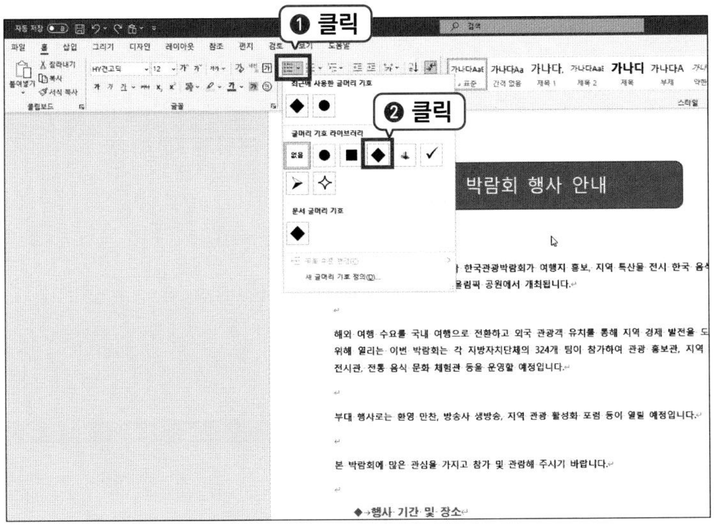

02 블록이 지정된 상태에서 [홈] 탭의 [단락] 그룹에서 [글머리 기호](☰)의 단추(⌄)를 클릭해 원하는 글머리 기호 모양을 선택합니다.

TIP

글머리 기호 오른쪽에는 '번호 매기기(☰)' 도구가 있습니다. 이 도구를 이용하면 자동으로 번호가 매겨지는 서식을 이용할 수 있습니다.

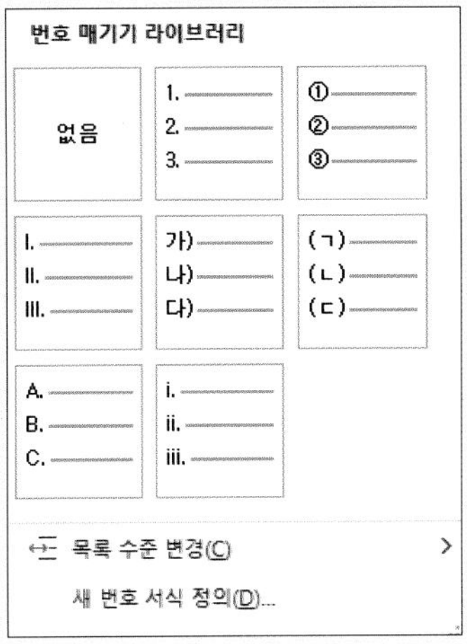

03 글머리 기호가 지정되면서 들여쓰기가 됩니다.

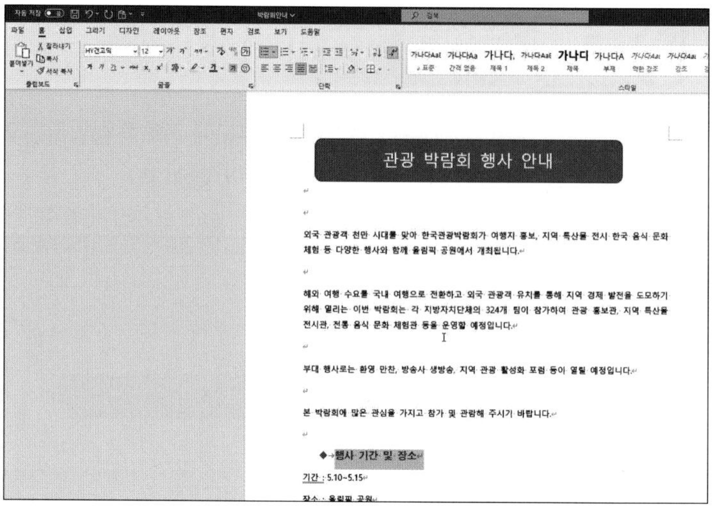

04 다음 문단도 블록으로 지정한 다음 글꼴(굴림), 크기(11), 글자 색(진한 빨강)을 지정합니다.

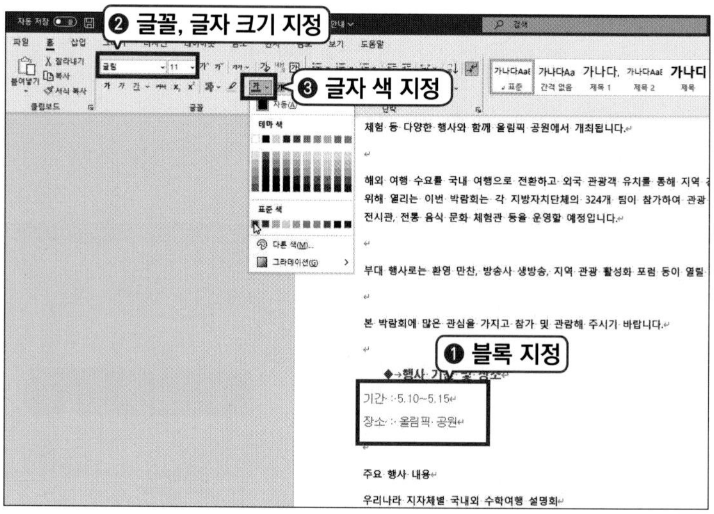

05 블록이 지정된 상태에서 [홈] 탭의 [단락] 그룹에서 [글머리 기호](☰)의 단추(⌄)를 클릭해 원하는 글머리 기호 모양을 선택합니다.

노트 글머리 기호는 자유롭게 어울리는 모양으로 선택해도 좋습니다.

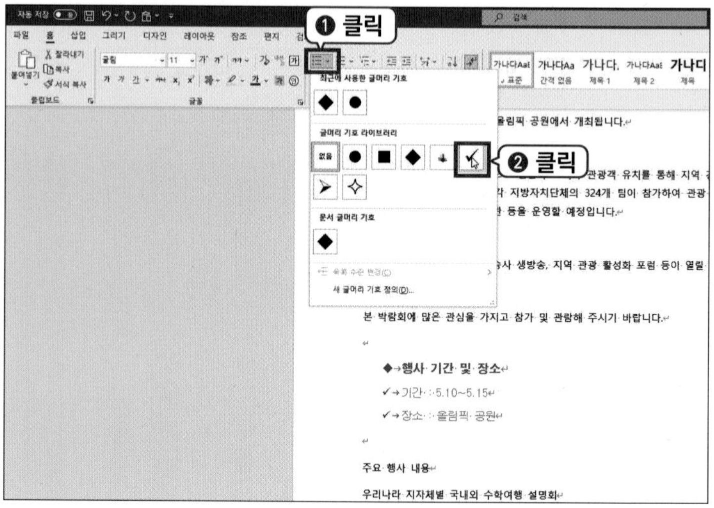

4 서식 복사하여 빠르게 편집하기

서식 복사는 같은 서식이 반복되어 사용될 때 일일이 글꼴 등을 지정해 줄 필요 없이 서식을 복사해 사용하는 기능입니다. 반복되는 서식을 빠르게 편집할 때 매우 편리한 기능입니다.

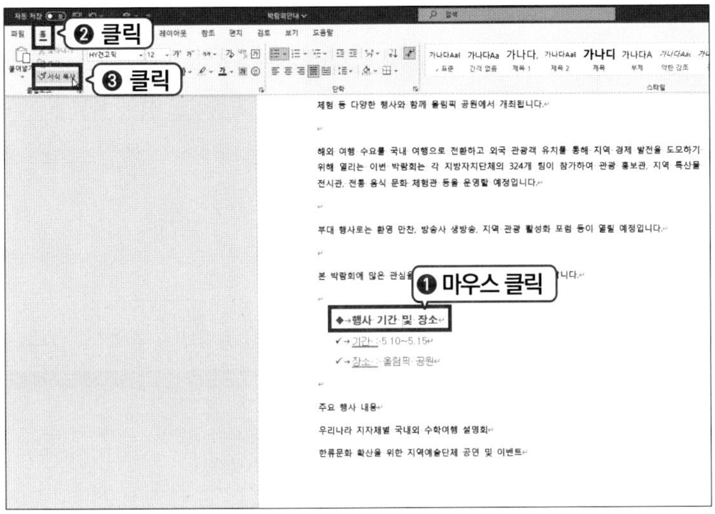

01 서식을 복사하기 위해 '행사 기간 및 장소'에 마우스를 클릭한 다음 [홈] 탭에서 [클립보드] 그룹의 [서식 복사]를 클릭합니다.

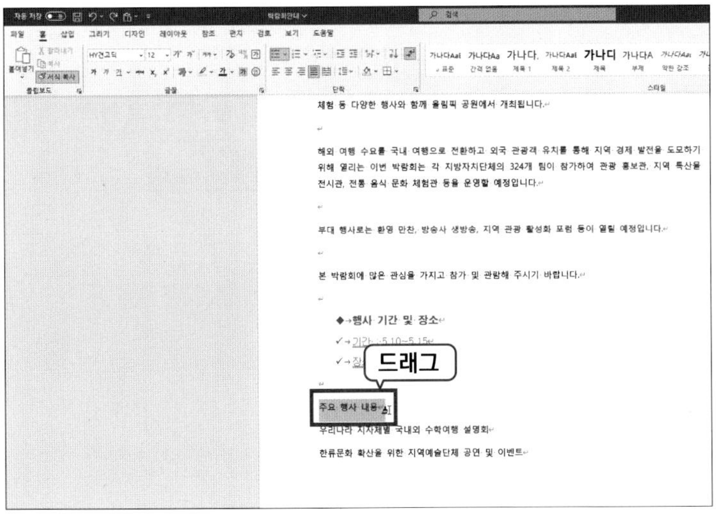

02 마우스 포인터가 로 바뀌면 서식을 붙여넣을 부분('주요 행사 내용')을 드래그합니다.

03 드래그한 부분에 앞에서 서식을 복사했던 '행사 기간 및 장소' 부분과 똑같은 서식이 적용된 것을 볼 수 있습니다.

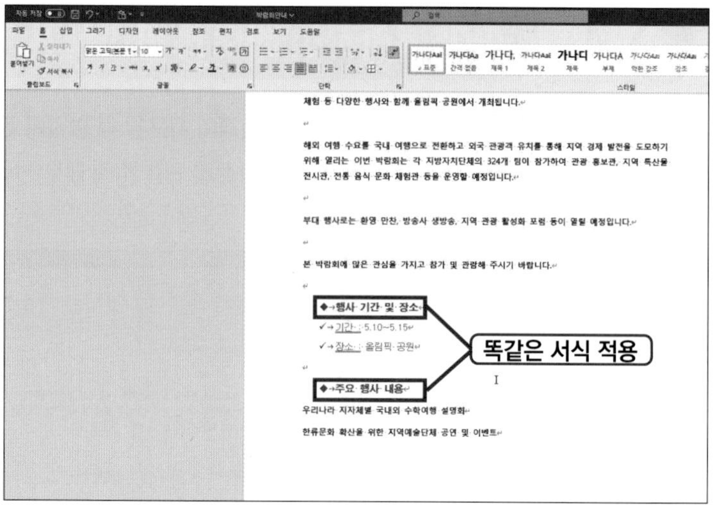

04 이번에는 '주요 행사 내용' 밑에 있는 두 줄을 같은 방법으로 서식을 복사해서 적용시켜 봅니다. 먼저 '기간'이 있는 줄에 마우스를 클릭하고 [서식 복사]를 클릭하고 '주요 행사 내용' 밑에 있는 두 줄을 블록으로 지정하면 자동으로 서식 복사가 됩니다.

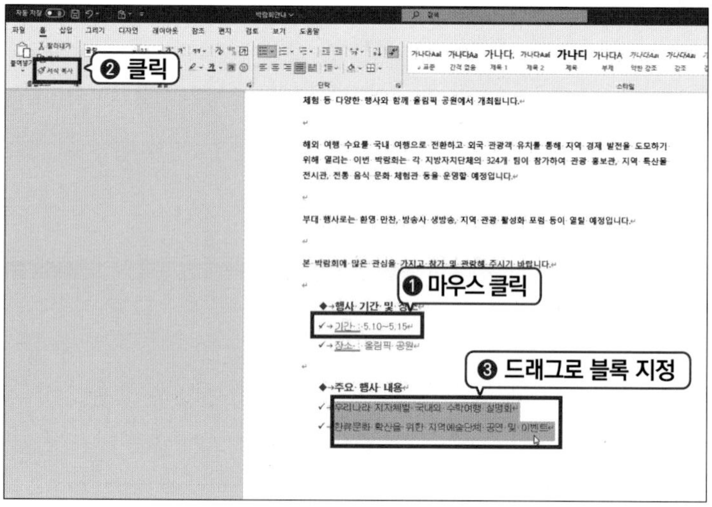

5 그림 삽입하기

문서를 작성할 때 그림을 삽입하는 경우가 많습니다. 여기에서는 문서에 그림을 삽입하고 크기와 위치를 조절하는 방법에 대해 알아보겠습니다.

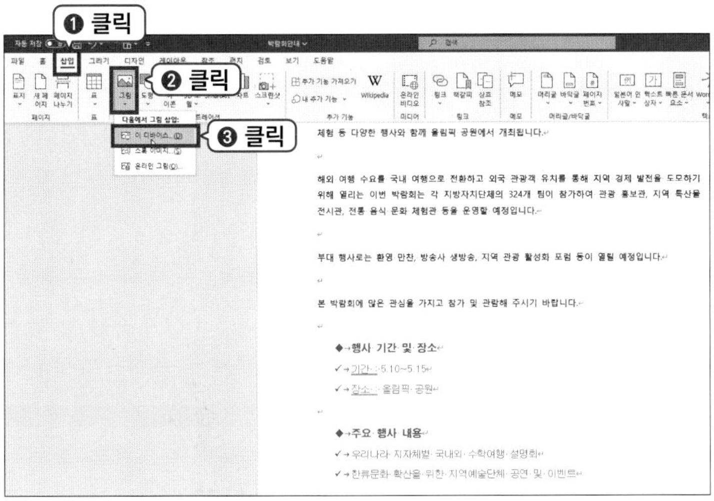

01 그림을 삽입하기 위해 [삽입] 탭의 [일러스트레이션] 그룹에서 [그림]( )을 클릭합니다. [이 디바이스]를 클릭합니다.

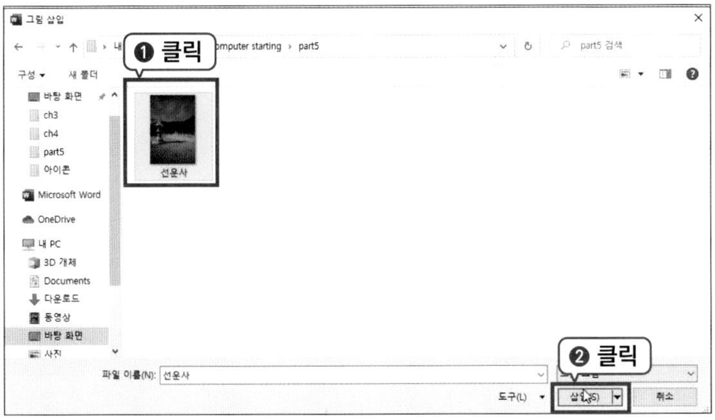

02 [그림 삽입] 대화상자가 나타나면 책에서 예제로 제공하는 '선운사.jpg' 파일을 선택하고 [삽입]을 클릭합니다.

노트

예제파일 : computer starting/part5/선운사.jpg

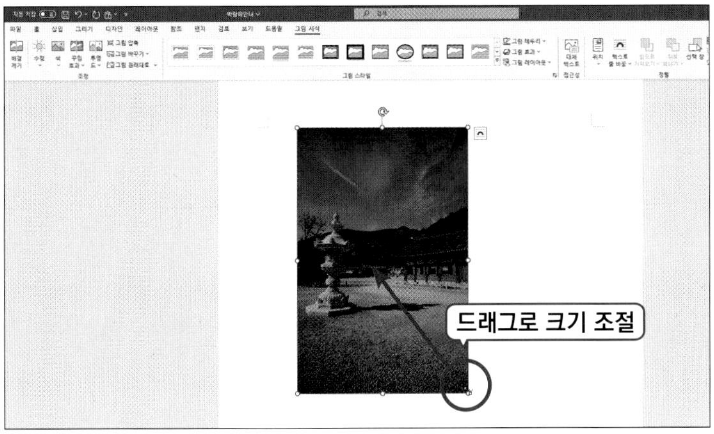

03 그림이 삽입되면 그림의 꼭짓점에 있는 크기 조절점 위에 마우스를 올려놓으면 커서 모양이 바뀝니다. 마우스를 클릭한 채로 드래그해서 크기를 줄여줍니다.

04 그림 크기가 바뀌면 그림을 글자 옆으로 이동시키기 위해 [레이아웃 옵션]( )을 클릭해 배치 방법을 [정사각형]으로 선택합니다.

05 그림을 마우스로 클릭한 채로 움직여서 위치를 지정합니다.

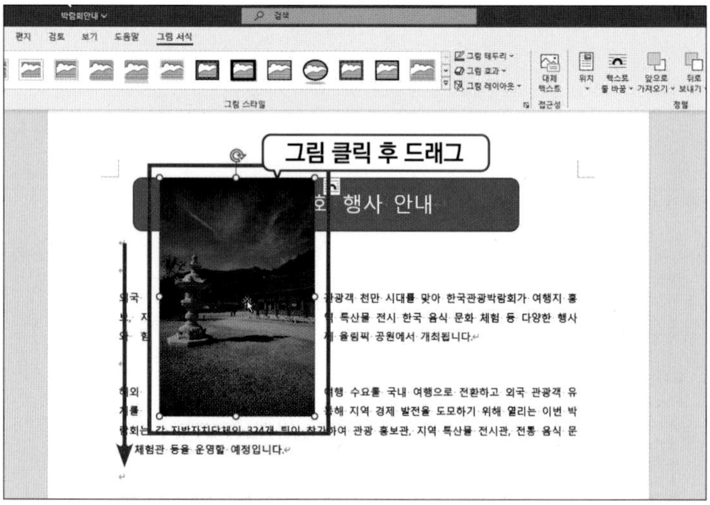

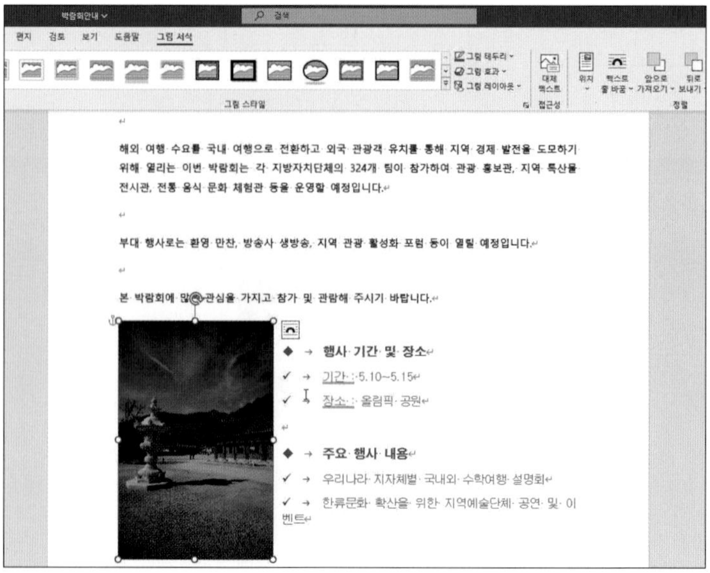

06 작업을 다 마쳤으면 끝으로 화면 아래쪽에 있는 [화면 확대/축소] 바를 마우스로 클릭한 채로 왼쪽으로 움직입니다. 그러면 앞에서 작성했던 표지 페이지와 함께 두 페이지를 같이 보기에 편합니다. 전체적으로 수정할 부분이 있는지 검토해봅니다.

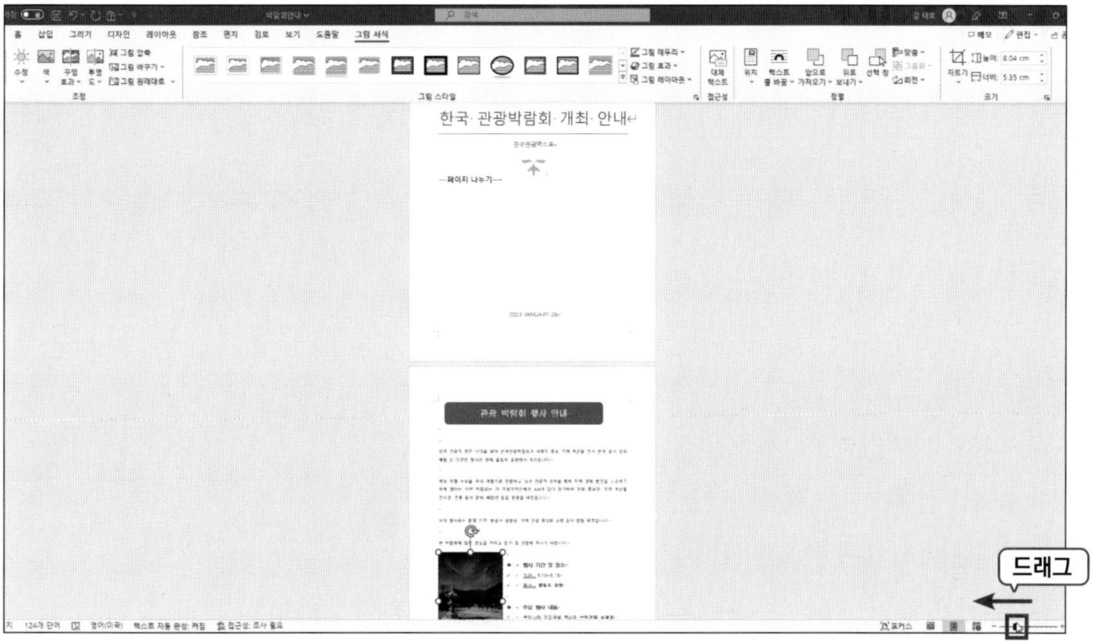

6 파일을 다른 이름으로 저장하고 프린트하기

수정한 파일과 수정 전 파일이 모두 필요하다면 파일을 다른 이름으로 저장해야 합니다. 완성한 파일을 다른 이름으로 저장하는 방법을 익히고, 인쇄하는 방법까지 알아보겠습니다.

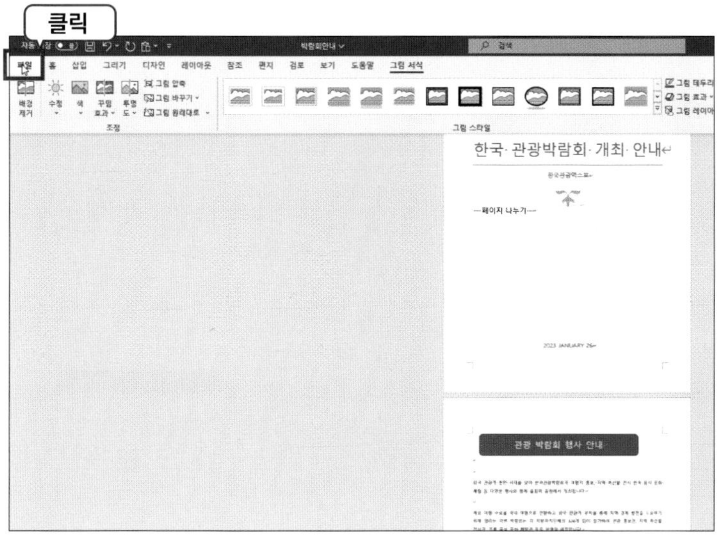

01 완성된 파일을 저장하기 위해 [파일] 탭을 클릭합니다.

02 [다른 이름으로 저장]을 선택하고 [찾아보기]를 클릭합니다.

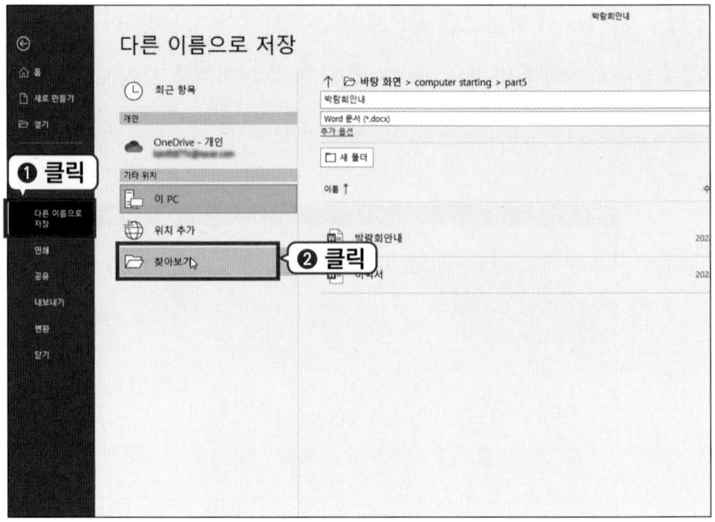

03 [다른 이름으로 저장] 대화상자가 나타나면 저장할 폴더를 선택한 다음 파일 이름을 '박람회안내-최종'이라고 입력한 후 [저장]을 클릭합니다.

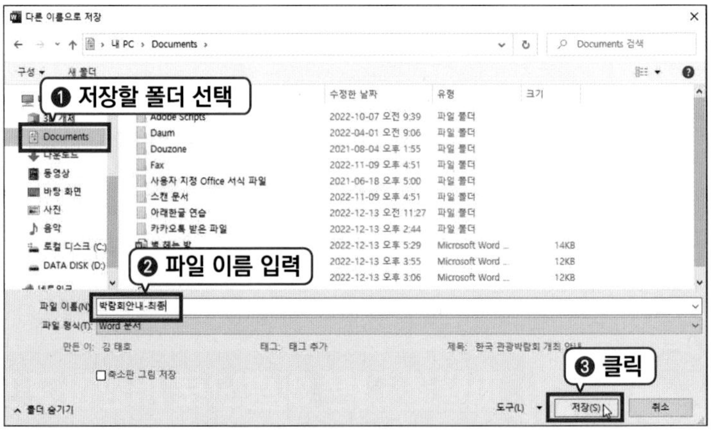

04 파일이 저장되면 제목 표시줄에 파일 이름이 표시됩니다. 파일을 인쇄하기 위해 [파일] 탭을 클릭합니다.

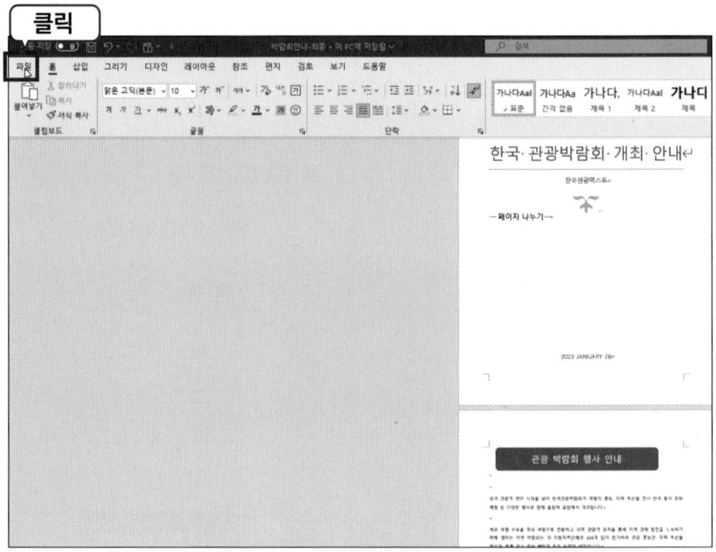

05 [인쇄]를 클릭합니다.

06 오른쪽의 인쇄 미리보기 화면에서 인쇄 결과를 미리 보여줍니다.

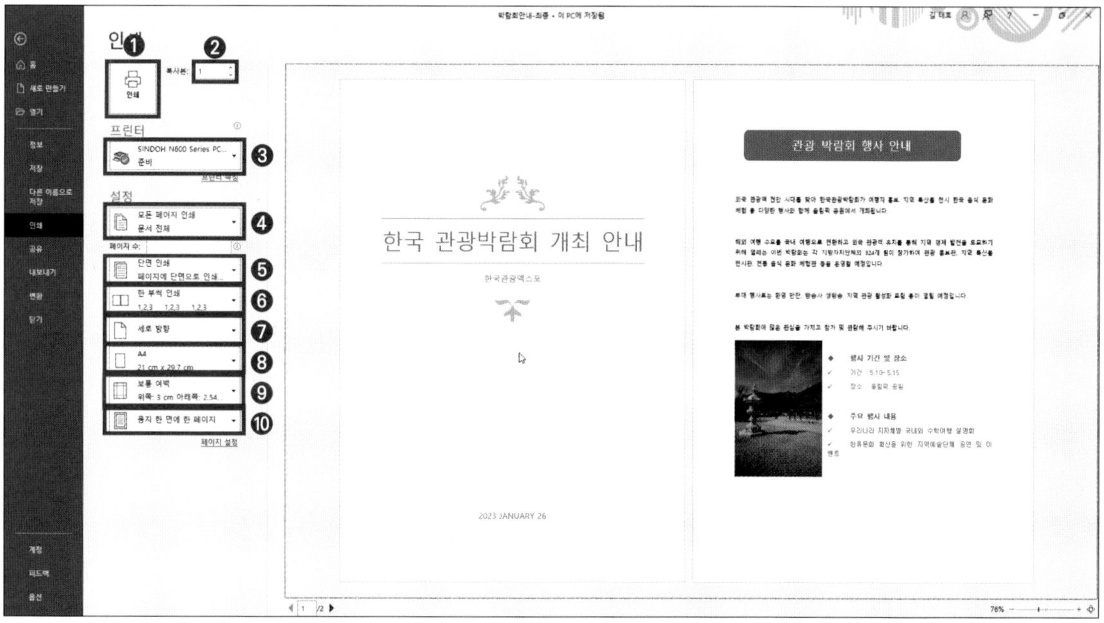

❶ 설정된 사항에 따라 문서를 종이에 인쇄합니다.
❷ 인쇄할 부수를 지정합니다.
❸ 인쇄할 프린터를 선택합니다.
❹ 인쇄할 페이지나 선택 영역을 지정합니다.
❺ 페이지에 단면으로 인쇄할지 양면으로 인쇄할지를 지정합니다.
❻ 여러 부수를 인쇄할 때 인쇄 방법을 지정합니다.
❼ 용지의 인쇄 방향을 지정합니다.
❽ 인쇄 용지 크기를 지정합니다.
❾ 문서의 여백을 지정합니다.
❿ 한 면에 인쇄할 페이지 수를 지정합니다.

07 인쇄할 준비가 모두 끝났으면 [인쇄]를 클릭합니다.

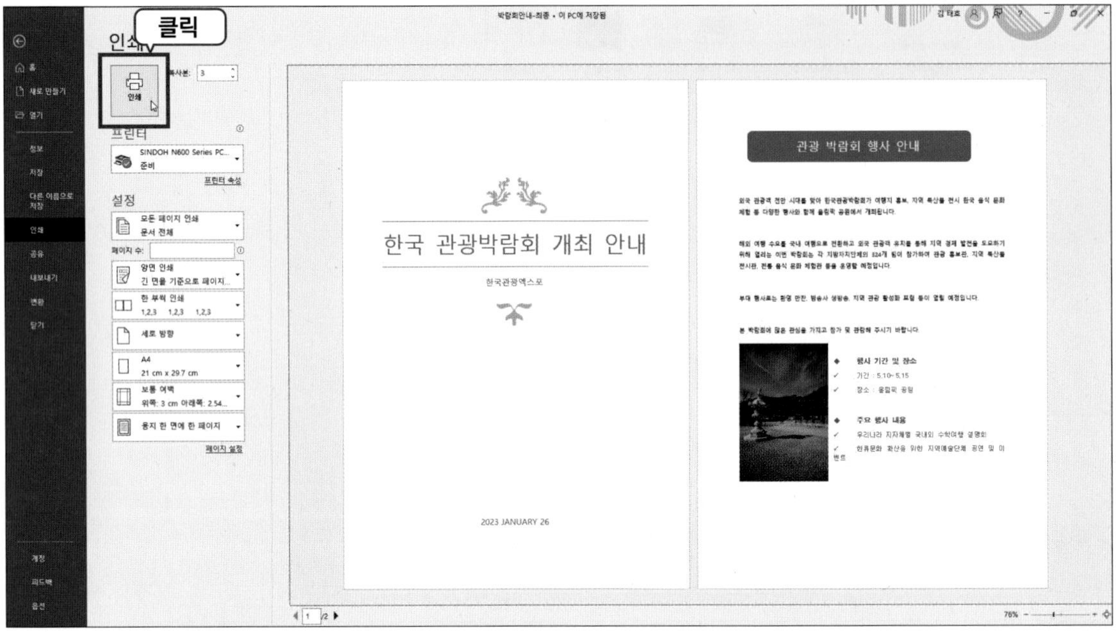

CHAPTER 05 현장 관리 매뉴얼 만들기

이번 챕터에서는 텍스트 효과와 표 기능에 대해 알아보겠습니다. 챕터3와 다르게 표를 직접 만들어봅니다. 표를 처음 접할 때는 어려워 보이지만 익숙해지고 나면 그 어떤 기능보다 유용한 기능이라는 것을 알게 될 것입니다. 표 스타일 기능을 이용하면 쉽고 빠르게 표를 꾸밀 수 있으므로 표를 작성하고 스타일을 꾸미는 방법까지 알아보겠습니다.

1 텍스트 효과와 타이포그래피로 제목 꾸미기

워드에는 글자 모양을 꾸미기 위해 글꼴이나 크기, 글자 색 외에도 다양한 방법으로 꾸밀 수 있는 '텍스트 효과와 타이포그래피' 기능이 있습니다.

01 새 문서를 열고 '현장 관리 매뉴얼'이라고 내용을 입력한 다음 블록을 지정하고 각자 원하는 글꼴과 크기를 지정합니다. 예제에서는 글꼴(HY헤드라인M), 크기(20)를 지정했습니다.

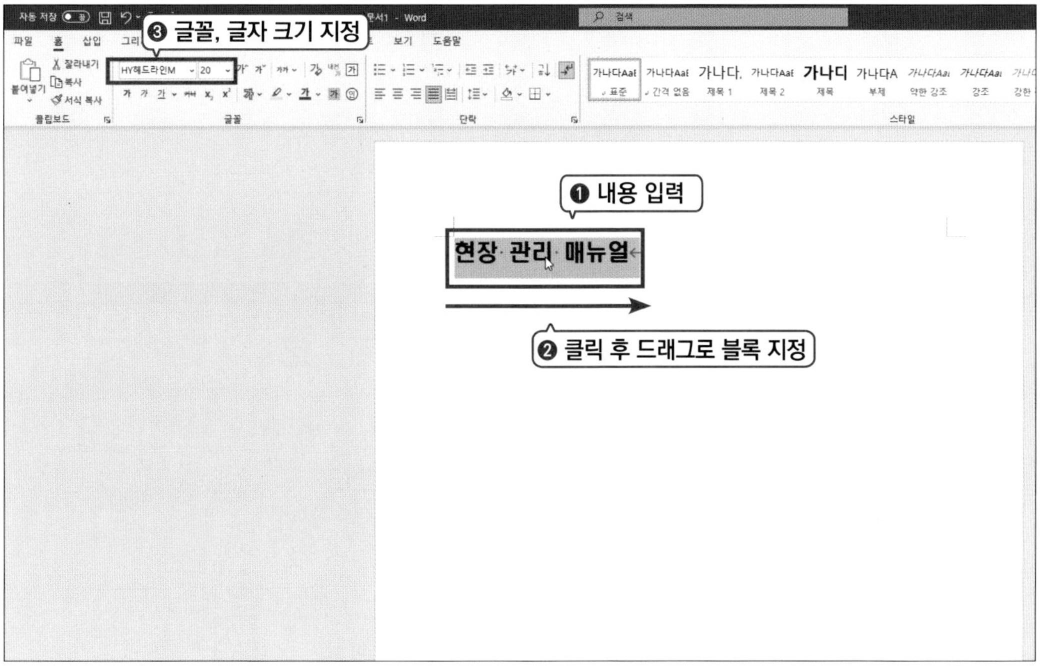

02 작성한 글자가 블록 지정된 상태에서 글자에 효과를 지정하기 위해 [글꼴] 그룹의 [텍스트 효과와 타이포그래피](가)를 클릭해 각자 원하는 모양을 선택합니다.

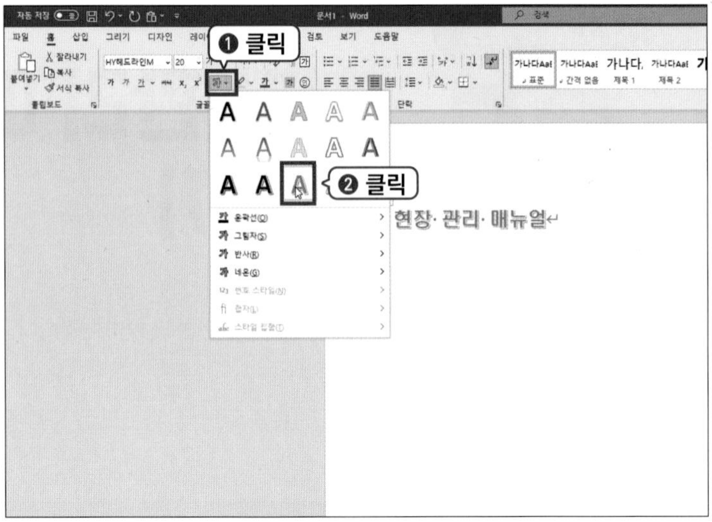

03 화면 아무 곳이나 마우스로 클릭하면 블록으로 지정된 부분이 해제되면서 글자 모양이 바뀐 것을 확인할 수 있습니다.

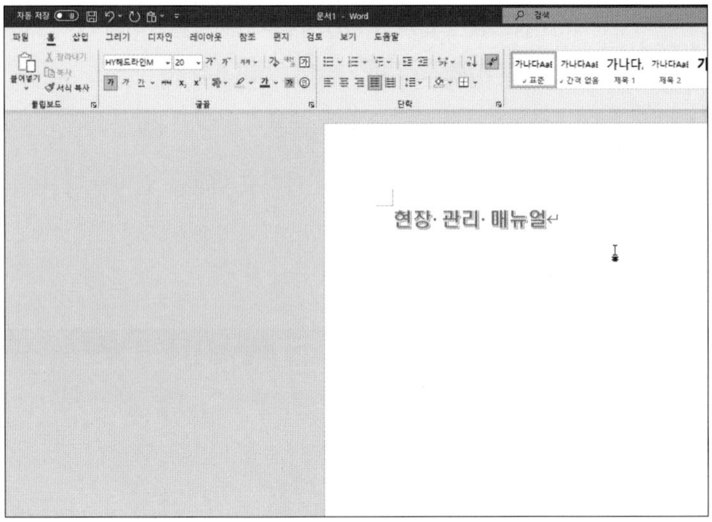

04 이번에는 그림자 효과를 지정해보겠습니다. 다시 입력한 내용을 블록으로 지정하고 [텍스트 효과와 타이포그래피](가)를 클릭한 후 밑에 있는 [그림자]를 클릭하면 그림자 종류가 나타납니다. 여기에서 각자 원하는 그림자 모양을 클릭합니다. 예제에서는 [오프셋 오른쪽]을 선택했습니다.

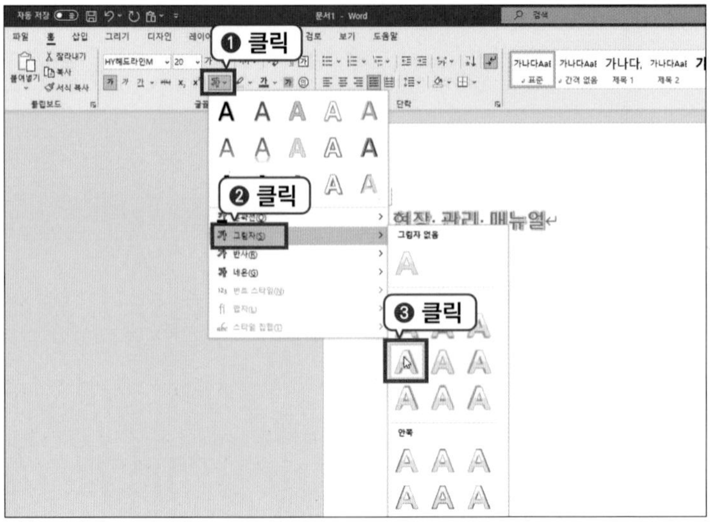

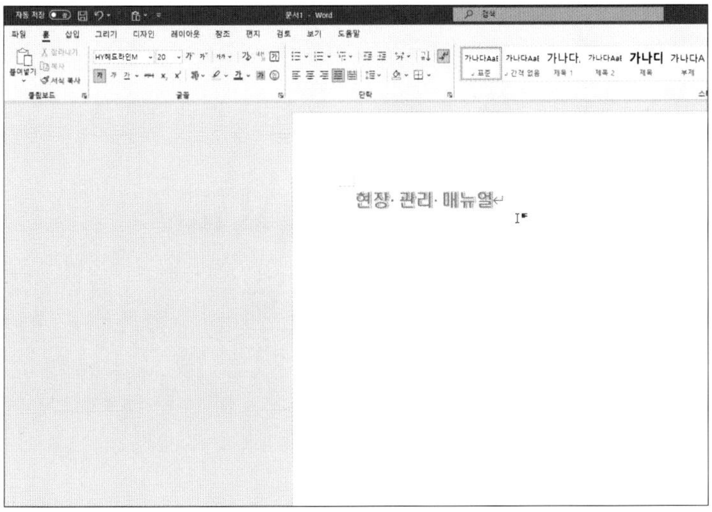

05 선택한 그림자 효과가 지정됩니다. 다른 것도 같은 방법으로 하나씩 선택하면서 효과가 어떻게 나타나는지 살펴보는 것도 좋습니다.

> **TIP**
>
> 그림자 효과를 없애려면 다시 '텍스트 효과와 타이포그래피'를 클릭한 후 [그림자]-[그림자 없음]을 선택합니다.

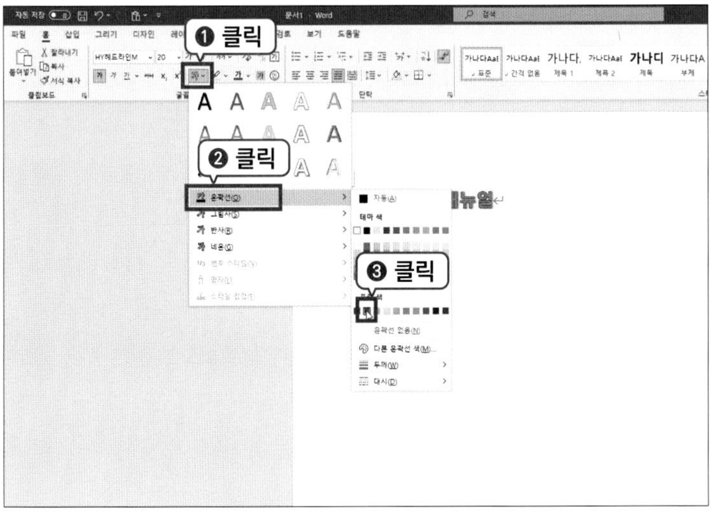

06 이번에는 윤곽선 색을 바꾸기 위해 다시 [텍스트 효과와 타이포그래피](가)를 클릭하고 [윤곽선]을 선택하고 빨간색을 클릭합니다. 윤곽선 색이 바뀝니다.

> **TIP**
>
> 색상 선택 상자에서 [다른 윤곽선 색]을 선택하면 좀 더 다양한 색을 선택할 수 있습니다.

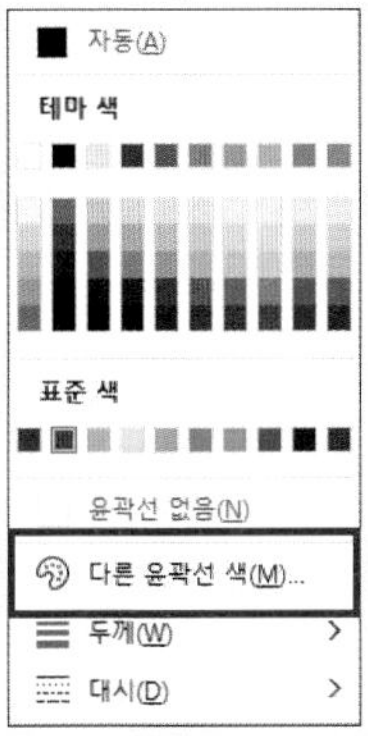

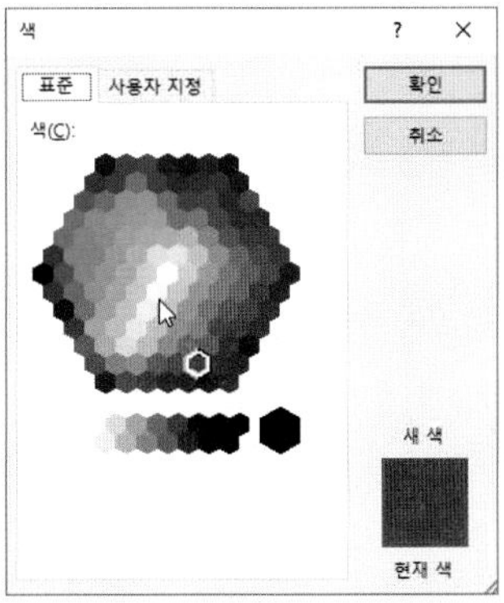

07 이번에는 네온 효과를 지정하기 위해 [텍스트 효과와 타이포그래피](가)를 클릭한 후 [네온]을 선택하고, 원하는 네온 효과를 선택합니다.

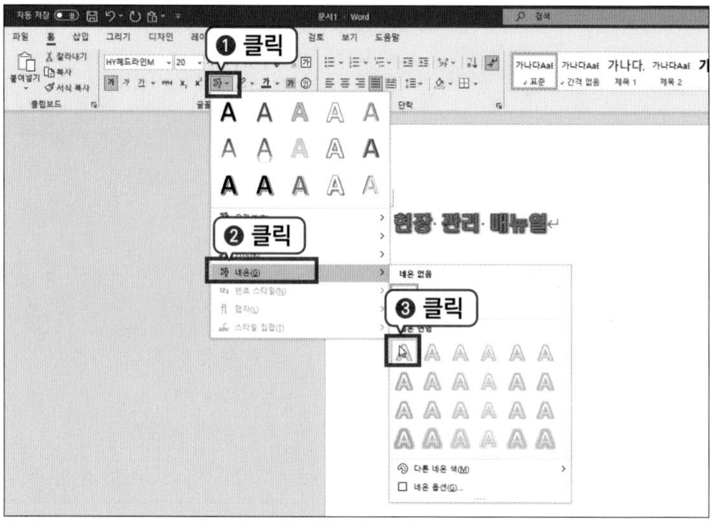

08 네온 효과가 지정되면 완성된 제목을 가운데 정렬하기 위해 [홈] 탭의 [단락] 그룹에서 [가운데 맞춤](☰)을 클릭합니다.

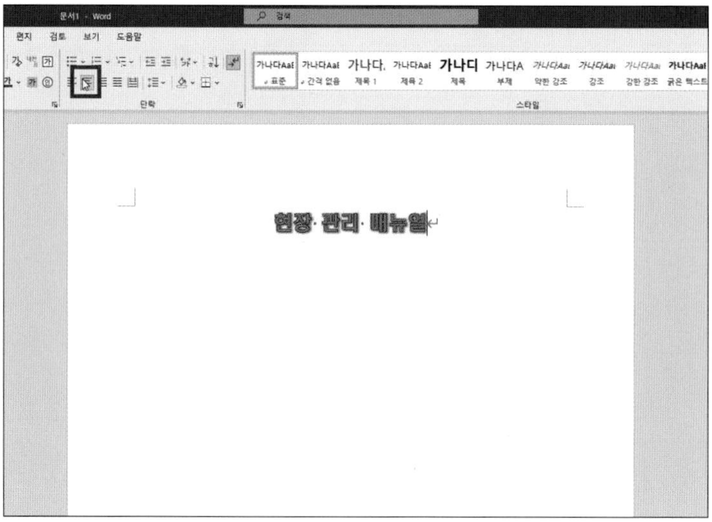

09 Enter 키를 눌러 다음 줄로 이동한 후 [홈] 탭의 [스타일] 그룹에서 '표준'을 선택해 기본 스타일로 바꾸어줍니다.

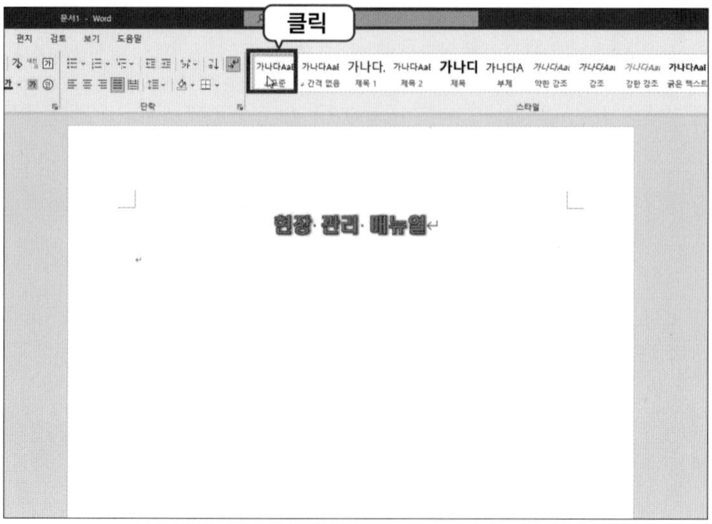

2 표 삽입하기

표는 문서를 정리하여 간략하게 표현하는 기능으로 문서를 작성할 때 많이 사용합니다. 표를 삽입할 때는 자신이 만들고자 하는 문서의 형태를 미리 구상하여 몇 열, 몇 행의 표를 만들 것인지를 결정해야 합니다.

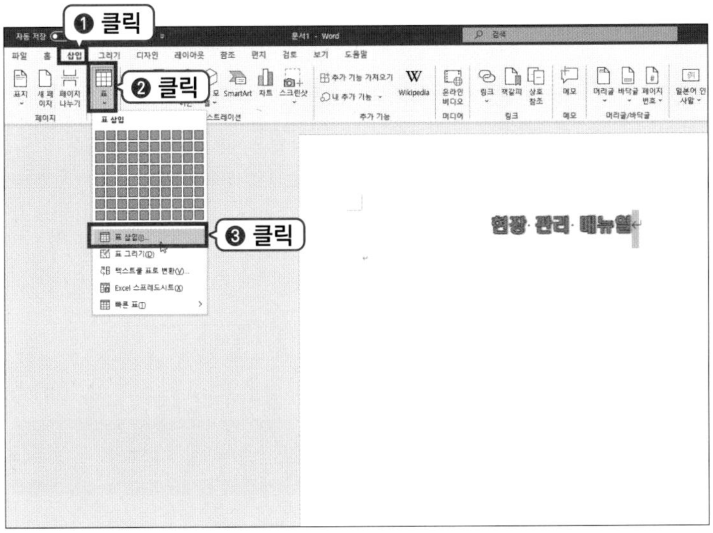

01 [삽입] 탭의 [표] 그룹에 있는 [표]( ) - [표 삽입]을 선택한 다음 열과 행을 선택합니다.

TIP

[표]를 클릭했을 때 바로 아래 나타나는 '표 삽입' 칸들을 드래그해서 곧바로 표를 만들 수도 있습니다. 단, 이 방법으로는 최대 10열, 8행의 표를 만들 수 있습니다.

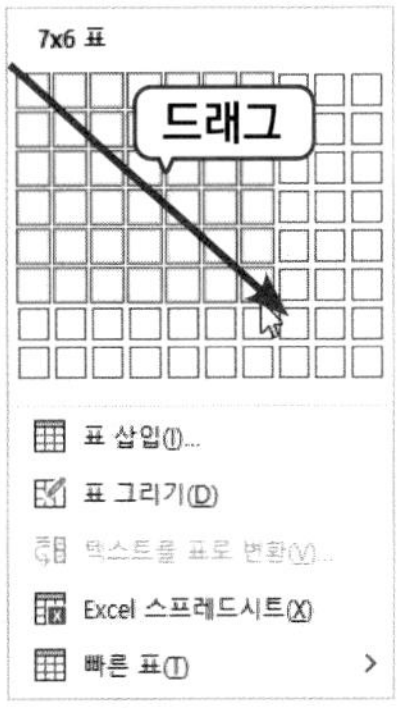

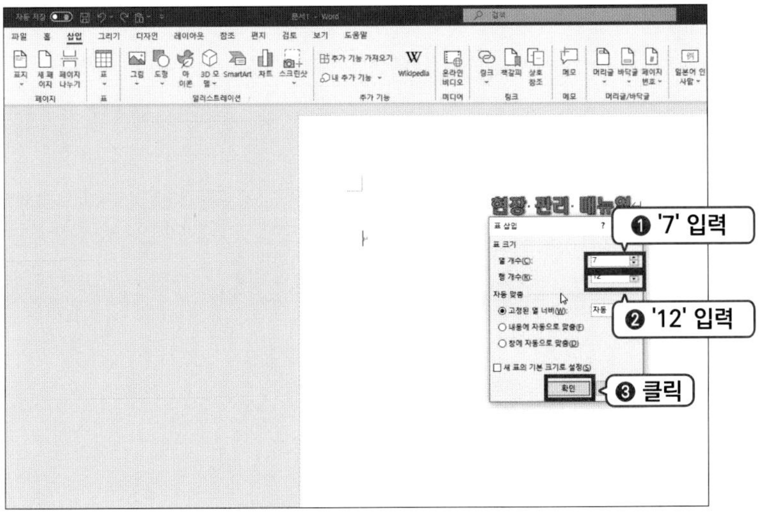

02 [표 삽입] 대화상자가 나타나면 열 개수(7)와 행 개수(12)를 입력하고 [확인]을 클릭합니다.

03 표가 만들어지는 것을 확인할 수 있습니다.

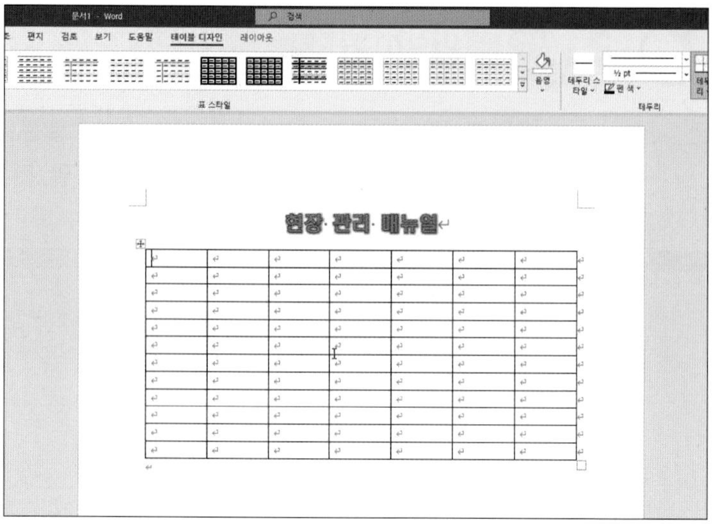

3 표 크기 조절하기

표는 입력하는 내용에 따라 셀 크기를 조절하거나 표 전체 크기를 조절해야 됩니다. 챕터3에서도 잠깐 다뤘지만 더욱 자세히 알아보겠습니다.

01 첫 번째 열의 너비를 늘리기 위해 첫 번째 열 오른쪽 경계선을 마우스로 드래그합니다. 마우스 포인터가 ✚로 바뀌었을 때 마우스를 클릭한 채로 오른쪽으로 드래그하면 됩니다. 표의 전체 크기는 바뀌지 않고 첫 번째 열의 너비만 바뀝니다.

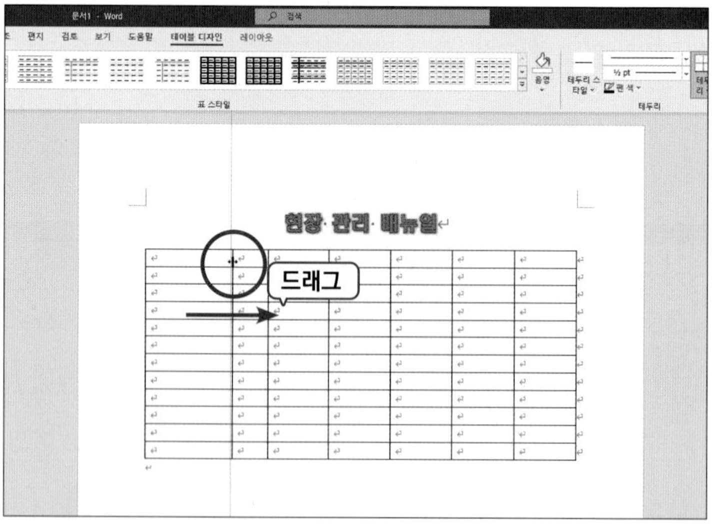

TIP

같은 원리로, 열의 경계선을 왼쪽으로 드래그하면 열 너비가 좁아집니다.

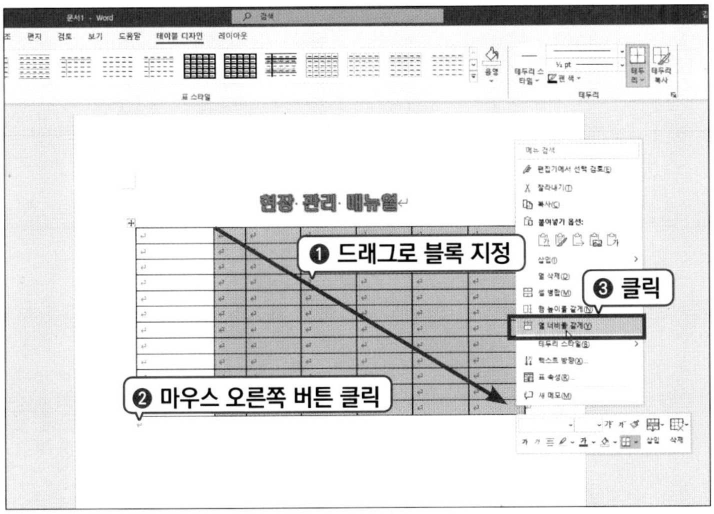

02 표의 첫 번째 줄, 두 번째 칸부터 마지막 줄 마지막 칸까지 드래그해 블록으로 지정한 다음 마우스 오른쪽 버튼을 클릭해 [열 너비를 같게]를 선택합니다.

TIP

블록을 지정하고 난 다음에 [표 도구]의 [레이아웃] 탭을 클릭해서 '열 너비를 같게( )'를 클릭해도 됩니다.

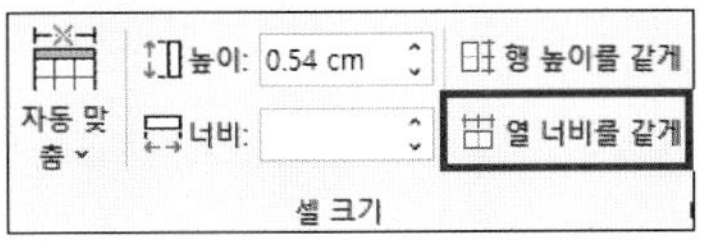

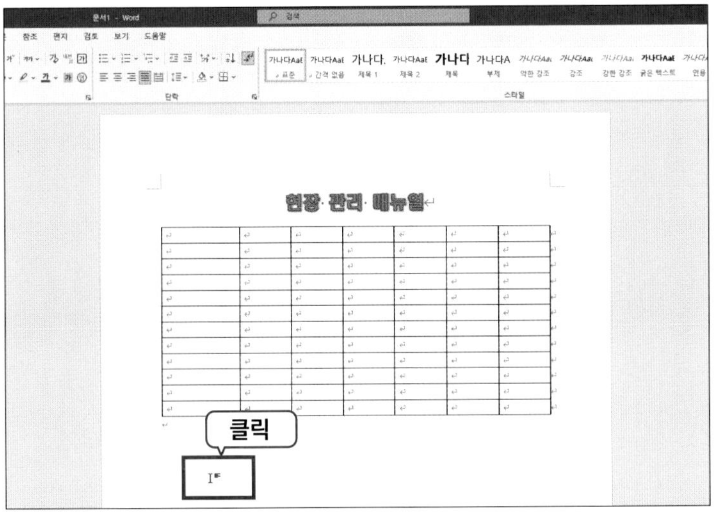

03 빈 곳을 클릭해 블록 설정 상태를 해제하고 선택한 부분의 열 너비가 같아진 것을 확인합니다.

확인 사항	4/1	4/2	4/3	4/4	4/5	주간 확인
안전장비						
안전모						
가스폭발방지						
비상 소화기						
굴착기 이상 확인						
엘리베이터 점검						
장비기능 숙지						
관할구청 신고						
비상시 조치						
지휘체계 확인						
비상 연락망 공유						

04 이제 각 칸에 다음과 같이 내용을 입력합니다. 혹은 각자 원하는 내용이 있으면 입력해도 좋습니다.

05 다음으로 표의 세로 크기를 키우기 위해 화면을 한눈에 볼 수 있게 축소합니다. 화면 아래쪽에 있는 '확대/축소' 바를 마우스 왼쪽 버튼으로 클릭한 채로 왼쪽으로 조금 이동하면 화면이 축소됩니다. 예제에서는 화면을 80%로 축소했습니다.

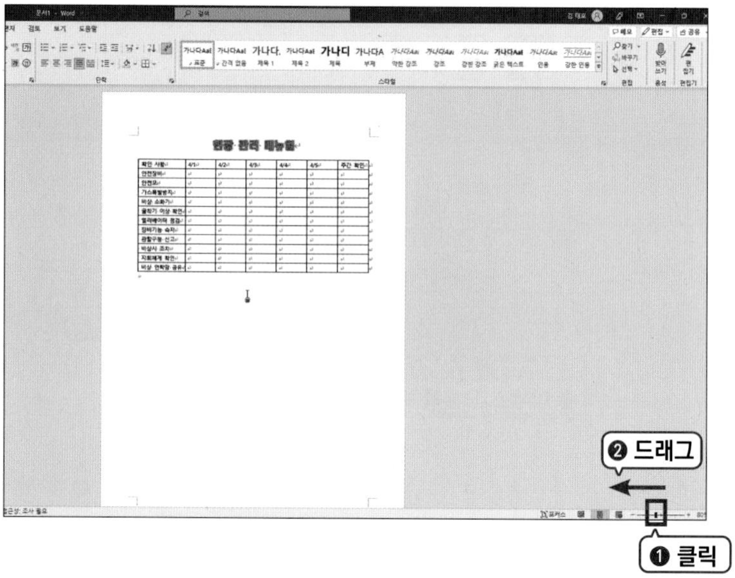

06 마우스를 표의 오른쪽 맨 아래에 위치합니다. 그러면 마우스 커서 모양이 로 바뀌는데 이때 마우스를 클릭한 채로 아래 방향으로 드래그해 적당한 크기로 조절합니다.

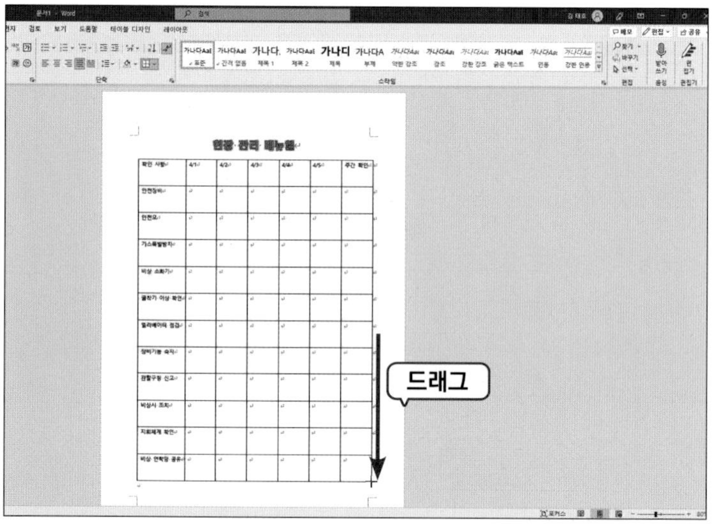

07 화면을 축소해서 보면 전체 표 크기가 커진 것을 확인할 수 있습니다.

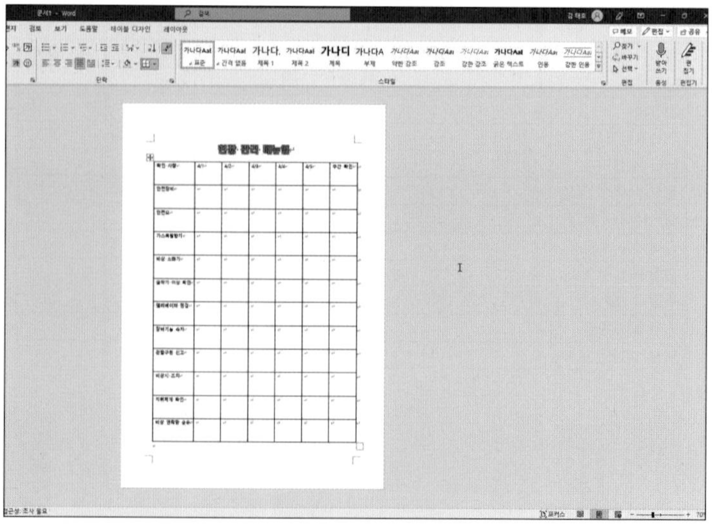

4 표 스타일 적용하기

표 스타일 기능은 표의 테두리와 음영 등을 빠르게 지정할 수 있는 기능입니다. 예제에서 제시하는 모양 외에 원하는 모양을 자유롭게 지정해도 좋습니다.

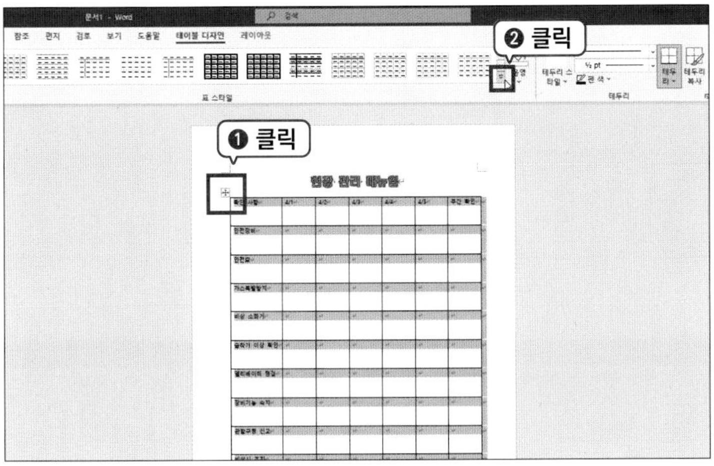

01 표의 왼쪽 맨 위에 있는 [✚]를 클릭하여 표 전체를 선택합니다. [테이블 디자인] 탭에서 [표 스타일] 그룹에 있는 자세히 버튼(▾)을 클릭합니다.

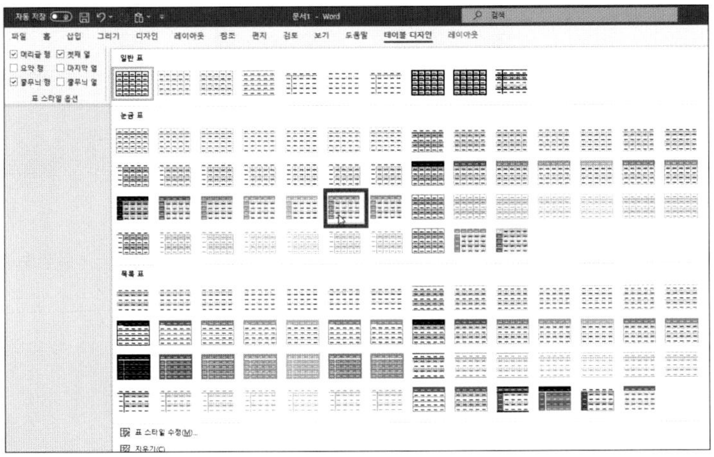

02 여러 가지 표 스타일이 나타나면 원하는 스타일을 선택합니다.

TIP

특정 셀이나 영역에만 음영을 지정하려면 셀에 커서를 위치하거나 블록으로 지정한 다음 [테이블 디자인] 탭에서 [표 스타일] 그룹에 있는 [음영( )]을 클릭해 원하는 색을 선택합니다.

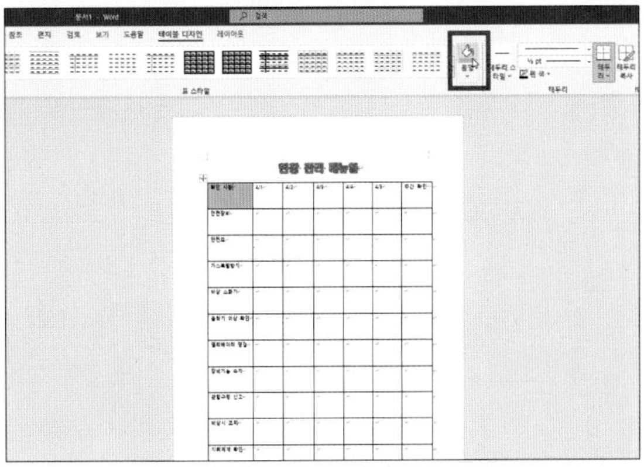

03 표에 스타일이 적용되면 표 전용 [레이아웃] 탭에서 [맞춤] 그룹의 [가운데 맞춤]( )을 클릭합니다.

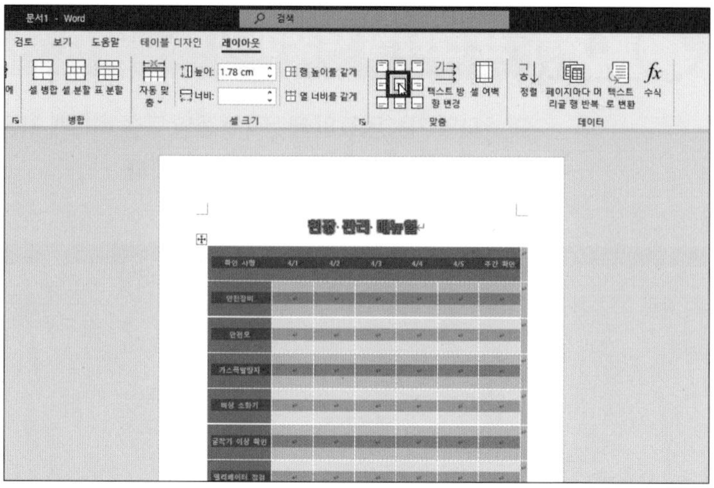

04 표의 내용이 가로세로 정가운데로 맞춰집니다. 표의 바깥 아무곳이나 눌러서 선택 상태를 해제하고 두 번째 줄, 두 번째 칸을 클릭하여 커서를 위치합니다. 표 안에 기호를 넣어보겠습니다.

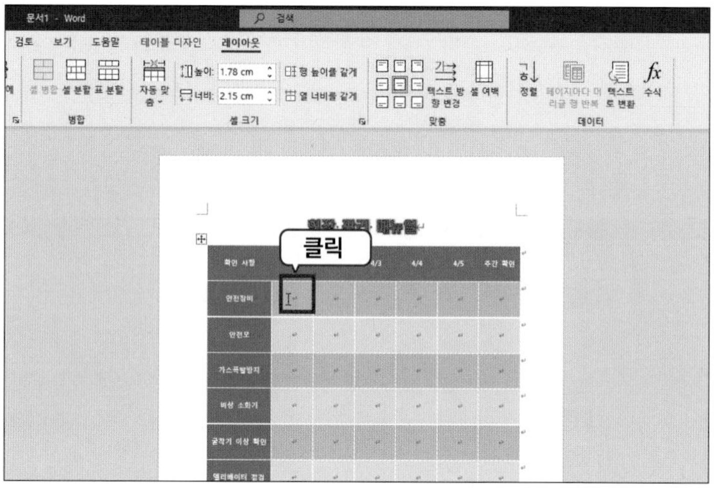

05 기호를 삽입하기 위해 [삽입]-[텍스트] 그룹의 [기호]( )에서 [다른 기호]를 차례로 선택합니다.

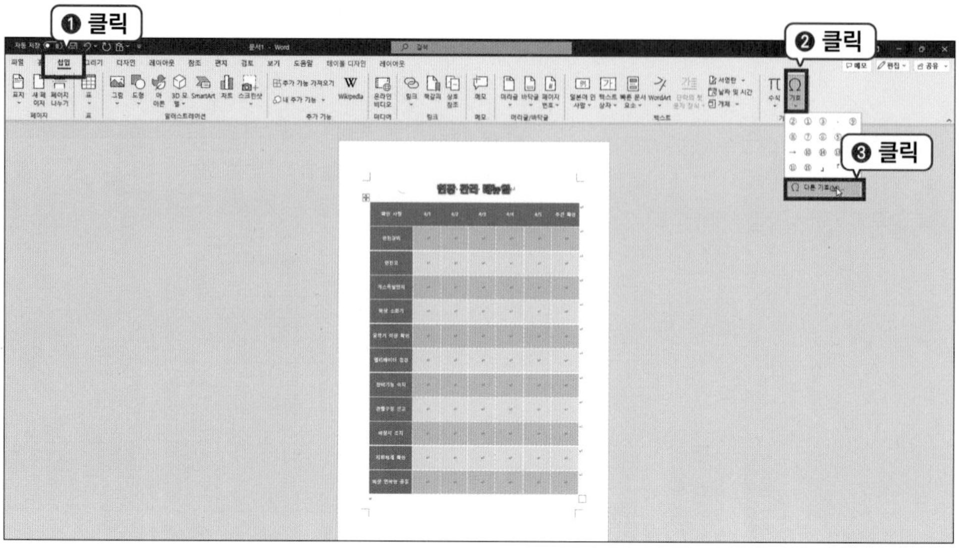

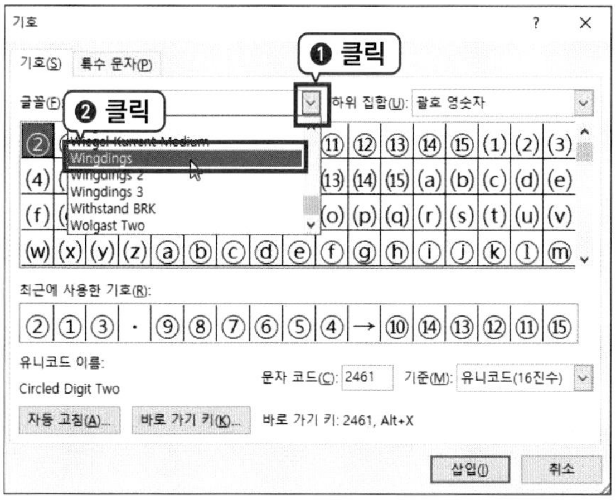

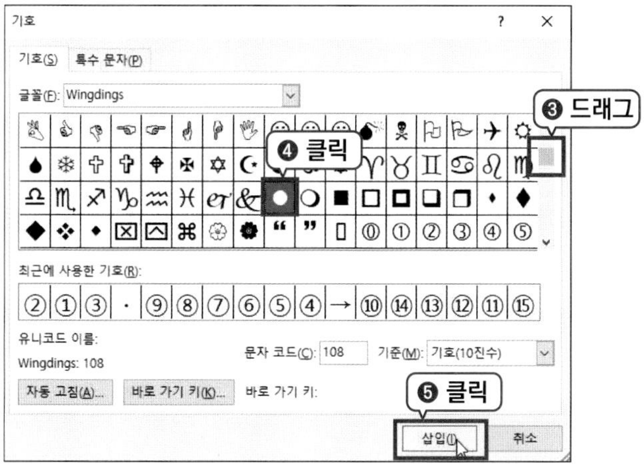

06 [기호] 대화상자가 나타나면 글꼴 버튼을 누른 후 오른쪽에 있는 스크롤 바를 클릭한 채로 아래로 내려서 'Wingdigs'를 선택합니다. 글꼴 선택 후 나타나는 기호 중에서 각자 원하는 기호를 선택한 후 [삽입]을 클릭합니다. 이때도 오른쪽에 있는 스크롤 바를 클릭한 채로 움직여서 기호의 종류를 살펴보면 됩니다.

TIP

글꼴에 따라 나타나는 기호의 종류가 다르므로 글꼴을 바꾸어가며 어떤 기호들이 있는지 살펴보도록 합니다.

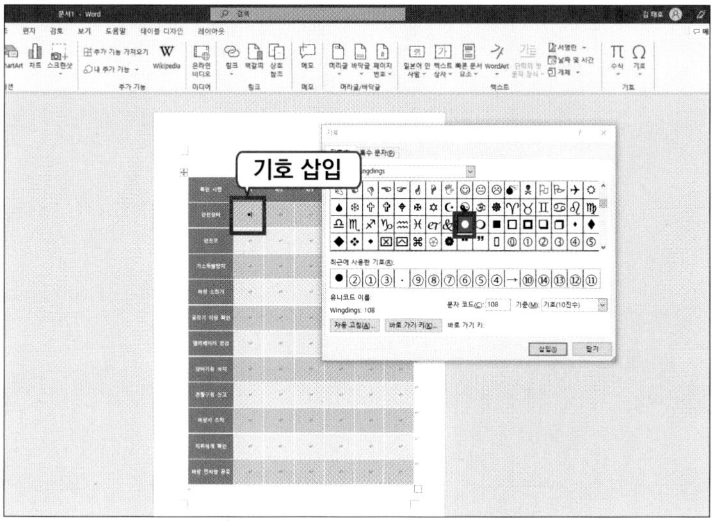

07 [삽입]을 누르면 표 안에 기호가 삽입되는 것을 볼 수 있습니다. [닫기]를 클릭합니다.

08 선택한 기호가 삽입된 것을 확인할 수 있습니다. 입력한 기호를 블록으로 지정하고 마우스 오른쪽 버튼을 클릭해서 [복사]를 선택합니다.

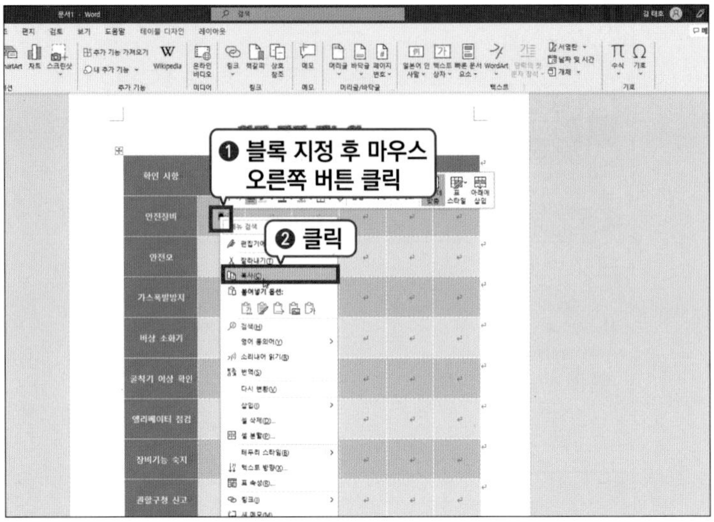

09 원하는 칸 안에 마우스를 클릭한 후 마우스 오른쪽 버튼을 눌러 [붙여넣기 옵션] 중에서 [원본 서식 유지]( )를 클릭하면 앞에서 복사했던 기호가 붙여넣기됩니다. 원하는 곳에 붙여넣기를 합니다.

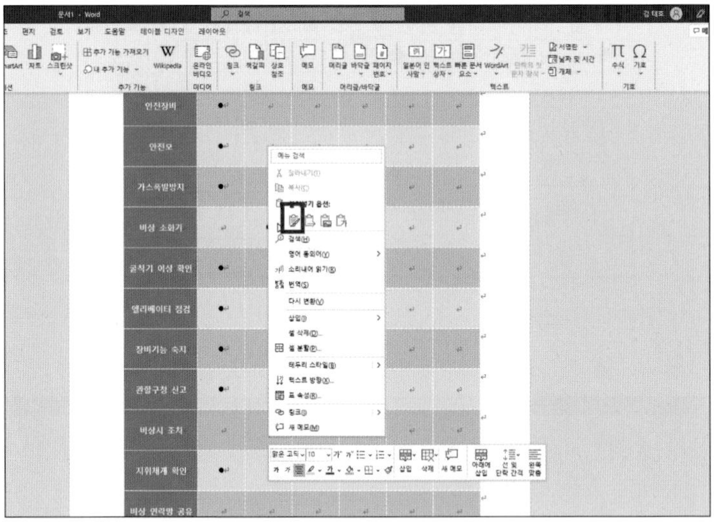

TIP

복사와 붙여넣기 단축키

기호를 복사하려면 기호를 블록으로 지정한 다음 Ctrl + C 키를 눌러 복사합니다. 붙여넣을 곳에서 Ctrl + V 키를 눌러 붙여넣은 다음 계속해서 다른 곳을 선택하고 Ctrl + V 키를 눌러 붙여넣습니다.

10 각자 원하는 파일 이름으로 저장한 후 워드를 종료합니다.

PART 6

복잡한 계산도 OK! 엑셀

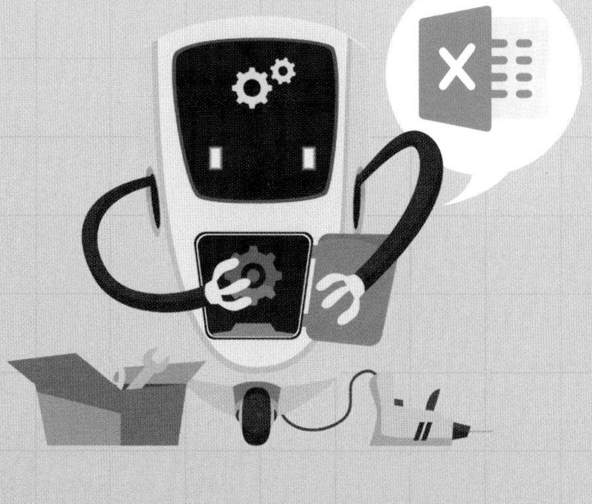

CHAPTER 01

마이크로소프트 엑셀의 기본

마이크로소프트 엑셀을 사용하기 위해 가장 기본적으로 알아야 할 기능을 알아보겠습니다. 엑셀의 화면을 익히고 프로그램을 실행/종료하는 법을 알아보겠습니다. 자주 사용되는 탭과 아이콘의 기능을 잘 알아두어야 엑셀을 능숙하게 사용할 수 있을 것입니다.

엑셀은 워드, 파워포인트와 마찬가지로 마이크로소프트사에서 만든 프로그램으로, 워크시트를 이용하여 회사에서 업무를 처리할 때 사용하는 중요한 프로그램 중의 하나입니다. 현재는 마이크로소프트 홈페이지에서 마이크로소프트 365 구독을 구매하면 워드, 엑셀, 파워포인트 등을 가장 최신 버전으로 한번에 받아 사용할 수 있게 되어있습니다. 단일 프로그램의 경우 평생 소장 형태로 구매가 가능합니다.

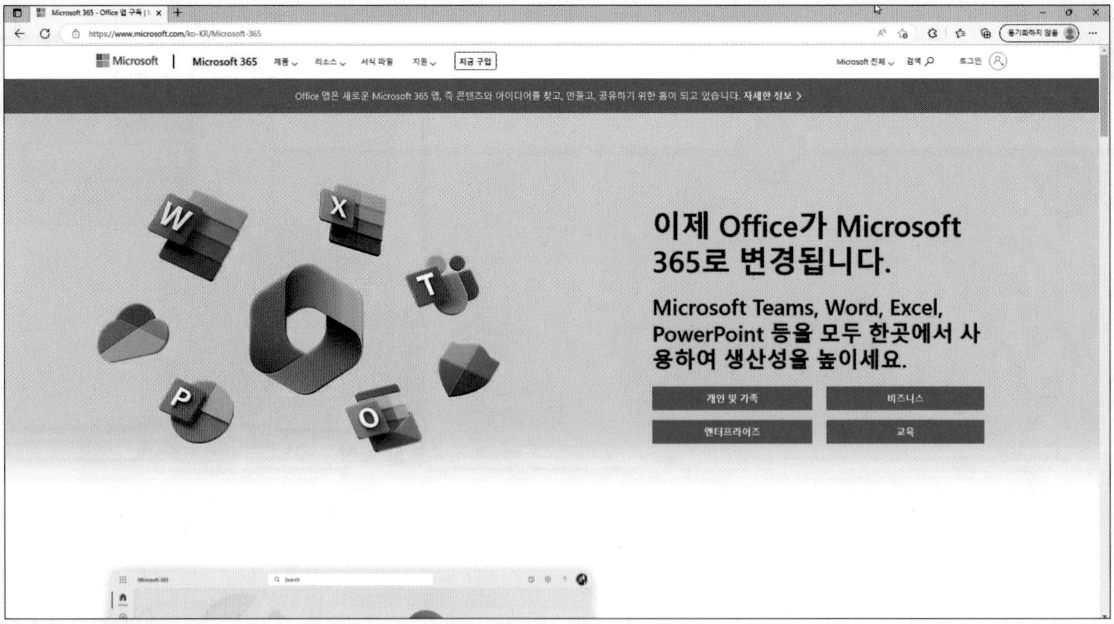

마이크로소프트 365

여러 버전이 사용되고 있는데 2007, 2010, 2013, 2016, 2019 등이 있으며 앞으로도 꾸준히 버전업이 될 예정입니다. 이 책에서는 가장 최신 버전인 365 버전을 사용했으나 이전 버전으로 학습해도 큰 무리는 없습니다. 다만 기능의 이름이나 위치, 아이콘 모양, 최신 추가된 함수 등에서 차이가 있을 수 있으니 참고하시길 바랍니다.

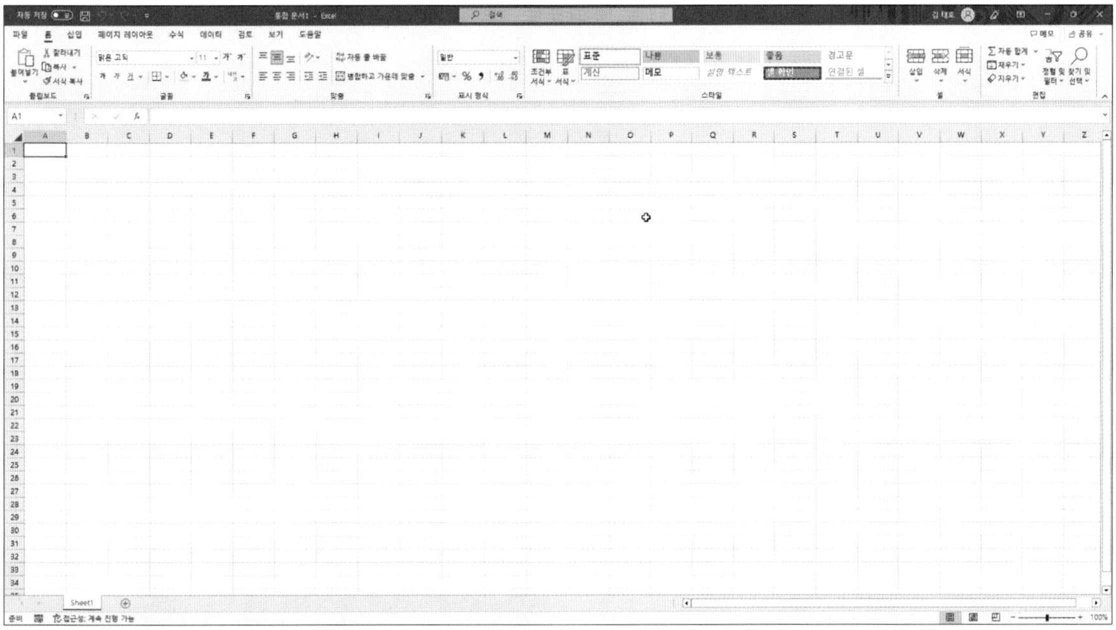

엑셀의 기능은 다음과 같이 정리할 수 있습니다.

❶ 여러 가지 함수와 연산자를 이용하여 데이터를 빠르고 정확하게 계산할 수 있습니다.

❷ 작성한 데이터를 이용하여 2차원 또는 3차원 차트를 작성할 수 있습니다.

❸ 데이터 검색, 정렬, 추출 등의 데이터 관리 기능이 있습니다.

❹ 반복되는 작업을 미리 기억시켜 놓았다가 쉽게 처리할 수 있는 매크로 기능이 있습니다.

1 엑셀 시작하고 화면 익히기

엑셀을 사용하려면 엑셀의 실행 방법부터 알아야 합니다. 프로그램을 실행하고 화면 구성을 익혀보도록 하겠습니다.

01 엑셀을 실행하려면 바탕 화면에 있는 [Excel]을 마우스 왼쪽 버튼으로 더블 클릭합니다.

TIP

[시작] 메뉴를 통해 엑셀을 실행할 수도 있습니다. [시작] 메뉴를 눌렀을 때 자주 사용하는 앱에 엑셀이 나타나지 않는 경우는 스크롤 바를 클릭한 채로 아래로 내려 엑셀을 찾아서 실행해야 합니다.

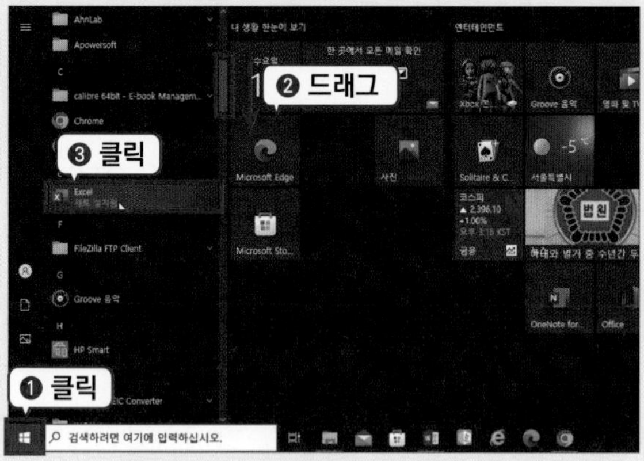

02 엑셀을 실행하면 처음으로 다음 화면이 나타납니다. 새로운 엑셀 문서를 만들기 위해 [새 통합 문서]를 클릭합니다.

03 워크시트가 나타나면서 엑셀 문서를 편집할 수 있습니다. 엑셀의 화면 구성은 다음과 같습니다.

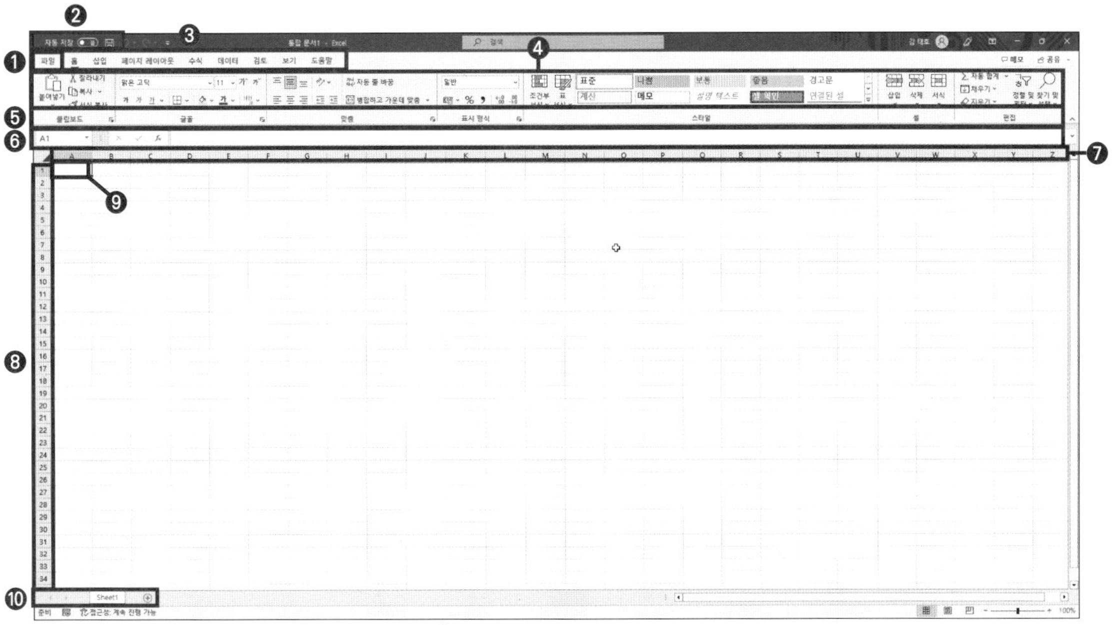

❶ 파일 : 열기, 다른 이름으로 저장, 인쇄 등 기본적인 메뉴를 모아놓은 단추입니다.

❷ 빠른 실행 도구 모음 : 자주 사용하는 메뉴를 모아놓았으며, 저장, 실행 취소, 다시 실행을 할 수 있는 아이콘이 있습니다.

❸ 탭 메뉴 : 작업 화면 상단에 있는 항목을 탭이라고 하며, 탭을 선택하면 각 탭에 관련된 기능이 리본 메뉴로 표시됩니다.

❹ 리본 메뉴 : 탭 메뉴를 클릭하면 아래쪽에 아이콘 묶음이 표시되는데 이것을 리본 메뉴라고 합니다. 탭과 그룹, 아이콘으로 구성되어 있습니다.

❺ 그룹 버튼 : 특정 유형의 작업에 자주 사용되는 명령을 모아놓은 버튼으로 해당 기능을 버튼 클릭만으로 실행할 수 있기 때문에 편리합니다.

❻ **수식 표시줄** : 선택된 셀에 입력된 수식이 표시됩니다. 이곳에 직접 수식을 입력할 수도 있습니다.

❼ **열 이름** : 열 이름은 A~XFD까지 있으며, 셀의 위치를 나타나기 위해 사용합니다.

❽ **행 이름** : 행 이름은 1~1048576까지 있으며, 셀의 위치를 나타나기 위해 사용합니다. 열 이름과 행 이름을 합쳐 셀 주소를 표현합니다.

❾ **셀** : 작업을 하기 위한 최소 공간으로 값이나 계산식 등을 입력할 수 있는 공간입니다.

❿ **시트 탭** : 워크시트(Worksheet)는 수많은 셀이 모여서 이루어진 작업 공간이며, 엑셀 통합 문서는 여러 개의 워크시트로 이루어져 있습니다. 이 워크시트의 이름이 표시되는 곳입니다.

04 엑셀을 종료할 때는 닫기( ) 단추를 클릭합니다.

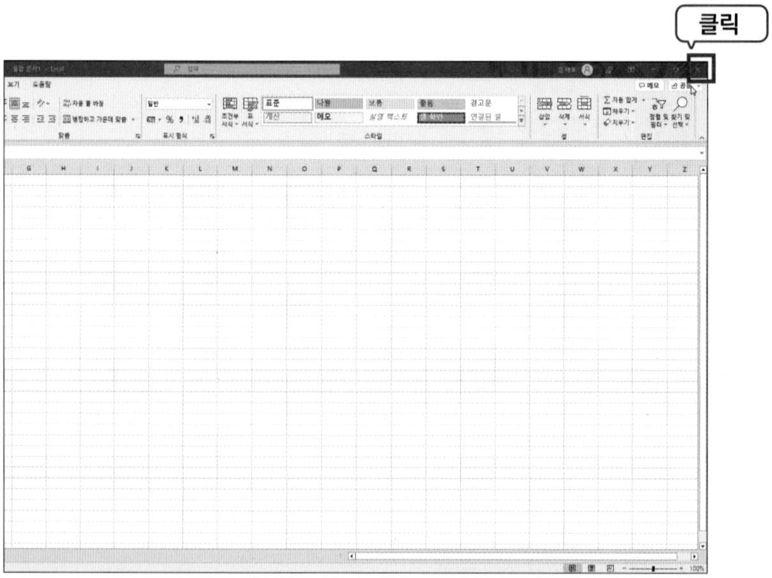

TIP

화면 위쪽에 있는 [파일] 탭을 클릭한 후 [닫기]를 선택해도 엑셀을 종료할 수 있습니다.

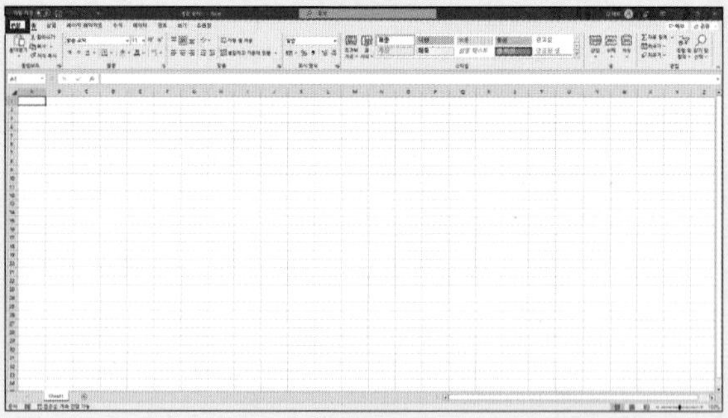

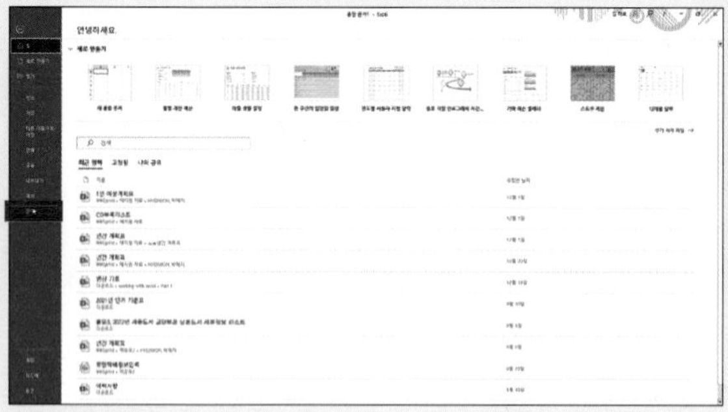

2 표준 탭과 그룹 살펴보기

본격적으로 워크시트를 이용해 문서를 작성하기 전에 먼저 엑셀의 탭에 대해 알아보겠습니다. 앞으로 자주 사용하게 될 탭에는 어떤 기능이 포함되어 있는지 익혀두는 것이 좋습니다.

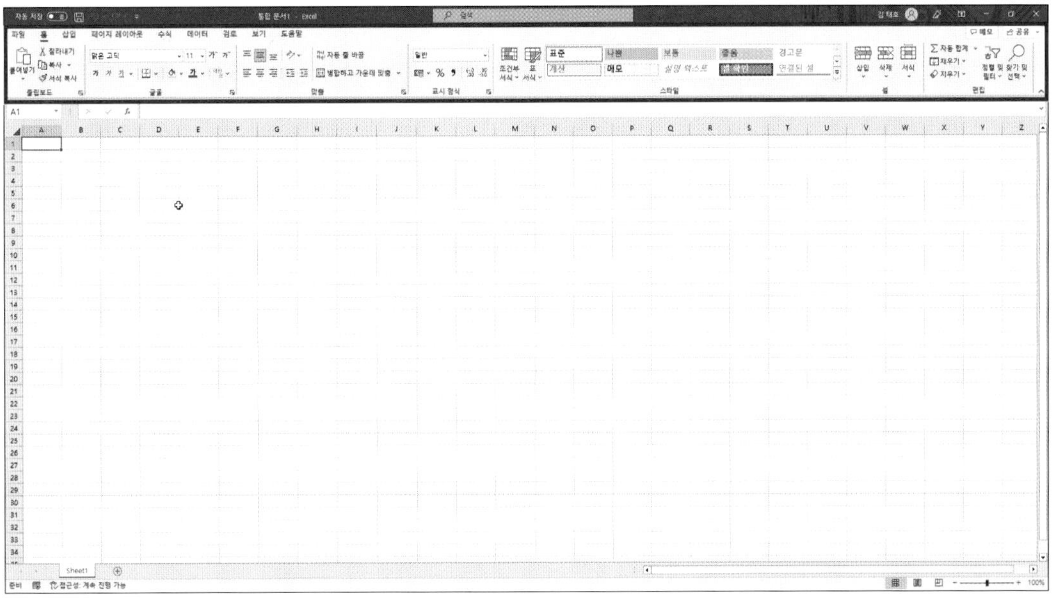

1. [파일] 탭

파일 탭을 클릭하면 창이 나타나는데 파일 창은 파일을 관리하기 위한 여러 가지 기능을 모아둔 곳입니다.

❶ 이전 : 편집 화면으로 되돌아갑니다.

❷ 새로 만들기 : 새로운 엑셀 문서를 만들거나 서식을 이용해 원하는 문서를 편하게 만들 수 있습니다.

❸ 열기 : 저장된 문서를 열 수 있습니다.

❹ 정보 : 문서와 관련된 정보를 보여줍니다. 페이지, 만든 날짜, 최종 수정 날짜, 만든 사람 등의 정보뿐만 아니라 문서 보호, 문서 검사와 저장되지 않은 문서 복구 기능도 있습니다.

❺ 저장 : 작성한 문서를 파일로 저장합니다.

❻ 다른 이름으로 저장 : 기존에 저장되었던 파일을 다른 이름으로 저장합니다.

❼ 인쇄 : 문서를 인쇄합니다.

❽ 공유 : OneDrive에 문서를 저장해놓고 다른 사람과 공유할 수 있습니다.

❾ 내보내기 : 파일을 PDF나 XPS 문서로 만들 수 있습니다.

❿ 게시 : 통합 문서의 데이터에 기반하여 대화형 작업이 많은 보고서와 대시보드를 만들 수 있습니다.

⓫ 계정 : Office에 로그인해서 문서를 가져올 수 있으며 오피스 제품 인증 정보를 표시합니다.

⓬ 옵션 : 엑셀에 대한 여러 가지 옵션을 설정합니다.

2. [홈] 탭

[홈] 탭은 엑셀을 사용하면서 가장 자주 쓰는 기능을 모아 둔 곳입니다.

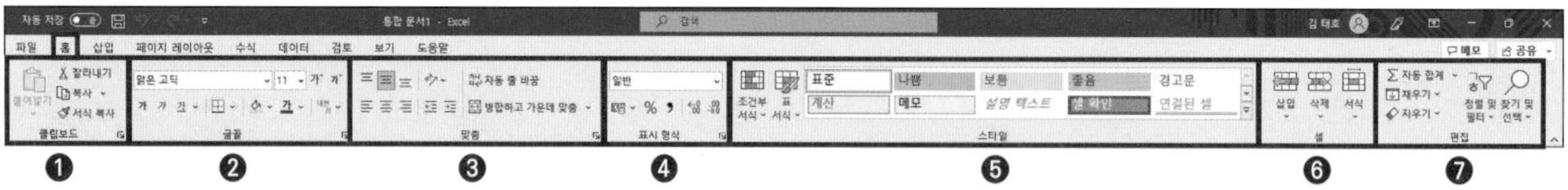

❶ 클립보드 : 클립보드는 셀을 복사하거나 이동할 때 사용합니다.

❷ 글꼴 : 셀의 글꼴이나 글자 크기, 글자 색, 셀 테두리, 셀 배경 등을 변경할 수 있습니다.

❸ 맞춤 : 텍스트의 가로와 세로 맞춤을 지정하고, 텍스트의 방향을 지정하거나 들여쓰기, 내어쓰기, 셀의 병합과 분할 등을 지정할 수 있습니다.

❹ 표시 형식 : 셀에 표시될 형식을 지정합니다.

❺ 스타일 : 조건부 서식 및 표 서식, 셀 스타일을 지정합니다.

❻ 셀 : 셀을 삽입하거나 삭제할 수 있으며 시트 이동 및 복사 등을 할 수 있습니다.

❼ 편집 : 셀의 자동합계, 셀 채우기 및 지우기와 정렬 및 필터 등의 작업을 합니다.

3. [삽입] 탭

표, 그림, 도형, 스마트아트, 차트, 텍스트 상자, 워드아트, 수식, 기호 등의 다양한 요소를 삽입합니다.

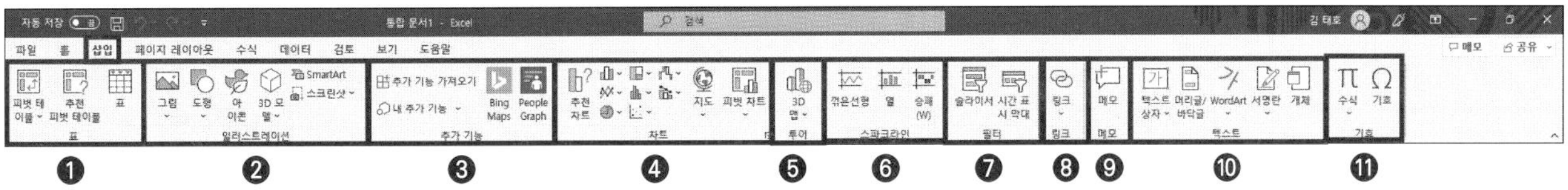

❶ **표** : 표를 삽입합니다.

❷ **일러스트레이션** : 그림이나 온라인 그림, 도형 및 SmartArt 등을 삽입할 수 있습니다.

❸ **추가 기능** : 스토어에서 필요한 추가 기능을 찾아보거나 추가 기능을 삽입할 수 있습니다.

❹ **차트** : 데이터 특징에 적합한 사용자 지정 차트 집합을 제공하며, 자주 쓰이는 차트를 선택해 삽입할 수 있습니다.

❺ **투어** : 시각적인 투어를 만들어 다른 사람과 공유할 수 있습니다.

❻ **스파크라인** : 단일 셀에 표시되는 미니 차트인 스파크라인을 삽입할 수 있습니다.

❼ **필터** : 슬라이서 및 시간 표시 막대를 삽입할 수 있습니다.

❽ **링크** : 하이퍼링크를 삽입하거나 삭제합니다.

❾ **메모** : 워크시트에 메모를 삽입할 수 있습니다.

❿ **텍스트** : 텍스트 상자를 삽입하거나 머리글, 바닥글, 날짜 및 시간, 슬라이드 번호, 개체 등을 삽입합니다. 텍스트 상자를 워드아트로 변경할 수 있습니다.

⓫ **기호** : 수식이나 기호를 삽입할 수 있습니다.

4. [페이지 레이아웃] 탭

워크시트의 테마를 지정하거나 인쇄에 필요한 용지 등을 설정할 때 사용합니다.

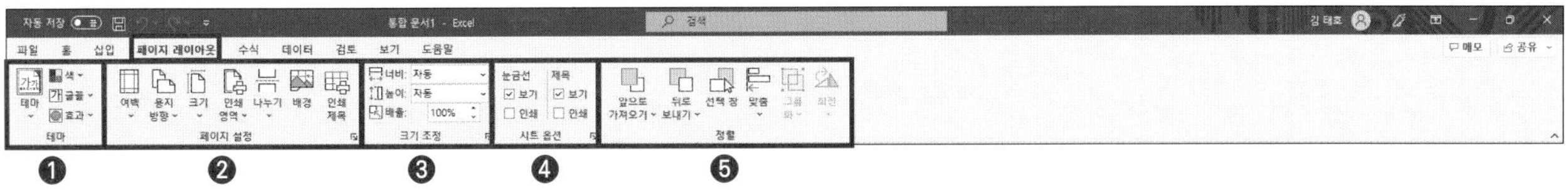

❶ **테마** : 오피스 테마를 이용하여 글꼴과 글자 색, 도형 색 등을 지정할 때 사용합니다.

❷ **페이지 설정** : 인쇄 용지의 여백과 용지 방향, 크기 등을 지정할 때 사용합니다.

❸ **크기 조정** : 화면의 너비와 높이를 조절하거나 비율을 조절할 때 사용합니다.

❹ **시트 옵션** : 눈금선과 제목을 표시하거나 인쇄할 때 사용합니다.

❺ **정렬** : 여러 개체가 겹쳐있을 때 순서를 지정하거나 위치를 맞추며, 그룹을 지정할 때 사용합니다.

5. [수식] 탭

셀에 함수를 삽입하거나 이름 삽입, 수식 분석 등을 할 때 사용합니다.

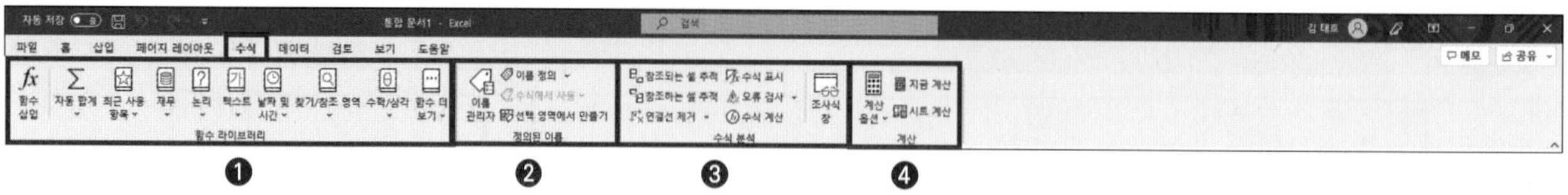

❶ 함수 라이브러리 : 재무, 논리, 텍스트, 날짜 및 시간, 찾기/참조, 수학/삼각 등 다양한 함수를 삽입할 때 사용합니다.

❷ 정의된 이름 : 셀이나 셀 영역에 이름을 정의하거나 이름을 활용하여 수식을 작성할 때 사용합니다.

❸ 수식 분석 : 셀에 사용된 수식이 어떤 셀을 참조하는지 확인하거나 오류가 있는지 확인할 때 사용합니다.

❹ 계산 : 사용된 수식을 다시 계산할 때 사용합니다.

6. [데이터] 탭

외부 데이터를 가져오거나 정렬, 필터 등을 지정할 때 사용합니다.

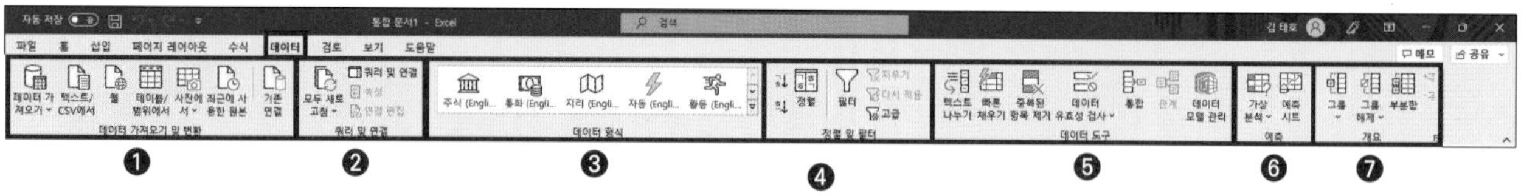

❶ 데이터 가져오기 및 변환 : 데이터 가져오기는 액세스나 웹, 텍스트 파일 등과 같은 외부 파일에서 데이터를 가져올 때 사용합니다. 이 외에 빠르고 쉬운 데이터 수집과 모양 지정 기능을 제공합니다.

❷ 쿼리 및 연결 : 통합 문서를 다른 문서와 연결하거나 연결된 사항을 편집할 때 사용합니다.

❸ 데이터 형식 : 의료, 주식, 우주 등 특정 데이터를 삽입할 때 원하는 데이터 형식에 맞게 자동으로 변환할 수 있도록 해줍니다.

❹ 정렬 및 필터 : 데이터를 순서대로 정렬하거나, 필터를 적용하여 원하는 데이터만 표시할 때 사용합니다.

❺ 데이터 도구 : 텍스트를 나누거나 중복된 항목을 제거하는 작업 등을 할 때 사용합니다.

❻ 예측 : 데이터 추세를 예측해서 새로운 워크시트를 만들거나 필요에 맞는 분석을 하기 위해 여러 가지 도구를 제공합니다.

❼ 개요 : 행 또는 열을 그룹화하거나 그룹 해제, 부분합을 구할 때 사용합니다.

7. [검토] 탭

완성된 워크시트의 맞춤법을 검사하거나 다른 사람이 워크시트를 검토하고 변경 내용을 편집할 때 사용합니다.

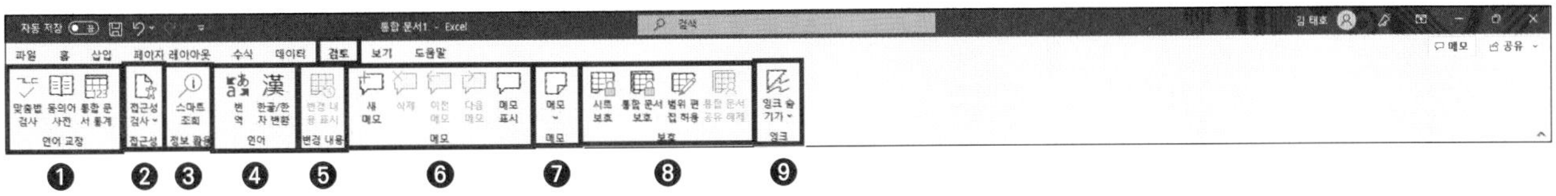

❶ 언어 교정 : 완성된 파일에 맞춤법이 틀린 부분이 있는지 검사하거나, 사전을 이용해 유사한 단어가 있는지 검사할 때 사용합니다.
❷ 접근성 : 현재 파일의 호환성 검사 등을 수행합니다.
❸ 정보 활용 : 스마트 조회를 이용하면 문서에 있는 용어를 확인하거나 검색할 수 있습니다.
❹ 언어 : 선택한 텍스트를 다른 언어로 번역하거나 한글/한자로 변환할 때 사용합니다.
❺ 변경 내용 : 여러 사람이 워크시트의 내용을 편집했을 경우 어떤 부분을 변경했는지 알아볼 때 사용합니다.
❻ 메모 : 워크시트에 메모를 삽입하거나 지울 때 사용합니다.
❼ 메모(노트) : 노트 형태의 메모를 삽입할 수 있습니다.
❽ 보호 : 시트 및 통합문서를 수정할 수 없게 보호할 수 있습니다.
❾ 잉크 : 잉크로 그린 것을 숨기거나 삭제할 수 있습니다.

8. [보기] 탭

통합 문서의 보기 방법을 지정할 때 사용합니다.

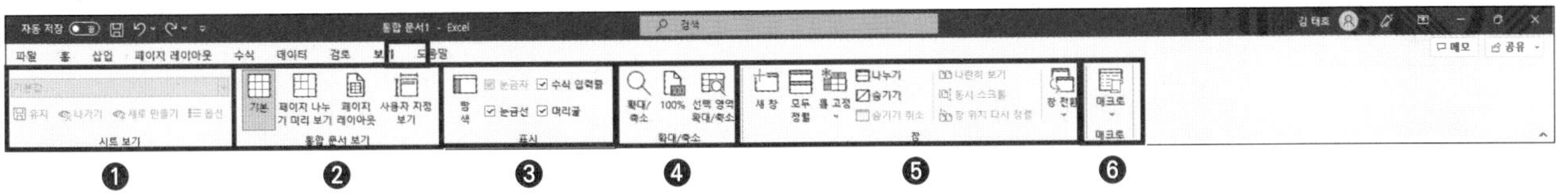

❶ 시트 보기 : 워크시트에서 다른 사용자와 공동 작업을 할 경우에 다른 사용자에게 방해가 되지 않고 사용자 지정된 보기를 만들 수 있습니다.
❷ 통합 문서 보기 : 현재 편집 중인 워크시트의 보기 방법을 기본, 페이지 나누기 미리보기, 페이지 레이아웃, 사용자 지정 등으로 바꿀 때 사용합니다.
❸ 표시 : 눈금자, 눈금선, 수식 입력줄, 머리글 등을 표시하거나 감출 때 사용합니다.
❹ 확대/축소 : 화면 비율을 확대하거나 축소할 때 사용합니다.
❺ 창 : 여러 개의 창이 열려 있는 경우 창 보기 방법을 지정할 때 사용합니다.
❻ 매크로 : 여러 개의 명령을 반복적으로 사용할 때 쉽게 사용할 수 있도록 매크로를 정의하거나 정의된 매크로를 실행할 때 사용합니다.

CHAPTER 02

엑셀로 기본 문서 작성하기

가장 기본적인 데이터 입력부터 시작해보겠습니다. 엑셀 문서는 '셀'이라는 단위로 이루어져 있으며 규칙적인 데이터를 자동으로 채워주거나 일정한 영역을 합치고 복사/이동하는 등의 작업을 자유롭게 할 수 있습니다. 엑셀을 배울 때 가장 기본이 되는 부분이므로 차근차근 따라하면서 데이터 입력 방법을 익히기 바랍니다.

1 데이터 입력하기

셀에 데이터를 입력할 때는 마우스나 커서를 이용하여 입력할 셀을 먼저 선택하고 입력합니다. 숫자나 한글, 영어, 한자, 특수문자 등 다양한 내용을 입력할 수 있습니다.

01 엑셀을 실행하고 내용을 입력하기 위해 [B2] 셀을 클릭합니다. 셀을 클릭하면 테두리가 진하게 표시됩니다.

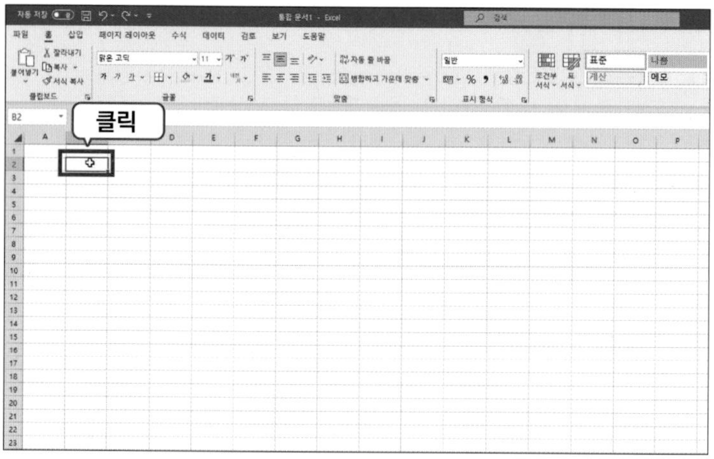

TIP

셀의 이름은 열(세로줄) 이름, 행(가로줄) 이름순으로 부릅니다. 현재 클릭한 셀은 B열의 두 번째 행이므로 [B2] 셀이라고 부릅니다.

02 다음과 같이 '카페 회원 연락처'라고 내용을 입력합니다. 입력하는 내용이 셀의 범위를 넘어선 것처럼 보이지만 실제로는 한 개의 셀에 내용이 입력된 것입니다. 입력한 후에는 Enter 키나 방향키를 누르거나 마우스 클릭으로 다른 셀을 선택하면 자동으로 입력이 완료된 것을 볼 수 있습니다.

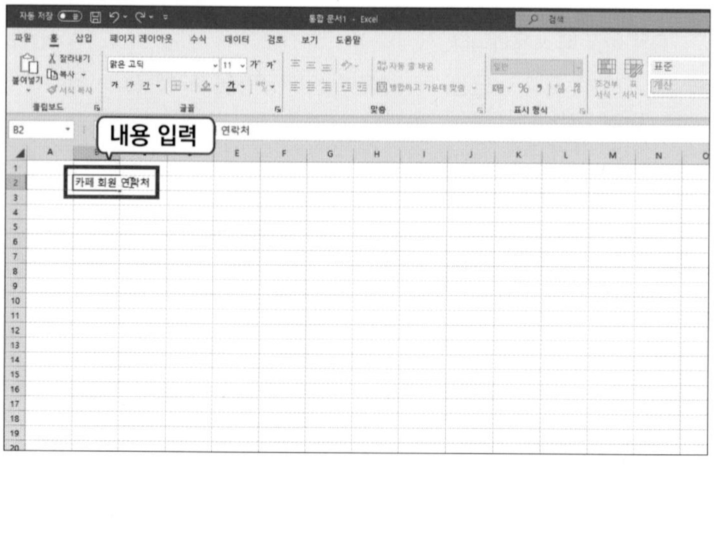

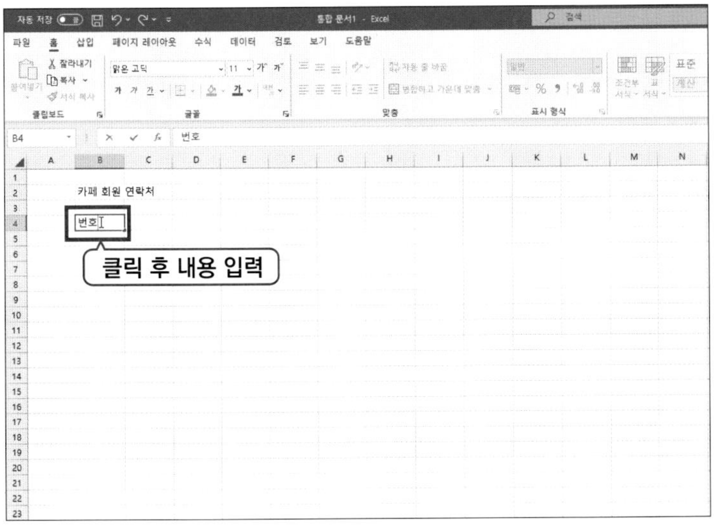

03 이번에는 [B4] 셀을 클릭하고 '번호'라고 입력합니다. 셀에 데이터를 입력할 때는 클릭이나 더블 클릭 중에서 원하는 방법을 이용합니다.

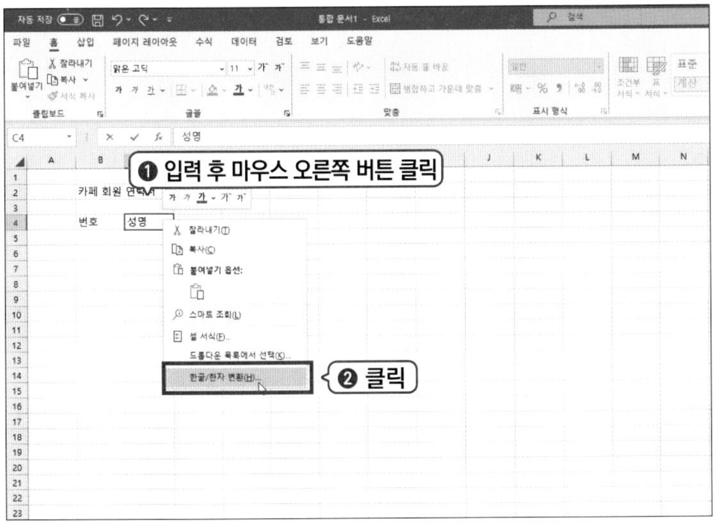

04 계속해서 [C4] 셀에 '성명'을 입력한 후 마우스 오른쪽 버튼을 눌러서 [한글/한자 변환]을 선택합니다.

TIP

마우스 오른쪽 버튼을 눌렀을 때 위와 같은 화면이 나오지 않을 때는 '성명'이라고 입력한 셀을 마우스로 더블 클릭한 후 마우스 오른쪽 버튼을 누르면 됩니다.

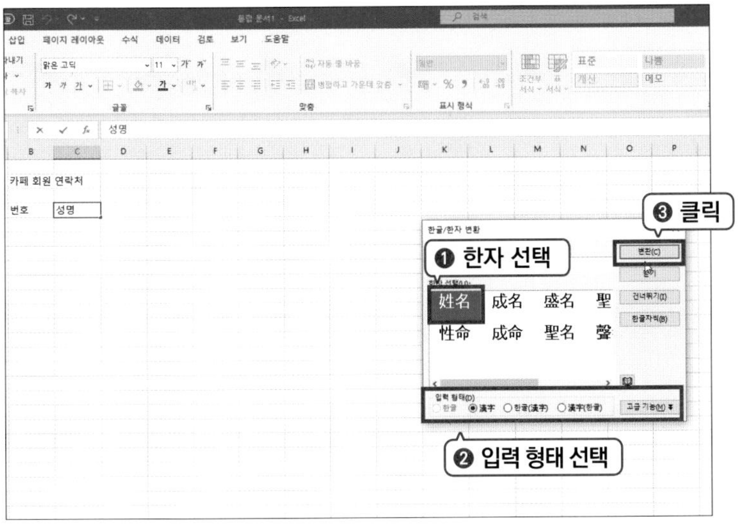

05 [한글/한자 변환] 대화상자가 나타나면 알맞은 한자를 선택하고 원하는 [입력 형태]를 클릭하고 [변환]을 클릭합니다.

06 한글이 한자로 바뀝니다.

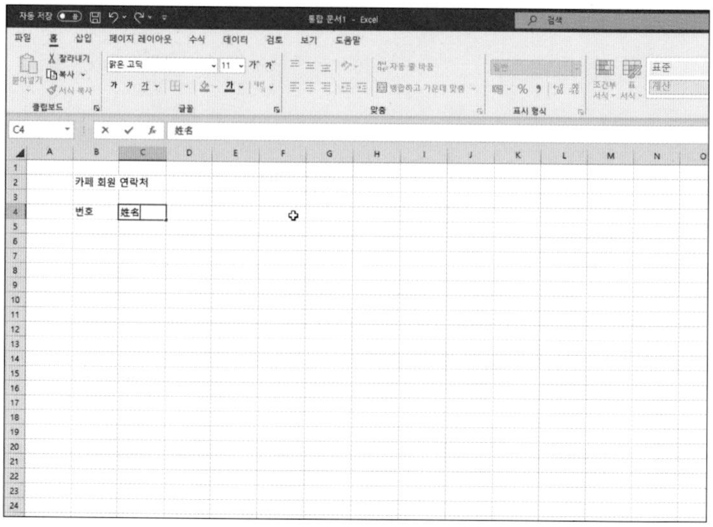

07 이번에는 특수 기호를 삽입해보겠습니다. [D4] 셀을 클릭한 후 [삽입] 탭의 [기호] 그룹에서 [기호](Ω)를 클릭합니다.

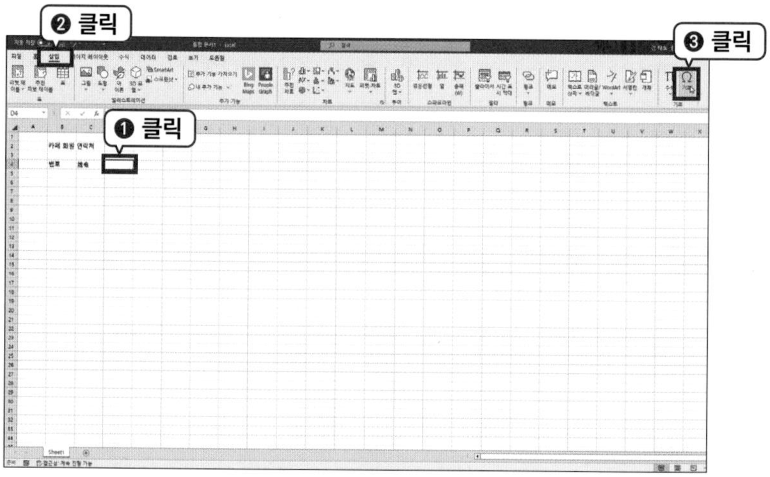

08 [기호] 대화상자가 나타나면 글꼴을 [Wingdings]로 선택하고 [전화] 모양의 기호를 선택합니다. 그리고 [삽입]을 클릭한 후 [닫기]를 클릭합니다.

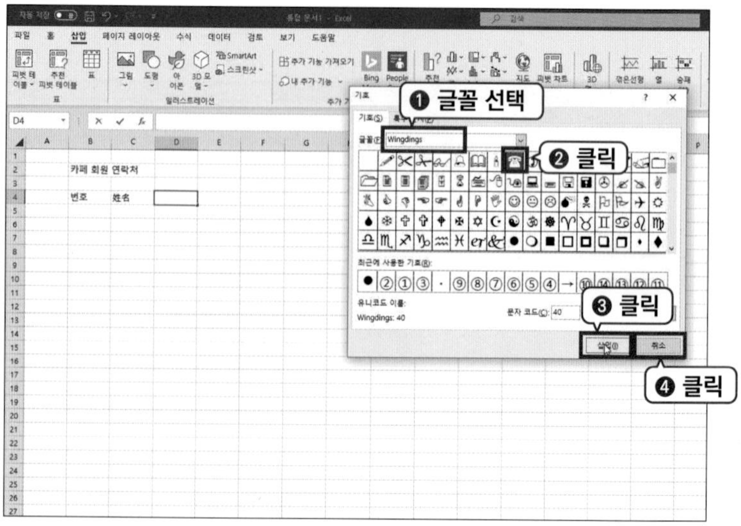

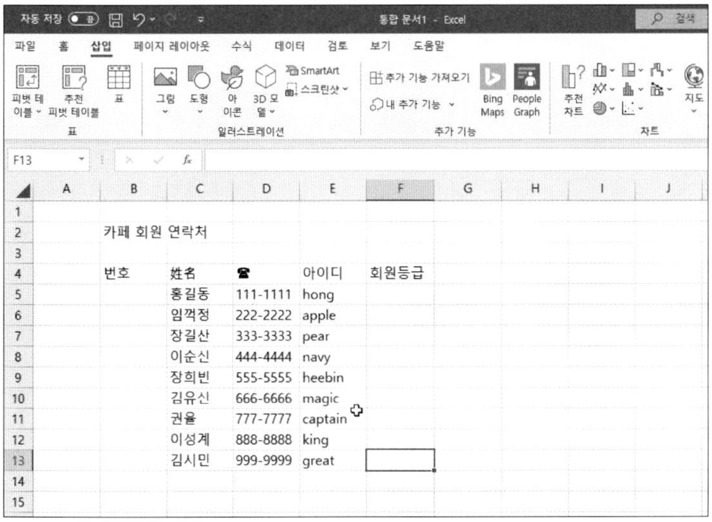

09 그리고 다음 내용을 입력합니다. 각자 원하는 내용이 있으면 예제와 별도로 내용을 직접 입력해도 좋습니다.

> **TIP**
> 화면 확대/축소 등 기본적인 기능들은 워드와 똑같습니다.

> **TIP**
> 셀 간 이동은 키보드의 방향키(→, ←, ↑, ↓)나 Tab 키 혹은 Enter 키로 가능합니다.

2 자동 채우기로 번호 쉽게 입력하기

자동 채우기는 한 셀이나 여러 셀에 입력한 값을 이용해 다른 셀에 값을 채우는 기능으로 일련번호를 입력할 때 매우 유용한 기능이라고 할 수 있습니다.

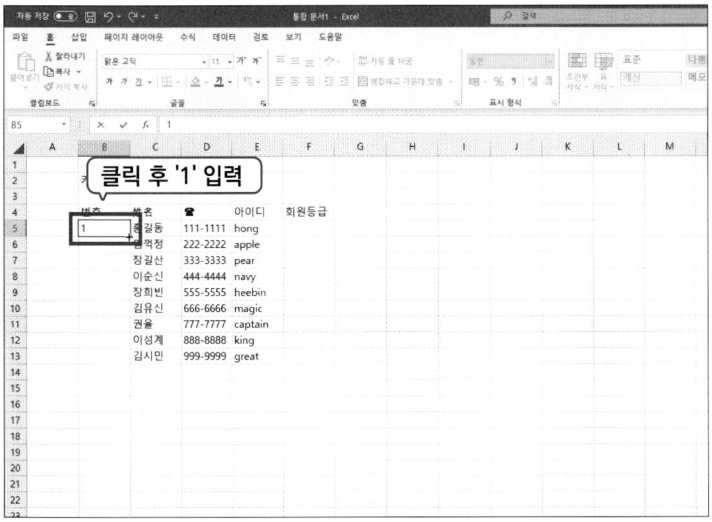

01 [B5] 셀을 선택한 후 숫자 '1'을 입력하고 마우스를 [B5] 셀의 오른쪽 모서리로 옮기면 마우스 모양이 ✚로 바뀝니다.

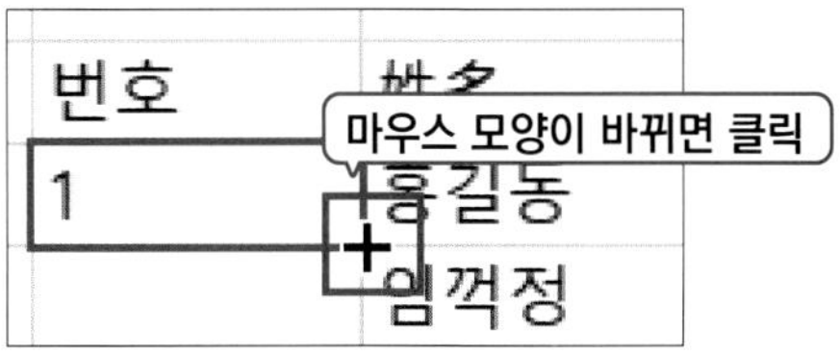

02 그 상태에서 마우스로 클릭한 채 아래쪽으로([B13] 셀까지) 드래그합니다.

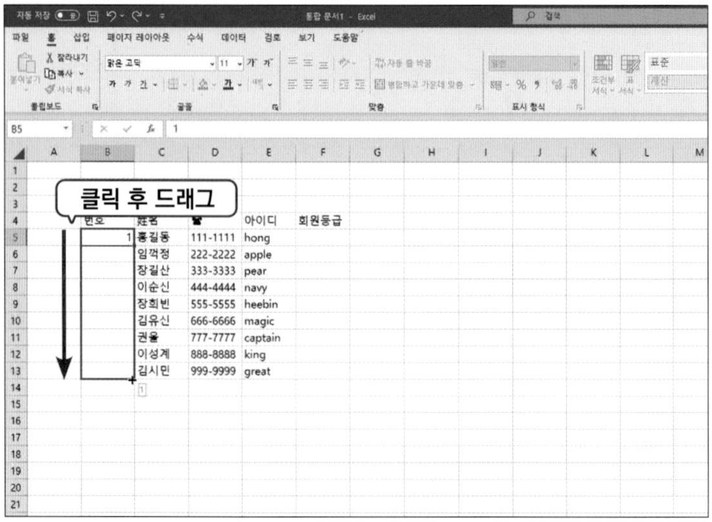

03 드래그한 영역의 셀에 입력한 숫자와 같은 숫자가 자동으로 채워집니다.

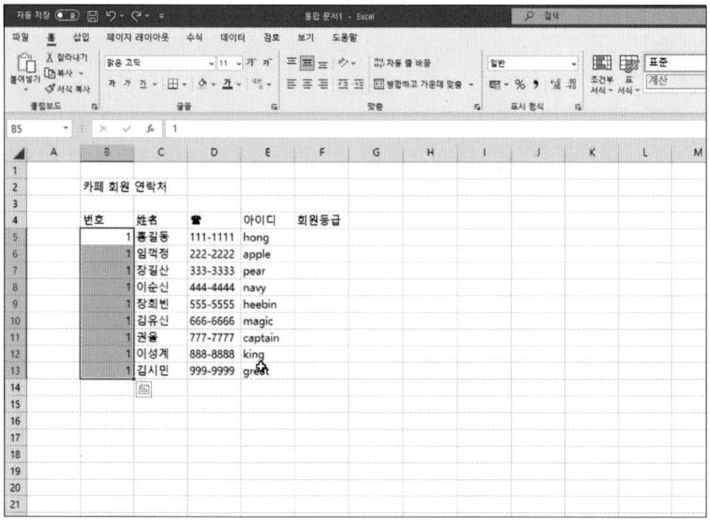

04 이번에는 [B5] 셀을 선택한 다음 마우스를 셀 오른쪽 모서리로 옮기고 Ctrl 키를 누릅니다. 그리고 마우스 모양이 ✚로 바뀌면 Ctrl 키를 누른 채 [B13] 셀까지 아래로 드래그합니다. Ctrl 키를 누른 상태에서 마우스 버튼에서 손을 떼면 연속된 숫자로 바뀝니다.

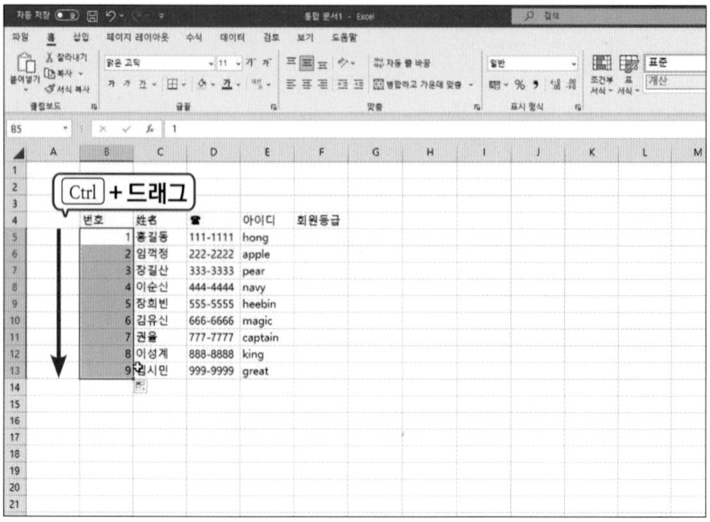

TIP

자동 채우기를 한 후 오른쪽 아래에 있는 '자동 채우기 옵션( )'을 클릭하고 [연속 데이터 채우기]를 클릭하면 번호가 연속으로 들어갑니다.

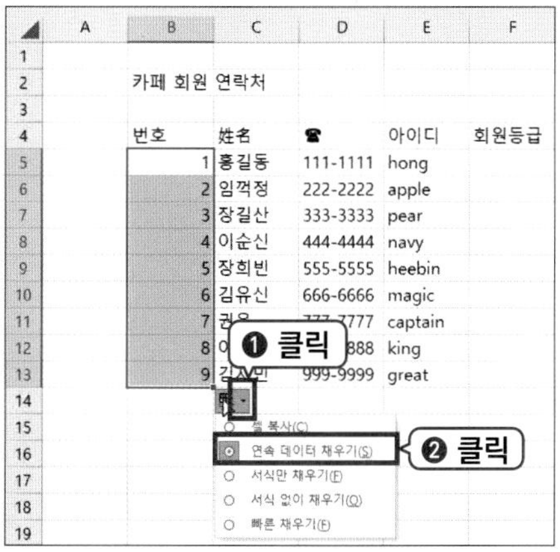

아래 나오는 옵션을 잠깐 살펴보면 다음과 같습니다.

❶ **셀 복사 :** 셀에 입력된 내용을 복사하여 다른 셀에 채웁니다(1로만 채워짐).

❷ **연속 데이터 채우기 :** 연속된 데이터로 값을 채웁니다(1부터 10까지 순서대로 채워짐).

❸ **서식만 채우기 :** 내용을 채우지 않고 서식만 복사합니다.

❹ **서식 없이 채우기 :** 서식은 복사하지 않고 값을 채웁니다.

❺ **빠른 채우기 :** 옆에 있는 셀의 패턴을 분석하여 같은 방법으로 채웁니다.

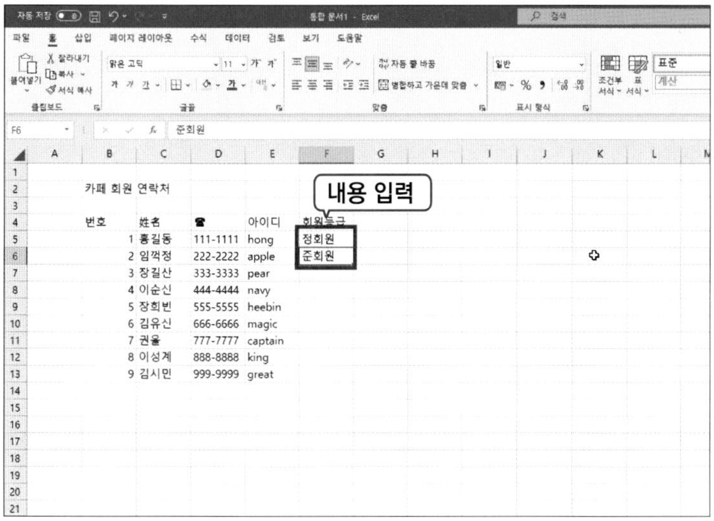

05 이번에는 일정한 패턴을 가지고 변하는 문자를 자동으로 채워보겠습니다. 다음 그림과 같이 [F5], [F6] 셀에 각각 '정회원'과 '준회원'을 입력합니다.

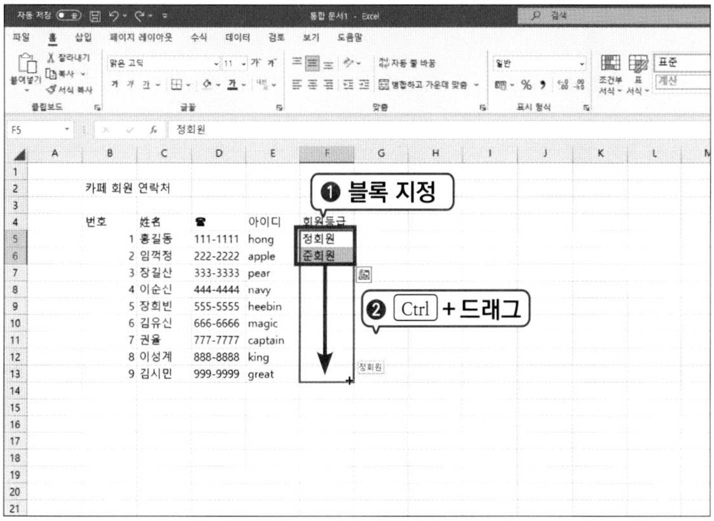

06 입력한 두 셀([F5, F6])을 블록으로 지정하고 마우스를 셀 오른쪽 아래로 옮긴 후 Ctrl 키를 누른 상태에서 아래쪽으로 드래그합니다.

07 일정한 패턴을 유지하면서 셀이 채워진 것을 볼 수 있습니다.

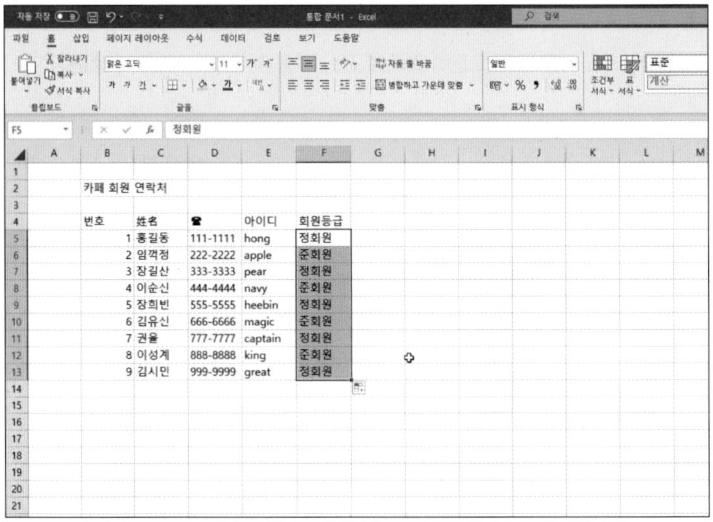

TIP

위와 같은 방식을 이용하면 일정한 수만큼 숫자가 증가하는 자동 채우기를 할 수 있습니다. 예를 들어 셀에 '1'과 '3'을 입력하고 두 셀을 블록으로 지정한 후 드래그하면 숫자가 2씩 증가하면서 채워집니다. 이때 [자동 채우기 옵션]은 [연속 데이터 채우기]가 선택되어 있어야 합니다.

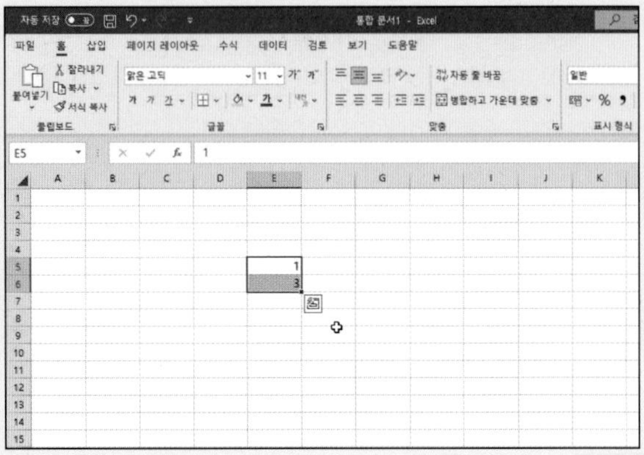

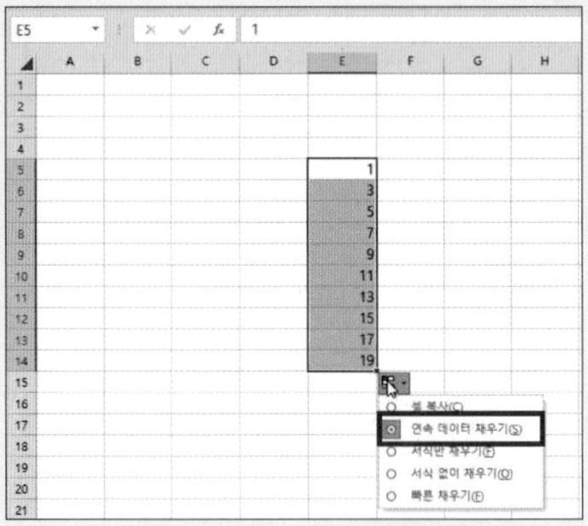

3 셀 서식 지정하여 셀 꾸미기

셀에 입력된 데이터에 글꼴을 지정하거나 셀 배경색 등을 지정하고 여러 셀을 하나로 합치는 방법에 대해 알아보겠습니다.

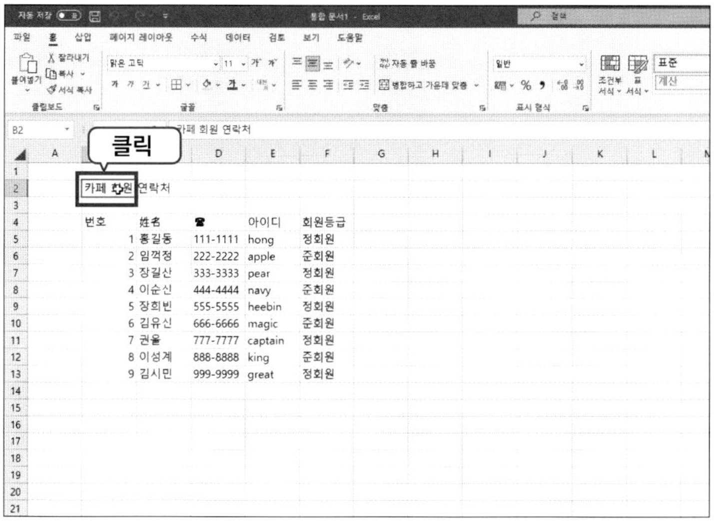

01 [B2] 셀을 클릭하여 선택합니다.

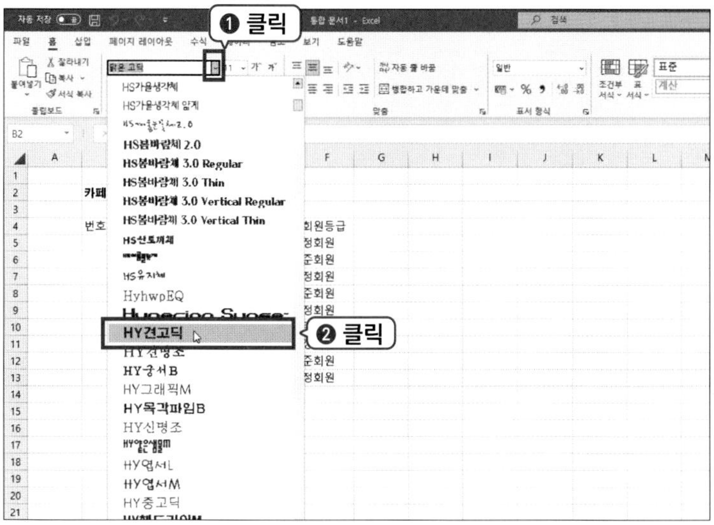

02 [홈] 탭의 [글꼴]에서 ⌄를 클릭해 원하는 글꼴을 선택합니다. 예제에서는 'HY견고딕'을 선택했습니다.

TIP

글꼴 이름 위를 마우스가 지날 때마다 작업 중인 화면에 해당 글꼴이 바로 반영되어 보이므로 글자 모양을 예측하기 쉽습니다. 나타나는 글자의 모양을 보면서 원하는 글꼴을 선택해 작업하도록 합니다.

03 [글자 크기]의 ⌄를 클릭해 원하는 크기를 선택합니다. 예제에서는 '14'를 선택했습니다.

TIP

입력 상자를 더블 클릭하여 숫자를 입력해도 됩니다.

04 이번에는 선택한 셀에 있는 글자 색을 바꾸기 위해 '글꼴 색(가)'의 목록 단추(⌄)를 클릭한 후 원하는 색상을 선택합니다. 예제에서는 '빨강'을 선택했습니다.

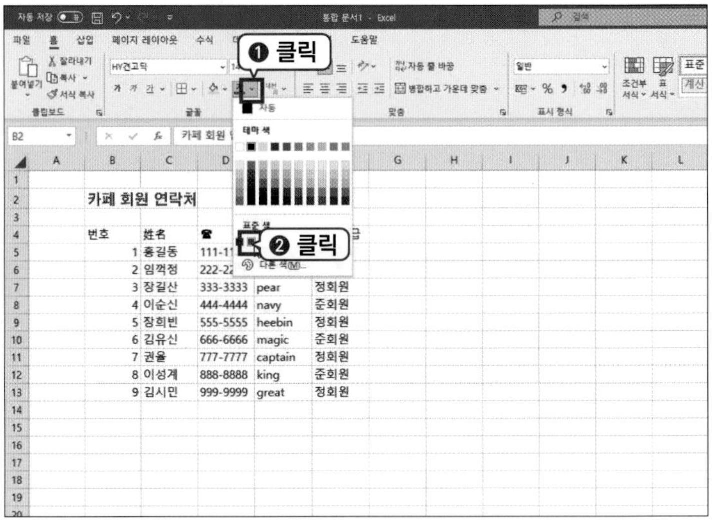

TIP

다른 셀에 있는 글자에 앞서 지정한 색과 같은 색을 지정할 때는 다시 색을 선택할 필요 없이 가 을 클릭하면 이전에 설정하였던 색이 바로 적용됩니다.

05 이번에는 '채우기 색( )'의 목록 단추(⌄)를 클릭한 후 배경색으로 지정할 색상을 클릭하여 선택합니다. 예제에서는 '주황, 강조 2, 60% 더 밝게'를 선택했습니다.

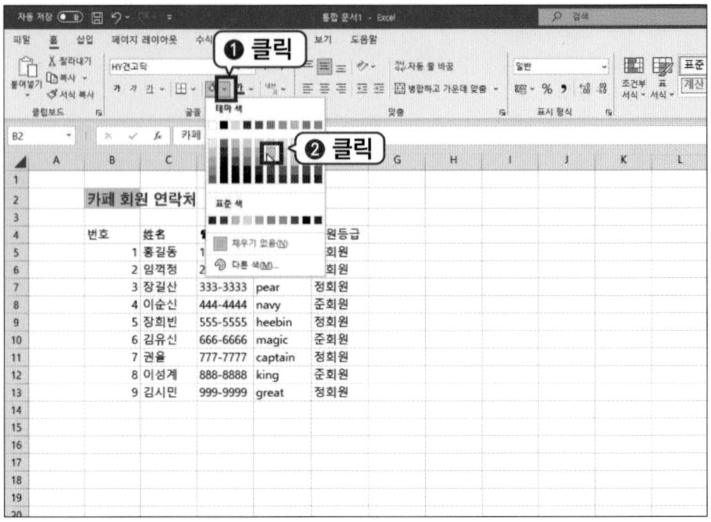

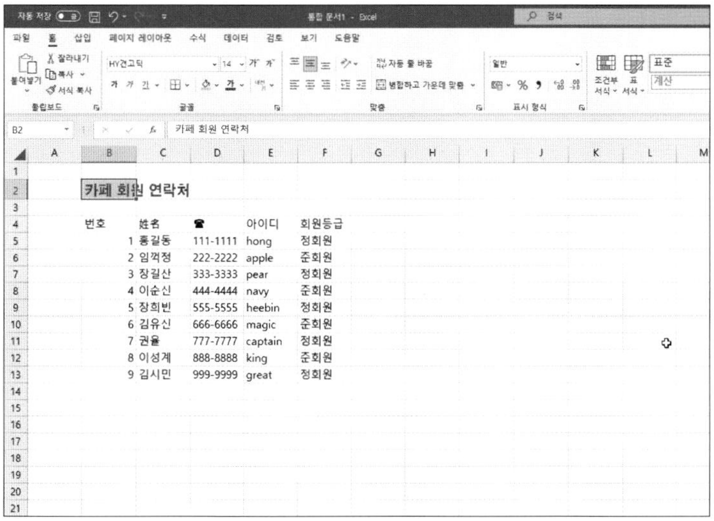

06 선택한 셀의 배경색이 바뀝니다. 해당 셀 내용의 일부분 배경이 흰색으로 보이는 것은 셀 크기보다 내용이 길기 때문입니다. 해당 셀을 옆의 셀과 합쳐서 전체의 배경색이 다 보이게끔 해 보겠습니다.

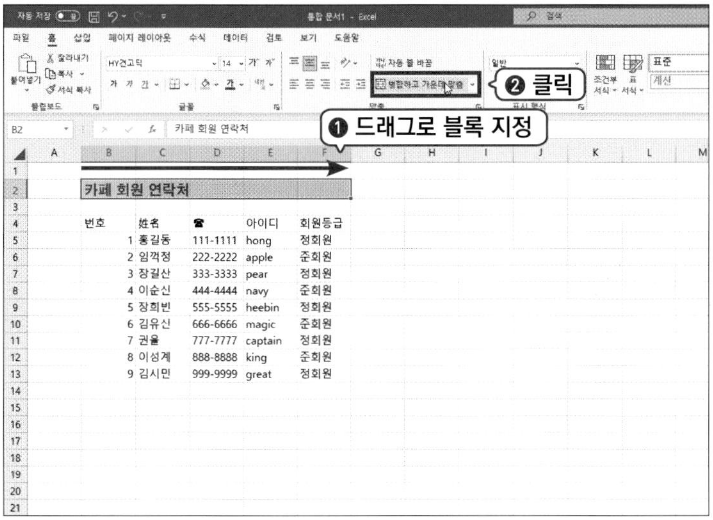

07 [B2]부터 [F2] 셀까지를 마우스로 클릭한 채로 드래그하여 블록을 지정하고 [홈] 탭의 [맞춤] 그룹에서 [병합하고 가운데 맞춤]( )을 클릭합니다.

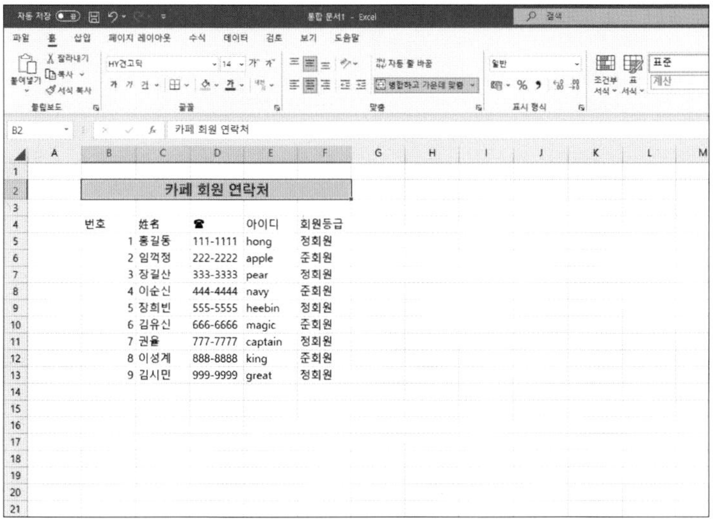

08 여러 셀이 하나로 합쳐지면서 데이터가 가운데 정렬됩니다.

4 내용에 맞게 셀 크기 조정하기

엑셀의 셀 크기는 모두 동일하지만 각 셀마다 입력하는 내용은 서로 다르기 때문에 기본적으로 제공되는 셀이 내용의 길이보다 작을 수 있습니다. 이럴 때는 행이나 열의 크기를 조정하여 해당 내용이 모두 나타나게 할 수 있습니다.

01 [D] 열의 오른쪽 경계선 부분을 클릭하고 오른쪽으로 드래그합니다.

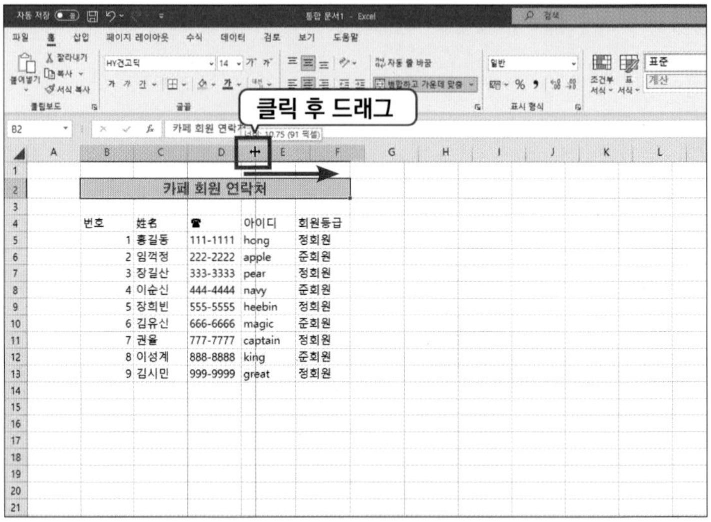

02 [D] 열의 셀 너비가 넓어집니다.

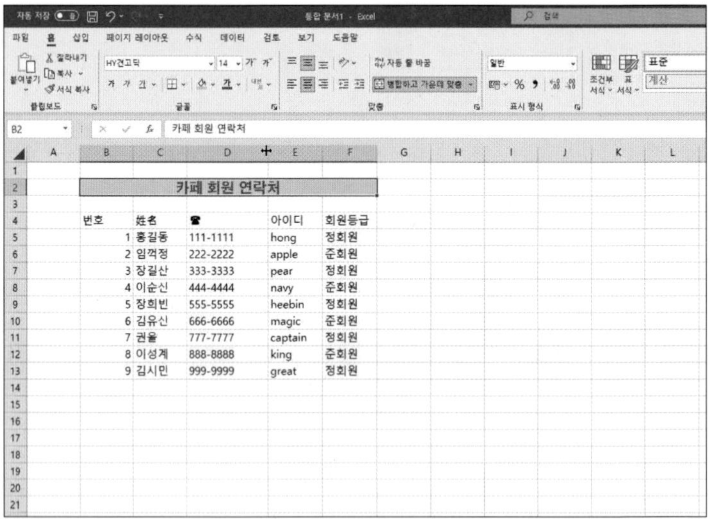

TIP

이런 방법으로 선택한 셀의 크기보다 긴 내용을 입력했을 경우 선택한 셀의 내용이 모두 보이게 셀의 크기를 조정할 수 있습니다.

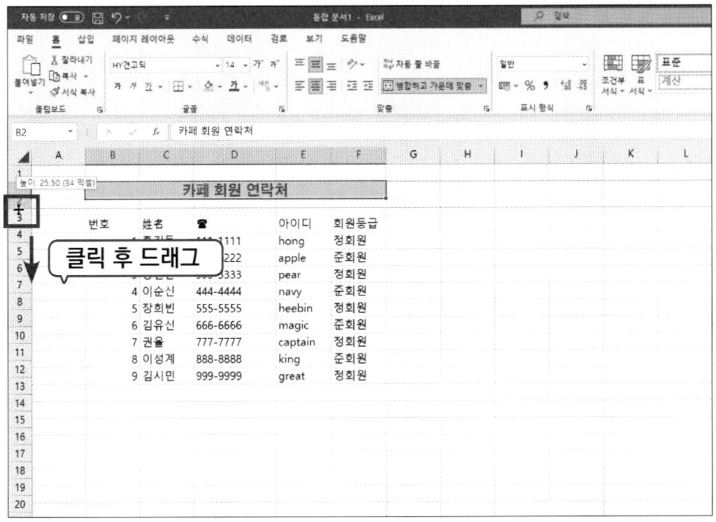

03 같은 원리로 셀의 높이를 변경할 때는 행 번호의 아래쪽 경계선을 클릭 후 아래로 드래그하면 됩니다.

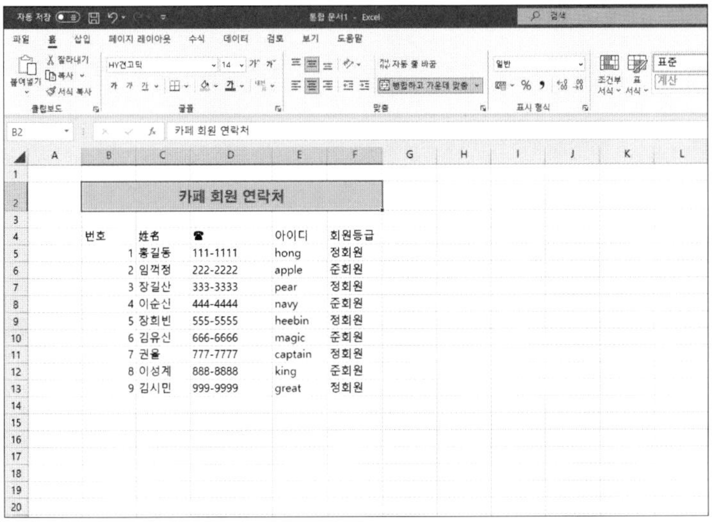

04 셀의 높이가 늘어납니다.

TIP

열이나 행 이름표에서 마우스 오른쪽 버튼을 눌러 나타나는 메뉴에서 [열 너비] 또는 [행 높이]를 선택하면 대화상자가 나타납니다. 여기에 값을 입력하면 열 너비나 행 높이에 수치를 주어 정확하게 지정할 수 있습니다.

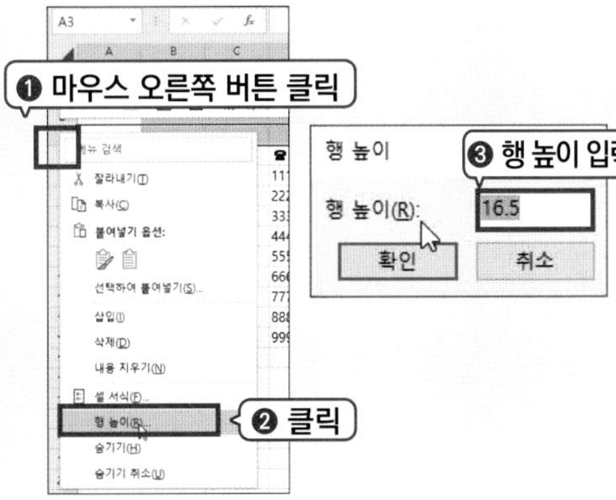

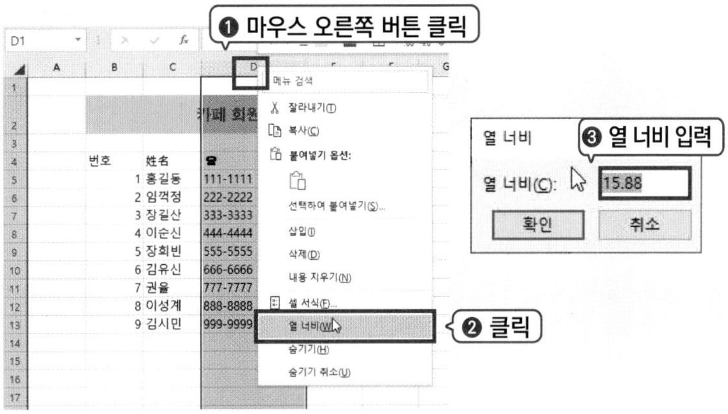

5 셀 삭제/복사/이동하기

엑셀 문서를 작성하다 보면 필요 없는 셀을 삭제해야 하거나 같은 내용을 복사해야 하는 경우, 때에 따라 내용을 다른 곳으로 옮겨야 할 경우가 있을 것입니다. 여러 가지 방법으로 셀의 삭제/복사/이동 작업을 진행해 보겠습니다.

01 셀을 삭제하기 위해 삭제하려는 셀을 마우스로 선택한 다음 마우스 오른쪽 버튼을 클릭합니다. 메뉴가 나타나면 [삭제]를 선택합니다. 예제에서는 [B12] 셀을 선택했습니다. 번호 '8'이 입력된 셀입니다.

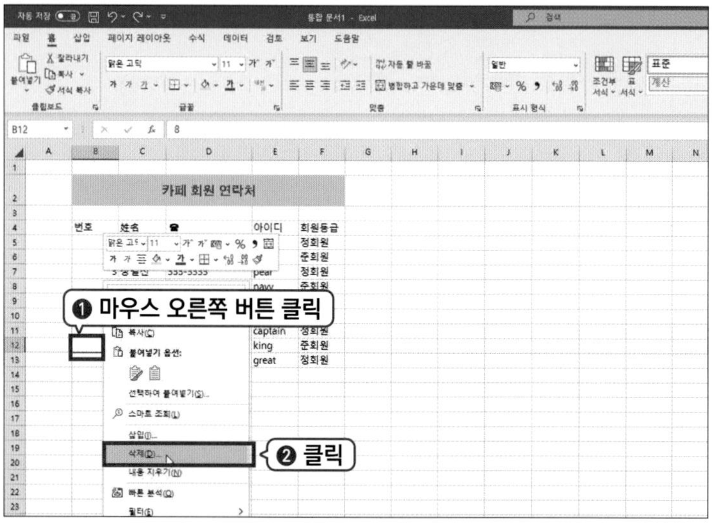

02 [삭제] 대화상자가 나타나면 '셀을 위로 밀기'를 선택하고 [확인]을 클릭합니다.

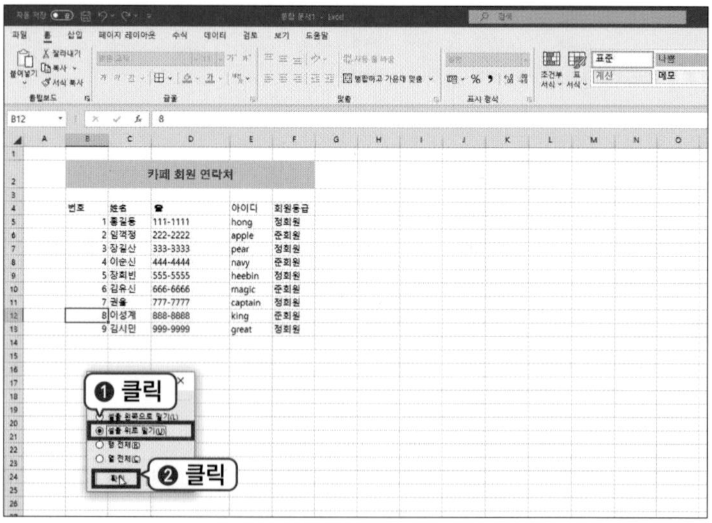

TIP

[삭제] 대화상자의 각 옵션은 다음과 같습니다.

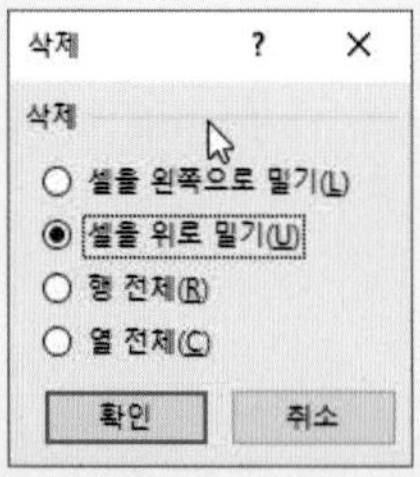

❶ **셀을 왼쪽으로 밀기** : 해당 셀이 삭제되고 오른쪽에 있던 데이터들이 왼쪽으로 당겨옵니다.

❷ **셀을 위로 밀기** : 해당 셀이 삭제되고 아래에 있던 데이터들이 위로 당겨옵니다.

❸ **행 전체** : 해당 셀이 위치한 행 전체가 삭제됩니다.

❹ **열 전체** : 해당 셀이 위치한 열 전체가 삭제됩니다.

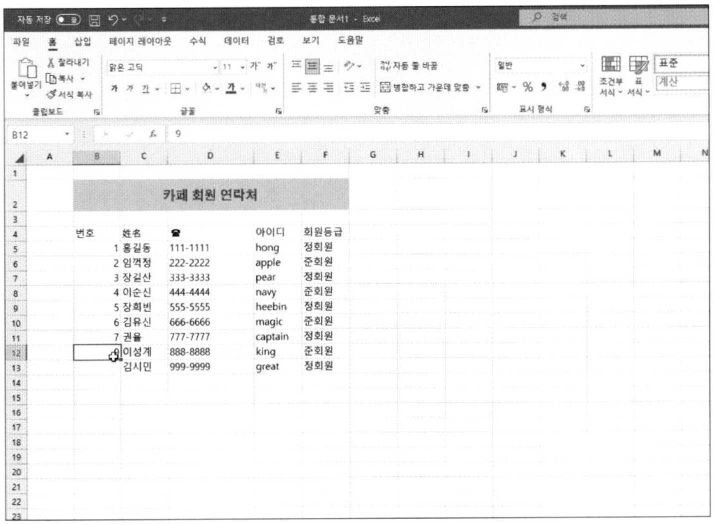

03 선택한 셀이 삭제되고, 아래에 있던 데이터가 위로 올라와 삭제된 셀이 아래에 있던 데이터로 채워집니다. 번호 '8'이 없어지고 밑에 있던 번호 '9'가 그 자리로 올라옵니다.

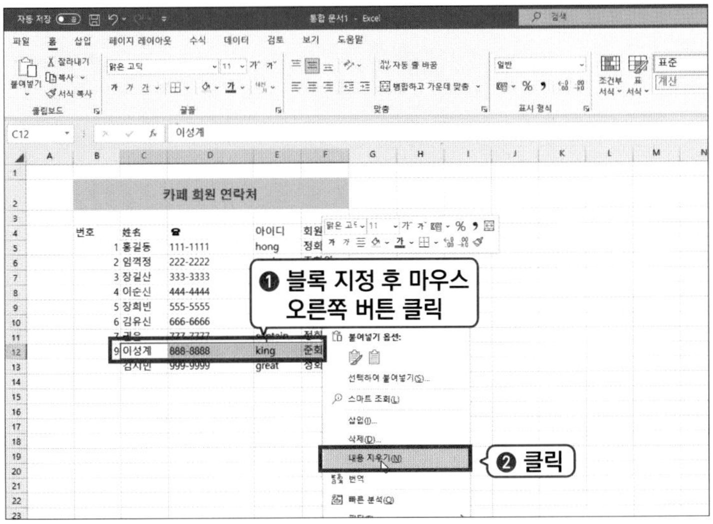

04 이번에는 [C12] 셀부터 [F12] 셀까지 마우스를 클릭한 채로 드래그하여 영역을 지정한 다음 마우스 오른쪽 버튼을 눌러 [내용 지우기]를 선택합니다.

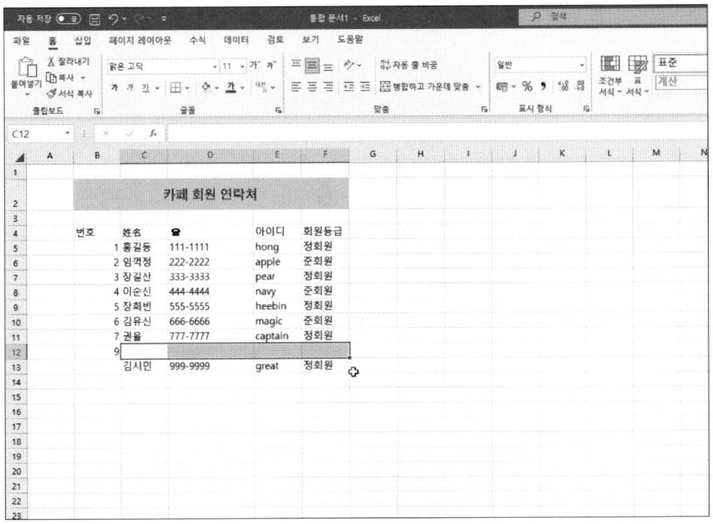

05 이렇게 하면 화면에서 보는 것과 같이 셀은 이동하지 않고 내용만 지워집니다. 영역을 지정한 후 Delete 키를 눌러도 내용만 지워집니다.

06 마지막으로 행 전체를 삭제해보겠습니다. [B12] 행의 행 번호를 클릭합니다. 그러면 행 전체가 선택됩니다.

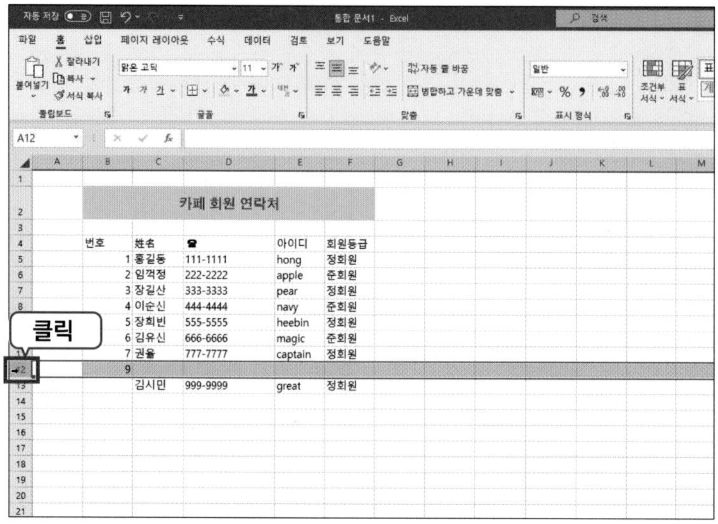

07 마우스 오른쪽 버튼을 누른 후 [삭제]를 선택합니다.

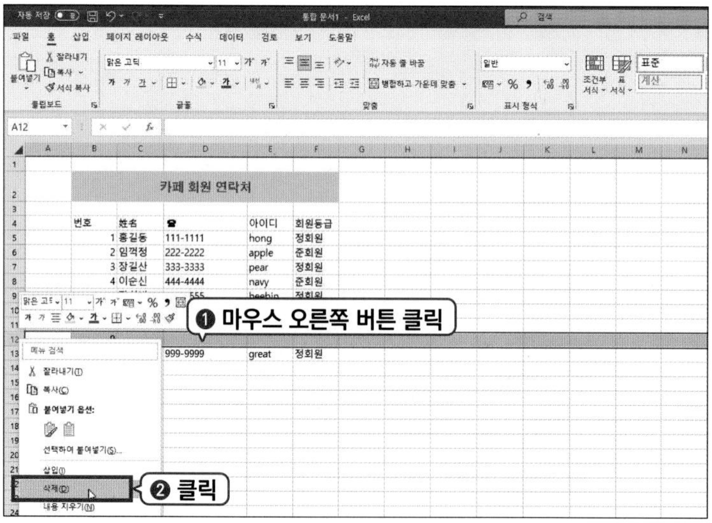

08 행 전체가 삭제되는 것을 볼 수 있습니다.

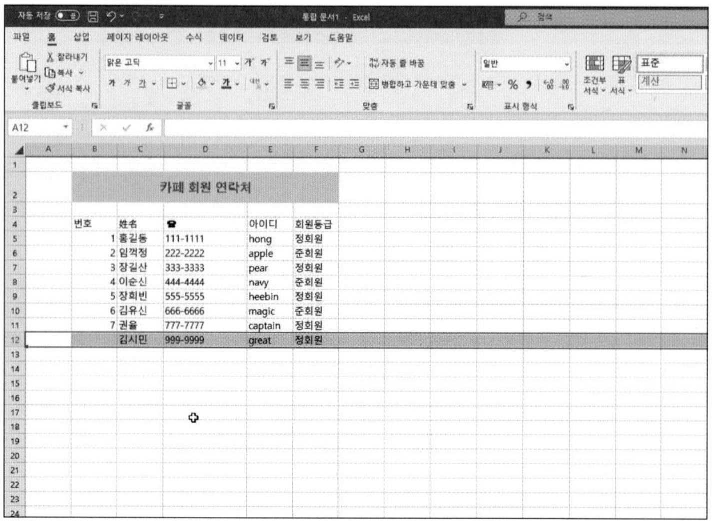

TIP

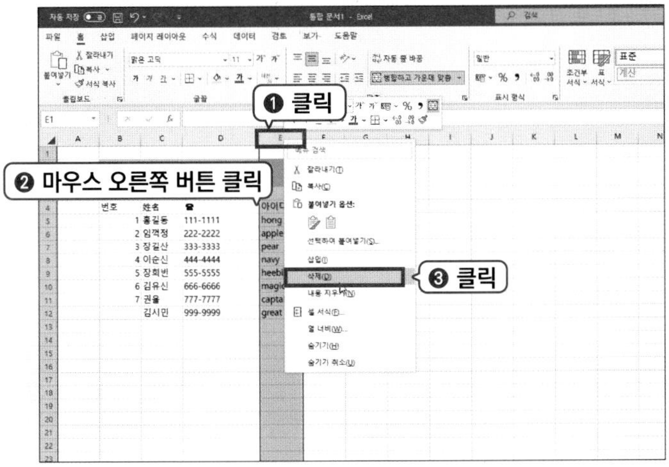

열 전체를 삭제하고 싶을 때는 열 이름을 마우스 클릭해서 열 전체를 선택한 후 마우스 오른쪽 버튼을 클릭하고 [삭제]를 선택하면 됩니다.

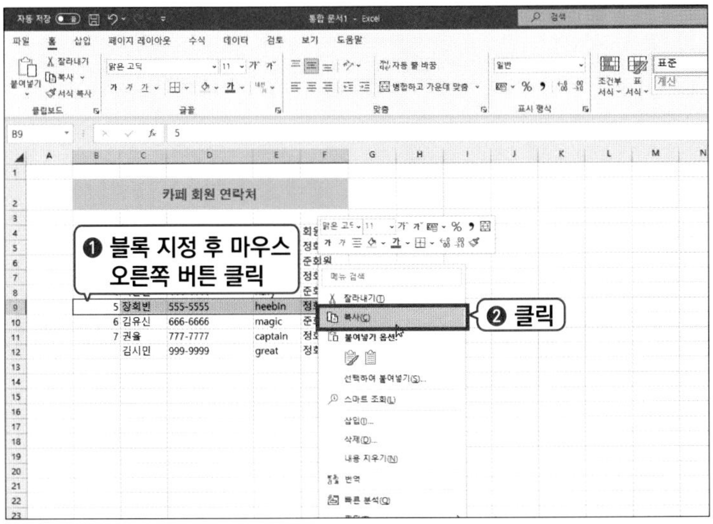

09 이번에는 선택한 영역의 내용을 다른 영역으로 복사해보겠습니다. [B9] 셀부터 [F9] 셀까지 드래그해서 영역을 지정한 다음 마우스 오른쪽 버튼을 클릭해서 [복사]를 선택합니다.

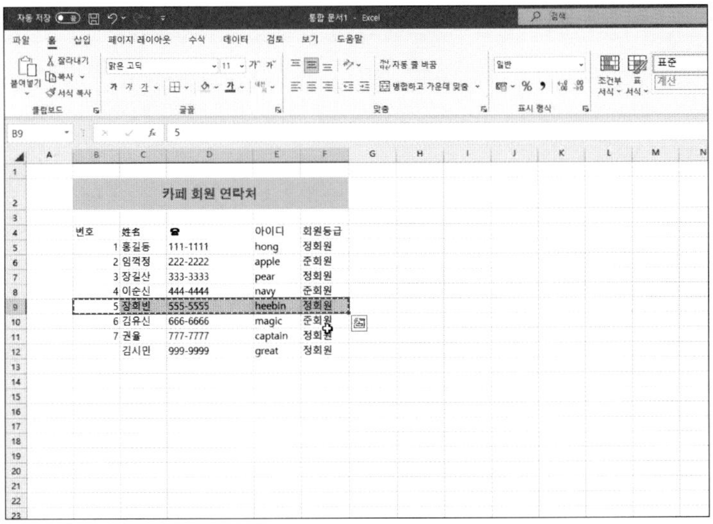

10 [복사]를 클릭하면 선택된 영역이 점선으로 반짝거리는 것을 볼 수 있습니다. 이 표시는 반짝이는 영역만큼 복사를 하겠다는 뜻입니다.

TIP

영역으로 지정된 것을 해제하려면 ESC 키를 누르면 됩니다.

11 [B13] 셀을 클릭하고 마우스 오른쪽 버튼을 누릅니다. 메뉴에서 [붙여넣기]( )를 선택합니다.

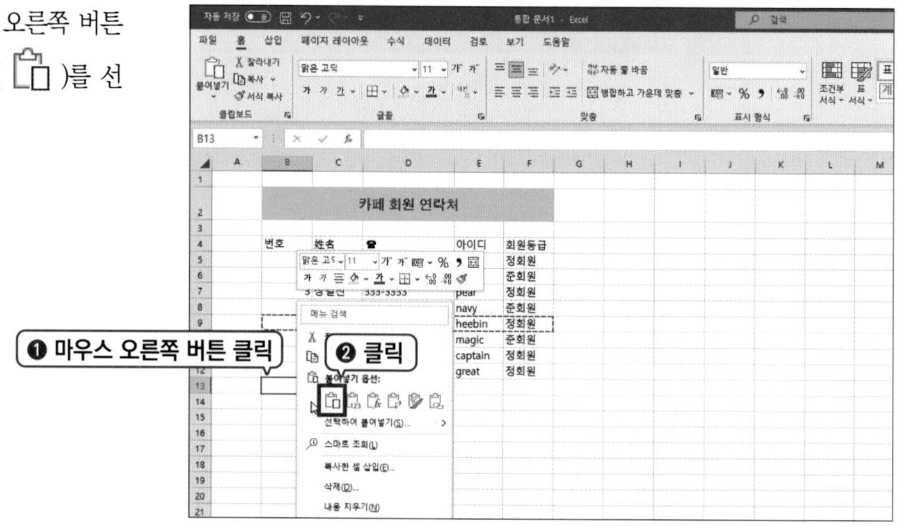

12 앞에서 복사한 행이 삽입되는 것을 확인할 수 있습니다. ESC 키를 눌러 복사 영역으로 지정된 것을 해제시킵니다.

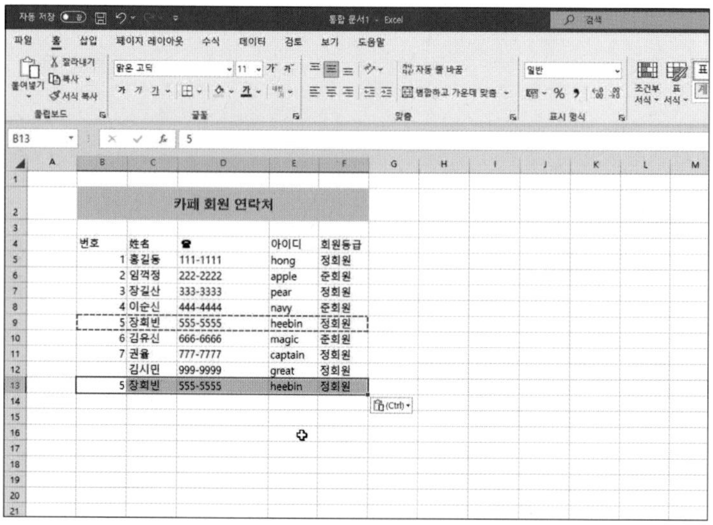

13 이번에는 선택한 영역을 다른 곳으로 옮겨 보도록 하겠습니다. 옮기려는 셀 영역을 마우스로 클릭한 채로 드래그해서 지정합니다. 예제에서는 [B10] 셀부터 [F11] 셀까지 선택했습니다.

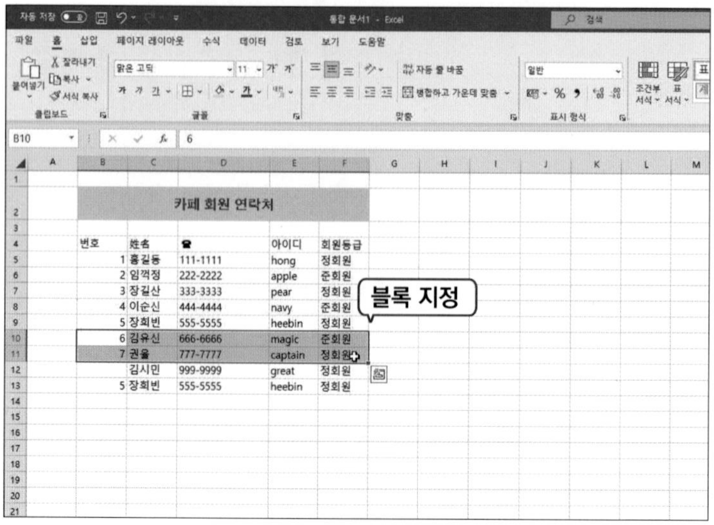

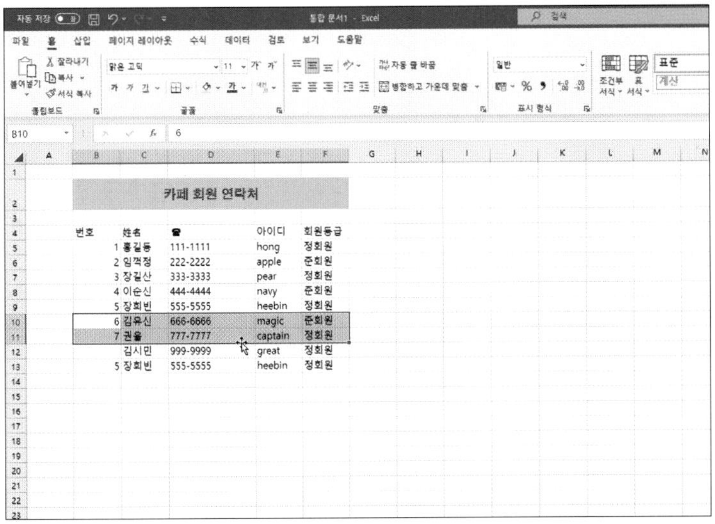

14 영역을 선택한 후 다음 화면처럼 선택된 영역의 경계선으로 마우스를 움직이면 마우스 모양이 로 바뀌는 것을 볼 수 있습니다.

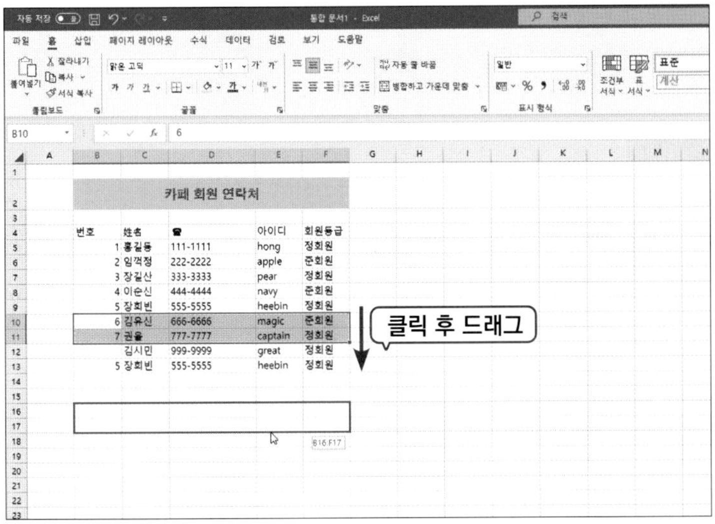

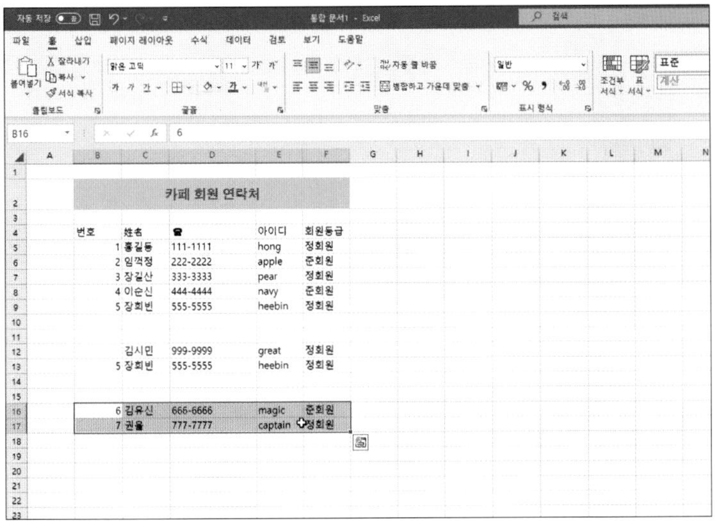

15 위의 그림처럼 된 상태에서 마우스를 클릭한 채로 밑으로 내리면 선택한 부분이 이동되는 것을 확인할 수 있습니다.

CHAPTER 03

엑셀로 견적서 만들기

엑셀의 최고 강점은 계산을 쉽게 할 수 있다는 점입니다. 회사 업무에서 자주 사용되는 견적서를 만들어보면서 엑셀에서 수식을 입력하거나 함수를 사용하는 방법을 알아보겠습니다. 더불어 셀 테두리 선을 적절히 넣어서 보기 좋은 문서가 되도록 만들어보겠습니다.

1 파일 불러오기

문서를 작성하는 도중 필요에 따라 저장해두고 다음에 다시 작업해야 되는 경우가 있습니다. 이런 경우 이전에 작업했던 문서를 어떻게 불러오는지 알아보도록 하겠습니다.

01 엑셀을 실행하고 [열기]를 선택합니다.

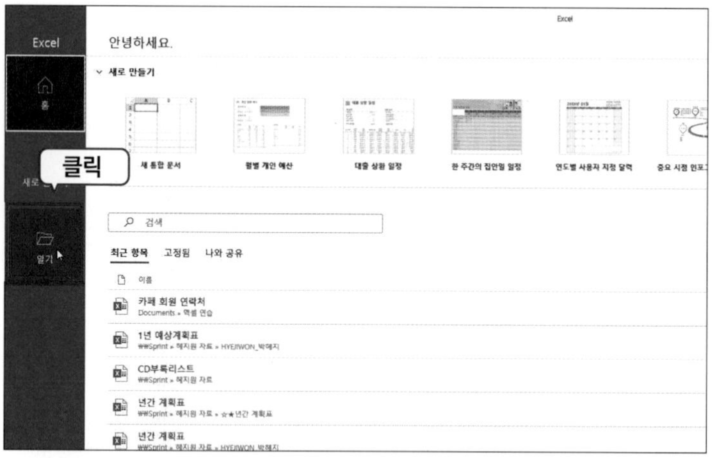

TIP

엑셀이 실행되어 있는 상태라면 [파일] 메뉴를 클릭하고 [열기]를 선택합니다.

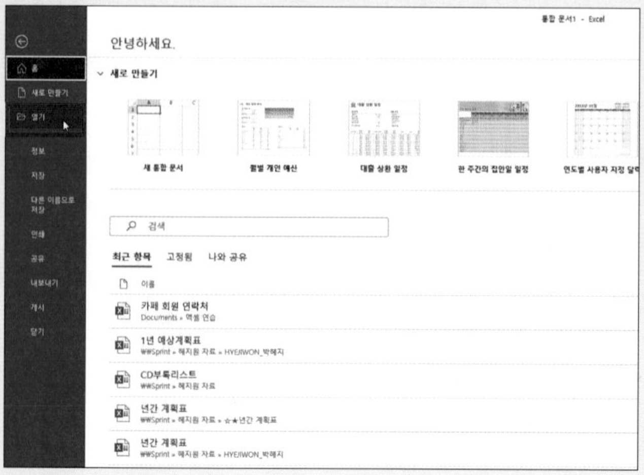

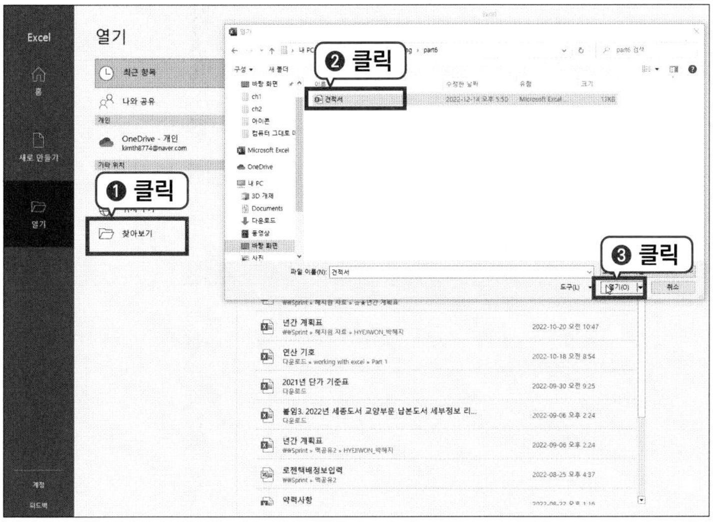

02 [열기] 창이 나타나면 [찾아보기]를 클릭합니다. [열기] 대화상자가 나타나면 책에서 예제로 제공한 '견적서.xlsx' 파일을 선택하고 [열기]를 클릭합니다.

노트

예제파일 : computer starting/part6/견적서.xlsx

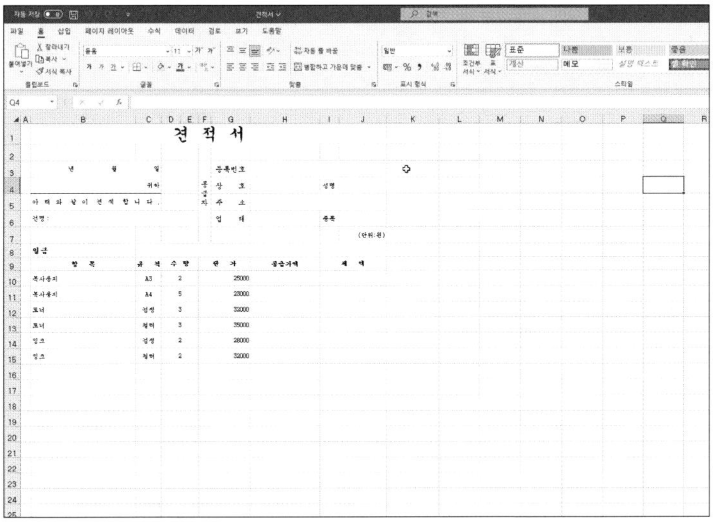

03 '견적서' 파일이 열립니다.

2 셀 테두리 모양 지정하기

엑셀 작업 화면을 보면 회색 선으로 셀이 구분되어 보입니다. 하지만 이 선은 인쇄했을 때는 나타나지 않습니다. 따라서 테두리가 인쇄되도록 하려면 사용자가 직접 테두리를 지정해야 합니다.

01 셀 테두리 모양을 지정할 셀([F3]부터 [J6]까지)을 드래그해 셀 영역으로 지정합니다.

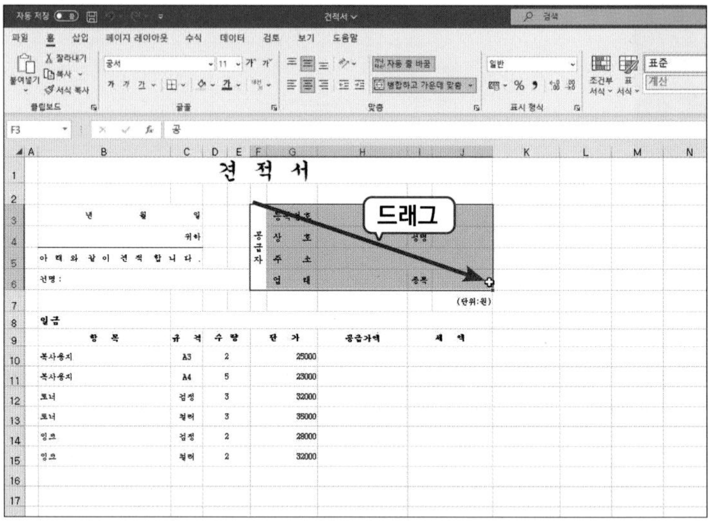

02 [홈] 탭의 [글꼴] 그룹에서 [테두리( )]의 목록 단추( )를 클릭해 지정할 테두리 모양을 선택합니다. 예제에서는 [모든 테두리]를 선택했습니다.

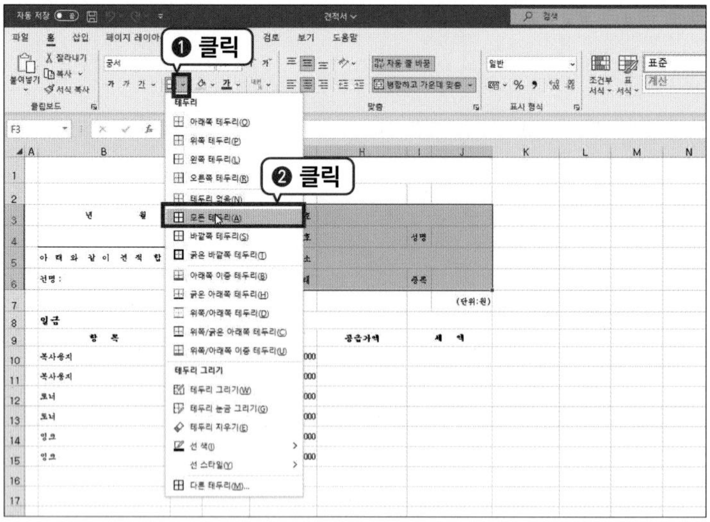

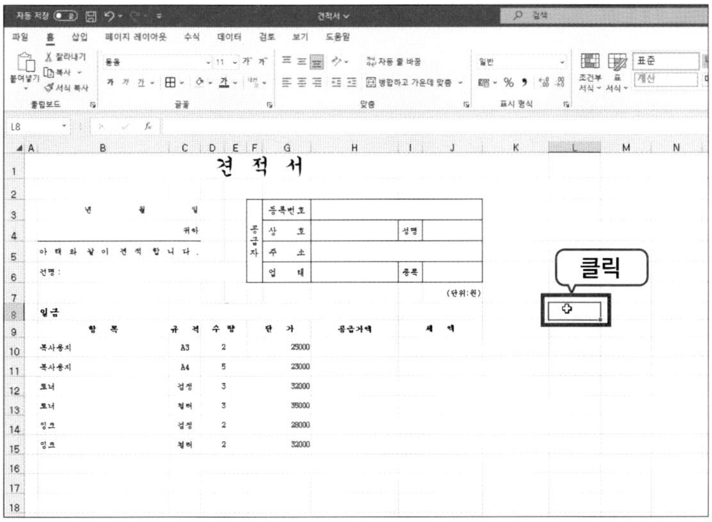

03 빈 셀을 클릭해 셀 영역 선택을 해제하면 테두리 모양이 지정된 것을 확인할 수 있습니다.

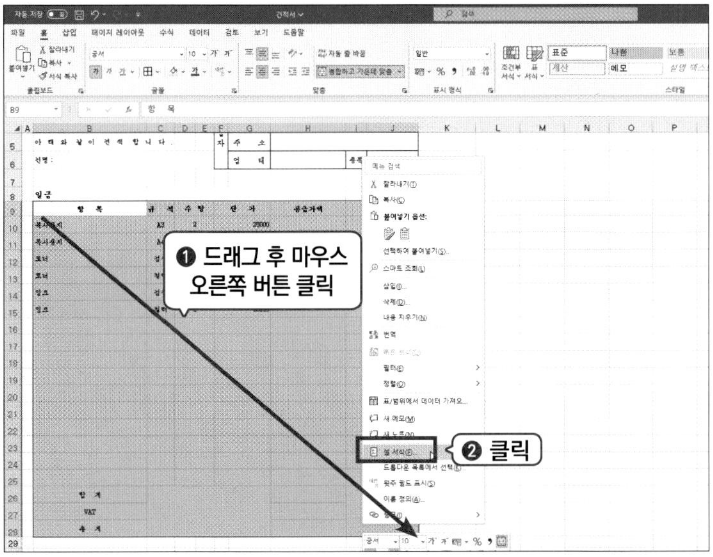

04 이번에는 셀 테두리 모양을 지정할 셀([B9]부터 [J28]까지)을 드래그하여 영역으로 지정하고 마우스 오른쪽 버튼을 눌러 [셀 서식]을 선택합니다.

TIP

화면 오른쪽 아래에 있는 '화면 확대/축소' 바를 조절해서 보기 편한 화면 배율로 조정한 후 작업하면 좋습니다. 한 화면에 전체 작업 파일이 다 안 보일 때는 마우스 휠을 돌려 화면을 위, 아래로 움직이거나 오른쪽에 있는 스크롤 바를 클릭한 채로 움직여서 작업 공간을 조절할 수 있습니다.

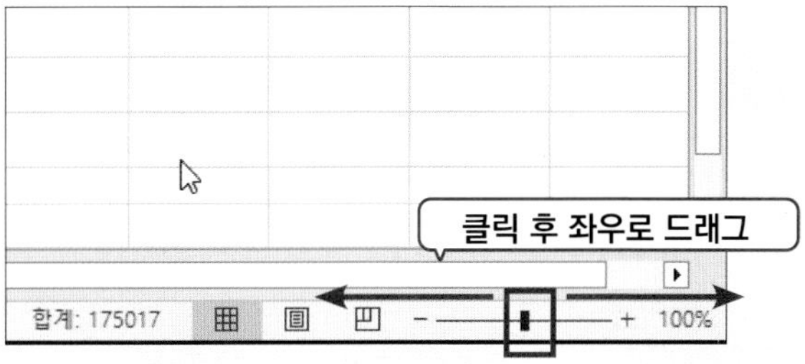

05 [셀 서식] 대화상자가 나타나면 [테두리] 탭을 선택합니다. [윤곽선]과 [안쪽]을 선택한 후 [확인]을 클릭합니다.

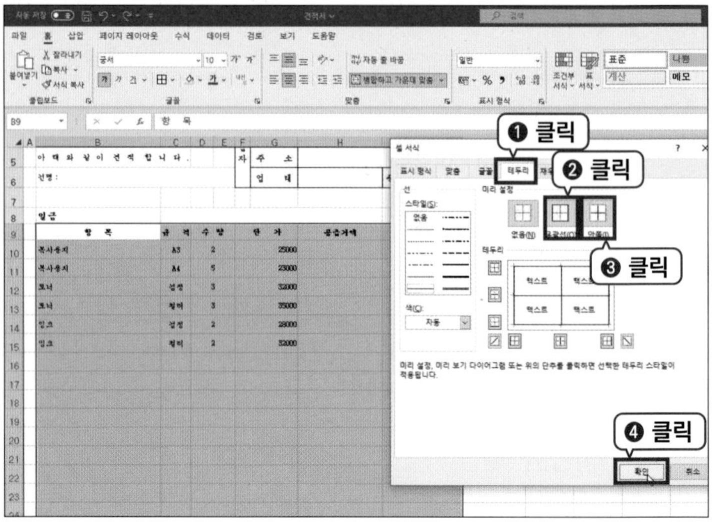

06 그림과 같이 셀 테두리가 지정됩니다.

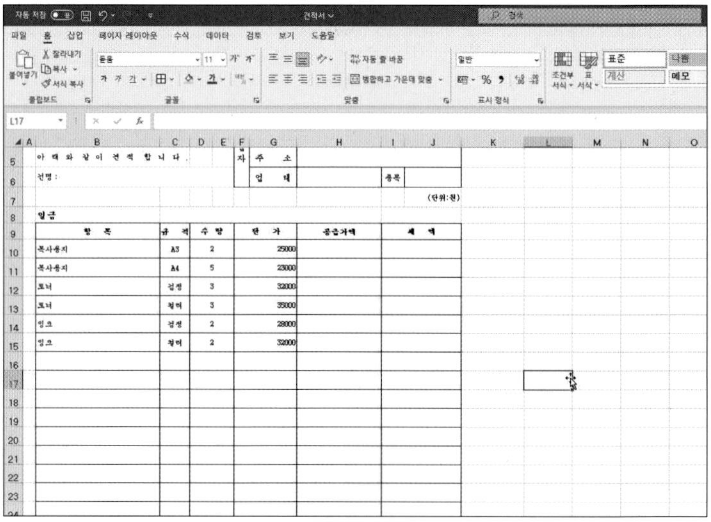

TIP

[셀 서식] 대화상자의 [테두리] 탭을 이용하면 [홈] 탭에 있는 [글꼴] 그룹의 '테두리(⊞ ˅)'를 이용하는 것보다 다양하게 테두리를 지정할 수 있습니다. 테두리를 지정할 때는 먼저 선 스타일을 선택하고 적용할 테두리 위치를 선택합니다.

예를 들어 다음 화면에서 ❶ 선 스타일을 먼저 제일 굵은 선으로 선택한 후 ❷ '윤곽선'을 클릭하고 다음에는 ❸ 실선을 선택한 후 ❹ '안쪽'을 클릭하면 윤곽선은 두껍게, 안쪽은 얇게 실선으로 처리할 수 있습니다. 가운데 있는 미리보기를 통해서 어떤 식으로 테두리가 설정되는지 보면서 작업하면 좋습니다.

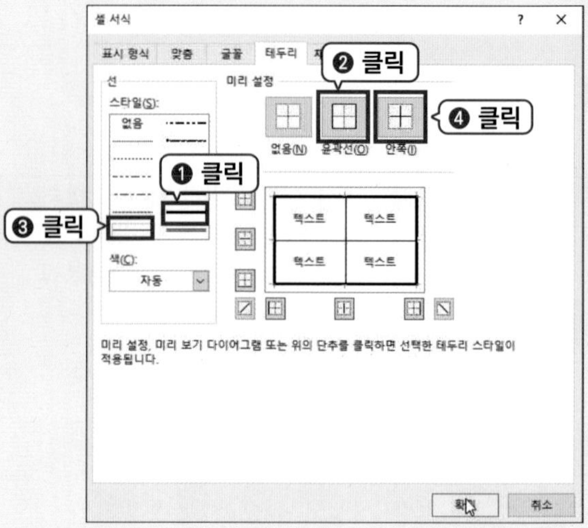

3 셀 표시 형식과 단위 지정하기

셀 표시 형식이란 대상 셀을 표시할 때 어떤 방식으로 표시할 것인지를 정하는 것입니다. 예를 들어 쉼표 스타일로 설정하면 천 단위마다 쉼표가 입력되고, 통화 기호로 설정하면 해당 숫자 앞에 통화 기호가 자동으로 입력되어 나타납니다.

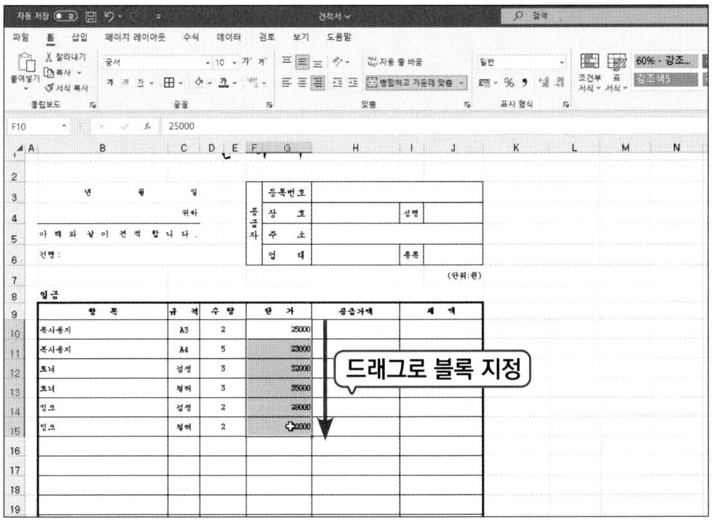

01 그림과 같이 [F10]부터 [G15] 영역까지 드래그해서 영역으로 지정합니다.

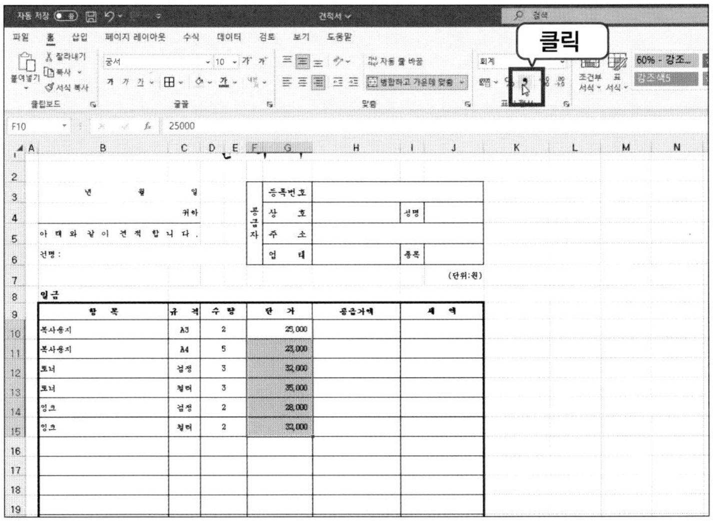

02 [홈] 탭의 [표시 형식] 그룹에서 '쉼표 스타일(,)'을 클릭합니다. 그러면 숫자의 천 단위마다 쉼표가 자동으로 삽입되는 것을 확인할 수 있습니다.

03 이번에는 수량 뒤에 단위를 표시해보겠습니다. 그림과 같이 [D10]부터 [E15] 영역을 드래그해 셀 영역으로 지정한 다음 마우스 오른쪽 버튼을 눌러 [셀 서식]을 선택합니다.

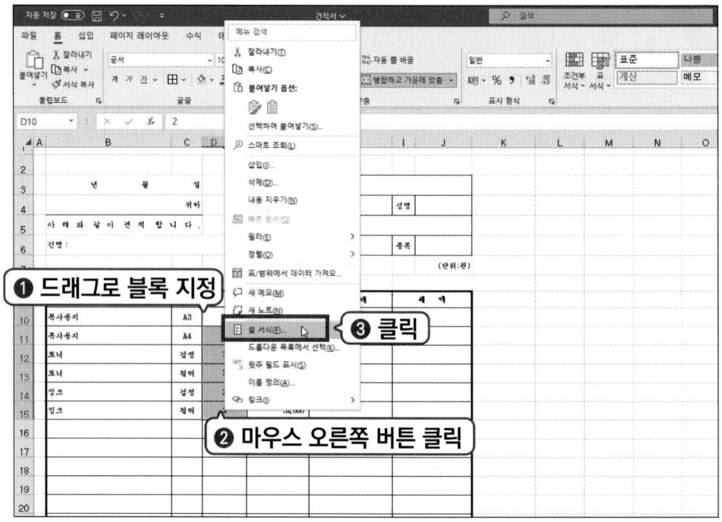

04 [셀 서식] 대화상자가 나타나면, [표시 형식] 탭을 클릭하고 [범주] 항목에서 [사용자 지정]을 선택합니다. 그리고 오른쪽 '형식'에서 '#,##0'을 클릭한 후 옆에 "개"라고 입력합니다. 마지막으로 [확인]을 클릭합니다.

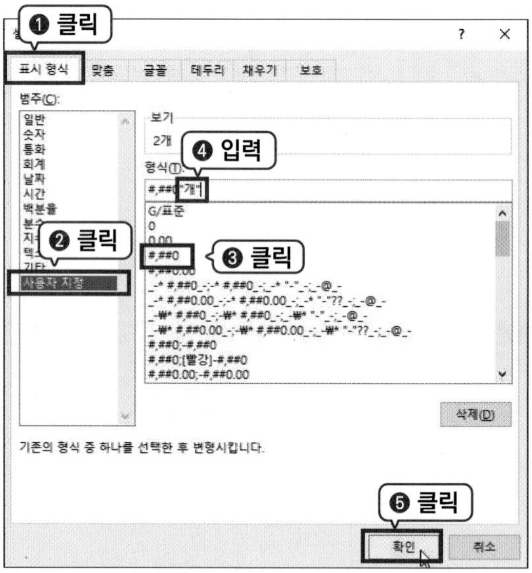

TIP

#,##0"개"의 의미는 숫자가 천 단위를 넘을 경우 천 단위마다 쉼표를 넣고 값 뒤에 '개'라는 단위를 자동으로 붙이라는 뜻입니다. 이렇게 설정해 두면 '개'라는 단위가 보이면서도 해당 셀의 값은 숫자로 인식되어 수식에 쓰일 때 숫자로 가능하게 됩니다.

05 입력된 데이터의 끝에 단위인 '개'가 표시됩니다.

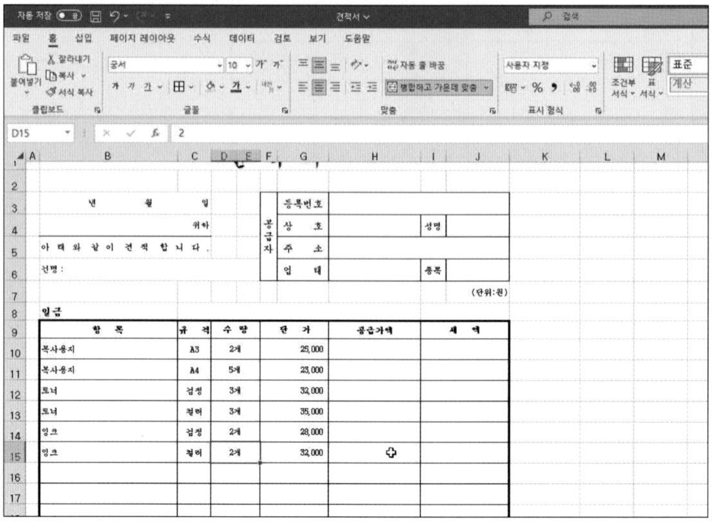

TIP

사용자 지정 서식 기호

사용자 지정 숫자 서식을 만들려면 기본적으로 제공되는 숫자 서식 중 하나를 선택한 후 이를 바탕으로 변경하는 것이 좋습니다.

서식 기호	의미
0	숫자의 자릿수가 서식에 지정된 자릿수보다 적으면 유효하지 않은 0을 표시합니다. 예를 들어 입력된 값에 상관없이 소수점 2자리까지 표시하려면 0.00이라고 서식을 지정합니다.
#	서식 기호 0과 사용하는 방법은 같지만 표시할 숫자가 없으면 0은 표시하지 않습니다. 예를 들어 사용자 지정 서식을 ######이라고 지정한 다음 셀에 123으로 입력하면 0001230이 아닌 123으로 됩니다.
?	서식 기호 0과 사용하는 방법은 같지만 소수나 분수의 경우 표시할 숫자가 없으면 0 대신 공백을 표시합니다. 예를 들어 ???.???이라고 지정한 후 1.34를 입력하면 1.34가 표시됩니다
.(마침표)	숫자에 소수점을 표시합니다.

4 수식 계산과 자동 합계 실행하기

셀에 입력된 데이터에 글꼴을 지정하거나 셀 배경색 등을 지정하고 여러 셀을 하나로 합치는 방법에 대해 알아보겠습니다.

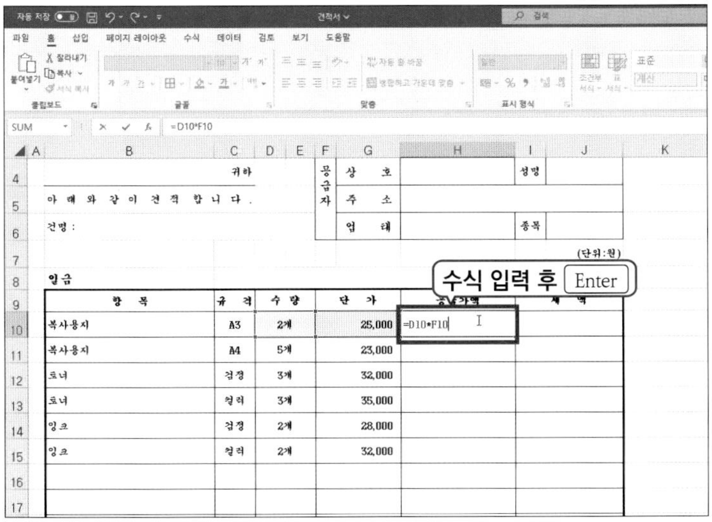

01 공급가액은 '수량×단가'로 계산할 수 있으므로 [H10] 셀을 선택한 다음 '=D10 * F10'이라고 입력하고 Enter 키를 누릅니다. 즉, [D10] 셀에 있는 값과 [F10] 셀에 있는 값을 곱한 결과 값을 [H10] 셀에 대입하라는 뜻입니다.

02 자동으로 [H10] 셀에 [D10]과 [F10] 셀을 곱한 값이 계산되어 나옵니다.

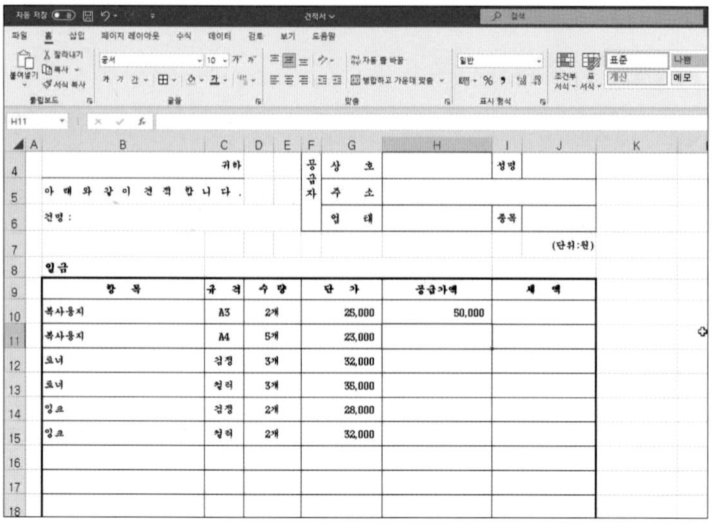

03 이번에는 [H10] 셀을 클릭한 후 오른쪽 아래에 마우스를 위치한 다음 마우스 모양이 ✚로 바뀔 때 마우스를 클릭한 채로 [H15] 셀까지 드래그합니다.

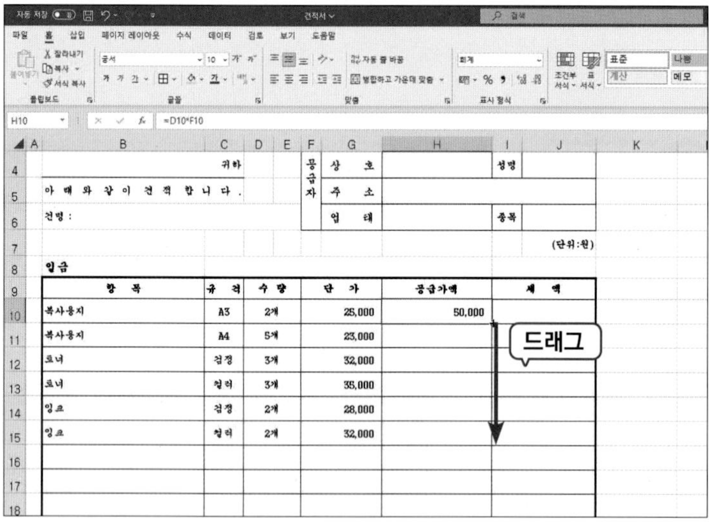

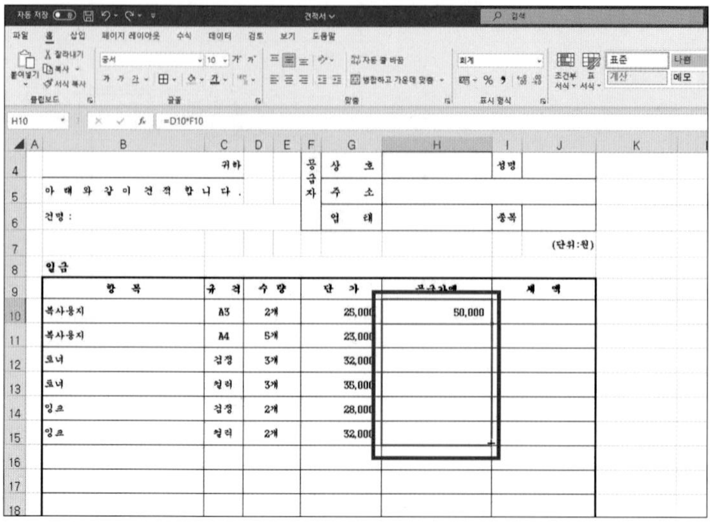

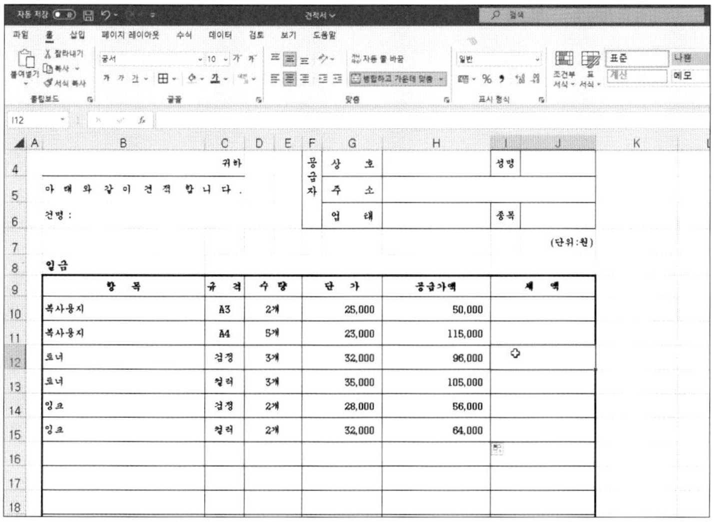

04 드래그한 [H11] 셀부터 [H15] 셀까지 [H10] 셀에 입력했던 수식이 자동으로 적용되어 계산됩니다.

05 이번에는 세액을 계산해보겠습니다. 세액은 '공급가액×10%'이므로 [I10] 셀을 선택한 다음 '='을 입력합니다. 그리고 [H10] 셀을 클릭하면 자동으로 '=' 뒤에 'H10'이 입력됩니다. 그 뒤에 '*10%'를 직접 입력합니다.

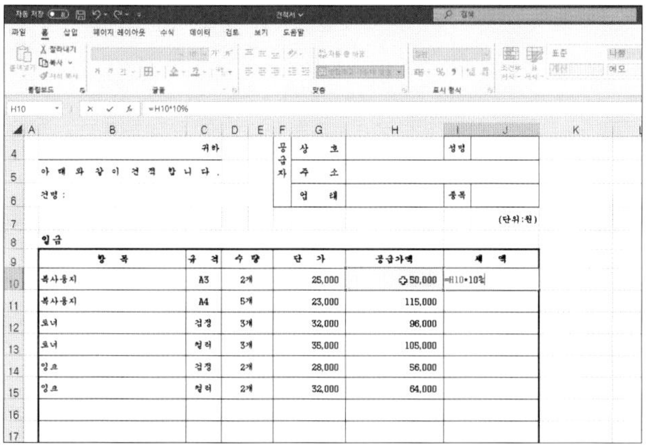

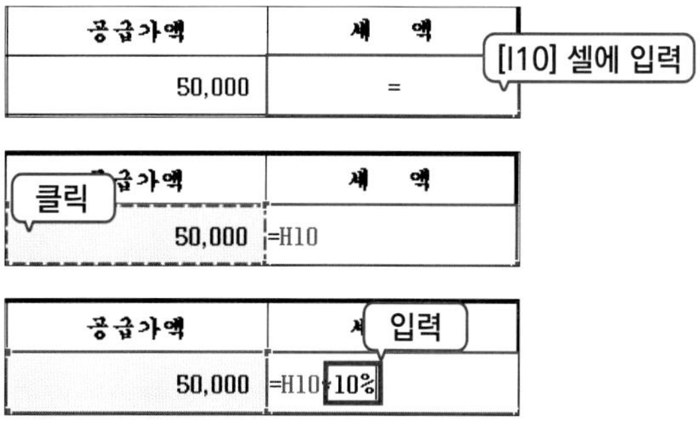

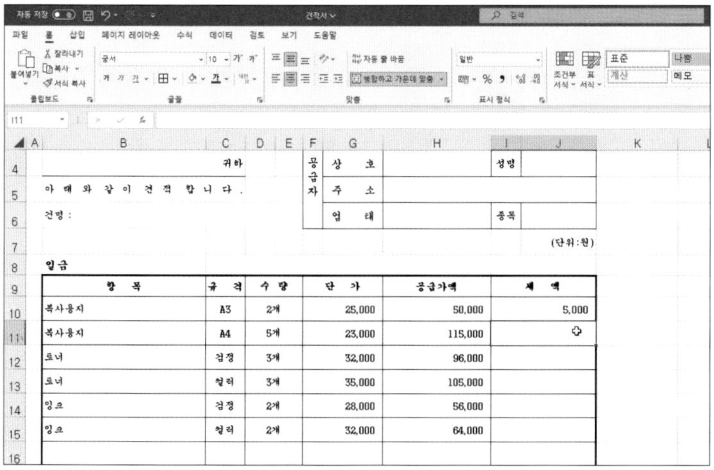

06 Enter 키를 누르면 그림과 같이 세액이 계산됩니다.

07 공급가액과 마찬가지로 [I10] 셀을 클릭한 후 오른쪽 아래에 마우스를 위치한 다음 마우스 모양이 ✚로 바뀌면 [I15] 셀까지 드래그합니다.

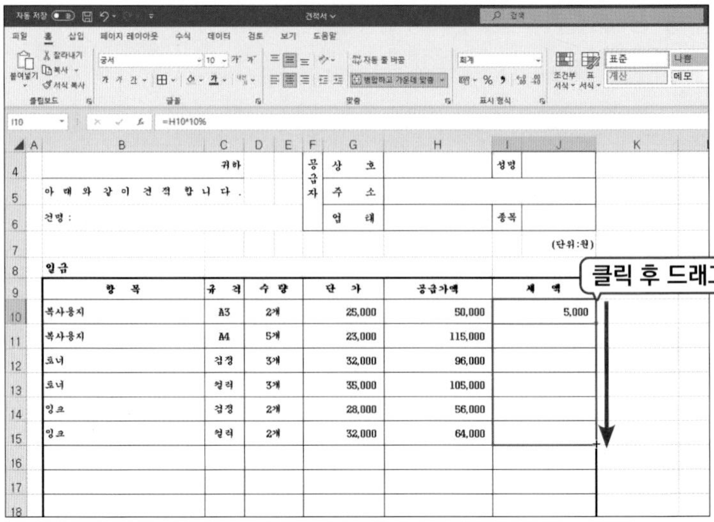

08 드래그한 [I11] 셀부터 [I15] 셀까지 [I10] 셀의 수식이 자동으로 입력됩니다.

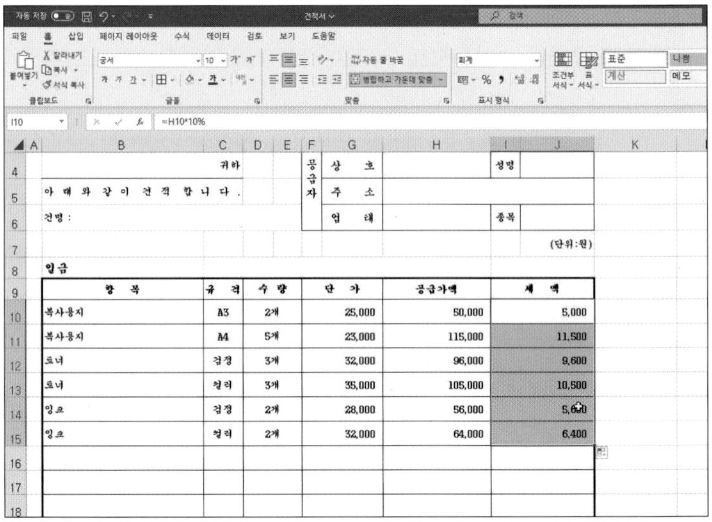

09 다음에는 자동으로 합계를 구하기 위해 [H26] 셀을 선택한 다음 [홈] 탭의 [편집] 그룹에 있는 [자동 합계](Σ)를 클릭합니다.

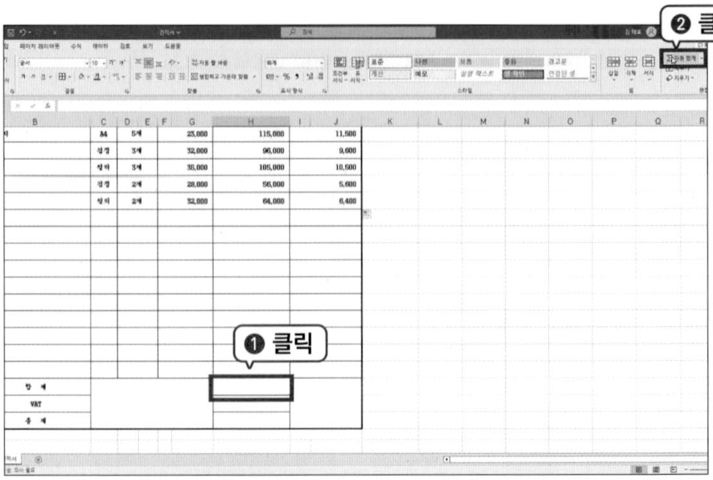

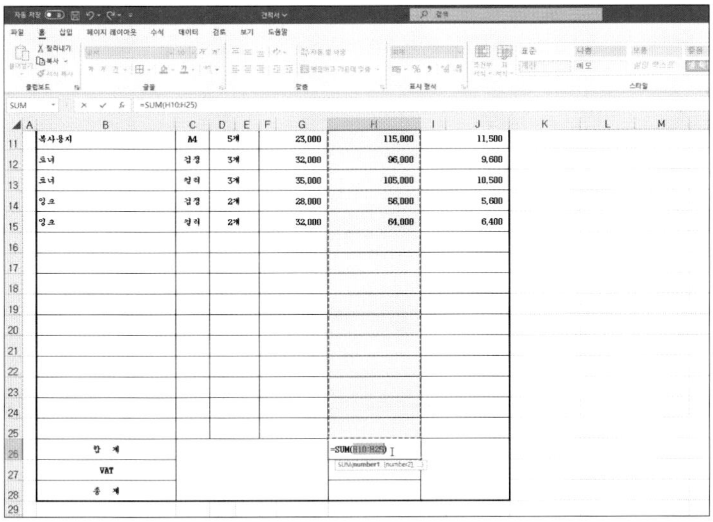

10 [H26] 셀에 '=SUM(H10:H25)'라고 표시되면서 위에 있는 [H10]부터 [H26] 셀까지 자동으로 영역이 지정됩니다.

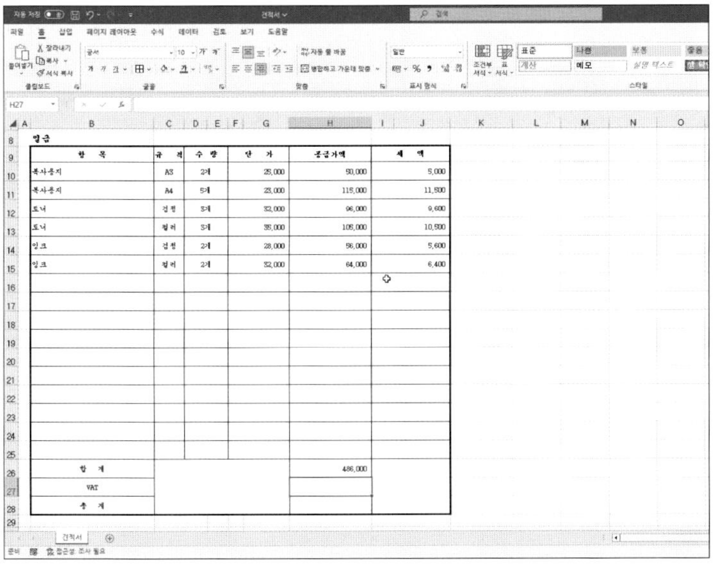

11 Enter 키를 누르면 자동으로 합계가 구해집니다.

TIP

자동 합계가 아닌 원하는 셀들만의 합계를 구할 때는 합계액을 표시할 셀을 클릭한 후 =SUM(시작 셀:끝 셀)을 입력하고 Enter 키를 누르면 됩니다.
예를 들어 세액만 별도로 합계를 구해서 [H27] 셀에 입력되게 하고 싶다면 [H27] 셀을 클릭한 후'=SUM(I10:I15)라고 입력하고 Enter 키를 누릅니다.

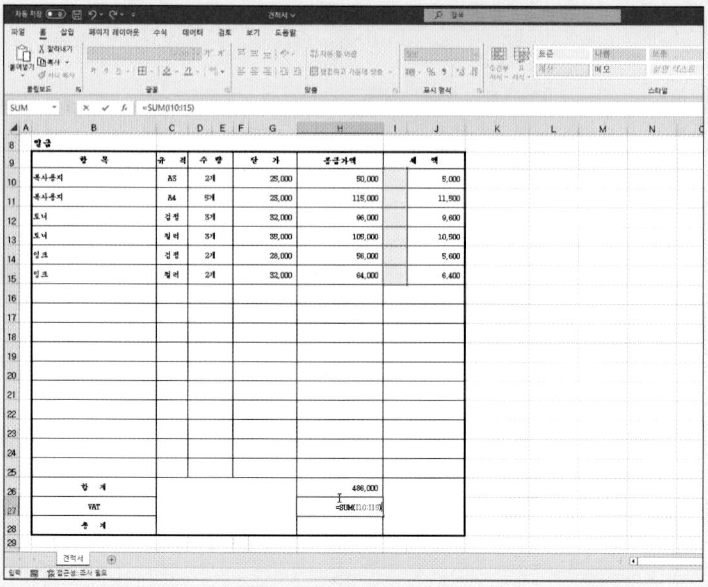

세액의 합계가 표시되는 것을 볼 수 있습니다.

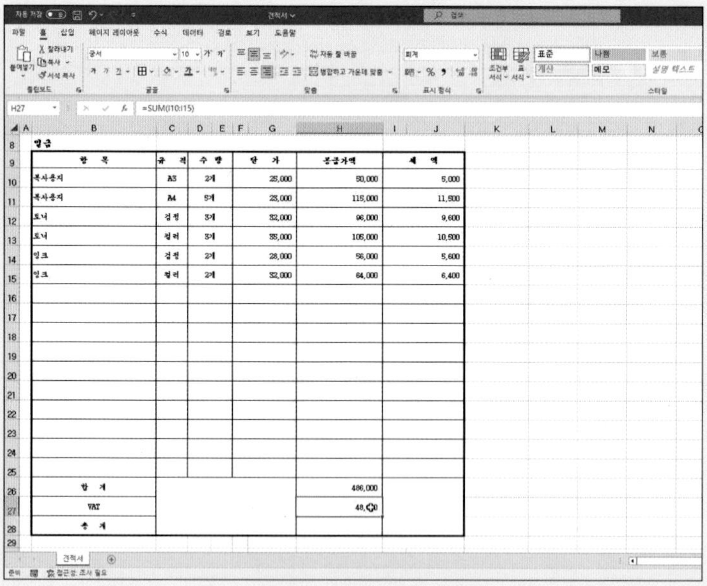

5 문서 인쇄하기

엑셀의 워크시트는 워드나 파워포인트와 같이 고정된 크기가 아니기 때문에 인쇄할 때는 인쇄되는 모양을 미리 확인하고 여백과 시트 너비 등을 조절해야 원하는 결과를 얻을 수 있습니다.

01 작업을 마친 문서를 출력하기 위해 [파일] 메뉴를 클릭하고 [인쇄]를 선택합니다.

02 오른쪽의 인쇄 미리보기 화면에서 인쇄 결과를 미리 보여줍니다. 편집 화면의 내용이 많아 인쇄할 때 오른쪽이 잘리는 것을 알 수 있습니다.

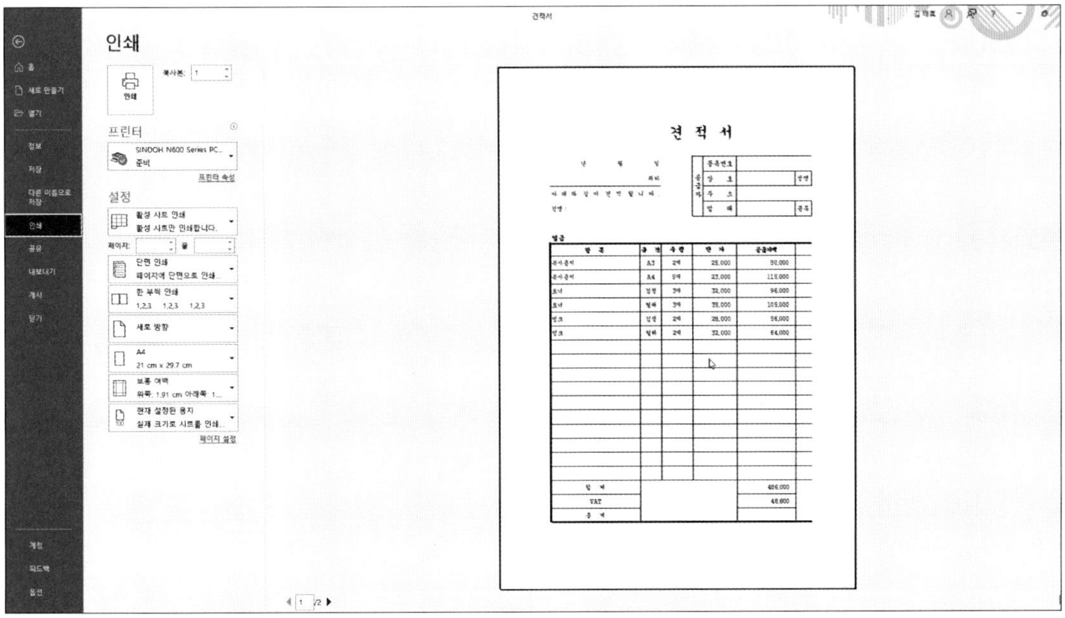

03 인쇄 여백을 조절하기 위해 [보통 여백]을 클릭해 [좁게]를 선택합니다.

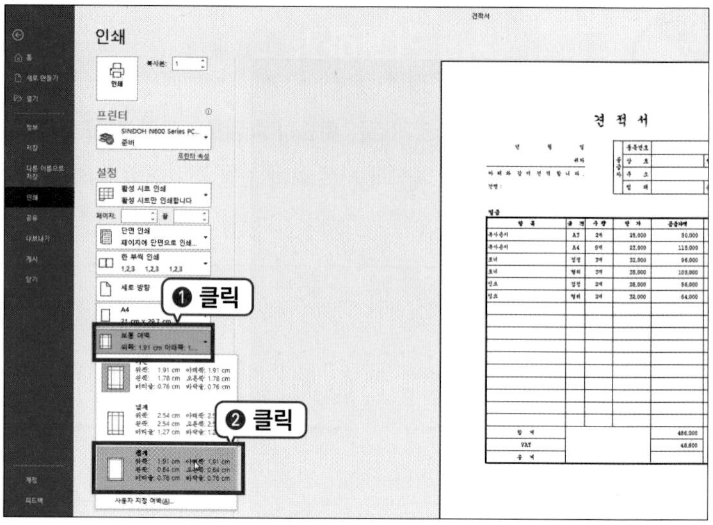

04 여백이 조정되면서 잘리지 않게 됩니다.

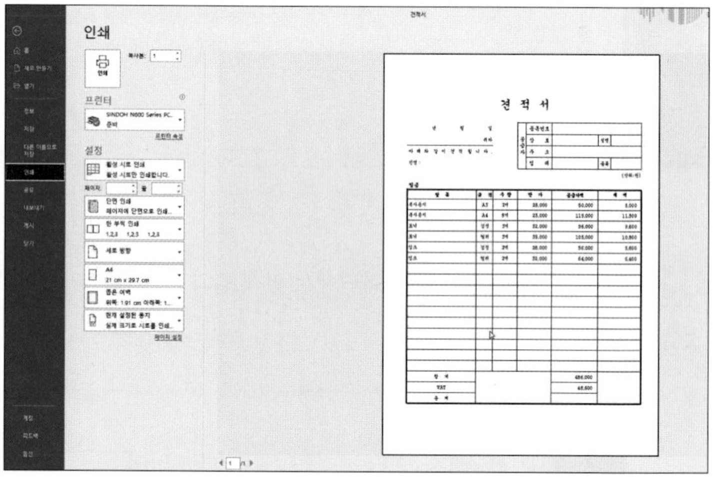

TIP

화면의 크기를 인쇄 용지에 맞출 때는 [현재 설정된 용지]를 클릭하여 그중에서 적당한 메뉴를 선택해서 인쇄해도 됩니다.

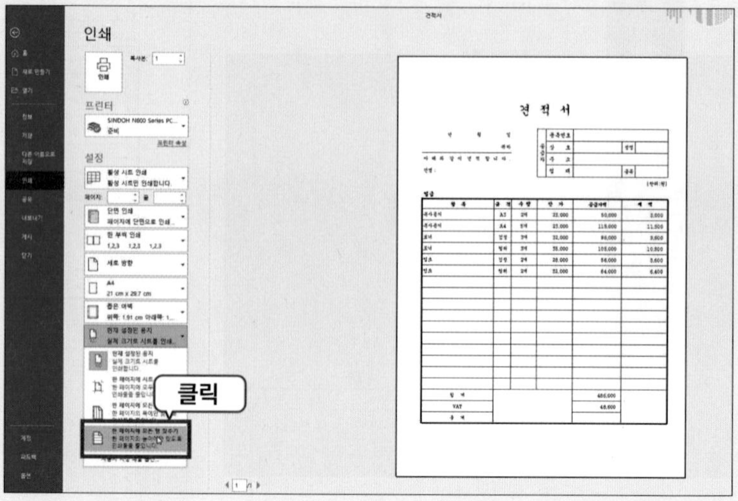

05 모든 준비가 끝났으면 복사본에 인쇄할 부수를 입력하고 [인쇄]를 클릭합니다.

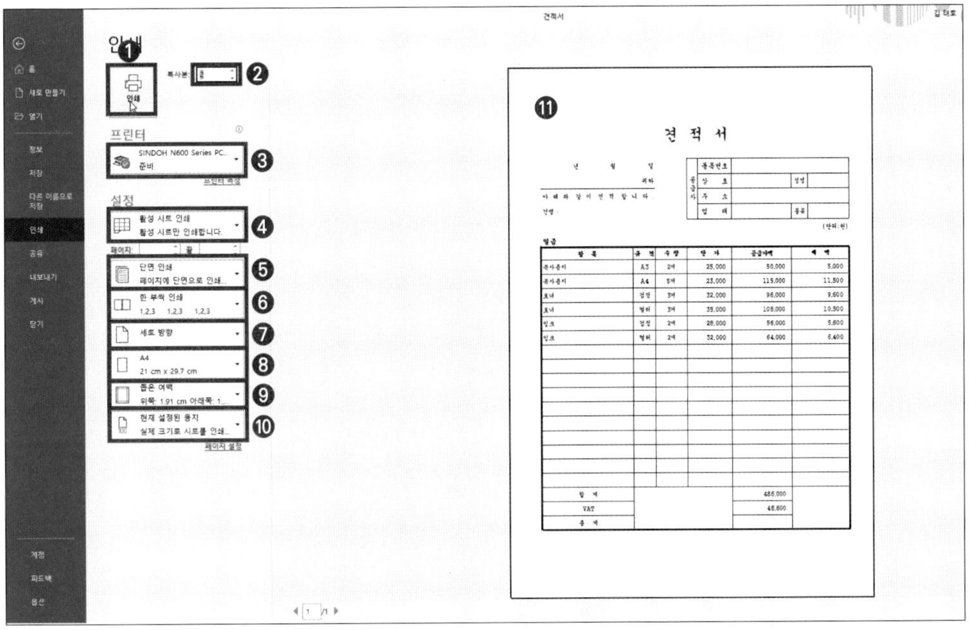

❶ **인쇄** : 설정된 사항에 맞춰 워크시트를 인쇄합니다.

❷ **복사본** : 인쇄할 부수를 지정합니다.

❸ **프린터** : 인쇄할 프린터를 선택합니다.

❹ **활성 시트 인쇄** : 시트가 여러 개인 경우 어떤 시트를 인쇄할 것인지 지정합니다.

❺ **단면 인쇄** : 인쇄 용지의 한쪽 면 또는 양면 인쇄를 선택합니다.

❻ **한 부씩 인쇄** : 워크시트를 한 부씩 인쇄할지 같은 페이지를 모두 인쇄한 후 다음 페이지를 인쇄할지 지정합니다.

❼ **인쇄 방향** : 용지의 인쇄 방향을 세로 또는 가로로 지정합니다.

❽ **인쇄 용지** : 인쇄 용지의 크기를 선택합니다.

❾ **여백** : 인쇄 여백을 지정합니다.

❿ **인쇄 배율** : 워크시트를 인쇄할 배율을 조절합니다.

⓫ **인쇄 미리보기** : 설정한 사항에 따라 인쇄되는 모양을 미리 보여줍니다.

6 다른 이름으로 저장하기

저장되어 있던 파일을 불러와 작업한 후 저장을 하면 이전에 작업한 내용은 지워지고 새로 작업한 내용만 남게 됩니다. 이전에 작업한 내용은 그대로 남겨두고 새로운 파일로 만들려면 다른 이름으로 저장하면 됩니다.

01 완성된 문서를 저장하기 위해 [파일] 메뉴를 클릭해 [다른 이름으로 저장]을 클릭합니다. [찾아보기]를 클릭하고 [다른 이름으로 저장] 대화상자가 나타나면 저장할 위치를 선택한 다음 파일 이름을 입력하고 [저장]을 클릭합니다. 예제에서는 '견적서-완성'이라고 파일 이름을 입력했습니다.

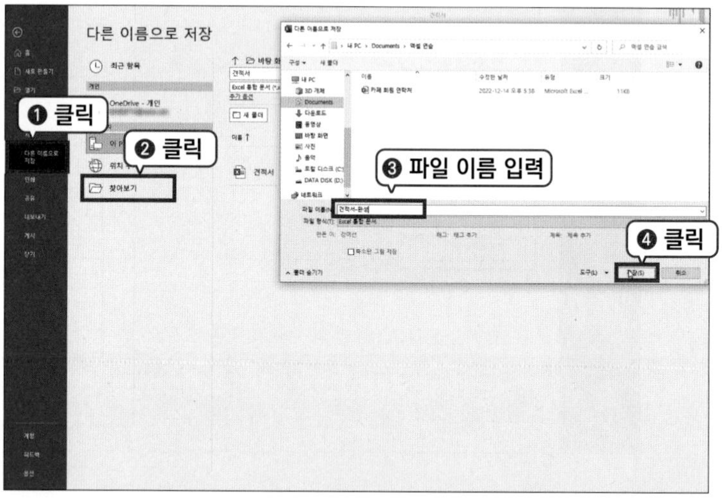

02 파일이 저장되면 제목 표시줄에 파일 이름이 나타납니다.

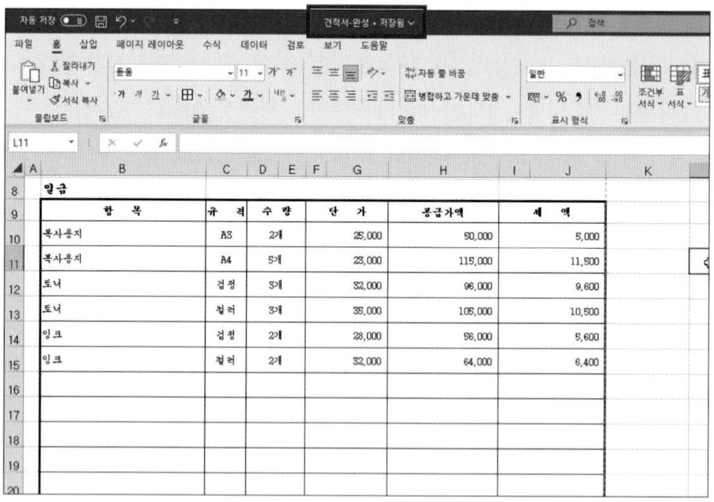

CHAPTER 04

차트가 있는 매출 현황표 작성하기

이번 챕터에서는 엑셀에서 제공하는 표 서식을 지정하여 쉽게 데이터를 정렬하고 앞서 공부한 수식 입력이나 도구 외에 함수 마법사를 이용해 원하는 함수를 찾아 적용하는 방법을 알아보겠습니다. 그리고 차트를 이용해 더욱 전문적인 문서를 만들어보겠습니다.

1 표 서식 스타일 지정하기

엑셀에서 제공하는 표 서식을 이용하면 셀을 꾸밀 수 있을 뿐만 아니라 필터가 적용되어 원하는 데이터를 쉽게 찾을 수도 있습니다.

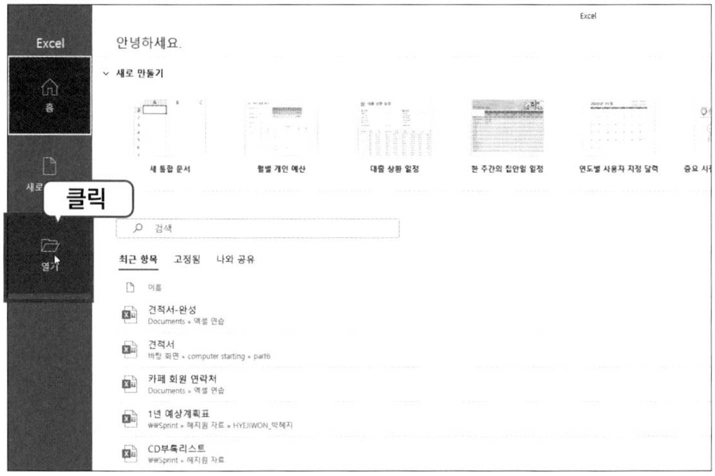

01 엑셀을 실행한 다음 [열기]를 클릭합니다.

TIP

이미 엑셀을 실행 중이라면 [파일] 메뉴를 클릭하고 [열기]를 클릭합니다.

02 [열기] 창이 나타나면 [찾아보기]를 클릭한 후 책에서 예제로 제공하는 '매출정리.xlsx' 파일을 불러옵니다.

노트

예제파일 : computer starting/part6/매출정리.xlsx

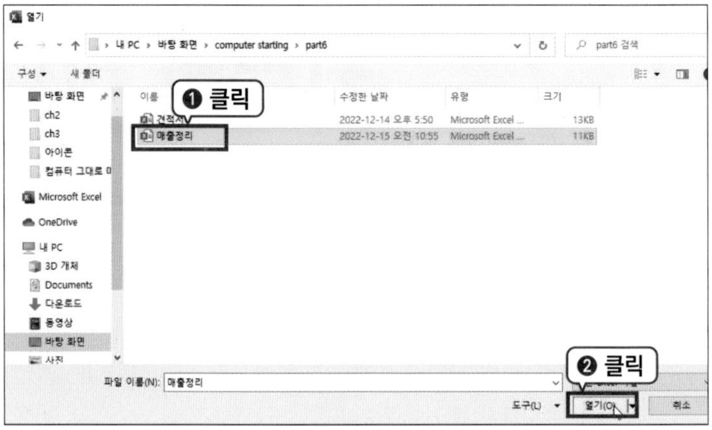

03 '매출정리.xlsx' 파일이 열리면 [홈] 탭의 [스타일] 그룹에서 [표 서식]( )을 클릭해 원하는 모양을 선택합니다. 예제에서는 '녹색, 표 스타일 보통 3'을 선택했습니다.

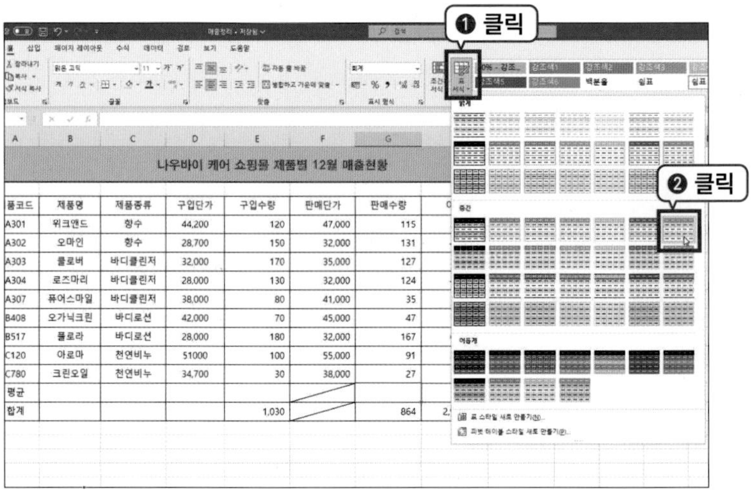

04 다음처럼 [표 만들기] 대화상자가 나타납니다.

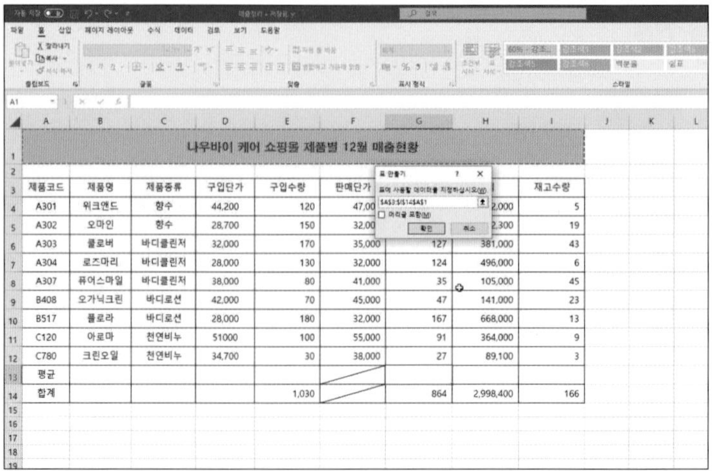

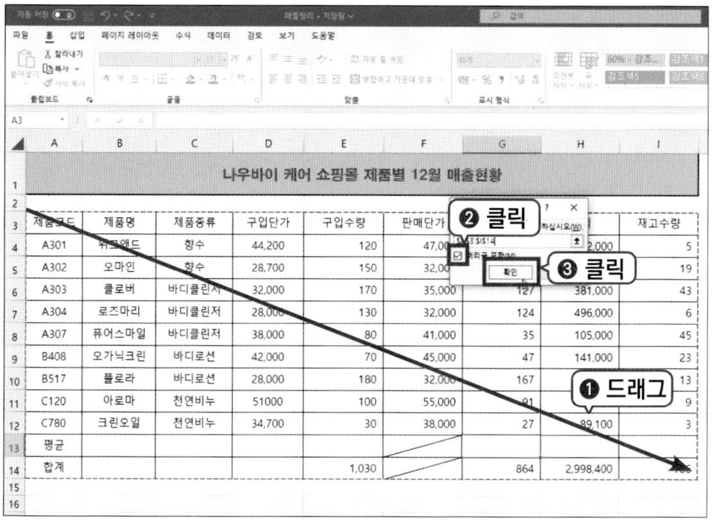

05 [표 만들기] 대화상자가 있는 상태에서 [A3]부터 [I14] 셀까지 드래그해서 영역을 지정합니다. '머리글 포함' 옵션에 체크한 다음 [확인]을 클릭합니다.

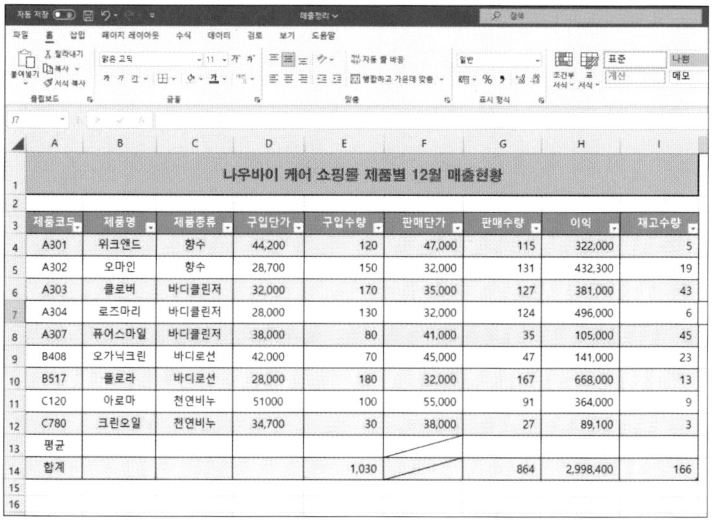

06 자동 서식이 적용된 것을 볼 수 있습니다.

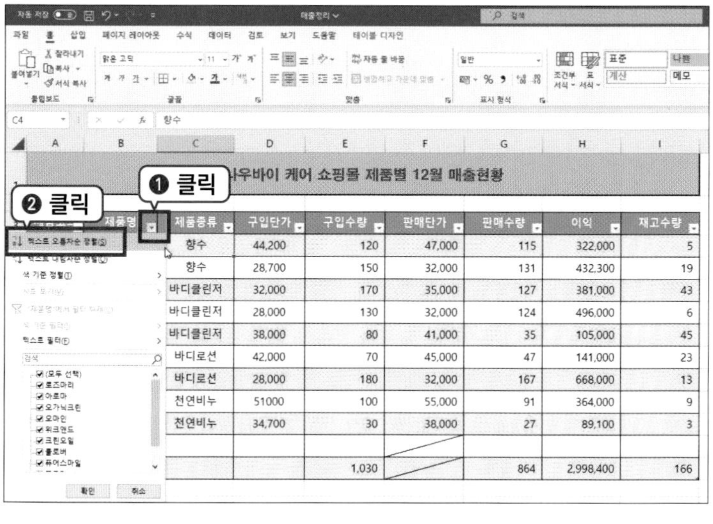

07 이어서 '제품명' 항목 옆의 '필터 목록 단추(▼)'를 클릭한 후 [텍스트 오름차순 정렬]을 선택합니다.

TIP

각 항목 옆에 나타난 '필터 목록 단추(▼)'는 해당 항목의 정렬 방식을 정하거나 원하는 항목만 선택하여 표시할 수 있는 메뉴를 출력해주는 단추입니다.

08 제품명이 오름차순 정렬되고 제품명을 기준으로 다른 항목들도 그에 맞게 재정렬됩니다.

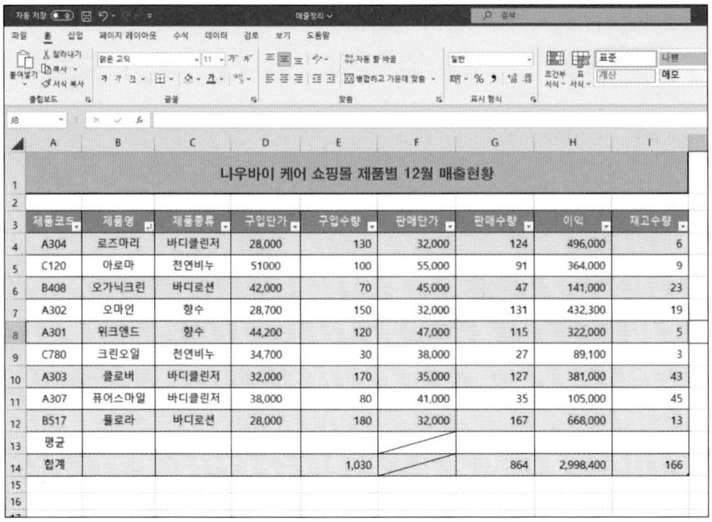

2 함수 마법사 이용하기

함수 마법사를 이용하는 방법을 알아보겠습니다. 엑셀의 핵심 기능이므로 잘 알아두도록 합니다.

01 평균을 구하기 위해 합계 위의 셀([E13])을 클릭한 다음 [홈] 탭의 [편집] 그룹에서 [자동 합계](∑)의 ⌄를 클릭하고 [평균]을 선택합니다.

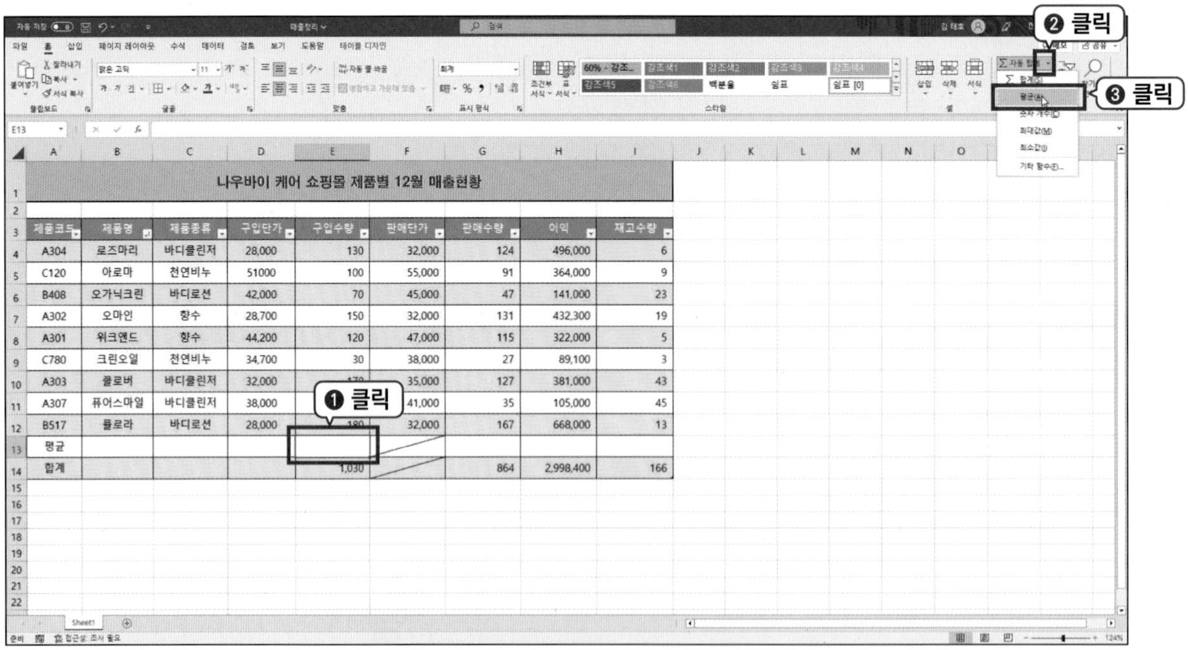

TIP

숫자 개수는 자동 합계 범위의 셀 중 숫자가 입력된 셀의 개수를, 최대값은 자동 합계 범위의 셀에 입력된 값 중 가장 큰 값을, 최소값은 자동 합계 범위의 셀에 입력된 값 중 가장 작은 값을 나타냅니다.

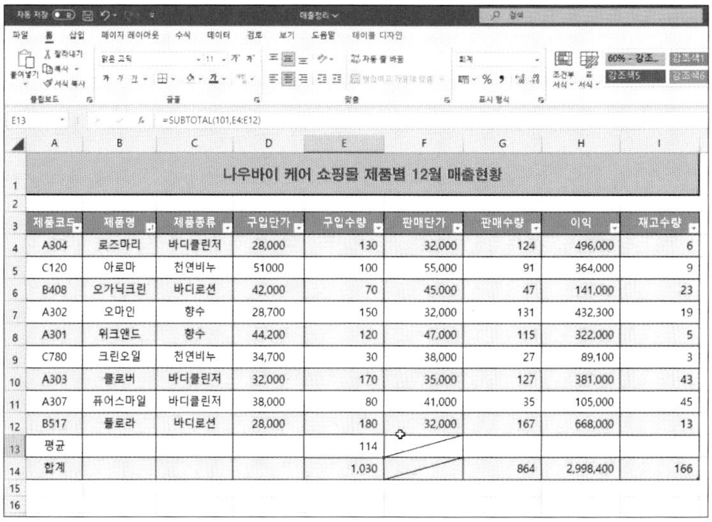

02 화면과 같이 평균이 계산됩니다.

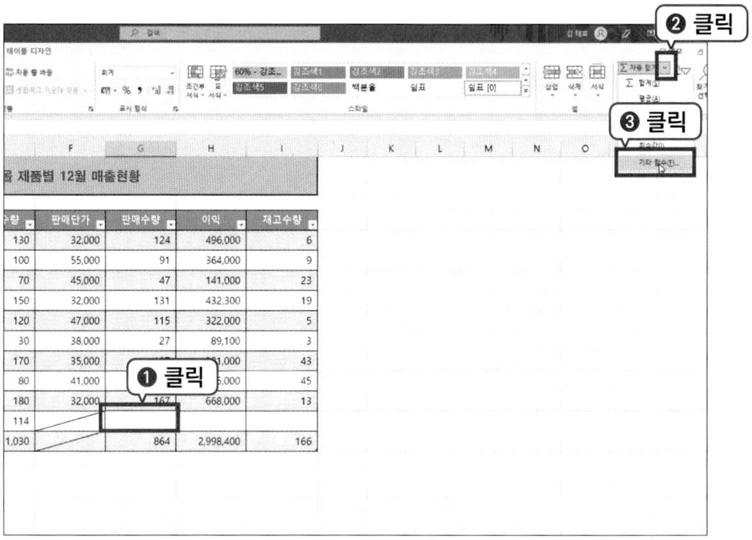

03 이번에는 판매수량의 평균을 구하기 위해 판매수량 평균 셀([G13])을 선택한 다음 [홈] 탭의 [편집] 그룹에서 [자동 합계](∑)의 ⌄를 클릭하고 [기타 함수]를 선택합니다.

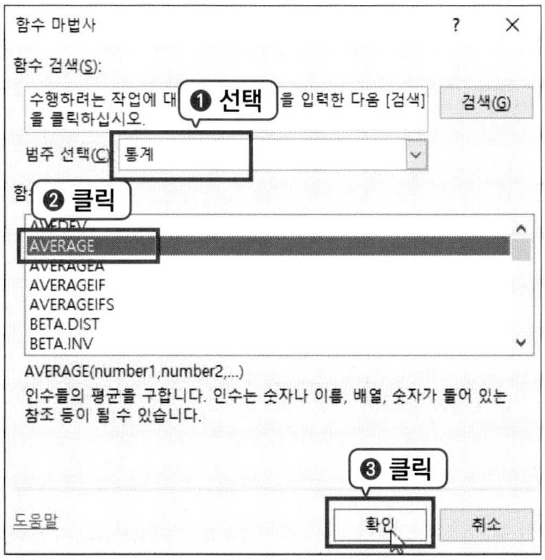

04 [함수 마법사] 대화상자가 나타나면 범주에서 [통계]를 선택한 다음 아래에서 'AVERAGE'를 선택하고 [확인]을 클릭합니다.

05 [함수 인수] 대화상자가 나타나면 'Number1' 항목에 셀 영역이 지정되어 있지만 새로 영역을 지정하기 위해 영역 설정(↑) 단추를 클릭합니다.

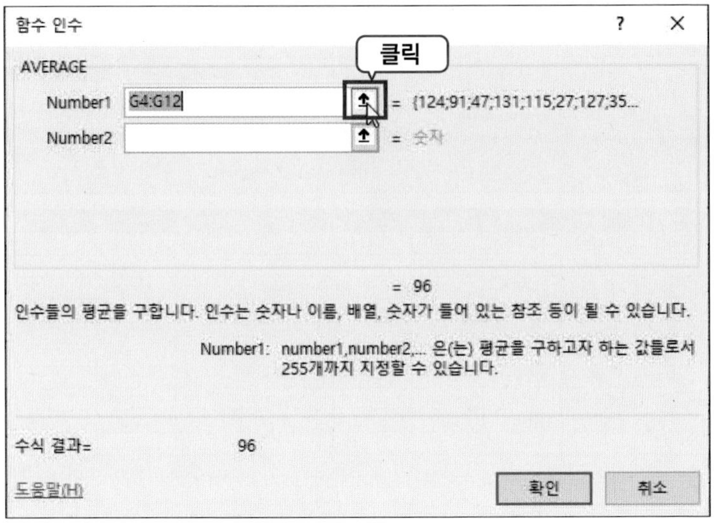

06 평균값을 구하려는 [G4]부터 [G12] 셀까지 영역을 드래그해 선택합니다. 선택한 영역이 점선으로 표시되는 것을 확인할 수 있습니다.

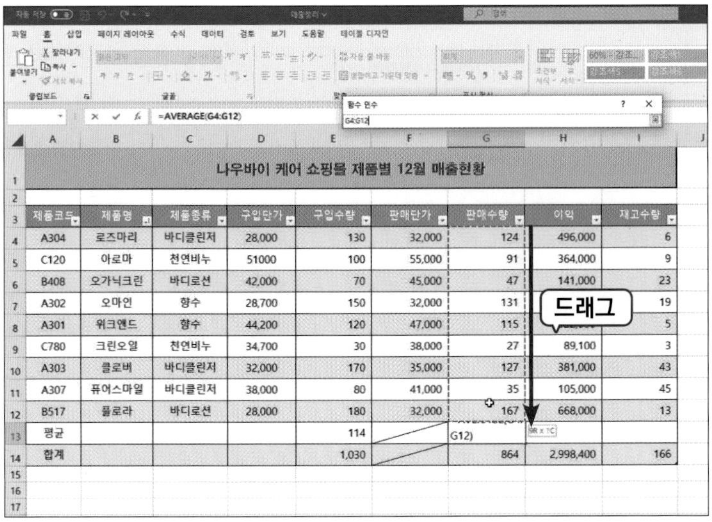

07 데이터 영역 설정을 맞췄으면 영역 설정(↓) 단추를 다시 클릭합니다.

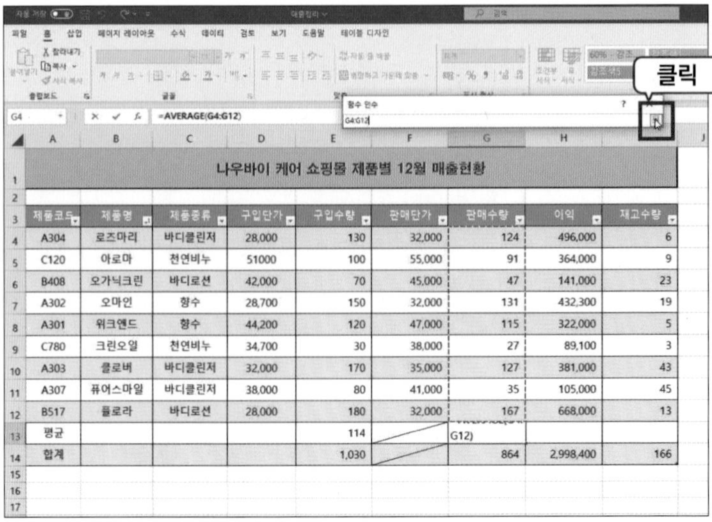

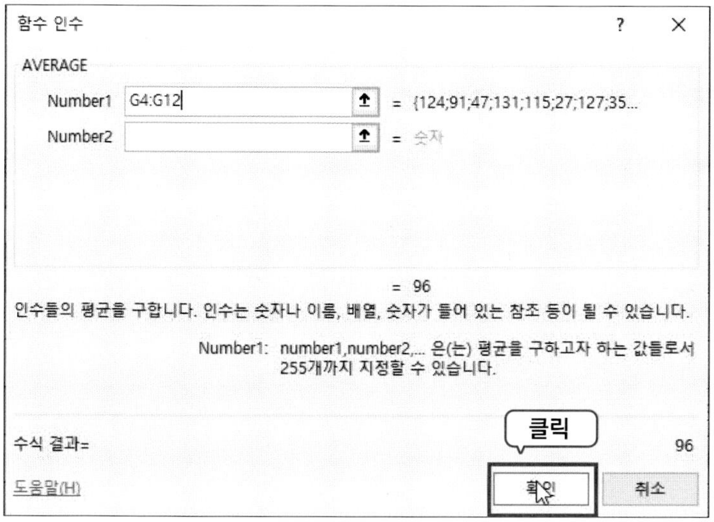

08 [함수 인수] 대화상자가 다시 표시되면 'Number1' 항목이 제대로 설정되었는지 보고 [확인]을 클릭합니다.

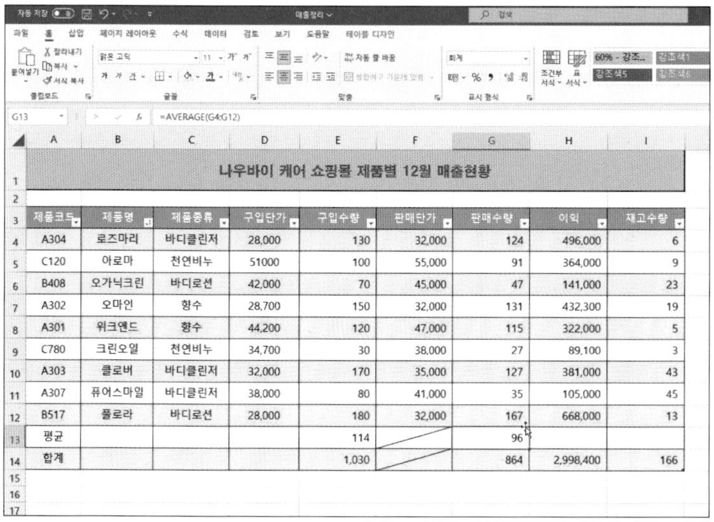

09 그림과 같이 평균이 구해집니다.

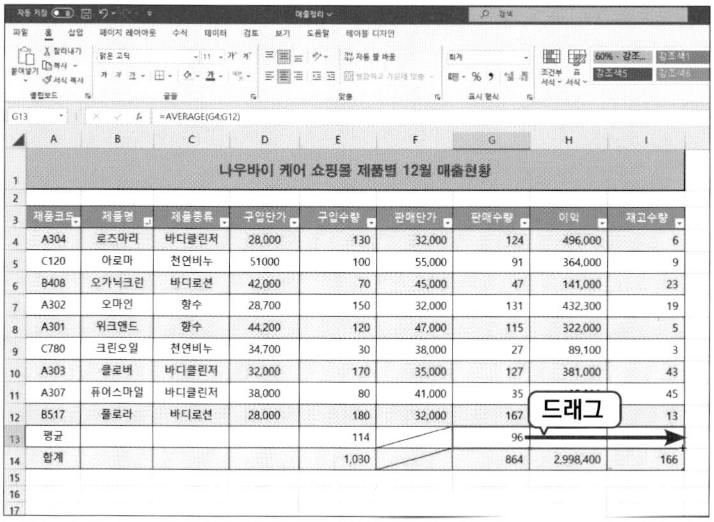

10 [G13] 셀의 오른쪽 아래 모서리에 마우스를 위치한 다음 마우스 모양이 ╋로 바뀌면 클릭한 채로 오른쪽으로 드래그해 수식을 채웁니다.

11 드래그한 셀에도 자동으로 평균이 구해집니다.

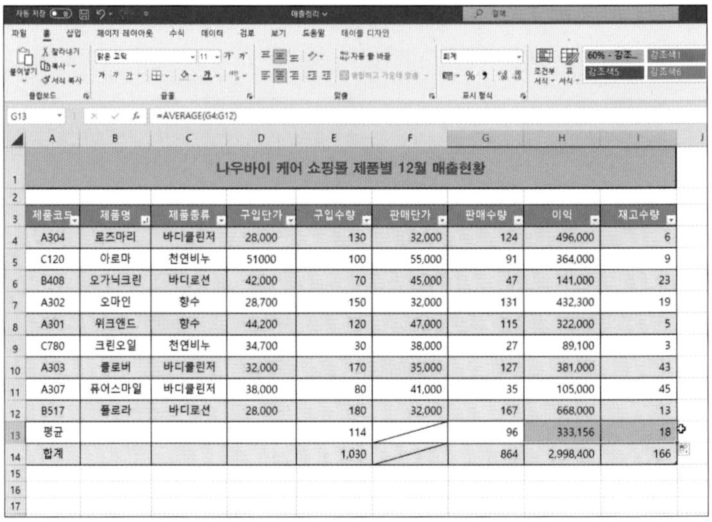

=AVERAGE(G4:G12)

나우바이 케어 쇼핑몰 제품별 12월 매출현황

제품코드	제품명	제품종류	구입단가	구입수량	판매단가	판매수량	이익	재고수량
A304	로즈마리	바디클린저	28,000	130	32,000	124	496,000	6
C120	아로마	천연비누	51000	100	55,000	91	364,000	9
B408	오가닉크린	바디로션	42,000	70	45,000	47	141,000	23
A302	오마인	향수	28,700	150	32,000	131	432,300	19
A301	위크앤드	향수	44,200	120	47,000	115	322,000	5
C780	크린오일	천연비누	34,700	30	38,000	27	89,100	3
A303	클로버	바디클린저	32,000	170	35,000	127	381,000	43
A307	퓨어스마일	바디클린저	38,000	80	41,000	35	105,000	45
B517	플로라	바디로션	28,000	180	32,000	167	668,000	13
평균				114		96	333,156	18
합계				1,030		864	2,998,400	166

TIP

함수 라이브러리의 종류

엑셀에서는 상당히 많은 수의 함수를 제공합니다. 함수는 기준에 따라 몇 가지 범주로 나눠져 있습니다. 그 범주를 함수 라이브러리라고 하며, 다음과 같습니다.

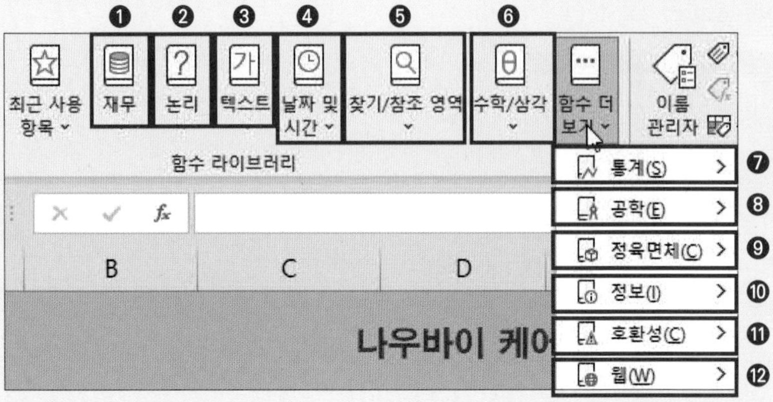

❶ **재무** : 재무 관련 계산에 사용하는 함수들의 모음입니다.

❷ **논리** : 조건이 참인지 거짓인지 알아보거나 여러 조건을 적용하여 검색할 때 사용하는 함수들의 모음입니다.

❸ **텍스트** : 수식에서 문자열을 추출, 변환할 때 사용하는 함수들의 모음입니다.

❹ **날짜 및 시간** : 날짜와 시간을 처리하는 데 사용하는 함수들의 모음입니다.

❺ **찾기/참조 영역** : 목록에 있는 특정 값 등을 찾을 때 사용하는 함수들의 모음입니다.

❻ **수학/삼각** : 반올림, 올림, 반내림, 합계 등을 구할 때 사용하는 함수들의 모음입니다.

❼ **통계** : 선택한 범위에 대해 통계(평균, 최대값, 최소값, 개수, 표준편차 등)를 다룰 때 사용하는 함수들의 모음입니다.

❽ **공학** : 2진수, 8진수, 16진수 등을 계산할 때 사용하는 함수들의 모음입니다.

❾ **정육면체** : 구성원의 속성 값을 반환하는 등 해당 구성원에 대한 속성을 활용하는 함수들의 모음입니다.

❿ **정보** : 셀의 위치나 운영체제 정보, 수식 오류 등에 대한 정보를 알려주는 함수들의 모음입니다.

⓫ **호환성** : 이전 버전과의 호환성을 위해 제공되는 함수들의 모음입니다.

⓬ **웹** : 웹 서비스의 데이터를 반환하는 함수 등이 있습니다.

TIP

자주 사용되는 함수

함수	의미	구분
SUM	목록에 있는 숫자를 모두 합한 결과를 표시합니다.	=SUM(number1, number2, ...), =sum(범위)
AVERAGE	인수의 산술 평균을 구합니다.	=AVERAGE(number1, number2, ...), =average(범위)
MAX	인수 목록에서 최대값을 구합니다.	=MAX(number1, number2, ...), =max(범위)
MIN	인수 목록에서 최소값을 구합니다.	=MIN(number1, number2, ...), =min(범위)
IF	조건 함수입니다.	=IF(조건, 참일 때의 값, 거짓일 때의 값)
SUMIF	주어진 조건에 따라 지정되는 셀의 합을 구합니다.	=SUMIF(적용할 셀 범위, 찾을 조건, 합을 구할 실제 셀)
RANK	순위를 구하는 함수입니다.	=RANK(순위를 구하고자 하는 수치 자료, 비교할 범위, 우선순위)
LOOKUP	지정한 범위 내에서 자료를 추출하는 함수로서 검사 범위는 반드시 오름차순으로 정렬된 값이어야 합니다. 찾기형이 true이거나 생략하면 찾는 값이 없을 경우 찾는 값과 가장 가까운 값을 추출하며 false인 경우에는 찾고자 하는 값이 일치해야만 출력이 됩니다.	=LOOKUP(찾는 값, 검사 범위, 추출자료가 들어 있는 범위, 찾기형)
HLOOKUP	행 방향을 대상으로 자료를 추출하는 함수로서 찾는 대상은 맨 위쪽 행이어야 하며 오름차순으로 정렬된 값이어야 합니다.	=HLOOKUP(찾는 값, 전체 자료의 범위, 행 번호)
VLOOKUP	열 방향을 대상으로 자료를 추출하는 함수로서 찾는 대상은 맨 왼쪽 열이어야 하며 오름차순으로 정렬된 값이어야 합니다.	=VLOOKUP(찾는 값, 전체 자료의 범위, 열 번호)
ROUND	숫자를 지정한 자릿수로 반올림합니다.	=ROUND(값, 자릿수)

3 작성된 표를 기준으로 차트 만들기

차트는 표나 텍스트로 만드는 것보다 쉽고 빠르게 내용을 전달할 수 있다는 장점이 있습니다. 엑셀에서 차트를 작성하는 방법에 대해 알아보겠습니다.

01 차트로 작성할 데이터의 영역을 설정하기 위해 먼저 [B3]부터 [B12] 셀까지 영역을 드래그한 후 Ctrl 키를 누른 채 차례로 [E3]부터 [E12] 셀까지와 [G3]부터 [G12] 셀까지 영역을 드래그하여 선택합니다.

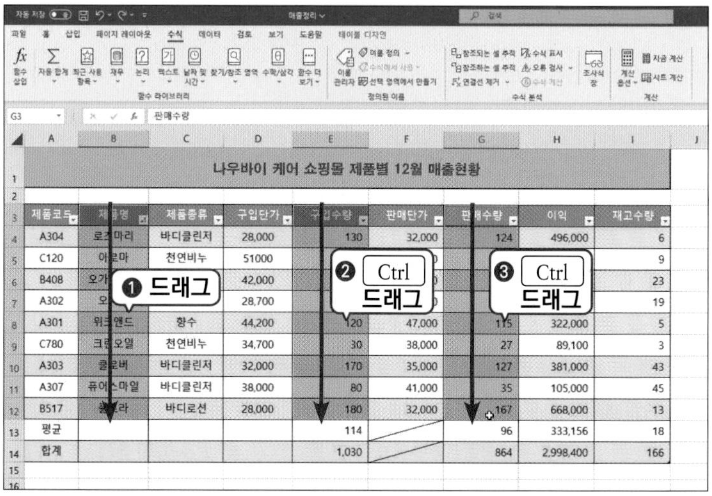

02 [삽입] 탭의 [차트] 그룹에서 '세로 또는 가로 막대형 차트( )'를 클릭하고 2차원 세로 막대형을 선택합니다.

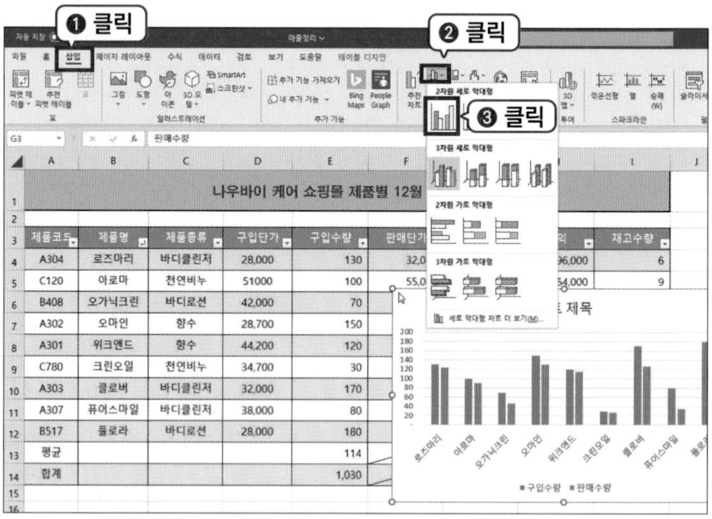

TIP

다양한 스타일의 차트를 삽입할 수 있습니다. 차트의 종류는 크게 다음과 같으며 각각의 차트에서도 세부적인 디자인이 다양하게 있습니다. 클릭을 해보며 살펴봅니다.

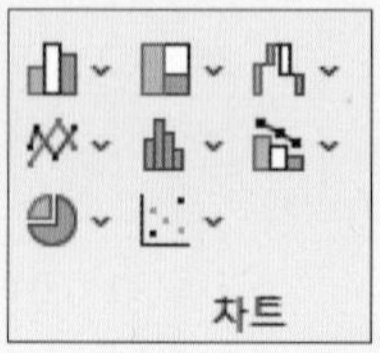

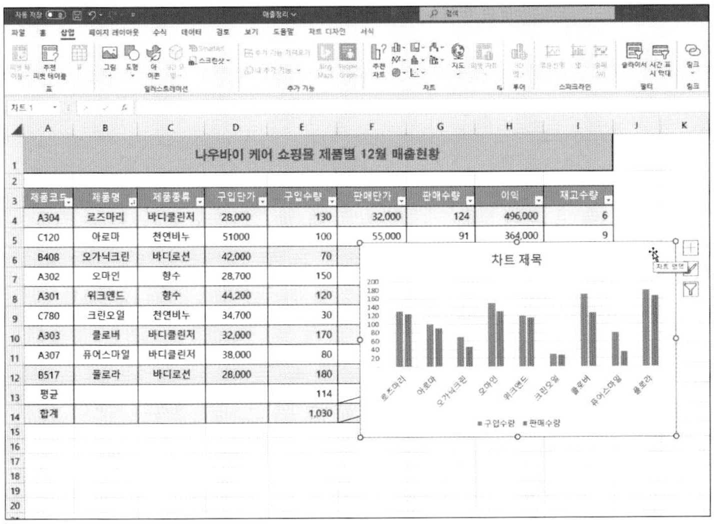

03 현재 데이터가 있는 워크시트 위에 차트가 만들어집니다.

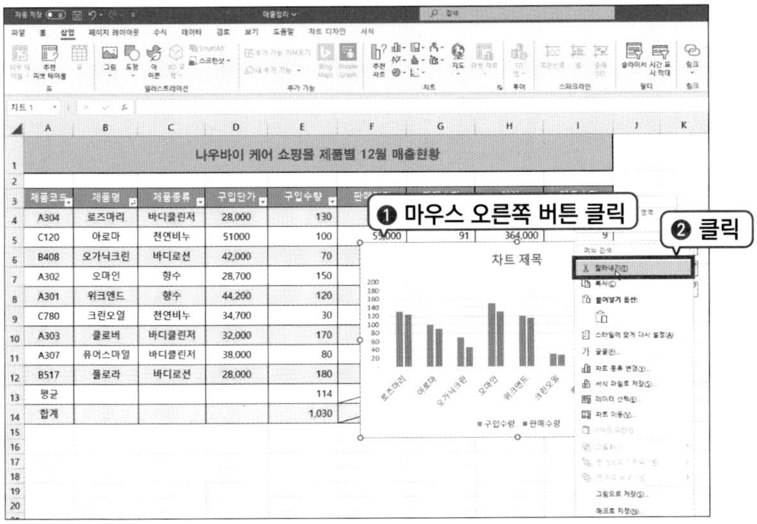

04 선택한 차트를 다른 시트로 이동하기 위해 만들어진 차트 위에서 마우스 오른쪽 버튼을 눌러 [잘라내기]를 선택합니다. 이때 그래프 위에서 마우스 오른쪽 버튼을 클릭하면 안 됩니다. 제목 부분 옆이나 그래프 밖에서 마우스 오른쪽 버튼을 클릭해야 합니다.

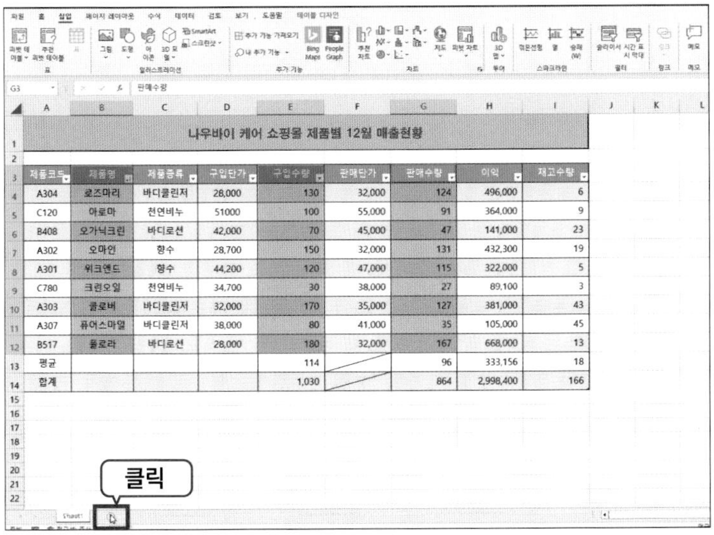

05 작업 화면의 아래쪽에 있는 '새 시트(⊕)'를 클릭해 새로운 시트를 만듭니다.

06 새로운 시트가 열리면 [A1] 셀을 클릭하고 마우스 오른쪽 버튼을 누르고 [붙여넣기](가)를 선택합니다.

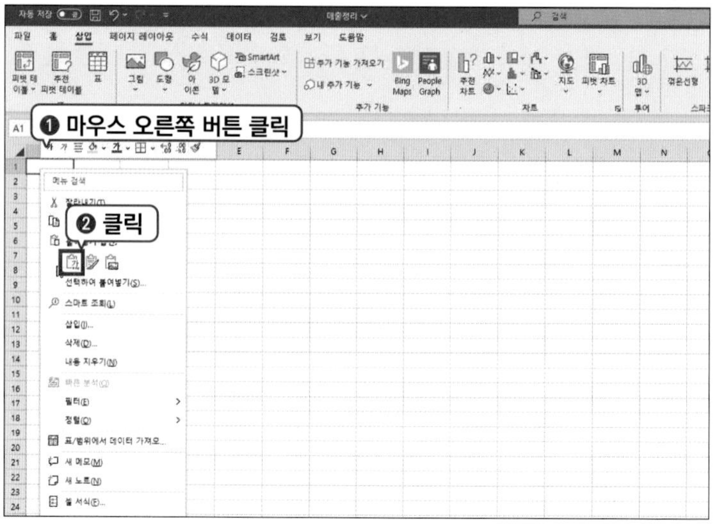

07 차트가 새로운 시트로 옮겨집니다. 차트의 오른쪽 아래에 있는 조절점을 클릭해서 대각선 방향으로 드래그해 크기를 조정합니다.

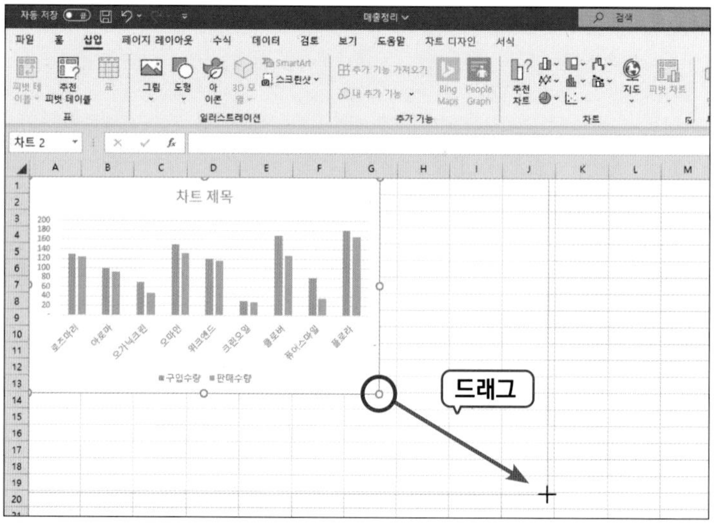

노트 Alt 키를 누른 상태에서 차트 크기를 조절하면 셀 경계에 맞게 차트 크기를 조절할 수 있습니다.

08 차트의 크기가 드래그한 대로 조정됩니다.

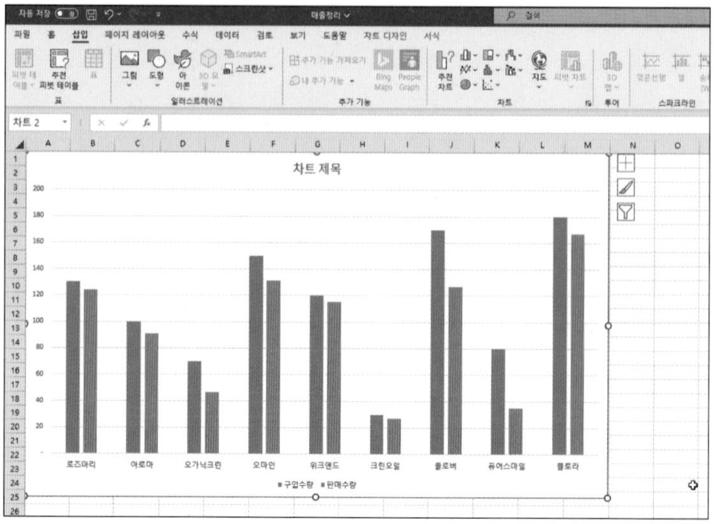

4 차트 요소 추가하고 보기 좋게 꾸미기

차트를 만들었으면 차트의 구성 요소를 추가한 후 엑셀에서 제공하는 차트 스타일을 적용해 조금 더 보기 좋게 만들어보겠습니다.

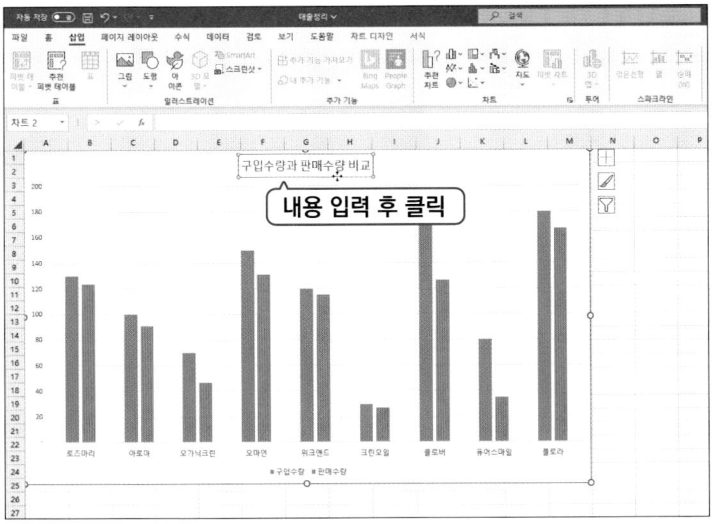

01 차트 제목을 클릭하고 기존 내용을 삭제한 후 그림과 같이 '구입수량과 판매수량 비교'라고 입력합니다. 입력을 마친 후 다시 차트 제목 상자를 클릭합니다.

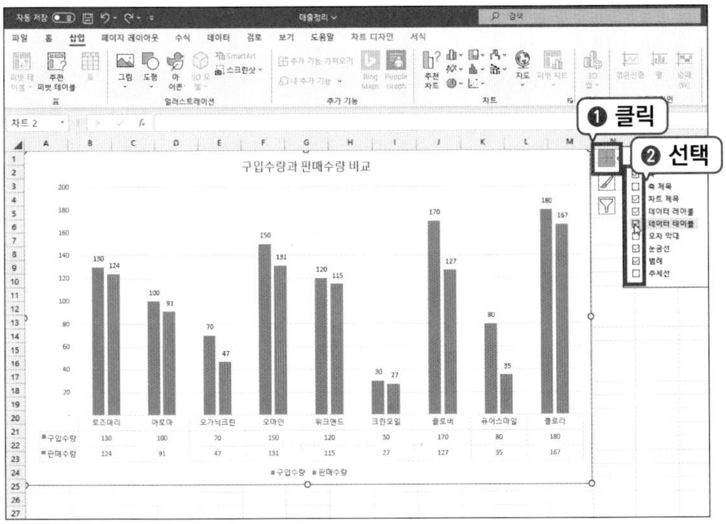

02 차트에 구성 요소를 표시하거나 감추기 위해 [차트 요소](＋)를 클릭한 다음 표시할 요소만 선택합니다. [차트 요소] 밑에 나오는 항목들을 하나씩 체크해보면서 그래프가 어떻게 바뀌는지 살펴보는 게 좋습니다.

TIP

차트의 구성 요소

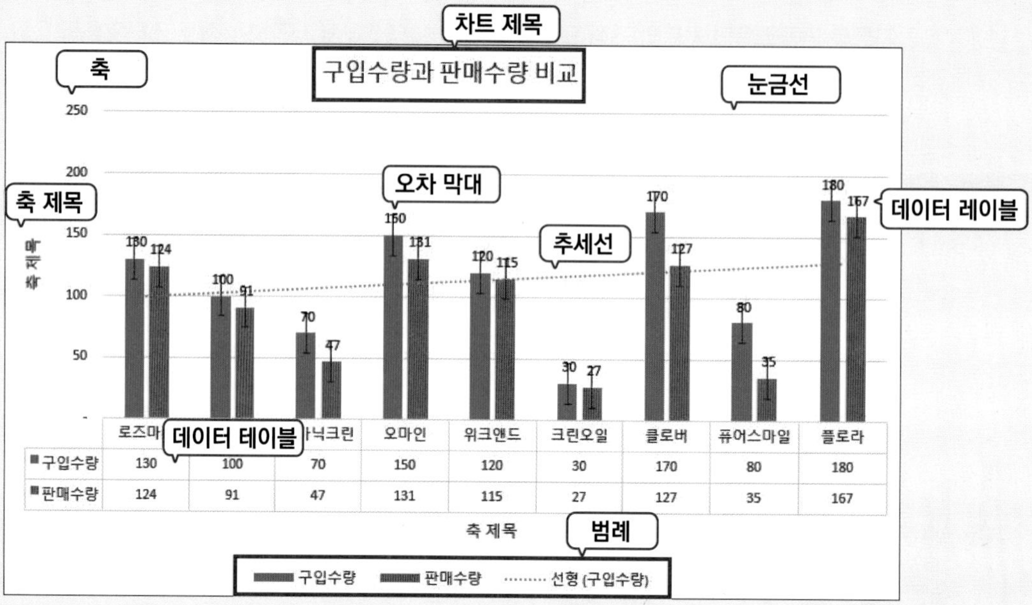

03 이번에는 차트의 스타일을 바꾸기 위해 [차트 디자인] 탭에서 [차트 스타일] 그룹에 있는 자세히(▽)를 클릭합니다.

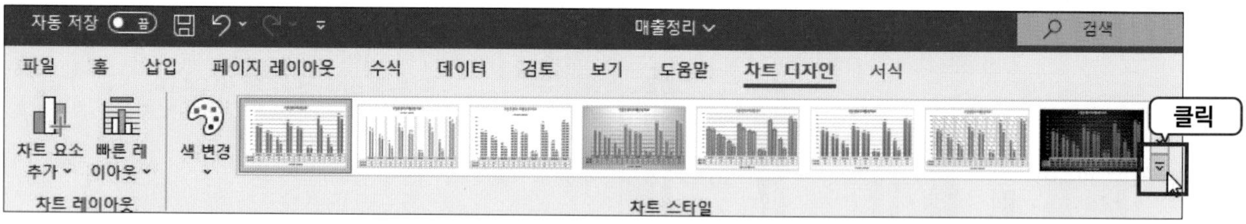

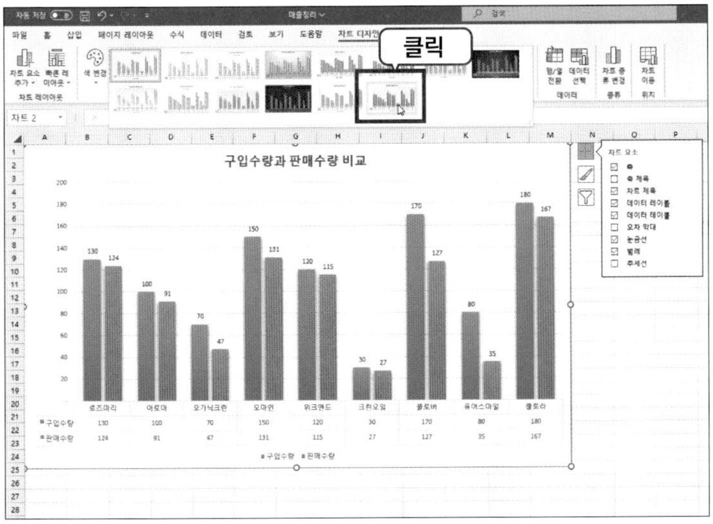

04 여러 가지 차트 스타일이 나타나면 원하는 스타일을 선택합니다. 예제에서는 '스타일 14'를 선택했습니다.

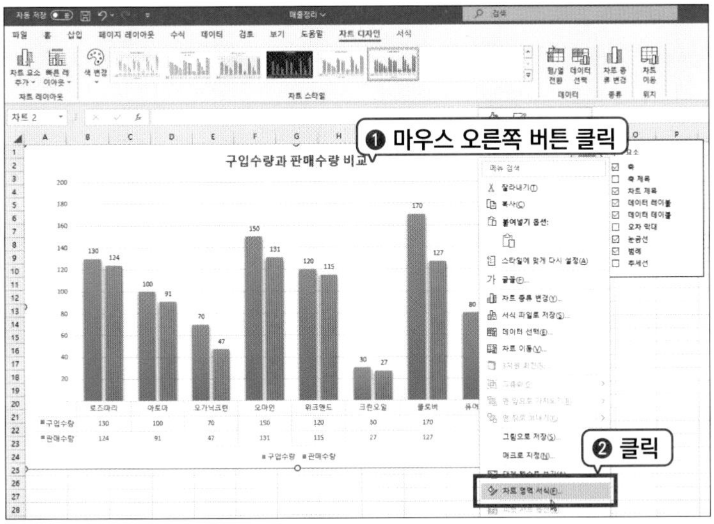

05 차트에 스타일이 적용되면 채우기 색을 지정하기 위해 차트 위에서 마우스 오른쪽 버튼을 눌러 [차트 영역 서식]을 선택합니다.

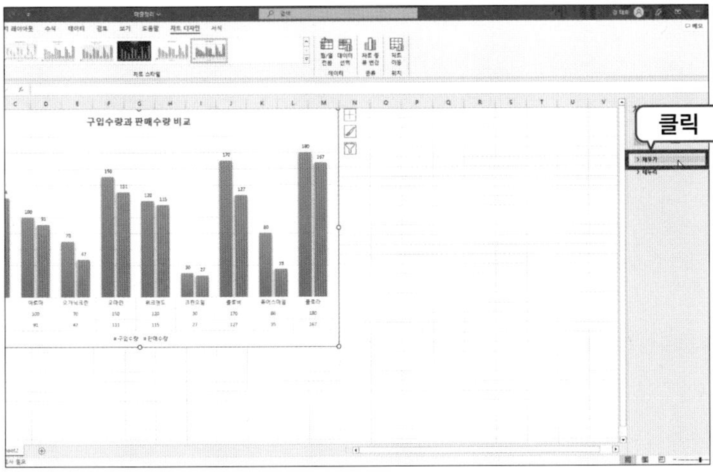

06 화면 오른쪽에 [차트 영역 서식]이 나타나면 [채우기]를 클릭합니다.

07 [채우기] 항목이 펼쳐지면 '단색 채우기'를 선택한 다음 채우기 색을 선택하고 투명도를 지정합니다. 예제에서는 채우기 색을 '녹색, 강조 6, 60% 더 밝게'로, 투명도는 '70%'로 했습니다.

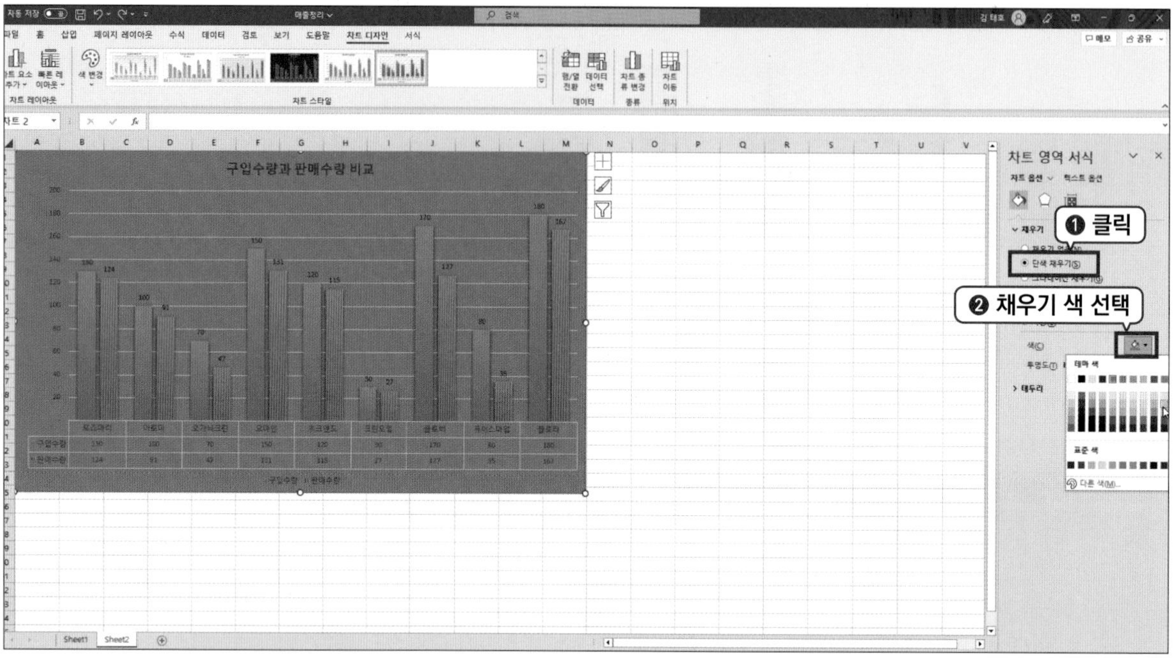

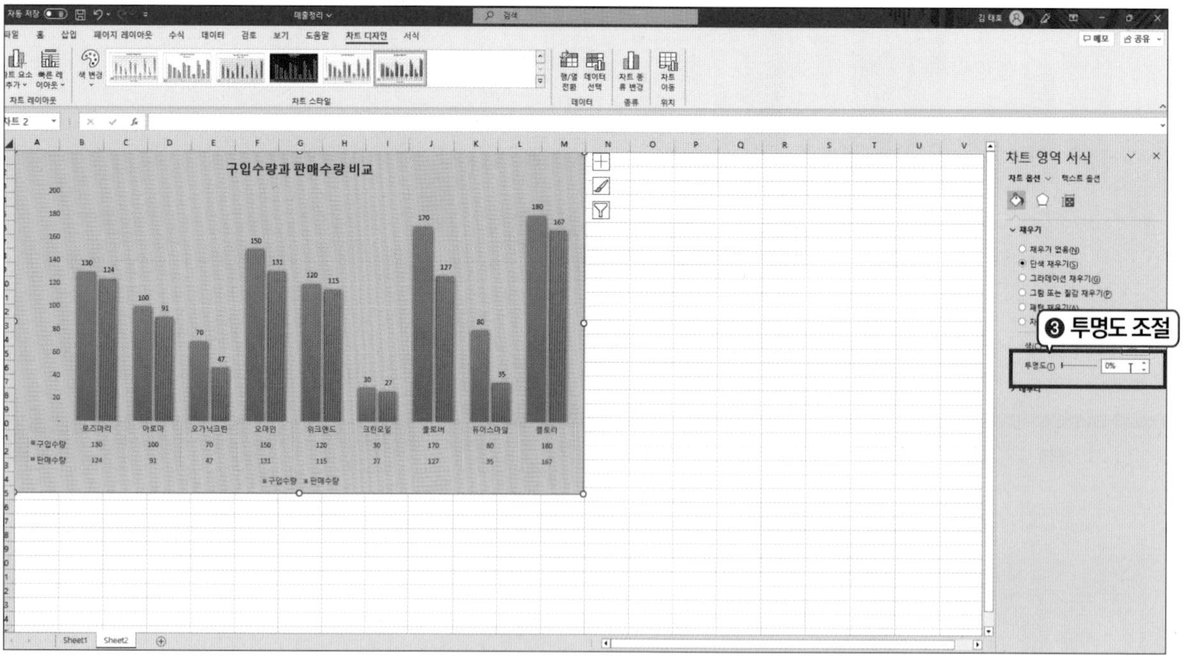

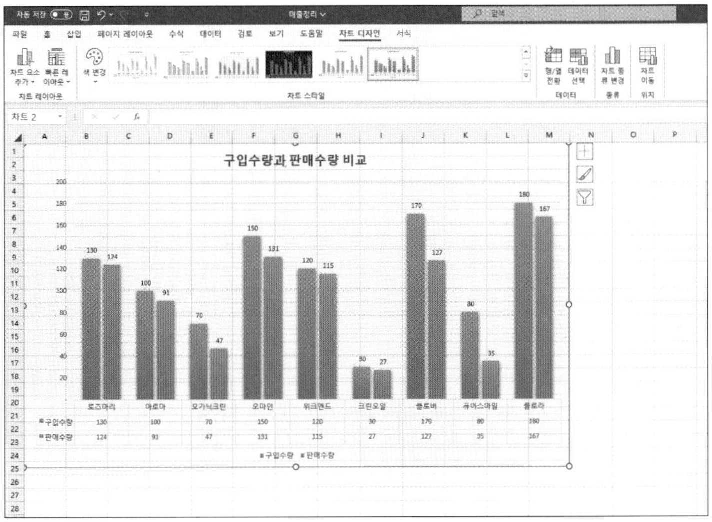

08 다음과 같은 화면으로 나타납니다.

09 이번에는 [채우기] 항목 밑에 있는 [테두리] 항목을 클릭해서 선과 색, 두께, 겹선 종류 등을 선택합니다. 예제에서는 '실선', 색은 '진한 파랑', 너비는 '2', 겹선은 '굵고 얇음(☰)'으로 선택했습니다.

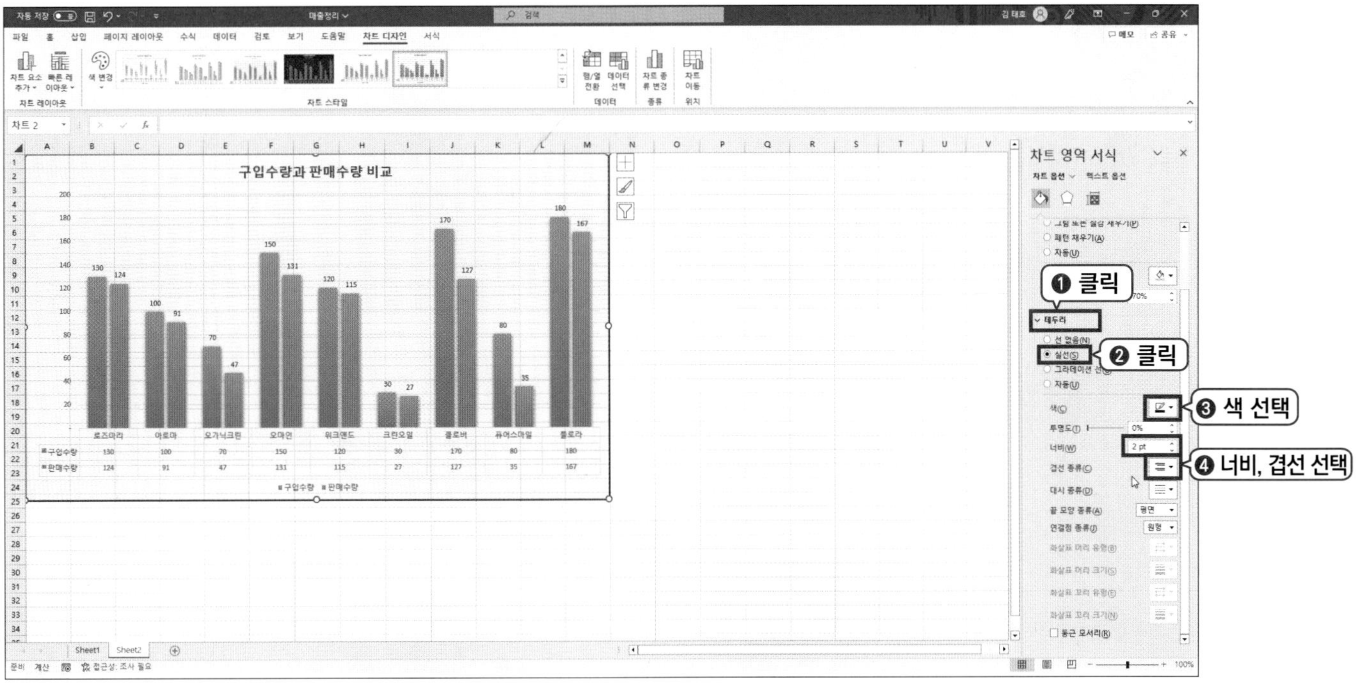

10 차트가 완성되면 [파일] 메뉴를 클릭하고 [다른 이름으로 저장]을 선택해서 원하는 폴더에 파일을 저장합니다. 예제에서는 '매출정리-완성'이라는 파일 이름으로 저장했습니다.

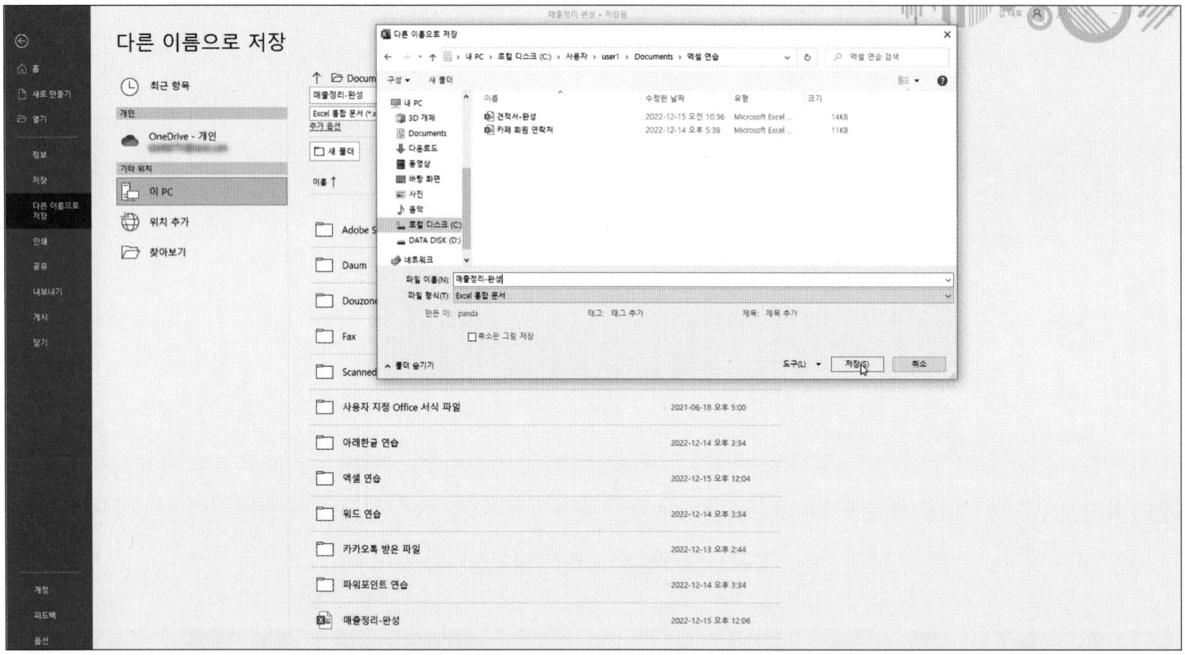

PART 7

청중을 사로잡는 프레젠테이션, 파워포인트

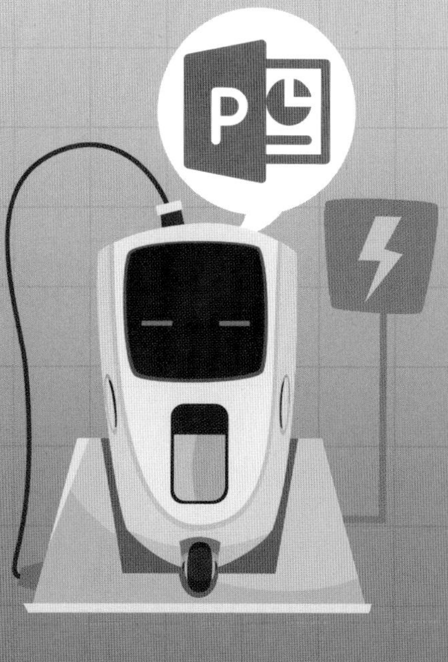

CHAPTER 01

마이크로소프트 파워포인트의 기본

마이크로소프트 파워포인트를 사용하기 위해 가장 기본적으로 알아야 할 기능을 알아봅니다. 파워포인트의 화면을 익히고 프로그램을 실행/종료하는 법을 알아보겠습니다. 자주 사용되는 탭과 아이콘의 기능을 잘 알아두어야 파워포인트를 능숙하게 사용할 수 있을 것입니다.

파워포인트는 워드, 엑셀과 마찬가지로 마이크로소프트사에서 만든 프로그램으로, 발표에 필요한 슬라이드와 유인물을 작성하는 데 사용하는 중요한 프로그램입니다. 따라서 발표에 필요한 시각/청각적인 표현이 용이하도록 표, 차트, 도형, 그림, 동영상, 소리 등 주제에 적합한 다양한 요소를 쉽게 삽입하고 꾸밀 수 있습니다.
현재는 마이크로소프트 홈페이지에서 마이크로소프트 365 구독을 구매하면 워드, 엑셀, 파워포인트 등을 가장 최신 버전으로 한번에 받아 사용할 수 있게 되어있습니다. 단일 프로그램의 경우 평생 소장 형태로 구매가 가능합니다.

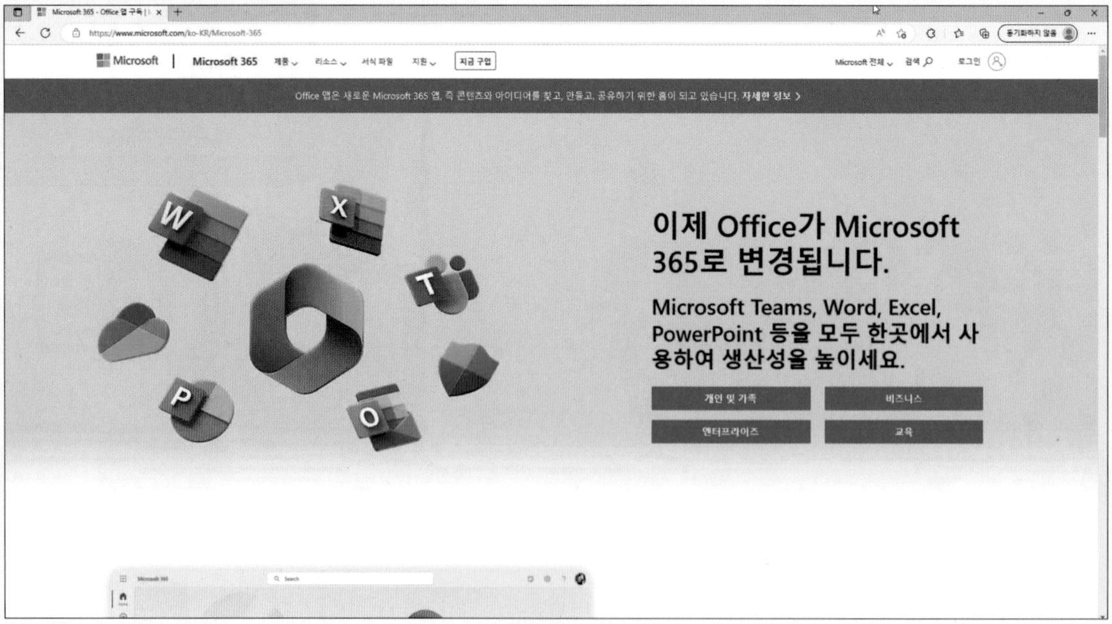
Microsoft
Microsoft 365
지금 구입
이제 Office가 Microsoft 365로 변경됩니다.
Microsoft Teams, Word, Excel, PowerPoint 등을 모두 한곳에서 사용하여 생산성을 높이세요.
개인 및 가족
비즈니스
엔터프라이즈
교육

마이크로소프트 365

여러 버전이 사용되고 있는데 2007, 2010, 2013, 2016, 2019 등이 있으며 앞으로도 꾸준히 버전업이 될 예정입니다. 이 책에서는 가장 최신 버전인 365 버전을 사용했으나 이전 버전으로 학습해도 큰 무리는 없습니다. 다만 기능의 이름이나 위치, 아이콘 모양, 최신 추가된 함수 등에서 차이가 있을 수 있으니 참고하시길 바랍니다.

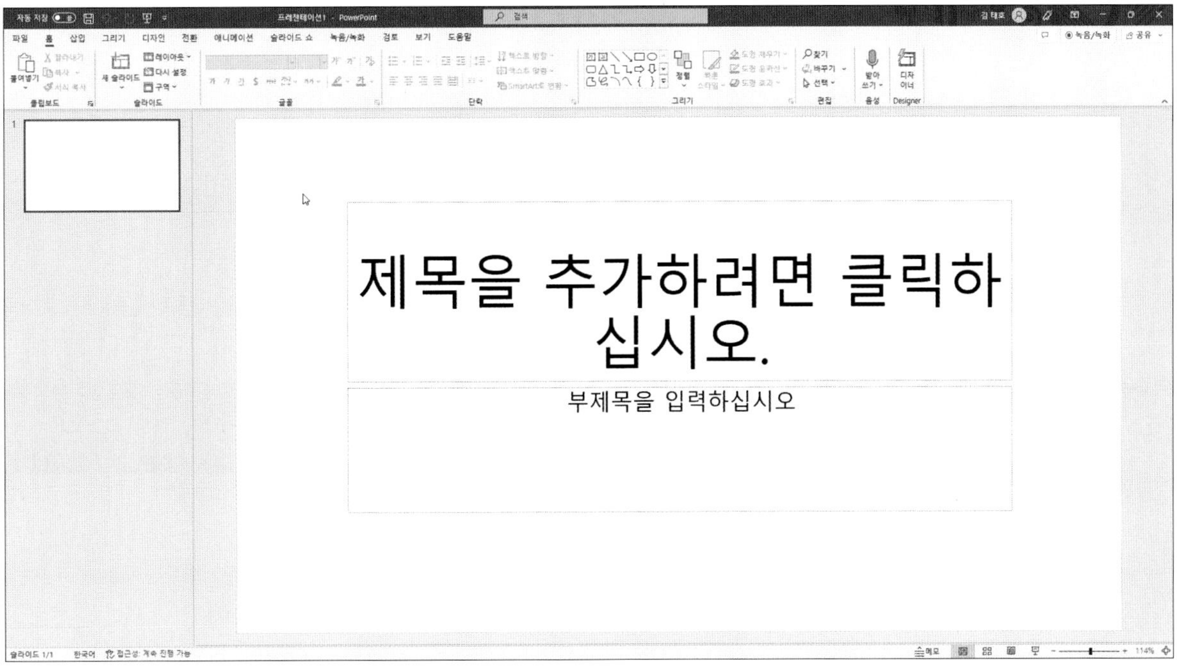

파워포인트의 기능은 다음과 같이 정의할 수 있습니다.

❶ 발표용 도구로서 표, 조직도, 차트, 도형 등을 쉽게 작성할 수 있습니다.

❷ 삽입한 개체에 여러 가지 효과를 지정할 수 있습니다.

❸ 애니메이션 효과를 지정하여 청중을 집중시킬 수 있습니다.

❹ 개체에 기본 스타일을 제공하여 쉽게 슬라이드를 디자인할 수 있습니다.

❺ 외부에 있는 다양한 시청각 자료를 쉽게 삽입하여 슬라이드를 작성할 수 있습니다.

1 파워포인트 시작과 종료

01 파워포인트를 실행하려면 바탕 화면에 있는 [파워포인트]( )를 마우스 왼쪽 버튼으로 더블 클릭합니다.

TIP

[시작] 메뉴를 통해 파워포인트를 실행할 수도 있습니다.

[시작] 메뉴를 눌렀을 때 자주 사용하는 앱에 파워포인트가 나타나지 않는 경우는 스크롤 바를 클릭한 채로 아래로 내려 파워포인트를 찾아서 실행해야 합니다.

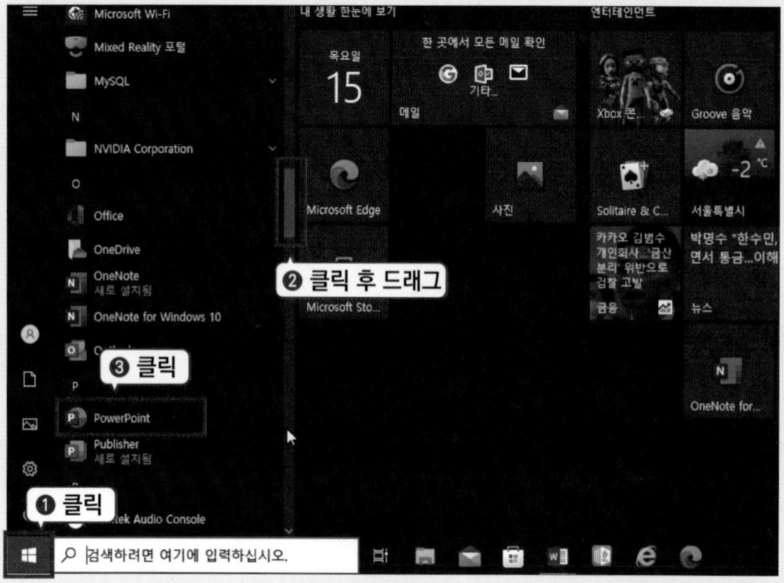

02 파워포인트가 실행되면 새로운 파워포인트 문서를 만들기 위해 [새 프레젠테이션]을 클릭합니다. 파워포인트는 기본 서식을 제공하여 원하는 서식을 선택하면 빠르게 문서를 만들 수 있습니다.

03 슬라이드가 나타나면서 파워포인트 문서를 편집할 수 있습니다. 파워포인트의 화면 구성은 다음과 같습니다.

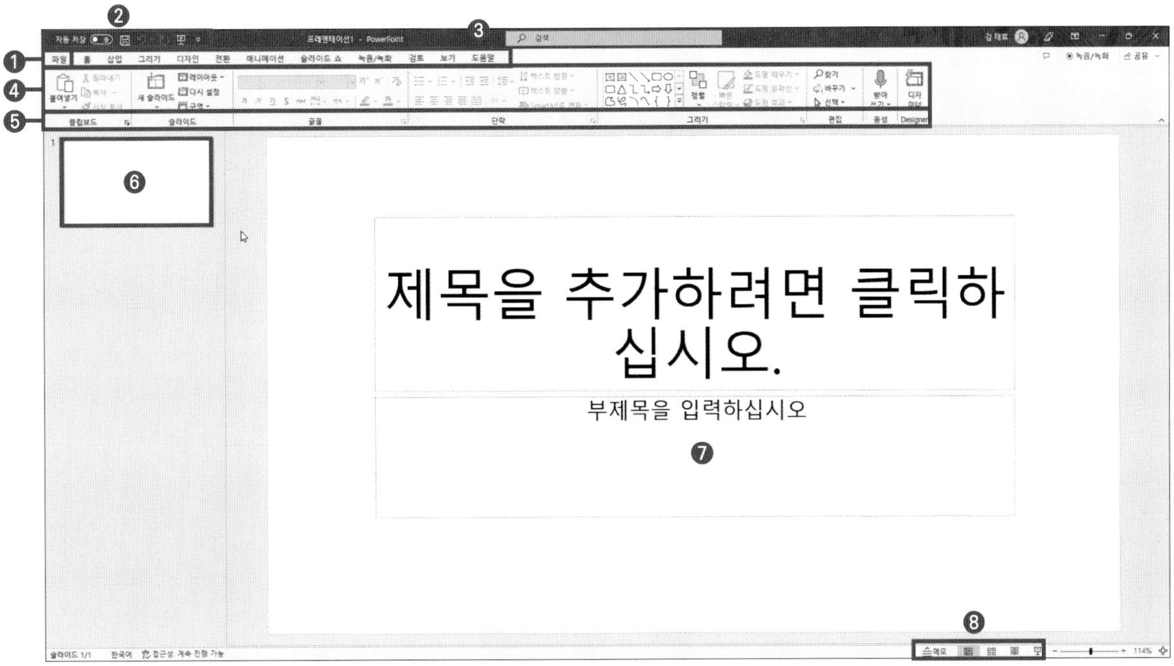

❶ **파일 탭 :** 열기, 다른 이름으로 저장, 인쇄 등 기본적인 메뉴를 모아놓은 단추입니다.
❷ **빠른 실행 도구 모음 :** 자주 사용하는 메뉴를 모아놓았으며 저장, 실행 취소, 다시 실행을 할 수 있는 아이콘이 있습니다.
❸ **탭 메뉴 :** 작업 화면 상단에 있는 항목을 탭이라고 하며 탭을 선택하면 각 탭에 관련된 기능이 리본 메뉴로 표시됩니다.
❹ **리본 메뉴 :** 탭 메뉴를 클릭하면 아래쪽으로 아이콘 묶음이 표시되는데 이것을 리본 메뉴라고 합니다. 탭과 그룹, 아이콘으로 구성되어 있습니다.
❺ **그룹 버튼 :** 특정 유형의 작업에 자주 사용되는 명령을 모아놓은 버튼으로 해당 기능을 버튼 클릭만으로 실행할 수 있기 때문에 편리합니다.
❻ **개요 :** 슬라이드의 미리보기가 표시됩니다.
❼ **슬라이드 :** 실제 작업할 수 있는 공간으로 내용을 입력하고 도형과 그림 등을 삽입할 수 있는 공간입니다.
❽ **페이지 형태 :** 현재 작업 중인 페이지를 확인할 수 있으며 기본, 메모, 여러 슬라이드, 읽기용 보기, 슬라이드 쇼 등을 할 수 있습니다.

04 파워포인트를 종료하려면 화면 상단 오른쪽의 닫기(✕) 단추를 클릭합니다.

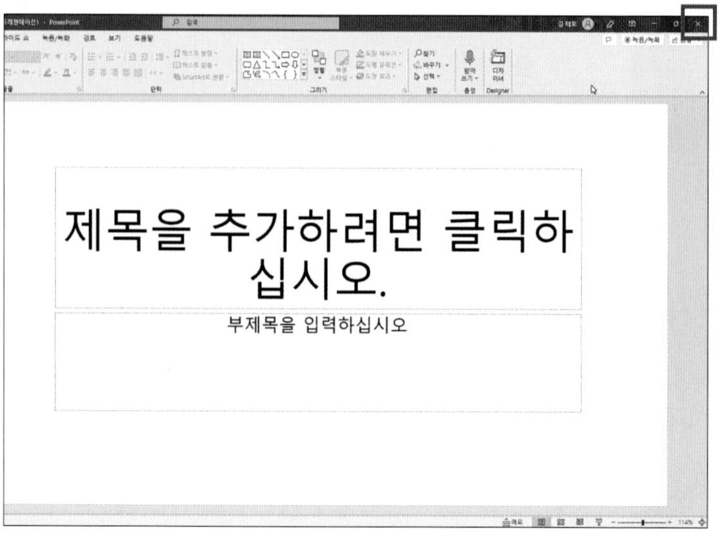

TIP

[파일] 탭을 클릭한 후 [닫기]를 클릭해도 파워포인트를 종료시킬 수 있습니다.

2 표준 탭과 그룹 살펴보기

본격적으로 슬라이드를 작성하기 전에 파워포인트의 탭에 대해 알아보겠습니다. 앞으로 자주 사용하게 될 탭에는 어떤 기능이 포함되어 있는지 익혀두는 것이 좋습니다.

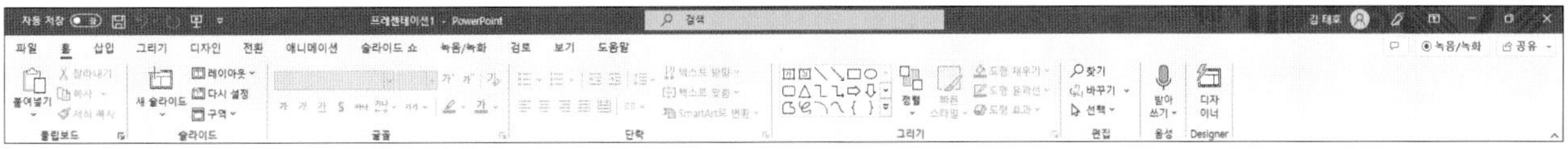

1. [파일] 탭

파일을 관리하기 위한 여러 가지 기능을 모아 둔 곳입니다.

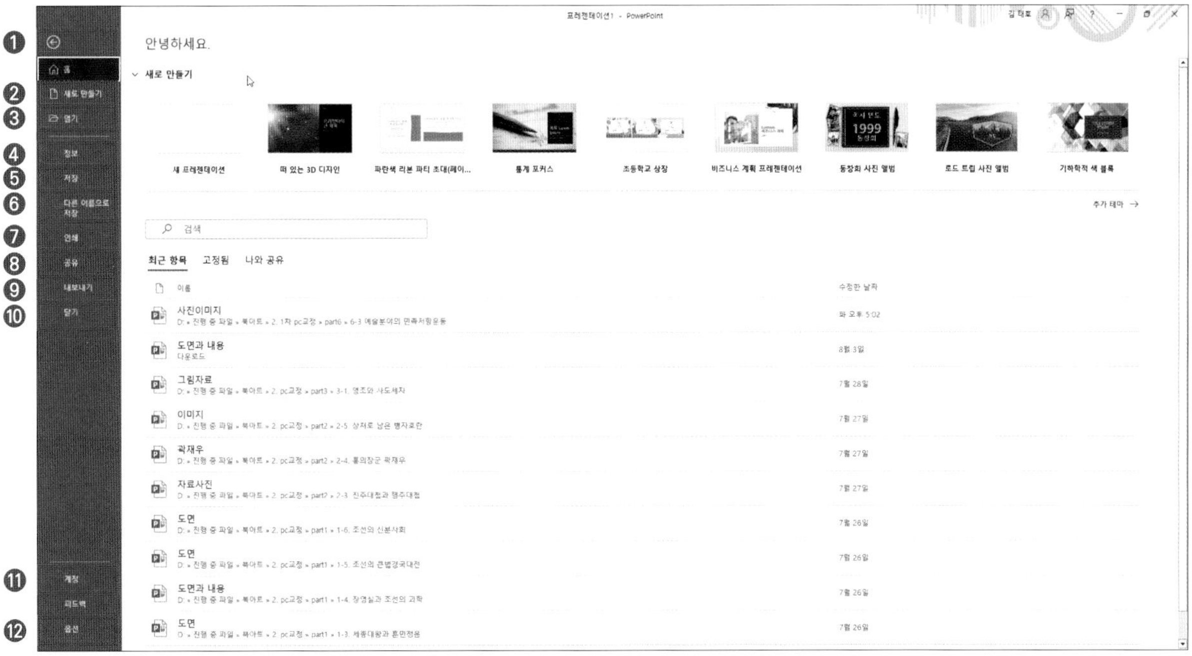

❶ **이전 :** 슬라이드 편집 화면으로 되돌아갑니다.

❷ **새로 만들기 :** 새로운 프레젠테이션을 만들거나 서식을 이용해 원하는 프레젠테이션을 편하게 만들 수 있습니다.

❸ **열기 :** 저장된 문서를 열 수 있습니다.

❹ **정보 :** 문서를 만든 날짜, 크기, 슬라이드 수, 만든 이 등의 정보를 볼 수 있습니다.

❺ **저장 :** 작성한 프레젠테이션을 파일로 저장합니다.

❻ **다른 이름으로 저장 :** 기존에 저장되었던 파일을 다른 이름으로 저장합니다.

❼ **인쇄 :** 슬라이드를 종이에 인쇄합니다.

❽ **공유 :** Onedrive를 통해 문서를 다른 사람과 공유하고 온라인 프레젠테이션, 슬라이드 게시 등을 이용할 수 있습니다.

❾ **내보내기 :** 파일을 PDF나 XPS 문서, 비디오, CD용 패키지 등으로 만들 수 있습니다. 파일 형식을 변경할 수도 있습니다.

❿ **닫기 :** 현재 열려있는 창을 닫습니다. 창이 하나만 열려 있다면 파워포인트를 종료합니다.

⓫ **계정 :** 사용자 정보와 제품 정보 등을 표시합니다.

⓬ **옵션 :** 파워포인트와 관련된 여러 가지 옵션을 설정합니다.

2. [홈] 탭

[홈] 탭은 파워포인트를 사용하면서 가장 자주 쓰는 기능들이 있는 곳입니다.

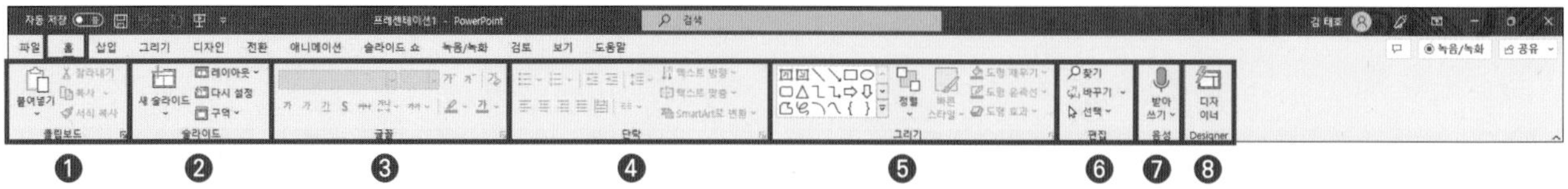

❶ **클립보드** : 클립보드는 슬라이드를 복사하거나 이동할 때 사용합니다.

❷ **슬라이드** : 새로운 슬라이드를 삽입하거나 슬라이드의 레이아웃을 설정할 수 있으며, 슬라이드에 구역을 지정할 수 있습니다.

❸ **글꼴** : 글꼴이나 글자 크기, 글자 색 등을 변경할 수 있습니다.

❹ **단락** : 글머리 기호나 번호 매기기, 텍스트의 가로와 세로 맞춤을 지정하고, 텍스트의 방향을 지정하거나 들여쓰기, 내어쓰기 등을 지정할 수 있습니다.

❺ **그리기** : 도형을 삽입하거나 여러 도형을 정렬할 수 있으며, 도형의 채우기나 윤곽선, 효과 등을 지정할 수 있습니다.

❻ **편집** : 슬라이드에서 내용을 찾거나 다른 내용으로 바꿀 수 있습니다.

❼ **음성** : 음성을 이용한 받아쓰기 기능을 이용할 수 있습니다.

❽ **디자이너** : 선택할 수 있는 디자인 아이디어를 자동으로 생성하여 의견을 줍니다. 마이크로소프트 365 구독자용 기능입니다.

3. [삽입] 탭

새 슬라이드, 표, 그림, 도형, 스마트아트, 차트, 하이퍼링크, 텍스트 상자, 워드아트, 수식, 기호, 비디오, 오디오 등의 다양한 요소를 삽입합니다.

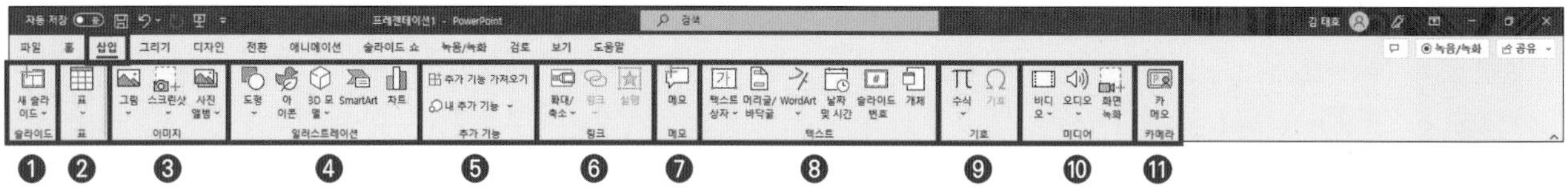

❶ **슬라이드** : 새로운 슬라이드를 삽입합니다.

❷ **표** : 표를 삽입합니다.

❸ **이미지** : 그림이나 화면을 캡처하여 그림으로 삽입하는 스크린샷 등의 작업을 할 수 있습니다.

❹ **일러스트레이션** : 도형이나 스마트아트, 차트 등을 삽입할 수 있습니다.

❺ **추가 기능** : 오피스 스토어에서 추가 기능을 찾아볼 수 있고 추가 기능을 삽입하거나 웹을 활용하여 작업을 할 수 있습니다.

❻ **링크** : 하이퍼링크를 삽입하거나 삭제합니다.

❼ **메모** : 슬라이드에 메모를 삽입합니다.

❽ **텍스트** : 텍스트 상자를 삽입하거나 머리글, 바닥글, 날짜 및 시간, 슬라이드 번호, 개체 등을 삽입합니다. 텍스트 상자를 워드아트로 변경할 수 있습니다.

❾ **기호** : 수식이나 기호를 삽입할 수 있습니다.

❿ **미디어** : 비디오 파일이나 오디오 파일을 삽입할 수 있습니다.

⓫ **카메라** : 슬라이드에 카메라 피드를 삽입할 수 있습니다.

4. [그리기] 탭

펜을 이용해 화면상에 직접 선 등을 그리는 등의 작업을 할 수 있습니다.

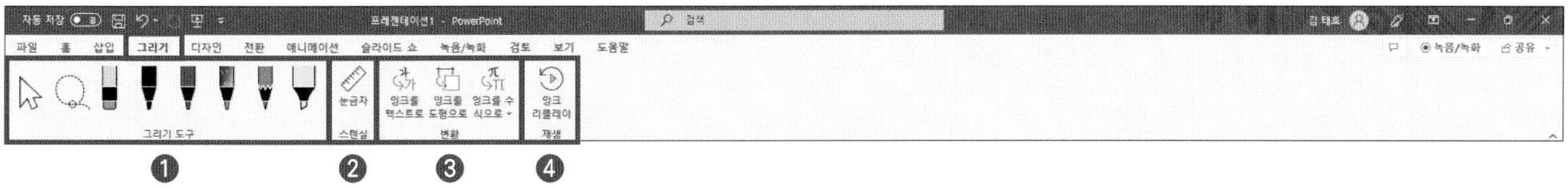

❶ **그리기 도구 :** 다양한 그리기 도구로 그림을 그릴 수 있습니다.

❷ **스텐실 :** 각도를 조절할 수 있는 눈금자를 삽입합니다.

❸ **변환 :** 펜으로 그린 것을 도형이나 수식으로 변환할 수 있습니다.

❹ **재생 :** 그림을 그린 과정을 재생할 수 있습니다.

5. [디자인] 탭

슬라이드 디자인에 필요한 요소를 설정할 수 있는 탭입니다.

❶ **테마 :** 미리 정해져 있는 슬라이드 배경과 글꼴, 색을 지정할 수 있습니다.

❷ **적용 :** 테마에 미리 지정된 색이나 글꼴, 효과, 배경 스타일을 바꿀 수 있습니다.

❸ **사용자 지정 :** 슬라이드 크기와 배경 서식을 지정할 수 있습니다.

❹ **디자이너 :** 선택할 수 있는 디자인 아이디어를 자동으로 생성하여 의견을 줍니다. 마이크로소프트 365 구독자용 기능입니다.

6. [전환] 탭

슬라이드 쇼를 진행할 때 슬라이드 간의 전환 방법을 지정합니다.

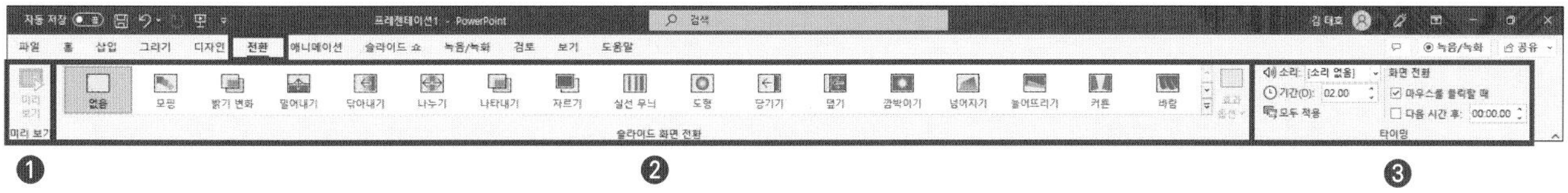

❶ **미리보기 :** 지정된 효과를 미리 볼 수 있습니다.

❷ **슬라이드 화면 전환 :** 슬라이드의 화면 전환 효과를 지정할 수 있습니다.

❸ **타이밍 :** 화면 전환 효과가 실행되는 방법과 효과음, 기간 등을 지정할 수 있습니다.

7. [애니메이션] 탭

슬라이드에 삽입된 개체에 애니메이션 효과를 지정합니다.

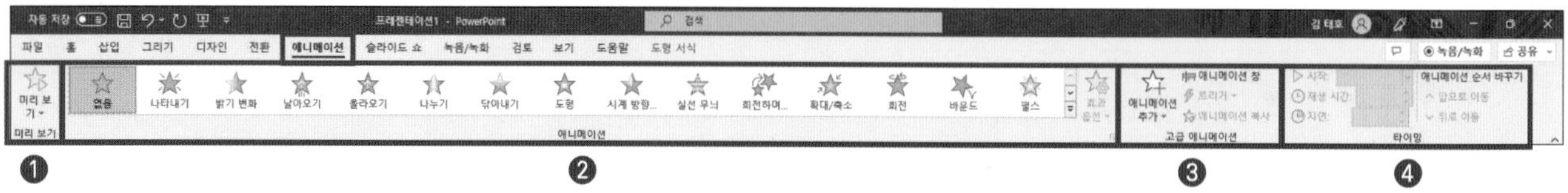

❶ **미리보기 :** 지정된 효과를 미리 볼 수 있습니다.
❷ **애니메이션 :** 개체에 애니메이션 효과를 지정할 수 있습니다.
❸ **고급 애니메이션 :** 기본 애니메이션 이외에 애니메이션을 추가하거나 애니메이션을 복사할 수 있습니다.
❹ **타이밍 :** 애니메이션 효과가 실행되는 방법과 효과음, 기간 등을 지정할 수 있습니다.

8. [슬라이드 쇼] 탭

완성된 슬라이드의 쇼를 진행하는 방법을 설정합니다.

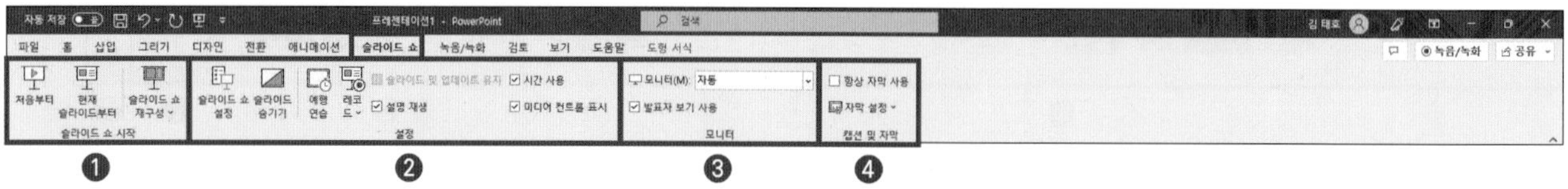

❶ **슬라이드 쇼 시작 :** 슬라이드 쇼를 진행합니다.
❷ **설정 :** 슬라이드 쇼를 진행하기 위한 세부 사항을 설정합니다.
❸ **모니터 :** 두 개 이상의 모니터를 사용할 때 어떤 모니터로 슬라이드 쇼를 진행할지를 결정합니다.
❹ **캡션 및 자막 :** 자막 사용 여부 및 설정을 할 수 있습니다.

9. [녹음/녹화] 탭

슬라이드 쇼의 녹음/녹화를 진행할 수 있습니다.

❶ **미리보기 :** 녹화된 비디오를 미리 볼 수 있습니다.
❷ **카메라 :** 슬라이드에 카메라 피드를 삽입하고 스타일을 지정할 수 있습니다.
❸ **녹음/녹화 :** 지정한 슬라이드 혹은 처음부터 녹음/녹화를 할 수 있고 오디오 녹음도 가능합니다.
❹ **편집 :** 녹화된 비디오 및 슬라이드 타이밍을 삭제할 수 있습니다.
❺ **내보내기 :** 파일을 슬라이드 쇼 및 비디오로 내보낼 수 있습니다.

10. [검토] 탭

완성된 슬라이드의 맞춤법을 검사하거나 다른 사람의 워크시트를 검토하고 변경 내용을 편집할 때 사용합니다.

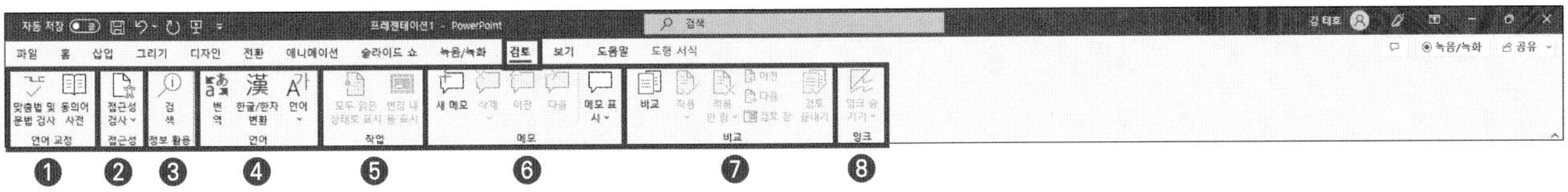

❶ **언어 교정 :** 완성된 파일에 맞춤법이 틀린 부분이 있는지 검사하거나, 사전을 이용해 유사한 단어가 있는지 검사할 때 사용합니다.
❷ **접근성 :** 현재 파일의 호환성 검사 등을 수행합니다.
❸ **정보 활용 :** 스마트 조회를 활용하여 문서에 있는 용어를 확인하거나 검색할 수 있습니다.
❹ **언어 :** 한글을 영어로 번역하거나 영어를 한글로 번역할 수 있으며 한글/한자 변환 등을 할 수 있습니다.
❺ **작업 :** 변경 내용 표시를 활성화할 수 있습니다.
❻ **메모 :** 슬라이드에 메모를 삽입하거나 지울 때 사용합니다.
❼ **비교 :** 여러 사람이 슬라이드의 내용을 편집했을 경우 어떤 부분을 변경했는지 알아볼 때 사용합니다.
❽ **잉크 :** 펜이나 형광펜 효과를 문서에 추가할 수 있습니다.

11. [보기] 탭

프레젠테이션의 보기 방법을 지정할 때 사용합니다.

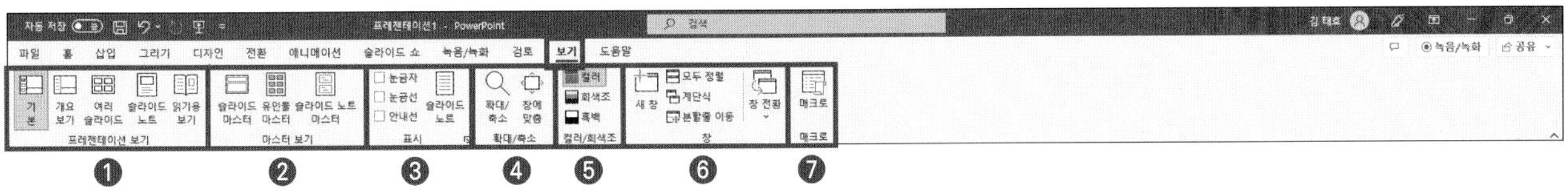

❶ **프레젠테이션 보기 :** 보기 방법을 기본, 개요 보기, 여러 슬라이드 보기, 슬라이드 노트, 읽기용 보기 등으로 바꿀 때 사용합니다.
❷ **마스터 보기 :** 슬라이드 마스터나 유인물 마스터, 슬라이드 마스터를 실행해 마스터를 편집할 때 사용합니다.
❸ **표시 :** 눈금자, 눈금선, 안내선, 슬라이드 노트 등을 표시하거나 감출 수 있습니다.
❹ **확대/축소 :** 슬라이드 보기를 확대하거나 축소할 수 있으며 창에 맞출 수 있습니다.
❺ **컬러/회색조 :** 화면을 컬러나 회색조로 바꿀 때 사용합니다.
❻ **창 :** 여러 개의 창이 열려 있는 경우 창 보기 방법을 지정할 때 사용합니다.
❼ **매크로 :** 여러 개의 명령을 반복적으로 사용할 때 쉽게 사용할 수 있도록 매크로를 정의하거나 정의된 매크로를 실행할 때 사용합니다.

CHAPTER 02

테마를 이용해 회사 소개서 만들기

이번 챕터에서는 파워포인트의 기본적인 사용 방법을 알아보겠습니다. 파워포인트를 이용해 슬라이드에 테마를 지정하고 슬라이드를 작성하는 방법에 대해 설명합니다. 자주 사용하는 기능이므로 숙지하기 바랍니다.

1 문서에 디자인 테마 지정하기

파워포인트에서는 미리 꾸며놓은 다양한 테마의 슬라이드를 지원합니다. 테마를 이용하면 제목과 본문 슬라이드를 디자인하느라 많은 시간을 투자하지 않아도 됩니다.

01 파워포인트를 실행하고 새 프레젠테이션을 연 후 [디자인] 탭의 [테마] 그룹에 있는 '자세히(▾)'를 클릭합니다.

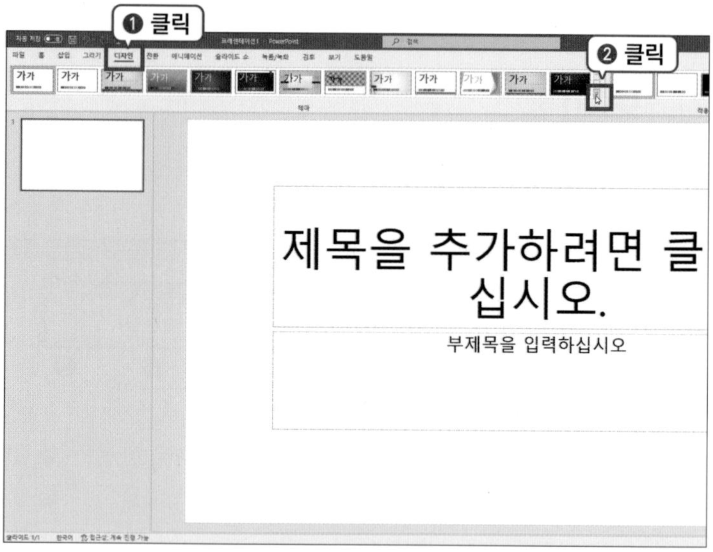

02 테마가 표시되면 원하는 테마를 선택합니다. 예제에서는 '갤러리' 테마를 선택했습니다.

03 슬라이드의 배경과 제목 글꼴 색 등이 모두 지정된 테마로 바뀝니다. [적용] 그룹의 '자세히(▽)'를 클릭합니다.

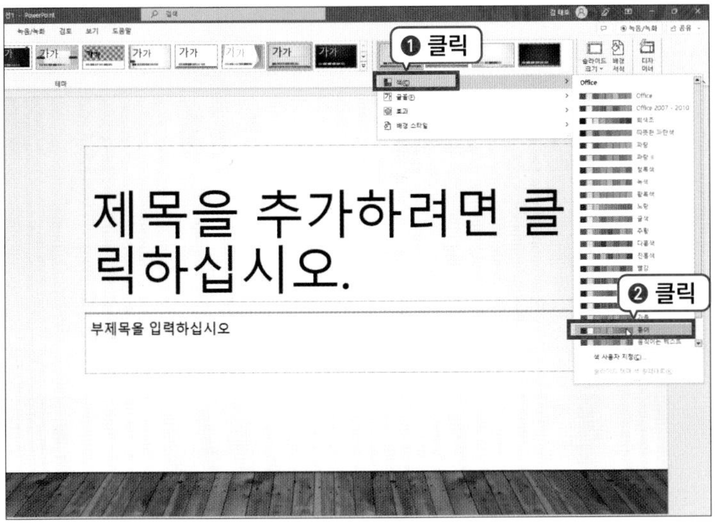

04 [색]에서 원하는 색을 선택합니다. 예제에서는 '종이'를 선택했습니다. 슬라이드에 적용된 테마 색이 바뀝니다.

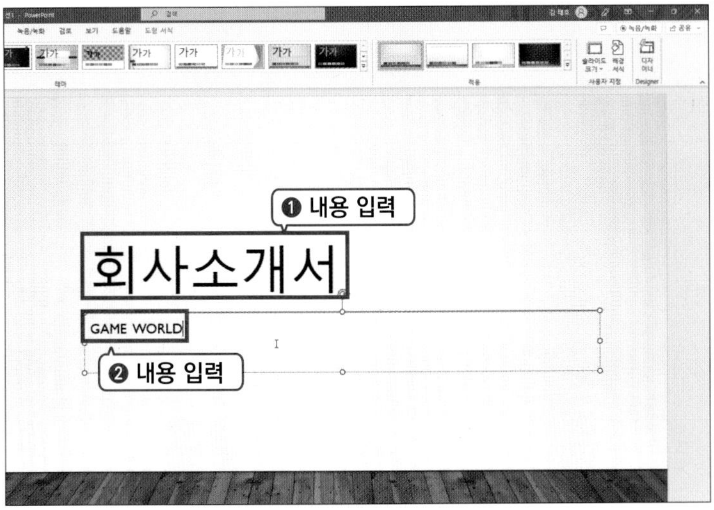

05 '제목을 입력하십시오' 상자의 내부를 클릭하고 '회사소개서'라고 입력합니다. '부제목을 입력하시오' 상자도 같은 방법으로 GAME WORLD라고 입력합니다.

06 슬라이드가 완성되었으면 화면 왼쪽 위에 있는 저장 버튼( )을 클릭하거나 그 밑에 있는 [파일] 탭을 클릭합니다. 예제에서는 [파일] 탭을 클릭했습니다.

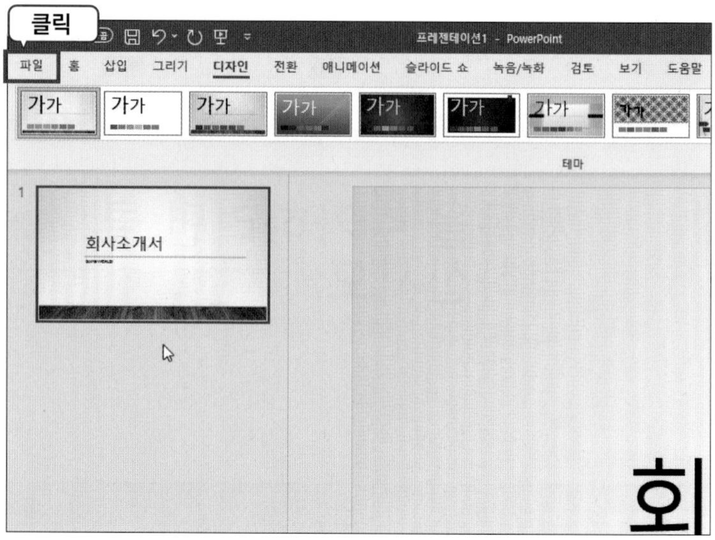

TIP

[저장]( )은 파일을 처음 저장할 때는 [다른 이름으로 저장] 창이 나오지만 기존에 작업하던 문서에서 [저장]( )을 클릭하면 기존 파일 이름 그대로 저장이 됩니다.

07 파일 창이 나타나면 [저장]을 클릭합니다.

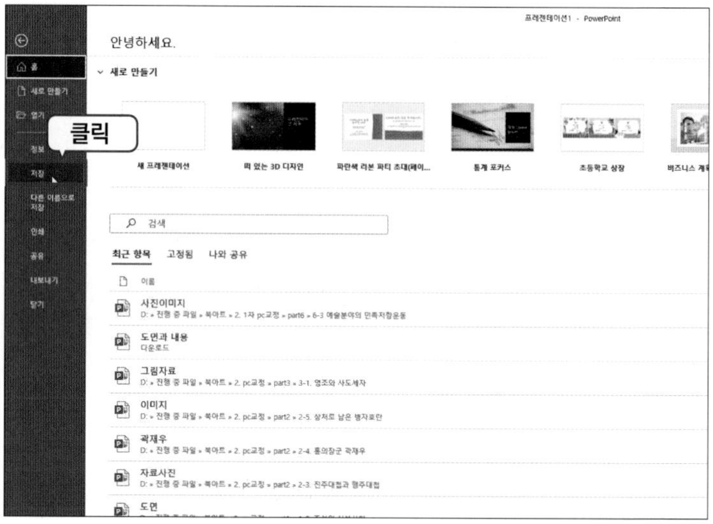

08 슬라이드를 작성한 후 파일을 처음 저장하면 [다른 이름으로 저장]이 나타나는데 여기에서 [찾아보기]를 클릭합니다. [다른 이름으로 저장] 대화상자가 나오면 원하는 폴더에 '회사소개서'라고 파일 이름을 입력한 후 [저장]을 클릭합니다.

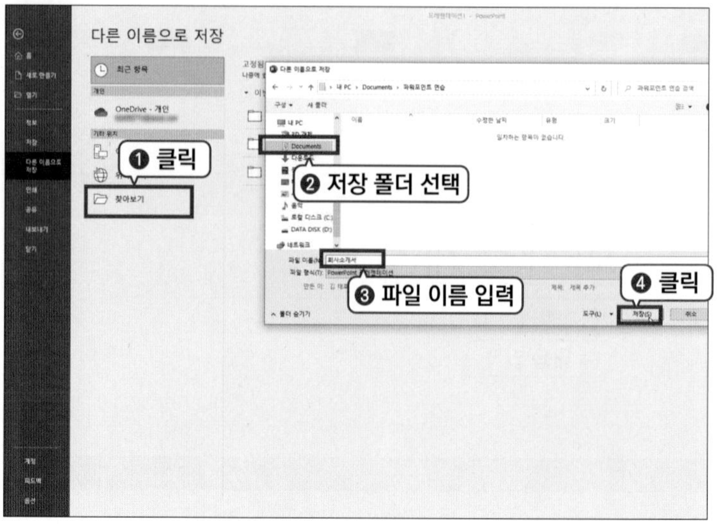

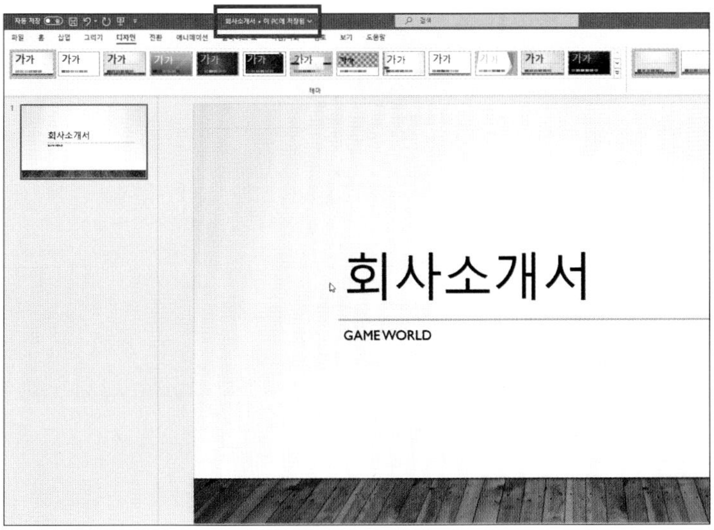

09 파일을 저장하면 제목 표시줄에 저장한 파일 이름이 표시됩니다.

2 새로운 슬라이드 삽입하기

프레젠테이션을 만들 때는 여러 개의 슬라이드가 필요합니다. 슬라이드의 종류는 다양한데 작성할 슬라이드와 유사한 모양을 선택해서 삽입한 후 변형하는 것이 좋습니다.

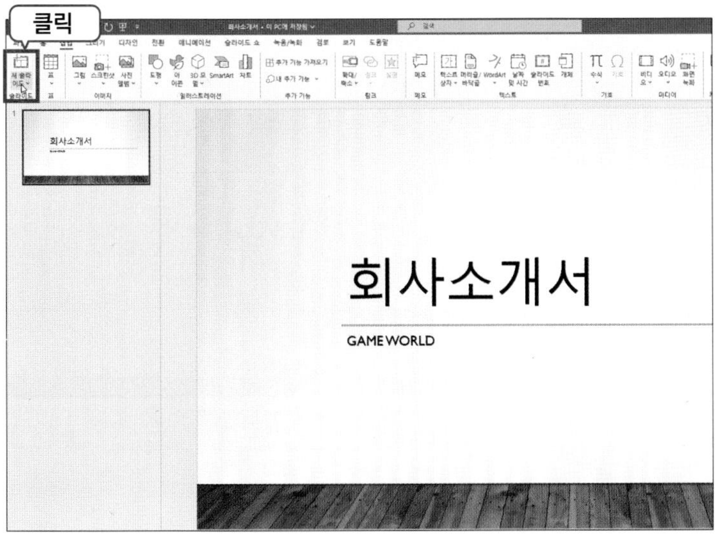

01 새로운 슬라이드를 삽입하기 위해 [삽입] 탭의 [슬라이드] 그룹에서 [새 슬라이드]( ) 의 ⌄를 클릭합니다.

02 다음처럼 슬라이드 종류가 나오는데 그중에서 '제목 및 내용'을 선택합니다.

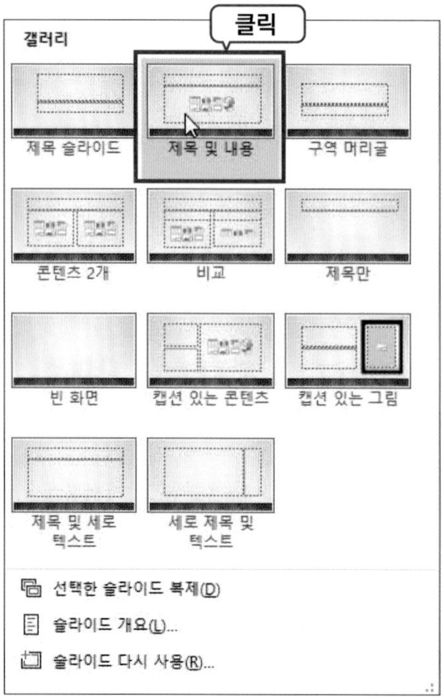

03 새로운 슬라이드가 삽입되고 작업 화면도 바뀌는 것을 볼 수 있습니다.

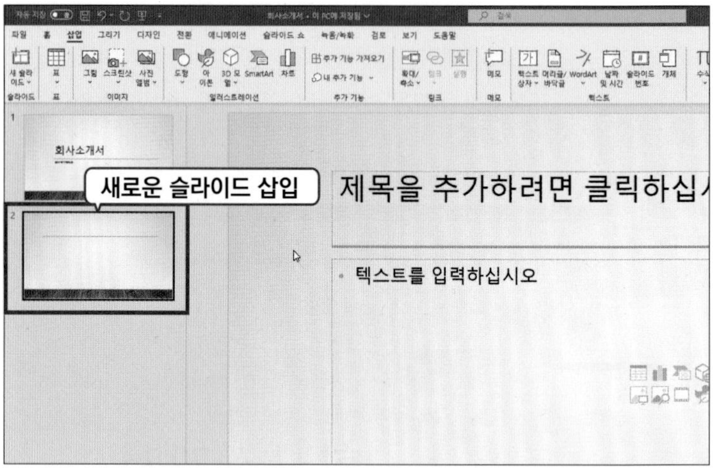

04 새 슬라이드의 '제목을 입력하십시오' 상자 내부를 클릭해 '사업소개'라고 입력합니다.

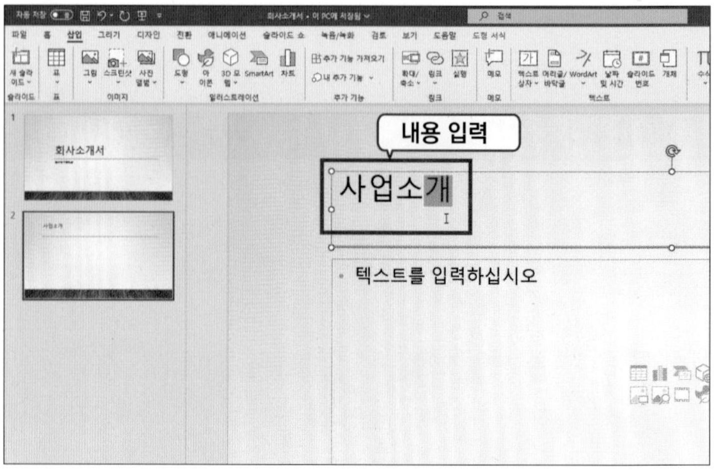

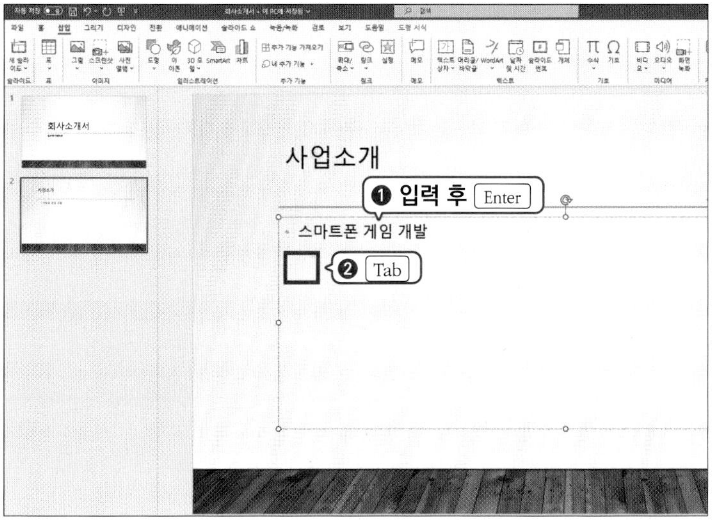

05 이번에는 '텍스트를 입력하십시오' 상자 내부를 클릭해 '스마트폰 게임 개발'이라고 내용을 입력하고 Enter 키를 눌러 줄을 바꾼 다음 Tab 키를 누릅니다.

TIP

Tab 키를 누르면 수준이 한 단계 내려가면서 들여쓰기가 되고 글머리 기호 모양이 바뀝니다. Tab 키를 누를 때마다 한 수준씩 내려가고 Shift + Tab 키를 누르면 한 단계씩 올라갑니다.

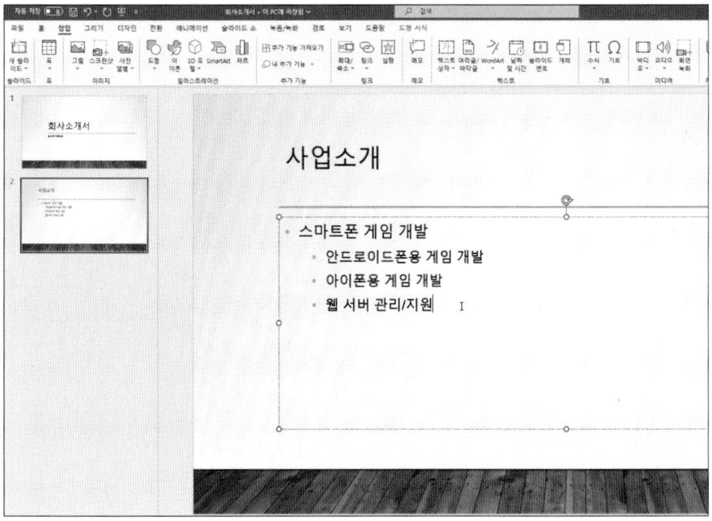

06 계속해서 다음 내용을 입력합니다.

3 전체 또는 일부의 글꼴 바꾸기

슬라이드 테마에는 제목과 부제목 등의 기본 글꼴이 지정되어 있는데 필요에 따라 사용자가 임의로 변경할 수 있습니다. 글꼴을 변경하는 방법에는 텍스트 상자 전체의 글꼴을 바꾸는 방법과 필요한 부분의 글꼴을 바꾸는 방법이 있습니다.

01 첫 번째 슬라이드를 클릭한 다음 글꼴을 바꿀 텍스트 상자를 선택합니다. 텍스트 상자를 선택할 때는 텍스트 상자의 글씨 부분을 클릭하면 텍스트 상자가 점선으로 나타나는데 그 점선 부분을 다시 한번 클릭합니다. 그러면 점선이 실선으로 바뀌고 텍스트 상자가 선택된 상태가 됩니다.

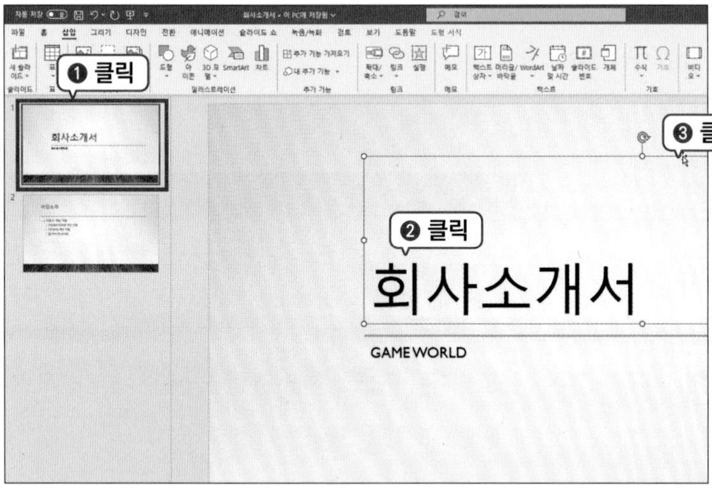

TIP

텍스트 상자를 선택하면 8개의 크기 조절점이 나타납니다. 이 크기 조절점 위에서 마우스를 클릭한 채로 드래그하면 텍스트 상자의 크기를 조절할 수 있습니다. 그리고 텍스트 상자의 가운데 위쪽에는 '회전 조절점'이 나타나는데 그 위에서 마우스를 클릭한 채로 드래그하면 텍스트 상자가 회전되는 것을 볼 수 있습니다.

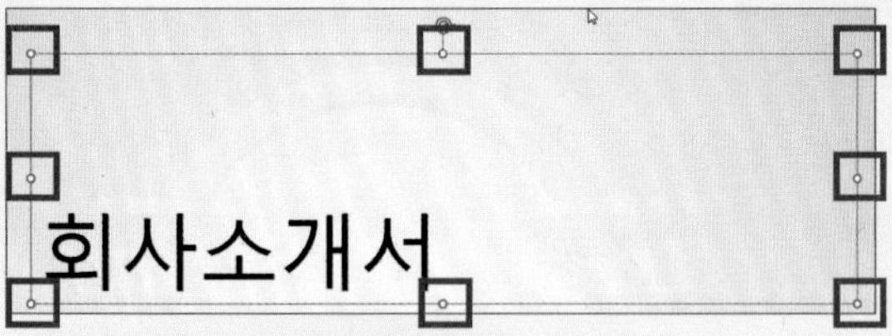

❶ 회전 조절점 위에 마우스를 올려놓으면 마우스 모양이 바뀝니다.

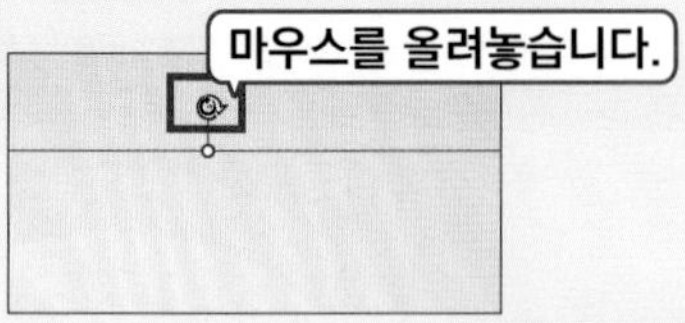

❷ 마우스 모양이 바뀌면 마우스를 클릭하고 오른쪽으로 드래그합니다. 움직이는 만큼 텍스트 상자가 회전됩니다.

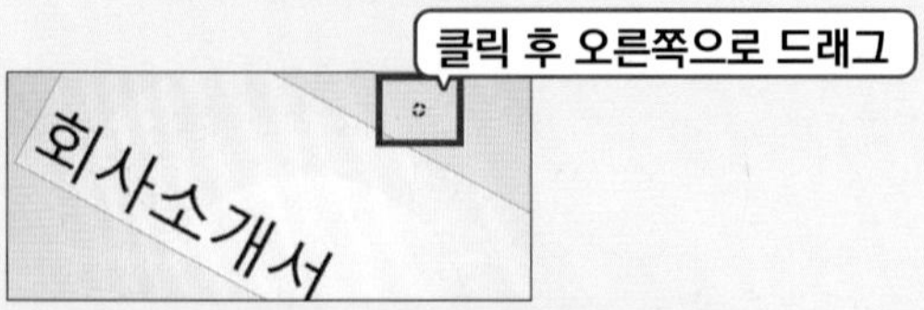

❸ 다시 원래대로 돌아가기 위해 화면 위쪽에 있는 '돌아가기( )' 버튼을 클릭합니다. 돌아가기 버튼을 누르면 지금 작업했던 내용을 취소하고 전 단계로 돌아갑니다.

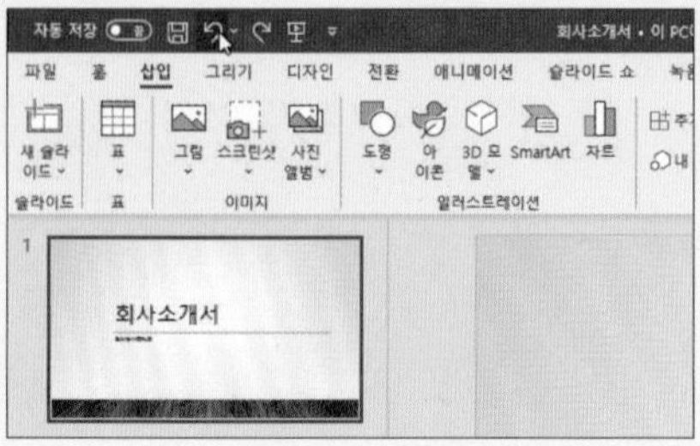

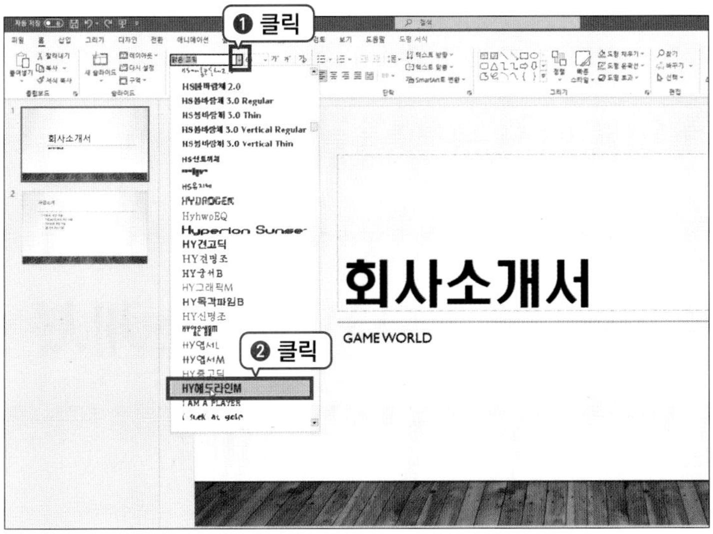

02 [홈] 탭의 [글꼴] 그룹에서 원하는 글꼴을 선택합니다. 글꼴 이름 위를 마우스가 지나갈 때마다 슬라이드의 글꼴이 바뀌어 어떤 글꼴인지 미리 확인할 수 있습니다. 예제에서는 'HY헤드라인M'을 선택했습니다.

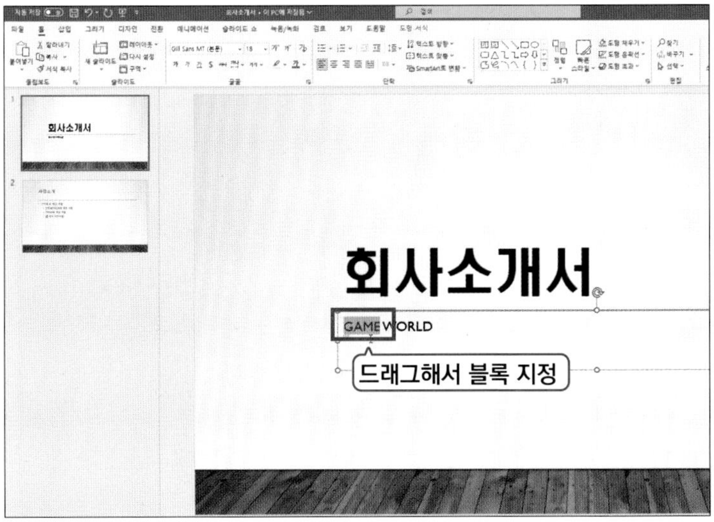

03 이번에는 텍스트 상자에서 글꼴을 바꿀 부분만 드래그해 선택합니다. 예제에서는 'GAME' 부분을 드래그해서 선택했습니다.

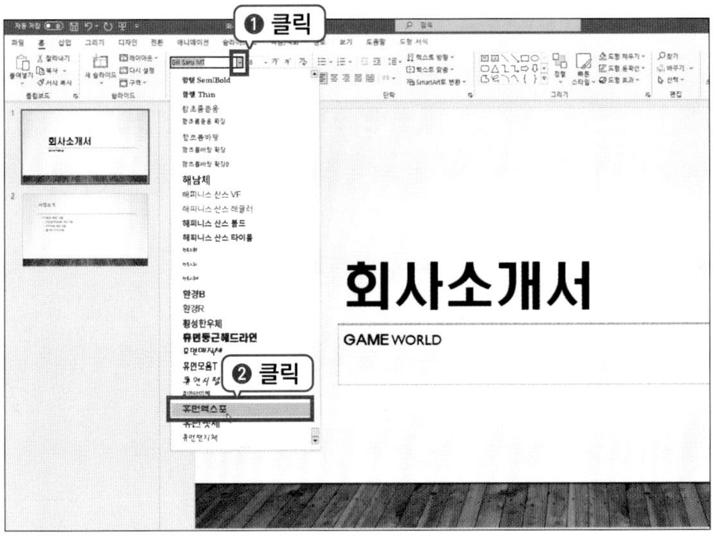

04 [홈] 탭의 [글꼴] 그룹에서 원하는 글꼴을 선택합니다. 예제에서는 '휴먼엑스포' 서체를 선택했습니다. 그러면 블록으로 지정했던 부분의 글꼴만 바뀌는 것을 알 수 있습니다.

05 계속해서 [글꼴] 그룹에서 [글꼴 색](가)을 이용해 원하는 색을 선택합니다. 예제에서는 '파랑'을 선택했습니다. 역시 색을 선택할 때마다 미리 적용된 모양이 보입니다.

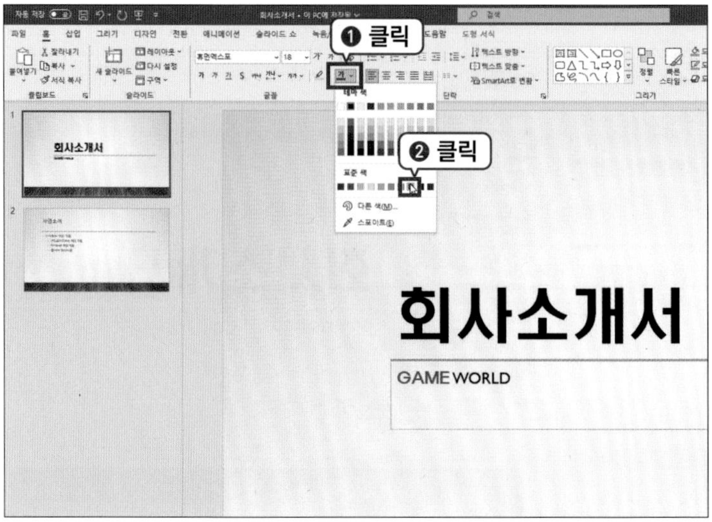

TIP

글꼴 그룹 도구

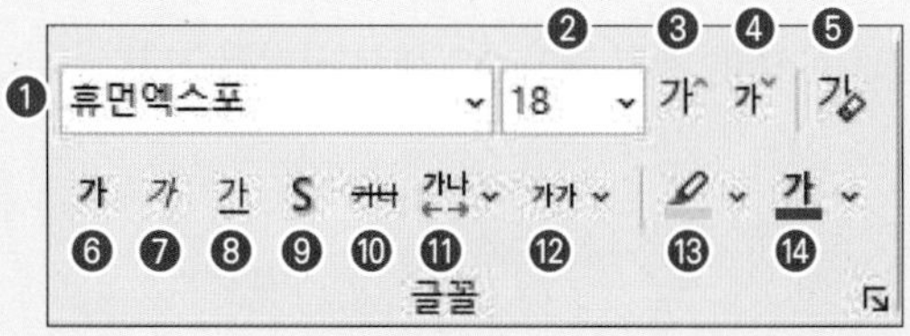

❶ **글꼴 :** 새로운 글꼴을 선택합니다.
❷ **글꼴 크기 :** 텍스트 크기를 변경합니다.
❸ **글꼴 크기 크게 :** 선택한 텍스트의 크기를 크게 합니다.
❹ **글꼴 크기 작게 :** 선택한 텍스트의 크기를 작게 합니다.
❺ **모든 서식 지우기 :** 선택 영역에 있는 모든 글꼴 서식을 제거합니다.
❻ **굵게 :** 선택한 텍스트를 굵게 표시합니다.
❼ **기울임꼴 :** 선택한 텍스트를 기울임꼴로 표시합니다.
❽ **밑줄 :** 선택한 텍스트에 밑줄을 표시합니다.
❾ **텍스트 그림자 :** 선택한 부분의 글꼴에 그림자를 지정합니다.
❿ **취소선 :** 선택한 부분에 취소선을 그립니다.
⓫ **문자 간격 :** 글자 사이의 간격을 조절합니다.
⓬ **대소문자 바꾸기 :** 영문자의 대소문자를 바꿉니다.
⓭ **텍스트 강조 색 :** 눈에 띄는 밝은 색으로 텍스트를 강조합니다.
⓮ **글꼴 색 :** 텍스트의 색을 바꿉니다.

4 글머리 기호와 줄 간격 변경하기

텍스트 위주의 슬라이드에서는 단락 모양을 이용하여 청중들이 집중할 수 있도록 하는 것이 중요합니다. 단락 모양에는 글머리 기호나 번호, 줄 간격, 맞춤 등이 있습니다.

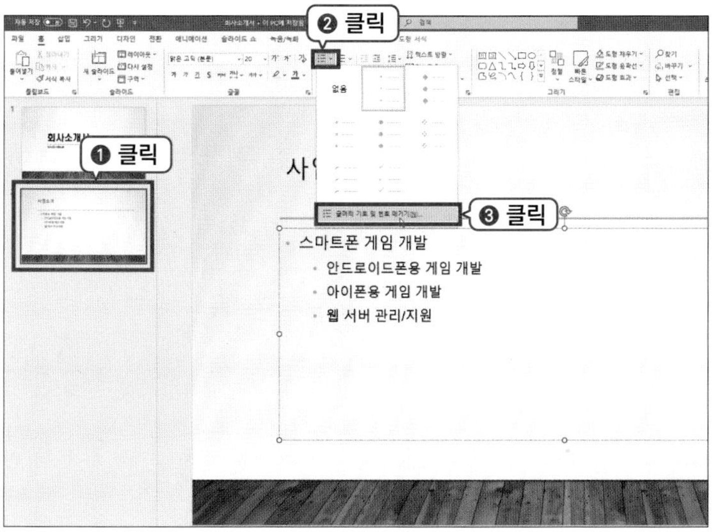

01 두 번째 슬라이드를 선택하고 글머리 기호 모양을 바꿀 문단을 클릭합니다. [홈] 탭의 [단락] 그룹에서 [글머리 기호](☰)'의 ⌄를 클릭해 [글머리 기호 및 번호 매기기]를 선택합니다.

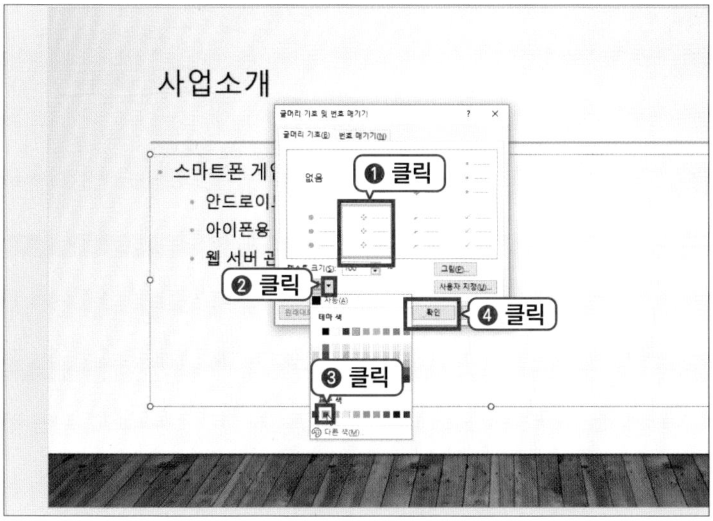

02 [글머리 기호 및 번호 매기기] 대화상자가 나타나면 원하는 글머리 기호 모양을 선택하고 밑에 있는 색상 선택 단추를 눌러서 빨간색을 선택하고 [확인]을 클릭합니다.

03 선택한 모양으로 글머리 기호 모양과 색이 바뀝니다. 다음에는 밑의 세 줄을 드래그해서 선택한 후 앞에서와 마찬가지로 [글머리 기호 및 번호 매기기]를 선택합니다.

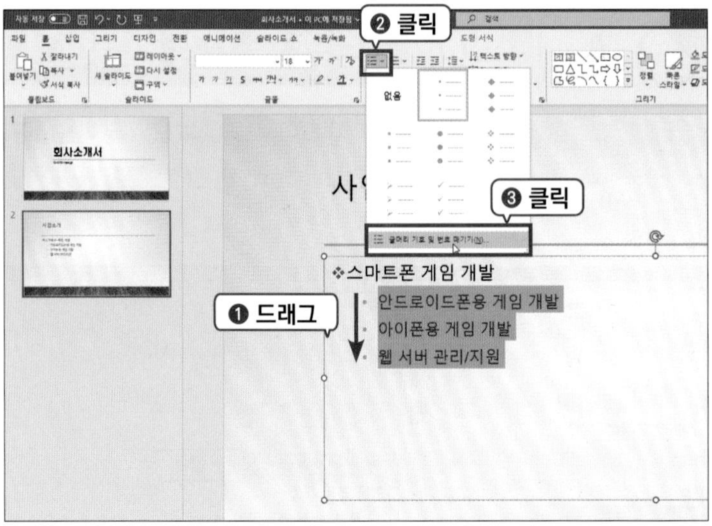

04 [글머리 기호 및 번호 매기기] 대화상자가 나타나면 [화살표 글머리 기호]를 선택하고 색을 '연한 파랑'으로 바꾼 후 [확인]을 클릭합니다.

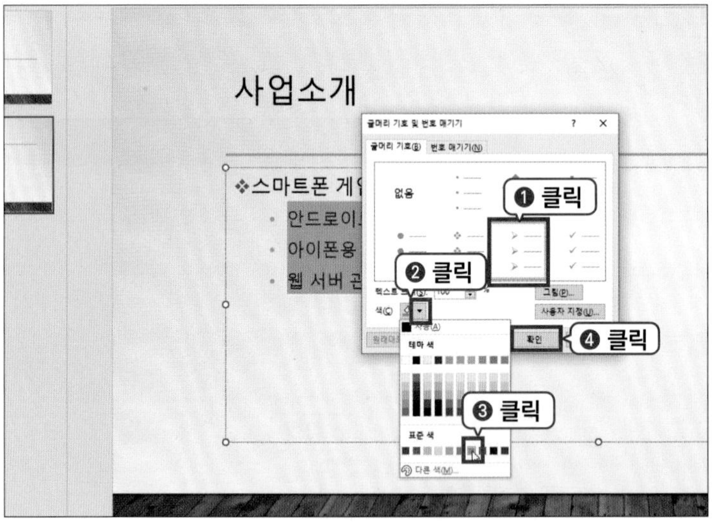

05 이번에는 줄 간격을 변경해보겠습니다. 블록으로 지정된 상태에서 [홈] 탭의 [단락] 그룹에서 [줄 간격(↕☰)]을 클릭하고 '2.5'를 선택합니다.

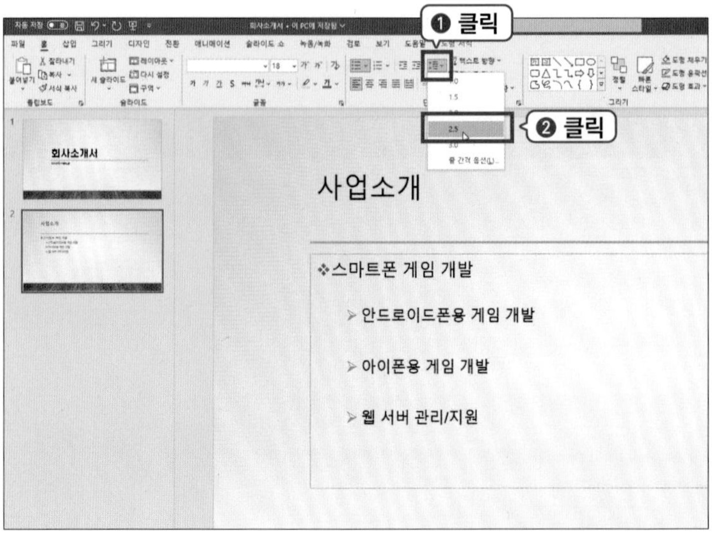

TIP

단락 그룹

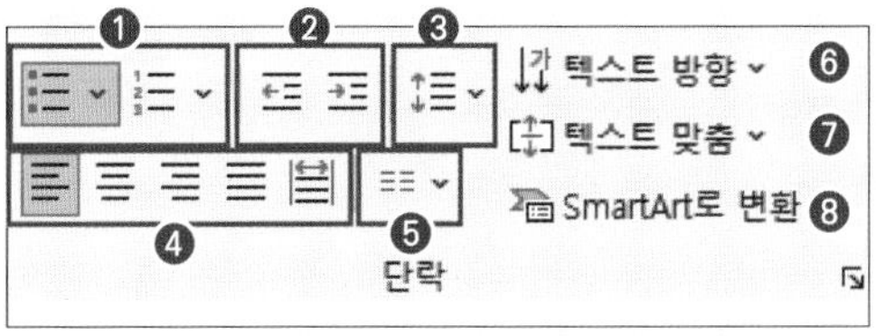

❶ **글머리 기호/번호 매기기( )** : 문단에 글머리 기호를 삽입하거나 번호를 삽입합니다. 혹은 글머리 기호와 번호를 제거할 수도 있습니다.

❷ **목록 수준 줄임/늘림( )** : 들여쓰기 수준을 줄이거나 늘립니다.

❸ **줄 간격( )** : 문단의 줄 간격을 조절합니다.

❹ **왼쪽/가운데/오른쪽/양쪽 맞춤/균등 배열( )** : 문단을 왼쪽/가운데/오른쪽에 맞춰 정렬하거나 양쪽 여백 사이에 텍스트를 균일하게 배열합니다.

❺ **열 추가 또는 제거( )** : 새로운 열을 추가하여 다단을 만들거나 열을 삭제합니다.

❻ **텍스트 방향( )** : 텍스트를 가로 방향으로 쓸지, 세로 방향으로 쓸 시를 지성합니다.

❼ **텍스트 맞춤( )** : 텍스트 상자 안에서 글자가 정렬되는 방법을 선택합니다.

❽ **SmartArt로 변환( )** : SmartArt를 사용해서 정보를 시각적으로 변환시킵니다.

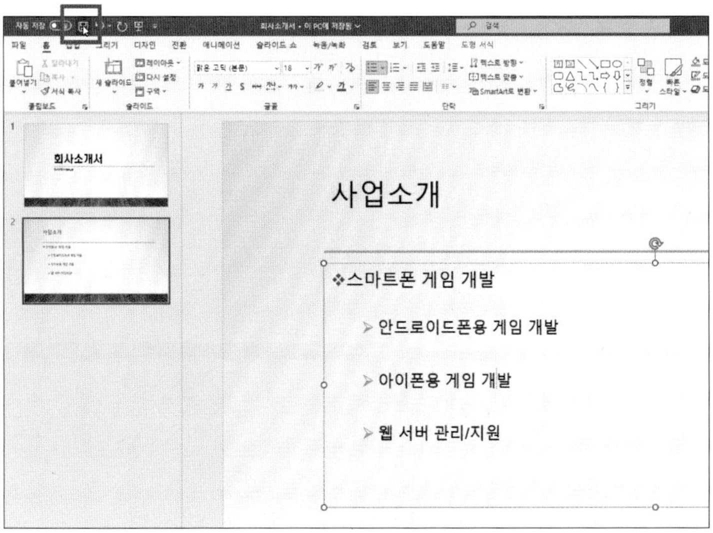

06 [빠른 실행 도구 모음]에 있는 [저장]( )을 클릭해서 파일을 저장합니다.

CHAPTER 03 바다 열차 소개 프레젠테이션 만들기

파워포인트에는 청중의 눈과 귀를 집중시킬 수 있는 다양한 기능들이 있습니다. 이번 챕터에서는 워드아트와 도형, 표 등을 삽입하는 방법과 그림을 캡처해 넣는 방법을 알아보겠습니다. 슬라이드를 추가하면서 작업하게 되므로 잘 익혀두면 프레젠테이션 문서를 작성할 때 도움이 될 것입니다.

1 워드아트로 텍스트에 효과 주기

워드아트를 사용하면 특수 효과를 적용하여 텍스트를 돋보이게 만들 수 있습니다. 슬라이드의 제목을 돋보이게 만들거나 중요한 부분을 강조할 때 사용하면 좋은 기능입니다.

01 파워포인트를 실행하고 [새 프레젠테이션]을 선택합니다. 새 프레젠테이션 문서가 열리면 '제목을 입력하십시오' 상자를 클릭해 '바다 열차'라고 입력합니다.

02 텍스트 상자의 테두리를 클릭해 선택한 다음 [도형 서식] 탭에서 [WordArt 스타일] 그룹에 있는 '자세히(▾)'를 클릭합니다.

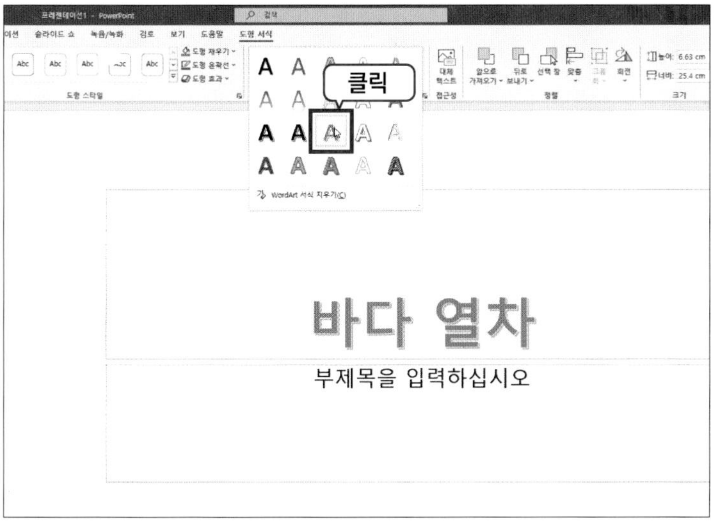

03 여러 가지 워드아트 스타일이 나타나면 원하는 스타일을 선택합니다. 예제에서는 '채우기: 파랑, 강조색 5, 윤곽선: 흰색, 배경색 1, 진한 그림자: 파랑, 강조색 5'를 선택했습니다.

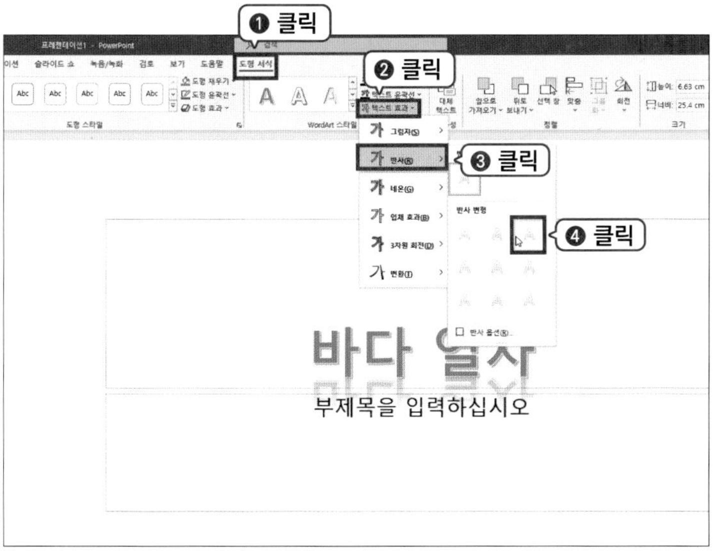

04 워드아트에 텍스트 효과를 지정하기 위해 [도형 서식] 탭에서 [WordArt 스타일] 그룹에 있는 [텍스트 효과](가)를 클릭하고 이어서 [반사]-[전체 반사, 터치]를 선택합니다.

TIP

[WordArt 스타일] 그룹에 있는 도구들의 기능은 다음과 같습니다.

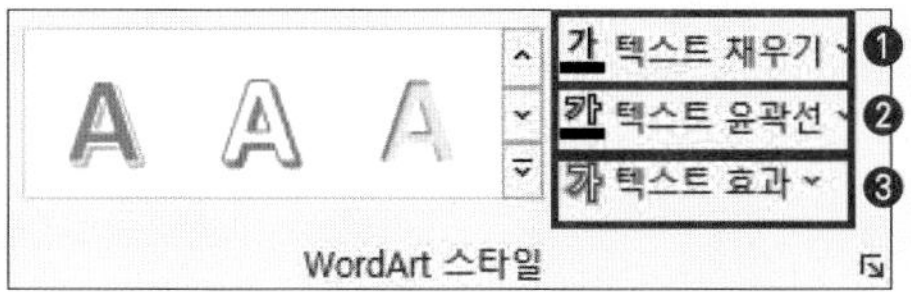

❶ **텍스트 채우기(가)** : 색, 그러데이션, 그림 등으로 텍스트를 채웁니다.
❷ **텍스트 윤곽선(가)** : 윤곽선 색, 굵기, 선 종류 등을 선택할 수 있습니다.
❸ **텍스트 효과(가)** : 그림자 반사, 네온, 입체 효과, 3차원 회전, 변환 등의 효과를 지정합니다.

05 계속해서 '부제목을 입력하시오' 상자를 클릭해 '사계절 푸른 바다가 내 품으로 들어옵니다'라고 입력합니다.

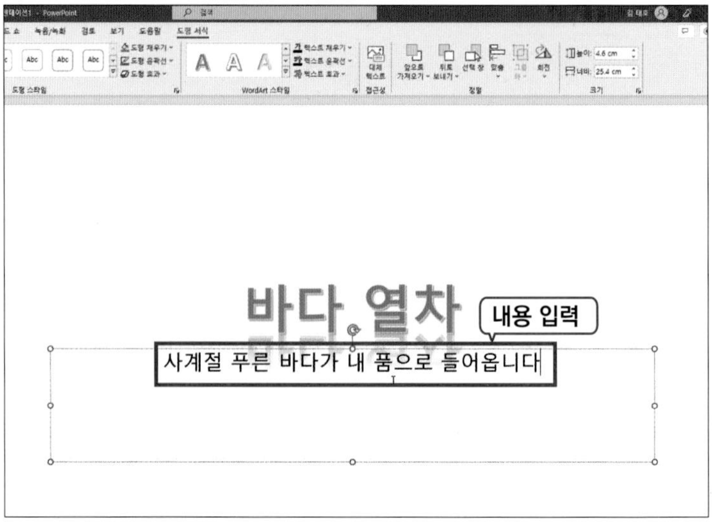

06 부제목 텍스트 상자의 테두리를 클릭해 선택한 다음 [도형 서식] 탭에서 [WordArt 스타일] 그룹에 있는 '자세히( )'를 클릭해 모양을 선택합니다. 예제에서는 '그라데이션 채우기: 파랑, 강조색 5, 반사'를 선택했습니다.

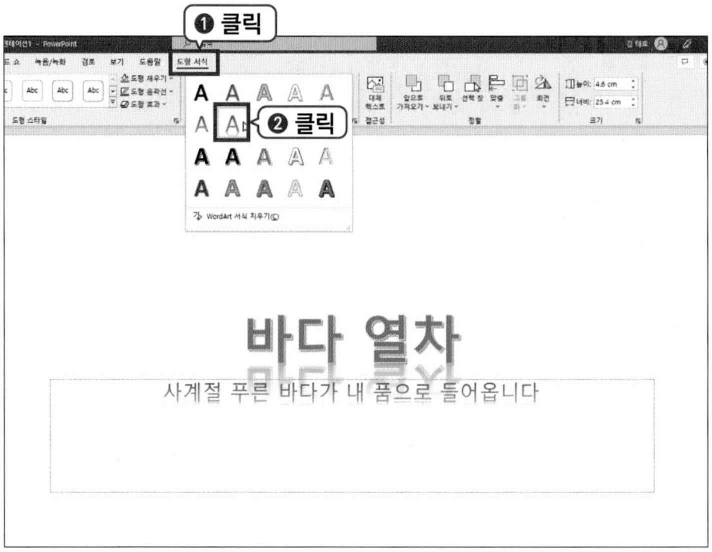

07 워드아트 스타일이 지정되면 텍스트 상자의 테두리에 마우스를 위치한 후 마우스 모양이 로 바뀌면 클릭한 채로 아래로 드래그합니다.

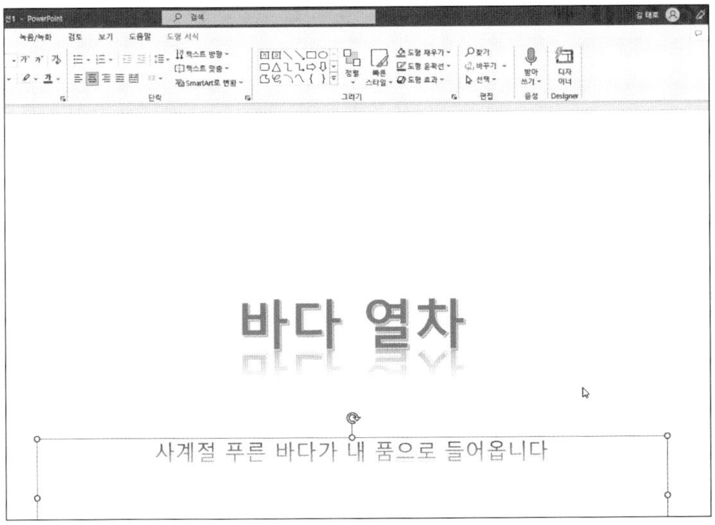

08 드래그한 만큼 텍스트 상자가 이동합니다.

2 도형 삽입하고 효과 지정하기

파워포인트에서 가장 많이 삽입되는 개체 중의 하나가 바로 도형입니다. 도형은 슬라이드를 보기 좋게 꾸밀 때 사용하는 가장 손쉬운 개체 중의 하나이므로 어떻게 삽입하고 효과를 지정하는지 알아두도록 합니다.

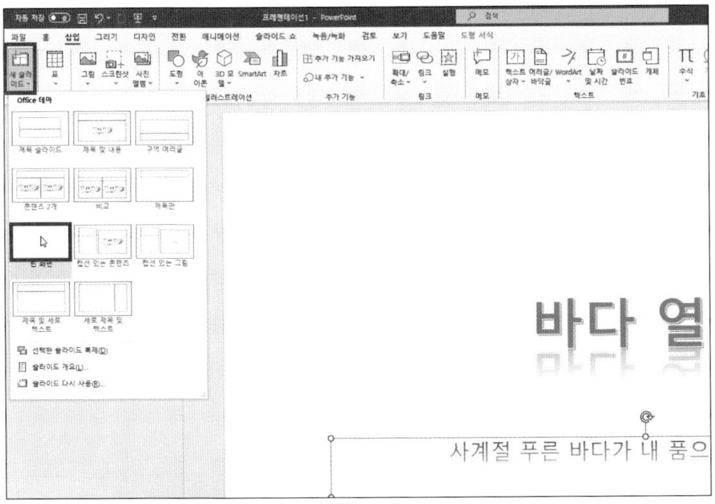

01 새로운 슬라이드를 삽입하기 위해 [삽입] 탭의 [슬라이드] 그룹에서 [새 슬라이드]( )-[빈 화면]을 선택합니다.

TIP

[홈] 탭의 [슬라이드] 그룹에 있는 [새 슬라이드]를 클릭해서 삽입해도 됩니다.

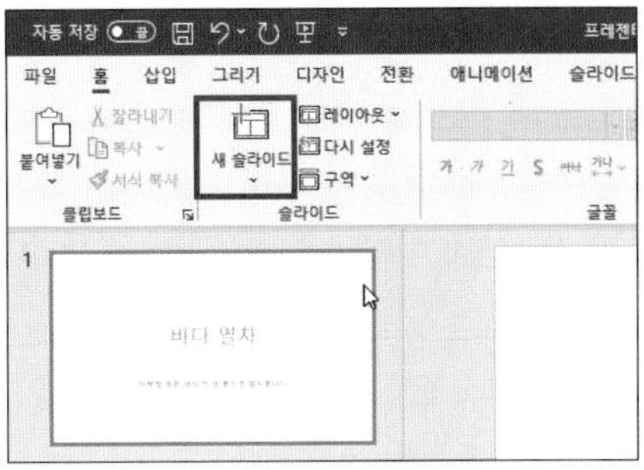

02 새로운 슬라이드가 삽입되면 도형을 삽입하기 위해 [삽입] 탭의 [일러스트레이션] 그룹에서 [도형]( )을 클릭해 '별 및 현수막'에 있는 '리본: 위로 기울어짐( )'을 선택합니다.

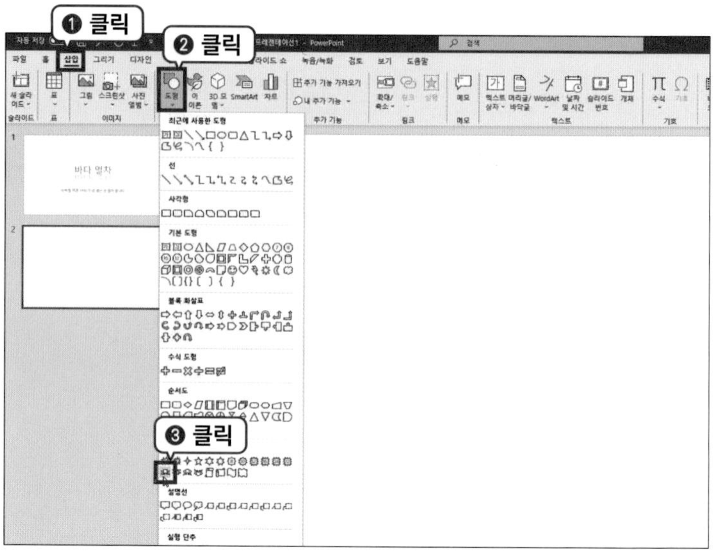

03 마우스가 ＋로 바뀌면 화면 왼쪽 위를 클릭하고 대각선 방향으로 드래그해서 도형을 그립니다.

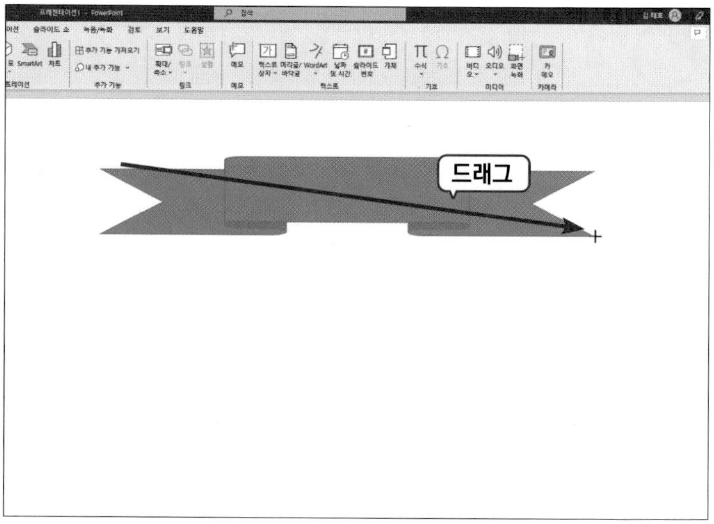

04 도형이 삽입되면 도형 가운데 있는 모양 조절점 ( )을 클릭한 채로 드래그해 모양을 바꿉니다. 도형에 있는 조절점 중 노란색으로 된 조절점은 모양을 조절할 수 있습니다. 리본의 경우 이 조절점을 드래그하면 리본의 가운데 부분의 길이를 조절할 수 있습니다.

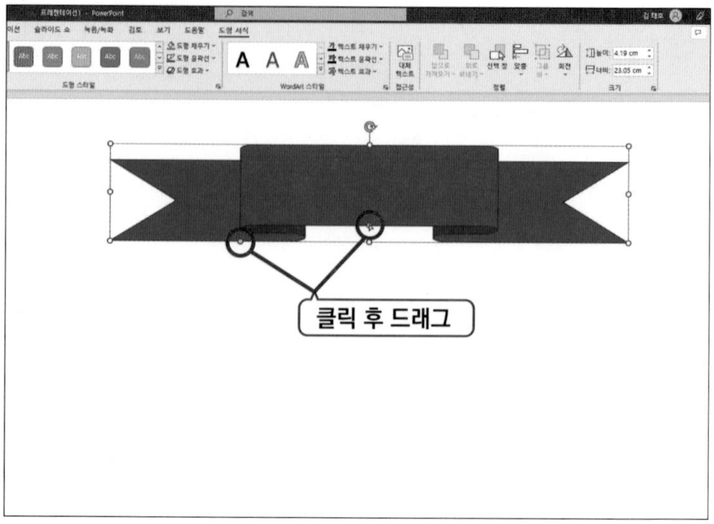

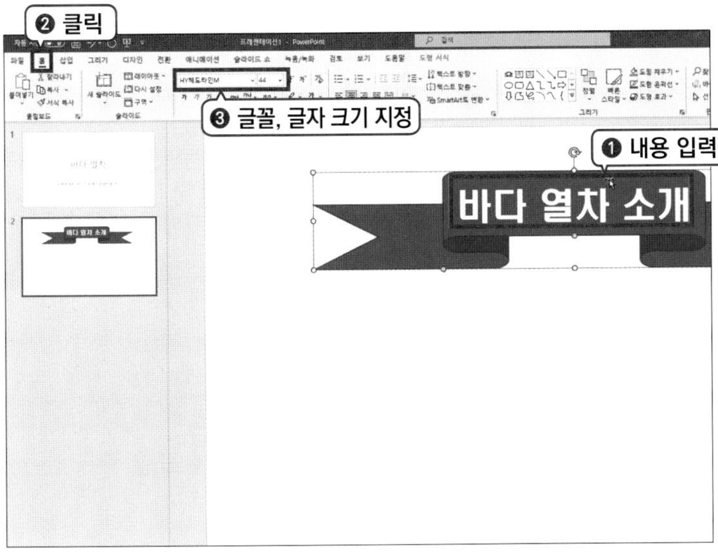

05 도형 가운데에 '바다 열차 소개'라고 입력한 다음 도형의 테두리를 클릭해 선택하고 [홈] 탭의 [글꼴] 그룹에서 각자 원하는 글꼴과 글자 크기를 지정합니다. 예제에서는 글꼴을 'HY헤드라인M' 크기는 '44'로 지정했습니다.

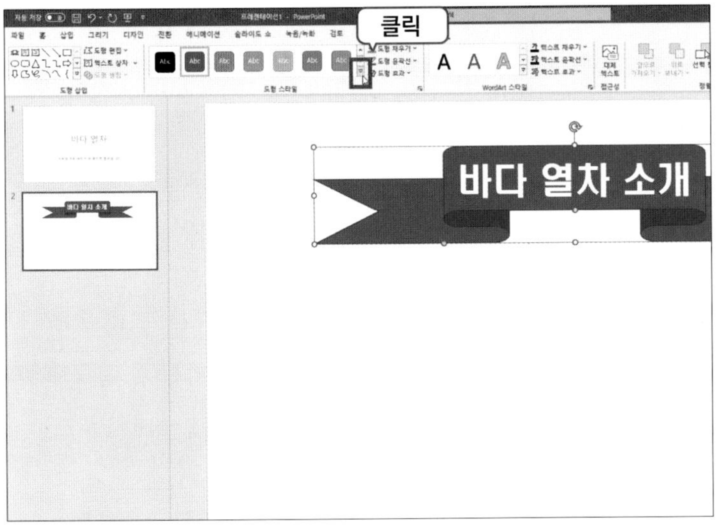

06 이제 [도형 서식] 탭에서 [도형 스타일] 그룹의 자세히(▼)를 클릭합니다. 이때 도형 개체가 선택된 상태인지 다시 한번 확인하고 만약 선택되지 않았다면 도형 테두리를 클릭해줍니다. 도형 테두리가 실선으로 되어 있어야 합니다.

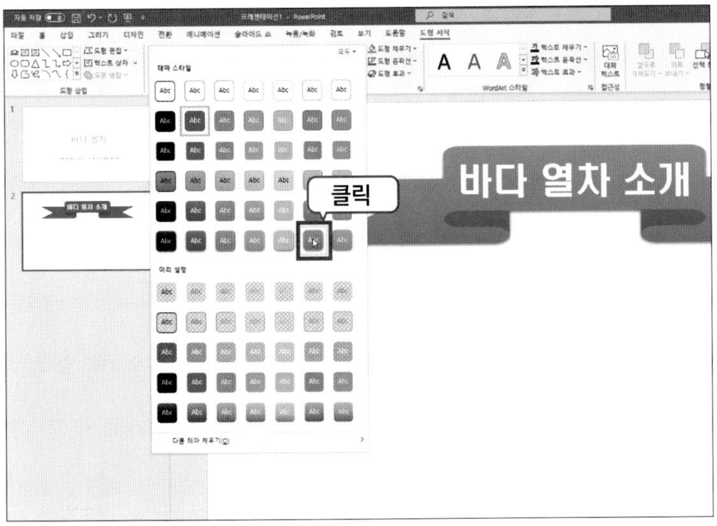

07 여러 가지 도형 스타일이 나타나면 원하는 스타일을 클릭합니다. 예제에서는 '강한 효과–파랑, 강조 5'를 선택했습니다.

08 계속해서 도형에 그림자 효과를 지정하기 위해 [도형 스타일] 그룹의 [도형 효과]-[그림자]를 클릭해 그림자 효과를 선택합니다. 예제에서는 '바깥쪽'-'오프셋 : 오른쪽 아래' 효과를 선택했습니다.

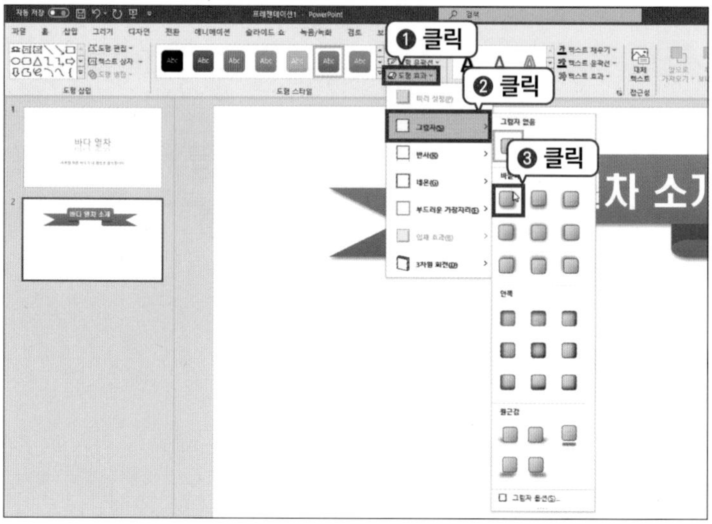

3 텍스트 상자 삽입하기

텍스트 상자는 도형과 달리 상자 안에 글자를 입력할 수 있는 상자입니다. 슬라이드 레이아웃 중에 텍스트 상자가 있는 경우도 있지만 필요에 따라 텍스트 상자를 직접 삽입해야 되는 경우도 많습니다.

01 새로운 텍스트 상자를 삽입하기 위해 [삽입] 탭의 [텍스트] 그룹에서 [텍스트 상자](가)-[가로 텍스트 상자 그리기]를 선택합니다.

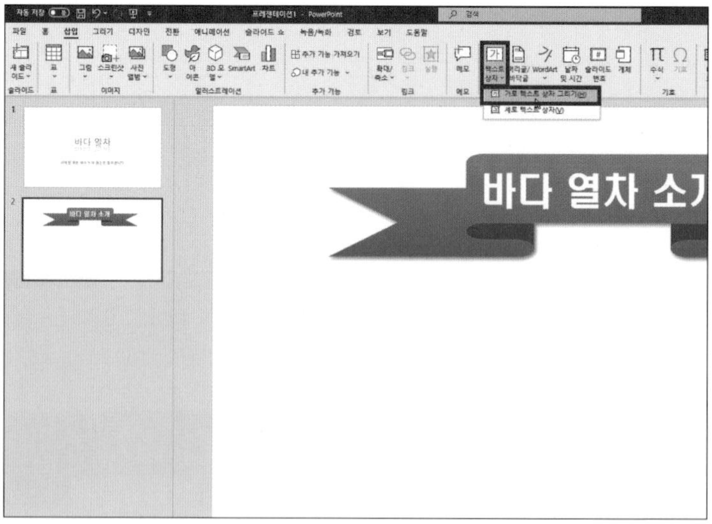

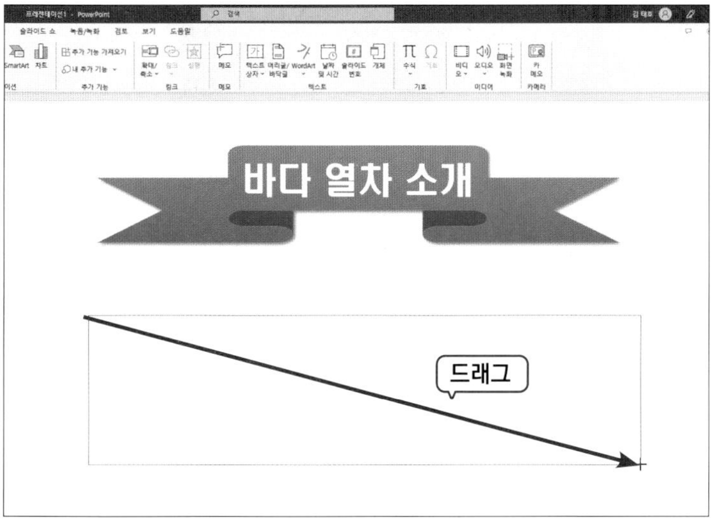

02 마우스 모양이 ↓ 로 바뀌면 드래그해서 텍스트 상자의 크기를 지정합니다.

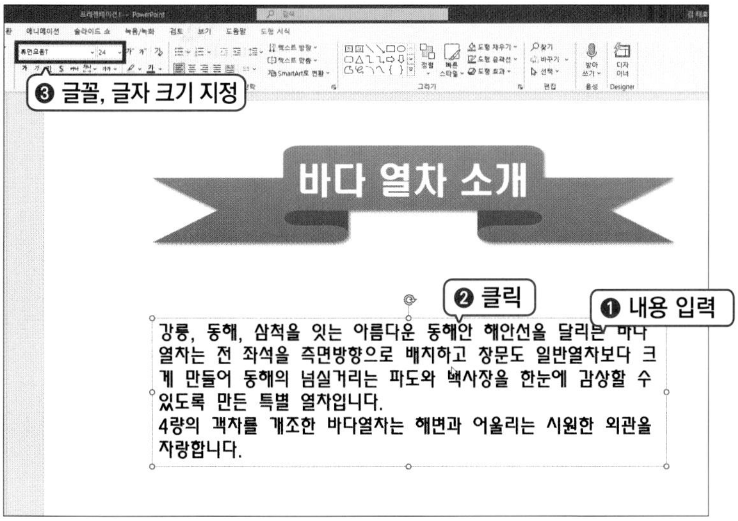

03 텍스트 상자가 삽입되면 다음의 내용을 입력한 후 텍스트 상자를 선택하고 글꼴과 크기를 지정합니다. 예제에서는 글꼴을 '휴먼모음T', 크기는 '24'로 했습니다.

노트 **입력 내용**

강릉, 동해, 삼척을 잇는 아름다운 동해안 해안선을 달리는 바다열차는 전 좌석을 측면방향으로 배치하고 창문도 일반열차보다 크게 만들어 동해의 넘실거리는 파도와 백사장을 한눈에 감상할 수 있도록 만든 특별 열차입니다.
4량의 객차를 개조한 바다열차는 해변과 어울리는 시원한 외관을 자랑합니다.

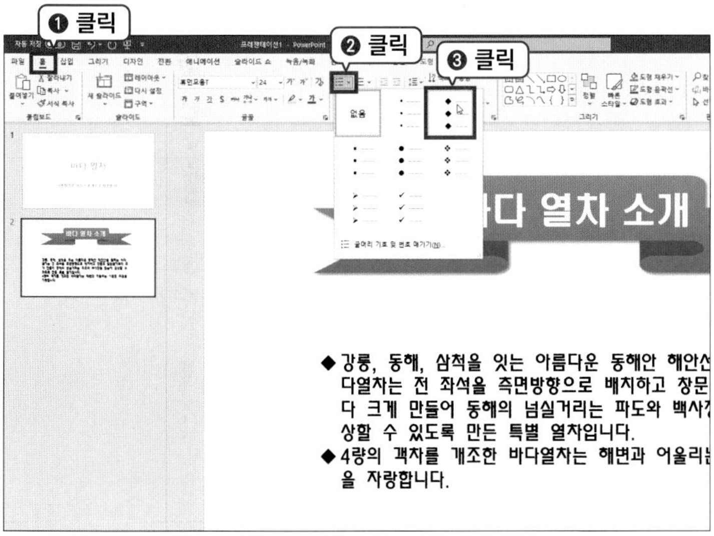

04 텍스트 박스의 외곽을 선택하고 [홈] 탭의 [단락] 그룹에서 '글머리 기호(☰)'를 클릭해 각자 원하는 글머리 기호를 선택합니다.

05 텍스트에 글머리 기호가 삽입되면 [홈] 탭의 [단락] 그룹에서 '줄 간격(↕☰)'을 클릭하고 [줄 간격 옵션]을 선택합니다.

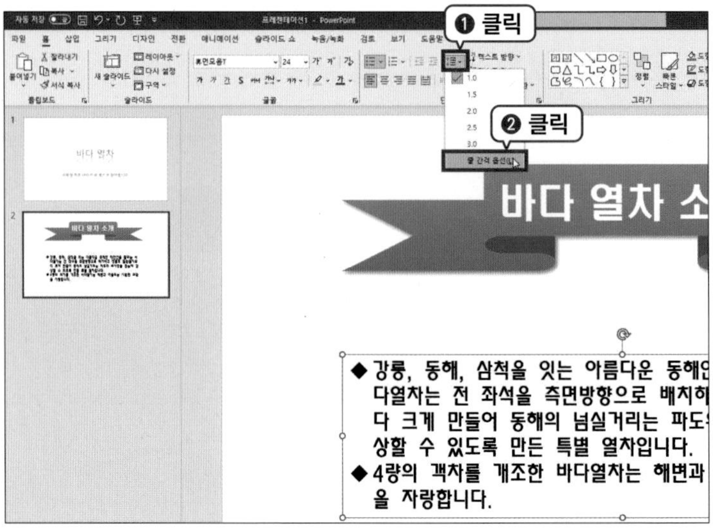

06 [단락] 대화상자가 나타나면 [간격]의 단락 앞, 단락 뒤, 줄 간격을 설정한 후 [확인]을 클릭합니다. 예제에서는 [단락 앞]을 '12pt', [단락 뒤]를 '12pt', [줄 간격]을 '1.5'줄로 설정했습니다.

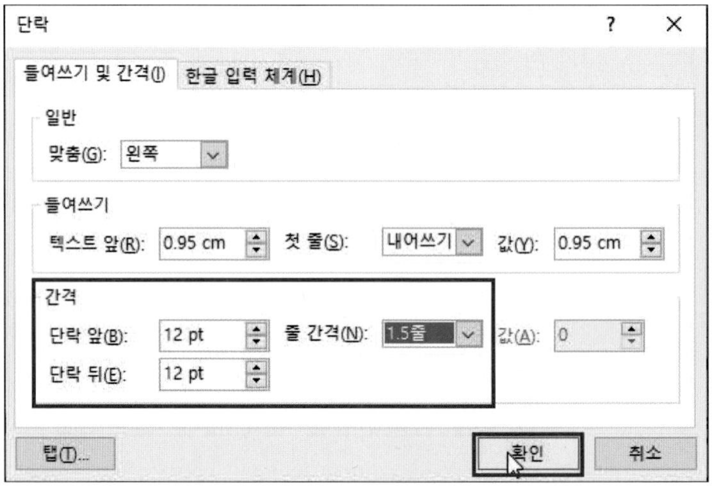

07 단락 앞, 단락 뒤, 줄 간격 등이 지정됩니다. 텍스트 박스의 크기와 위치를 조절합니다.

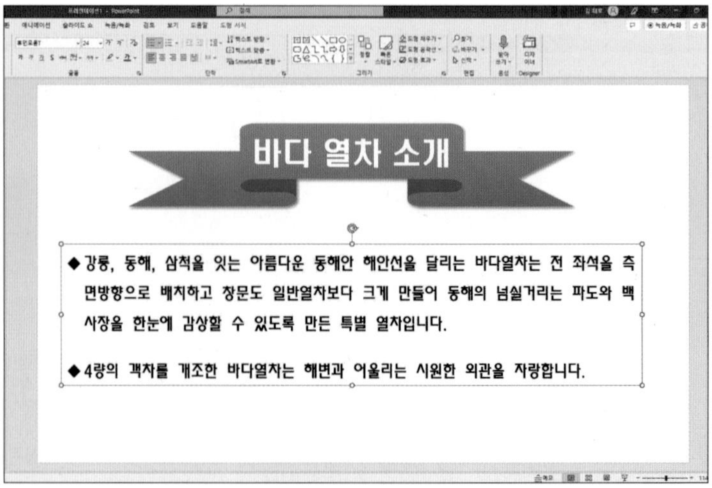

4 새 슬라이드를 추가하고 표 삽입하기

이번에는 새로운 슬라이드를 삽입하고 도형을 복사하여 내용을 지정한 후 표를 삽입해보겠습니다. 파워포인트에서는 표 서식도 다양하게 제공하고 있어 쉽고 빠르게 표를 만들 수 있습니다.

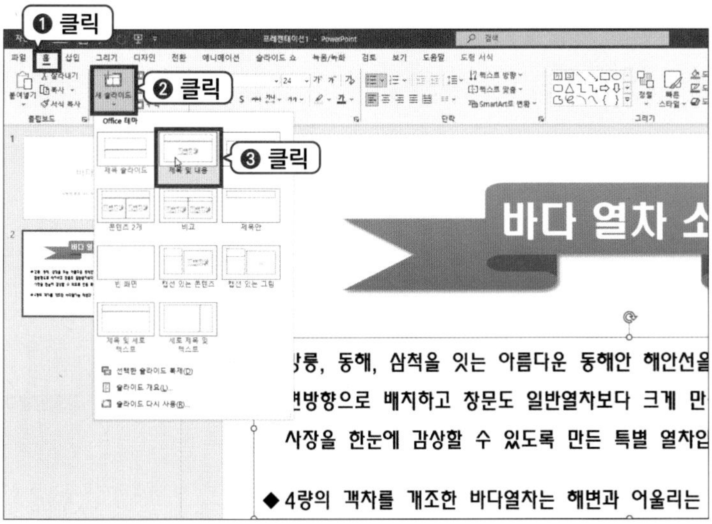

01 새로운 슬라이드를 삽입하기 위해 [홈] 탭의 '새 슬라이드'를 선택해 [제목 및 내용]을 선택합니다.

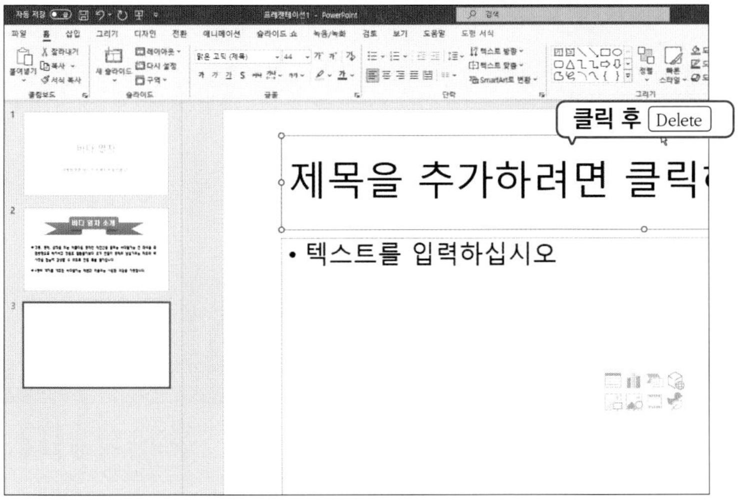

02 새로운 슬라이드가 삽입되면 '제목을 입력하십시오' 텍스트 상자를 선택한 다음 Delete 키를 누르면 텍스트 상자가 지워집니다. 글자가 아니라 텍스트 상자 자체를 지우려면 텍스트 상자가 실선 상태로 선택되어 있어야 합니다.

03 2번 슬라이드를 선택한 다음 제목 도형에서 마우스 오른쪽 버튼을 눌러 [복사]를 선택합니다.

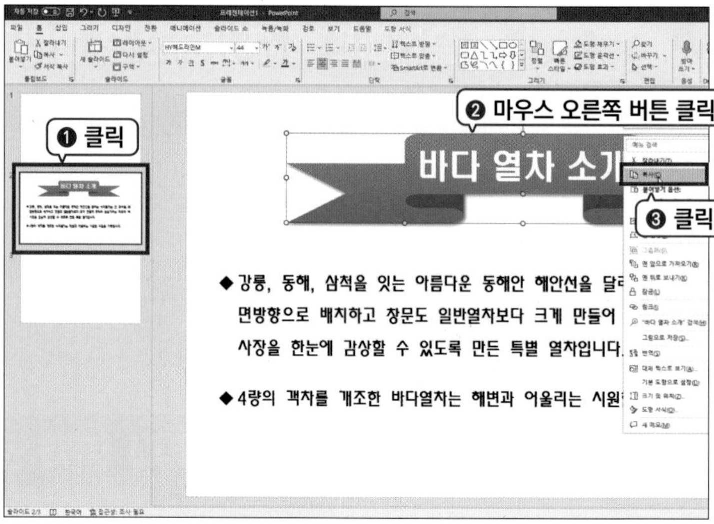

04 3번 슬라이드를 선택한 다음 앞에서 지웠던 제목 입력 부분에서 마우스 오른쪽 버튼을 눌러 ‘붙여넣기 옵션’에서 ‘대상 테마 사용( )’을 클릭합니다.

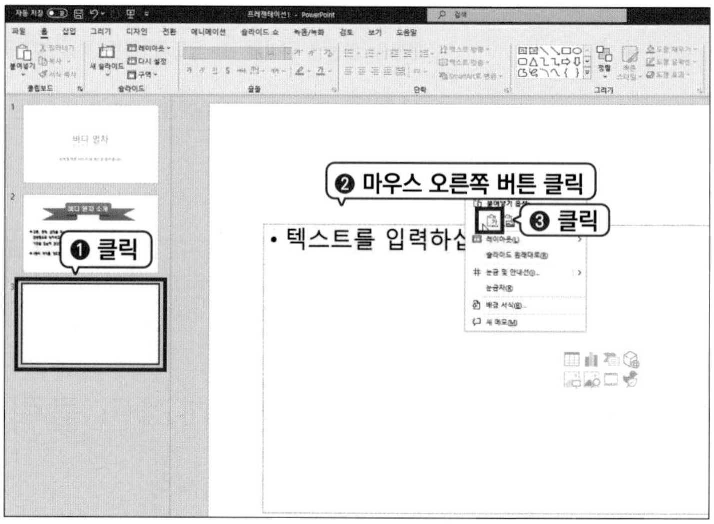

05 리본 도형이 삽입되면 ‘바다 열차’ 텍스트를 지우고 그 자리에 ‘운영 시간표’라고 입력합니다.

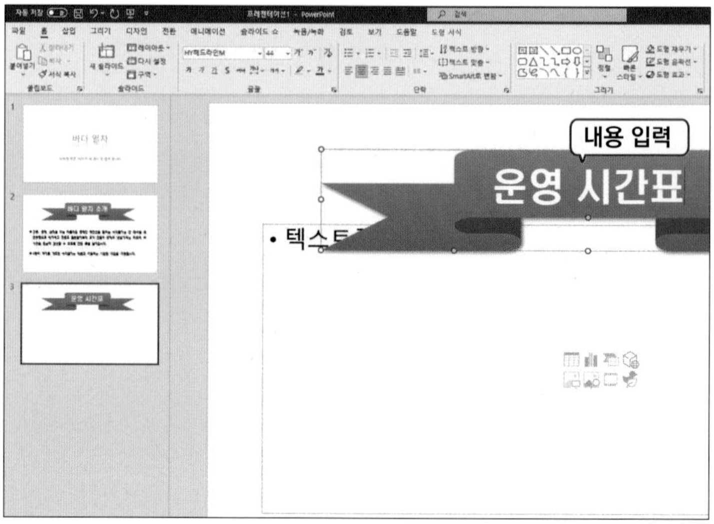

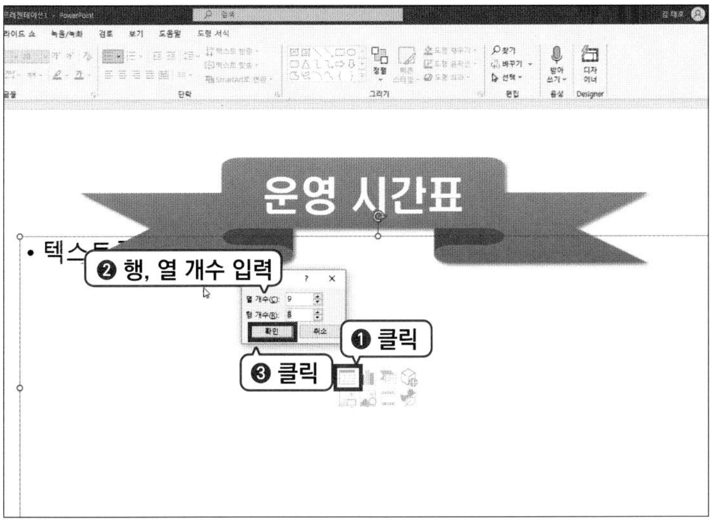

06 표를 삽입하기 위해 슬라이드 가운데에 있는 '표 삽입( )'을 클릭하고 [표 삽입] 대화상자가 나타나면 열 개수(9)와 행 개수(8)를 입력한 후 [확인]을 클릭합니다.

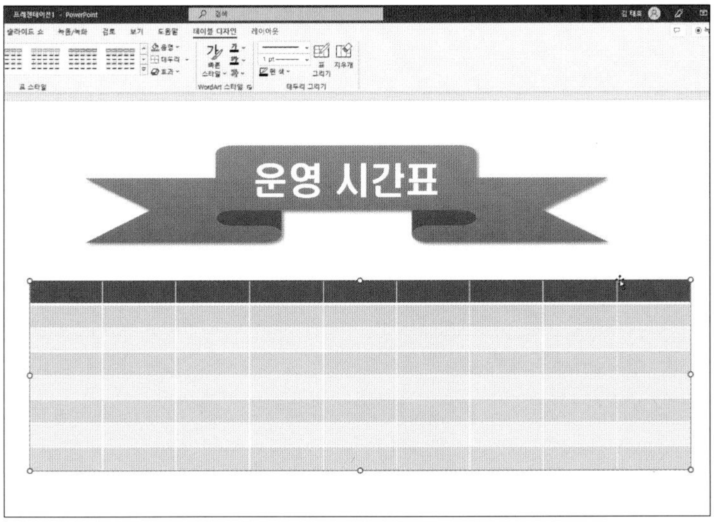

07 그림과 같이 표가 삽입됩니다. 표와 위에 있는 리본 도형을 각각 마우스로 클릭한 채 드래그해서 각자 마음에 드는 위치로 이동시킵니다.

구분	정동진역	안인역 경유	정동진역	묵호역	동해역	추암역	삼척 해변역	삼척역 도착
주말 아침 열차	07:10	07:26	07:38	08:02	08:13	08:22	08:26	08:33
정동진 -삼척 (연중운행)	10:30	10:46	10:58	11:22	11:33	11:42	11:46	11:53
	14:10	14:26	14:38	15:02	15:13	15:22	15:26	15:33
구분	삼척역 출발	삼척 해변역	추암역	동해역	묵호역	정동진역	안인역 경유	정동진역
주말 아침 열차	08:50	08:58	09:02	09:12	09:22	09:46	10:02	10:13
삼척- 정동진 (연중운행)	12:30	12:38	12:42	12:52	13:02	13:26	13:42	13:53
	15:45	15:53	15:57	16:07	16:16	16:40	16:56	17:07

08 다음과 같은 내용을 입력합니다. 셀을 이동할 때는 원하는 셀을 클릭하거나 방향키(→, ←, ↑, ↓)를 누르면 됩니다. 다 입력했으면 '가운데 정렬(☰)'을 클릭합니다. 참고로 예제에서 글꼴은 '맑은 고딕', 크기는 '14'로 했습니다.

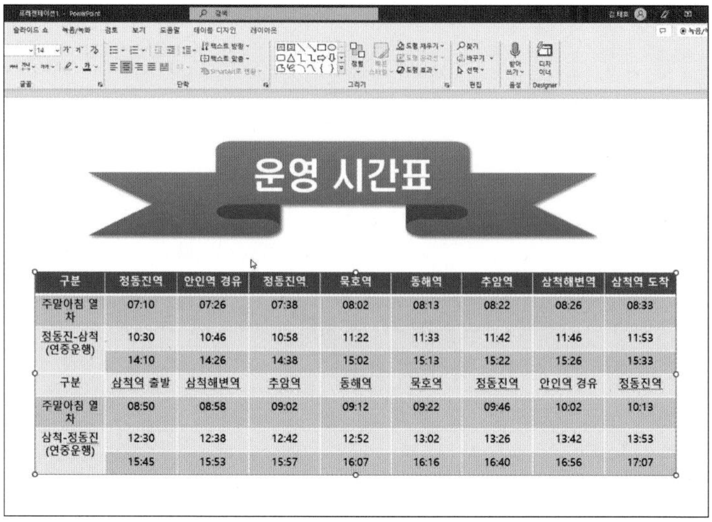

09 [테이블 디자인] 탭에서 [표 스타일 옵션] 그룹의 [머리글 행]의 선택을 해제한 다음 [첫째 열]을 선택합니다.

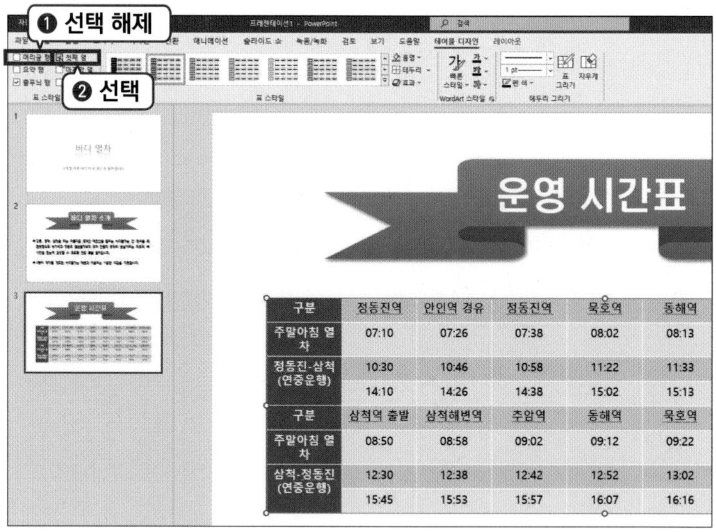

10 첫 번째 행을 드래그해 영역으로 지정한 다음 [표 스타일] 그룹의 '음영( )'을 클릭해 음영 색을 선택합니다. 예제에서는 '주황'을 선택했습니다.

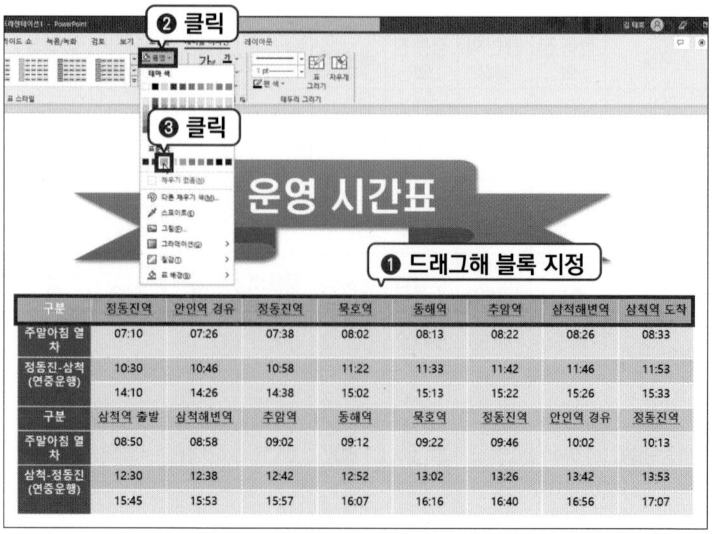

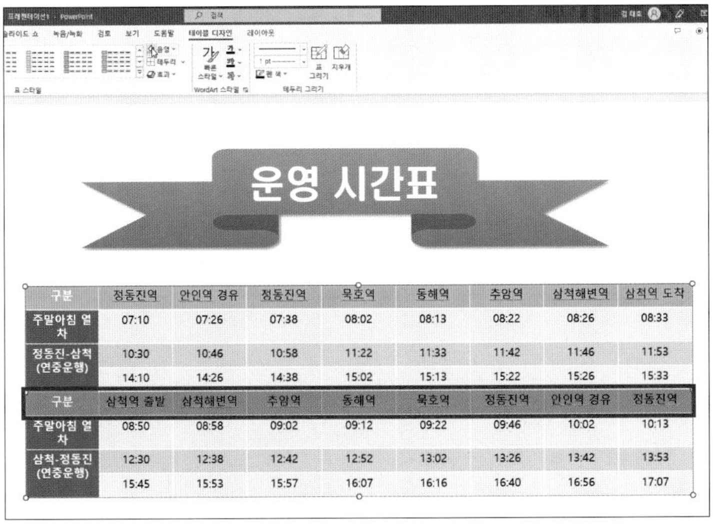

11 표 중간에 역 이름이 나와 있는 행을 같은 방법으로 영역을 지정하고 [표 스타일] 그룹의 [음영]을 클릭해 음영 색을 '주황'으로 선택합니다.

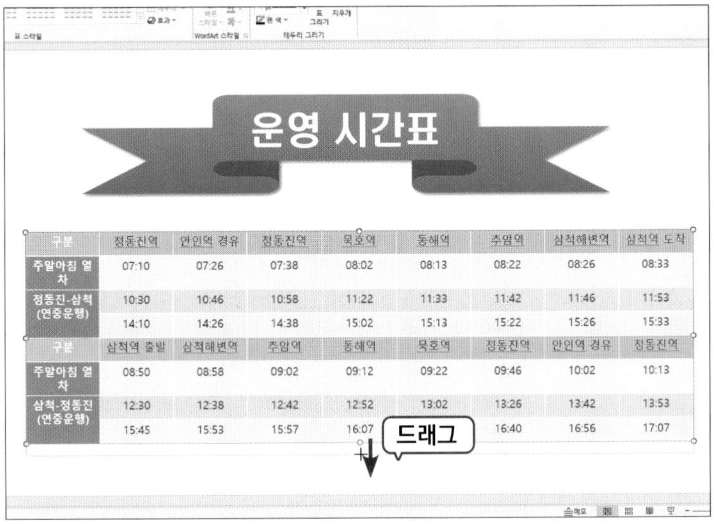

12 표의 아래쪽 테두리에 마우스 포인터를 위치한 다음 아래로 드래그해 표 크기를 약간 키웁니다.

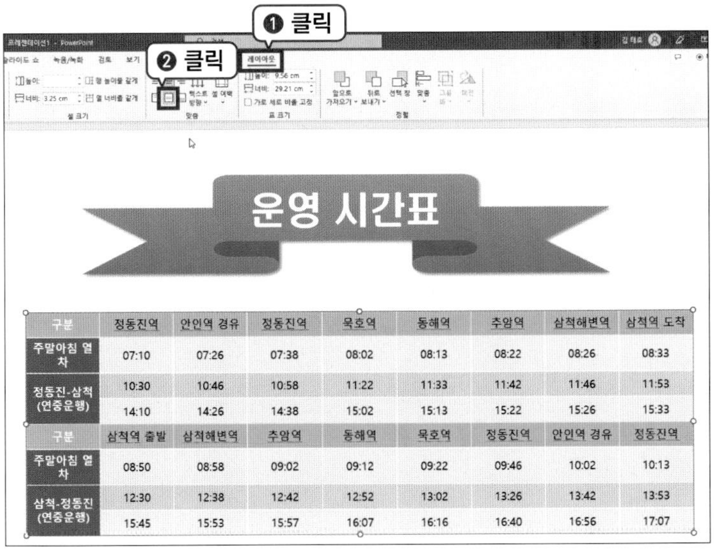

13 표 크기를 원하는 만큼 키운 후에 표를 선택한 후 [레이아웃] 탭을 선택한 후 [세로 가운데 맞춤](☰)을 클릭해서 텍스트를 세로 중간으로 맞춰줍니다.

5 네 번째 슬라이드 삽입하고 그림 캡처해 넣기

그림을 삽입하는 방법은 워드와 같으므로 이번에는 화면 캡처를 이용하여 그림을 삽입하는 방법에 대해 알아보겠습니다.

01 앞에서와 같이 [홈] 탭-[새 슬라이드]를 클릭하고 [빈 화면]을 선택합니다.

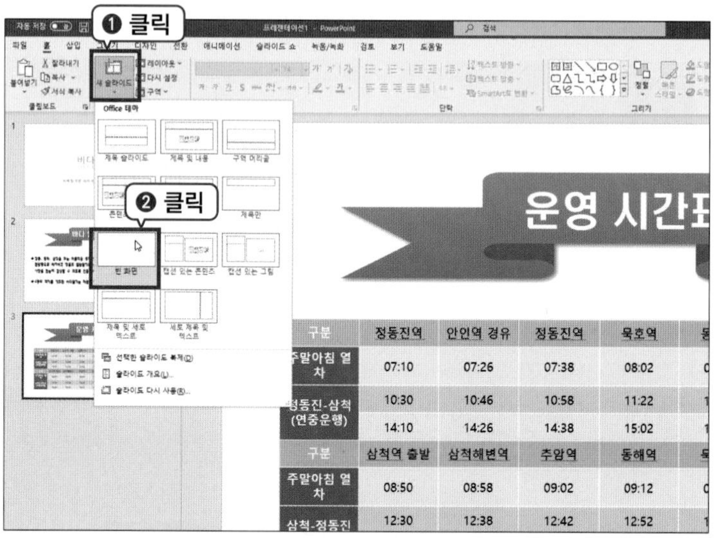

02 새로운 슬라이드가 삽입되면 3번 슬라이드를 선택한 다음 '운영 시간표'라고 입력된 리본 도형을 마우스 오른쪽 버튼으로 클릭하고 [복사]를 선택합니다.

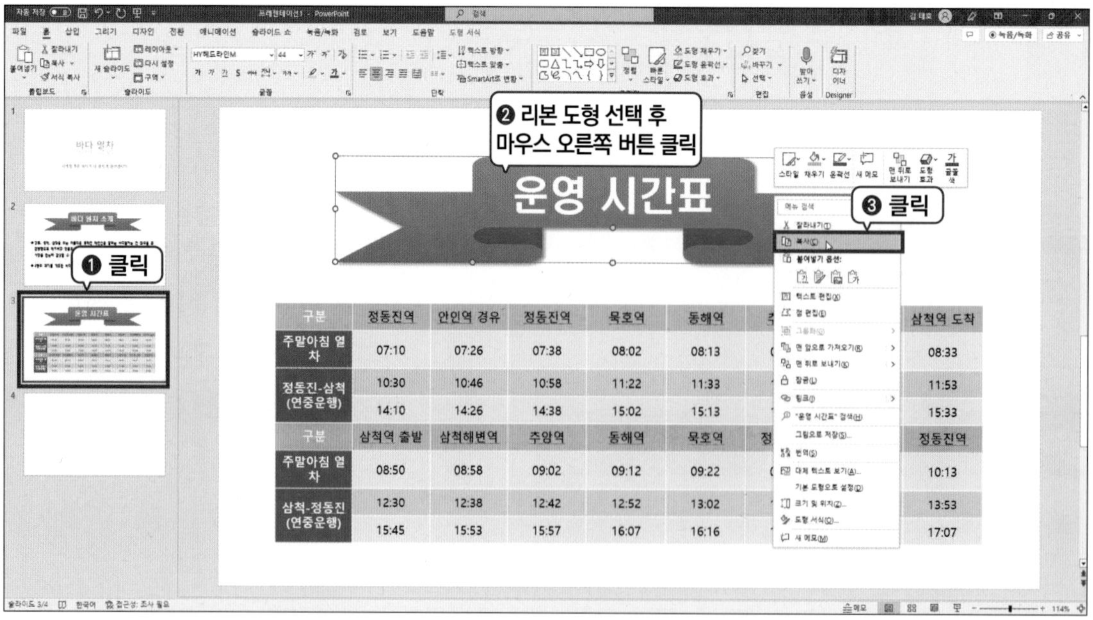

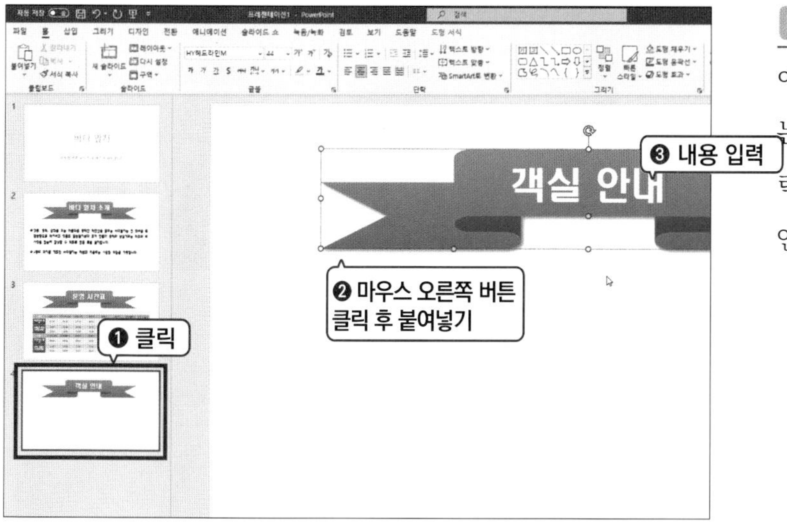

03 4번 슬라이드를 클릭한 후 슬라이드 위에서 마우스 오른쪽 버튼을 클릭하고 이번에는 [붙여넣기]의 '대상 테마 사용( )'을 클릭합니다. 도형의 내용을 지우고 새롭게 '객실 안내'라고 입력합니다.

04 엣지( )를 실행해서 바다 열차 홈페이지(www.seatrain.co.kr)로 들어갑니다. 바다 열차 홈페이지가 나타나면 [바다열차소개]를 클릭합니다.

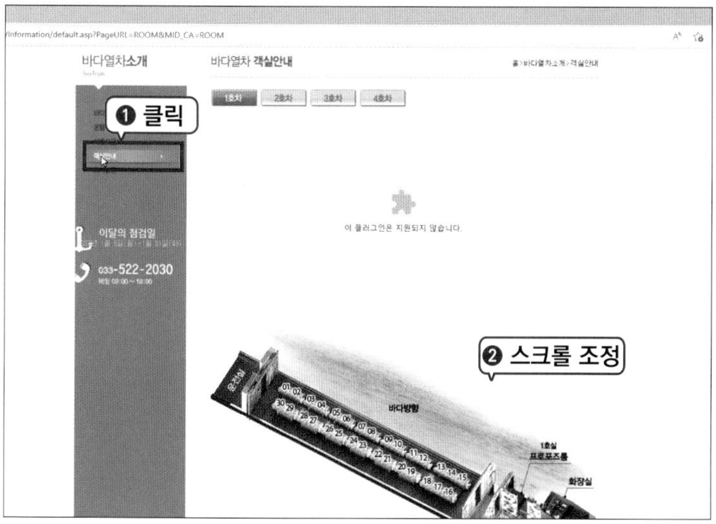

05 바다열차소개에서 [객실안내]를 클릭해서 객실 안내 페이지를 확인합니다. 좌석 배치도 그림이 화면에 다 나오도록 스크롤을 조정합니다.

TIP

스크린샷 기능을 이용할 때는 원하는 이미지가 화면상에서 전부 드러나 있어야 합니다.

06 다시 파워포인트로 돌아와 [삽입] 탭의 [이미지] 그룹에서 [스크린샷]( )을 클릭합니다. 스크린샷을 클릭하면 현재 실행되고 있는 창들이 나타납니다. 앞에서 보고 있었던 바다 홈페이지 창을 클릭합니다.

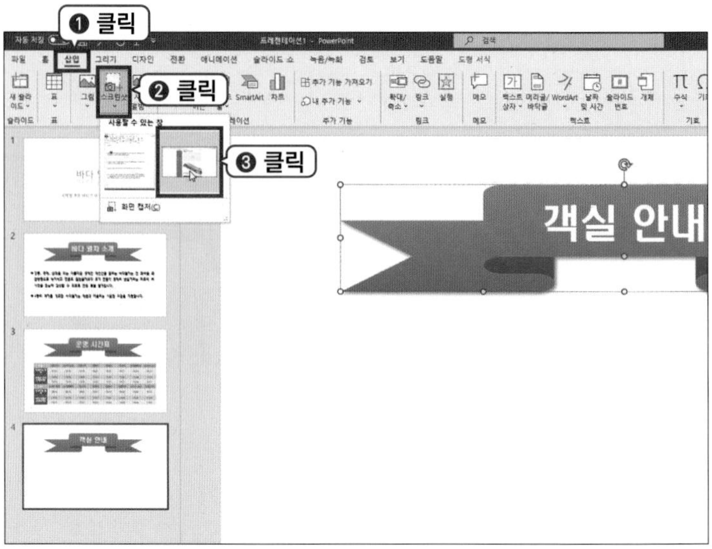

TIP

만약 '캡처된 브라우저 창의 URL로 자동 연결되는 하이퍼링크를 스크린샷에 지정하시겠습니까?'라는 메시지가 나타나면 [아니요]를 클릭합니다. 클릭하면 인터넷 링크로 이동하게끔 설정하겠냐는 메시지입니다.

07 화면이 캡처되어 그림으로 삽입됩니다.

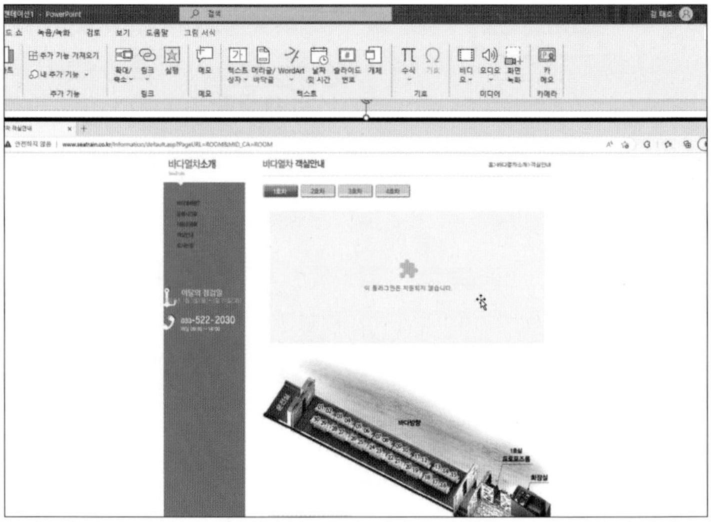

08 그림에서 필요 없는 부분을 지우기 위해 [그림 서식] 탭에서 [크기] 그룹의 '자르기( )'를 선택합니다. 그러면 캡처한 그림의 모서리 부분에 ┗ 와 같은 표시가 각도에 맞춰 생성되고 테두리 가운데 부분에는 ▬, ┃와 같은 표시가 각도에 맞춰 생성됩니다.

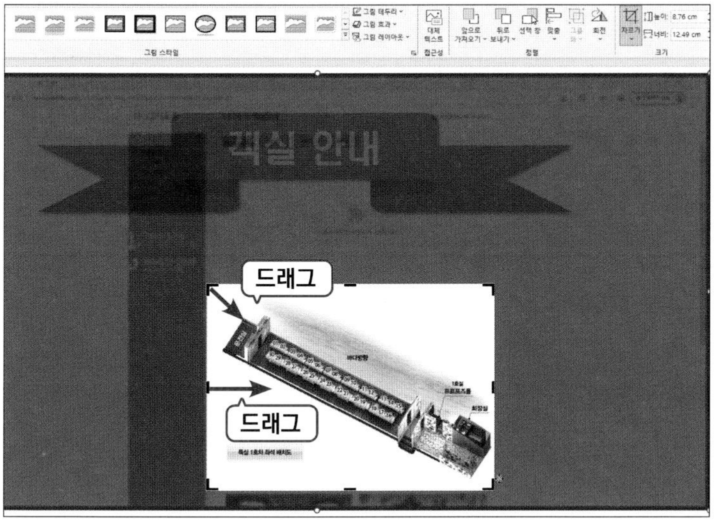

09 자르기 조절 포인트를 마우스로 클릭한 채로 드래그해서 필요 없는 부분들을 잘라냅니다.

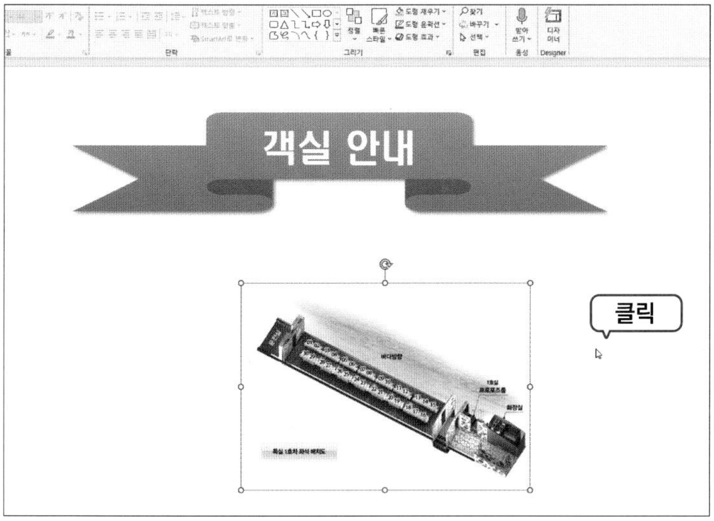

10 원하는 만큼 자르기 작업이 완료되었으면 슬라이드에서 빈 공간을 클릭해서 작업을 마칩니다.

> **TIP**
> 위치가 마음에 안 들면 그림을 드래그해 원하는 위치로 이동시키고 크기 조절점을 드래그해서 크기도 원하는 만큼 조절해줍니다.

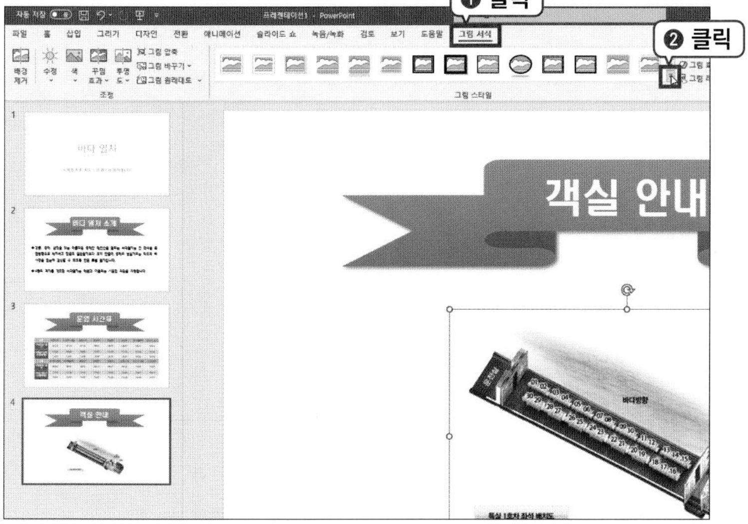

11 위치와 크기를 조정했으면 이번에는 [그림 서식] 탭에서 [그림 스타일]의 '자세히(⊽)'를 클릭합니다.

12 여러 가지 스타일이 나타나면 원하는 스타일을 클릭합니다. 예제에서는 '단순형 프레임, 검정'을 선택했습니다.

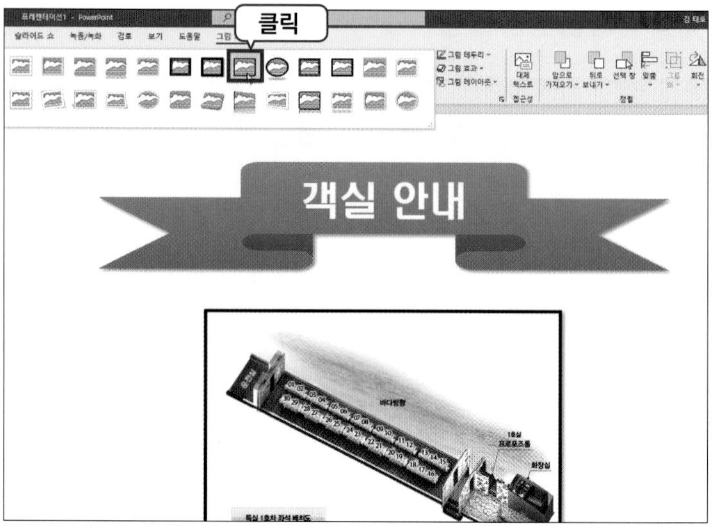

6 다섯 번째 슬라이드 추가하고 스마트아트 삽입하기

스마트아트는 여러 가지 도형을 이용하여 미리 만들어놓은 그래픽으로, 정보를 시각적으로 표현할 때 사용합니다. 여러 가지 스마트아트 레이아웃 중에서 정보를 가장 효과적으로 표시할 수 있는 방법을 선택할 수 있습니다.

01 [홈]-[새 슬라이드]-[빈 화면]을 클릭해 새로운 슬라이드를 삽입합니다.

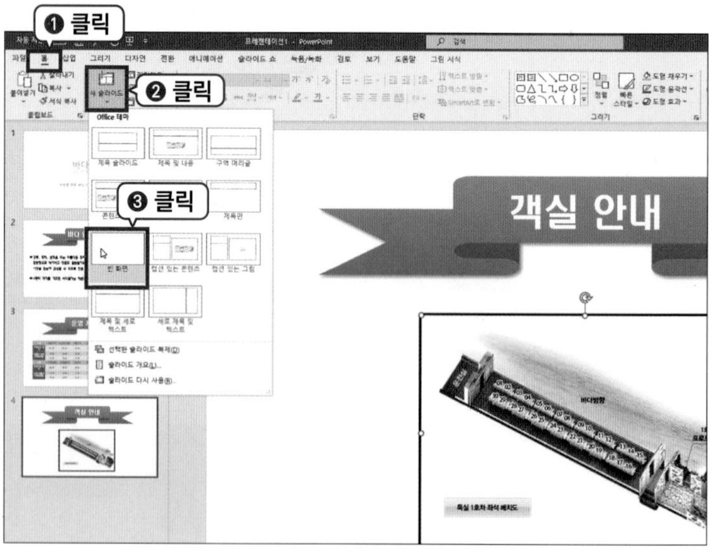

02 새로운 슬라이드가 삽입되면 4번 슬라이드를 선택한 다음 '객실 안내'라고 입력된 리본 도형을 마우스 오른쪽 버튼으로 클릭하고 [복사]를 선택합니다.

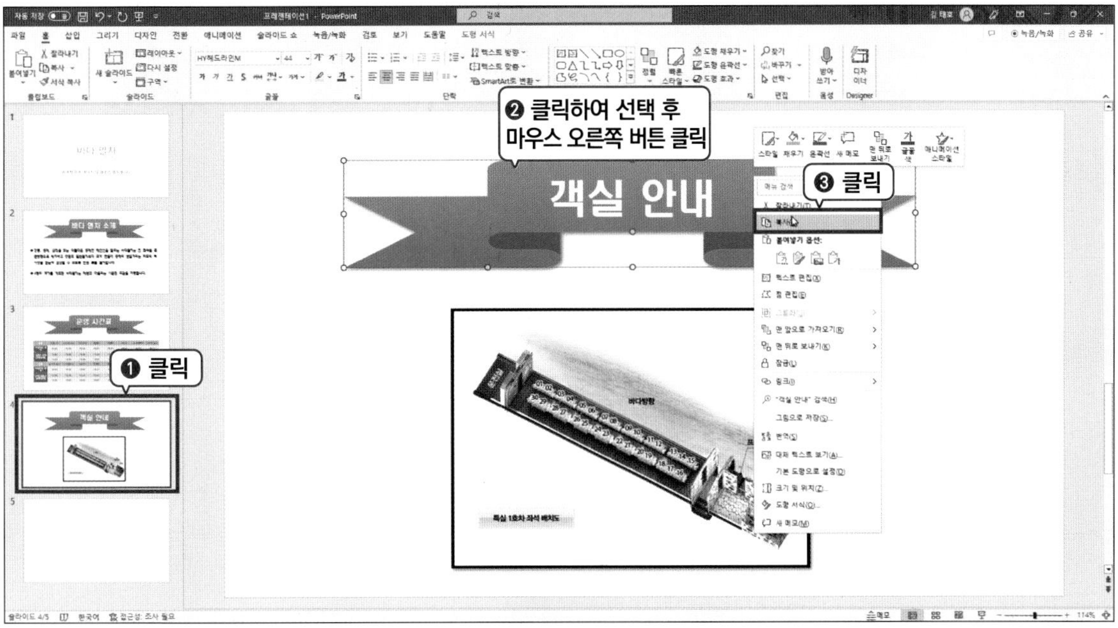

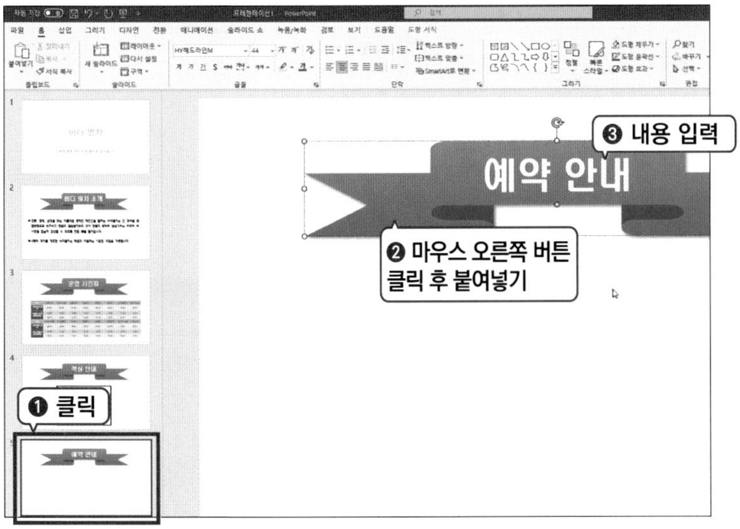

03 5번 슬라이드를 클릭한 후 슬라이드 위에서 마우스 오른쪽 버튼을 클릭하고 이번에는 [붙여넣기]의 '대상 테마 사용( )'을 클릭합니다. '객실 안내'를 지우고 '예약 안내'라고 입력합니다.

04 스마트아트를 삽입하기 위해 [삽입] 탭의 [일러스트레이션] 그룹에서 'SmartArt( )'를 클릭합니다.

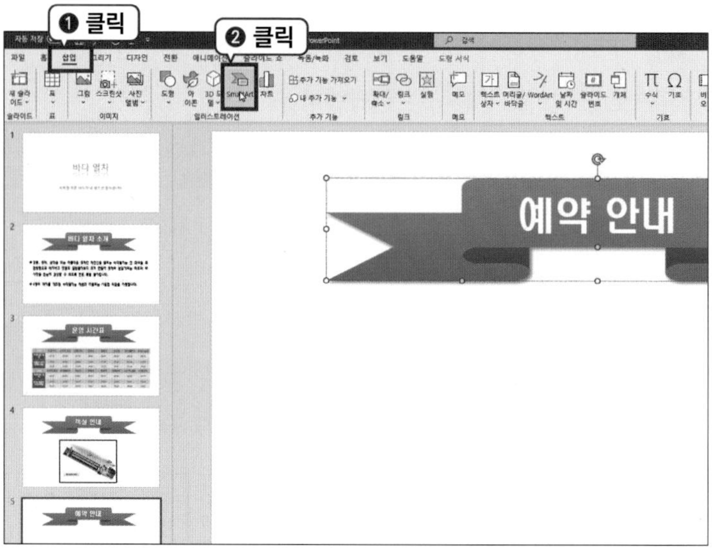

05 [SmartArt 그래픽 선택] 대화상자가 나타나면 삽입할 스마트아트 종류를 선택하고 [확인]을 클릭합니다. 예제에서는 '프로세스형'을 클릭하고 그중에서 '기본 갈매기형 수장 프로세스형'을 선택했습니다.

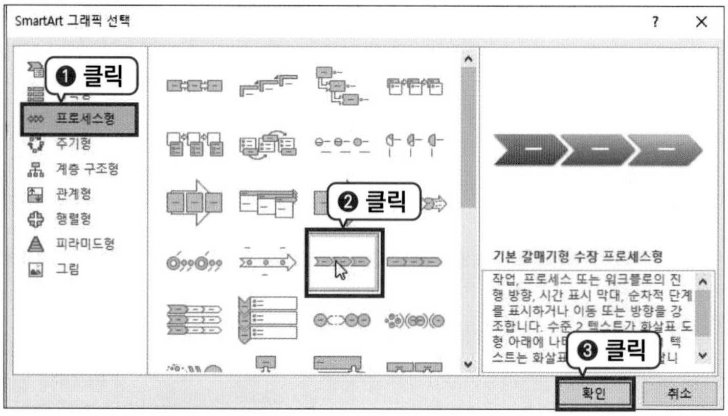

06 스마트아트가 삽입되면 다음과 같이 내용을 입력합니다.

승차일 및 인원 선택
객실 선택
좌석 지정 및 인원 선택
결과 확인 및 최종 예약

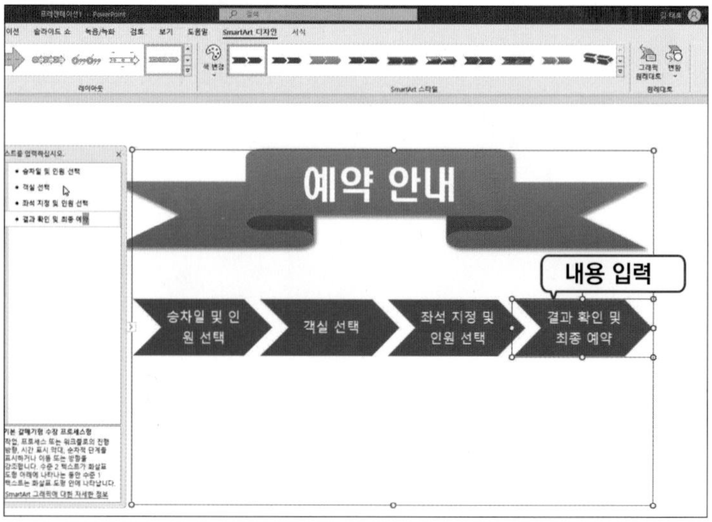

노트 스마트아트 텍스트 입력 상자에서의 항목 간 이동은 방향키 [↓]를 이용하고 새로운 항목을 입력할 때는 [Enter] 키를 누른 후 입력합니다.

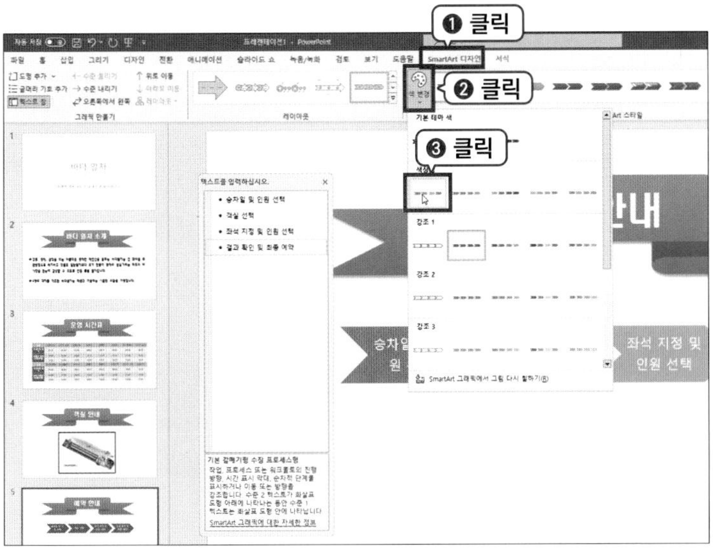

07 [SmartArt 디자인] 탭에서 [SmartArt 스타일] 그룹의 '색 변경'( )을 클릭해 원하는 색을 선택합니다. 예제에서는 '색상형-강조색'을 선택했습니다.

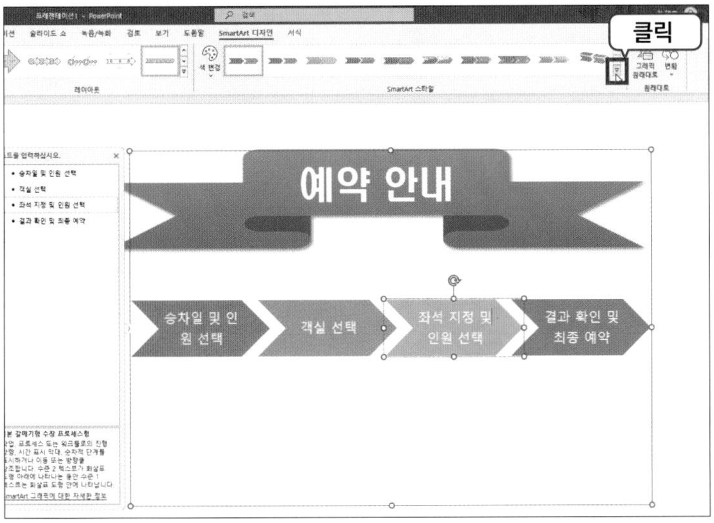

08 스마트아트의 색이 바뀌면 [SmartArt 스타일] 그룹의 '자세히( )'를 클릭합니다.

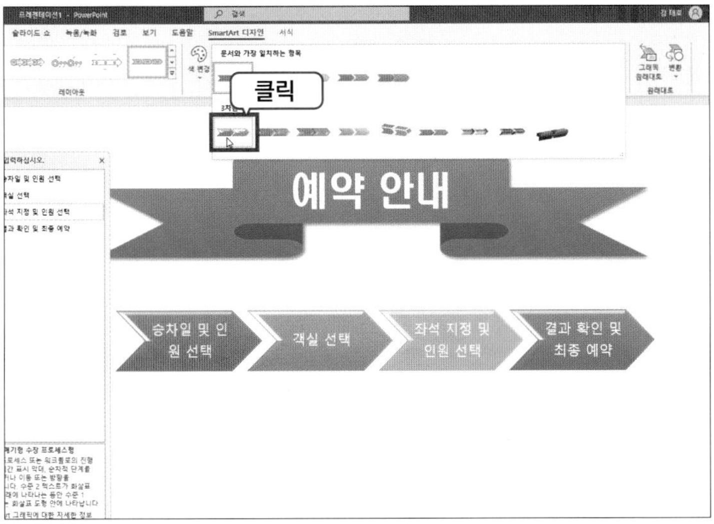

09 여러 가지 스타일이 나타나면 원하는 스타일을 클릭합니다. 예제에서는 '광택 처리'를 선택했습니다.

10 선택한 스타일로 바뀝니다. 텍스트 입력 상자 옆에 있는 ❯를 클릭하면 입력 상자가 사라지면서 ❮ 처럼 방향이 바뀝니다. ❯를 클릭해서 텍스트 상자를 보이지 않게 합니다.

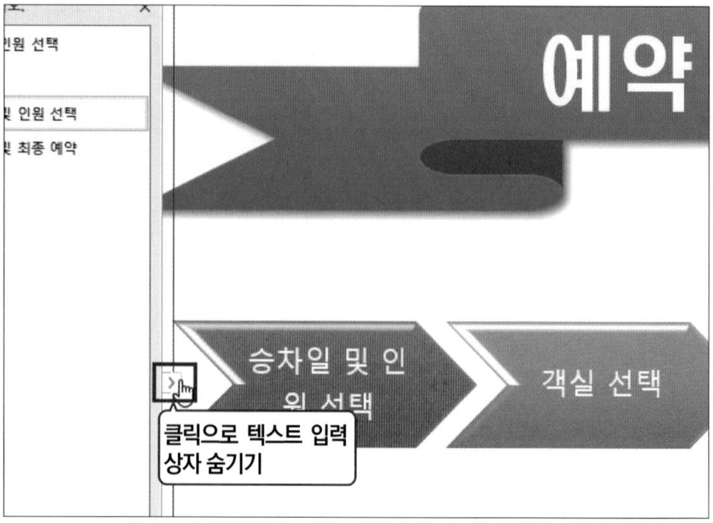

11 워드아트의 크기 조절점을 드래그해서 크기를 원하는 만큼 조절하고 위치를 이동합니다.

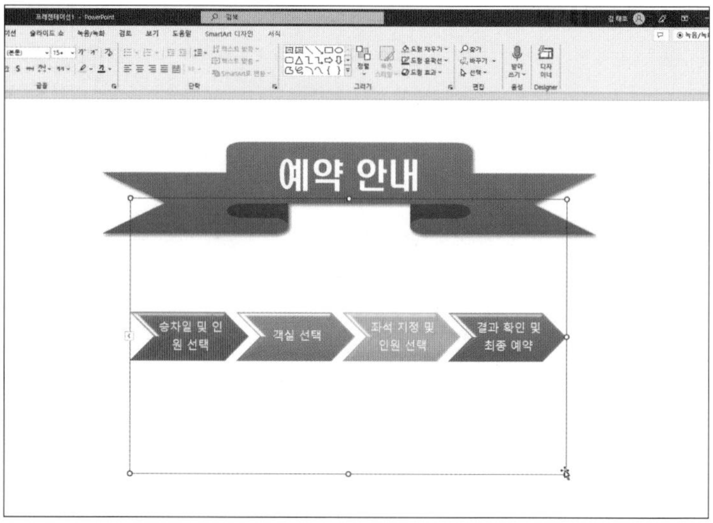

12 작업을 다 마쳤으면 파일을 저장합니다 예제에서는 저장할 파일 이름을 '바다 열차'라고 입력했습니다.

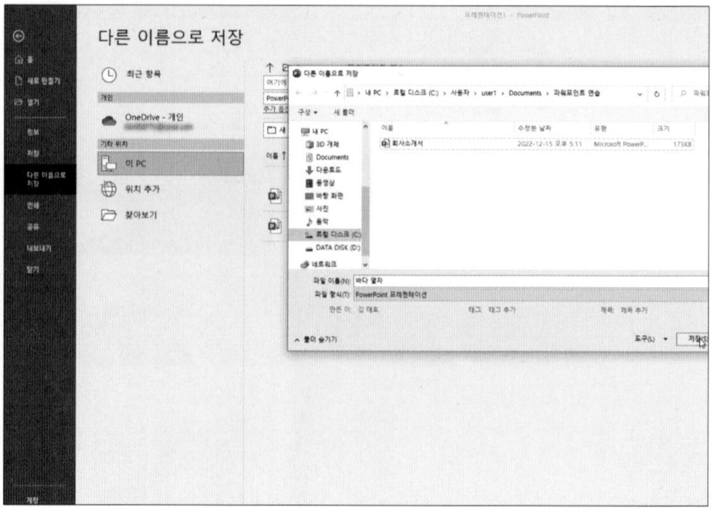

CHAPTER 04 파워포인트로 자신 있게 발표하기

이번 챕터에서는 파워포인트의 꽃이라고 할 수 있는 프레젠테이션에 적합한 애니메이션 효과와 슬라이드 전환 효과 등을 지정하고 유인물을 준비한 후 발표 예행 연습을 하고 본격적인 발표를 해보도록 하겠습니다. 지금까지 배운 내용을 마무리짓는 내용이자 가장 파워포인트다운 효과를 이용해 발표 자료를 만들어봅니다.

1 개체에 애니메이션 효과 지정하기

이번에는 이미 작업된 파일을 불러와 작업 슬라이드에 삽입된 개체에 애니메이션 효과를 지정해보겠습니다. 애니메이션 효과는 개체가 다양한 모양으로 움직이는 효과로 청중들을 집중시킬 때 매우 유용합니다.

01 파일을 불러오기 위해 파워포인트를 실행한 다음 [열기]를 선택합니다.

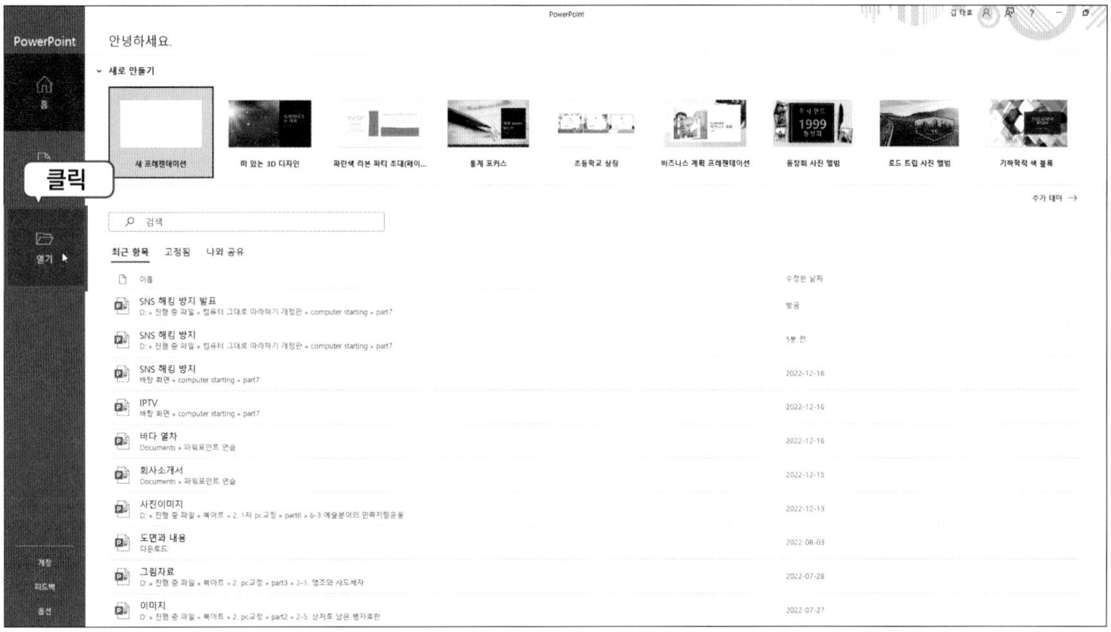

02 [열기] 창이 나타나면 [찾아보기]를 클릭하고 책에서 예제로 제공하는 ‘SNS 해킹 방지 발표.pptx’ 파일을 찾아 엽니다.

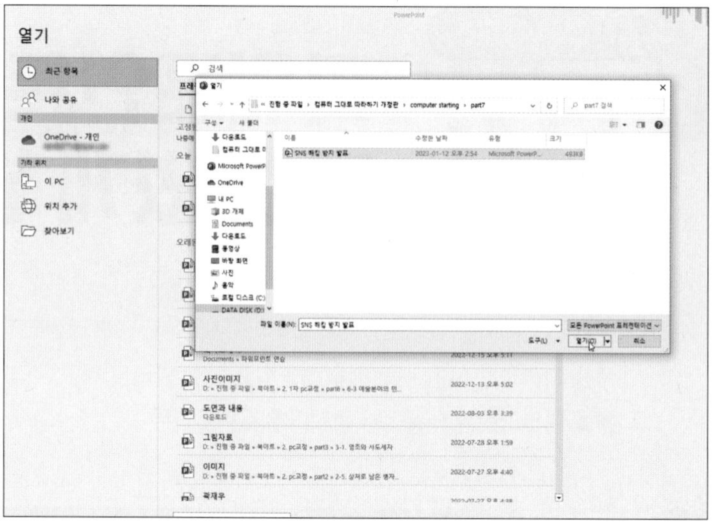

노트

예제파일 : computer starting/part7/SNS 해킹 방지 발표.pptx

03 파일이 열리면서 편집할 수 있는 상태가 됩니다.

04 첫 번째 슬라이드에서 위쪽 ‘SNS 이용자를 위한 SNS 해킹 방지 애플리케이션’이라고 입력된 개체를 클릭해 선택합니다. 그리고 [애니메이션] 탭에서 [애니메이션] 그룹의 ‘자세히(▾)’를 클릭합니다.

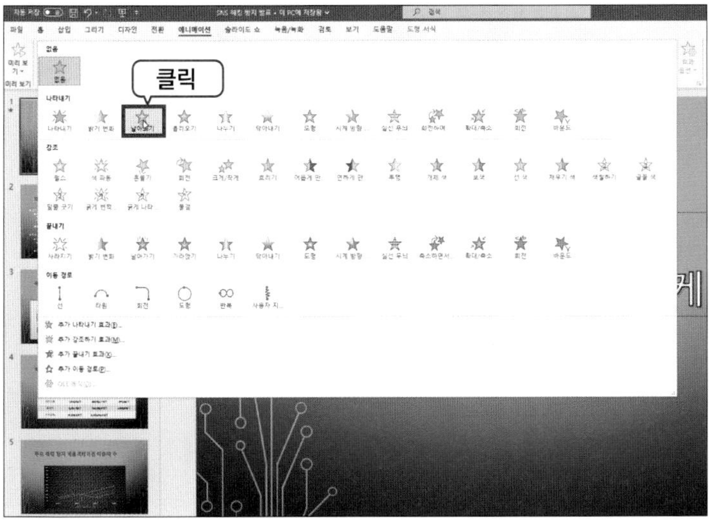

05 여러 가지 효과가 나타납니다. 여기서 원하는 애니메이션 효과를 선택합니다. 예제에서는 '날아오기' 효과를 선택했습니다.

06 효과를 적용하자마자 어떤 효과인지 확인할 수 있도록 해당 효과가 구현됩니다.

TIP

애니메이션을 적용한 개체 앞에 표시된 숫자는 애니메이션 순서를 나타내는 번호입니다.

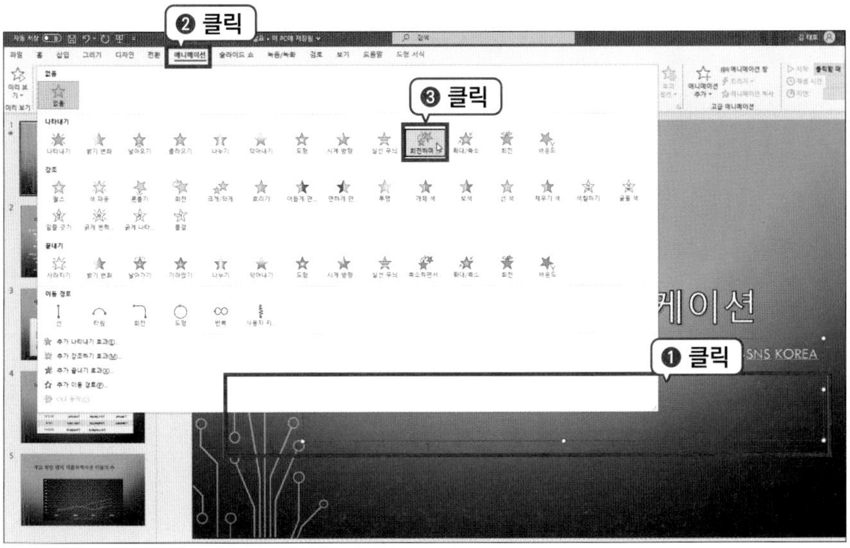

07 이제 아래쪽의 'Safe-Sns Korea' 개체를 선택한 다음 [애니메이션] 탭에서 [애니메이션] 그룹의 '자세히(▾)'를 클릭해 원하는 효과를 선택합니다. 예제에서는 '회전하며 밝기 변화'를 선택했습니다.

08 개체에 애니메이션이 적용되면서 애니메이션의 실행 순서가 표시됩니다.

09 아래쪽의 'Safe-Sns Korea' 개체가 선택된 상태에서 [애니메이션] 탭의 [타이밍] 그룹에서 [애니메이션 순서 바꾸기] 항목의 '앞으로 이동'을 선택합니다. 그리고 [미리보기]( )를 눌러 애니메이션이 어떻게 일어나는지 확인해봅니다.

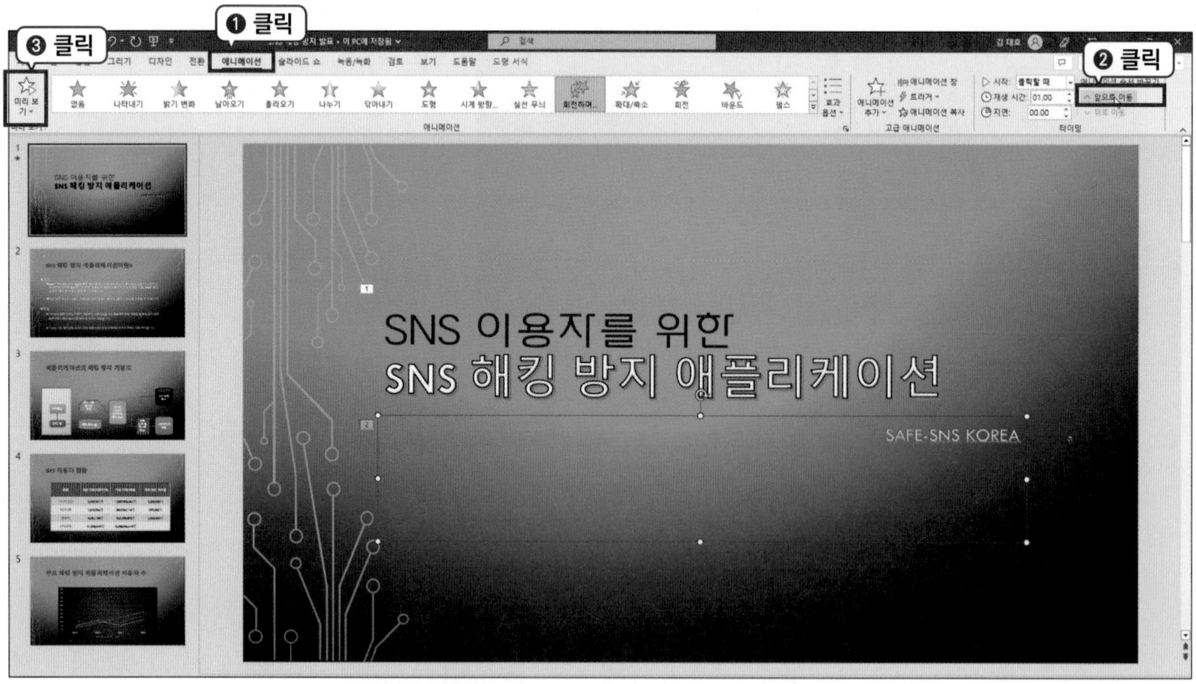

2 화면 전환 효과 지정하기

화면 전환 효과는 다음 슬라이드가 나타날 때 여러 가지 효과를 지정하는 것으로 다음 슬라이드로 넘어간다는 것을 확실히 알려주어 시선을 사로잡을 수 있습니다.

01 화면 오른쪽 아래에 있는 '여러 슬라이드(田)'를 클릭합니다. 여러 슬라이드 보기는 한 화면에 많은 슬라이드를 보여주는 것으로 화면 전환 효과나 슬라이드의 순서를 바꿀 때 사용하면 좋습니다.

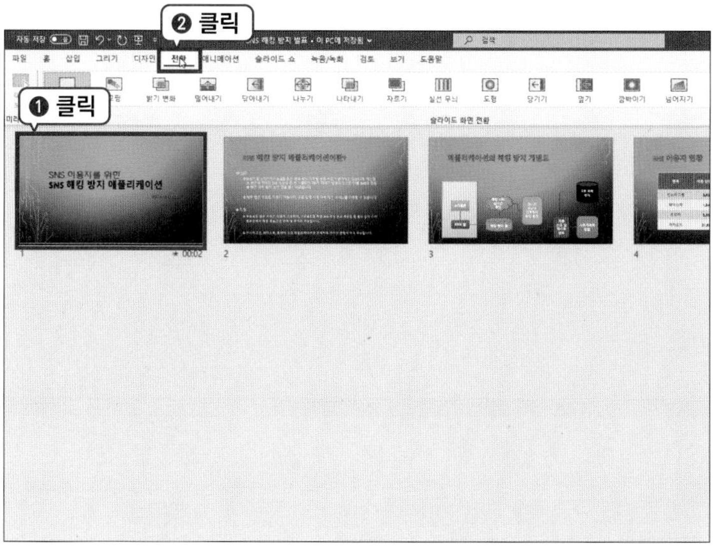

02 여러 슬라이드 보기가 표시되면 전환 효과를 지정할 슬라이드를 선택하고 [전환] 탭을 선택합니다.

TIP

여러 슬라이드에 같은 화면 전환 효과를 지정하려면 Ctrl 키를 누른 상태에서 슬라이드를 클릭한 후 화면 전환 효과를 지정합니다.

03 [전환] 탭의 [슬라이드 화면 전환] 그룹에서 원하는 효과를 선택하면 화면 전환 효과가 미리 보입니다. 하나씩 차례대로 실행해보면서 어떤 효과가 나타나는지 살펴보면 좋습니다.

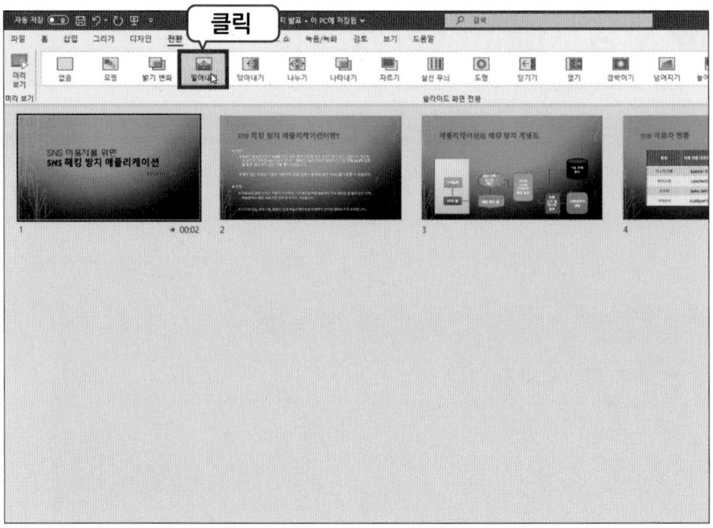

04 화면 전환 효과와 함께 효과음을 지정하기 위해 [타이밍]의 [소리]를 클릭해 원하는 효과음을 선택합니다. 이것 역시 하나씩 차례대로 실행해보면서 어떤 소리 효과가 나타나는지 살펴보면 좋습니다.

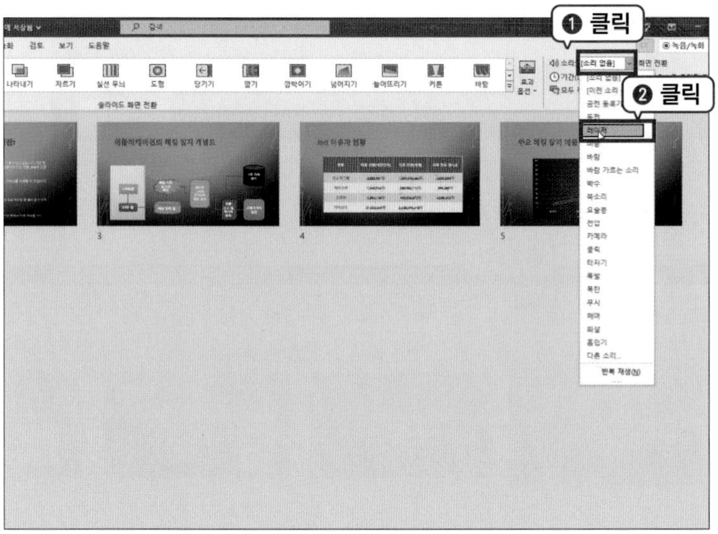

05 [미리보기]를 클릭하면 화면 전환 효과와 함께 효과음이 들립니다.

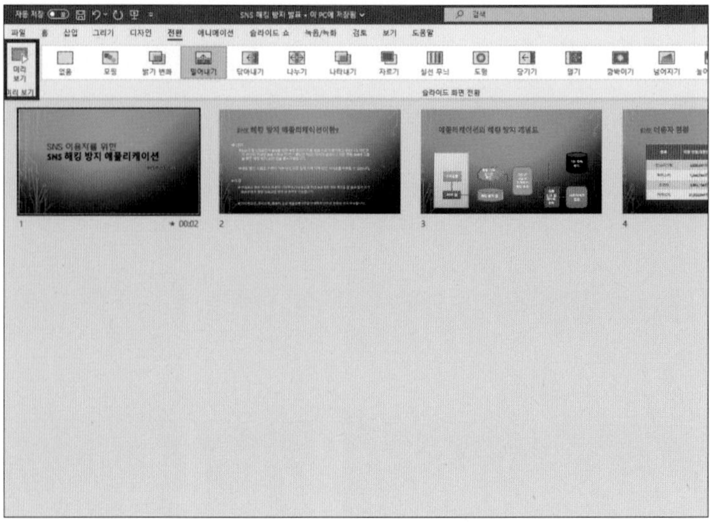

3 슬라이드 노트 만들기

슬라이드 노트는 발표자가 발표할 내용을 미리 적어두는 곳입니다. 슬라이드 노트는 발표자용 화면에서는 내용이 보이지만 청중들이 볼 수 있는 슬라이드 쇼에서는 보이지 않습니다.

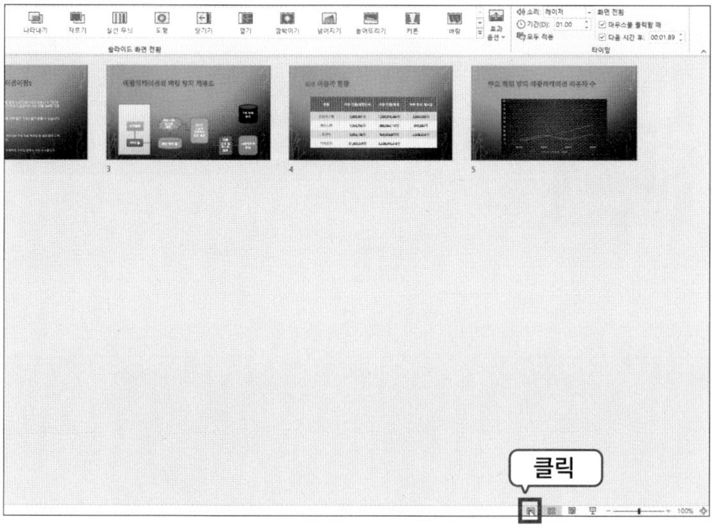

01 슬라이드 노트를 삽입하기 위해 화면 아래에 있는 '기본 보기( )'를 클릭합니다.

02 상태 표시줄에서 [메모](메모)를 클릭합니다. 아래쪽에 슬라이드 노트 영역이 위쪽으로 올라옵니다.

03 슬라이드 노트 창을 클릭해 다음과 같이 내용을 입력합니다. 입력한 내용이 길어서 보이지 않을 경우 슬라이드 영역 위쪽의 선을 마우스로 클릭한 채로 드래그하면 노트 창이 커집니다.

04 슬라이드 노트 창을 다시 감추기 위해 [메모](메모)를 클릭하면 슬라이드 노트가 감춰지는 것을 볼 수 있습니다.

4 청중들에게 나누어줄 유인물 인쇄하기

이제 본격적인 발표에 앞서 청중들에게 나누어줄 유인물을 인쇄하도록 하겠습니다. 유인물에 어떤 내용이 나오도록 할지, 어떤 방식으로 출력할지 선택할 수 있습니다.

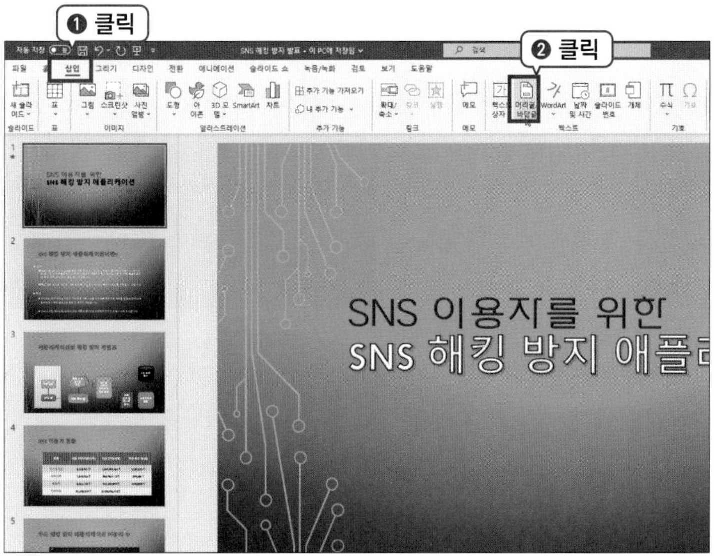

01 유인물에 머리글과 바닥글을 지정하기 위해 [삽입] 탭의 [텍스트] 그룹에서 [머리글/바닥글]( )을 선택합니다.

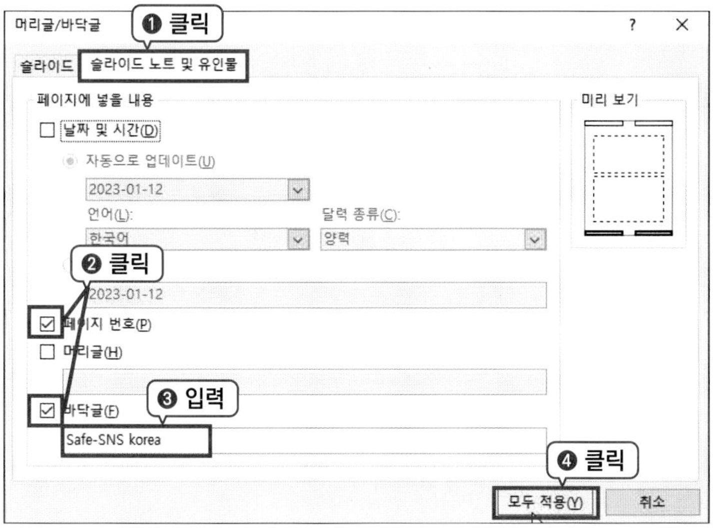

02 [머리글/바닥글] 대화상자가 나타나면 [슬라이드 노트 및 유인물] 탭을 선택합니다. 페이지 번호와 바닥글에 체크한 다음 바닥글에 내용을 입력하고 [모두 적용]을 클릭합니다.

03 유인물로 인쇄하기 위해 [파일] 탭을 클릭한 다음 [인쇄]를 클릭합니다.

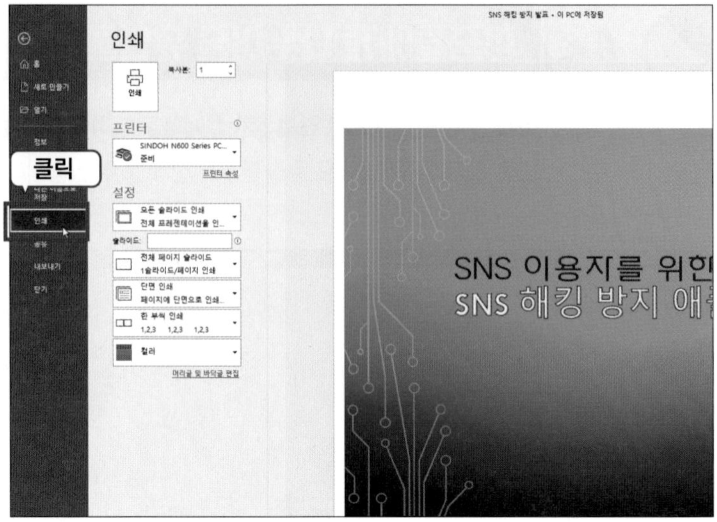

04 인쇄될 모양을 선택하기 위해 [전체 페이지 슬라이드]를 클릭해 '유인물'에서 인쇄할 모양을 선택합니다. 예제에서는 '2 슬라이드'를 선택했습니다.

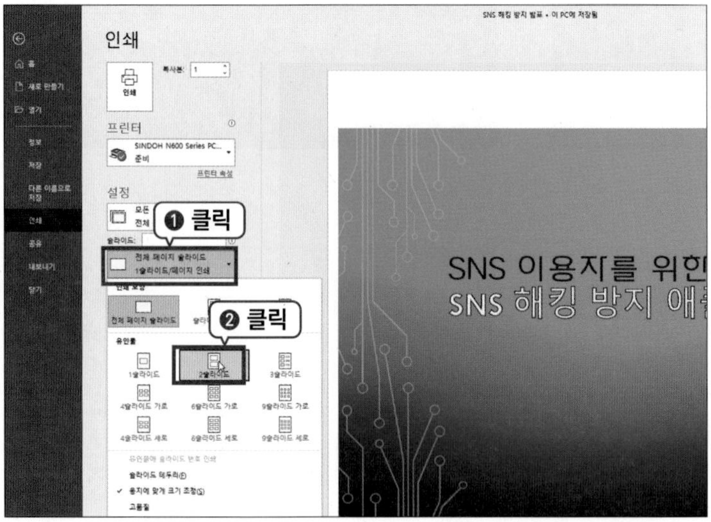

05 [복사본]에 인쇄할 부수를 입력한 다음 [인쇄]를 클릭하면 슬라이드가 유인물로 인쇄됩니다.

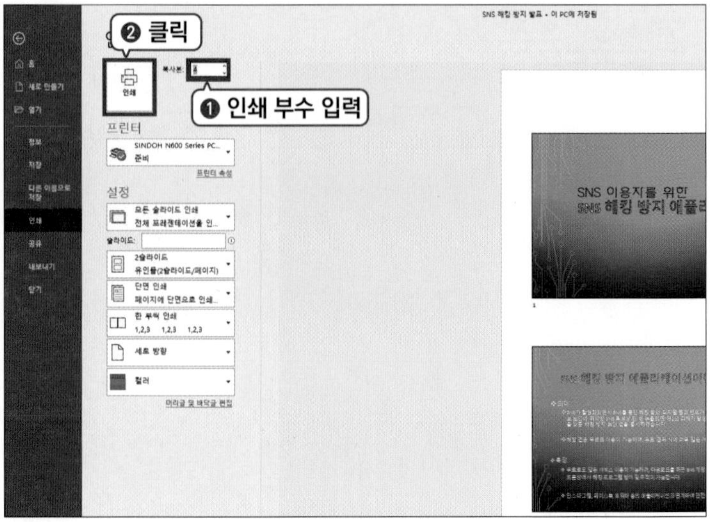

5 슬라이드 쇼 연습하고 발표하기

본격적인 슬라이드 쇼를 진행하기 전에 예행연습을 통해 발표 시간이 얼마나 걸릴지 예측해보고 중요한 내용이 빠지지는 않았는지 점검해봐야 합니다. 그리고 모든 준비가 끝나면 청중들 앞에서 발표를 하는 게 좋습니다.

01 슬라이드 쇼를 연습하기 위해 [슬라이드 쇼] 탭의 [설정] 그룹에서 [예행연습]( )을 클릭합니다.

02 슬라이드 쇼 예행연습이 시작되면 화면 왼쪽 위에 녹화 도구가 나오면서 슬라이드 쇼 진행 시간이 표시됩니다. 실제 진행하는 것처럼 내용을 읽어가면서 진행합니다. 앞에서 지정했던 애니메이션 효과를 보기 위해서는 Space Bar 를 누르거나 마우스로 화면을 클릭해야 합니다.

03 다음 슬라이드로 넘어가려면 Space Bar를 누르거나 마우스 왼쪽 버튼을 클릭합니다. 마우스 오른쪽 버튼을 클릭해 [포인터 옵션]에서 원하는 포인터의 종류를 선택할 수 있습니다. 예제에서는 '펜'을 선택했습니다.

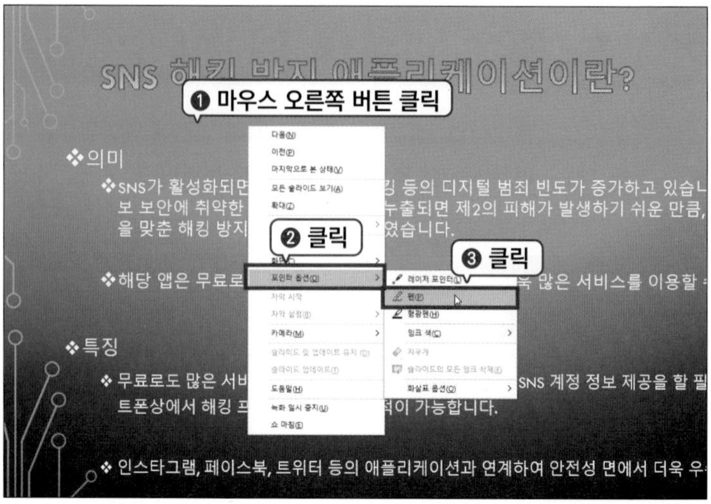

04 슬라이드에 드래그하면 지정한 포인터에 맞춰 그려집니다.

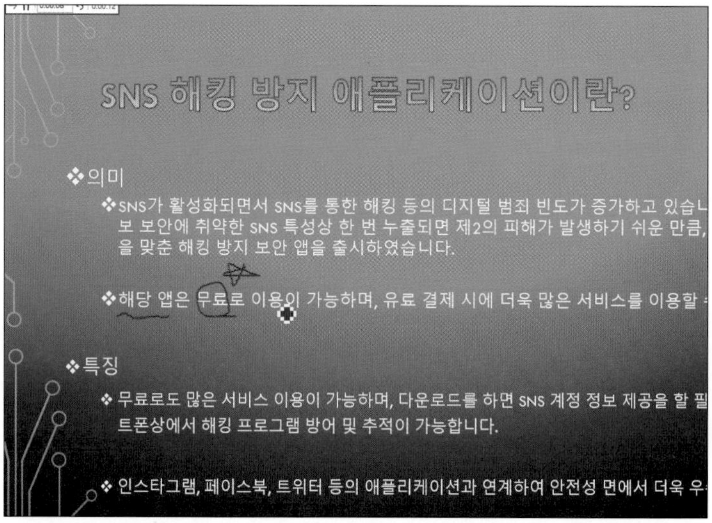

05 포인터를 유지한 채 다음 슬라이드로 넘어가려면 [녹화] 도구의 [다음(→)]을 클릭합니다.

06 슬라이드 쇼 예행연습이 끝나면 펜 도구로 표시했던 사항과 슬라이드 시간을 저장할지 여부를 묻는 대화상자가 나타납니다. 저장하려면 [예]를, 저장하지 않으려면 [아니오]를 클릭합니다.

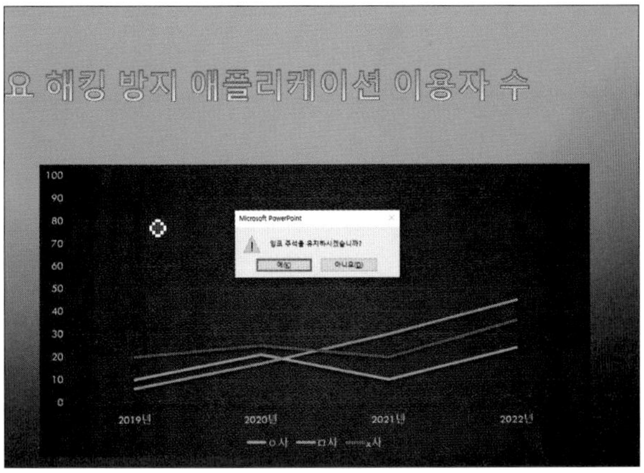

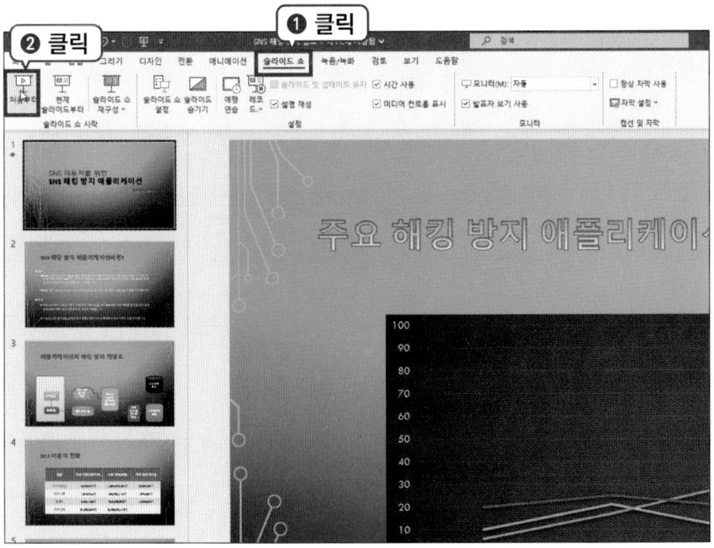

07 이제 본격적인 슬라이드 쇼를 진행하기 위해 [슬라이드 쇼] 탭의 [슬라이드 쇼 시작]에서 [처음부터]( )를 클릭합니다.

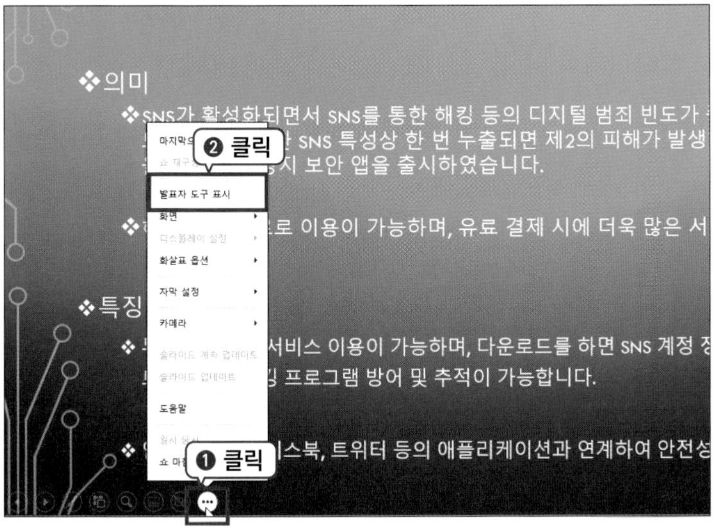

08 2개 이상의 모니터를 사용하면 한 모니터에는 슬라이드 쇼가 진행되고 다른 모니터에는 발표자 보기를 표시합니다. 모니터가 한 대밖에 없을 경우 슬라이드 쇼 화면 왼쪽 아래에 있는 (…)을 클릭하고 [발표자 도구 표시]를 선택합니다.

09 다음 화면과 같이 현재 슬라이드, 다음 슬라이드, 발표자 노트, 타이머 등이 나타납니다.

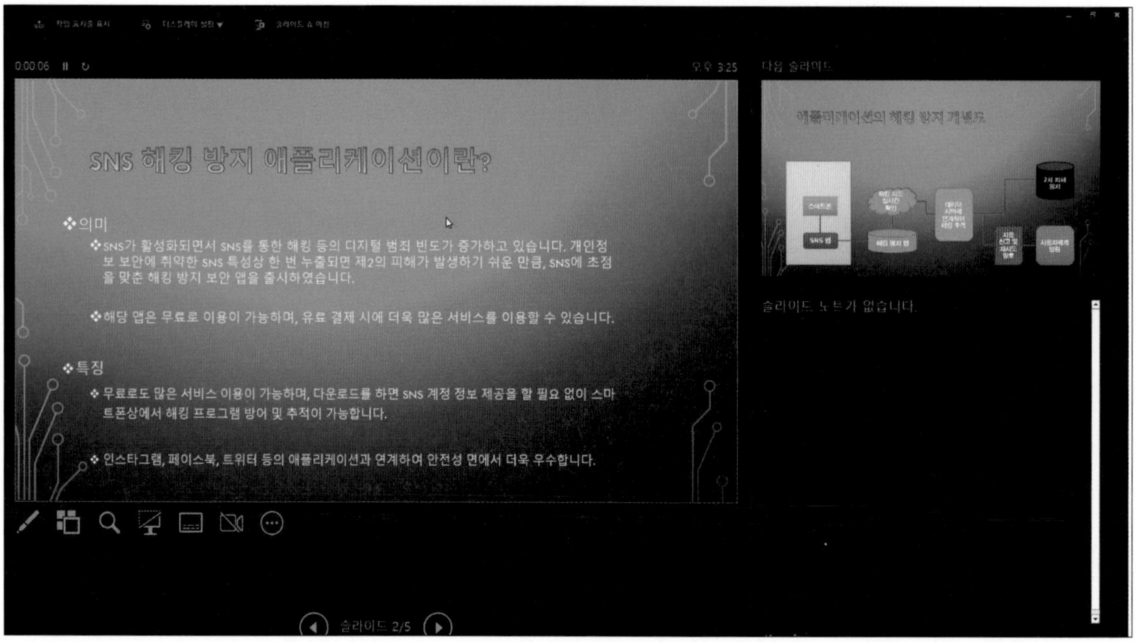
0:00:06
오후 3:25
다음 슬라이드
SNS 해킹 방지 애플리케이션이란?
❖의미
❖SNS가 활성화되면서 SNS를 통한 해킹 등의 디지털 범죄 빈도가 증가하고 있습니다. 개인정보 보안에 취약한 SNS 특성상 한 번 누출되면 제2의 피해가 발생하기 쉬운 만큼, SNS에 초점을 맞춘 해킹 방지 보안 앱을 출시하였습니다.
❖해당 앱은 무료로 이용이 가능하며, 유료 결제 시에 더욱 많은 서비스를 이용할 수 있습니다.
❖특징
❖ 무료로도 많은 서비스 이용이 가능하며, 다운로드를 하면 SNS 계정 정보 제공을 할 필요 없이 스마트폰상에서 해킹 프로그램 방어 및 추적이 가능합니다.
❖ 인스타그램, 페이스북, 트위터 등의 애플리케이션과 연계하여 안전성 면에서 더욱 우수합니다.
슬라이드 노트가 없습니다.
슬라이드 2/5

PART 8

다양한 영상의 세계, 유튜브

CHAPTER 01 유튜브 시작하기

유튜브는 세계 최대 규모의 비디오 플랫폼으로, 사용자가 동영상을 자유롭게 올리고 그것을 다른 사용자들이 자유롭게 시청할 수 있는 구글의 콘텐츠 호스팅 웹사이트입니다. 유튜브를 통해서 이전에 알아보기 어려웠던 정보와 지식들을 누구나 쉽게 찾을 수 있습니다. 유튜브에 대해서 먼저 알아보고 유튜브 계정을 만들어보겠습니다.

1 유튜브란?

콘텐츠 시장의 변화를 유튜브 등장 이전과 이후로 나눌 수 있을 만큼, 유튜브는 많은 영향력을 가진 플랫폼입니다. 교양 지식, 경제실황, 전문 지식 등 원하는 거의 모든 정보를 찾아볼 수 있을 정도로 많은 영상들이 공유되고 있습니다. 또한 유튜브에 영상을 올리고 구독자를 늘려서 인지도를 쌓거나 돈을 버는 사람들도 상당히 많습니다. 우리는 그런 사람들을 유튜브 크리에이터라고 부릅니다.

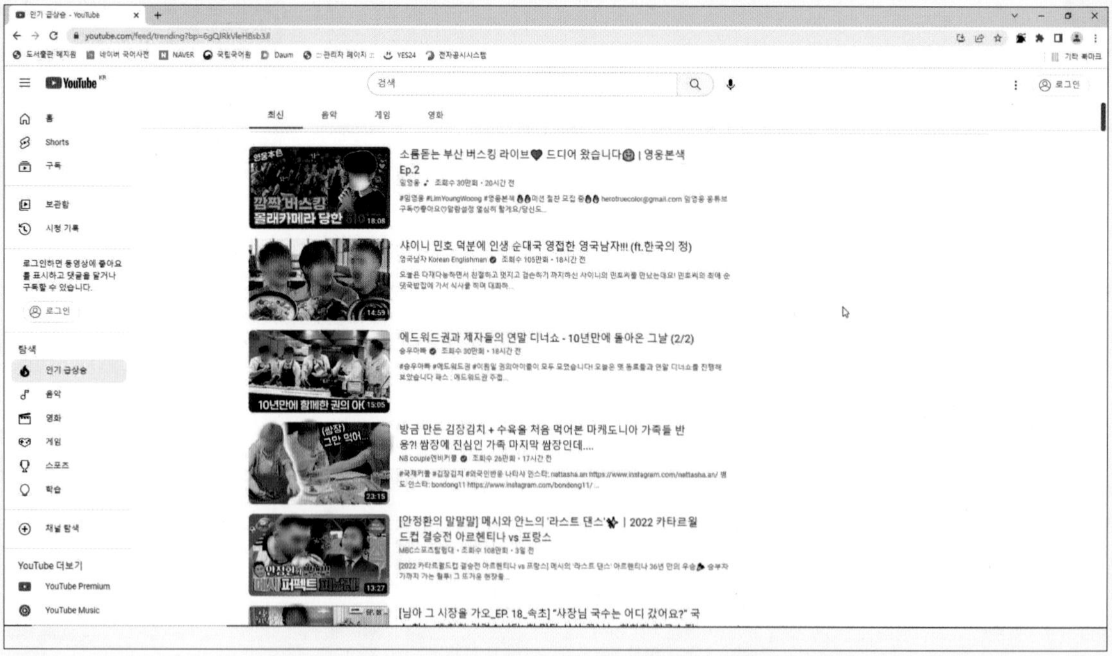

유튜브는 크게 영상을 올리는 크리에이터들과 그들의 채널을 구독하는 구독자들로 나뉩니다. 크리에이터로 활동하면서도 다른 사람들의 채널을 구독하여 시청할 수 있습니다. 어떤 영상이든 만들어서 올리기만 하면 나도 크리에이터라고 부를 수 있습니다. 다양한 주제에 대해 다양한 영상이 올라오고 있습니다.

유튜브로 할 수 있는 것들은 다음과 같습니다.

❶ 자기가 원하는 주제의 영상을 검색하여 볼 수 있습니다.

❷ 채널을 만들어서 직접 영상을 올리며 크리에이터로 활동할 수 있습니다.

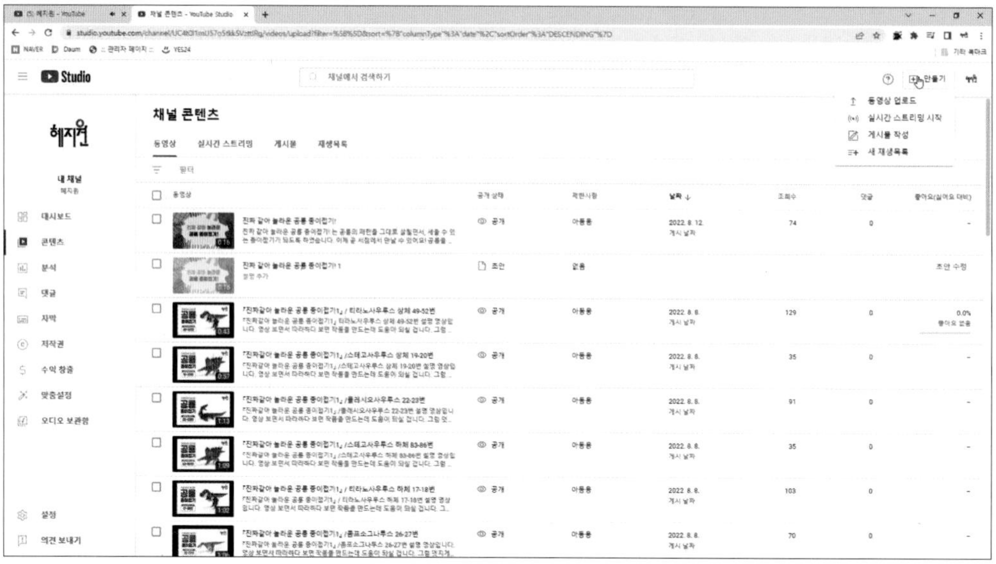

❸ 실시간 스트리밍을 이용해 실시간 생방송을 할 수 있습니다. 온라인 모임 및 강연 등에 활용하기 좋습니다.

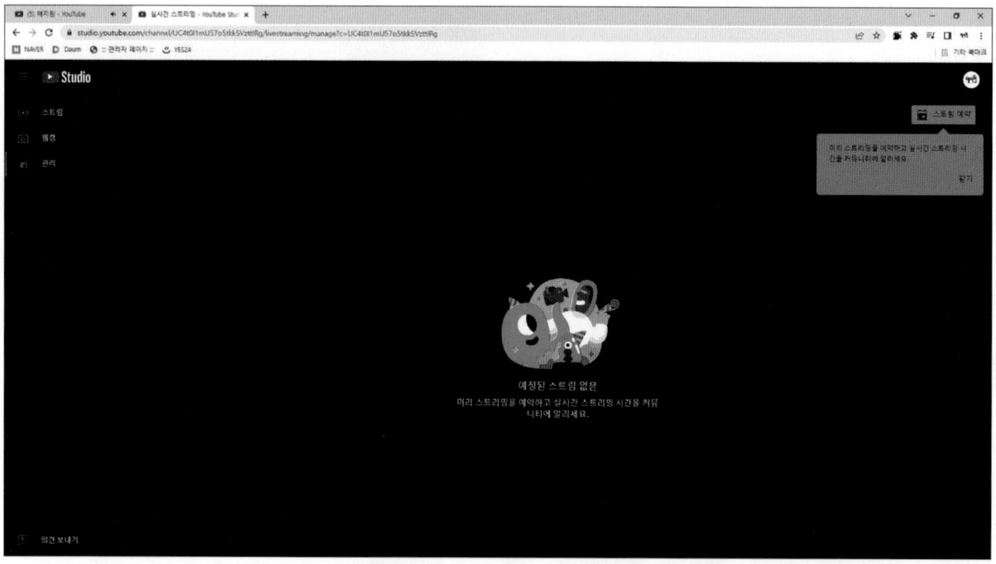

1 유튜브 홈페이지 들어가서 동영상 검색해보기

유튜브 홈페이지에 접속하여 홈 화면을 살펴보고 동영상을 검색해보겠습니다.

01 크롬을 실행합니다. 주소 입력란에 www.youtube.com을 입력하고 Enter 키를 누릅니다.

TIP

유튜브는 구글 계정과 연동되어 있기 때문에 구글에서 서비스하는 웹 브라우저인 크롬을 이용하는 것이 매우 편리합니다. Part8에서는 웹 브라우저로 엣지 대신 크롬을 이용하겠습니다.

02 유튜브 홈 화면이 나타납니다.

❶ **검색** : 원하는 키워드를 검색할 수 있습니다.
❷ **설정** : 기본 언어, 디자인, 위치 등을 설정할 수 있습니다.
❸ **shorts** : 러닝 타임이 짧은 쇼츠 영상을 볼 수 있습니다.
❹ **구독** : 자신이 구독한 채널 목록을 살펴볼 수 있습니다.
❺ **보관함** : 최근 시청 기록과 나중에 보려 저장해놓은 동영상 등을 확인할 수 있습니다.
❻ **시청 기록** : 시청 기록 전체를 볼 수 있습니다.
❼ **탐색** : 인기 급상승 영상, 일부 카테고리의 영상들을 찾아볼 수 있습니다.
❽ **채널 탐색** : 카테고리별 채널들을 찾아볼 수 있습니다.

TIP

로그인을 하면 추가로 내 동영상, 좋아요 표시한 동영상 등의 기능이 더 나타납니다.

03 검색 창에 원하는 키워드를 입력한 후 [Enter] 키를 누릅니다. 여기서는 '강아지'를 검색했습니다.

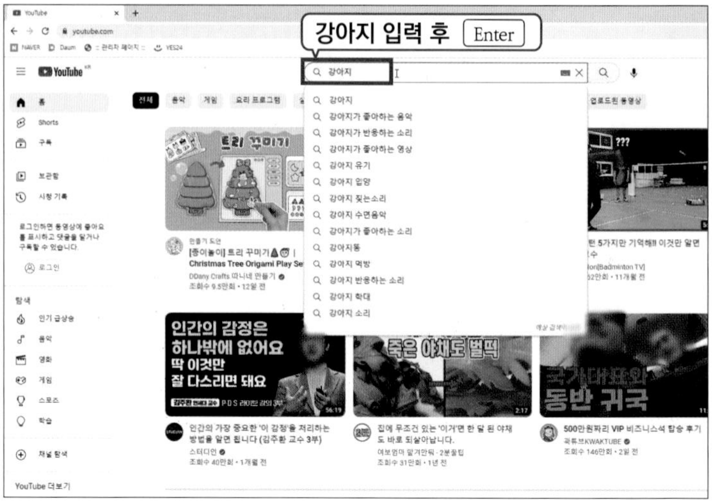

04 키워드와 관련된 검색 결과가 나타납니다. 스크롤 바를 마우스로 클릭한 채로 내려서 원하는 영상을 찾습니다. 혹은 마우스 휠을 내립니다. 원하는 영상을 클릭합니다.

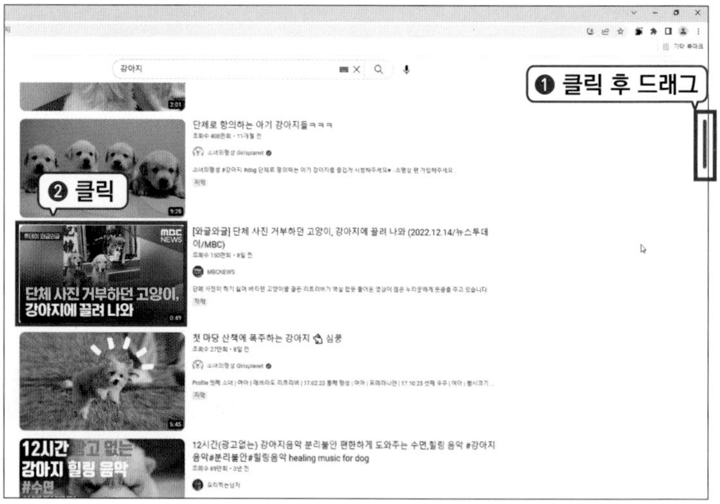

05 영상에 따라서는 광고 영상이 나온 뒤 영상이 재생됩니다. 스크롤을 아래로 내리면 댓글 창이 있습니다.

❶ **재생/일시정지(▶)** : 영상을 재생하거나 일시정지합니다.
❷ **다음(▶|)** : 다음 영상을 재생합니다.
❸ **볼륨(🔊)** : 볼륨 조절 및 음소거가 가능합니다. 클릭 시 음소거 모드로 변경할 수 있습니다.
❹ **자동재생 사용 중지 / 설정( )** : 영상이 끝난 후 다음 영상으로 자동으로 재생되는 것을 설정합니다.

⑤ 자막( ) : 자막을 생성합니다. 자막은 영상에 따라 부정확한 경우도 있습니다.

⑥ 설정( ) : 기타 설정을 지정합니다.

⑦ 화면 모드 : 화면을 소형 플레이어( ), 영화관 모드( ), 전체 화면 모드( )로 바꿀 수 있습니다.

⑧ 영상 제목 및 소개글 : 영상의 제목과 채널 주인이 작성한 소개글을 볼 수 있습니다.

⑨ 구독 : 해당 채널의 영상이 올라올 때마다 알림을 받고 싶거나 내 유튜브 홈에 바로 뜨게 하고 싶으면 구독을 클릭하여 해당 채널을 구독합니다.

⑩ 댓글 입력란 및 댓글 창 : 댓글을 입력하고 다른 사람이 쓴 댓글을 볼 수 있습니다.

⑪ 기타 기능 : 좋아요, 싫어요를 선택할 수 있고 영상을 저장 및 공유할 수 있습니다.

2 구글 계정 만들기

유튜브 계정을 만들기 위해서는 구글 계정이 있어야 합니다. 크롬 홈페이지에서 구글 계정을 만들어보겠습니다. 구글 계정이 있다면 이 과정은 넘어가도 됩니다.

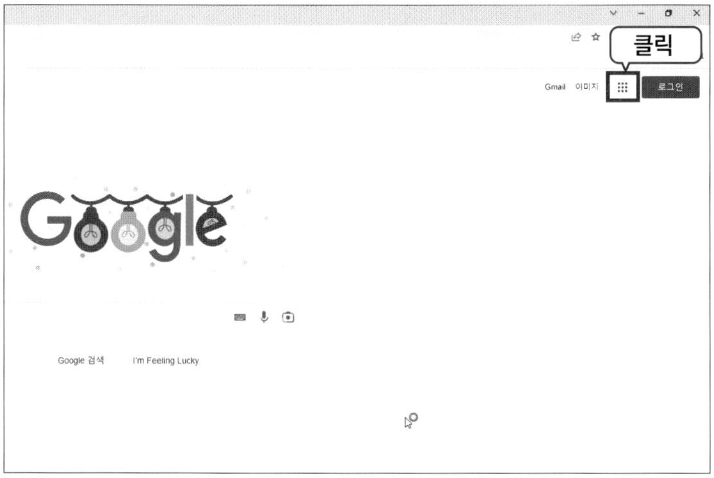

01 크롬 창을 켭니다. 오른쪽 상단의 ⠿를 클릭합니다.

02 구글에서 제공하는 다양한 기능들입니다. 제일 첫 번째의 [Google 계정]( ) 을 클릭합니다.

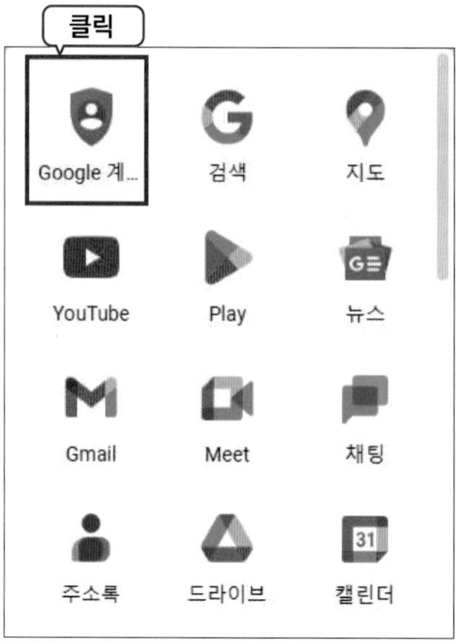

03 [계정 만들기]를 클릭합니다.

04 성과 이름, 계정으로 사용할 이름, 비밀번호를 입력하고 [다음]을 클릭합니다.

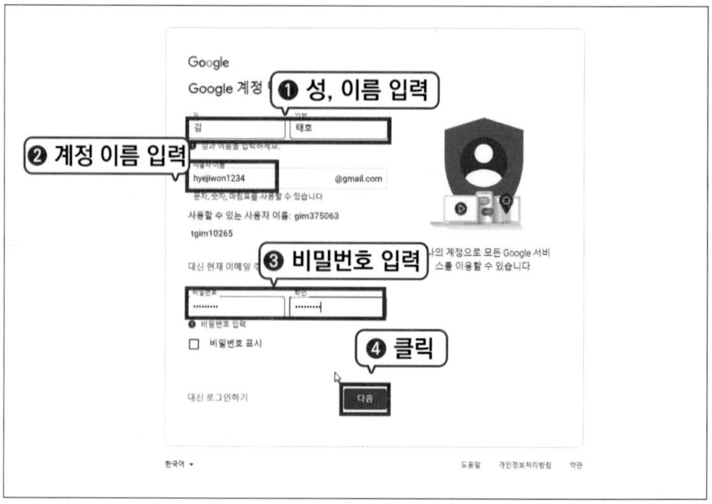

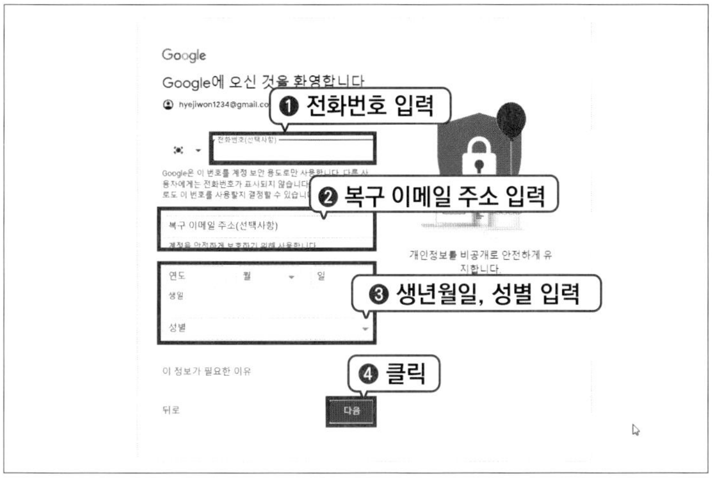

05 전화번호와 복구 이메일 주소, 생년월일과 성별을 선택하고 [다음]을 클릭합니다.

TIP

전화번호와 복구 이메일 주소는 비밀번호를 잊어버렸다는 등 계정을 복구해야 할 때 필요하기 때문에 하나 정도는 입력하는 것을 추천합니다.

06 전화번호 인증 페이지가 나오면 [보내기]를 클릭합니다.

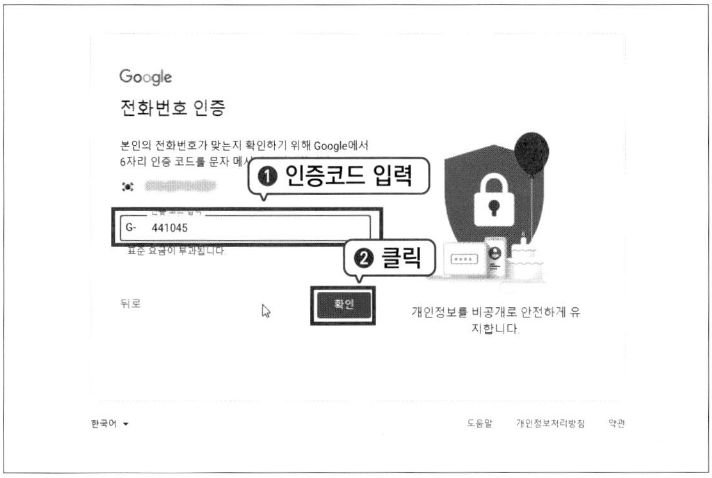

07 스마트폰으로 인증코드 메시지가 오면 받은 인증코드를 입력하고 [확인]을 클릭합니다.

08 전화번호 다양하게 활용하기 창이 나오면 [건너뛰기]를 클릭합니다.

09 스크롤 바를 아래로 내려 동의란에 체크 표시하고 [계정 만들기]를 클릭합니다.

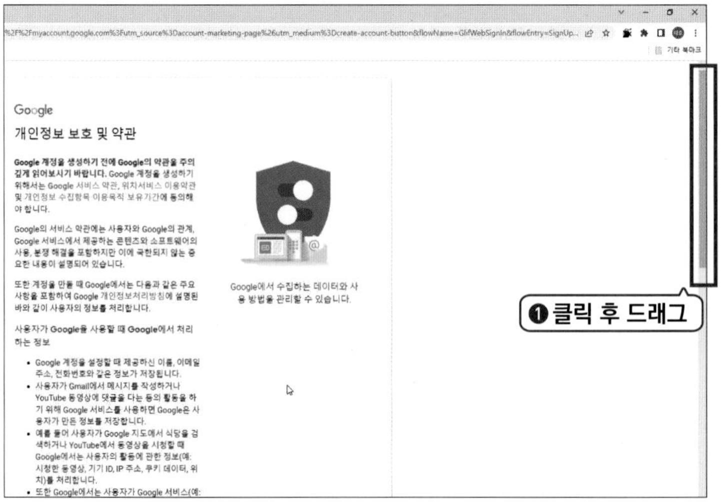

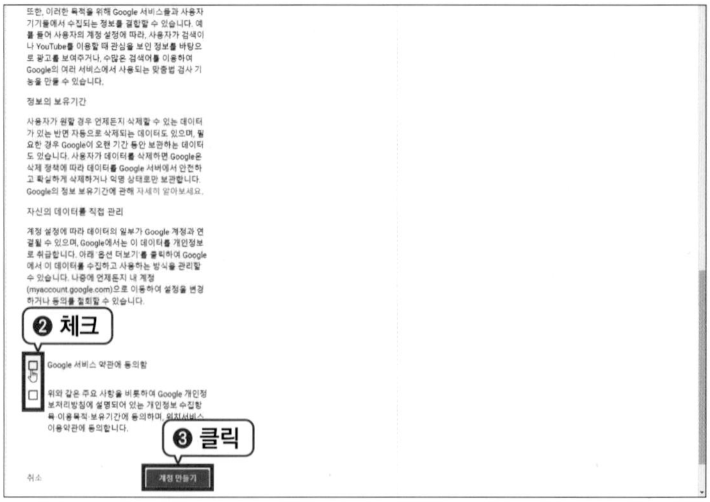

10 구글 계정이 만들어졌습니다. ⠿를 클릭하고 [youtube]를 클릭하여 유튜브 홈으로 이동합니다.

CHAPTER 02 유튜브 채널 만들어 꾸미기

구글 계정을 만들었으니 유튜브 채널을 만들어서 기본사항을 꾸미고 영상을 업로드해보겠습니다. 유튜브 프로필과 섬네일은 본인이 직접 만들어서 올려도 좋고, 찍은 사진을 활용해도 좋습니다.

1 유튜브 채널 만들기

유튜브 채널은 내가 찍고 만든 영상을 올리는 곳입니다. 유튜버 시작을 위한 채널 만들기를 해보겠습니다.

01 구글에 로그인한 상태에서 유튜브 홈 화면으로 이동합니다. 프로필 이미지(태호)를 클릭하면 나오는 메뉴에서 [채널 만들기]를 클릭합니다.

02 [사진 업로드]를 클릭합니다.

TIP

채널을 먼저 만들고 나중에 사진을 업로드해도 됩니다.

03 프로필로 지정할 사진을 찾아 선택하고 [열기]를 클릭합니다.

TIP

4MB 이하의 사진을 등록할 수 있습니다.

04 프로필 사진 선택 화면에서 프로필로 사용할 영역을 선택하고 [완료]를 클릭합니다.

05 [채널 만들기]를 클릭합니다.

TIP

핸들은 유튜브의 고유 아이디로, 채널 이름과 구분되는 식별자입니다. 따로 작성하지 않는 이상 임의로 생성되며, 별도로 수정할 수도 있습니다.

06 채널이 만들어졌습니다.

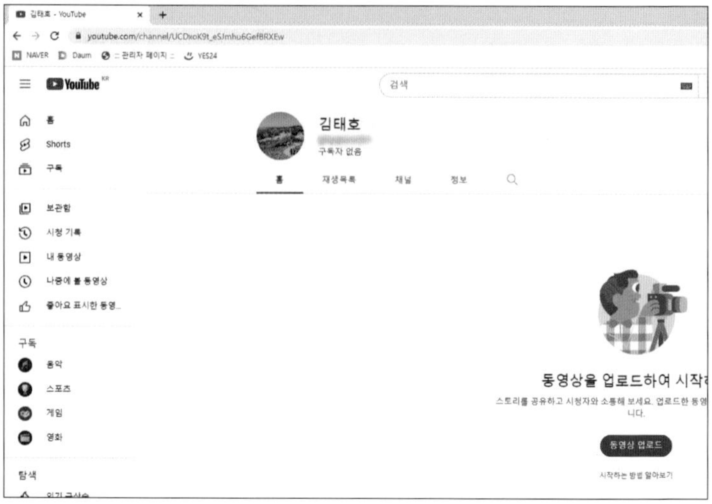

2 프로필과 배너 이미지 수정하기

유튜브 프로필과 배너 이미지를 수정해보겠습니다. 나중에 프로필과 배너 이미지를 별도로 만들어 올릴 계획이라면 지금의 방법으로 수정할 수 있습니다.

01 유튜브 화면에서 프로필 이미지를 클릭한 후에 [내 채널]을 클릭합니다.

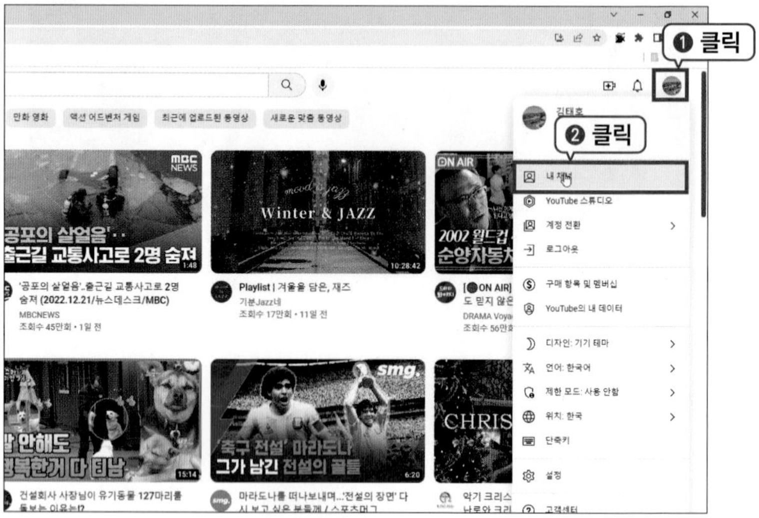

02 [채널 맞춤설정]을 클릭합니다.

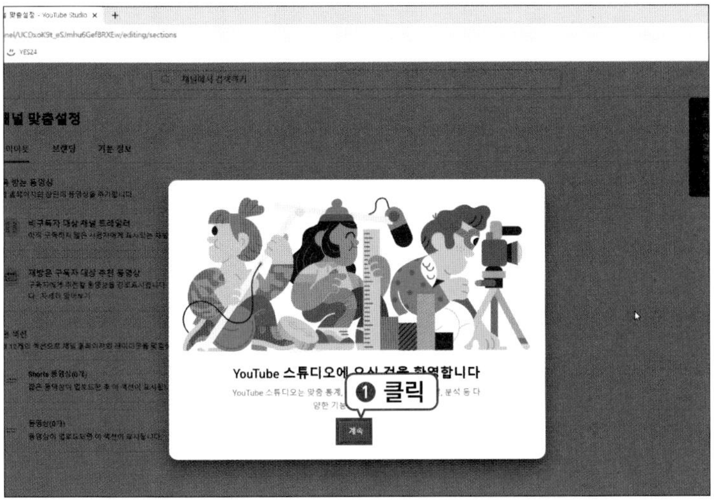

03 [계속]을 클릭하고 [브랜딩]을 클릭합니다.

04 사진과 배너 이미지, 동영상 워터마크를 수정할 수 있습니다. 사진의 [변경]을 클릭합니다.

TIP

워터마크는 영상이나 사진의 무단 도용을 막기 위한 일종의 마크입니다. 워터마크로는 해당 게시물의 소유자가 자신임을 명확하게 드러낼 수 있는 채널 로고나 이름을 사용하는 것이 좋습니다. 현재 과정에서는 워터마크를 사용할 필요까지는 없으므로 따로 등록하지는 않겠습니다.

05 원하는 사진을 선택한 후 [열기]를 클릭합니다. 프로필로 사용할 영역을 선택하고 [완료]를 클릭합니다.

06 배너 이미지의 [업로드]를 클릭합니다. 배너 이미지는 채널 상단에 들어가는 이미지입니다.

07 원하는 사진을 선택한 후 [열기]를 클릭합니다.

08 배너 아트 맞춤설정 화면이 나타납니다. 마우스를 클릭한 채로 드래그하여 배너로 노출될 영역을 선택한 후 [완료]를 클릭합니다.

09 [게시]를 클릭합니다. 잠시 후 변경된 정보가 저장됩니다. [채널 보기]를 클릭하면 변경된 사항을 확인할 수 있습니다.

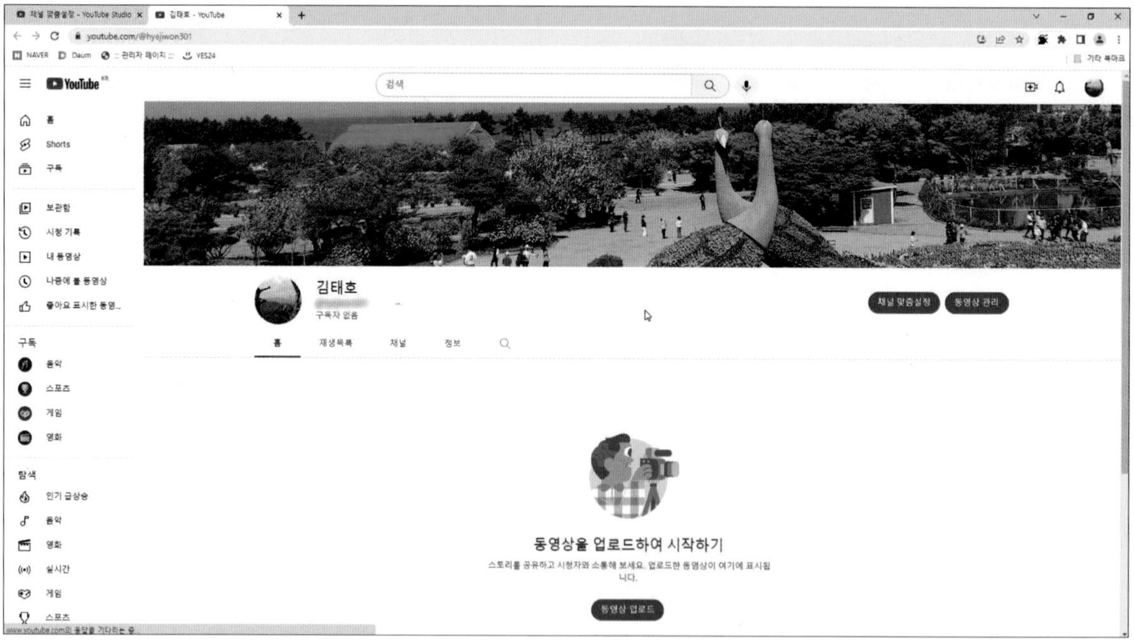

3 동영상 올려보기

샘플 동영상을 올려보겠습니다. 이후 자신이 직접 찍은 동영상을 편집해서 올리면 나만의 유튜브 채널을 운영하는 첫 단계입니다.

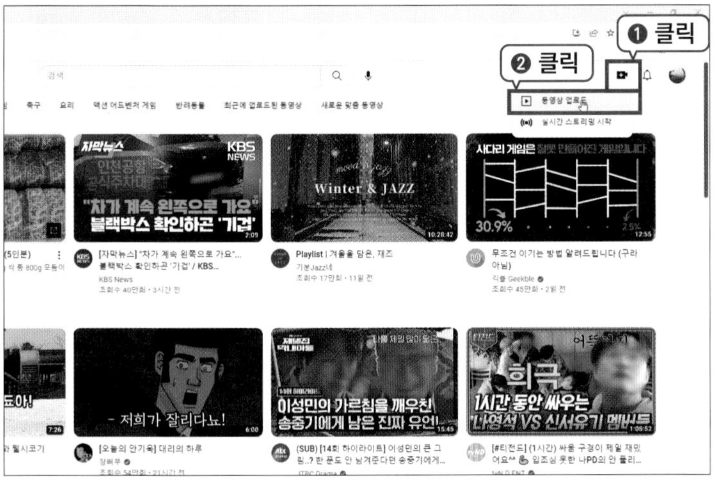

01 유튜브 홈에서 [만들기]( )를 클릭합니다. 그리고 [동영상 업로드]를 클릭합니다.

02 동영상 업로드 화면이 나옵니다. [파일 선택]을 클릭합니다.

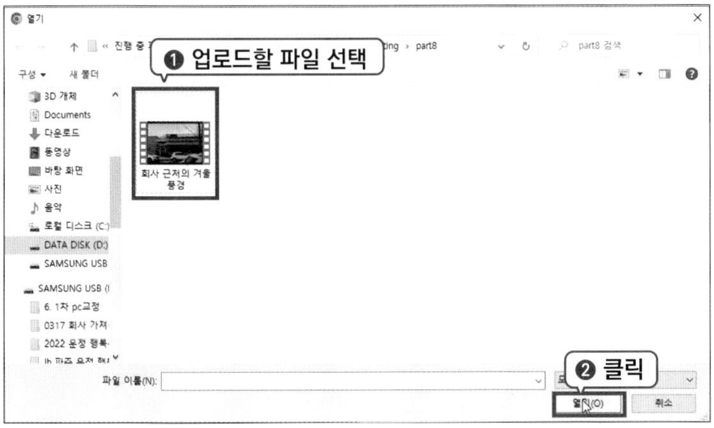

03 예제로 제공한 '회사 근처의 겨울 풍경.mp4' 동영상을 선택하고 [열기]를 클릭합니다. 자신의 동영상이 있다면 자신의 동영상을 폴더에서 찾아 올려도 됩니다.

노트

예제파일 : computer starting/part8/회사 근처의 겨울 풍경.mp4

04 잠시 후 동영상 정보와 소개글을 입력하는 페이지가 나옵니다. 제목을 입력하고 설명에는 동영상의 소개글을 입력합니다. 미리보기 이미지를 선택하고 싶다면 선택합니다. 그리고 [다음]을 클릭합니다.

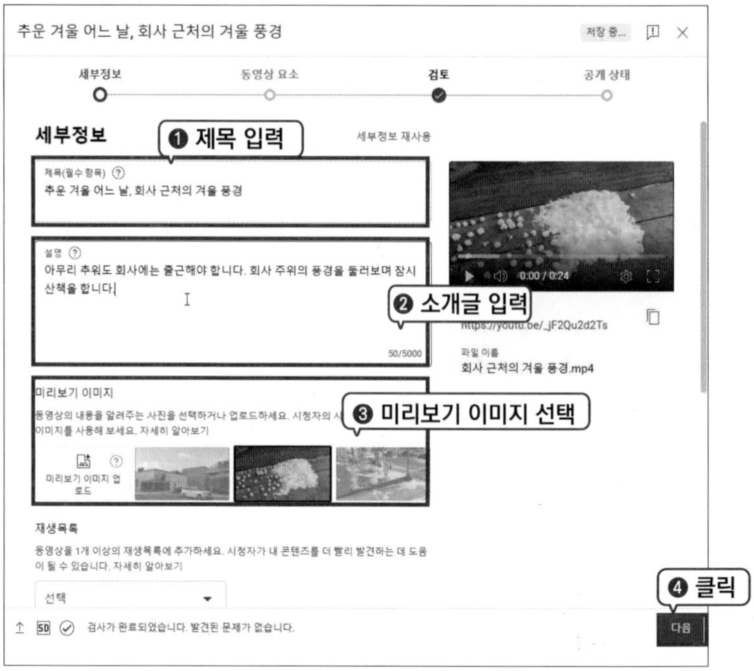

TIP

미리보기 이미지는 동영상의 내용을 대표하는 한 부분을 선정해 사진으로 보여주는 기능입니다.

05 시청자층을 묻는 질문이 나옵니다. [아니요, 아동용이 아닙니다]에 체크하고 [다음]을 클릭합니다.

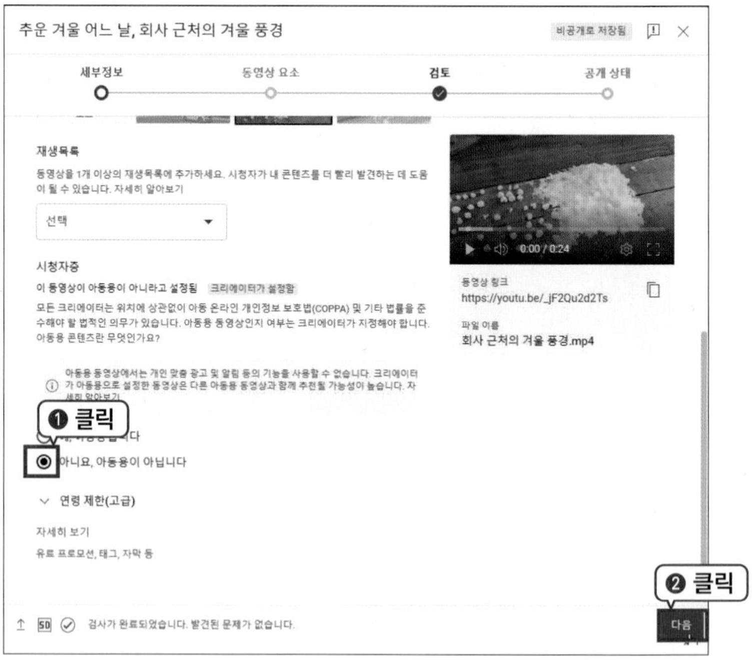

TIP

아동용 콘텐츠는 더욱 엄격한 관리 기준을 가지고 있습니다. [아동용 콘텐츠란 무엇인가요?]를 클릭해서 더욱 자세한 정보를 볼 수 있습니다.

06 동영상 요소 화면이 나오면 [다음]을 클릭합니다.

07 검토 화면이 나오고 문제가 없다는 내용이 나오면 [다음]을 클릭합니다.

TIP

유튜브와 같은 플랫폼은 특히 저작권 문제에 매우 예민합니다. 지켜야 할 저작권 사항을 지키지 않으면 영상이 내려갈 수 있으며, 심한 경우 법적 제재를 받을 수도 있습니다. 유튜브 공간에서 활동할 때 때 지켜야 하는 주요 사항은 다음과 같습니다. 영상을 만들어 올릴 때는 이러한 점들에 신경을 쓰고 올려야 하며, 때로는 생각하지 못했던 부분에서 문제가 생길 수도 있으니 조심하시길 바랍니다.

❶ 타인의 콘텐츠를 무단으로 도용하지 않습니다.
❷ 초상권 등 타인의 기본적인 권리를 침해하지 않습니다.
❸ 특정 대상 및 타인에 대한 무분별한 비난을 하지 않습니다.
❹ 지나치게 자극적, 선정적인 콘텐츠를 게시하지 않습니다.

08 공개 상태를 묻는 창이 나옵니다. [공개]를 선택합니다. 공개 상태는 나중에라도 바꿀 수 있습니다. 그리고 [게시]를 클릭합니다.

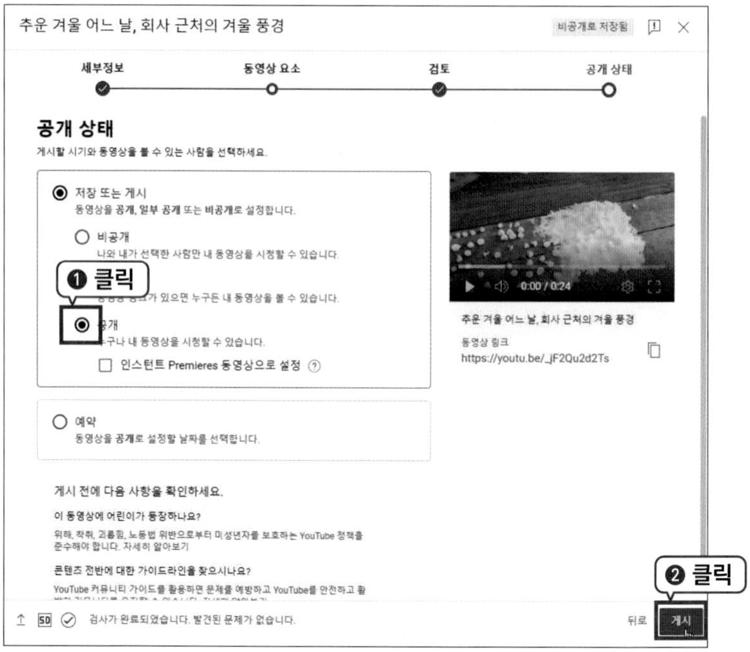

> **TIP**
> [비공개]는 나와 내가 선택한 사람만 영상을 볼 수 있으며, [일부 공개]는 동영상 링크를 공유받은 사람에 한해서 영상을 볼 수 있습니다.

09 게시된 동영상과 동영상 링크가 나옵니다. [닫기]를 클릭합니다.

10 동영상이 업로드되었습니다. 동영상에 마우스 커서를 올리면 메뉴가 나타납니다. 그중 [YouTube에서 보기]를 클릭하면 동영상 페이지로 이동합니다.

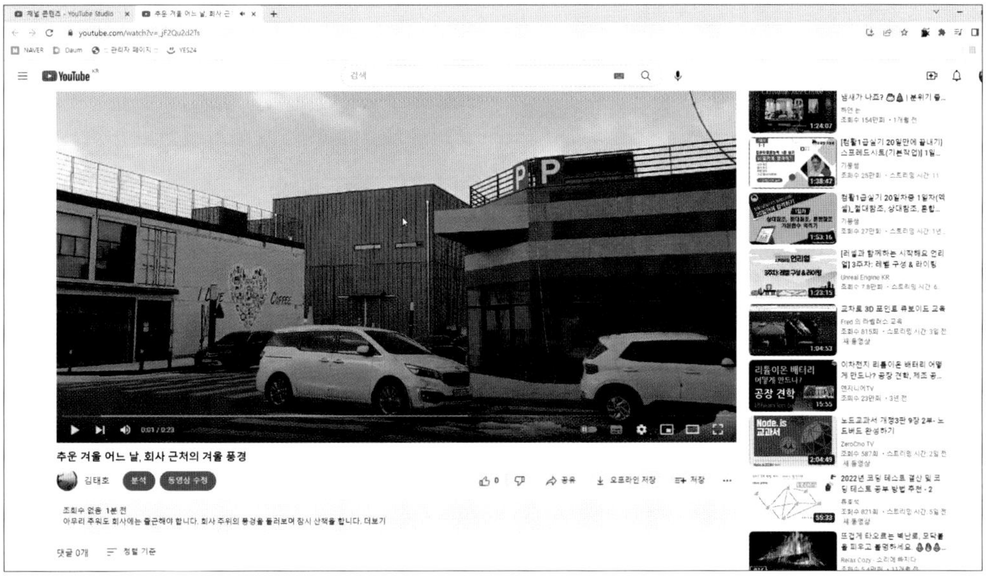

TIP

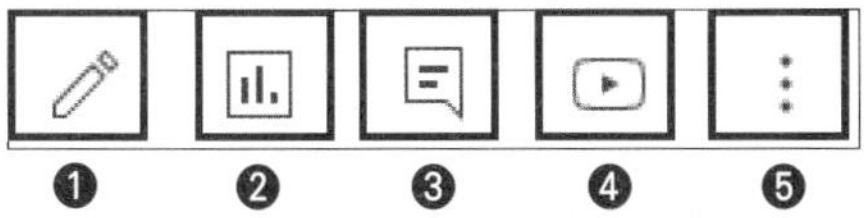

❶ **세부정보 :** 동영상 세부정보를 확인하고 제목과 소개글 등을 수정할 수 있습니다.
❷ **분석 :** 동영상 조회 수 및 시청자층 분석을 확인할 수 있습니다.
❸ **댓글 :** 동영상에 달린 댓글을 볼 수 있습니다.
❹ **YouTube에서 보기 :** YouTube 화면에서 영상을 시청할 수 있습니다.
❺ **옵션 :** 링크 복사, 완전삭제, 오프라인 저장 등이 가능합니다.

CHAPTER 03

곰믹스 프로로 유튜브 영상 편집하기

유튜브에서 꾸준히 활동하기 위해서는 간단한 영상 편집 기술을 익혀야 합니다. 영상 편집 앱에는 프리미어프로, 곰믹스 프로, 키네마스터, 블로 등 스마트폰과 컴퓨터의 다양한 앱들이 있습니다. 그중 곰믹스 프로를 설치하여 간단한 영상 편집 기능들을 익혀보겠습니다.

1 곰믹스 프로 설치하기

곰랩 사이트에 접속하여 곰믹스 프로를 설치하겠습니다. 곰믹스 프로는 무료와 정식 버전이 있습니다. 무료 버전은 만든 영상에 곰믹스 워터마크가 삽입됩니다. 책에서 연습을 할 때는 상관 없으니 연습은 무료 버전으로 하고, 나중에 곰믹스 프로를 이용하고 싶으면 정식 버전으로 전환하기를 추천합니다.

01 크롬 홈 화면을 엽니다. 상단의 주소 입력줄에 곰랩 주소(www.gomlab.com)를 입력하고 Enter 키를 누릅니다.

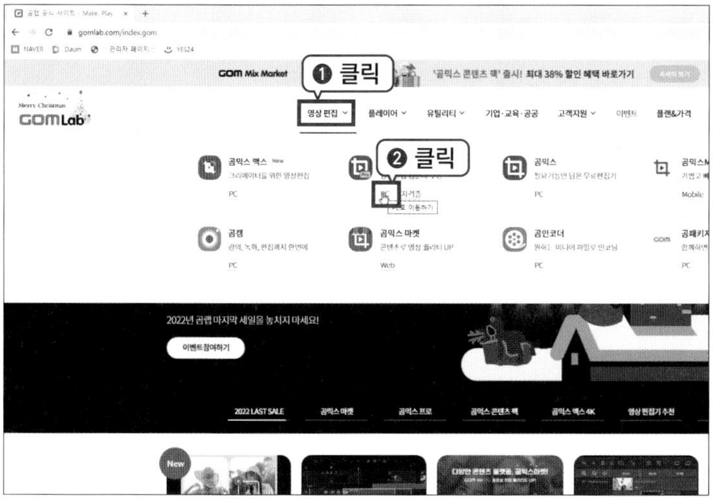

02 [영상 편집]을 클릭합니다. 곰믹스 프로 하단의 [PC]를 클릭합니다.

TIP

곰믹스 영상 편집 프로그램에는 크게 곰믹스, 곰믹스 프로, 곰믹스 맥스가 있습니다. 곰믹스는 소스와 자막, 이미지 등 가장 기본적인 기능만을 제공하는 무료 프로그램입니다. 곰믹스 맥스는 가장 최근에 출시된 상위 버전의 프로그램입니다. 곰믹스를 이용하고 싶다면 곰믹스를, 곰믹스 맥스를 이용하고 싶다면 곰믹스 맥스를 이용해도 되지만 이 책에서는 곰믹스 프로를 이용하겠습니다.

03 [다운로드]를 클릭합니다. 무료 버전 아래의 [다운로드]를 클릭합니다.

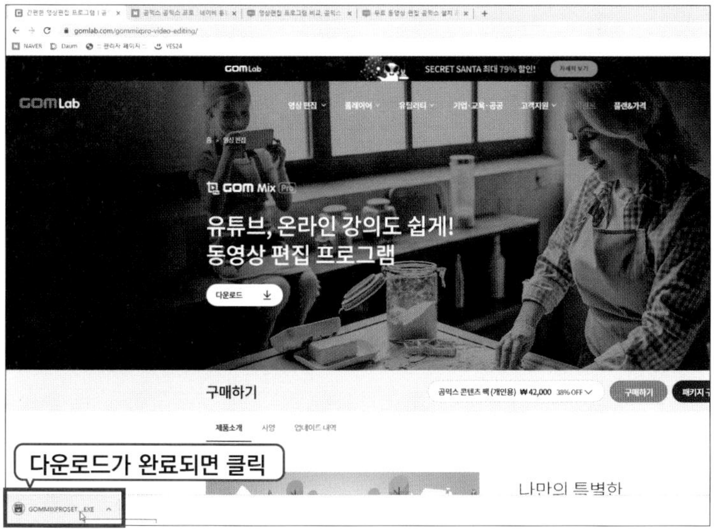

04 하단에서 다운로드가 진행되고 있는 내역이 나타나며, 완료가 되면 클릭합니다.

TIP

엣지와 달리 크롬은 하단에 다운로드 경과 창이 나타납니다.

05 잠시 후 곰믹스 프로 프로그램을 클릭하면 곰믹스 프로를 설치하는 화면이 나옵니다. 언어에서 한국어가 선택되어 있으므로 [OK]를 클릭합니다.

06 구성 요소 선택 화면에서 [다음]을 클릭합니다.

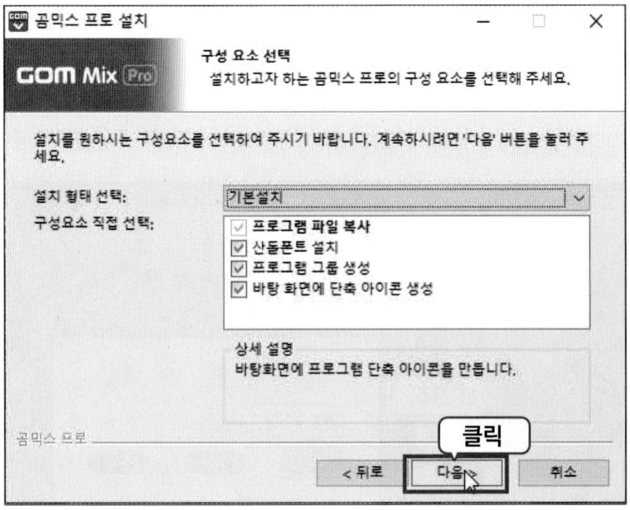

07 곰믹스 프로가 설치될 폴더 화면에서 [설치]를 클릭합니다.

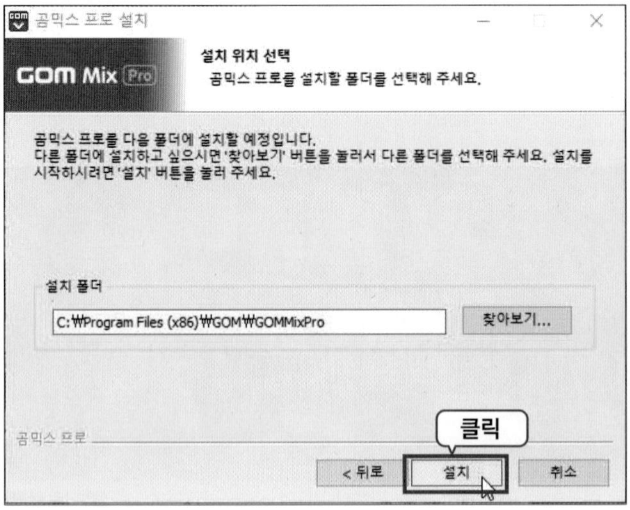

TIP

설치 경로를 다른 경로로 변경할 경우 [찾아보기]를 클릭하여 원하는 경로를 선택한 후에 설치를 진행합니다.

08 [마침]을 클릭하면 설치가 완료됩니다.

2 동영상에 자막 넣기

가장 기본적인 자막 넣기를 해보겠습니다. 자막이 없으면 영상을 효율적으로 설명할 수 없습니다. 제목 등에도 이용하니 자막을 잘 익히길 바랍니다. 자막은 다양한 서체와 스타일로 지정할 수 있으니 자신이 원하는 스타일에 맞게 넣어봅니다.

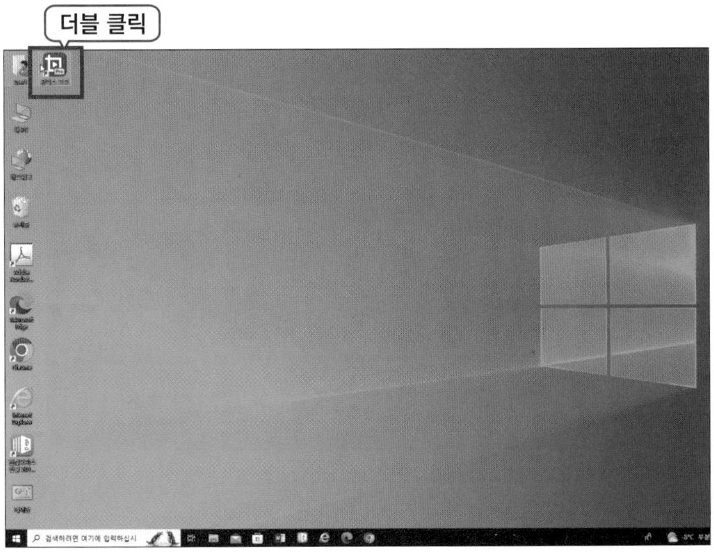

01 바탕 화면에서 곰믹스 프로 아이콘을 더블 클릭하여 곰믹스 프로를 엽니다.

TIP

'바탕 화면에 곰믹스 프로 아이콘이 없다면 [시작] 메뉴( )를 클릭한 후 [앱 리스트]에서 [곰믹스 프로]를 클릭합니다.

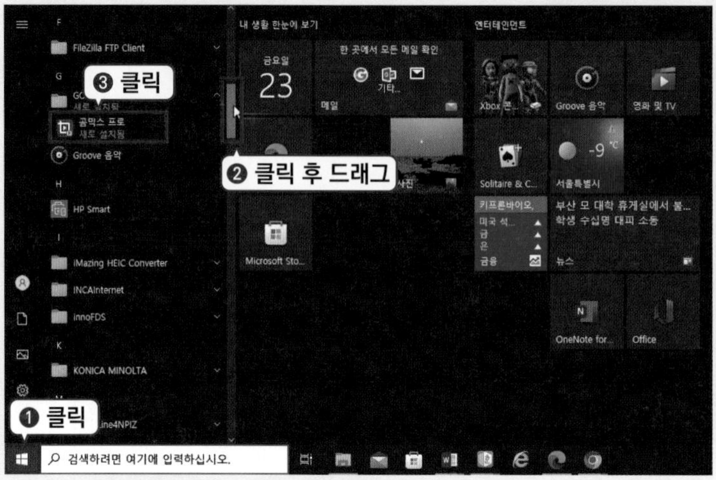

02 곰믹스 프로 화면 구성은 다음과 같습니다.

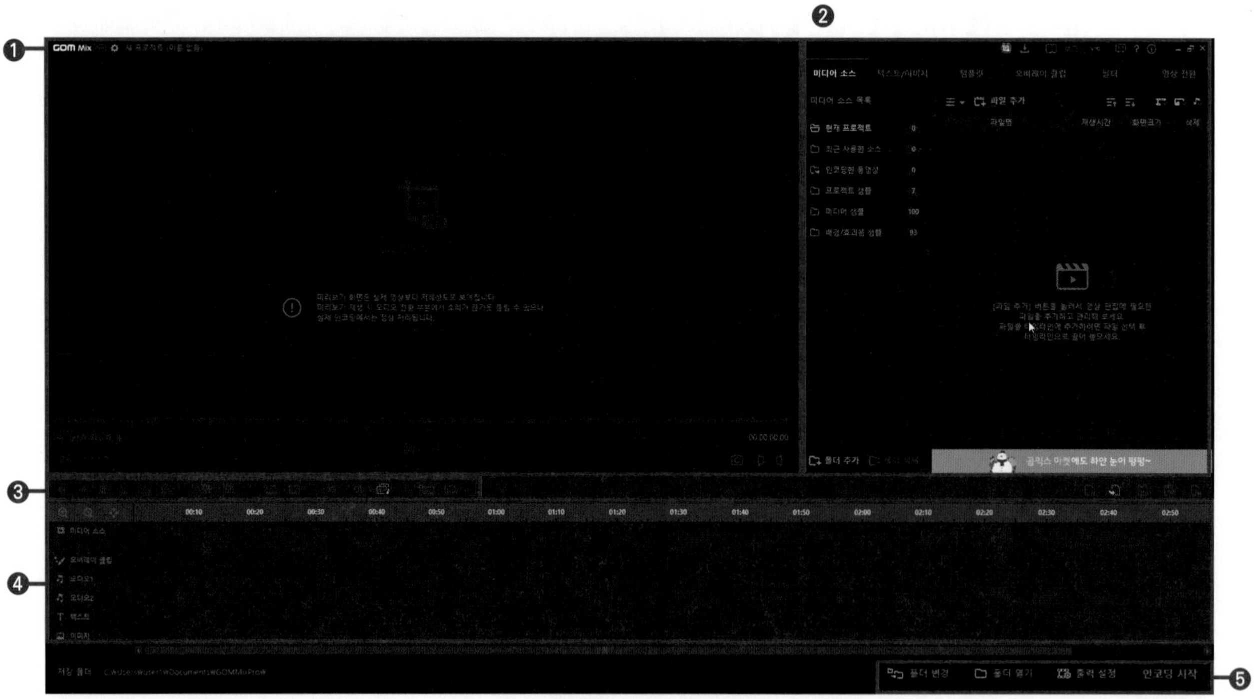

❶ 미리보기 : 타임라인으로 적용한 이미지와 영상을 미리 볼 수 있습니다. 또한 영상 편집 작업 시 작업 영상을 실시간으로 확인할 수 있습니다.

❷ 소스 라이브러리 : 영상 편집에 필요한 미디어 소스, 템플릿 등의 소스를 선택할 수 있고 텍스트를 삽입할 수 있습니다.

❸ 편집 메뉴 : 영상 편집과 저장 및 열기에 필요한 일부 기능을 모아놓은 곳입니다.

❹ 타임라인 : 영상 편집을 진행하는 작업 영역으로, 영상 및 오디오의 편집하는 구간을 확인하며 편집 작업을 할 수 있습니다.

❺ 인코딩과 저장 폴더 : 원하는 형태의 영상으로 출력할 수 있으며, 저장 폴더를 변경하거나 폴더를 여는 것도 가능합니다.

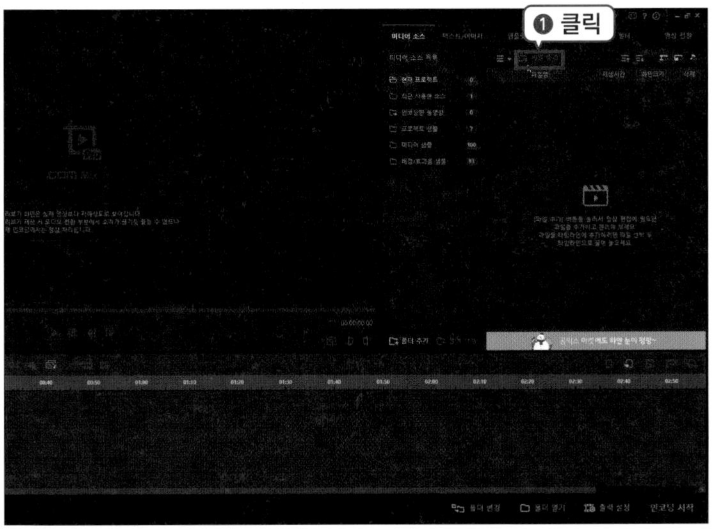

03 [파일 추가]를 클릭하고 예제로 제공한 파일을 선택하여 [열기]를 클릭합니다.

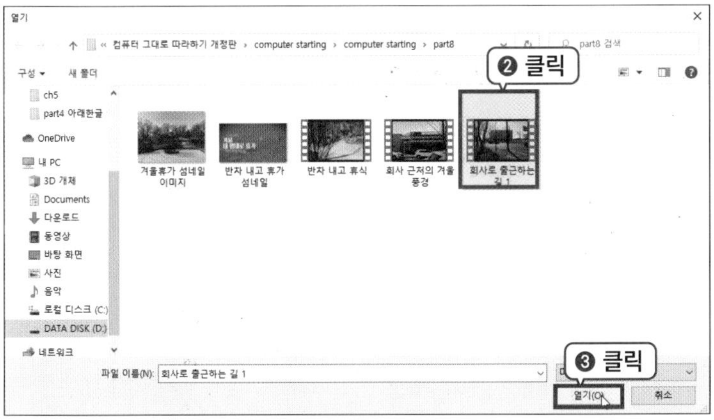

노트

예제파일 : computer starting/part8/회사로 출근하는 길 1

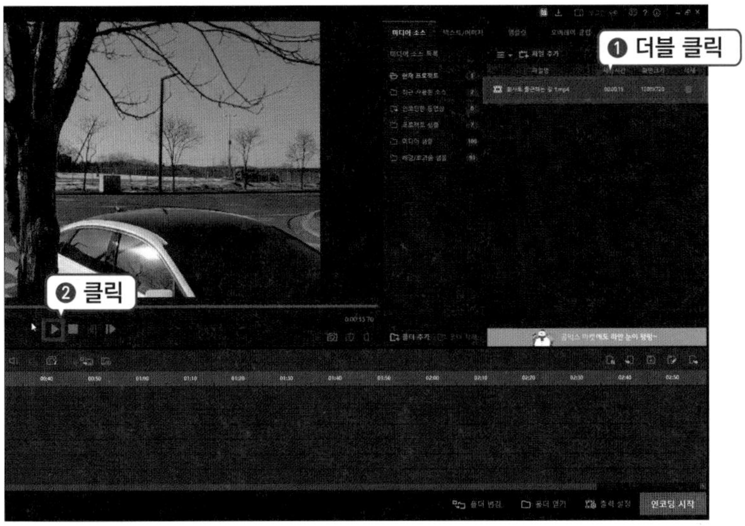

04 파일이 삽입되었습니다. 파일을 더블 클릭하면 미디어 소스의 해당 파일이 타임라인에 삽입됩니다. [재생](▶) 버튼과 [일시정지](❚❚) 버튼을 클릭하여 재생이 되는 것을 확인해봅니다.

05 자막을 삽입하겠습니다. [텍스트/이미지]를 클릭합니다. [이미지 추가]를 클릭합니다.

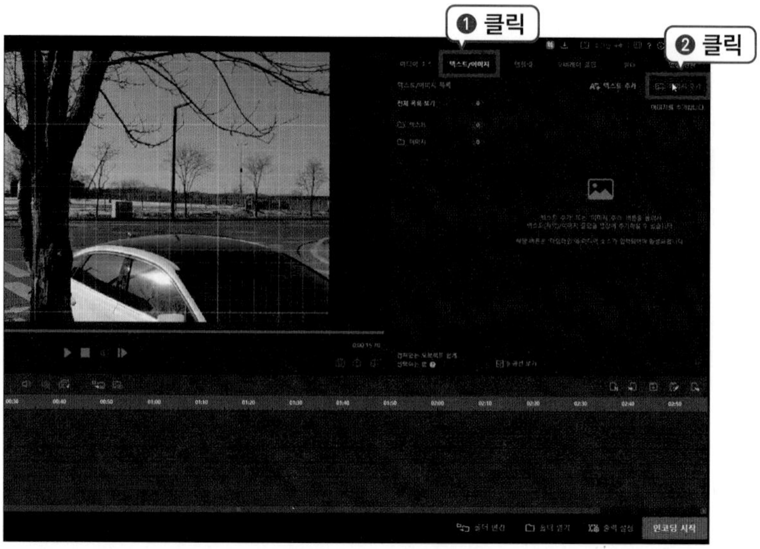

TIP

동영상에 바로 자막을 추가하면 영상의 색에 따라서 텍스트가 안 보일 수 있어, 색 박스를 만들고 그 위에 자막을 올리겠습니다.

06 [사각형]을 클릭합니다. 그리고 선 색은 녹색 계열, 채우기 색은 검은색, 두께는 6으로 설정합니다.

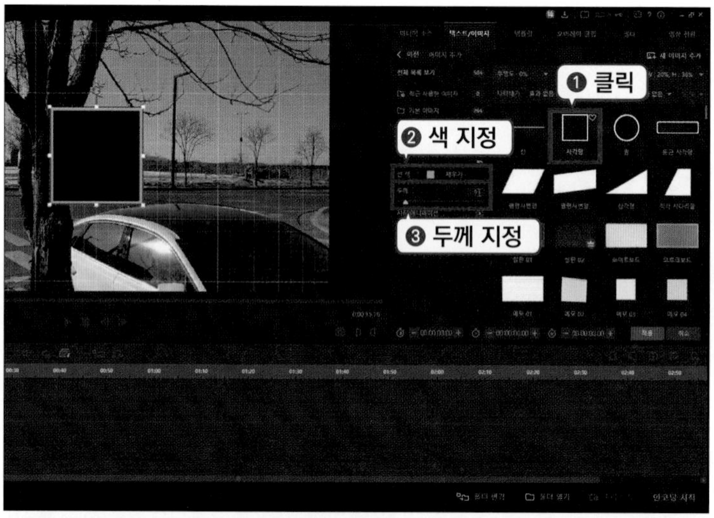

TIP

미리보기 화면에 적용된 이미지가 바로 나타나기 때문에 적용 모습을 보면서 수정을 할 수 있습니다. 원하는 모양과 색으로 설정해봐도 됩니다.

07 사각 박스를 드래그하여 위치를 가운데 하단으로 옮기고, 크기를 길고 얇게 변경합니다. 모서리를 잡고 드래그하면 크기가 변경됩니다.

08 검은색 박스가 너무 진하여 투명도를 조절하겠습니다. 투명도 옆의 을 클릭합니다. 투명도를 25%로 설정합니다. 이후 [적용]을 클릭합니다.

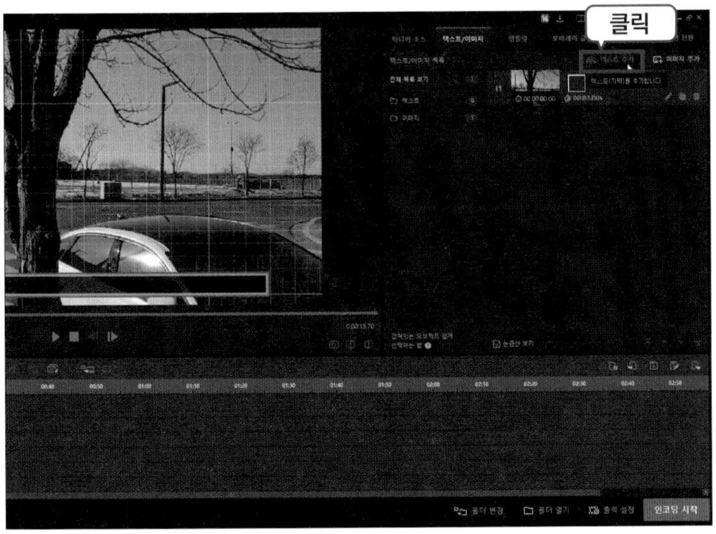

09 타임라인에 이미지가 삽입되었음을 나타내는 표식이 생겼습니다. 자막을 입력하기 위해 [텍스트 추가]를 클릭합니다.

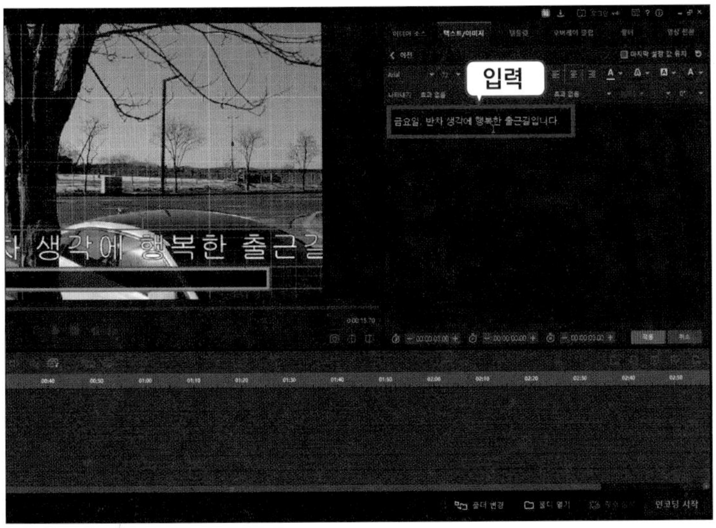

10 입력란에 원하는 자막을 입력합니다. 책에서는 '금요일, 반차 생각에 행복한 출근길입니다.'라고 입력했습니다.

11 글씨 전체를 드래그합니다. 글꼴은 '양평군체 L', 크기는 '36', 진하게(B)를 선택합니다.

> **TIP**
> 글꼴은 원하는 글꼴을 선택해도 됩니다.

12 미리보기 안의 글자를 드래그하여 앞서 만든 이미지 박스 위에 잘 올립니다. [적용]을 클릭합니다.

13 타임라인에 텍스트가 삽입되었습니다. 시작 시간과 지속 시간을 조정합니다. 삽입한 텍스트 T2 옆의 을 클릭합니다.

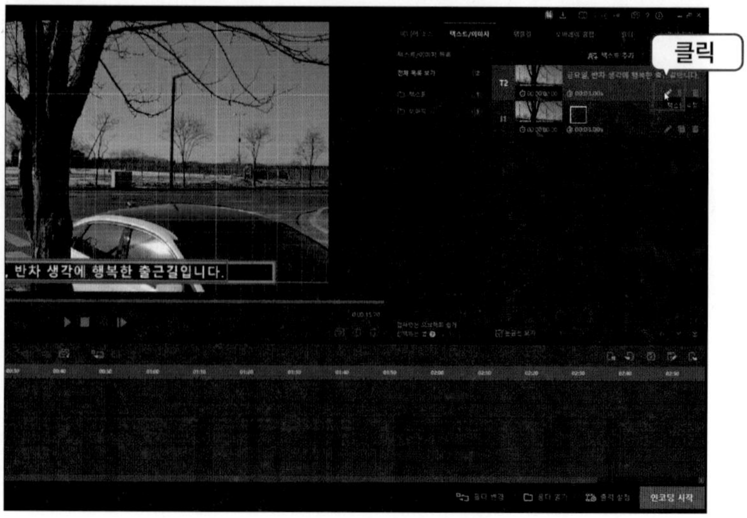

> **TIP**
> T2, I1 등은 삽입된 이미지 및 텍스트의 번호입니다. 여러 개를 삽입했다면 다음의 번호를 이용하여 구별할 수 있습니다.

14 지속 시간을 3초, 시작 시간을 2초로 설정합니다. + 와 – 를 이용하여 시간을 조정합니다. [적용]을 클릭합니다.

TIP

❶ **지속 시간** : 해당 요소의 재생이 지속되는 시간입니다.

❷ **시작 시간** : 해당 요소가 영상에서 나타나기 시작하는 시간입니다.

❸ **종료 시간** : 해당 요소가 영상에서 재생을 멈추고 사라지는 시간입니다.

❹ **타이머** : 각 시간을 숫자로 나타냅니다. 클릭하고 숫자를 직접 입력하여 시간을 조정할 수도 있습니다.

15 타임라인을 보면 텍스트의 시작 위치가 바뀌었습니다. 이미지 박스도 ✎ 을 클릭하여 똑같이 시간을 수정합니다.

16 영상을 재생하여 확인해봅니다. 타임라인의 빨간 표시줄( )을 잡고 왼쪽 끝으로 드래그하여 0초로 맞춘 뒤에 [재생]( )을 클릭하여 확인합니다. 중간 저장을 위해 [프로젝트로 저장]( )을 클릭하여 편집 파일을 저장합니다.

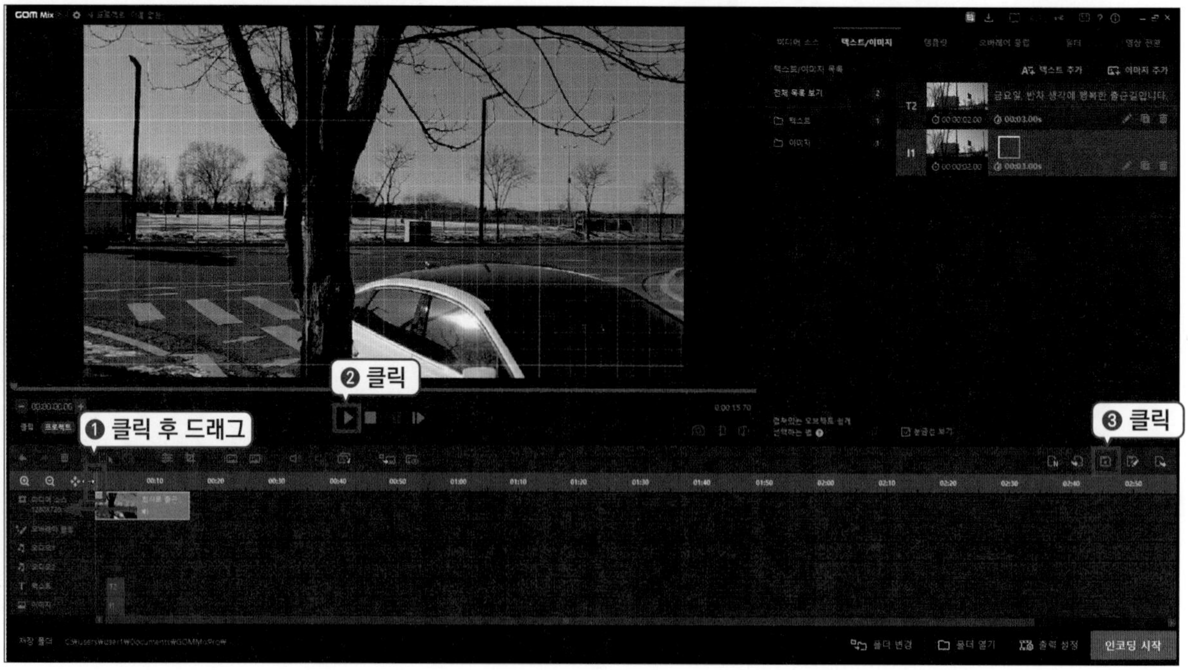

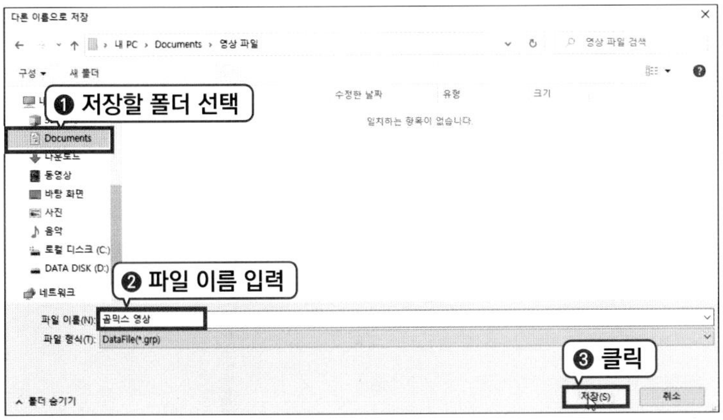

17 저장할 폴더를 선택하고 파일 이름을 입력한 후 [저장]을 클릭합니다.

TIP

최종 MP4 파일로 내보내고 곰믹스 프로를 그냥 닫으면 편집 파일이 날라갑니다. 때문에 영상 편집 파일은 틈틈이 저장해놓는 것이 좋습니다. 오른쪽 중간의 [프로젝트로 저장]( )을 클릭하면 편집 파일로 저장할 수 있습니다. 영상 편집을 완료하여 MP4 파일로 인코딩을 완료했다고 해도 수정사항이 생길 수 있으므로 편집 파일은 별도로 저장을 꼭 해둡니다. 편집 파일의 확장자는 .grp입니다.

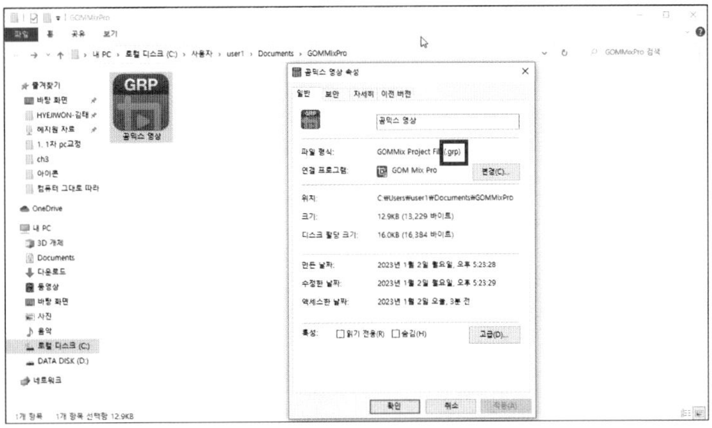

3 다른 동영상 추가하고 페이드 인/아웃 설정하기

다른 영상을 영상 뒤에 붙인 다음, 두 영상을 자연스럽게 연결하는 페이드 인/아웃을 설정해보겠습니다.

01 [미디어 소스]-[파일 추가]를 클릭합니다. 예제로 제공한 '반차 내고 휴식.mp4' 파일을 선택하고 [열기]를 클릭합니다.

노트

예제파일 : computer starting/part8/반차 내고 휴식.mp4

02 삽입된 파일을 더블 클릭하면 타임라인에도 삽입됩니다.

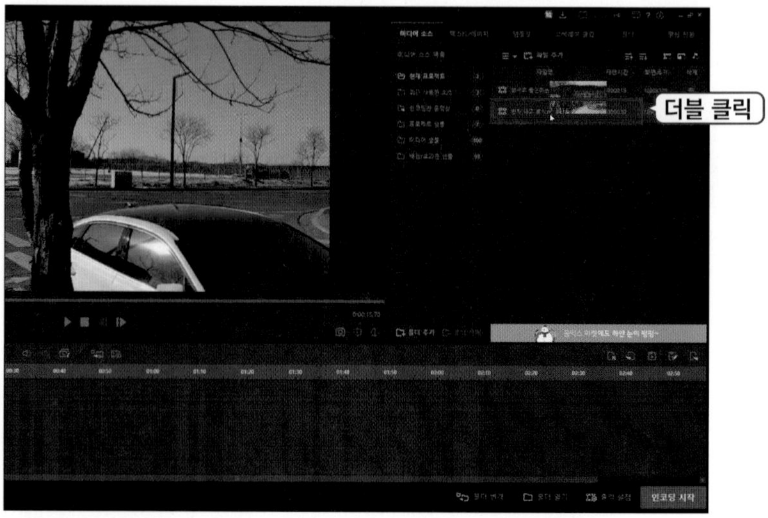

TIP

타임라인에 이렇게 삽입을 별도로 해야 하듯, 삭제도 별도로 해야 합니다. 타임라인의 해당 영상 위에서 마우스 오른쪽 버튼을 클릭하고 [미디어 소스 제거(타임라인)]을 클릭하면 삭제 메시지가 나타납니다. [예]를 클릭하면 삭제됩니다.

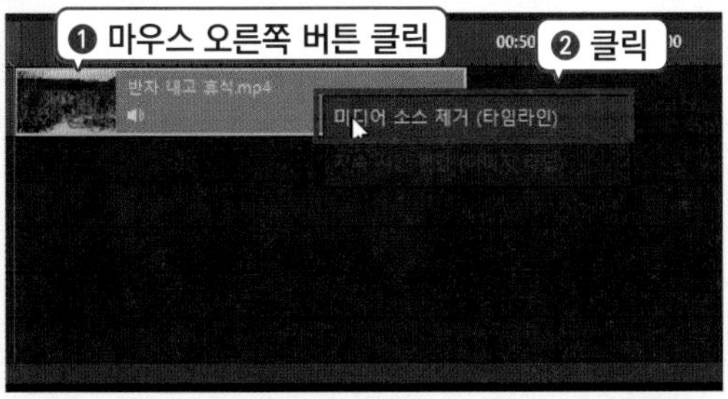

03 영상이 30초로 다소 길어 영상을 자르겠습니다. 자를 정확한 위치에 놓기 위해 재생 위치 설정의 초 단위에 마우스를 클릭하고 '40'을 입력합니다.

TIP

첫 번째는 시, 두 번째는 분, 세 번째는 초, 네 번째는 밀리초입니다. 예를 들어 초에 해당하는 부분을 클릭하면 빨갛게 바뀌는데 그 상태에서 00을 입력하면 00으로 바뀌고 오른쪽 하위 시간 단위로 넘어갑니다.

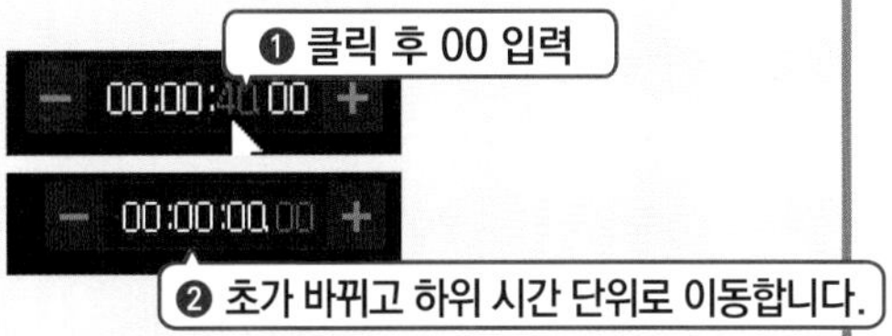

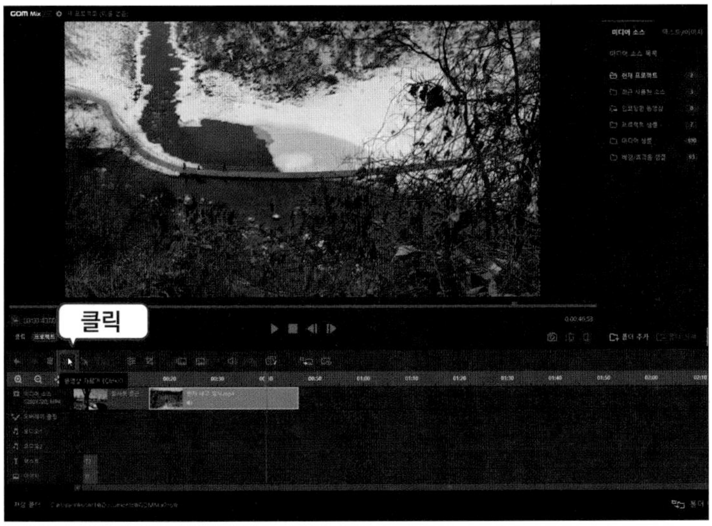

04 총 영상 기준 40초 위치에 놓인 상태에서 [동영상 자르기]( )를 클릭합니다.

05 동영상이 잘렸습니다. 삭제하고자 하는 잘린 영상 위에서 마우스 오른쪽 버튼을 클릭하고, 뒤이어 [미디어 소스 제거(타임라인)]을 클릭합니다. 삭제 메시지가 나오면 [예]를 클릭합니다.

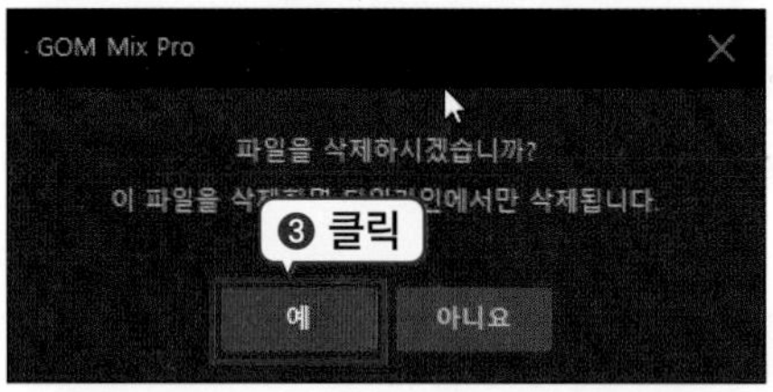

06 동영상이 잘렸습니다.

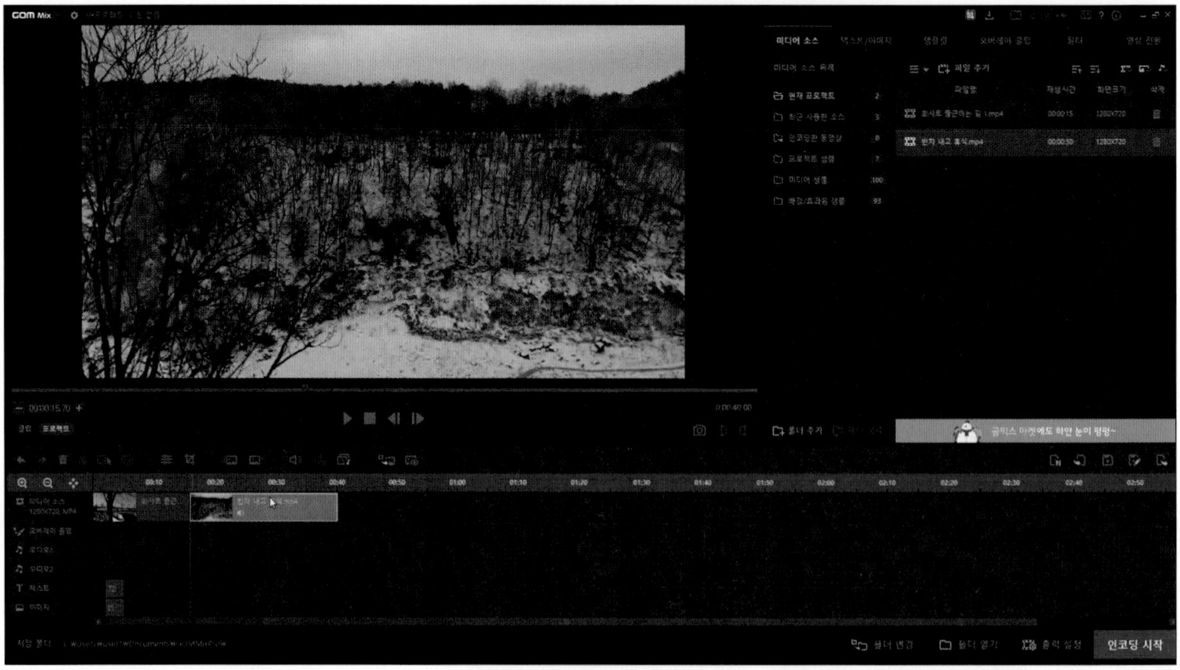

07 영상이 자연스럽게 흐려지는 페이드 아웃을 설정하겠습니다. 앞의 영상을 클릭하고 [페이드 아웃]( ) 아이콘을 클릭합니다. 클릭하면 영상의 오른쪽 하단에 표시가 뜨며 페이드 아웃이 적용됩니다.

08 뒤의 영상이 자연스럽게 재생될 수 있는 페이드 인을 적용해 보겠습니다. 뒤의 영상을 클릭하고 [페이드 인]( ) 아이콘을 클릭합니다. 클릭하면 영상의 왼쪽 상단에 표시가 뜨며 페이드 인이 적용됩니다.

09 텍스트와 이미지를 복사하여 자막을 활용하겠습니다. [텍스트/이미지]를 클릭하고 를 각각 클릭하여 복제합니다.

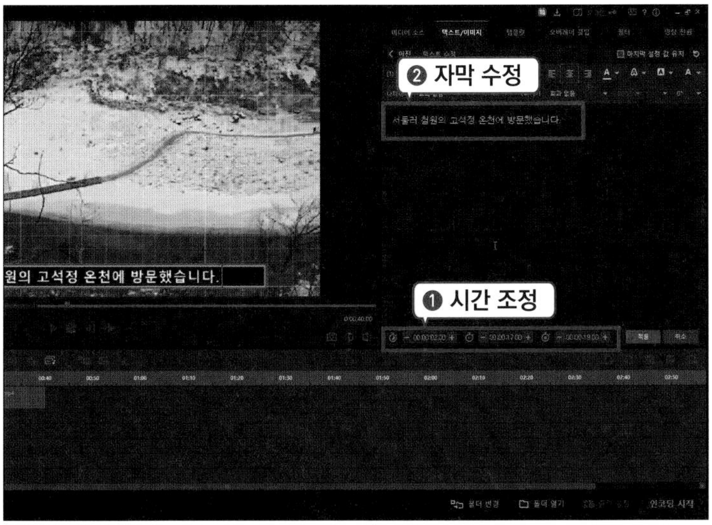

10 복제한 텍스트와 이미지의 ✎을 각각 클릭해서 시작과 지속 시간을 조정하고 자막을 수정합니다. 여기서는 시작 시간을 17초, 지속 시간을 2초로 지정했습니다.

노트

자막 : 서둘러 철원의 고석정 온천에 방문했습니다.

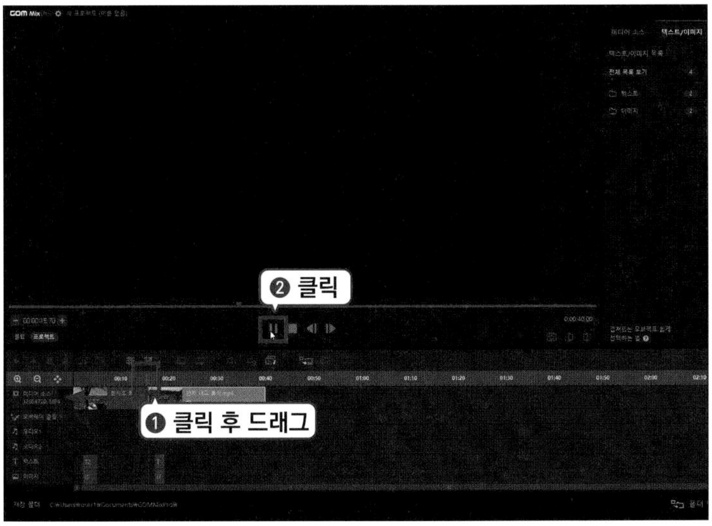

11 영상을 재생하여 확인해봅니다. 타임라인의 빨간 표시줄( )을 잡고 왼쪽 끝으로 드래그하여 0초로 맞춘 뒤에 [재생](▶)을 클릭하여 확인합니다.

TIP

만약 텍스트/이미지를 복제하는 과정에서 텍스트가 이미지 아래에 위치해 있다면 텍스트가 가려질 수 있습니다. 이때는 위로 올리고자 하는 요소를 클릭하고 을 클릭하여 맨 위에 자리하게 합니다.

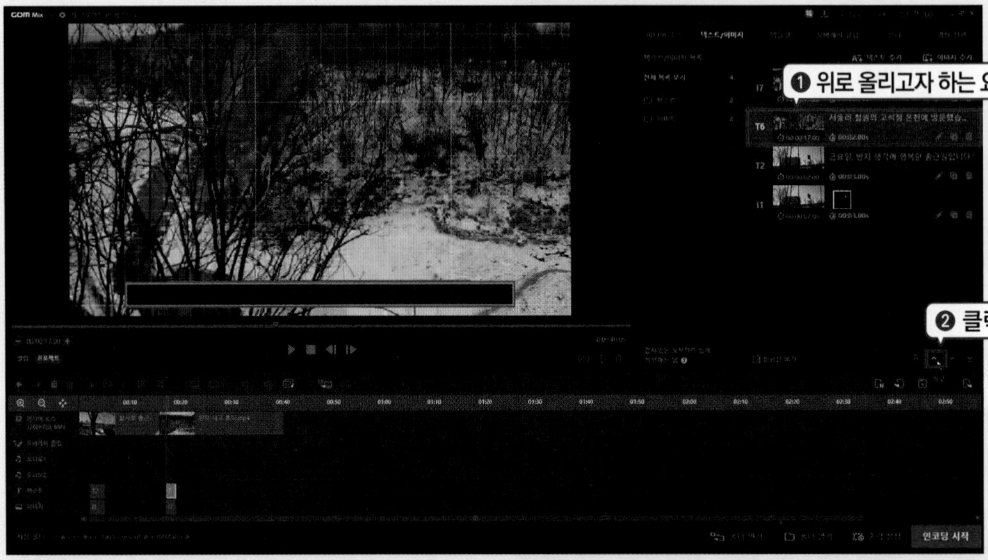

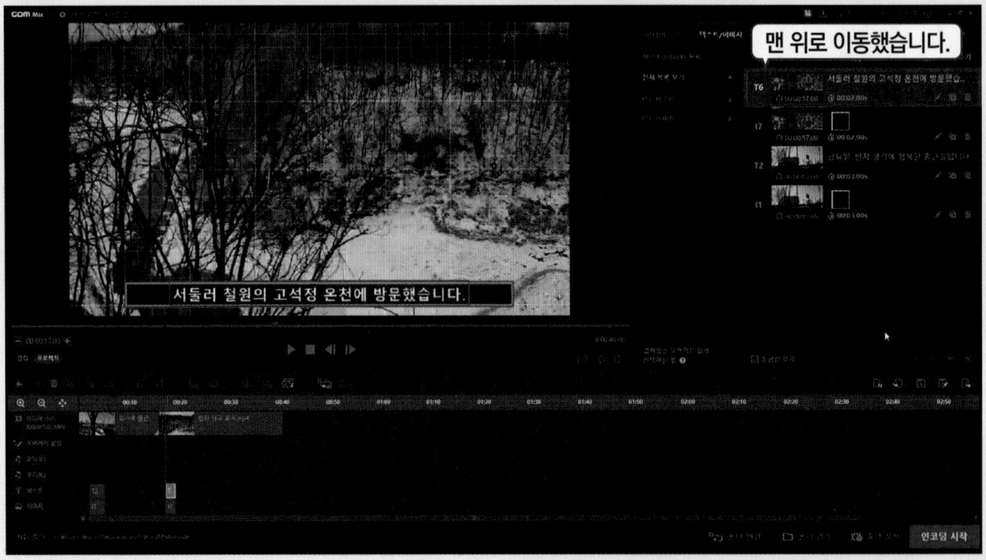

4 섬네일 삽입하기

유튜브 영상을 한 이미지로 요약한 섬네일을 영상 시작 전에 삽입하면, 영상 내용과 자신에 대해서 알리는 데 더욱 용이합니다. 영상 시작 전 섬네일 이미지를 삽입해 보겠습니다.

01 [미디어 소스]-[파일 추가]를 클릭합니다.

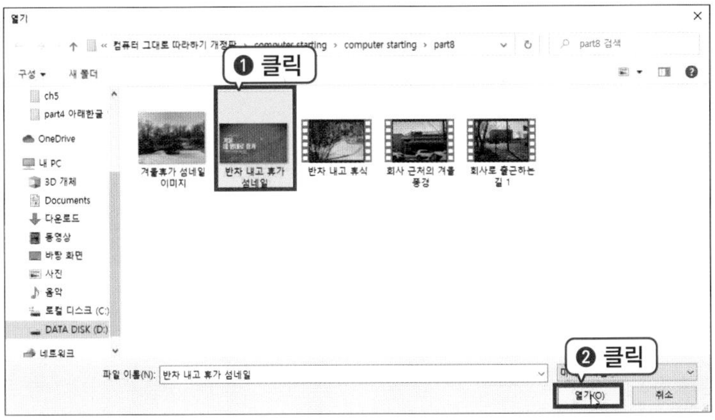

02 예제로 제공한 '반차 내고 휴가 섬네일.png' 파일을 엽니다.

노트

예제파일 : computer starting/part8/반차 내고 휴가 섬네일.png

03 삽입된 파일을 더블 클릭합니다.

04 섬네일이 타임라인 중간에 삽입되면 클릭한 채로 드래그하여 제일 앞으로 옮깁니다.

05 섬네일 지속 시간이 3초로 너무 길어 1초로 줄이겠습니다. 섬네일 위에서 마우스 오른쪽 버튼을 클릭하고 [지속 시간 변경(이미지 타입)]을 클릭합니다.

TIP

시간을 처음 설정된 3초로 그대로 놔두고 싶다면 기존에 삽입된 텍스트/이미지들의 시작 시간을 같이 조정해야 합니다. 이렇게 섬네일로 인해 나중에 다른 요소를 조정하는 것이 싫다면 미리 섬네일이 차지할 시간을 계산하여 임의의 파일을 집어넣어 놓고, 나중에 섬네일이 마련되면 교체해도 좋습니다.

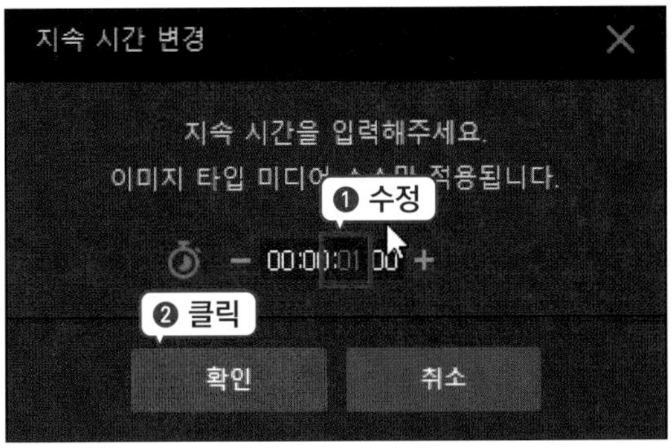

06 지속 시간을 1초로 수정하고 [확인]을 클릭합니다.

07 섬네일이 삽입되었습니다.

5 배경 음악 삽입하기

영상과 어울리는 배경 음악을 삽입하면 영상에 더 집중할 수 있고 사람들이 더 큰 매력을 느낄 수 있습니다. 영상에 음악을 집어넣어서 편집 작업을 마무리해보겠습니다.

01 일단 삽입한 영상을 음소거하는 것에 대해 알아보겠습니다. 영상을 클릭하고 [음량 조절]( ) 아이콘을 클릭합니다.

02 를 드래그해서 왼쪽으로 움직여 0으로 만듭니다. 으로 바뀌면 음소거가 되었다는 뜻입니다.

03 다른 영상도 똑같이 작업해봅니다.

TIP

영상에 따라 음소거를 하고 다른 목소리를 삽입하는 등, 음소거 기능은 유용하게 쓸 수 있습니다.

04 배경 음악을 삽입하겠습니다. [미디어 소스]-[배경/효과음 샘플]을 선택합니다.

05 [배경음]을 클릭하고 여러 음악을 들어봅니다. 원하는 배경 음악을 더블 클릭합니다.

TIP

자신이 가지고 있는 배경 음악이 있다면 해당 음악을 파일로 등록하여 사용해도 됩니다. 곰믹스 프로에서 제공하는 음악은 개수가 적으니 다양한 음악을 준비해봅니다.

06 배경 음악이 삽입되었습니다. 그대로 놔둬도 되지만 길이를 드래그하여 영상 끝과 맞춥니다.

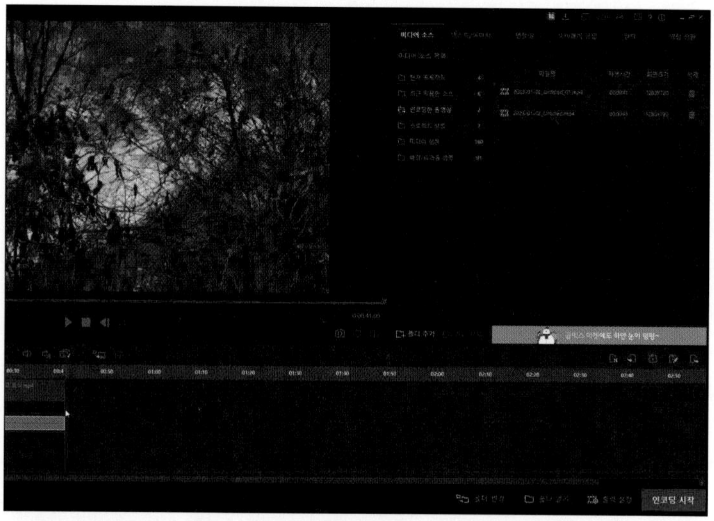

6 동영상 파일 인코딩하여 내보내기

작업을 완료했으면 영상을 인코딩하여 동영상 파일로 내보냅니다. 만들어진 동영상 파일은 513p의 과정을 따라서 유튜브에 업로드할 수 있습니다.

01 인코딩을 하기 전에 완성된 영상을 재생하여 최종 문제가 없는지 확인해봅니다. 수정할 사항이 있다면 번거롭지 않도록 지금 단계에서 수정합니다. 완료했다면 [인코딩 시작]을 클릭합니다.

02 [저장 경로 설정] 오른쪽의 (폴더 아이콘)을 클릭하여 저장 위치를 선택합니다. 따로 선택하지 않으면 [GOMMixPro] 폴더에 저장됩니다.

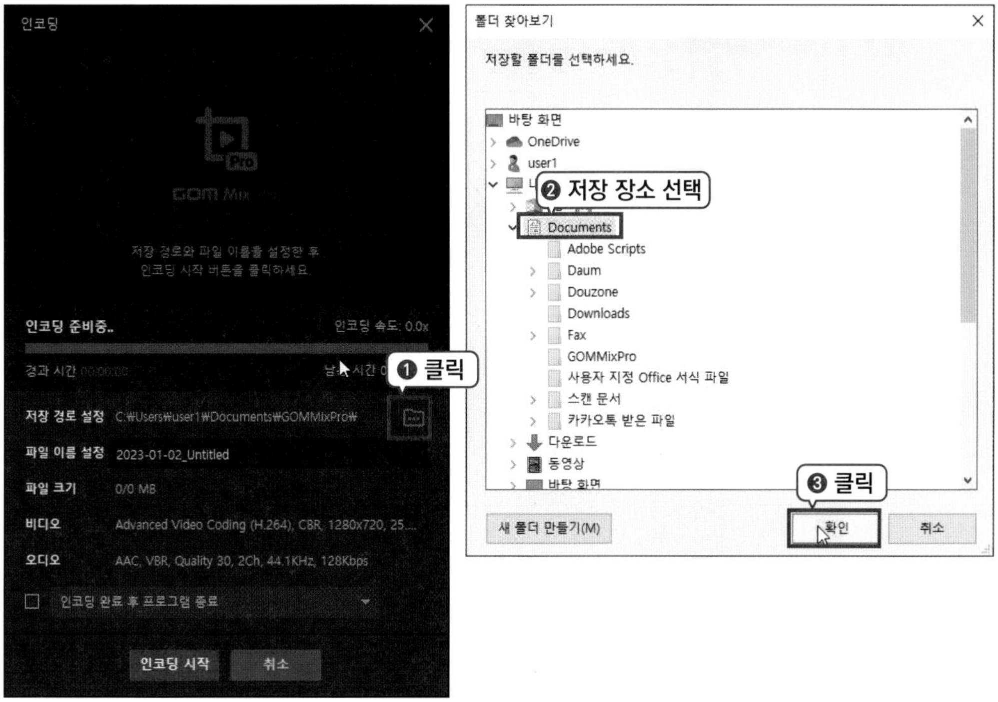

03 파일 이름을 입력합니다. 여기서는 '겨울 내 맘대로 휴가 최종'이라고 입력했습니다. [인코딩 시작]을 클릭합니다.

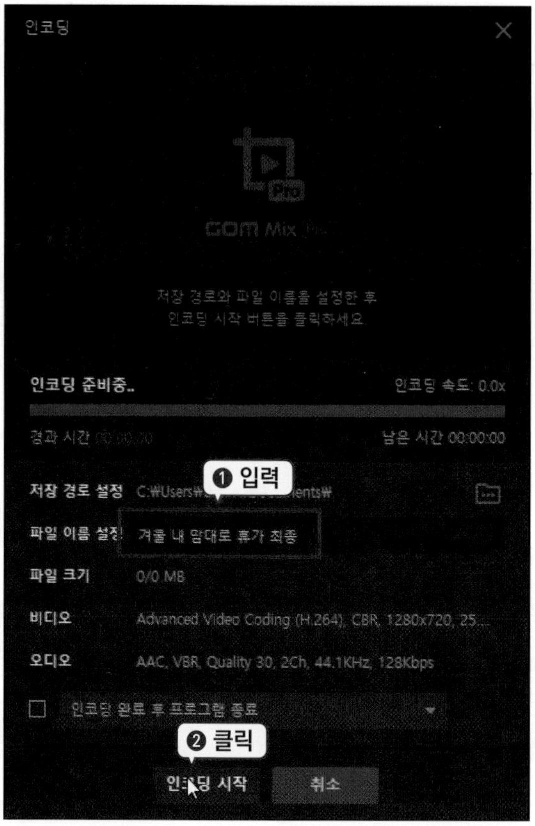

04 인코딩이 진행되고 작업이 완료되면 다음과 같은 화면이 나타납니다. [재생 하기]를 클릭합니다.

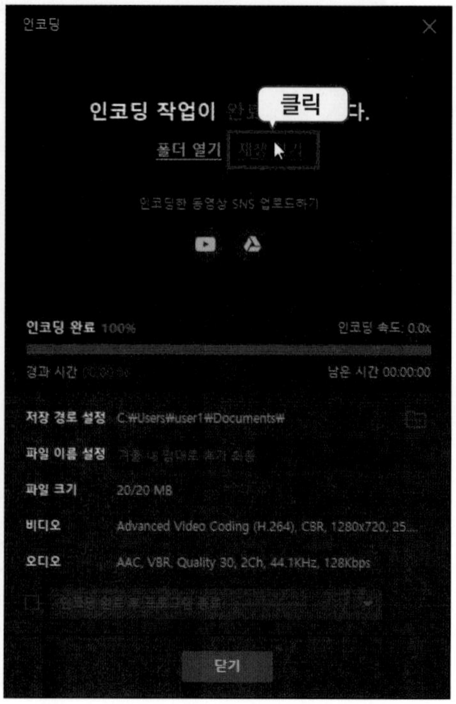

TIP
폴더에서 확인하고 싶다면 [폴더 열기]를 클릭합니다.

05 영상이 재생됩니다.

GOM Mix Pro
금요일, 반차 생각에 행복한 출근길입니다.

TIP

체험판을 다운로드했기 때문에 상단에 곰믹스 워터마크가 삽입되어 있는 것을 볼 수 있습니다. 유튜브 활동을 본격적으로 시작해보고 싶다면 곰믹스 프로 정식판을 구매하여 작업합니다.

CHAPTER 04

다양한 디자인물을 만들 수 있는 미리캔버스 익히기

앞에서 영상을 만들기 위해 섬네일이 필요했듯이, 유튜브를 더욱 활발하게 운영하고 구독자들을 끌어모으기 위해서는 섬네일, 카드뉴스, 배너 등 다양한 디자인물을 제작해야 합니다. 만들어진 템플릿을 제공하여 디자인물 제작을 쉽게 할 수 있는 미리캔버스에 대해 알아보고 섬네일을 직접 만들어보겠습니다.

1 미리캔버스 알아보고 회원가입하기

미리캔버스에 대해 알아보고 간단한 과정으로 회원가입을 해보겠습니다.

1. 미리캔버스란?

미리캔버스는 무료로 로고, 카드뉴스, 유튜브 섬네일 및 채널아트, 웹 포스터, 상세페이지 등 다양한 디자인물을 만들 수 있는 사이트입니다. 디자인을 아예 모르는 사람도 결과물을 만들 수 있도록 기본적인 템플릿을 무수히 많이 제공하고 있습니다. 또한 제공하는 템플릿을 자신의 용도에 맞게 재가공할 수도 있어 나만의 디자인물을 만들 수 있습니다.

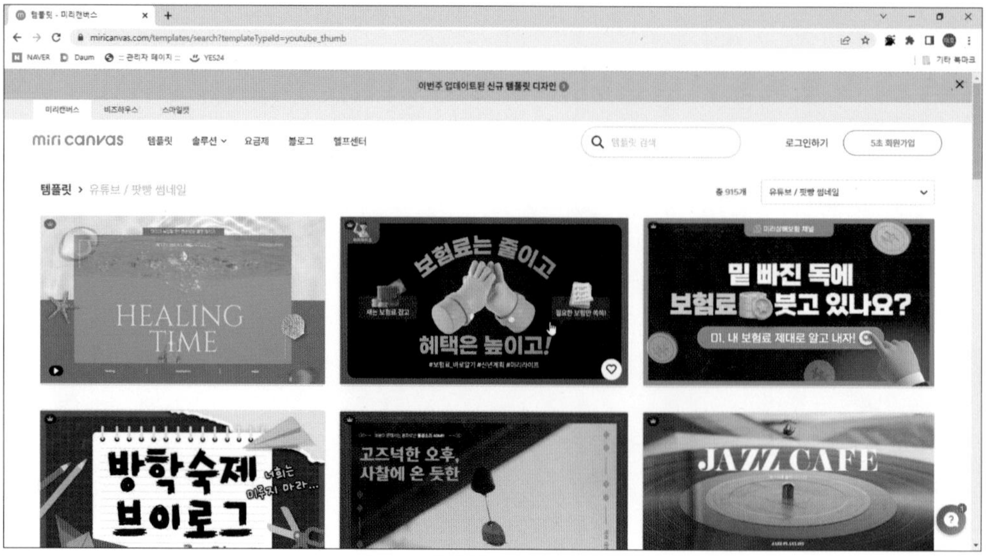

미리캔버스는 기본적으로 무료로 이용이 가능하지만 최근에는 프리미엄 템플릿을 제공하고 더 많은 기능을 이용할 수 있게 한 유료 멤버십도 선보이고 있습니다. 초보자라면 무료 기능을 이용해도 큰 문제가 없으니 무료로 이용해보다가 더 많은 템플릿을 이용하고 싶을 때 유료로 전환해도 좋습니다.

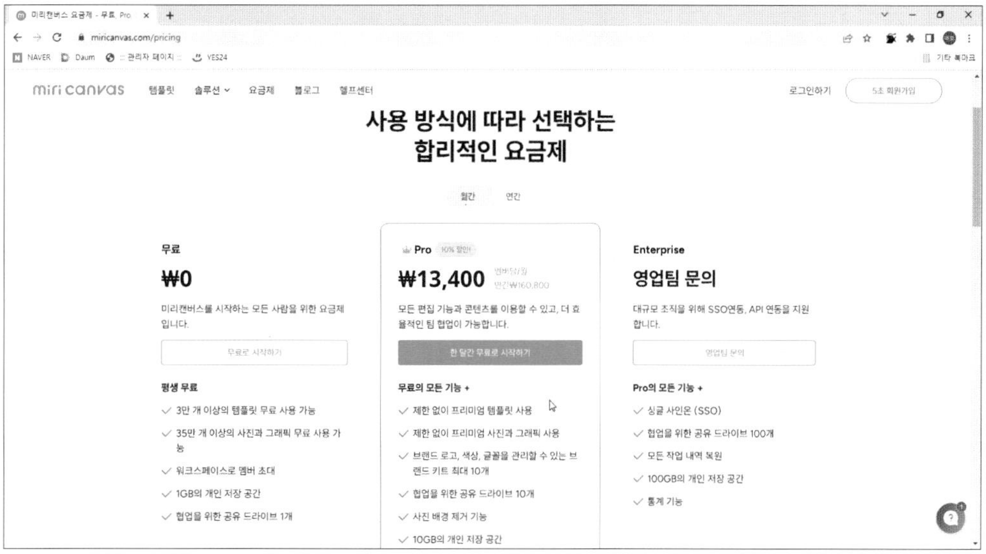

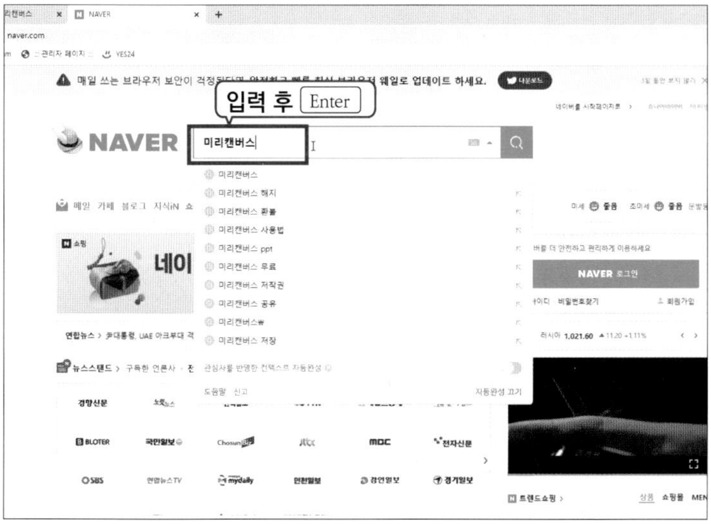

01 크롬을 열고 검색란에 '미리캔버스'를 입력하고 Enter 키를 누릅니다.

02 미리캔버스 홈페이지를 클릭합니다.

03 [5초 회원가입]을 클릭합니다.

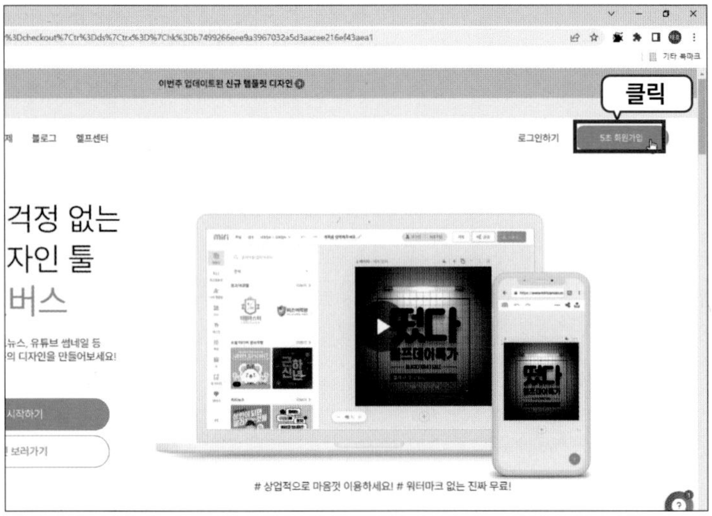

04 미리캔버스는 여러 가지 방법으로 가입할 수 있습니다. Part3을 배운 분이라면 네이버에 가입이 되어 있을 것이니 [네이버로 간편 가입]을 클릭합니다.

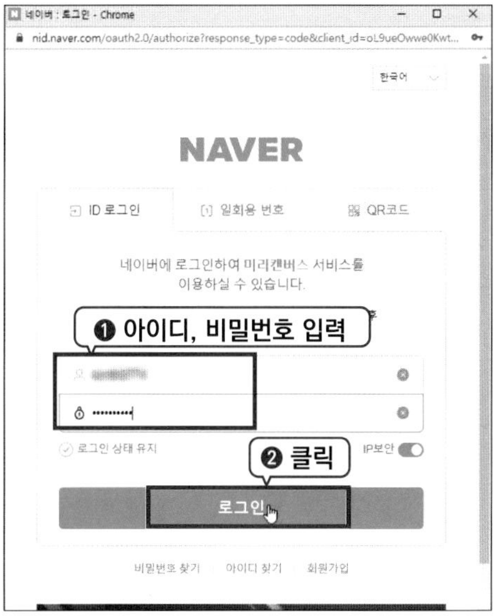

05 네이버 아이디와 비밀번호를 입력하고 [로그인]을 클릭합니다.

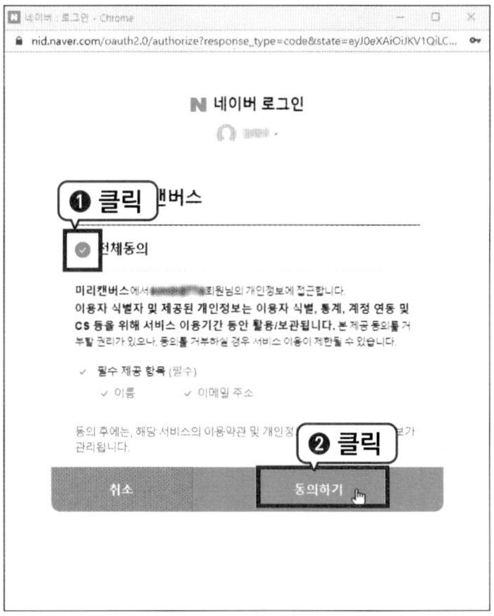

06 [전체동의]를 클릭하여 체크하고 [동의하기]를 클릭합니다.

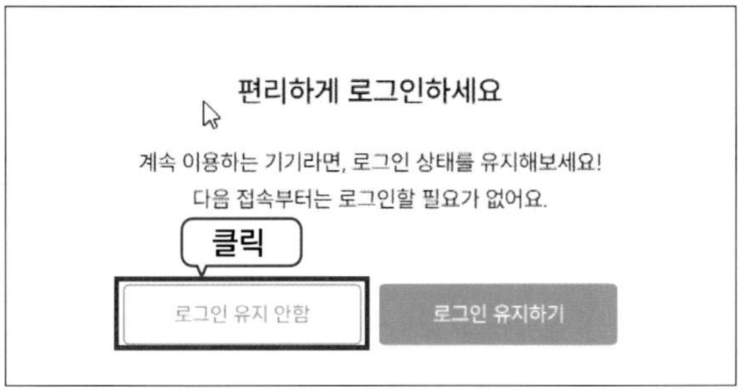

07 [로그인 유지 안함]을 클릭합니다. 로그인을 계속 유지하고 싶다면 [로그인 유지하기]를 클릭합니다.

08 질문 창이 나오면 ✕를 클릭합니다.

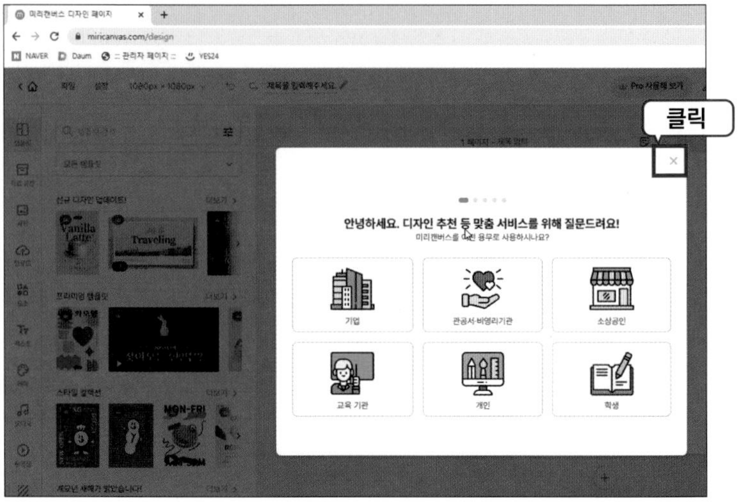

09 미리캔버스 창이 나타납니다. 구성 요소는 다음과 같습니다.

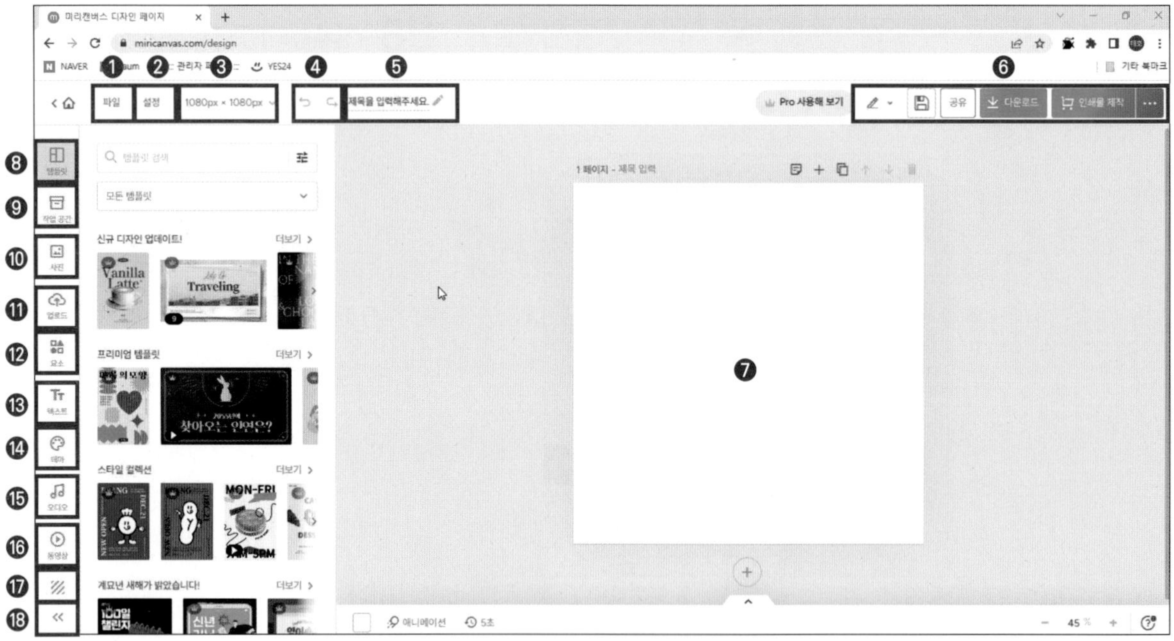

❶ **파일** : 새 디자인 만들기, 저장하기 등의 작업을 할 수 있습니다.

❷ **설정** : 눈금자, 가이드선, 페이지 번호 등의 설정을 할 수 있습니다.

❸ **사이즈** : 이용하는 목적에 따라서 디자인물의 사이즈를 다르게 설정해야 합니다. 사이즈를 설정할 수 있으며, 원하는 디자인물 종류를 선택하면 표준 사이즈로 변환되며 템플릿도 해당 종류에 맞게 보입니다.

❹ **작업 취소/되돌리기** : 수행한 작업을 취소하거나 취소한 작업을 되돌릴 수 있습니다.

❺ **제목** : 제목을 입력할 수 있습니다.

❻ **기타 설정** : 다운로드, 공유, 인쇄물 제작 등의 기능 이용이 가능합니다.

❼ **작업 창** : 작업을 수행하는 공간입니다.

❽ **템플릿** : 미리캔버스에서 제공하는 모든 템플릿을 종류별로 볼 수 있습니다. 원하는 템플릿을 클릭하면 작업 영역으로 템플릿 디자인이 적용됩니다.

❾ **작업 공간** : 미리캔버스에서 작업한 디자인 파일, 미리캔버스로 불러온 이미지 파일을 볼 수 있습니다.

❿ **사진** : 원하는 사진을 검색하여 사용할 수 있습니다.

⑪ **업로드** : 컴퓨터에 저장된 파일을 불러올 수 있습니다. 업로드하면 작업 공간의 내 드라이브에 저장됩니다.

⑫ **요소** : 다양한 클립아트를 검색하고 추가할 수 있습니다.

⑬ **텍스트** : 다양한 스타일로 글씨를 추가할 수 있습니다.

⑭ **테마** : 현재 디자인하고 있는 파일의 색감, 톤을 조정할 수 있습니다.

⑮ **오디오** : 음악을 추가할 수 있습니다. 동영상 파일로 저장을 해야 음악 파일이 추가 완료됩니다.

⑯ **동영상** : 원하는 동영상을 검색하여 추가할 수 있습니다.

⑰ **배경** : 배경을 변경할 수 있습니다. 사진과 패턴에서 선택할 수 있습니다.

⑱ **메뉴 숨기기/보이기** : 메뉴 창을 숨기거나 보이게 할 수 있습니다.

2 유튜브 섬네일 이미지 제작하기

유튜브 영상용 섬네일을 직접 만들어보겠습니다. 앞에서 배운 영상에 맞는 섬네일을 만들어도 되고, 자신이 만들 영상에 어울리는 섬네일을 만들어도 됩니다.

01 사이즈 선택란을 클릭하고 [유튜브/팟빵]을 클릭합니다. [썸네일]을 클릭합니다.

TIP

미리캔버스에서 권장하는 섬네일의 사이즈는 1280px * 720px입니다.

02 섬네일에 맞는 템플릿으로 메뉴가 바뀌었습니다. 원하는 섬네일을 찾아보기 위해 검색란에 '여행'을 입력하고 Enter 키를 누릅니다.

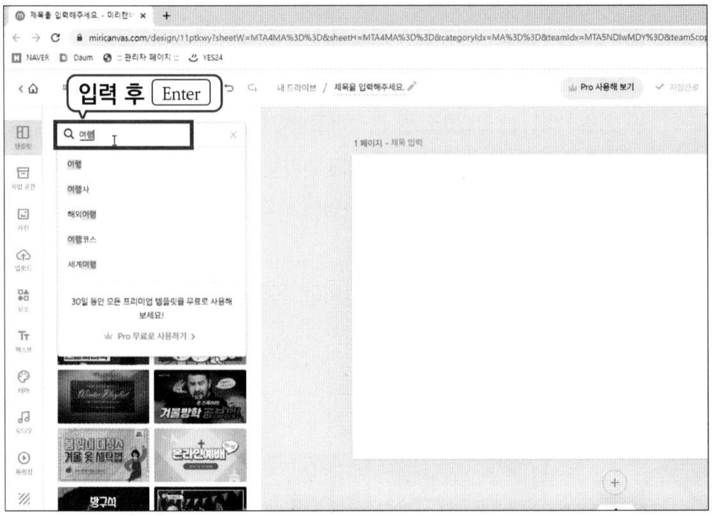

TIP

너무 특이한 검색어를 입력하면 원하는 결과물이 검색되지 않을 수 있습니다. 가장 큰 범주의 검색어를 입력하여 그중 자신에게 맞는 템플릿을 찾는 방법이 빠릅니다.

03 여행을 주제로 한 템플릿들이 나타납니다. 스크롤 바를 내리며 원하는 템플릿을 찾습니다.

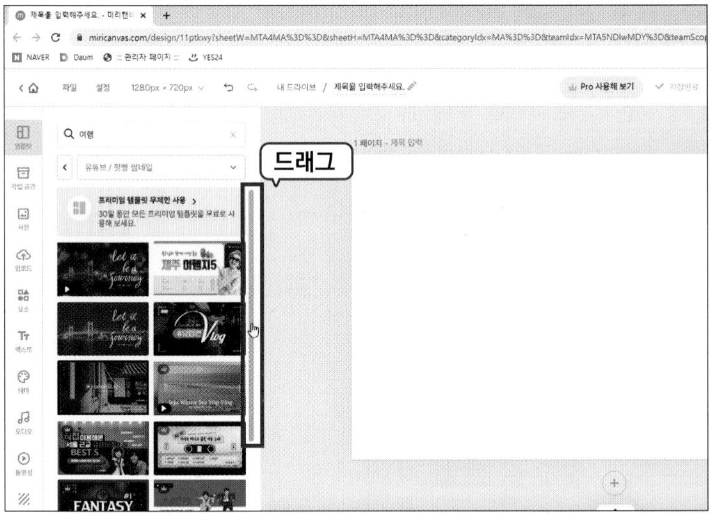

TIP

원하는 템플릿이 나오지 않았다면 다른 검색어를 입력하여 찾아봅니다.

04 원하는 템플릿을 찾았으면 클릭합니다. 템플릿이 작업 창에 나타납니다.

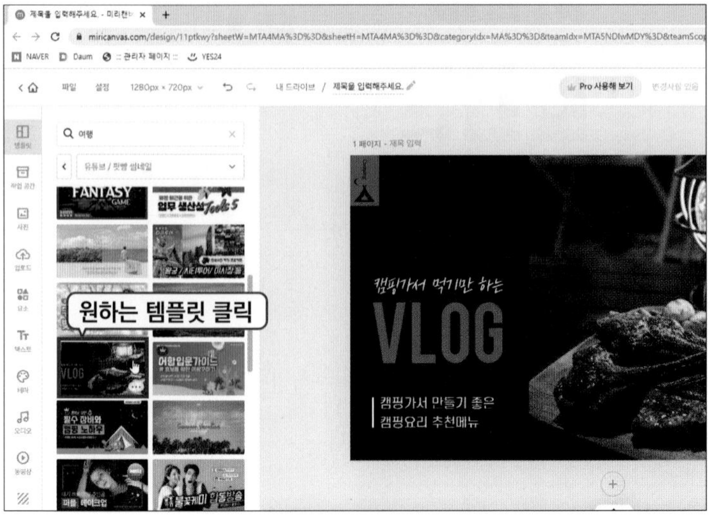

05 제목을 바꿉니다. 제목 부분을 더블 클릭하여 블록 지정하고 원하는 제목을 입력합니다. 예제에서는 '겨울 휴가'로 입력했습니다.

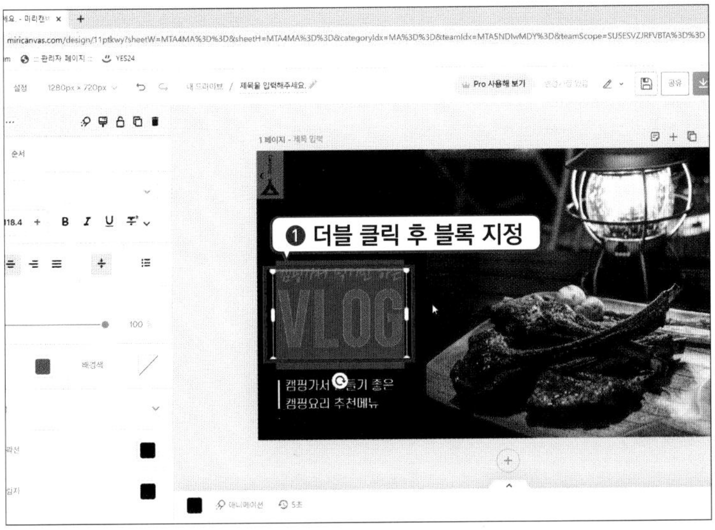

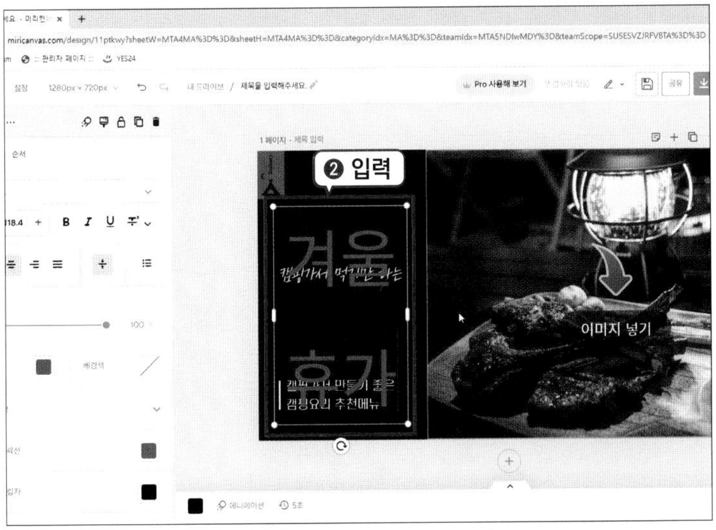

06 입력한 글자를 드래그하여 블록 지정합니다. 왼쪽의 텍스트 창에서 글자 크기를 65, [진하게]와 [기울임꼴]을 클릭합니다. 글꼴을 바꿔봐도 좋습니다.

TIP

글자 크기는 텍스트 박스의 크기를 조절해서 수정할 수도 있습니다. 텍스트 박스를 클릭하여 선택한 상태에서 사방의 모서리를 클릭한 채 드래그하면 크기가 조절됩니다.

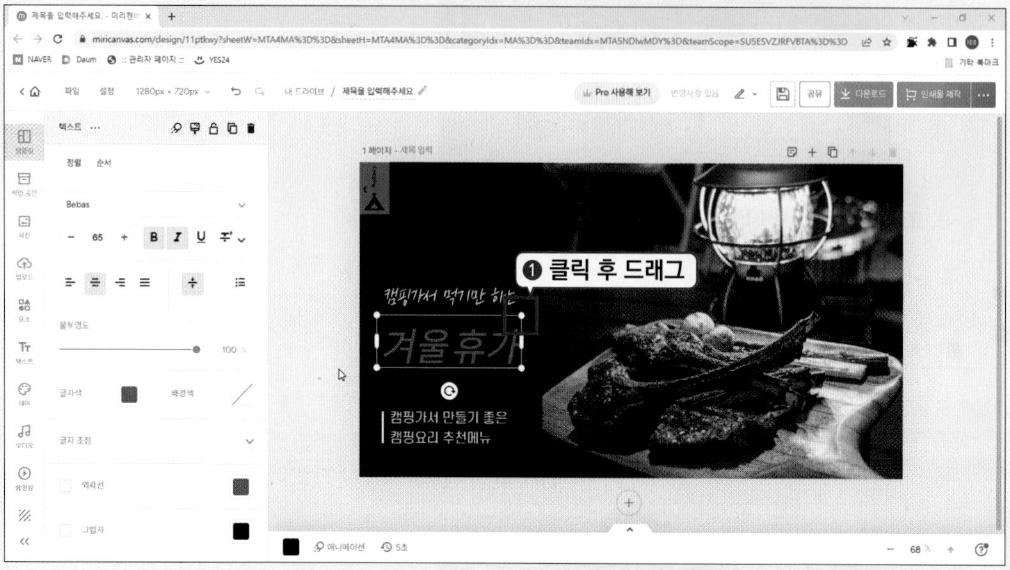

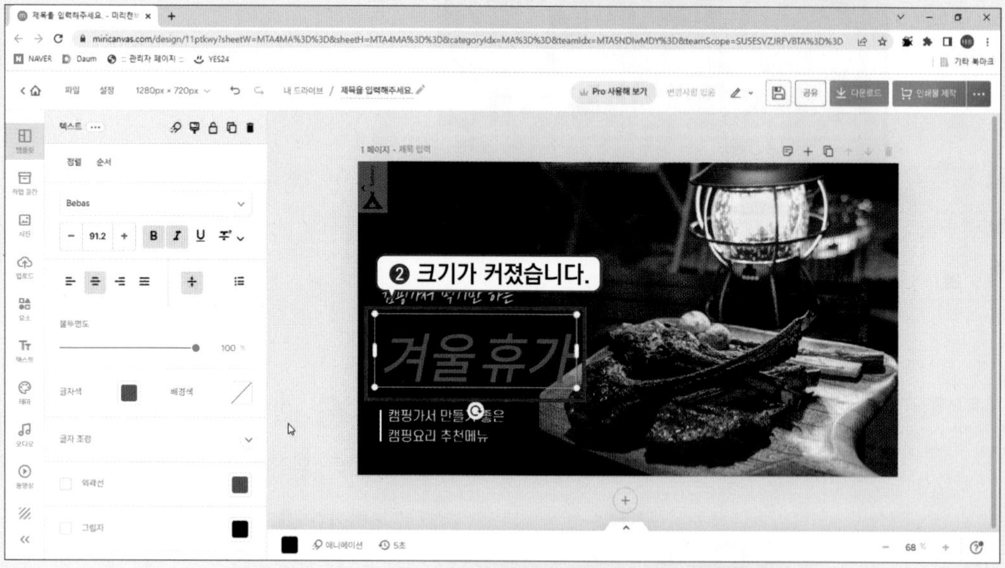

07 제목이 블록 지정된 상태에서 글자색 옆의 박스를 클릭합니다. 색을 원하는 색으로 바꿉니다. 바꾼 다음 ✕를 클릭합니다.

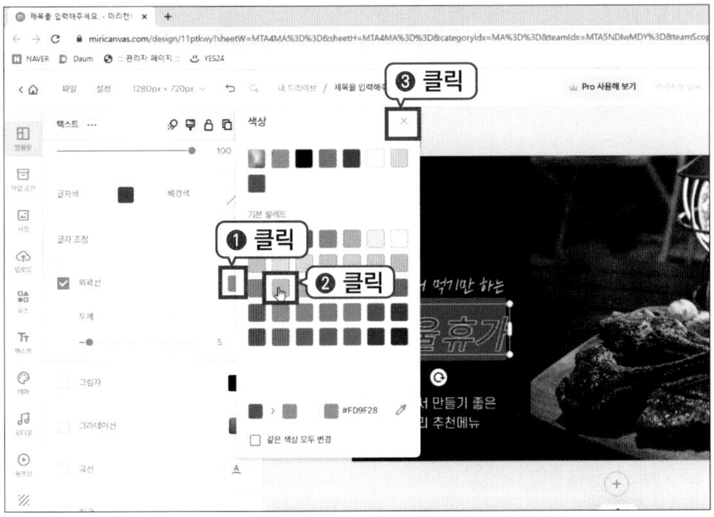

08 제목에는 외곽선을 추가하겠습니다. 제목이 블록 지정된 상태에서 외곽선 옆의 박스를 클릭합니다. 원하는 외곽선 색을 클릭한 다음 ✕를 클릭합니다.

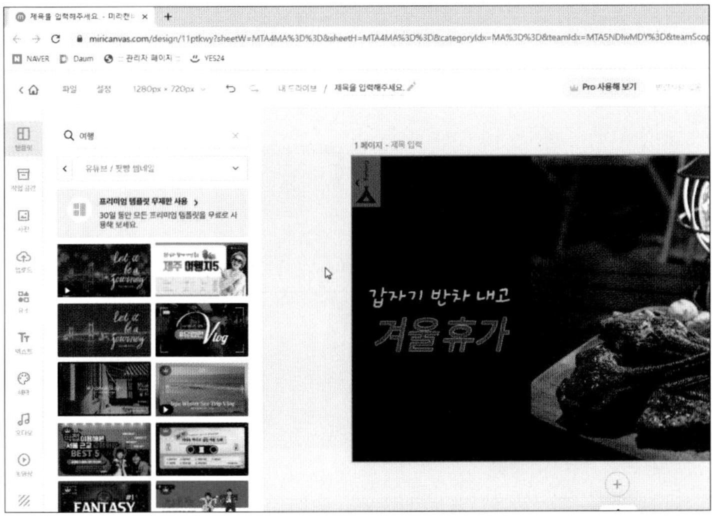

09 나머지 텍스트 박스의 문구들도 적합한 문구로 작성하고 원하는 스타일로 지정합니다.

TIP

나머지 문구가 필요 없다면 텍스트 박스를 클릭한 다음 Delete 키를 누르면 해당 텍스트 박스가 삭제됩니다.

10 [텍스트](Tт)를 클릭합니다. [본문 텍스트 추가]를 클릭하여 새 텍스트 박스를 추가합니다.

11 오늘의 날짜를 입력합니다. 글자 색을 흰색으로 바꾸고 텍스트 박스를 드래그하여 위치를 왼쪽 하단으로 이동합니다.

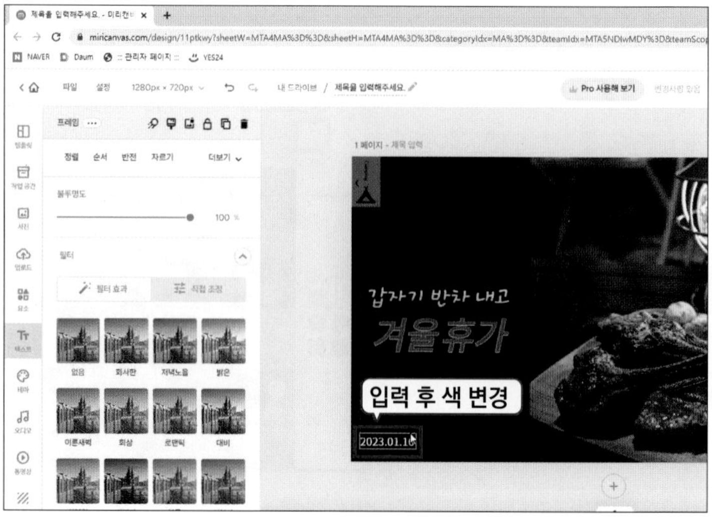

12 불필요한 요소들을 전부 삭제합니다.

13 사진을 내가 찍은 사진으로 대체해보겠습니다. [업로드]( )를 클릭합니다. 업로드 창에서 상단의 [업로드]를 클릭합니다.

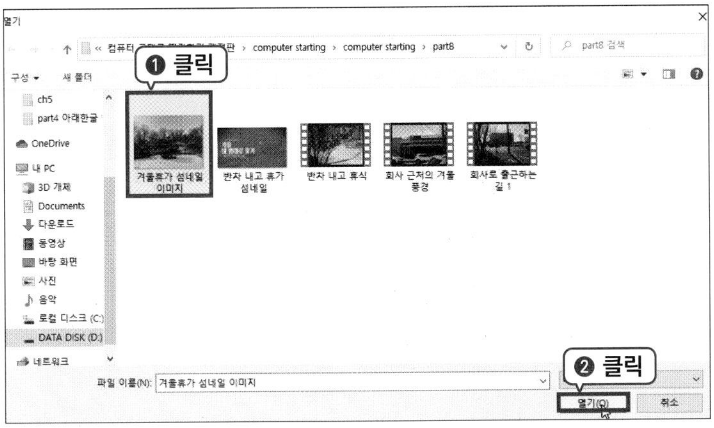

14 예제파일로 제공한 '겨울휴가 섬네일 이미지.jpg' 파일을 선택하고 [열기]를 클릭합니다.

노트

예제파일 : computer starting/part8/겨울휴가 섬네일 이미지.jpg

15 사진이 업로드 목록에 올라갔습니다. 사진을 클릭한 채로 드래그하여 기존의 이미지 위에 올리고 마우스를 뗍니다. 그럼 이미지가 교체됩니다. 이런 식으로 이미지를 삽입 및 교체할 수 있습니다.

16 사진의 크기 및 위치를 조정하고 싶다면 조정합니다.

TIP

크기는 상하좌우와 모서리를 클릭한 채 드래그하여 조절할 수 있습니다. 위치는 사진 아무 곳이나 클릭한 채로 드래그하여 이동할 수 있습니다.

TIP

이미지를 더블 클릭하면 이미지 프레임은 그대로 고정하고 그 안에 삽입된 이미지만 크기를 조절할 수 있습니다. 특정 영역의 이미지만 보이게 확대하고 싶을 때는 프레임을 고정한 채 이미지만 조절합니다.

17 일러스트도 넣고 텍스트도 추가하여 원하는 대로 꾸며봅니다. 그리고 제목을 '갑자기 반차 내고 겨울휴가'라고 입력합니다.

18 이미지 파일로 내보내겠습니다. 오른쪽 상단의 [다운로드]를 클릭합니다. [JPG]를 클릭하고 [빠른 다운로드]를 클릭합니다.

TIP

JPG는 기본적인 이미지 파일 형식입니다. 다만 이미지의 배경을 투명하게 저장할 수 없습니다. 사물 등은 배경이 흰색이 아니라 투명하도록 저장해야 합니다. 이런 경우에는 PNG로 저장합니다.

19 하단에 다운로드가 완료되었다고 나타나면 클릭합니다. 완성된 파일을 확인합니다.

TIP

다운로드된 폴더로 이동하고 싶다면 ⌄ 를 클릭하여 [폴더 열기]를 클릭합니다. 다운로드된 폴더로 이동합니다.

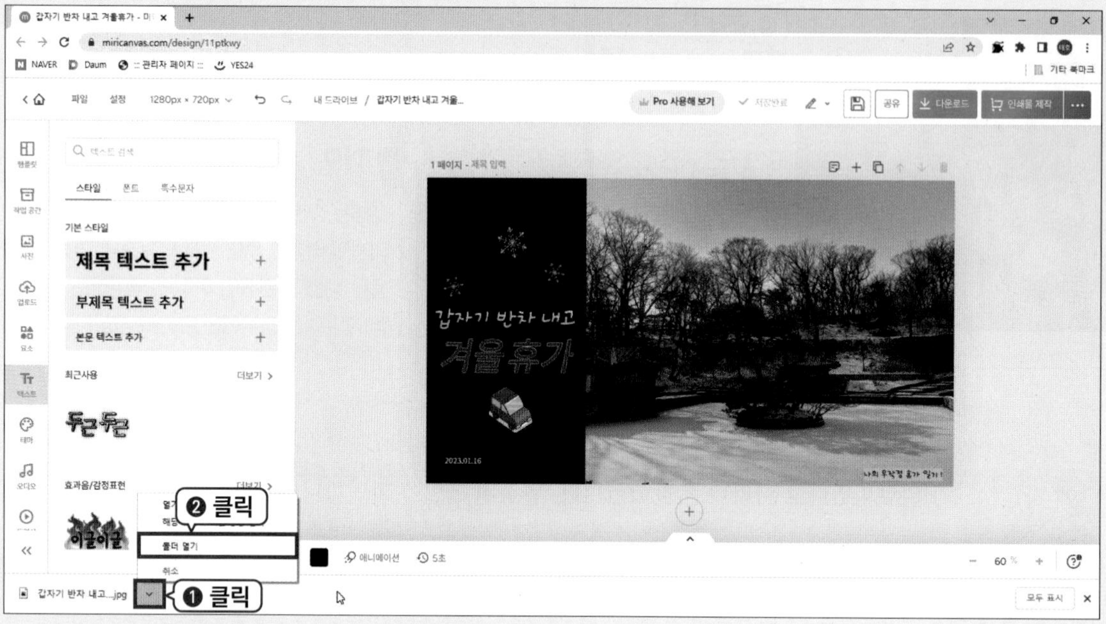

그대로 따라하는

만만한 컴퓨터

그대로 따라하는

만만한 컴퓨터

그대로 따라하는 만만한 컴퓨터

그대로 따라하는

만만한 컴퓨터